U0585946

IRON, FIRE AND ICE
THE REAL HISTORY THAT INSPIRED
GAME OF THRONES

欧罗巴的权力游戏

——《冰与火之歌》背后的故事

［英］埃德·韦斯特（Ed West）　著

于洋 李芳芳 王欣宇 毛晓璐　译

衣柜字幕组　校审

SPM

南方出版传媒

广东人民出版社

· 广州 ·

图书在版编目（CIP）数据

欧罗巴的权力游戏：《冰与火之歌》背后的历史 /（英）埃德·韦斯特 (Ed West) 著；于洋等译 . — 广州：广东人民出版社, 2019.5

ISBN 978-7-218-13552-6

Ⅰ . ①欧… Ⅱ . ①埃… ②于… Ⅲ . ①政治—历史—研究—欧洲—中世纪 Ⅳ . ① D750.9

中国版本图书馆 CIP 数据核字 (2019) 第 086854 号

图字：19-2019-079 号

英文原版书名 *Iron, Fire and Ice , The Real History that Inspired Game of Thrones*

OULUOBA DE QUANLI YOUXI:《BINGYUHUOZHIGE》BEIHOU DE LISHI
欧罗巴的权力游戏：《冰与火之歌》背后的历史

[英]埃德·韦斯特（Ed West）著 于洋等译　　版权所有　翻印必究

出 版 人： 肖风华
策 划 方： 时光机图书工作室
责任编辑： 钱飞遥　刘　奎　郭慧芳
责任技编： 周　杰　吴彦斌
出版发行： 广东人民出版社
地　　址： 广州市新港西路 204 号 2 号楼（邮政编码：510300）
电　　话：（020）85716809（总编室）
传　　真：（020）85716872
网　　址： http://www.gdpph.com
印　　刷： 佛山市迎高彩印有限公司
开　　本： 890 毫米 ×1240 毫米　1/32
印　　张： 19.75　　**字　数：** 500 千
版　　次： 2019 年 5 月第 1 版　2019 年 5 月第 1 次印刷
定　　价： 98.00 元

如发现印装质量问题，影响阅读，请与出版社（020-85716849）联系调换。
售书热线：（020）85716826

目 录

序

　　这是一个年轻人纠集军队夺取王位的故事。远方传来父亲的死讯，身为北方古老国王的后裔，他来势汹汹、魅力十足，发誓力战到底为父报仇。他初出茅庐却接连取胜，并且拥有王国中不少重要家族的效忠。在这场战争中，母亲是他坚定的支持者，她护送另外两个年幼的儿子远离敌人的狂暴大军，逃到了安全的地方。他们的对手是一位"热情、自负、意志坚强"[1]的王后，她比大多数男人还要坚定阳刚。王后投入这场战争同样是为了维护自己年幼儿子的继承权，这位王子虽然还是孩子，却已是个热衷于观看处决犯人的虐待狂。

　　对于乔治·R.R. 马丁的系列作品《冰与火之歌》和由此改编的HBO 电视剧《权力的游戏》的粉丝来说，上面这个故事想必非常眼熟，然而这个故事并不发生在维斯特洛，而是发生在真实历史中 1461 年的英格兰王国。那一年的 3 月 29 日，不列颠史上最为惨烈的一场战斗发生在约克郡（Yorkshire）一处如今被叫做"血腥草原"（Bloody Meadow）的地方，那里位于曾经北方旧王国的腹地。尽管下着暴风雪，这场战争一直持续到深夜，过程极其血腥残暴，许多俘虏在战斗结束后遭到处决，最后约有 2.8 万人死在战场上，历史上称为"陶顿战役"（the Battle of Towton）。[2]这场战斗将长达六年的暴力纷争推向最高潮，其结果将决定接下来由哪个家族问鼎王权。

战争的一方由约克家族十八岁的继承人，马奇伯爵（Earl of March）[1]爱德华（这个名字在当时读作艾德[3]）统领。在其父"约克的理查"（Richard of York）被斩首后，爱德华发动战争，宣称要夺取王位。他的对手是兰开斯特（Lancaster）家族[2]大军，以王后"安茹的玛格丽特"（Margaret of Anjou）和她的丈夫"疯王"亨利六世（the mad King Henry VI）之名迎战。亨利六世生性懦弱，这也是约克家族叛乱的重要原因。

　　爱德华的父亲和弟弟埃德蒙（Edmund）在韦克菲尔德（Wakefield）遇害数周后，爱德华在靠近威尔士边境的莫蒂默十字路口（Mortimer's Cross）打了一场胜仗。无论是从父系还是母系算起，"约克的理查"都是伟大的战士爱德华三世的后裔，这使得他在15世纪50年代成为了王国中最有权势的人，但这些权势并没有帮他赢得王位，反而招来这场杀身之祸——他的脑袋被砍下，悬挂在约克市的一根柱子上；为了嘲笑他的野心，头上还被扣了一顶纸糊的王冠。他的儿子爱德华立誓要为父报仇，并最终取得了成功。虽然此时他才刚刚成年，但接下来爱德华将会赢得一系列战斗，然后因为自己所选择的新娘而陷入重重困境。

　　约克家族和兰开斯特家族之间的战争最终引火烧身，很多家庭付出了三代甚至四代人生命的代价，无数尸骨散落在英格兰各地的战场上，金雀花王朝（Plantagenet）在这场"堂亲战争"（Cousin's War）掀起的狂暴中被彻底摧毁。在此期间，王国四分之一的男性贵族惨死，所有的战争规则不复存在，很多家族在冤冤相报、循环复仇中彻底绝嗣。[4]

---

　　[1] 马奇伯爵是苏格兰和英格兰的君主都封授过的一种贵族爵位。这个头衔派生自单词"marches"，原意指英格兰与苏格兰和威尔士之间的边界，因此这个爵位通常被授予一些居住在这些边境地区的大领主。后来它逐渐演化成一个头衔，受封者不必真的在边境拥有领地。——译者注

　　[2] 兰开斯特家族和约克家族都是金雀花家族的分支。——译者注

这个故事使后世的人们为之着迷，威廉·莎士比亚以这段历史为背景创作了剧本，后来，十九世纪的小说家沃尔特·斯科特（Walter Scott）又以此为题材进行了创作。"玫瑰战争"（The War Of The Roses）的叫法来源于两个家族的家徽[1]，在沃尔特的推动下，这种叫法广泛流传，成为了普遍称呼。正是这种王朝更迭的历史冲突为乔治·R.R. 马丁创作这一奇幻系列小说提供了相当可观的历史灵感。马丁是一个通俗历史的狂热爱好者，他曾谈论过一些自己借鉴参考的历史人物和历史时代。《冰与火之歌》的故事设定于"王国"，或者说是"七大王国"（Seven Kingdoms）的背景下，虽然名为"七大"，但实际上它是位于维斯特洛大陆南部一个统一的国家。这部小说讲述了许多相互敌对的家族为赢得铁王座（Iron Throne）而争斗不休的故事：其中包括兰尼斯特家族（Lannisters）——王国中最富有的家族，他们控制了位于大陆东南部的首都君临城（King's Landing）；[2]史塔克家族（Starks）——曾统治过北方古老王国的家族；拜拉席恩家族（Baratheons）——他们的祖先在多年前曾帮助过一位伟大的征服者。[3]这是一个残酷而悲惨的世界，对于权力游戏的玩家来说，唯一的选择只有胜利或者死亡。

《权力的游戏》本身就是一部奇幻史诗，不仅如此，它还是对历史上真实的英格兰王国奇妙而又荒诞的重现。用作者自己的话来说，创作的灵感不只来自于"玫瑰战争……还有百年战争（Hundred Years War）、十字军东征（the Crusades）、诺曼征服（the Norman Conquest）"5，沿着历史一路走下去，这个故事还吸收了大量欧洲和近东的历史，从埃及、罗马和希腊的古代世界出发，经过中世纪文

---

　　[1] 兰开斯特的家徽是红玫瑰，约克的家徽是白玫瑰。——译者注
　　[2] 原文如此，但这种说法不完全准确。兰尼斯特家族的封地是凯岩城，势力范围主要在西境，只是由于本书开篇时的王后出身于这个家族，所以当时他们在首都君临具有较强的掌控力。——译者注
　　[3] 拜拉席恩家族的祖先奥里斯·拜拉席恩（Orys Baratheon）据说是"征服者"伊耿的私生兄弟兼好友，同时担任了伊耿的第一任国王之手。——译者注

明的繁荣，一直到文艺复兴和现代世界的早期萌芽。从 5 世纪的撒克逊人入侵，到 1000 年后约克家族的倒台，英格兰的王位争夺战比世界上任何一部小说都引人入胜，这才是真正的权力的游戏。

乔治·R. R. 马丁在 1993 年给经纪人的一封信中首次阐述了他的小说《权力的游戏》的概念。他这样描述自己的设想："阴谋、反阴谋、野心、谋杀和复仇的循环，以七国的铁王座为最终奖赏。"[6] 用一位历史学家的话来说，维斯特洛在设定上是"在中世纪选取了某些点对不列颠群岛（the British Isles）进行不严谨的致敬，它将盎格鲁 - 撒克逊时代七王国的氛围与 15 世纪玫瑰战争期间席卷英国的无情的家族斗争交织在一起"，融合了想象与历史，以肮脏的"酷刑、卖淫、乱伦、鸡奸和强奸"为乐趣。[7]

或者，正如小说家约翰·兰彻斯特（John Lanchester）在谈到该系列时所说："这些基于玫瑰战争重新想象出的故事——就像实际中的玫瑰战争一样——发生在一个鲜血淋漓、动荡不安的世界中，政治斗争无处不在，没有一个人是安全的……只要稍有理智的人就绝不想生活在这个世界里，哪怕只有片刻。"[8] 这部剧完全无法用道德观念评价，没有彻底的对或错，这就是它吸引人的地方。

除了将历史作为最基本的灵感，《权力的游戏》也受到中世纪英雄主义类型文学的影响，这种类型文学源于亚瑟王传说和克雷蒂安·德·特鲁瓦（Chrétien de Troyes）[1] 的创作，还有一些产于中世纪欧洲初期的史诗故事，这些故事反映了当时人们对世界的看法。但是，奇幻作品可以不受史实的约束，让作者和读者获得更大的自由，因此我们得以"在不被历史束缚的情况下对玫瑰战争进行史诗般地再现"[9]。任何与真实历史的对应都应止步于此，没有一个人物与真正的历史人物完全相符（事实上，其中一些设定已经超脱了历史规

---

[1] 12 世纪晚期的一位法国吟游诗人，因其创作的亚瑟王主题有关作品而闻名。——译者注

范，因此我们会发现，比起任何中世纪欧洲的产物，兰尼斯特家族的盔甲更像是浮夸的日本武士板甲）。然而，维斯特洛所发生的大部分事情都可以在欧洲历史上的一个特定时期找到原型，也就是1315年至1461年这段时期，历史学家称之为"中世纪晚期的危机"（Crisis of the Late Middle Ages）。当时，英国和法国被战争、饥荒、瘟疫、社会剧变和宗教动荡所摧毁。我们这本书将通过叙事推进，讲述这一时期欧洲历史的背景故事。

中世纪王国是一种微妙的政治实体，它的稳定依赖于能够团结所有贵族的强权君王。但非常不幸，英格兰在半个世纪中遭遇了两位精神错乱的国王：先是年少继位的理查二世[1]，他的偏执和对个人威严感的追求近乎病态；后来则是性格软弱、可能患有精神分裂的亨利六世。

同样，《权力的游戏》开篇也处于一位众叛亲离的暴力偏执狂君主遭受反叛后的余波中。在维斯特洛世界，反叛贵族们推翻的是"疯王"伊里斯·坦格利安二世（Aerys II Targaryen）的统治。率领叛军的劳勃·拜拉席恩（Robert Baratheon）取代坦格利安家族登上王位，迎娶了瑟曦·兰尼斯特（Cersei Lannister）——一个出身国内豪族、美丽动人却又狡诈无情的女人。就像中世纪晚期许多大权在握的女性一样，瑟曦受到了不忠的指控，不过这并非诬陷：她的三个孩子是她与孪生弟弟詹姆（Jaime）偷情所生，两人的长子乔佛里（Joffrey）正在变成一个可怕的怪物。

"篡位者"劳勃·拜拉席恩在兄弟三人中最为年长，他的一个弟弟冷酷无情精于算计，另一个则开朗活泼、轻率浮躁，[2]在劳勃早早地把自己作死之后，两个弟弟反目成仇，陷入争权夺利。首先激化

---

[1] 理查二世（1367年—1400年），1377年继承祖父爱德华三世之位成为英格兰国王，1399年被废。——译者注

[2] 前者是劳勃的二弟史坦尼斯，后者是三弟蓝礼。——译者注

矛盾打破平衡的是兰尼斯特家族和史塔克家族。史塔克家族既是古老的北境之王的后裔，又是北境王国最有权势的家族。艾德·史塔克是劳勃·拜拉席恩的童年好友、亲密战友，后来还成为首相，代表国王管理国家。由于醉酒和自负，劳勃国王在一次打猎中意外被野猪顶死，当时他还不到40岁。然而实际上，这次事故并不是一次单纯的意外，因此又触发了新的冲突，两位王叔——史坦尼斯和蓝礼·拜拉席恩都对乔佛里的继承权提出了质疑。

奈德·史塔克^[1]在得知乔佛里的身世之后，转而支持史坦尼斯，却被瑟曦·兰尼斯特扔进了大牢。尽管已经与奈德的女儿珊莎·史塔克订婚，新国王乔佛里还是下令处决了奈德。史塔克死后，他的儿子罗柏（Robb）自立为"北境之王"（King of the North）^[2]，恢复了他的祖先在向坦格利安家族屈膝前曾经拥有过的称号。而奈德的私生子琼恩·雪诺（Jon Snow）则加入了守夜人（Night's Watch），誓言守护绝境长城，阻挡北方的野人入侵七国。¹⁰

君临城内多方势力都在争权夺利：瓦里斯（Varys），一个拥有超强情报网、外号"八爪蜘蛛"的太监；培提尔·贝里席（Petyr Baelish），出身低微的放贷者和妓院老板，此时已被提拔进入御前会议；提利昂·兰尼斯特（Tyrion Lannister），詹姆和瑟曦的侏儒弟弟；还有他们的父亲泰温·兰尼斯特，一位威严残酷的贵族战士，唯一在乎的只有不惜一切代价促进家族利益。此时，五王之战（The War of the Five Kings）爆发，南方权重势大的兰尼斯特家族与北方地位超群的史塔克家族站在了战场的两端。

真实历史中差不多也是如此。据马丁所说，爱德华四世（也就是马奇伯爵）是劳勃·拜拉席恩和罗柏·史塔克两人的灵感来源。和史

---

[1] "奈德"（Ned）是"艾德"的昵称。——译者注
[2] 疑似作者笔误。根据《冰与火之歌》，北境之王的英文是"King in the North"。——译者注

塔克家族一样，马奇家族的祖先统治着盎格鲁 - 撒克逊时期英格兰七大王国当中最北方的诺森布里亚（Northumbria）王国，在 10 世纪英格兰统一之前，这里一直是一片独特、独立的土地，比南方更贫穷困苦。爱德华和罗柏一样同为少年英雄，在辉煌的军事生涯中未尝一败。

这段冲突在英国历史上非常重要，它是中世纪的尾声，是早期现代社会的序曲.即将到来的新时代诞生了杀伤规模无与伦比的新式武器，这将是一个危险的新世界，对于所有深陷冲突的人来说都糟糕至极。这场战争见证了骑士精神代表的老式荣誉在传承数百年后归于覆灭——现在，没有人对战败的敌人施以仁慈，就像一位历史学家所说："被废黜的君主只有坟墓一个归宿。"[11] 或者就像瑟曦对奈德·史塔克所说："在权力的游戏当中，不当赢家就只有死路一条，没有中间地带。"[12]

当漫长的凛冬降临，这场重大危机便拉开了帷幕。

本章尾注：

1. Kendall, Paul Murray：*Richard the Third.*
2. 死亡人数存在争议，按照数字最少的一种估算，可能要减至 9000 左右，但仍不影响陶顿战役是英国土地上发生过最血腥的战斗。事实上，最激烈的争议来自于当天的天气状况，因为除了这个记载以外，大部分美国上中西部的人可能都对英国的"暴风雪"没有多少深刻印象。
3. Bryson, Bill: *Mother Tongue*
4. Pinker, Steven: *The Better Angels of Our Nature*
5. http://www.westeros.org/Citadel/SSM/Entry/Influence_of_the_Wars_of_the_Roses
6. http://uk.businessinsider.com/game-of-thrones-was-supposed-to-be-a-trilogy-2015-2
7. Dan Jones: *Sunday Times* magazine, July 9, 2017
8. https://www.lrb.co.uk/v35/n07/john-lanchester/when-did-you-get-hooked
9. Lowder, James（ed）: *Beyond the Wall*
10. 我们当然知道琼恩实际上不是奈德的私生子，不过在这里我还不想剧透。

7

11. Kendall, Paul Murray: *Richard the Third*
12. 出自《权力的游戏》第一季第七集。

· 01 ·

王 国
——1314年的英格兰与世界

死的历史用墨水书写，活的历史则用鲜血。

——罗德利克·哈尔洛[1]

如果长城外的野人涌向边境，阿尼克城堡（Alnwick Castle）会是第一道防线。这是一座建在山坡上、令人望而生畏的要塞，扼守着切维厄特丘陵（Cheviot Hills）位于英格兰境内的唯一要道。

阿尼克城堡的建立是为了守住北方边境。进入城堡的唯一方法是经由在塔楼俯视下令人生畏的外堡。每日进出的马匹和人通过外堡两道厚实木门之间狭窄的通道，为城堡带来供给。几个世纪以来，当入侵者在北方的村庄大肆蹂躏、劫掠时，人们就会逃进城堡，寻求领主的保护。

阿尼克城堡始建于11世纪，位于英格兰最北部的诺森伯兰（Northumberland）腹地，距离苏格兰边境仅20英里，它所在的边境地区堡垒逐渐增多。多年来，这座城堡得以逐步加固，它有一个

---

[1] 出自《冰与火之歌》卷四《群鸦的盛宴》。——译者注

坚固的闸门保护着入口，有重兵防御的城垛、约 6.4 米高的吊桥、2.1 米厚的城墙以及一条护城河。一座八角形的塔楼俯瞰周围区域，上面装饰着 13 块石盾牌，象征历代与珀西（Percy）家族联姻的各个家族。

即使外面那道门被入侵者攻破，外堡看上去依然让人心生畏惧。四座高塔上可以俯瞰一切，忠诚的北方人在塔楼上可以用箭或投掷物、沸水或热油攻击下方的敌人。攻击者进入外堡后会被高大厚实的墙壁包围，利箭从四面八方射向他们。他们还会感觉到脚下有通向地牢的陷阱。[1] 即使外堡沦陷，城堡内还有两个庭院，或者说是堡场，在那儿可以进行最后一战。珀西家族修建这座堡垒就是为了守住北方边境。

正如在维斯特洛，国王大道从君临城一直延伸到临冬城，再到长城以外。在现实中，北方大道（Great North Road）从伦敦一直通往爱丁堡——其堡垒被称为洛克堡（Castle Rock）——并从阿尼克城堡的堡垒经过。因此，只要控制了阿尼克城堡，就控制了从苏格兰到南方的主要通道。直到灾难性的 1314 年之前，城堡一直由珀西家族控制。从阿尼克城堡开始，珀西家族占据了与苏格兰人毗邻的边境地区，罗马人建造的长城将苏格兰阻隔在外面（实际上阿尼克城堡和英格兰的小部分领土，也位于长城以北）。

珀西家族是北方的首领，如果苏格兰人来犯，他们就有责任从北方的五个郡里召集人手击退敌人。当然，尽管第一任珀西男爵亨利·德·珀西（Henry de Percy）被认为是北方最强大的领主，但珀西家族当时还是有不少竞争对手，如雷比勋爵内维尔（Neville，Lord of Raby）、威斯特摩兰勋爵克利福德（Clifford，Lord of Westmorland）、科克茅斯勋爵卢西（Lucy，Lord of Cockermouth）、吉尔斯兰勋爵戴克（Dacre，Lord of Gilsland）、里兹代尔勋爵乌姆弗拉维尔（Umfraville，Lord of Redesdale）等。这些人都出身于血统高贵的显赫家族，但珀西家族才是北方之王。用历史学家亚历山大·罗斯（Alexander Rose）的话来说，"在那个动荡不安的地方，远在南方威斯敏斯特的国王发出的命令几乎不起作用。在珀西家族的地盘，执行的是珀西家族制定的法律，而由珀西家族的财富供养的军队就是其后盾。"[2]

像这个国家的大部分主要宗族一样，他们并不是一直定居在不列颠岛。珀西家族声称他们最早的祖先叫曼弗雷德（Mainfred），或曼尼（Manni），他于公元896年在英格兰掠夺后抵达法国。他是丹麦人，如今我们可以称他为维京人。和许多同胞一样，他定居在法兰克王国（Francia）的一个地区，后来这个地方被称为诺曼底（Normandy）。珀西贵族中的一支从鲁昂（Rouen）西北部马槽乡地区（Pays de Caux）跟随"征服者威廉"（William the Conqueror）于1066年抵达英格兰，当时英格兰的统治阶层被讲法语的精英阶层无情地淘汰并取代。

在这片荒凉艰苦、被诺曼人异常残忍对待的英格兰北方的土地上，珀西家族从小领主逐渐成为了该地区最强大的家族。在他们到达不列颠岛的第11代，一位珀西家族的后代就被封为诺森伯兰伯爵。

尽管他们曾经与那个令人憎恨的征服者一起出征，但随着时间的推移，珀西家族成为英格兰北方的好汉。他们起初在约克郡定居，当时还只是一个小家族，在1166年时只是该郡的第七大领主。然而，亨利·德·珀西（Henry de Percy）在那一年娶了斯凯尔顿男爵（Baron of Skelton）亚当·德布鲁斯二世（Adam de Brus II）的女儿伊莎贝尔（Isabel）；这是一桩有利可图的婚姻，作为回报，德·珀西和他的继承人发誓每年都会骑马去斯凯尔顿城堡（Skelton Castle），"带领城堡女主人从她的房间走到弥撒教堂，然后护送她回房间，在离开之前和她一起吃肉。"[3] 他们履行这样的承诺，直到16世纪的宗教改革废除了这些古老的传统。

珀西家族不仅强大而富有，也深受爱戴。北方人用武器和忠心追随他们，只要他们一声令下，成千上万的人就会出现在战场上。对这些人来说，在伦敦的国王只是一个满口古怪方言的遥远的人物："对他们来说，挡在北方入侵者和毁灭之间的最后一道屏障并不是遥远的国王，而是珀西家族的领主。他是他们的指挥官、保护者、法官以及治安官。"[4]

珀西家族的人一直庇护着他们的下属。在送到伦敦的记录中显示，亨利·德·珀西代表一位男仆向司法官写信："如果他的主人不为他辩护，托马斯·德赫顿（Thomas de Heton）爵士的儿子阿林（Aleyn）可能已经失去了他的土地"[5]。珀西的儿子会替那些曾经忠诚地为国王而战、如今却被剥夺财产的人求情，使他们在本国犯下的暴力罪行可以免于受罚。他知道国王承诺的白银送到那些饥饿的家庭还遥遥无期，因此自掏腰包供养珀西家族的士兵，而在南方很少有男爵会对下属如此费心。

珀西家族逐渐在当地声名显赫，其中包括承担东境守护者一职（Warden of the East March），负责保卫与苏格兰接壤的东部边境地区。他们也负责主持司法正义。在维斯特洛，"判刑的人理应亲自动手"[6]，处决以国王的名义进行，没有任何审判。尽管在现实中当地领主在宣判罪行后会承担起执行刑罚这一严峻任务，但和维斯特洛并不完全一样，因为按照 12 世纪兰开夏郡（Lancashire）普雷斯顿（Preston）的法规，"起诉的人应当执行判决"。

在 1294 年，最新一代的亨利·德·珀西（Henry de Percy）与阿伦德尔（Arundels）伯爵的女儿埃莉诺结婚，将狮子作为家族的象征。阿伦德尔是诺曼系英国人（Anglo-Norman）的家族，他们的宅邸位于威尔士边境，数代人的纹章都是红底上的一头金色狮子，他们的血统可以追溯到阿德里西亚（Adeliza）——亨利一世[1]国王的遗孀。如今，珀西家族用这种动物来彰显他的阿伦德尔血统，并向来自勒

---

[1] 1100 年—1135 年在位。——译者注

12

芬[1]的乔斯林（Joscelin de Louvain）[2]，珀西家族的创始人致敬——leeuwen 在佛兰德语（Flemish）[3]里是狮子的意思。

他们的新纹章——在维斯特洛被称为家徽——正适合崛起中的珀西家族。尚处于起步阶段的纹章艺术反映了血统的重要性，以及对中世纪男人来说最重要的事情：你的父辈是谁。正如维斯特洛的统治家族将血统上溯到鲜为人知的半神话国王一样，在中世纪的英格兰，皇家血统来自大不列颠岛上的古代王国威塞克斯[4]、麦西亚[5]和诺森布里亚[6]（Wessex, Mercia, and Northumbria）的统治者，在1066年被诺曼底的威廉公爵（Duke William）征服之前，这些王国已经完成统一了。各大家族非常重视他们的门第，特别是与"征服者威廉"和他的同伴们的关系，并通过他追溯到最早的中世纪欧洲的祖先查理大帝（Charles the Great）[7]，他是法兰克国王（King of the Franks），在公元800年加冕成为西罗马帝国皇帝（Emperor of the West in Rome）。

纹章不仅仅是与军队的旗帜有关；它提醒你你的父亲是谁，祖父是谁以及能传承给下一代的东西是什么。它在战斗中给予人勇气，因此，"回忆祖先的英勇事迹，会让一名有着优秀贵族血统的骑士在战场上变得勇敢，渴望为家族增添荣誉也会激励他更为英勇。"7

第一代珀西男爵亨利·德·珀西出生于1273年，他的六位叔伯都未能生育，两个兄弟死后也没有子嗣，家族几乎绝后。他的外祖父是强大的萨里伯爵（Surrey Earl）约翰·德·瓦伦（John de

---

[1]　位于比利时。——译者注

[2]　生于1121年，卒于1180年。——译者注

[3]　比利时的官方语言之一。——译者注

[4]　建国于519年左右，灭亡于1066年。——译者注

[5]　建国于公元500年左右，9世纪初，威塞克斯国王埃格伯特用兵迫使麦西亚承认了威塞克斯的宗主地位。——译者注

[6]　从公元7世纪早期开始，诺森布里亚开始合并为一个王国。到公元10世纪中叶，诺森布里亚不再作为一个独立王国实体而存在。——译者注

[7]　俗称查理曼大帝，768年—814年为法兰克王国的国王。——译者注

Warenne），早在 1278 年就获得了"追问权力令状"（writ of quo warranto) 这一王室令状。爱德华一世[1]为了收回王权，下定决心查清哪些封臣篡夺了王室特权，他要求每个人证明自己是如何获得财产的。见国王的人走上前来，德·瓦伦拔出他生锈的剑，并宣称这就是他的证明，因为"我的祖先和杂种威廉[2]一起来到这里，用剑征服了他们的土地，我将继续用剑捍卫这片土地，不会让任何人夺走它"。[8]

在诺曼人征服英格兰后，曾有一段密集建造城堡的时期，阿尼克城堡也是这段时期建造起来的，当时仅一代人就建起了 500 座这样的堡垒。面对特威德河（river Tweed）对岸的苏格兰人，阿尼克城堡的建立是一种实力的展示，这座城寨城堡（motte-and-bailey castle）是当时诺曼人建造城堡的标准类型，其特点是一座高耸的、可防御的中央塔楼，城堡丘陵周围是庭院（堡场）和一条环绕的沟渠。德·珀西在当时增加了一个强加固的外堡，以及新的圆形塔。新的圆塔比旧的方塔能更有效防御，因为方塔不能在拐角处受到重击，也很容易受到暗中破坏（确切地说，就是从地下开挖并放火烧）。他还给塔楼增加了一条护城河、一口井、一座吊闸，一座吊桥和八座半圆形堡垒。在这一时期，城堡建造技术达到巅峰。阿尼克城堡坐落在一个半岛上，北面是阿尔内河（River Alne），东面和南面是一座山谷，因此阿尼克城堡几乎是无懈可击的，内部 60 人的驻军就可以轻松地抵御城堡外面 600 人的敌军。

幸好有这座城堡，在德·珀西的一生中，英格兰和苏格兰王国之间的关系急剧恶化，他在边境上战斗了将近 20 年时间，带领军队突袭敌方境内，并抵御北方边境受到的袭击。1296 年 3 月德·珀西在围攻苏格兰最大的城市贝里克时，被爱德华国王封为爵士；三年后，他获得封赏，成为第一代珀西勋爵。

---

[1] 1272 年—1307 年在位。——译者注
[2] 征服者威廉的外号，因为他是私生子。——译者注

边境战争代价巨大。1307 年 3 月，珀西和他的 300 名手下在卡里克（Carrick）的特恩贝里城堡（Turnberry Castle）被苏格兰领袖罗伯特·布鲁斯（Robert the Bruce）[1] 袭击。这次战斗是如此可怕，后来传闻珀西很怕再次进入苏格兰。1314 年秋天，随着严酷的诺森伯兰冬季临近，珀西被迫保卫附近的纽卡斯尔（Newcastle）并带队袭击北方。他于 10 月初去世，很可能是因为在与苏格兰袭击者作战时受了致命伤。

他死了，但他的家族还在。正如泰温·兰尼斯特（Tywin Lannister）所说："我早晚也会离去，甚至你、你弟弟、你姐姐和她所有的孩子，终有一天也要尽归尘土。只有家族将永世长存，繁衍不息。你个人的荣耀、个人的得失在家族面前都不值一提。"[9] 在 1295 年至 1300 年被召唤到威斯敏斯特的 136 名男爵中，只有 16 个家族到了 1500 年还存在，珀西家族就是幸存者之一。事实上，珀西家族今天依然存在，并且他们一年中有 6 个月时间依然住在阿尼克城堡里，在余下的半年时间里，阿尼克城堡被用作电影拍摄地，为其维护提供资金。电影《哈利·波特》的粉丝们会认出来，这里正是霍格沃茨魔法学校的原型。

北方

北方大道也依然在那里，这条现实生活中的国王大道（King's Road）现在被命名为不那么浪漫的 A1 和 M1 高速公路，并且仍然有着大致相同的路线。这是英国四条古老的大道之一，可追溯到罗马时代以前。在中世纪时期绘制的高夫地图（Gough map）显示了到 1360 年为止的约 3000 英里主要道路，其中 40% 是在罗马时代建造的。

这张地图是由一位国王下令绘制的，他意图将自己的势力范围

---

[1] 苏格兰国王罗伯特一世，1306 年—1329 年在位。——译者注

扩大到不列颠岛南方以外的地区，大多数君主都缺乏对这些地方的了解。南方的国王们通常对北方只有脆弱的控制权，这是一个被界定为伟大的亨伯河（Humber river）和苏格兰边境之间的天然独特的地区。与更平坦、更富饶的南方相比，它拥有"更古老、更坚硬的岩石和更多山的地形"[10]，广阔的亨伯河和奔宁山脉（the Pennines）之间的狭窄地带让南方军队难以控制该地区。即使在内陆 35 英里的地方，这条大河也有 1 英里宽，因此只要控制了河流和山脉之间的一个小峡谷，一支军队就可以控制该地区最大的城市——约克，以及乌斯河（Ouse）、尤尔河（Ure）、艾尔河（Aire）、唐河（Don），德文特河（Derwent）和特伦特河（Trent）——因此也就控制了整个北方。*任何来自南方的军队到了这里，都会发现自己身处亨伯河沼泽和奔宁山脉之间的走廊中，这条山脉形成了英格兰北部的脊梁，消除了南方人在数量上的优势。

北方人与南方人截然不同："当伯爵和他的北方随从前往伦敦时，当地人会盯着这些外乡人看"，正如一位历史学家所说："这表明北方人更穷、更朴实。北方士兵一身'过时的盔甲'，在夏季也穿得过分讲究；与南方大贵族所青睐的出色骏马相比，即使伯爵的战马也孱弱不堪。北方人性格一直都很谨慎，并且非常排外。"[11]

约克郡是北方最大的郡，是该地区的南部区域。除此之外，诺森伯兰（Northumberland）、威斯特摩兰（Westmorland）、坎伯兰（Cumberland）和达勒姆（Durham）这四个最北方的郡，都是由作战家族统治的小型封地拼凑而成的，在这些地方，威斯敏斯特所通过的法律的重要性不如古代传统和当地习俗，包括根深蒂固的家族宿怨。

维斯特洛的北方"就像它的守护者一样：严酷、无情、阳刚而富有野性。"[12]同样，在都铎时期撰写了第一本不列颠群岛（British Isles）地理研究的威廉·卡姆登（William Camden），描述了一片"粗糙和贫瘠"的土地："你会以为自己看到了古代游牧民族，一群好战之人。"他总结道。

蒙茅斯的杰弗里（Geoffrey of Monmouth）在他的《不列颠诸王史》（*History of the Kings of Britain*）一书中写道："这是一片可怕的土地，几乎杳无人烟，并为外国人提供了一个安全潜伏的地方。确实，正因为它的地理位置，它向皮克特人（the Picts）[1]、苏格兰人、丹麦人、挪威人和其他任何上岛劫掠的人都敞开了大门。"[13] 根据 12 世纪的编年史《史蒂芬传奇》（*Gesta Stephani*），"邪恶的源头在英格兰那个叫做诺森布里亚的地方出现，它带来了劫掠、纵火、冲突和战争。"[14] 又或者按照 15 世纪一位作家的说法："北方，所有邪恶都从此处蔓延。"[15] 不过，当然，这些人都来自南方。

很久以前，诺森布里亚本身就是一个王国，是中世纪早期英格兰七大王国之一，那是一个混乱和暴力的时期，通常被称为"黑暗时代"。865 年，诺森布里亚的两个敌对的国王被维京入侵者残忍地杀害，大批古代斯堪的纳维亚人来到诺森布里亚定居，斯堪的纳维亚人的历史印记今天仍然反映在约克郡的方言中。一个世纪之后，它成为最后一个归入南方的威塞克斯国王们统治下的地区——他们统一了这个国家，而诺森布里亚在之后更长一段时间里保留了独特的半斯堪的纳维亚身份。在 1066 年不愿意帮助南方国王击退诺曼入侵者的北方人，后来却最激烈地反对征服者并因此遭到镇压。成千上万人死亡，全部村庄被摧毁，这个地方再无法恢复原貌。

几个世纪之后，边境生活仍然一如既往地艰难。佛兰德编年史家傅华萨（Froissart）写道，那里的男人被迫消费"被马的汗水弄湿了"的"小作坊劣质酒"和"驮篮里烤得很糟糕的面包"[16]。在北方，马鞍"全部都是发臭和损坏的，他们的马大部分背上都有伤……除了绿色的树枝，他们也没有什么可以生火的，这些树枝也可能因为下雨而没办法

---

[1] 古代苏格兰东部民族。——译者注

点燃。"[17]

在北方，一些传统流传的时间较长，变形人的故事至少可以追溯到被征服之前的撒克逊（Saxon）时代。再往北是恐怖的苏格兰，一片荒芜、寒冷的土地，其民间故事里有妖精（sith），或者冢中人（aes sídhe），生活在死者之地的超自然亡灵生物，被入侵者驱赶到遥远之地。[18]在苏格兰民间传说中，这些生物组成了"精灵大军"（slaughe sidhe），一支不死的军队。长城这边的英国已经很少有人相信了；活着的苏格兰人就够吓人的了，那一年王国的军队深入到长城以外与他们作战——结果却遇到了灾难，一场将使王国陷入内战的浩劫。

但更糟糕的是，整个王国内外的人都注意到气候正在发生变化。在已知世界较冷的地方，边缘地带的人首先感受到气温骤降；他们还不知道，第二年冷雨就会开始，粮食也会失收。凛冬将至。

国王的伦敦

正如 15 世纪编年史家波利多尔·弗吉尔（Polydore Vergil）所观察到的那样，"整个英国……分为四个部分；其中一个住着英格兰人，另一个住着苏格兰人，第三个部分住着威尔士人，第四个部分住着康沃尔人。所有这些人都各不相同，无论是语言、风俗、法律还是法令都不一样。"[19]

英格兰王国是由几个小王国发展而来的，这些王国来自三个日耳曼部族，即盎格鲁人（Angles）、撒克逊人（Saxons）和朱特人（Jutes），随着罗马失去对西欧的控制权，他们抵达了大不列颠岛。[1]在亨利·德·珀西的时代之前，这个王国曾经统一了四个世纪，和北部边境长城以外以及在西部、西南部的两个半岛上说着混杂语言的各个民族和说古不列颠语言的幸存者分享着大不列颠岛。

---

[1]日耳曼人据信于五世纪从现今德国北部和斯堪的纳维亚南部迁徙至不列颠。——译者注

多年来，伦敦一直是大不列颠岛繁荣的经济中心，罗马人将伦敦城建造在泰晤士河北岸，经此前往欧洲大陆，特别是北海对岸的法兰德斯（Flanders）、法国北部和德国"自由帝国城市"的富裕市场。在这里，英格兰国王坐在威斯敏斯特大厅里，这里曾经是距Lundenberg（撒克逊人是这么称呼它的）上游1英里处一个小岛的一部分，但现在是这个城市的西郊。就像《权力的游戏》中"红堡"（Red Keep）的大厅一样，这是君主执政的地方。

王座设于大厅的南端，旁边是一块12英尺（3.6米）长的大理石板——国王的长桌，长期以来是统治者权力的象征。现在的国王长桌要追溯到爱德华一世的父亲亨利三世[1]的统治时期，它取代了一张更古老的木板桌，那块木板曾经与国王一起走过全国各地。国王的宝座按《圣经》中所罗门王的宝座仿制而成，上面雕刻的狮子是王国的徽章。大理石宝座已经成为伟大的帝国威望的象征，在遥远的君士坦丁堡（Constantinople）仍然幸存的东罗马帝国皇帝和西罗马帝国的查理曼大帝（Charlemagne, Emperor of the West）都在使用。威斯敏斯特宫最近也成为了领主和平民举行半官方会议的地方，现在被称为议会（Parliament）。（法语"parliament"意为"谈话"，英语"parley"也是来源于此，与敌人谈判）

伦敦，国王在这里统治他的王国，当时可能是6万人的家园，远远小于格拉纳达（Granada）、塞维利亚（Seville）、威尼斯（Venice）或米兰（Milan）或南方无数个其他城市。虽然国王和高等级的贵族们已经讲了250年的法语，但伦敦的商人精英一直讲英语。伦敦是一座拥挤肮脏、熙熙攘攘的城市，三面环绕着带有七座城门的罗马城墙，另一面环绕着河流（这七座大门直到1760年才被拆毁）。现在，这座城市已经从古老的城墙里延伸至东面的伦敦塔（the Tower）以及

---

[1]　1216年—1272年在位。——译者注

西面的弗利特河（River Fleet）。

诺曼人建造伦敦塔是为了控制和震慑这座城市。伦敦塔是一座皇家堡垒、住宅楼、甚至是动物园，在亨利三世统治期间住过一只大象和一只豹子。它也是一座监狱，只有一个人曾经逃出来过：1101 年逃出的雷纳夫·弗朗巴尔（Ranulf Flambard），他是一个无论对方贫富与否都要诈骗钱财的臭名昭著的主教。伦敦塔当时还有一个有着160 卷藏书的图书馆，是英格兰最大的图书馆之一[20]——但在现实生活中人们的阅读品味不高，其中有 59 卷都是蹩脚的爱情故事，而英格兰女王是当时最热心的借阅人之一。[21] 在维斯特洛的学城，旧镇的学士总部，"放眼已知世界，没有任何地方的知识能与这里相比。"[22]，但在当时的英格兰，即使是最大的藏书与学城的藏书相比也显得微不足道，并且一直到 17 世纪都是如此。

伦敦是一座非常不卫生的城市，一座淹没在自己污秽中的城市。一位伦敦人曾抱怨附近的屠宰场让他的花园"发臭、腐烂"，另一位伦敦人抱怨动物的血液充满附近的街道，"给附近的所有居民带来了肮脏腐败、令人难以忍受的景象。"[23] 一份针对外法灵顿坊（Ward of Farringdon Without）居民威廉·E. 科纳尔（William E. Cosner）的投诉称，"人们没法经过"他的房子，"因为有马粪和马尿的臭味。"[24] 人们对溺死在粪池里或臭味和污秽导致谋杀的事并不陌生，当他们生活和工作都在"勉强能让一个胖子转身的小巷里"，这些事情就没什么值得大惊小怪的了。[25] 直到那个世纪后期，屠宰场和其他不卫生的地方才被迫迁出拥挤的城市。

在泰晤士河对岸，南华克区（Southwark）因其以褐色的泰晤士河水制成的高度数啤酒以及数量众多的妓院而闻名。不可思议的是，这些妓院（stews）大部分都归温彻斯特主教（Bishop of Winchester）所有。许多女性都是渡海而来的佛兰德人，这些有着异国情调的移民在雄鸡巷[1]（Cock Lane）和摸屄巷（Gropecuntlane）求生存，这座城市还有许多类似的丰富多彩的街道名称，比如粪溪街（Shitbrook Street）和撒尿巷（Pissing Alley）。在官方那里遇到麻烦的伦敦人都跑到南华克区，他们经常以此逃脱惩罚，因为那里是一个独立的管辖区；后来，这个乌烟瘴气的法外之地将诞生该市最著名的剧场——威廉·莎士比亚环球剧场（William Shakespeare's Globe Theatre）。

即使在一个世纪之前，伦敦就拥有 350 多家啤酒屋、小酒馆和旅馆，这些都是臭名昭著的藏污纳垢之地。在海峡对岸的佛兰德早已开始用啤酒花酿制啤酒，但直到百年战争时，英国人才第一次品尝到这种现代人认为是啤酒的饮料。在此之前伦敦人喝的"啤酒"质地更像粥，很浑浊，但它仍有爱好者，并持续到都铎时代。后来一位诗人描述了他对本土"啤酒"的热爱：

> 俺是康沃尔人，酿得一手好酒。
>
> 这酒让人快乐，这酒让人犯呕。
>
> 浓稠有烟熏味，味道却很寡淡；
>
> 好似一群猪猡，酒里斗过一番。[26]

与 14 世纪所有重要的城镇一样，伦敦市民可以通过戏剧来自娱自乐，但在第一批剧院诞生之前，重要的节日里只能看到走街串巷的业余演员的演出。这些表演非常猥琐，包括性、虐待狂、强奸、裸露、醉酒和酷刑（从当地屠夫那儿弄来的内脏作为道具）。但舞台上的暴力事件反映了台下现实世界的暴力行为，当时的谋杀率可以与现代中美洲相比。[27] 到了晚上，圣玛丽勒波教堂（the church of St Mary-le-Bow）的钟声标志着夜幕的降临，虽然这已不再像征服者威廉时代

---

[1] 查尔斯·狄更斯的《双城记》中提到了这条巷子。——译者注

一样是宵禁的信号，但男人和女人们都明智地走向室内。

此处有龙

伦敦在英国的主导地位要归功于其在泰晤士河上的地理地位，让城内的规模庞大商人阶层——即使在罗马时代也称得上数量可观——可以进入欧洲最富裕地区的市场：佛兰德、法国、莱茵兰（Rhineland）[1]和意大利北部。这里曾经比东方要贫穷和原始很多，但这种贸易的互通让经济开始繁荣，甚至突飞猛进；佛兰德和荷兰已经显示出经济快速发展的迹象，这将使得荷兰人在17世纪诞生了现代资本主义。受过良好教育的英国人很熟悉这个天主教和基督教的世界，再在这之外可能还有一个"此处有龙"的世界。（这个词不是在神话中出现，因为在16世纪确实在地图上有过两处标记，上面都写有拉丁文"HC SVNT DRACONS"，意为"此处有龙"。）

马丁[2]小说中的世界由四个已知大陆组成：维斯特洛（Westeros）、厄斯索斯（Essos）、索斯罗斯（Sothoryos）和乌尔特斯（Ulthos），后两者我们在前几本书中很少听说，但索斯罗斯大概是一个遍布云雾弥漫的热带丛林和热带疾病肆虐的地方，可能有点像非洲。维斯特洛和厄斯索斯之间是狭海，在狭海的那一边是多个城邦，被称为"自由城邦"，在它们的南面和东面是失落的文明，以及诸如多斯拉克人这样的游牧民族，他们骑马穿越广袤的大陆，偶尔威吓和征服大陆的城镇居民，有时与他们交易。

维斯特洛的领土跨域900英里，气候和民族都很多元化：最南端的王国多恩就像地中海，气候温暖、尘土飞扬，到处是"蝎子和沙子"，并以其民风彪悍而闻名于世，他们的祖先是多个种族混杂的入侵者。维斯特洛的北方常年冰天雪地，即使在夏季也一样，而在长城以外，

[1] 指德国西部莱茵河两岸地区。——译者注
[2] 《冰与火之歌》作者乔治·R.R.马丁。——译者注

气候就像极地般严寒。维斯特洛王国的领土只覆盖岛屿的南部，并受到 300 英里的长城保护，长城以外还有自由民，亦称野人，他们是岛上先民的后代；除此以外，还有其他令人闻风丧胆的、难以置信的生物。在最北边是永冬之地，据闻有令人胆寒的异鬼，尽管很多人怀疑这种鬼魅般的生物究竟是否存在。

对于当时的西欧人来说，欧洲和近东地区是已知的世界，在此以外是未知的世界，正如马丁在他的奇幻小说里写的一样。按历史学家芭芭拉·塔奇曼（Barbara Tuchman）的话来说，波斯帝国和印度等遥远的土地，"通过光怪陆离的神话传说，偶尔可见出现实的一角：高到触及云层的森林、成群行动并在七年内就会变老的有角侏儒、在火葬堆里烧死自己的婆罗门、长着狗头和六个脚趾的人、只有一只眼和一只脚却行动如风的"独眼巨人"、只有在处女的膝上睡觉时才能被捕获的"独角兽"、眼泪是银色的亚马逊人、用自己的爪子剖腹生子的黑豹、长出的叶子可以做成羊毛的树木、300 英尺长的蛇、眼睛是宝石的蛇、为了不受音乐的诱惑而用尾巴堵住自己一只耳朵的蛇。"[28]

英格兰王国的大多数人一生都不会遇到那些遥远土地上的人，尽管有些人可能见过从这些地方进口的丝绸、黄金和象牙等异国商品。在世界尽头之处，甚至比波斯或印度更远的地方，在西欧地图上当时标记为"赛里斯"（Seres）[1]，这么称呼是因为那个地方的人们穿着丝绸——一种蚕产生的珍贵材料，东方人一直试图阻止外国人得到它（直到一名僧人将一对蚕偷偷带到拜占庭）。但当时的人都对这个"塞里斯"，也就是中国，知之甚少，甚至有传言说还有一个更加遥远的强大岛国存在。

当时的人以为印度占据了半个世界，而另一些人认为有三个印度，

---

[1] Seres 是当时欧洲国家对中国的称呼，源自希腊语"丝"，从丝的上古汉语读音转化而来，意为丝国、丝国人。——译者注

其中一个由祭司王约翰（Prester John）统治，他是一位传奇的中亚国王，欧洲人相信他将帮助他们赢得十字军东征。在 12 世纪据说流传着这位伟大统治者写的一封信："我，祭司王约翰，是王中之王，我在财富、美德和权力方面超过了世界上的所有国王……牛奶和蜂蜜在我们的土地上自由流淌；毒药不会伤害人，也不会有任何吵闹的青蛙呱呱叫。没有蝎子，也没有蛇在草丛中爬行。"[29] 这个异国情调的遥远王国里充满了钻石、翡翠和其他宝石，以及可以治愈各种疾病的辣椒和灵丹妙药。

欧洲人梦想着东方难以企及的巨大财富：由蛇守护的"长满宝石的树木和金山"以及俄斐（Ophir），这片土地上到处都是"巨人、侏儒、狗头人、流向天堂的河流、宝石、不老泉、沙之海、石之河，在更遥远的地方住着失踪的以色列"十支派"（Ten Lost Tribes of Israel），这些都属于祭司王约翰"[30]。此外还有其他神奇的土地——"亚特兰蒂斯[1]、黄金国（El Dorado）[2]、黄金河（Rio Doro）、莫诺莫塔帕王国（the Empire of Monomotopa）[3]，由七位主教发现的锡瓦拉的七座黄金城之岛（Island of the Seven Cities of Cibola）[4]、由爱尔兰人在六世纪时期发现的圣布伦丹岛（St Brendan's Isle）。"[31] 航海家圣布伦丹在七十多岁时开始他的异国之旅，他相信上帝更甚于任何航海工具，最终可能到达亚速尔群岛（Azores）或冰岛。

当时的人们只知道有三大洲，并相信在大洋对岸有一片"未知的南方大陆"（Terra Australis Incognita）。那里对于人类来说太热了，但可以找到不少异族，其中有一种叫"伞足人"（Sciopods）[5]

---

[1] 传说中位于大西洋中部的文明古国，据称在公元前一万年被史前大洪水所毁灭。——译者注

[2] 传说中位于印加帝国，遍地是黄金。——译者注

[3] 原文如此。疑为 Monomotapa 误写为 Monomotopa，位于非洲，中世纪时因盛产黄金受到葡萄牙殖民者的觊觎。——译者注

[4] 据传位于南美洲古代的印加帝国。——译者注

[5] 原文如此。疑为 Sciapods 误写为 Sciopods。——译者注

的独脚怪物；当天气太热时，他们就直直地躺在地上，用脚来遮蔽阳光。在这片遥远的土地上还可以找到脚趾头朝后长的对蹠人（Antipodes）；只有一个乳房的亚马逊人[1]；长着狗头的犬头人（Cynocephales）[2]；长着象鼻的帕诺提人（Panoti）；以及没有头、脸长在胸部的布勒米人（Blemmyae）[3]。在已知世界以外，还可以找到无头人或埃塞俄比亚的穴居人，而东方的某些族群据说还会吃掉自己的父母——尽管亚洲偏远地区肯定有食人族，甚至直到相对近代的时候还有。牛津大学博德利图书馆（Bodleian Libraries）一份现存的 12 世纪的手稿中包括了这些东方奇迹中的双头蛇、半人马和独角兽，这种世界观受到了古典神话的影响。

也许没有什么比龙更能抓住人们的想象力了。当时的人们普遍认为，位于祭司王约翰帝国以南的遥远的斯里兰卡遍地是龙，但这些可怕的生物几乎在每种文化中都被塑造成让人着迷的对象。分析心理学的创始人卡尔·荣格（Carl Jung）认为龙是"英雄原型"（archetype hero）的死敌，是为了获得胜利而必须击败的怪物——北欧英雄西格德（Sigurd）[4]、盎格鲁-撒克逊的贝奥武夫[5]（Beowulf）或基督徒圣乔治[6]（the Christian St George）都是如此——但龙也是我们内心的怪物。

13 世纪的伟人，比如大阿尔伯特（Albert the Great）[7]和罗杰·培根（Roger Bacon）[8]都认为地球赤道由于高温无法维持生命，也因

---

[1] 据说亚马逊女人为了拉弓方便切掉右边乳房。——译者注
[2] 原文如此。疑为 cynocephalus 误写为 cynocephales。——译者注
[3] 原文如此。疑为 Blemmyes 误写为 Blemmyae。——译者注
[4] 又译作齐格菲、齐格飞、西格鲁德，中世纪中古高地德语史诗《尼伯龙根之歌》的英雄，以屠龙闻名。——译者注
[5] 约 750 年左右的英雄叙事长诗《贝奥武夫》主角，曾与喷火巨龙交战。——译者注
[6] 著名的基督教殉道圣人，英格兰的守护圣者。经常以屠龙英雄的形象出现在西方文学、雕塑、绘画等领域。——译者注
[7] 一位中世纪德国重要的哲学家和神学家。——译者注
[8] 英国方济各会修士、哲学家、炼金术士。——译者注

此人类只居住在北半球；当时大家都相信这一观点，直到 15 世纪的葡萄牙探险家们绕着好望角（Cape of Good Hope）一路航行时才证明这个观点是错误的。人们对世界的另一边知之甚少，那时的欧洲地图与其远古的地图相比仍然是原始而简陋的：它们往往显示出世界是 T 形的，亚洲位于顶部，欧洲和非洲位于下方。相比之下，在当时更先进的中国地图上，赤道被视为环绕地球的一个圆圈，欧洲人总有一天会从东方借来这个想法，以及眼镜、纸张和火药。

在 13 世纪中叶以前，没有一个欧洲人到过比巴格达以东更远的地方再返回。后来，在 1276 年到 1291 年之间，一位来自威尼斯的探险家马可·波罗抵达了遥远的蒙古皇帝忽必烈汗的宫廷。马可·波罗一行人在旅途中到达了罗布泊地区（Lop）[1]，这是一块"巨大、干燥、盐渍的湖床覆盖着的中国最西北部的地方，一片荒漠——因其险恶的环境而为人所知"，并且被认为是"未知世界的边缘"。[32] 据说在罗布泊的沙漠中，商人们经常听到恶魔呼唤他们跟随，之后他们就杳无音讯。

马可·波罗发现了许多与欧洲人完全不同的文化。在卡穆尔（突厥语"Kamul"，即今中国西部的哈密市），当地有一种习俗是"陌生人和主人妻子一起住在主人家的房子里，随心所欲，还和她同床而眠，就像她是他的妻子一样，他们能很愉快地相处"，而且这是得到男主人同意的。[33] 相反，马可·波罗发现在缅甸人们会毒杀陌生人，邀请他们住在家里，然后"在晚上用毒药或其他东西杀死他。"[34] 这样他们的灵魂永远不会离开房子，而这样能带来好运。马可·波罗发现中国南方的佛教徒"吃所有粗糙的东西，他们也非常愿意吃人肉，只要他（死者）不是自然死亡的"——他们更爱吃那些死于剑下的人，因为他们的肉"非常优质、非常好吃"。[35]

---

[1] 位于塔里木盆地东部，原为中国第二大咸水湖，现已干涸。——译者注

马可·波罗还到访了俄罗斯，在那里他看到了狗拉雪橇，并写道："由于那里极度寒冷，人们的房子都在地下。"在这片冰冷的土地上"有黑貂、白貂和松鼠……还有黑狐狸"，他们用来制作毛皮。在此之后，他在俄罗斯发现了另一个地区——黑暗谷，他也称之为"阴影之地"。这里的人们"像动物一样生活……天太冷了，人们的尿都会冻结"[36]。

伦敦商人们当时刚开始与这个遥远的国家进行贸易，他们称之为"黑暗之地"。它仍然处于他们缓慢扩张意识的边缘；几个世纪前，威塞克斯国王阿尔弗雷德[1]接待了一位到过挪威最北边的游客，在那里的驯鹿牧民勉强能维持生计，他们讲述了很多奇妙的故事。除此之外，在北极冰天雪地的荒野中，有一块永远是冬天的土地，只有耐寒的维京冒险者在三个世纪前到过那里，并带着点讽刺意味地将它命名为格陵兰岛[2]。当接近这片广袤大陆的海岸时，一位旅者形容这片永远是冬天的大地"从寒冷的白茫茫大海中升起"，"仰视着灿烂阳光下闪闪发光的巨大银色冰柱"[37]。

这里的人们挣扎在生存的边缘，依赖来自海洋另一边的供给为生，而到了上个世纪末，他们将成为第一批注意到凛冬将至的人类。伦敦或阿尼克的人们也许还不知道，但世界变得越来越冷，一场大灾难即将展开。

本章尾注：

1. 瓮城的具体建造日期不详，也许是 14 世纪早期或 15 世纪晚期。
2. Rose Alexander: *The Kings in the North*
3. Ibid
4. Ibid

---

[1] 871—899 年在位。——译者注
[2] 该词意为绿色土地。——译者注

5. Ibid

6. 奈德·史塔克，出自《冰与火之歌》第一卷《权力的游戏》。

7. Saul, Nigel: *For Honour and Glory*

8. 吉斯伯勒的沃尔特口述，一部 14 世纪的作品，但很多史学家都对这个故事表示了怀疑。

9. 出自《权力的游戏》第一季第七集《不胜则死》（*You Win or You Die*）。

10. Bartlett, Robert: *England Under the Normans and Angevins*

11. Rose Alexander: *The Kings in the North*

12. Larrington, Carolyne: *Winter is Coming*

13. Geoffrey of Monmouth History of the Kings of Britain

14. 当代 Gesta Stephani

15. 15 世纪 Crowland Chronicles

16. *Chronicles of Froissart*

17. Ibid

18. 马丁本人作了比较。https://winteriscoming.net/2017/07/15/game-of-thrones-as-myth-the-roots-of-the-white-walkers-the-others/

19. Polydore Vergil's English History

20. Tombs, Robert: *The English and Their History*

21. Saul, Nigel For Honour and Glory

22. 出自《冰与火之歌的世界》中《旧镇》一章。

23. 1368 年的法庭记录。

24. 引自 Kelly, John: *The Great Mortality*

25. Kelly, John: *The Great Mortality*

26. 安德鲁·布尔德，一位伊丽莎白一世时代的诗人。

27. http://www.nytimes.com/1994/10/23/us/historical-study-of-homicide-and-cities-surprises-the-experts.html

28. Tuchman Barbara A Distant Mirror

29. Frankopan, Peter: *Silk Roads*

30. Bartlett, Robert: *The Norman and Angevin Kings*

31. Ibid

32. Bergreen, Laurence Marco Polo

33. Ibid

34. Ibid

35. Ibid

36. Ibid

37. Kelly, John: *The Great Mortality*

* 特伦特河在英格兰地图中占据的位置大致与三叉戟河在维斯特洛占据的位置相同。

· 02 ·

铁 王
——法国、河湾地和圣殿骑士团的诅咒

无论我如何虚构，历史上总有更糟的故事。

——乔治·R.R.马丁

活活烧死一个人需要半小时。佛兰德编年史家傅华萨（Froissart）对法国"疯王"查理六世（Mad King Charles）[1]统治时期一名罪犯经历火刑的描述，很好地刻画了这种刑罚的恐怖：

　　他们将犯人推搡着走上刑场。火已经燃起。广场上已经架起了一座绞刑架，在它下方则是带着一条沉重铁链的火刑柱。另一条带环的铁链从绞刑架上悬挂下来。这个铁环开口处有铰链，可以绕在犯人的脖子上，然后系紧并向上慢慢拉，这样他能活得更久些。第一条铁链缠绕在他身上，将他紧紧绑在火刑柱上。犯人不断大喊大叫。等到他在火刑柱上固定好了，垒好的一大堆木材就会被点燃，火焰迅速蹿起。犯人就是这样被悬

_____

[1] 1380—1422年在位。——译者注

吊和焚烧，如果法国国王想看的话，他可以从窗户里看到被行刑的犯人。[1]

火刑是一种让人恐惧和痛苦的死亡方式，所以用于最十恶不赦的罪行——而很少有罪行像宗教异端那样令人发指。因此在1314年3月，巴黎人民聚集在市中心的一座岛屿上，围观4名年迈的勇士因该罪行被处决。这些人是圣殿骑士团（Knights Templar）的成员，这是两个世纪前由九位骑士成立的一个武装军团，成员需要立誓保护基督教朝圣者前往圣地（Holy Land）[1]。多年来，圣殿骑士团已经发展成为一个进行圣战的军事力量，他们以立誓不娶妻、捍卫文明为人所知，以一身白色长袍作为标志。后来的圣殿骑士团不断壮大发展，凭借其正义的声誉和实力以及遍布欧洲和近东的势力范围，该骑士团开始掌握大量资金，发展成为一个极其强大和富有的国际银行组织。像历代银行家一样，他们受到别人的憎恨——因此当十字军东征（Crusades）在1303年失败后，他们不可避免地遭到了敌对势力的打击。

在欧洲，没有人比法国国王更为强大了。在当时，法国是基督教世界的主要国家。用一位历史学家的话来说，法国是"至高无上的"，"她在骑士精神、学术和对基督教的贡献方面的优越性毋庸置疑，作为教会的传统捍卫者，其君主被授予了'基督教国王'的称号。"[2]法语既是英格兰、佛兰德（Flanders）、那不勒斯（Naples）和西西里（Sicily）统治阶层使用的语言，也是远在耶路撒冷的法律语言，还是欧洲各地学者和诗人使用的语言。有法国血统的国王们坐在各国的宝座上，从地中海东部一直到爱尔兰岩石遍布的大西洋沿岸。成千上万的法语单词在欧洲大陆的各国语言中得以传承。

国王们坐在巴黎的宫廷里，这里是西方世界的中心，他们的

---

[1] 也就是耶路撒冷。——译者注

血统可以追溯到罗马帝国时代高卢废墟上建立的蛮族王国法兰克（barbarian Frankish kingdom）[1]。当时的君主"美男子"腓力四世（Philippe le bel）[2]是一个专横而冷酷的人，一心想扩大他的权力。

腓力四世也被称为"铁王"，他因冷酷而被比作一座雕像，或者一只不说话、只是盯着别人的猫头鹰（说这话的主教很快就后悔了）。腓力四世是一个虔诚的男人，他穿着一件刚毛衬衣[3]，经常鞭笞自己，"那些见过他的人都觉得他目不转睛的凝视、长久的沉默和神秘的举止令人不安"3。尽管他是一个对宗教很虔诚的人，但你不会想和他作对，对圣殿骑士团的惩罚甚至不算他最残忍的一次惩罚，其他一些敌人曾被他活生生剥皮。

作为卡佩王朝的君主，腓力四世的血脉始于987年的于格·卡佩（Hugh Capet）[4]；再往前，法兰克人曾经是日耳曼的一个部落，他们曾占领高卢北部并接受了当地高卢-罗马人（Gallo-Roman）的臣服。他们在罗马帝国灭亡后不久皈依了基督教，并逐步开始使用当地拉丁人的语言，这种语言后来演变成古法语。

铁王在巴黎北面的兰斯大教堂加冕，就像八个世纪前他的祖先克洛维一世（Clovis I）[5]一样，大主教将他的祖先查理曼（Charlemagne）曾使用的剑交给他，将其系在国王身上并念诵 Accipe hunc gladium cun Demi benediction"4——接受这把带着上帝祝福的剑。此时[6]，腓力四世已统治了30年，他的三个儿子已长大成人，一个幸存的女儿嫁给了英格兰国王[7]，因此他可以预见法兰西将拥有一个强大而

---

[1] 5世纪至9世纪在西欧和中欧的一个王国，由法兰克人克洛维一世创立。——译者注
[2] 1285—1314年在位。——译者注
[3] 旧时苦行者穿的粗毛衬衣。——译者注
[4] 987—996年在位，开创了卡佩王朝。——译者注
[5] 法兰克王国的创立者，481年—511年在位。——译者注
[6] 指1314年。——译者注
[7] 即爱德华二世，1307年—1327年在位。——译者注

悠久的王朝。两年前，他有了一个外孙，这个男孩名叫爱德华[1]。

然而，拥有至高权力的庄严王国却陷入了财政困境，腓力四世的庞大开支迫使他寻找新的财政收入。在甚至没有事先询问教宗克勉五世的情况下，腓力四世密谋将圣殿骑士团摧毁，以夺取他们的财富。在1307年，他发出密令，以各种罪名逮捕圣殿骑士团在法国的所有15000名成员。腓力四世在密令上对圣殿骑士团的指控是："想到、听到都觉得很可怕——这是令人憎恨的工作，也是令人蒙羞的耻辱、丧尽天良的行径，与人性背道而驰。"仅有20多名圣殿骑士团的成员逃脱。那天是13日，星期五。

许多曾被逐出圣殿骑士团的人都成为了证人，他们很乐意提出各种指控。圣殿骑士们被指控向魔鬼出卖灵魂、成员之间发生性关系、也与魅魔（succubi）——据说勾引男性发生肉体关系的女魔鬼——进行交媾，还有其他各种肮脏的行为。据说他们还会喝死去战友和他们自己私生子女的骨灰制成的粉末。

虽然大多数圣殿骑士都承认自己有罪——即使对一个容易轻信的平民来说，这些罪行也是完全不合情理的——大多数人都会在经历了宗教裁判所（Holy Inquisition）的长期酷刑后承认与恶魔发生了性关系。审判被授意使用的酷刑方式包括拉肢（rack），受害者在供认之前被可怕地拉伸四肢；吊坠刑（strapedo）[2]，用绳子将犯人的双手绑在背后，然后把他吊在房梁上，直到认罪；或者在受害者脚底涂抹油脂并将他的双脚放到火炉前，直到他供认为止。有时也会出现特殊情况，比如一个名叫贝尔纳多·德·瓦多（Bernardo de Vado）的骑士，在行刑过程中他的骨头都散架了，已经无法再用刑。

吊坠刑有时还会将重量加到睾丸上，让整个过程更加痛苦。还有许多人被捆绑在拉肢刑具上，一种沿着凹槽缓慢拉扯的装置会让他们

---

[1] 即爱德华三世，1327年—1377年在位。——译者注
[2] 原文如此。疑为strappado误写为strapedo。——译者注

的脚踝和手腕脱臼移位。到了 1308 年 1 月，在巴黎被逮捕的 138 名圣殿骑士领袖中有 134 人承认了一系列指控，其中包括亵渎神明、各种堕落的性关系、举行恶魔崇拜仪式（该恶魔化身为猫）。他们还被指控与圣地的穆斯林进行利益交换，因为基督教世界迫切希望为自己在战争中的失败辩解。

大团长雅克·德·莫莱（Grand Master Jacques de Molay）[1] 最终承认亵渎罪，但否认犯了鸡奸。在他招供一个月后，教宗克勉五世无奈致信所有欧洲统治者，指示他们在各自国家逮捕圣殿骑士。在巴黎，大约 54 名圣殿骑士很快被关进囚车并运出城烧死。最后的处决在 1314 年 3 月 18 日，当时大团长莫莱和其他圣殿骑士领袖在巴黎的犹太岛（Island of Jews，现更名为"圣殿骑士之岛"[2]）上以轰动一时的形式被处决。5 此时他们已在地牢中度过了七年，受尽了各种折磨。

圣殿骑士们在之前一个世纪建造了他们在巴黎的第一座圣殿，到他们被毁灭时，圣殿已俨然是一座堡垒，就座落在城墙外。它拥有一座巨大的主塔，也就是城堡主楼（donjon），侧翼是四座塔楼，它的宏伟可以与巴黎皇家宫殿（Palais Royal）相媲美。

巴黎当时拥有多达 21 万人口，是西方基督教世界里最大的城市，人口大约是伦敦的四倍（伦敦直到 18 世纪才超过对手）。值得夸耀的是这座城市有六条街道，包括其贸易主道勒格朗德大街（Le Grand Rue）[3]，此外还拥有农民在每个周五带来农产品的巴黎中央市场（Les Halles）以及屠宰场圣雅克教堂（St Jacques-la Boucherie），在那里，"巴黎猛烈的风暴也只能在牲畜的血池里掀起一丝涟漪。"6 附近则是尚多莱（Champs-Dolet）——"痛苦和哭泣之地，"7 动物

---

[1] 出生于约 1243 年。——译者注
[2] 英语：Island of Templars。——译者注
[3] 这条主干道名的字面意思就是"大街"。——译者注

在那儿被屠宰；而巴黎在沙滩广场（Place de Grève）上烧死流浪猫的传统一直持续到了17世纪。

中世纪的巴黎是一个危险、嘈杂和恶臭的地方，但现在这座城市以拥有第一家医院——主宫医院（Hôtel-Dieu）为傲，当时三四名患者睡在一张床上，死者的衣服在每月拍卖会上出售。伟大的大教堂巴黎圣母院（Notre Dame）已经在朱庇特神庙的原址上完工，该神庙可以追溯到罗马时代的卢泰西亚（Lutetia）[1]（今天巴黎圣母院的内部大部分都在19世纪经过修复，原貌在法国大革命中的破坏中千疮百孔）。此外还有令人惊叹的圣礼拜堂（Sainte-Chapelle），由腓力四世的祖父路易九世（Louis IX）[2]建造，其中收藏了许多基督教王国中最无价的圣物，这些圣物是十字军从中东带回来的。这座城市的左岸此时已经是学府区了，这里有著名的巴黎大学，这也是欧洲第二古老的大学。

直到中世纪早期的最后几年，大约在世纪之交，威尼斯、那不勒斯和米兰等意大利城市首先达到希腊罗马时代的人口水平，接着是佛罗伦萨和德意志的一些"汉萨同盟"[3]港口城镇。但巴黎此时在经济和文化上已经站在欧洲之巅，后世所称的哥特式建筑在此时的兴盛证明了法国北部的统治地位，很快，英格兰、德意志和欧洲其他地方都开始纷纷效仿。8

离开了法国，就无法理解英格兰的中世纪史。直到现代，法国一直对这个北方邻国都带来巨大的文化影响，所以七国的故事不仅仅是英格兰的故事，更是英格兰、法国和西班牙的故事。用马丁的话来说，"维斯特洛比英格兰要大很多，很多，很多。面积上更接近于南美洲（形状当然不一样）。"9尽管七国都讲同一种语言，但他们的祖先

---

[1] 巴黎前身。——译者注
[2] 1226—1270年在位。——译者注
[3] 德国北部的一些城市组成的商业同盟。——译者注

和人种、外貌各不相同，同时地理差异很大；因此，虽然五个最北的王国与英格兰相对应，但河湾地（Reach）非常像法国，而多恩则是摩尔人统治下的西班牙。巴黎是君临城的原型，在小说里的描写远没有电视剧里呈现的那样有热带风情，因为电视剧是在马耳他和克罗地亚取景的。[10]

河湾地是：

> 一片广袤肥沃的土地，气候比全国大部分地区更加宜人。这里有一座岛屿名为青亭岛（The Arbor），就像法国的勃艮第和波尔多地区一样，出产世界上公认最好的葡萄酒。旧镇是维斯特洛最大、最复杂的城市，就像巴黎曾经是欧洲最大、最复杂的城市一样。河湾地的居民远比维斯特洛其他地方的人更注重骑士精神、艺术和文化。[11]

法国很大，面积和美国得克萨斯州差不多；而英格兰的面积与美国纽约州差不多，只有法国面积的四分之一。在有现代科技之前，从法国北部到南部需要 22 天，从东部到西部需要 16 天，任何一位国王统治起来都非常困难。[12] 从历史上看，它一直由公爵和伯爵们控制，而在巴黎的国王则是最大的领主。

河湾地是一个高度肥沃的地区，为邻国提供小麦和葡萄酒，就像法国一样；它也是典雅爱情（courtly love）[1] 和宫廷礼仪的发源地，还是时尚潮流的引领者，这一点也和法国一样。除了布列塔尼地区（Brittany）和西诺曼底以外，法国北部也是一个大型的小麦种植区，和英格兰及丹麦一样，是地球上这种主食最高产的地区之一。[13] 小麦是形成国家权力建构最好的天然产物，易于征税和记录，因此它具有

---

[1] 字面意思是"宫廷爱情"，是一个文学概念，流行于中世纪的欧洲，主要是指骑士阶层和贵族女士之间的爱情。一般来说，此类爱情都是比较隐秘的。——译者注

增加财政收入的功能，是建立强大的中央集权的手段。巴黎周边的法兰西岛（Île-de-France）地区几乎可以说是欧洲最早形成国家（state）的地方，但随着领土的扩张，这个国家越来越难以控制其更拉丁化的南部地区和凯尔特人（Celtic）聚居的西部地区。法国的城堡"掌握在法国国王手中"，而法国作家们则专门用一只手来比喻君主的权力。[14]

卡洛琳·拉灵顿（Carolyne Larrington）在《凛冬将至：〈权力的游戏〉中的中古世界》（*Winter is Coming: the Medieval World of Game of Thrones*）一书中写道："河湾地有着大片连绵起伏的丘陵和布满梯田的葡萄园；曼德河（Mander）这条大河贯穿其间，浇灌了肥沃的土地，并为该地区闻名的水果提供了滋养。"[15] 这里是"七大王国（Seven Kingdoms）的花园，以其葡萄和葡萄酒而闻名"，西临日落之海（Sunset Sea），东南边是多恩的赤红山脉（Red Mountains），它还出产许多庄稼和鲜花，并供应谷物、葡萄酒和牲畜。法国有八个葡萄酒产区，大部分位于南部〔但最北边的香槟（Champagne）地区在巴黎旁边〕。在英格兰，葡萄酒是一种特供贵族饮用的昂贵酒类，而在巴黎，即使是出身低微的人也可以享用。

国王的祖先安息在巴黎近郊圣但尼（St Denis）的皇家陵墓[1]；腓力四世的祖父路易九世重新安排了墓园的格局，一边属于他的祖先卡佩王朝家族（the Capetians），另一边是他更遥远的祖先、查理曼大帝的加洛林（Carolignian）王朝和更古老的墨洛温王朝（Merovignians）[2]。这个家族可以一直追溯到克洛维时代，这位第一个放弃旧神的法兰克人。

铁王在城市里建造了一个新的礼堂——"大礼堂"（Grande

---

［1］ 即圣但尼圣殿主教座堂，简称圣但尼圣殿。——译者注
［2］ 原文如此。疑为 Merovingian 误写为 Merovignians。——译者注

Salle）[1]，一间有着八根大柱和金色天花板的空旷大房间，窗户上绘有鸢尾花纹（fleur-de-lis）[2]——法国的纹章，房间里沿着墙边还有几个巨大的壁炉。历代国王的雕像俯视着前来寻求国王支持的觐见者们。

礼堂附近是隶属于司法宫（Palais de Justice）的巴黎古监狱（Conciergerie），证人在里面被"刑讯逼供"，遭到残酷的折磨；他们要经受长时间被剥夺睡眠、浸入冷水中、用水灌进喉咙直至窒息等酷刑。城墙的北边是蒙福孔山（Montfaucon Hill），有十几个重罪犯人被吊死在"将近40英尺高的石制绞架上，他们腐烂的尸体会连续几个星期吊在那里，作为对其他人的警告"[16]。证人和被宣判将被烧死的异教徒经常穿黑衣，行刑者也一样，以此表明事情的严重性。

中世纪的巴黎主要由国王腓力二世奥古斯都（King Philippe Augustus）[3]在12世纪末和13世纪初建造，大部分一直保留到19世纪60年代，即有照片的年代。西岱宫（Palais de la Cité）有四座大的防御塔，其中一座被称为蓬贝塔（Tour Bonbec），或者被称为"泄密塔"（Blabbing Tower），因为这里是人们被严刑逼供后交代的地方。1307年，正是在这里，腓力四世下令折磨28名暴徒，然后在主显节（Epiphany）前夜将他们吊死在巴黎四个入口处的榆树上。腓力四世还将造假者活活扔进沸水里。

附近的大城堡（Grand Chatelet）是为了阻挡古代诺斯人（Norsemen）[4]而建造的，现在它成为了市长（prévôt）或总督（governor）的办公室，后来被认为是该市当时众多监狱中最险恶的一座，厚厚的墙壁挡住了受刑者的尖叫声。

---

［1］ 法语，意为大厅。——译者注
［2］ 是一种自鸢尾所设计出的符号。在作为纹章使用时，也含有"政治的、王权的、艺术的、象征性的"等意义。百合花饰在与法国王室有关的旗帜及纹章上尤其多见。——译者注
［3］ 即腓力二世，1180年—1223年在位。——译者注
［4］ 即斯堪的纳维亚人。——译者注

腓力二世在河上建起了一座带有角楼的大型主楼，其中心是一座巨大的塔楼，周长45米，高30米，后来被称为卢浮宫，这个词可能源自 louve，一种母狼。[17] 卢浮宫在18世纪重建，它是当今世界规模最大、访问量最大的博物馆。在卢浮宫对面，是位于左岸的奈斯勒宅邸（Hôtel de Nesle），一座后来成为宫殿的带围墙塔楼。铁王将它变成了他的三个儿子及其家人的住所，而在旧塔中，他的两位儿媳有了情人，引发了一系列灾难性事件[1]，在王国上下引起轰动，带来深远的影响。

按照我们的标准，中世纪的巴黎城很糟糕。有一个很多人知道的故事"讲述了城中一位农民经过一条满是香水店的小巷，在不熟悉的香味中晕倒，直到有人在他鼻子底下放了一把装有粪便的铲子才让他苏醒过来。"[18] 这无疑是一个笑话，早期的现代人讲这个笑话是为自己感到庆幸，但如今许多巴黎街道的名称仍然证明那里曾经臭气熏天——rue Merdeux、rue Merdelet、rue Merdusson、Merdons、Merdiere[2]——这个城市充斥着皮革厂和屠夫扔掉的垃圾带来的臭味。腓力二世奥古斯都20岁时曾走到宫殿的窗边，对恶臭感到震惊，当时的道路并不比开放的下水道好多少，于是他下令铺设第一批街道。

在当时，被别人的粪便砸中脑袋是一种无时无刻不存在的危险，城里的居民必须在扔垃圾之前大喊三声"下面的人小心"。在地面上几乎没有阳光，周围建筑物的每一层都要比下面一层更突出一点，因此住在五楼的人甚至可以与街道对面的人握手；这种建造方法被称为"突堤"，用来让空间最大化。

暴力一直是困扰巴黎人的问题。到了晚上，城里变得险象环生和令人恐惧，"尽管有更夫巡逻，一到整点，他们便叫道：'一点钟，

---

[1] 通奸的两位儿媳被剃去头发，终身监禁。这桩丑闻使得贵族阶层对女性的歧视增加，法兰西王室从此不接受女性继承王位。——译者注

[2] 这几个街道名都和粪便有关。——译者注

38

一切安好！'——街道入口处横拉着沉重的链条，以阻止小偷四处流窜。"[19]巴黎圣母院旁边的区域被指定为"红灯区"，"拥挤的贫民区小屋变成了罪犯、老鸨、妓女和皮条客的堡垒。"[20]巴黎的街道名，诸如剥皮街（L'Ecorcherie）或剥皮场（knacker's yard），以及Pute-y-Muce，意思是"躲藏起来的妓女"，在现代优美的街道发展起来之前讲述了它们曾经的用途。

当时的娱乐来自游吟诗人（jongleurs），他们演奏古提琴（viele），这是一种三角形的小提琴雏形。在那个时候大多数人很少会离开自己的村庄，游吟诗人却会走遍已知的世界，讲述东方的奇妙故事。在腓力四世的祖父统治下，文化蓬勃发展，这在《玫瑰传奇》（*Roman de la Rose*）[1]这首诗里很好地表现了出来。这是一个以梦境视角讲述的寓言故事，是14至15世纪流传最广的作品，因其对性欲的暗示而受到许多人的谴责，玫瑰象征着女性的性欲。

这首诗是关于"命运之轮"[2]的，这个想法吸引了中世纪的人们，当时人们在面对来自上帝或君主的灾难时都是非常无助的："命运之轮的形象扎根于集体意识，它转得越来越快，提升了一些人的地位，并带来了另一些人的垮台。当时最重要的主题是不稳定性和竞争，'赢'（法语：gagner）成为这一时期的口号。"[21]随着12世纪退幕和13世纪登场，命运之轮成为一个让欧洲人着迷的主题，人们在争夺贸易利益、土地的斗争——以及军事战争中都会提起它。

当老骑士们被带到火刑柱面前时，有人大叫"异教徒"和"亵渎者"，人群中有人向他们扔了一块石头。河边的风更加煽动了暴徒们对戴罪之人的愤怒，但一旦火被点燃，大家都沉默下来。然后，随着熊熊火焰吞没一切，雅克·德·莫莱向国王和教宗克勉五世发出召唤，命令他们在一年内来见他，并对国王的家族施以诅咒。[22]在尖叫声中，

---

[1] 法国中世纪长篇叙事诗。——译者注
[2] 在中世纪哲学里，"命运之轮"象征世界的变幻无常。——译者注

在燃烧的余烬上，他大喊："教宗克勉[1]，不义的审判者和残酷的刽子手！我命令你在40天内出现在上帝的审判庭前。而你，法国国王，将不会活过今年年底，天堂的报应将摧毁你的帮凶和后代！" [23]

接下来的那个月，教宗克勉五世突然去世，年仅50岁；他的尸体被带到一座教堂里供人瞻仰，然而闪电击中了这栋建筑，几乎将它烧毁。11月，腓力四世正在巴黎郊外打猎，突然中风，他卧床休养几天后就死去。据传说，在前一年因神秘原因去世的腓力四世重臣纪尧姆·德·诺加雷（Chancellor Guillaume de Nogaret）的舌头被人拔了出来。

"美男子"腓力四世作出了摧毁圣殿骑士团并烧死其领导人的致命决定，于是大众将其与当时的王室、法国的灾难联系在了一起。这个故事启发莫里斯·德吕翁（Maurice Druon）在20世纪50年代撰写了广受欢迎的系列法国历史小说《宫廷恩仇记》（Les Rois Maudits，英文译名为 The Accursed Kings），马丁称该系列小说对自己影响很大。[24] 这一系列小说的主角是菲利普四世的女儿伊莎贝拉[2]，一位美丽的金发公主，在英格兰历史上被称为"法兰西的母狼"（She-Wolf of France），她是一位意志坚强且狡猾的王后，被迫与残酷的国王们斗争：她的兄弟路易十世[3]和丈夫爱德华二世[4]。后者是一个软弱的男人，他能当国王仅仅是依靠自己的出身和性别。伊莎贝拉虽然有一个情人，还厌恶自己的丈夫，但她仍忠于自己的血缘关系，并愿意为她那必须登上王位的小儿子[5]付出一切。

圣殿骑士团的诅咒也让法兰西和英格兰陷入一场痛苦且恐怖战争，在维多利亚时代，这场战争被称为"百年战争"（Hundred

---

[1] 指教皇克勉五世。——译者注
[2] 史称"法兰西的伊莎贝拉"，嫁给英格兰国王爱德华二世，1308年—1327年为英格兰王后。——译者注
[3] 1314—1316年在位。——译者注
[4] 1307—1327年在位。——译者注
[5] 即爱德华三世，1327—1377年在位。——译者注

Years' War）[1]，导致 300 万人丧生。接下来的一个世纪是一场彻底的悲剧，不仅仅有战争，还有黑死病（Black Death）、天主教会的分裂以及第一次国际银行危机。对于英格兰人来说，中世纪晚期的危机最终以其在法国的战败和崩盘而告终，摧毁他们的是一种能爆炸、令人恐惧的新技术，这就是火药。而这个国家后来又陷入一场王朝间的战争，被后世称为"玫瑰战争"[2]。

但更迫在眉睫的，一些更加险恶的东西威胁着已知世界。在铁王死后的那个春天，已知大陆的气温暴跌；4 月，雨季来临，并且不会停止，一场持续到 8 月的倾盆大雨没完没了。庄稼欠收，法国——和欧洲——面临着大饥荒，以及长达数个世纪的漫长冬季。

本章尾注：

1. *Chronicles of Froissart*
2. Tuchman Barbara: *A Distant Mirror*
3. Weir, Alison: *Isabella, She-Wolf of France, Queen of England*
4. 在莫里斯·德吕翁（Maurice Druon）的小说《宫廷恩仇记》中都有详细描写。
5. 根据一种理论，这么起名是因为有相当多的犹太人在历次迫害中在那里被烧死。
6. Kelly, John: *The Great Mortality*
7. Horne, Alistair: *The Seven Ages of Paris*
8. 当时没人称其为"哥特式"，该词在后来才出现。
9. https://www.huffingtonpost.com/2015/06/19/westeros-europe_n_7565694.html
10. 马丁说："首都君临并没有这么靠近热带——在书里更像中世纪的巴黎或伦敦，北境更像苏格兰。"
11. http://www.huffingtonpost.co.uk/entry/westeros-europe_n_75656
12. 罗伯特·勃朗宁的著名诗歌《他们如何把好消息从根特送到艾克斯》描绘了这个国家的广袤。我开车横跨这个国家数次，对他们的痛苦感同身受。
13. http://de.reddit.com/r/MapPorn/comments/2pyu1l/agricultural_land_use_in_france_oc_1266x1297/?utm_content=bufferb1a6f&utm_medium=social&utm_

---

［1］ 1337—1453 年。——译者注
［2］ 1455—1485 年。——译者注

source=twitter.com&utm_campaign=buffer

14. Duby, Georges: *France in the Middle Ages*

15. Larrington Carolyne: *Winter is Coming*

16. Jager, Eric: *The Last Duel*

17. 也可能源自 louver 碉堡，或 l'ouevre 工作。

18. Manchester, William: *A World Lit only by Fire*

19. Ibid

20. Horne, Alistair: *Seven Ages of Paris*

21. Duby, Georges: *France in the Middle Ages*

22. 由于大火和尖叫的声音，证人们无法确定，也可能是其他骑士说的。事实上，这个故事的讲述时间是几个世纪之后，所以可能完全是编造的。

23. 很多个世纪之后才有第一份记录。

24. http://www.bbc.co.uk/news/magazine-26824993

*   认为这一事件是相关迷信起源的理论在 1955 年出版的历史小说《铁王》中才首次提到，《达·芬奇密码》让这一理论流行起来。但这一理论也许不是真的。

· 03 ·

英格兰雄狮
——现实版的泰温·兰尼斯特

狮子才不会在意绵羊对自己的看法。[1]

——泰温·兰尼斯特

　　铁王的另一位对手远比圣殿骑士团可怕——那就是他的表兄、英格兰国王、加斯贡尼公爵[2]（Duke of Gascony）、"苏格兰之锤"（Hammer of the Scots）爱德华一世，中世纪最残暴的君主之一。《权力的游戏》不是历史，但就像历史学家丹·琼斯（Dan Jones）所说："它是架空历史，而非对已知历史的重建。它具有深厚的历史文化内涵，但从未自称是历史。"1 虽说如此，但实际上书中的不少人物在历史上都有相当明显的对应者，比如乔治·R.R. 马丁承认过的泰温·兰尼斯特（Tywin Lannister）和英国国王爱德华一世的对应关系。

　　和泰温·兰尼斯特一样，"长腿爱德华"就是那种典型的中世纪强势领袖，他在发动战争时，毫不在意可能带来的任何苦难，在权力的游戏中，为了达到目的可以不惜利用身边亲人。他的残酷和杀戮都有着极强的目的性，比如将银行家逼上绝路，为威尔士和苏格兰的平

---

[1] 出自电视剧《权力的游戏》第一季第七集《不胜则死》。——译者注
[2] 法国西南部地区的一个公国。——译者注

民带来了灭顶之灾，他施与暴行，但从来不盲目为之。事实上，如果他身边有人仅仅是为了个人利益而犯下暴行，他还会斥责这种行为。

在电视连续剧《权力的游戏》中，泰温的角色由英国演员查尔斯·丹斯（Charles Dance）饰演，他出色地塑造出了一个对中下阶层毫无同情心的冷血贵族形象。毫无疑问，爱德华一世也是同一类人，在大众眼中，他最为人所知的也许就是梅尔·吉布森（Mel Gibson）主演的史诗巨著《勇敢的心》（*Brave heart*）中的恶棍形象。虽然在现实中，爱德华一世和他的敌人——苏格兰国王罗伯特·布鲁斯（Robert the Bruce）都说的是法语，但电影拍摄不必拘泥于每一处细节的真实性，不过这位国王确实如同电影表现的一样残忍无情。

小说中的泰温·兰尼斯特和现实中的爱德华一世都身材高大，爱德华有6英尺3英寸（1.9米），在那个平均身高不到5英尺7英寸（1.7米）的时代，无疑可以算是个巨人，他因此得到了"长腿爱德华"这个绰号。他还是那个时代最出色的剑客之一，早期的罗宾汉故事中，曾有他因单挑强盗而声名大噪的情节。历史学家迈克·普雷斯特维奇（Michael Prestwich）认为"他的臂长利于持剑，腿长利于骑马。少年时代，他有一头金色的卷发，成年之后发色渐深，到了老年则变成了一头白发。虽然有点口齿不清，但他的演说据闻极富感染力。"2

据说，爱德华国王"下巴和下唇之间有一道明显的凹陷""双唇突出，鼻子却很短，就像缩水了一般……鼻梁上分隔两个眼眶的地方有一个奇怪的洞。"3 他继承了他软弱的父亲亨利三世的下垂眼，却没有遗传到他的好脾气。

与他的父亲截然相反，爱德华在历史上以冷酷无情而闻名。少年时代他就曾命令侍从们将一个触怒自己的年轻人的眼睛挖出、耳朵割掉。4 约克大主教科布里奇（Archbishop Corbridge of York）[1] 由于

---

[1] 在任时间 1299—1304 年。——译者注

在与国王会面时过度惊恐，会面结束后就倒在床上死去了。在另一个与爱德华有关的著名故事中，一位牧师在向他提出减税要求后被活活吓死。

与他性情温和的父亲不同，爱德华有着金雀花家族（House of Plantagenet）典型的狂暴脾气。金雀花王朝起源于 12 世纪中叶法国安茹伯爵若弗鲁瓦（Geoffrey of Anjou），因为他喜欢在帽子上插一支黄色金雀花，后世就以"金雀花"作为姓氏。5 若弗鲁瓦来自安茹家族在法国西部的一支，他们由于性情残暴而被认为是撒旦后裔。若弗鲁瓦的父亲，安茹伯爵富尔克四世（Fulk IV Rechin）把自己的弟弟关在地牢里直到疯掉，他因滥用权力而被逐出教会。若弗鲁瓦的曾祖父是"灰斗篷"若弗鲁瓦（Geoffrey "Greycloak"）之子，被称为"黑富尔克"的富尔克三世（Fulk III the Black），一个"魔鬼般残忍"的暴力狂。他让第一任妻子穿着婚纱，把她绑在木桩上活活烧死，还虐待折磨自己的亲生儿子。传说富尔克的祖母其实就是传说中的梅卢辛（Melusine）[1]，她是龙化身的女子，在一次做弥撒时忽然现出真身，她失声尖叫，抓住两个儿子飞走了。

梅卢辛这个人物在中世纪早期法国西部和北部的民间传说中非常流行，其形象通常是鱼或者蛇，外表迷人，并具有超自然的力量，但却是一名邪恶的使者［就像在维斯特洛里和她名字非常相似的"红袍女"梅丽珊卓（Melisandre）］。梅卢辛经常出现在"怪谈故事"（spinning yarns）——妇女们在织布时胡诌的故事，这个人物形象很可能是由多神教时代的水中仙子演化而来，传说中这种拥有魔法的生物会带来各种灾难，有时甚至会偷偷换掉人们的孩子。［亚瑟王故事中的"湖上夫人"（Lady of the Lake）应该就是一个水中仙子。］

---

[1] 梅卢辛在欧洲民间传说中，是来自大海或者河流、腰部以下长着两条蛇尾或者鱼尾的女性精灵。在欧洲很多地区都流传着梅卢辛化身为人嫁入贵族家庭最后又飞走的故事，除了文中的安茹家族，卢森堡家族和卢西尼昂家族也有过类似的民间传说，被认为是梅卢辛的后裔。——译者注

在现实中，金雀花家族的起源地要追溯至紧邻诺曼底（Normandy）南部属于早期安茹伯爵（counts of Anjou）的领地，这里同时也是中世纪骑兵的发源地。由于土地肥沃，植被茂密，盛产小麦和葡萄酒，它成了整个西欧最具争议的一块土地，因此只有最骁勇善战的领主才能获得统治权。曾经统治过这片土地的除了安茹家族之外，还有他们的死敌诺曼底公爵，这两个家族间的对抗最终因诺曼底公爵亨利的女儿玛蒂尔达嫁给安茹家族的若弗鲁瓦五世得以终结。亨利公爵同时还是英格兰国王亨利一世，所以从1154年起，安茹家族正式入主英格兰。然而随着爱德华的后代自相残杀，又过了仅仅一个半世纪，安茹家族的这一支血脉便戏剧性地收场了。

兰尼斯特家族和金雀花家族同样以狮子为家徽（sigil），在现实中被叫做"族徽"（coat of arms）。和苏格兰国王们的家族徽章相同，兰尼斯特家族的家徽是一只张牙舞爪的狮子。英格兰的三狮族徽则来源于两个公国的合体：诺曼底公国的旗帜上有两只狮子，而位于安茹以南、并入英格兰王国多年的阿基坦公国（Aquitaine）的旗帜上则有一只狮子。爱德华的伯祖父"狮心王"理查（Richard the Lionheart）通过将二者合并创造了著名的三狮徽章，现在人们更多地用它来代表英格兰国家足球队，还有他们那些时不时制造骚乱的狂热球迷。[6]

狮子在欧洲很受欢迎，中世纪的人们对动物有着奇怪的想法，他们认为狮子高贵英勇，不会吃掉受伤的人[7]，不过，这个说法我们还是不要去证实了吧。牛津大学伯德雷恩图书馆（Bodleian Library）收藏的13世纪《动物寓言集》中——类似中世纪的自然界指导书里提到，"狮子的仁慈本性已被无数的例子所证实：它们会放过躺在地上的人，把遇见的俘虏带到自己家里去，它们会攻击男人放过女人；只有特别饥饿的时候，它们才会杀死儿童。"[8]

这种说法显然不切合实际，只是将动物人格化，赋予他们骑士精神、基督徒的仁慈以及尊重女性这些理想化品质。人们希望家族的标志能反映出世人普遍认同的美德，因此当时有六分之一的族徽上都有狮子，是排名第二受欢迎的鹰的五倍。狮子取代了更传统的日耳曼形象，例如狼、熊和野猪这些北欧森林中最常见的动物，狮子大受欢迎还因为它们在基督教中的象征意义：最典型的比如福音使徒圣马可（St Mark）[1]的标志是一只带翼狮子；然后在亚瑟王相关的传说中，高文骑士（Yvain）救过一头狮子；更近一些的《纳尼亚传奇》（the Chronicles of Narnia）中，一头名为阿斯兰（Aslan）的狮子则象征着基督。

狮子在纹章学中也经常与豹相关，因为在那个时代人们相信豹是狮子和神话中的豹（pard）杂交所生。爱德华经常被比做这两种动物。他麾下一名士兵为了赞颂他在苏格兰的军事冒险，写了《卡尔拉沃洛克之歌》（The Song of Caerlaverock），歌中唱到："面对敌人，国王就像在他红旗上绣着的三只金色狮子，可怕恐怖，凶猛残酷。"[9]把爱德华比喻为豹子就更常见了，因为豹子行动迅速，善于变换位置，就像爱德华为了胜利会轻易改变立场甚至不择手段。

和泰温一样，爱德华一世也是因为从小目睹软弱的父亲无法驾驭封臣们，反而形成了这样严酷的性格。泰陀斯·兰尼斯特（Tytos Lannister）曾经被属下的雷耶斯（Reyne）和塔贝克（Tarbeck）两个家族起兵反叛，最后依靠长子泰温率军才击败了劳勃·雷耶斯伯爵（Robert Reyne）。正如泰温的弟弟凯冯（Kevan）所说："我们的父亲待人宽厚温和，却非常软弱，因此被封臣们轻蔑，甚至有人公开反对他……在宫里，他们嘲笑我们是无牙的狮子。"[10]在现实历史中，爱德华一世也会采取同样毫不留情的手段来对付那些羞辱他父亲的人。

---

[1] 圣马可殉难于埃及。传说在828年，两位威尼斯的富商在当时总督的授意下，成功地把圣马可的干尸从亚历山大港偷出运回威尼斯，存放在圣马可大教堂的大祭坛下。从此，圣马可成了威尼斯的保护神，带翼狮子也是威尼斯城的标志。——译者注

亨利三世的父亲约翰国王（King John）[1]在位时，一群北方贵族为了反对国王的残忍和贪婪而发动了内战，约翰死于内战之中，年仅九岁的亨利便在这样的情形下继承了王位。约翰曾公开嘲笑宗教，坐在教堂中便烦躁不安；亨利完全相反，他是个相当虔诚的人，每天都要做几次弥撒，有一颗温柔的心，一位编年史家以"单纯"来形容他。他"虔诚、亲切、随和，富有同情心"[11]，甚至会在聆听布道时哭泣。他还重建了威斯敏斯特大教堂（Westminster Abbey）——在马丁的小说中也有一座贝勒大圣堂（the Great Sept of Baelor）。亨利三世非常崇拜大教堂的建造者"忏悔者"爱德华（Edward the Confessor），甚至将长子也命名为爱德华。

但是亨利既不能使臣民畏惧，又无法赢得尊重。有一天，他和同母异父的兄弟若弗鲁瓦·德·卢西尼昂（Geoffrey De Lusignan）以及一些贵族在果园里散步时，被若弗鲁瓦的一位牧师扔了"草皮、石头和青苹果"，这个牧师"对国王来说就像笨蛋和小丑一样……他说话就像那些傻里傻气的滑稽小丑……总是让人捧腹大笑"。然而就是这个小丑一样的牧师，竟然"像失智的疯子，把酸葡萄汁挤进他们的眼睛里"。[12]

由于极度缺钱，亨利三世开始和王国内最有权势的臣民进行非正式会谈，听任他们发泄不满情绪，以此换取金钱支持。从1236年开始，这种会谈被称为为议会（Parliament），但是从1248年到1249年，由于对朝堂腐败和外国人的影响感到不满，接连四个议会都拒绝向亨利支付任何金钱。接着在1258年，饥荒和疫病接连袭来，在亨利前往东盎格鲁神殿（East Anglian shrines）的一次出行途中，内乱终于爆发了。带领一群男爵们发动叛乱的是国王的妹夫西蒙·德·孟福尔（Simon de Montfort），一个在22岁时来到英格兰的法国年轻贵族。

他少年时代在法国南部与异教徒进行了一场异常血腥的圣战之后，寻求自己家族在英格兰的贵族地位和领土。

德·孟福尔家族起源于10世纪时在洛林吉亚（Lothringia）——也就是今天的法国洛林——建立法兰克王朝的里加纳家族（House of Reginar）。尽管自己就来自外国，德·孟福尔还是成功将人们的仇外心理引向亨利那位民怨极大的妻子——普罗旺斯的埃莉诺（Eleanor of Provence）。年轻的德·孟福尔在战争中展现出了可怕的领袖能力和冷酷无情的性格，表现出了即使在那个时代都算是非常极端的宗教狂热。他的父亲曾经毫不手软地屠杀卡特里派（Cathar）的异教徒，西蒙也同样豪不留情地把犹太人赶出了莱斯特（Leicester）。世人皆知，亨利三世对他非常畏惧，甚至没能阻挡西蒙娶了妹妹埃莉诺公主。

德·孟福尔激进地要求王国只应由"土生土长的英国人"统治，议会固定为每年召开一次，不再需要国王召集。这些条款国王当然无法接受，于是在1260年，冲突沦为全面内战，德·孟福尔几乎就要成功控制整个国家——如果没有爱德华的话。

亨利的长子曾经和这位姑父非常亲近，但随着德·孟福尔越来越热衷于权力，爱德华变得不再信任他。叛乱发生后，叛军将国王父子关押在一处，但王子利用在院子里试骑马匹的机会逃跑了。爱德华一边飞驰离去，一边高声喊道："大人们，祝你们有愉快的一天！也请代我向父亲问好，告诉他我希望很快就能再见到他！"[13]

随后，爱德华通过谈判为父王赢回了自由，亨利离开监禁地前往格洛斯特堡（Gloucester Castle）静养，爱德华则提出愿意妥协，邀请叛军首领威廉·德·克莱尔（William de Clare）前来营地谈判。谈判的第二天，德·克莱尔因剧烈的腹痛醒来，紧接着就死了，他的弟弟被拔掉了头发、手指甲和脚趾甲。1264年刘易斯战役（the Battle of Lewes）爆发，保皇党们挥舞着龙旗高呼，"下定决心，战斗到底，宁为玉碎，不为瓦全。"[14]叛军方参战的伦敦步军志愿兵被史书描述为"麸皮商人、肥皂生产者和小丑"，在爱德华骑兵的攻击下溃不成军。[15] 尽管如此，这场战斗最终未分胜负，第二年双方又在伊夫舍姆战役（the Battle of Evesham）中相遇，爱德华在那场战役中表现出了令人震惊的残忍。

爱德华正面击溃了德·孟福尔的儿子，趁着叛军主力尚未知晓，打着对方的旗号率兵前去。德·孟福尔的理发师善于辨认纹章，老远就看见了打着己方旗帜的大队人马正在逼近，便迅速报告给了西蒙。当军队越来越近的时候，叛军才意识到是"豹子"爱德华在使诈，但已经太晚了。理发师惊慌失措地大叫："我们都死定了，来的不是你儿子！"德·孟福尔却平静地，甚至自鸣得意地回答："以圣雅各（St James）之名，他们进步得挺快，但这一招可不是他们自己创新，不过是跟着我学罢了。"[16]（类似的诡计泰温·兰尼斯特也用过。在《权力的游戏》中劳勃叛乱时，国王相信泰温率军前来是为了救援，"于是疯狂的国王下了他最后一道疯狂的命令，大开城门，引狮入室。"奈德告诉劳勃。）

亨利不仅对战争束手无策，甚至因为没人认出自己，差点死在自己人手中，幸亏爱德华及时赶来救了他。德·孟福尔被后方追上的保皇党骑士一剑刺死，连同处死的还有他的两个最年长的儿子以及30名骑士。爱德华把他姑父的睾丸割下来挂在鼻子上，把尸体切成四块送往全国各地，把他的脑袋割下来送给一位帮助自己逃出监狱的贵族女性，以示感谢。中世纪时期，贵族被洗劫、处决极为罕见，一旦发生就会被指控为谋杀，爱德华却冷血残杀已经战败的对手，完全打破了贵族战争的规则。爱德华开创了先例，到战争末期，所谓的战争规则已荡然无存，反叛的男爵们杀红了眼，只想将对手全部消灭。

正如《卡斯特梅的雨季》（The Rains of Castamere）这首歌使泰温消灭雷耶斯家族的事迹广为流传，《刘易斯战役之歌》（The Song of Lewes）也赞颂了这位王位继承人的功绩，说他像狮子，"攻击强敌毫不手软，面对猛攻无所畏惧，勇敢突袭敌人城堡。"它还向其余所有傲慢的家族发出了警告："就算幸运之轮不再转动，也要让最高点的人知道，站得再高都会倒下，谁的统治都不会天长地久。"[17]

接下来的几年，大部分乡村地区持续动荡不安，也正是在这一时期，被剥夺继承权的战败贵族们犯下了无数暴行，罗宾汉传奇就诞生于这样的土壤中。不管怎样，国王父子满足了叛军的大部分要求，王国很快就恢复了平静。1275年，新国王爱德华签署了《威斯敏斯特法令》（the Statute of Westminster），正式明确了议会形式，首次允许平民骑士和自由民（城市居民）进入枢密院，也就是国王的核心顾问圈。

和泰温一样，爱德华对婚姻相当专一，从未有过情妇。泰温深爱着他的妻子兼堂妹乔安娜·兰尼斯特（Joanna Lannister），他在结婚那天露出了一生中仅有几次的开怀大笑，但在乔安娜因为生提利昂（Tyrion）难产而死之后，泰温再也没有笑过一次。同样，爱德华和他深爱的埃莉诺王后也是表亲，两人的曾祖母都是亨利二世的王后阿基坦的埃莉诺（Eleanor of Aquitaine）[1]。订婚时爱德华15岁，埃莉诺则只有9岁，这桩婚约的缔结本是为了促成英国与法国南部的卡斯提尔王国（Castile）结盟，但却孕育了在那个年代罕见的深情浪漫。1291年，王后去世，她的棺木从林肯送到查令乡下，悲痛欲绝的爱德华下令在沿途修建了12座"埃莉诺十字架"，其中有3座保存到了今天。不过，伦敦特拉法尔加广场（Trafalgar Square）的那个查令十字是一个复制品。

和泰温一样，爱德华和儿子的关系非常糟糕，而他的儿子最终成

---

[1] 欧洲历史上有很多名为埃莉诺的贵族女性，本章一共提及五个，分别是：亨利二世的王后阿基坦的埃莉诺（1122—1204年）；亨利三世的王后普罗旺斯的埃莉诺（1222—1291年）；亨利三世的妹妹、爱德华一世的姑姑、嫁给了西蒙·德·孟福尔的埃莉诺公主（1215–1275年），以及他们的女儿埃莉诺·德·孟福尔（1252—1282年）；爱德华一世的王后卡斯提尔的埃莉诺（1241—1290年）。——译者注

为了与中世纪生活格格不入的时代弃儿。

这对王室夫妻的婚姻充满了悲惨的印记。在电视剧《权力的游戏》中，瑟曦（Cersei）在她为劳勃所生的唯一一个孩子夭亡之后，感到非常悲伤[1]，这种丧子之痛在当时简直是每个家庭必经的。中世纪欧洲的婴儿死亡率相当高——如果一对夫妇没有夭折过一两个孩子那才不正常。爱德华和埃莉诺有过 16 个孩子，最终只有 6 个活到了童年，只有 4 个比爱德华活得更长，其中 7 个孩子都没活满周岁。即使是最有权势的贵族，生活也是令人难以忍受的悲剧。

直到 18 世纪初，西欧的婴儿死亡率才开始下降，在此之前，人类的童年时代可以说是非常艰难且短暂。事实上，17 世纪欧洲的儿童死亡率并不比狩猎采集社会低。[18] 这一时期，30% 至 50% 的人在 5 岁之前死亡，其中大部分都活不到 1 岁。[19] 而在今天，工业化国家的婴儿死亡率只有 0.1‰。

当时，即使贵为王后也无法摆脱这种可怕的命运。爱德华的母亲普罗旺斯的埃莉诺有 9 个孩子，其中只有 5 个活了下来；苏格兰国王詹姆斯四世（James IV）的妻子玛格丽特·都铎（Margaret Tudor）生了 6 个孩子，只活下来一个；她的儿媳吉斯的玛丽（Mary of Guise）生了 5 个孩子，只有一个活到成年；最不幸的是 1714 年去世的安妮女王（Queen Anne），她在经历了 17 次怀孕后只顺利生下了 5 个孩子，但没有一个活到童年时期。

爱德华夫妇还很年轻时，埃莉诺就曾经送给丈夫一份礼物，罗马作家韦格蒂乌斯（Vegetius）关于战争的著作《罗马军制论》（*De Re Militari*）的法文译版，那是当时最受欢迎和最包罗万象的军事手册，任何想成为战士的人必读之书。1270 年，爱德华带着妻子和两个年幼的孩子参加了十字军东征，途经海法（Haifa）——今天的以色列

---

[1] 出自电视剧《权力的游戏》第一季第二集《国王大道》，小说中瑟曦并没有为劳勃生下过孩子。——译者注

地区时，他遭遇了一个秘密的死亡邪教组织成员的暗杀，身受重伤，几乎丧命。杀手的匕首染了剧毒，幸亏王后吸出伤口中的毒汁，才救了他的性命。[20] 在 1272 年返回西西里的路上，传来了父亲的死讯，但这位新国王中途在法国停留时参加了一场比武，又差点丧命，结果花了将近两年才回到英国。

爱德华是个可怕的人物，从未赢得人民的爱戴，得到的只有害怕和尊敬。他不怕脏，会和士兵们一起在寒冷的帐篷中睡觉，后来在围攻威尔士的康维（Conwy）时，他和士兵们同饮一桶酒，那时爱德华已经五六十岁了，在那个时代已是垂暮之年。

他的长期统治使整个不列颠被笼罩在战争的阴云之下，先是威尔士，再是苏格兰，同时与法国的一触即发的战争危机也在加剧。威尔士亲王卢埃林·阿普·格鲁菲兹（Llywellyn ap Gruffydd）与弟弟戴维兹（Dafydd）互为仇敌，相争多年，因为英格兰国王对戴维兹的庇护，卢埃林拒绝出席爱德华的加冕典礼，于是，首轮冲突便从王国西边爆发了。当时，对大多数英格兰人来说，威尔士是一个蛮荒而陌生的地方，虽然两百年来，盎格鲁 - 诺曼人（Anglo-Normans）一直在侵扰这个国家的南部，但在威尔士最深处，卢埃林的统治依然坚挺，他们奉行名为《海韦尔法》（Hywel Dda）[1] 的旧法律，通过血亲复仇来解决争端。即使与英国相比，这个国家都算是非常贫穷，更不用说法国或意大利了，它地形多山，很难凝聚全国力量于一处，然而卢埃林还是成功地将统治扩展到了境内大部分地区。

爱德华组建了一支军队向西进军，摧毁了反对派，修建了一系列城堡，大部分至今仍然矗立其间，其中包括卡纳芬、弗林特、里兹兰、康维、克里基厄斯和阿伯里斯特威斯（Caernarfon, Flint, Rhuddlan, Conwy, Criccieth, Aberystwyth）。这些堡垒只需 20 个人就可以守住，

---

[1]《海韦尔法》是古威尔士国王海韦尔·达(Hywel Dda, 880—950 年)在位期间推行的法律，经后世编纂后用海韦尔的名字命名。——译者注

53

楼梯直接通向大海，足可抵挡几年的围困。在爱德华之前的几任国王统治时期，英国便逐步对威尔士进行殖民，到此时，英国人虽然缓慢但却非常平稳地在此站稳了脚跟。卢埃林未经爱德华同意便娶了他的表妹埃莉诺·德·孟福尔（Eleanor de Montfort）[1]，爱德华因此绑架了表妹，虽然说是允许她在合适的时候嫁给威尔士人，但当她因难产死后，他却把她的女儿格温利安（Gwenllian）关进监狱，以防她被敌人利用。由于兼具威尔士和英格兰两国王室的血统，格温利安的存在对爱德华来说就是个威胁，她因此在牢里度过了一生，直到54岁死去。戴维兹的女儿们和她一起被关押在北海（North Sea）边的遥远的林肯郡，他的两个年幼的儿子就没那么幸运了：他们被送到布里斯托尔城堡（Bristol castle），其中一个也叫戴维兹，死于四年后；另一个叫欧文，一辈子都被关在一个在包着铁壳的木笼里。

威尔士的所有抵抗终结于1282年。12月，卢埃林本人在波伊斯（Powys）死于一名英格兰士兵之手，戴维兹的下场则更加悲惨恐怖。

为了提醒人们不忘国王的可怕力量，几个世纪以来，展示在伦敦塔上或桥南入口处的头颅一直是迎接伦敦游客的第一道风景。爱德华对此还不满足，他绕塔一周开挖了护城河，在河上修建了臭名昭著的"叛徒之门"（Traitor's Gate），然后把砍掉的脑袋插在门的尖刺上。

此时插着的脑袋之中就有一颗属于戴维兹。他于1282年被捕，被判处叛国罪、谋杀罪、渎神罪和密谋反对国王罪四项罪名。作为惩罚，这个威尔士人承受了四种相应的酷刑，分别是五马分尸、绞刑、开膛和斩为四块。[2] 在彻底死掉之前，他的肠子被切下来当着本人的面烧掉，然后尸体碎块分别被送到英国各个城市，只剩下脑袋，和

---

［1］即上文提到的西蒙·德·孟福尔和爱德华的姑姑埃莉诺公主所生的女儿。——译者注

［2］原文如此。实际上这几种刑罚被合起来称为"挂拉分"（Hanged, drawn and quartered），又称英式车裂，是中世纪英格兰的一种极刑。受刑人会先被绑在木板或是木架上并拖行到行刑地点，将之吊至半死但保留意识，接着开始阉割并开肠剖腹且于其眼前丢至火中燃烧，最后再斩首。结束之后，受刑人的头颅一般会被公开展示以示警（如刺于伦敦桥上），而其余肢体则会被支解为四分并送至英格兰国土的四个角落。——译者注

他哥哥的脑袋一起被插在伦敦塔上，慢慢腐烂。

1284 年，爱德华正式将威尔士并入王国，从此结束了威尔士的独立。为庆祝此事，国王举行了亚瑟王式的圆桌庆祝活动，向世人宣称自己是亚瑟王的传人和整个不列颠的合法统治者。据记载，这个聚会非常受欢迎，来自全国各地的与会者热情地涌向"豹子"爱德华，结果踩塌了地板，许多人因此丧命。

现在回过头来看，戴维兹的悲惨命运简直就是对威尔士古老传说的嘲弄和玩笑。自从盎格鲁人和撒克逊人横渡北海把本地不列颠人赶进西部山区之后，一千年间这里一直流传着一个预言：一位威尔士国王将会再次俯视伦敦。谁能想到，最后是爱德华以这种血腥的消遣，让预言成了真。

本章尾注：

1. *Sunday Times* magazine
2. http://freepages.misc.rootsweb.ancestry.com/~byzantium/Mdv.html
3. 源自一份 18 世纪对埋葬在威斯敏斯特大教堂遗体的详细记录。
4. Seward, Desmond: *Demons' Brood*
5. This is at least the most popular theory
6. 英格兰王室的纹章是"红色底色上绘有头部向外、右前腿抬起的三只金色狮子"。
7. http://bestiary.ca/beasts/beast78.htm
8. The Bestiary, translated by Richard Barber
9. Morris, Marc A: *Great and Terrible King*
10. http://history-behind-game-of-thrones.com/medieval-scotland/longshanks
11. Carpenter, David: *Magna Carta*
12. From the chronicles of the contemporary monk Matthew Paris
13. Morris, Marc: *A Great and Terrible King*
14. Gillingham, John: *Conquest, Catastrophe and Recovery*
15. The contemporary Flores Historiarum, the Flowers of History
16. Rose Alexander: *The Kings in the North*
17. http://historyofengland.typepad.com/documents_in_english_hist/2012/10/the-

song-of-lewes-1264.html

18. http://citeseerx.ist.psu.edu/viewdoc/download;jsessionid=AC9162D7FA5F3903
    BE48383CC8981A0F?doi=10.1.1.613.4151&rep=rep1&type=pdf

19. Shahar, Shulamith: *Childhood in the Middle Ages*, translation by Chaya Galai.
    Rout-ledge, 1990

20. 这个故事经过几百年的流传，情节上可能有过添油加醋，但委婉地说，这
    至少反映了他们两人间深情的浪漫。

· 04 ·

先 民
——古不列颠和维斯特洛

> 总有那么一个时间点，从它再往前，所有的日子都变得模糊而混
> 乱，而历史的真相也就成了笼罩着一层薄雾的传奇。
>
> ——霍斯特·布莱伍德[1]

　　不列颠岛上曾经有三兄弟，他们中最年长的一位名叫罗科里努斯
（Locrinus），他继承了如今被叫做英格兰的封地。他的后裔爱德华
（Edward）就是根据这一传说，声称自己对整个不列颠拥有统治权。
尽管这个神话故事很大程度上是来自 12 世纪传教士蒙茅斯的杰弗里
的杜撰。杰弗里还记录了一位伟大的君主亚瑟王带领布立吞人对抗撒
克逊人的故事，但是人们对于这些人物出身的其他事迹都知之甚少。

　　大不列颠岛位于一块巨型超级大陆西部边缘之外，距离北极圈也
仅仅只有 1000 英里。对于那些第一批横渡英吉利海峡、来自文明社
会的人来说，他们看到的这片土地肯定是寒冷潮湿、雾气萦绕，显得
格外荒凉；而对于那些有所耳闻的人来说，这片土地则充斥着怪物、

---

[1] 出自《冰与火之歌》卷五《魔龙的狂舞》。——译者注

独眼巨人甚至食人族。在森林被清除、道路和城市取代了曾经的乡间小路与村落之后的许多年里，大部分这些民间传说仍然存在于人们的集体潜意识中。

在通常被称为"不列颠群岛"的六千多个岛屿中，有 132 个岛上有人居住，其中大不列颠是迄今为止最大的岛屿，外赫布里底群岛（Outer Hebrides）附近的圣基尔达岛（St Kilda）则是人口最少的岛屿，每当夏季来临，岛上通常只有 15 个居民。[1] 从地理意义上讲，不列颠由两个区域组成，一部分是南部与东部的低洼地，这里地质上与邻近大陆的土地相似，适宜耕作与种植农作物，特别适合种小麦，并且这里拥有岛上大部分的良田。另一部分则是苏格兰、威尔士以及英格兰西北部的高地和山区，以及那些有着更古老的岩石和更恶劣气候的高地和岛屿。因常年处于大西洋风暴的冲击之中，这里孕育了品格坚韧的种族，他们以渔业和牧羊为生，偶尔也会劫掠外族。他们发动与其他民族的战争，向外输出过剩的人口。即使面临着来自伦敦以及南方统治的猛烈冲击，这些独特的文化或其遗迹都延续到了现代。这种地理上的划分定义了不列颠的历史。

对于那些亲身经历过玫瑰战争的人来说，这座岛的历史可以追溯到遥远而阴暗的过去。人们对那些曾经踏上这片土地的不同民族都有所耳闻，其中就包括一个叫做罗马的伟大民族，这个所向披靡的非凡民族也曾经征服过不列颠。这些拉丁人在不列颠各地留下了巨型石头建筑，但很多人认为这应该是一群巨人的杰作。还有一些人认为这些罗马建筑被鬼魂缠绕，所以竭力避开它们。

众所周知，岛上的原住民是威尔士人，他们至今仍然居住在西部山区，在那里大部分地区的人们依循着他们自己古老的法律；他们的祖先曾经崇拜过许多神灵，但后来相继皈依了新的信仰。这一过程先是发生在罗马时期，当后来撒克逊人入侵者抛弃了他们的旧神时，这样的情形又再次重演。

除此之外，人们对于过去的任何共识都是由蒙茅斯的杰弗里这样的人讲述的。在这个王国更偏远的地区，人们相信的可能是那些民间传说：绿人、仙女、矮人以及其他生物。只有通过现代技术和现代的历史研究方法，我们才了解到更多关于古代不列颠及其人民的大量细节。

　　通过现代技术，我们了解到有一个年龄不超过二十五岁的年轻人，他因被钝器反复击打头部而死，凶手将他的尸体留在了一个无法被人找到的僻静地方。除了知道他在离世前的最后几天里吃过马肉，并且死得非常痛苦之外，我们对于这名受害者的一生知之甚少。他生活在公元前 72 世纪的不列颠，具体大约是在公元前 7150 年左右，他在萨默塞特郡（Somerset）的切达峡谷（Cheddar Gorge）[1]地底深处的高夫洞穴（Gough's Cave）里死去。

　　这个男人的尸体没有被埋葬或焚烧，意味着他的家人可能从未找到他，因此他被一直留在了那个洞里。九千年来，洞穴之上的世界以一种难以想象的方式改变着，夜幕降临，太阳升起，如此往复，在他被发现之前，这样的循环大约进行了三百万次。六千年后，若他一直在世的话，他可能会发现人们使用着一些让他无法理解的物质，但我们可以辨认出是铁或铜；另一个千年后，人们会说着一种极为陌生的语言，它被语言学家称为"现代威尔士语始祖"的布立吞语(Brythonic)，又过了一千年，他或许会看到两层楼的建筑物，以及男人女人们群居在乡村里。这些人的语言对他来说可能神秘难懂，但我们可以如果能听到这些奇怪的词语，就会知道它隐约是日耳曼英语，或者古英语。这些人的语言、技术和信仰与切达人（Cheddar Man）完全不同，但这些人是他的后代，也是现代不列颠人的祖先。

　　这个峡谷成形于 100 万年前，当时融化的冰川溶解了地下石灰

---

[1] 切达峡谷是英国最大的峡谷。1903 年，切达峡谷在切达洞穴群内被人发现，同时被发现的还有英国最古老的完整人类遗骸，被称作"切达人"，距今亦有 9000 余年。——译者注

岩，形成了一个近 450 英尺深的裂缝。直到 1837 年，一个叫乔治·考克斯（George Cox）的男人在靠近他的水磨坊的地方挖掘石灰石的时候，才发现或者说是重新发现了高夫洞穴。这是一个到处都是钟乳石和石笋的地下世界，因溶解于水中的氧化铁的作用，其中一些钟乳石与石笋颜色鲜艳。地下水倒映着上方的岩石，这些独特的色彩使得洞穴以一种特别的方式被照亮。自维多利亚时代起，靠近海滨小镇韦斯顿（Weston-Super-Mare）的高夫洞穴就成为了热门旅游景点。1916 年，在无数参观的游客中有一对来度蜜月的情侣，名叫约翰·托尔金（John Tolkien）的新郎深受洞中景致的影响，这位即将出发前往西部前线的年轻人在他日后的杰作《魔戒》（*The Lord of the Rings*）中就使用了这个峡谷作为小说里"圣盔谷"（Helm's Deep）的灵感来源。

13 年前，该地区的工人在洞穴中偶然发现了一些骨头，而这些遗骸被证明是不列颠保存至今最古老的完整骨骼。它们被带到伦敦的国家自然历史博物馆（Natural History Museum）并陈列至今。然而，故事并没有就此结束：20 世纪 50 年代发明的碳 14 年代测定法以及 1951 年 DNA 的发现，使科学家能够确定化石的年龄。但是直到 20 世纪 80 年代线粒体 DNA 的提取，才证明了切达人在不列颠历史上的地位。线粒体 DNA 是一种非常特殊的遗传物质，它只由母亲遗传给女儿，并且一直不会发生改变。1996 年，一个研究古尸的纪录片制作团队在附近的一所学校进行了血液测试，发现两名当地人携带着与切达人完全相同的线粒体 DNA，这表明他们近代祖先中的某一母系来自于洞穴人。切达人早已消失在历史的洪流中，但他的后代仍繁衍于世。

这个尸体以及它不太明晰的死后信息，让人们可以一窥不列颠先民的模样。不列颠历史和民间传说同样也激发了乔治·R.R. 马丁（George·R. R. Martin）的创作灵感。在《冰与火之歌》前五卷书中的章节里回忆王国的背景时，不同的人物都提到岛上的第一批居民：

森林之子（Children of the Forest），这是一个类似人类的物种，他们居住在洞穴中，以土地为生；据说他们有着神奇的力量，把鱼梁木奉为自己的神祇，认为自己死后会加入"无名诸神"之列。森林之子比人类矮小，"皮肤黝黑，面容美丽"，有着雀斑和大大的耳朵，远在黎明纪元（the Dawn Age）之初就来到了岛上。在那个时代，还有一些身高约 12 英尺的巨人，他们"只以树上拔下的树枝充当工具或武器"，"没有国王，亦无领主，他们也没有家，只栖身在洞穴里或大树下，毫无农耕和冶炼技术。[2] "森林之子使用黑曜石，或者叫龙晶，那是一种可以用来杀死异鬼的冻结晶体。[3] 他们中的那些等级较高者被称为"绿先知"（Greenseers），是"森林之子中的智者"，能够通过雕刻在鱼梁木上的眼睛看遍世间万物。在五王之战时期，受过教育的维斯特洛人对这种说法持怀疑态度，就如同对待那些古老的传统和传说一样。

当一万两千年前先民通过"多恩之臂"（Arm of Dorne）——一个连接两块大陆的陆桥——抵达维斯特洛之后，战争也随即开始了。先民使用铜制武器，也带来了诸如马匹这样的新奇动物，并在之后的数十年乃至数百年的时间里一直向北迁移。先民的人口急剧增加，遍布整个大陆。他们砍伐森林，包括原住民森林之子的神圣鱼梁木。为了阻止这些移民，森林之子施用黑魔法淹没整个世界，但也无济于事；入侵者烧毁了鱼梁木，双方从此陷入了战争。不管是真是假，这段历史受到了一些维斯特洛人的认可；但受过良好教育的编年史家认为，淹没多恩之臂已经超出了森林之子的能力范围，它更可能是类似于瓦雷利亚的末日浩劫那样的自然灾害。[4]

有着铜剑作为装备的先民取得了胜利，但双方最终达成了一项誓约，先民承诺不再砍伐任何一棵鱼梁木，森林归森林之子所有，维斯特洛的其余部分归先民所有；这项誓约是在神木面前，以旧神作为见证人签署的。誓约开启了双方之间长达 4000 年的和平与友谊。先民甚至抛弃了他们原先的宗教，转而信仰森林之子的自然之神。在先民的统治下，维斯特洛被分为七个王国，即使后来的新征服者征服了所有领地（除某一个王国以外）之后，这些王国仍然幸存了下来。

先民们使用符文并说着一种刺耳的语言，即古语（Old Tongue）。如今，一些野人和巨人仍然说这种语言，它就以这样的方式幸存于塞外。尽管先民的大部分文化都遗失了，但众所周知，他们依然遵循待客之道，维护宾客权利，常常以血的代价来匡扶正义，并且他们崇拜波涛女士（Lady of the Waves）[1]和制造雷声的天空之主（Lord of the Skies）[2]。

然而，文化程度较低的人通常会认为，在先民中存在着可以与野兽交流并控制其行为的易形者（Skinchangers）；在马丁笔下的世界里，神话和魔法很少出现在人们的日常生活中，而是藏匿在人们的精神深处。另外还有关于绿人的传说，以及那些长着深绿色皮肤和头上有角的生物的古老故事。

森林之子和先民之间的誓约在四千年后因安达尔人的到来而结束，这些金头发的人从厄斯索斯（Essos）北部某一半岛横渡颤抖海（Shivering Sea）[3]而来。他们用铁制的武器征服了六个王国，覆灭了最后仅存的森林之子；只有北境一直在抵抗，即使它也是维斯特洛的一部分，但北境仍然保留了大部分先民的文化，其中就包括宗教文化在内。

维斯特洛大陆后来的新入侵者瓦雷利亚人也来自厄斯索斯，他们在家园被灾难摧毁后越海而来。他们由伊耿·坦格利安一世（Aegon I Targaryen）和他的两个妻子（也是他的姐妹）带领，在三条龙的帮助下，从维斯特洛东南部的一个小岛——龙石岛（Dragonstone）开

---

[1] 波涛女士是一名为三姐妹群岛上的先民所崇拜的女性旧神。三姐妹群岛附近的骇人风暴是波涛女士与天空之主云雨的结果。——译者注
[2] 天空之主与波涛女士都是被三姐妹群岛上的先民所崇拜的旧神。——译者注
[3] 颤抖海位于东部大陆厄斯索斯之北、维斯特洛北境之东，狭海流入其中。——译者注

始踏上征服之路。与伊耿一起开启这趟大胆而冒险的征服之旅的是他同父异母的兄弟奥里斯·拜拉席恩（Orys Baratheon）——国王劳勃的祖先。伊耿允许那些屈膝臣服的领主保留他们原有的领地，但对于那些誓死不从的人，伊耿把他们全部杀死，他就这样以极端残暴的方式赢得了维斯特洛。这位征服者建立了君临（King's Landing）。从征服战争发展到小说中描述的时代的漫长岁月中，君临逐渐成为了一个藏污纳垢却又繁华热闹的城市，尽管它曾在春季大瘟疫（The Great Spring Sickness）中折损了近一半人口——这座城市有十分之四的人口因此丧生。在征服战争结束的四个世纪之后，坦格利安（Targaryens）和拜拉席恩（Baratheons）两个家族将在五王之战中水火不容。

就像马丁小说中那些生活在维斯特洛大陆上的人们一样，中世纪的英格兰人也一直对那些栖息在荒野边缘、奇怪而神秘的民族带有集体记忆

在公元前 10000 年、冰河时代到来以前，解剖学意义上的现代人就已经居住在岛上了——不列颠最古老的人类遗骸是威尔士南部发现的"帕维兰赭女"（Red Lady of Paviland），其历史可追溯到公元前33000 年。 这些骨头是在 1823 年由一位牧师发现的，牧师将它们寄给了牛津大学地质学教授威廉·巴克兰（William Buckland）。巴克兰教授是一位著名的学者，也是一位创造论者，他认为这个世界的历史并不会早于诺亚大洪水，因此当他看到遗骸被赭土（一种天然的彩色泥土）覆盖、并装饰着看起来像是大象骨头的饰品时，他认为这是罗马时代妓女的遗体。事实上，那些饰品不是普通象骨，而是猛犸象骨，"赭女"是一个早在史前就已存在的人，而 20 世纪 90 年代的 DNA测试也确认了这一点。

这些最早的居民只给后世留下了他们的骨头。大约一万一千年前，地球开始降温，不列颠岛上的人们无法继续生存下去；如果想要幸存下来，就必须向南迁移到阿尔卑斯山之外。在北方，人类难以生存。

巨大的冰川持续了数千年，直到公元前 6000 年，大不列颠岛经由被称为"多格兰"的半岛（"Doggerland"源自荷兰语 dogger，一种双桅渔船）与欧洲大陆接壤，一直从东安格利亚（East Anglia）延伸到现在丹麦、德国和荷兰的海岸线。正是通过这片土地以及覆盖着海峡的冰原，从公元前第十个千年开始一直到公元前第一个千年，一小群人陆陆续续地来到不列颠岛，而他们那些无人知晓的语言扎根在这些岩石遍布的滩头，则是更久以后的事情了。今天，北海的船只偶尔还会捡到曾经在这片土地行走过的猛犸象和其他动物的骨头。（而现代的英国人通常认为"Dogger"是 BBC 公共电台提到的航运地区之一）

伯克郡（Berkshire）的撒彻姆村（Thatcham）位于伦敦西部的泰晤士河谷，据称是不列颠一直有人居住的最古老的地方，其遗迹可以追溯到一万年以前，并且有证据表明自铁器时代开始就有人居住在此。

古不列颠最杰出同时也最著名的纪念碑是巨石阵，建于索尔兹伯里平原（Salisbury plain），于公元前 2600 年左右完工。它可能是一个日晷（或埋葬点）。无论其建造目的是什么，巨石阵都意义非凡，又神秘莫测。根据某些遗骸[5]可以了解到，那曾经是一个非常暴力的世界，现代研究发现，在狩猎采集的原始社会，被他杀的男性比例通常在 15% 至 60% 之间，而美洲人的这一比例只有 0.4%。[6]

几千年来，有好几波人跨越海峡来到不列颠岛，一共大约有九组人。他们有些来自伊比利亚和法国沿海，另一些则跨越北海而来。农业最早在公元前 4000 年左右进入不列颠岛，直到公元前 3700 年遍布不列颠群岛[7]的各个地区。切达人曾使用燧石，但新来者大约在公元前 2500 年左右带着铜器到来，他们被现代人称为"宽口陶器人"（Beaker People）[1]。目前的基因研究表明，这些新来者取代了不

---

[1] 即"贝尔陶器文化"，距今约 2800—1800 年前，是从新石器时代晚期至青铜器时代的史前西欧"考古学文化"的一种用语。——译者注

列颠 90%的基因库，由此可见他们可能与原住民不能融洽相处。[8]

宽口陶器人是大西洋巨石文化的一部分。那些生活在欧洲沿海地区、从葡萄牙到丹麦以及整个不列颠南部和爱尔兰的人们，都有着现代人无法理解的习俗，其中就包括竖立石头——人们在爱尔兰西南部那些云雾迷蒙的荒芜之地散步的时候，有可能会碰到这些遗迹。

当一个民族取代或同化其他人时，他们通常会保留河流、丘陵和其他自然地貌的原始名称，因此，许多地形词是欧洲原住民语言在受到东方语言冲击后残存的痕迹，尽管有些地名会由不同语言的词语共同构成。位于坎伯兰（Cumberland）与苏格兰接壤的托尔佩豪山（Torpenhow）就是一个很好的例子，它的名字被认为是一个四重同语格（quadruple tautology）结构——"Tor"和"penn"都是古代英语中的"山丘"的意思，而"howe"在古斯堪的纳维亚语中也是一样的含义。

除了这几个地名之外，切达人和宽口陶器人的语言以及所有其他的古英语方言都已经全部失传了。至少基于 DNA 证据来讲，在罗马人到来之前，估计有连续九拨不同的族群在岛上殖民过，并且每个族群（也可能只有其中一些）都有他们自己的语言。

从公元前 4000 年开始，印欧语系族群开始横扫欧洲，并在公元前 1000 年左右到达西部海岸。印欧语系族群是来自今天俄罗斯南部的牧民（确切地说，他们以牧牛为生），他们甚至可能演变出了一种乳糖耐受的基因，让自己比当地人更具有遗传优势（今天这种表型几乎存在于所有西欧人之中，但是在许多世界上其他地方却很少见）。这些为不列颠带来铁器的新来者被后世称为凯尔特人（the Celts），考古证据表明他们最晚在公元前 600 年到达大不列颠岛，那时岛上人口已经多达 100 万。

凯尔特人的数量可能很少，但随着他们的语言逐渐占据主导地位，他们便开始为所欲为，就像德比郡芬可山（Fin Cop）等地点发现的证据显示的那样，[9]他们建造堡垒并以凶猛的攻势发起战争。不同的族群可能有共享领地，正如我们了解到后来的人一样，河流一侧住着村庄的原住民，而新来者则住在另一侧。他们本可以共存多年，甚至可长达几个世纪，但到了某个时候，原住民最终被凯尔特人同化，他们的文化也随之消失。

在罗马人到来之前，群岛上主要有两支同宗的凯尔特语族，布立吞语（Brythonic）和戈伊德尔语（Goidelic），前者是威尔士语、康沃尔语（Cornish）和布列塔尼语（Breton）的源头，后者是爱尔兰语、苏格兰语[1]和马恩岛盖尔语（Manx Gaelic）的前身。在现在苏格兰中部和北部，当时还有人说皮克特语（Pictish），至于它为什么会出现在这里仍然是一个谜；它可能是凯尔特语族和现已灭绝的前印欧语言的混合体[10]。皮克特人全身画有纹饰，因此爱尔兰人称他们为"纹身之人"（the people of the designs），或者克鲁斯尼人（Cruithni）。

通过骨头和化石，我们可以对史前历史略知一二，但在兰开斯特和约克两个家族争夺王位的年代里，人们对历史的看法截然不同，这也反映在维斯特洛的年代表中。按照蒙茅斯的杰弗里于1138年在玫瑰战争初期写就的《不列颠诸王史》中的记载，该岛的第一批居民是巨人；之后是特洛伊人，他们在埃涅阿斯（Aeneas）的后代布鲁图斯（Brutus）的领导下逃出了被毁灭的特洛伊城，之后从地中海东部一直航行到不列颠，最后在南部海岸登陆。布鲁图斯（Brutus）把岛屿划分给三个儿子，他的长子罗科里努斯（Locrinus）最终统治了整个岛屿，接着是98个继承者，直到罗马人的到来改变了这一切。杰弗里对待历史真相的态度称不上严谨，说得好听点就是不拘细节。

在马丁的世界里，年代表的记叙也可能被神话化，通常人们在谈论家族之间的斗争时，动辄就可以追溯到几千年前，但在现实中，英

---

[1] 16世纪以前，盎格鲁人称苏格兰盖尔语为"苏格兰语"，但在16世纪初期，仅有爱尔兰人保留这种称呼，盎格鲁人改称低地苏格兰语（Lallans）为"苏格兰语"。——译者注

格兰都铎王朝时期人们普遍认为是罗马人在1500年前建造了伦敦塔；事实上，伦敦塔是由诺曼人修建的，距当时也仅仅只有四百多年的历史。[11] 因此，当史塔克家族成员声称他们与波顿家族有数千年的冲突时，实际上的历史可能只有几百年。

同样，人们相信冰雪建造的绝境长城已有8000年历史，但或许事实并不是这样。山姆威尔·塔利（Samwell Tarly）发现守夜人只有674名指挥官，而不是人们普遍认为的997名，这说明年代表很可能是混乱的。他说："先民只留下岩石上的符文，因此我们自认为了解的关于黎明纪元、英雄纪元以及'长夜'的所谓史实，统统都是数千年后修士们的补记。在学城（Citadel），有的博士[1]根本不相信这些。比如，上古传说中提到很多统治时间长达数百年的国王，以及驰骋疆场1000年的骑士，而那时候根本连骑士都没有呢。"[12] 维斯特洛的历史充满了时代错误，就像真正的民间记忆一样。

受过教育的维斯特洛人认为他们的祖先很容易上当受骗，正如在欧洲的中世纪晚期一些文艺复兴时期的人文主义者也质疑过历史。虽然在中世纪受过教育的人不会知道宽口陶器文化，但他们知道关于布鲁图斯和独眼巨人的故事很可能是不真实的。一些和蒙默思的杰弗里同时代、受过良好教育的人可以接触到各种各样的消息来源，他们认为杰弗里是一个彻头彻尾的骗子。纽堡的威廉（William of Newburgh），这位12世纪来自约克郡的修道士曾说："只有一个对古代历史一无所知的人才会对他无所不在、厚颜无耻的谎言深信不疑。"然而，杰弗里的书是迄今为止阅读量最大的作品，并深深地影响了人们对过去历史的看法；他的拉丁文版《不列颠诸王史》有200份幸存的手稿，这一时期的所有英文和法文文献加起来都不比它多，

---

[1] 在《冰与火之歌》的原著中，如果学城的学士在某一领域的学识堪称"大师"，那么他会被授予对应这一领域的戒指、权杖和面具，以及博士头衔，以承认他的专业知识。——译者注

这足以表明它有多受欢迎。

　　和不列颠一同出现在史前的只有希腊人和罗马人。布立吞人（Brythonic）称他们的国家为阿尔本（Alban），或称阿尔比恩（Albion），在凯尔特语中是白色的意思，但对于已经开化的腓尼基人和希腊人——这群当时技术最先进的人来说，现今不列颠所在地被称作罐子海岛（the Cassiterides），或者锡岛（Tin Islands），一个位于已知世界的边缘、弥漫着雾气的怪异之地（虽然罐子海岛未必是指不列颠，也可能指的是法兰西或者西班牙的某个地方，但是没有人确切知道）。虽然公元前五世纪的历史学家希罗多德（Herodotus）提到过他们，但这座岛屿的第一个来自文明世界的实际访问者是皮西亚斯（Pytheas），他是一个希腊水手，来自现在被叫做马赛（Marseilles）的地方。在公元前330年，皮西亚斯（Pytheas）一路向苏格兰北部海岸前行，这是一次极其危险的航行，他在波涛凶猛的"死海"（地中海人对汹涌的北海的叫法）中看到了鲸和白天时长只持续几个小时的陆地。皮西亚斯和部分当地人有过一些接触，包括一些与希腊人相比行为粗鲁的"野人"，他们对纹身的喜爱激发了皮西亚斯的灵感，他给这片土地起了一个新名字—— Pretani（"纹身者"的含义）、Pretannike 或 Brettaniai，这几个名字最后发展成了今日的不列颠（Britain）。

本章尾注：
1. 不列颠群岛在爱尔兰是一个有争议的名字，虽然至今没有发现它的别称。
2. 出自《〈冰与火之歌〉的世界》，乔治·R. R. 马丁、艾里奥·M·加西亚、琳达·安东松著。
3. 也被称为"冰冻火"。
4. 正如《〈冰与火之歌〉的世界》描写的那样，这几句话经由一位受过良好教育的文艺复兴时期的人的口吻说出来。

5. 这些统计数据基于那些不幸生活在公元前 4000 年和公元前 3200 年之间的人的头骨，只包括头部伤口，这些伤口可能来自人们使用鹿角相互攻击的致命伤，详情请见 http://news.nationalgeographic.com/news/2006/05/060518-skulls.html。

6. 来自网站 http://www.ted.com/talks/steven_pinker_on_the_myth_of_violence/transcript ?language=en

7. 出自《爱尔兰人的起源》（*The Origins of the Irish*），J. P. 马劳瑞著。

8. 来自网站 http:// biorxiv.org/content/early/2017/05/09/135962

9. 来自网站 http://www.bbc.co.uk/news/science-environment-13082240

10. 皮克特语的本源极具争议。它可能来自凯尔特语族＼日耳曼语族或原住民语言。

11. 这个地方可能会歧义，因为 1066 年来自诺曼和"法国"入侵者有时称自己为"罗曼兹"（Romanz），那时真正意义上的"法国"这一概念尚未确立。

12. 山姆威尔·塔利，出自《冰与火之歌》卷五《魔龙的狂舞》，乔治·R. R. 马丁著。（译者注：原文如此。实际上这段话出自第四卷《群鸦的盛宴》）

· 05 ·

"你不是我儿子"[1]
——苏格兰和法兰西母狼

为何在你们这些王公贵族的权力游戏里面，永远是无辜的人受苦最多？

——瓦里斯[2]

在苏格兰，曾有一个小孩子坐上过王位，确切地说，是一个 7 岁的小女孩。她便是"挪威女孩"玛格丽特（Margaret, "Maid of Norway"）。这位小公主在她母亲那极北的苦寒家乡成长，直到 1290 年才离开斯堪的纳维亚（Scandinavia），前往苏格兰。作为亚历山大三世（Alexander III）[3] 仅存的孙辈，玛格丽特这趟危机四伏的旅程的目的是加冕苏格兰女王。玛格丽特的母亲也叫玛格丽特，死于难产；她的两个舅舅也都英年早逝。四年前，她的外祖父着急回家跟自己的年轻法国妻子度过新婚之夜，结果在骑行的路上摔断了脖子。

海上的日子阴郁又恐怖。海员们不洗身子也不刮胡子，船上到处

---

[1] 泰温·兰尼斯特对提利昂·兰尼斯特说，出自《冰与火之歌》卷三《冰雨的风暴》。——译者注
[2] 瓦里斯对艾德·史塔克说，出自《冰与火之歌》卷一《权力的游戏》。——译者注
[3] 苏格兰国王，1249—1286 年在位。——译者注

都湿漉漉的，船舱里混着尿、屎、呕吐物和老鼠的恶臭气味。[1] 历史学家劳伦斯·伯格林（Laurence Bergreen）这样写道："再平静的航行，也会给人留下难忘的恶心、难受和危险的回忆。阴湿、拥挤的船里，满是腐烂食物和人们屎尿的味道。虫子到处乱跑，而乘客们……只能跟蟑螂、虱子还有老鼠共同生活。"[2] 在船上，夏天酷热难耐，冬天冻彻骨髓，一年到头拥挤不堪。你要是有钱人，那就可以拥有一间隔舱，还能有个吊床；你要是没钱，那么旅行可算不上什么有意思的事情。底层舱里总是有积水；船上的陶土尿壶永远立不住，这一点倒无所谓，反正很多人也选择朝海里方便——在夜间失足落水这种事也就经常发生了。鉴于当时会游泳的人还很少，大部分落水者再也没有出现过。

日落之后航行尤其危险，因为灯塔在当时还非常稀少。14 世纪时，全英格兰只有一处灯塔，位置在怀特岛（Isle of Wight）上的圣凯瑟琳大教堂（St Catherine's Oratory），建于 1313 年。实际上，海边的人更经常做的事情是发出一些错误信号，故意搞出海难来，他们再趁机把船上的货物偷盗一空。在陆上行进的平均速度是每天 8 到 10 英里，相对于海盗来说，剪径的土匪也更让人头疼。所以，即使是在不列颠岛内旅行，走海路要比走陆路更符合实际。一段从剑桥（Cambridge）到约克（York）这两个内陆城市之间的旅程，走陆路需要 150 英里，一般来说旅行者会选择乘船走河道，再沿着北海（North Sea）海岸航行。

航海是一门极其危险的行当，海员在出海前理所当然地会向圣灵祈福。最常见的圣灵便是旅行者的守护神圣克里斯多福（St Christopher），而很多人会佩戴守护神的吊饰。通常，人们会在上船之前许愿，即便是短途旅行也会这么做，因为谁也不知道海神的葫芦里卖什么药。水手们特别迷信，假如他们确信某人是个灾星，那他们很可能会把他扔下海。

唉，命运对待这个挪威的小女孩非常残忍。在当时仍属挪威统治的奥克尼群岛（Orkney Islands）[1]附近，她因为晕船而患病，最后死在船上，没能踏上她的新王国。她的死终结了一个统治苏格兰达两百五十年的家族的历史，掀开了争夺王位的混乱篇章，宣称拥有王位继承权的人有 13 位之多。

爱德华（Edward）[2]本来计划让玛格丽特嫁给自己的小儿子——小爱德华——从而将两个王国合并。接下来的两年时间里，英格兰国王主持了王位的仲裁。他帮助达勒姆的巴纳德堡领主（Lord of Barnard Castle in Durham）约翰·巴里奥（John Balliol）确立了苏格兰王位宣称权，他的领地是阻挡苏格兰从坎伯兰（Cumberland）入侵约克郡的战略要地。巴里奥家族更像是英格兰人而非苏格兰人，这才是选择他的关键原因。他的竞争对手是第五代安嫩代尔领主（Lord of Annandale）罗伯特·布鲁斯（Robert the Bruce），后者曾经与爱德华一世并肩战斗对抗德·蒙特福特（de Montfort）。1295 年，罗伯特·布鲁斯去世，争夺王位的事业落在他的儿子（名字也和他一样）身上。与很多长城以北的贵族一样，布鲁斯家族本身也曾经是诺曼人（Normans），源自瑟堡（Cherbourg）[3]以南的布里（Brix），当时他们的家族姓还是法语形式的"de Brus"。但是，和那些以征服者的身份来到英格兰的诺曼贵族不同，苏格兰的诺曼人是在历代苏格兰国王的邀请下，作为新兴贵族军阀来到苏格兰定居的。

布鲁斯年轻的儿子——第七代安嫩代尔领主，他也和他的父亲同名——此时尚未成年，但他马上比武的本领已经被认为是全不列颠一流水平。他想必是成长在三种语言环境下，说着贵族之间的诺曼法语、南部苏格兰人的苏格兰方言以及北方的盖尔语。不幸的是，巴里奥组建的新议会掌控在布鲁斯家族的世仇科明（Comyn）家族手上。科

---

[1] 位于苏格兰东北，距离苏格兰本土仅 16 公里左右。——译者注
[2] 即当时的英格兰国王爱德华一世。——译者注
[3] 法国西北部港口城市，位于科唐坦半岛北端，与英格兰隔海相望。——译者注

明家族来自高地中部，祖籍在诺曼底的博斯克 - 贝纳尔 - 科曼（Bosc-Bénard-Commin）。1295 年，他们凭借强大的实力夺取了布鲁斯家族的所有城堡。

但是，在爱德华一世自己的王国另一头，让他自顾不暇的大麻烦已经有了苗头。他的爷爷约翰（John）[1]昏庸无能，自己在欧洲大陆的领地几乎全部被腓力·奥古斯都（Philippe Augustus）[2]夺走。即便如此，两个王国之间的关系却一直很好，主要原因是英王亨利三世（Henry III）[3]的王后埃莉诺（Eleanor）跟法王路易九世（Louis IX）的王后玛格丽特（Margaret）都来自普罗旺斯（Provence），是姐妹俩。不过，数十年的和平局面在 1295 年被打破。铁王（Iron King）[4]攻打加斯科涅（Gascony）[5]，爱德华一世要求苏格兰人加入战争帮助自己，结果苏格兰人反倒起兵对抗他，对卡莱尔城堡（Carlisle Castle）发起突袭。小布鲁斯不顾父亲的警告，加入了这次叛乱。

凭借佛罗伦萨的里卡尔迪（Riccardi）家族和弗雷斯科巴尔迪（Frescobaldi）家族的贷款，爱德华国王派出 5000 名重装骑兵和 10000 名步兵入侵苏格兰。英格兰人首先攻打贝里克（Berwick），爱德华在那里屠杀了数百名城内居民，并将无数尸体悬挂在城墙上，作为对潜在叛乱分子的警告。国王雇佣市民来埋葬数量庞大的受害者，酬劳是一天一便士。

在邓巴（Dunbar）击败巴里奥之后，爱德华强迫他穿着一件撕掉苏格兰雄狮徽记的披风，在蒙特罗斯（Montrose）举行了"逊位"仪式。[6]之后，苏格兰交由多位护国者（guardian）进行统治，爱德华

---

[1] 即"无地王"约翰，1199—1216 年在位。——译者注

[2] 即法国卡佩王朝的腓力二世，1180—1223 年在位。——译者注

[3] 爱德华一世的父亲。——译者注

[4] 即法国卡佩王朝的国王腓力四世。"铁王"是他的绰号之一。——译者注

[5] 位于今法国西南部。法语写法为"Gascogne"。——译者注

[6] 约翰·巴里奥于 1292—1296 年在位。——译者注

国王则带着斯昆石（Stone of Scone）回到伦敦。斯昆石又名"命运之石"（Stone of Destiny），据称是由第一任苏格兰国王从爱尔兰带过来的，历任苏格兰君王都要坐在石头上面加冕。在之后的七百年里，斯昆石一直保留在伦敦，镶在一把加冕用的木制座椅中。[1]

相对于英格兰人来说，苏格兰人不仅力量更弱，而且宗族林立、四分五裂。不过，这样的政治局面中总会出现一位极富领袖魅力的人物来主持大局，就像《冰与火之歌》里的曼斯·雷德（Mance Rayder）[2]一样。高卢人（Gauls）[3]有韦辛格托里克斯（Vercingetorix）[4]带领他们反抗罗马人，从1297年开始，苏格兰人也有了威廉·华莱士（William Wallace）。华莱士家族起源于苏格兰西南部，是布立吞人（Britons）的后代，——"华莱士"这个姓氏跟"威尔士人"（Welsh）一词关联不小——除此之外，我们对他的其他来历知之甚少，只知道他曾经参与过不少"犯罪"活动。威廉·华莱士领导的游击队给南方侵略者造成巨大的人员伤亡，并在1297年下半年的斯特灵桥战役（Battle of Stirling Bridge）中痛击了英格兰军队。

苏格兰的著名战术阵型"schiltrom"很可能就是华莱士发明的。在这种阵型里，1500名长矛兵紧紧围成一个圈，前排的士兵跪下来，把他们手中12英尺长的长矛向前举起呈45度角；在里层的士兵则将

---

[1] 1950年圣诞节，四名苏格兰学生将斯昆石盗取出来，运回苏格兰，盗取过程中他们失手将斯昆石摔作两半。次年，苏格兰举行了庆典，并将斯昆石交由苏格兰教会保管，但很快伦敦警方就将其收缴。1996年，英国政府正式将斯昆石归还苏格兰，但规定将来英国国王的加冕仪式举行时，斯昆石仍然要被带回伦敦，放进加冕王座中。——译者注

[2]《冰与火之歌》中长城以北野人的领袖。——译者注

[3] 高卢人是居住在高卢地区的凯尔特人，活跃于公元前5世纪到公元5世纪，说高卢语（属大陆凯尔特语支，早已消亡）。高卢各部落从未形成过统一的政府，在前50年代被罗马人征服并逐渐被同化，最终消失在历史长河中。——译者注

[4] 又称维钦托利，大约出生于公元前82年，高卢阿维尔尼部落的首领，率高卢人反抗罗马人的统治。公元前52年，韦辛格托里克斯在阿莱西亚战役中输给了恺撒和马克·安东尼等指挥的罗马大军，被押送回罗马，并在公元前46年罗马城内的胜利庆典上被处决。高卢则成为罗马的一个行省。——译者注

矛尖抬至胸口的高度。在斯特灵桥，英格兰人无路可退，他们背后便是福斯河（River Forth）。英格兰军队被对方围住、分割成小块，每一小撮士兵都被 100 名苏格兰长矛兵团团围住。见证了这场屠杀的萨里伯爵（Earl of Surrey）仓皇逃窜；另一位英格兰指挥官、臭名昭著的休·德·克雷辛厄姆（Hugh de Cressingham）战死。后来华莱士剥了他的皮——就像传闻中他对苏格兰俘虏做的那样——做成了腰带。

英格兰人将苏格兰南部的庄稼糟蹋了个遍，引发了 1298 年的苏格兰饥荒。因此，华莱士率军越过边境试图劫掠诺森伯兰郡（Northumberland），不料"美男子"腓力（Philippe the Fair）此时已被收买，抛弃了他的盟友。于是，苏格兰人很快在福尔柯克（Falkirk）被击败。华莱士交出了领导权，遁入乡野之间。

爱德华的战争还在继续，小布鲁斯不顾父亲的反对，加入了反抗军。接着，在 1299 年，他和约翰·科明（John Comyn）[1] 之间的矛盾迅速激化——在一次争吵中，科明掐住了他的脖子。等到 1301 年爱德华一世第六次远征北方时，布鲁斯屈服了。1303 年，爱德华一世发动了最大规模的一次入侵，苏格兰所有领主都向英王下跪称臣——只有威廉·华莱士除外。

爱德华必须占领斯特灵（Stirling），这是苏格兰中部地区最大的城镇，是控制整个苏格兰的关键所在。1304 年，爱德华在围攻斯特灵城堡时亮出了他的恐怖战争机器——名为"战狼"（Warwolf）的长杆抛石机。类似的攻城器在维斯特洛大陆[2]也出现过，在那里它们的名字是"六姐妹"（the Six Sisters）。在真实的历史上，这类抛石机的名字同样丰富多彩。第三次十字军东征（Third Crusade）期间，"狮心王"理查（Richard the Lionheart）[3] 给自己的两架抛石机分

---

[1] 第三代布肯伯爵。——译者注

[2] 原文如此。实际上应该是厄斯索斯大陆。——译者注

[3] 即英格兰金雀花王朝的理查一世国王（1157—1199 年），因作战勇猛而有"狮心王"的称号。——译者注

别起名叫做"上帝自己的投石机"（God's Own Catapult）和"坏邻居"（Bad Neighbor）。10世纪和11世纪，攻城武器基本上还是巨大的投石机，但在十三世纪初期就全部换成了长杆抛石机，这种趋势先是在意大利北部出现，随后扩展到西欧其他地区。抛石机的射程达到3000英尺，投掷物重量可达750磅。[1] 这种攻城器最早出现在中国，后来经由拜占庭希腊（Byzantine Greece）传入西欧。出生于公元539年的莫里斯皇帝[2] 所著的军事手册《战略学》（*Strategikon*）中便提到过长杆抛石机。

这个时期同样见证了许多攻城器的发展，包括冲撞车（battering ram）、滑车（cat）[3] 和其他专为攻城设计的机械。还有一种叫做"龟车"（tortoise）的移动棚屋，能够给攻城者提供一定程度的对弓箭的防护。［冲车身上通常还会有公羊（ram）头的彩绘图案。］围城一方还会使用木制高塔俯瞰和进攻城堡，这需要一帮非常勇敢的士兵跃上城堡，还得祈祷他们能做到，也祈祷他们的战友不会抛弃他们。攻城塔或者"反击堡"（counter-castles）有时候也会紧挨着城堡搭建，1102年，亨利一世（Henry I）围攻英格兰南部的阿伦德尔（Arundel）时便使用过这样一座临时建筑。

围城之时，有一支十字弓箭矢穿过了正绕着城墙骑行的爱德华的衣服，而抛石机投出的石头吓到了他的坐骑，受惊的马将他甩下马背。但是，在苏格兰人投降之后，他命令军队继续用攻城器对着城墙猛攻，四天后才接受了对方的投降，这几天时间守城的将士们时时刻刻都有被砸成肉泥的危险。随着战争的进行，爱德华对待苏格兰人的无情和残忍愈发加剧，到了癫狂的程度。国王甚至拥有自己"魔山"——如小说里的格雷果·克里冈（Gregor Glegane）一样的人物——约翰·菲

---

［1］ 原文如此。——译者注

［2］ 拜占庭帝国皇帝，582—602年间在位。——译者注

［3］ 这是一种木制攻城器械，有的可移动，有的为固定构造。根据一些幸存的史料记载，这种攻城器装有人工操作的器械，进攻时会像猫爪子一样抓击城墙，因而得名。——译者注

茨·马默杜克爵士（Sir John Fitz Marmaduke）。在苏格兰时，爱德华国王就这样命令他："你这个人嗜血成性，我也经常批评你的残忍行径，但是现在你只管放开手脚，释放你的残忍本性吧，我不会责罚你，反倒会奖励你。"[3]

翌年，华莱士遭到苏格兰同胞约翰·门蒂斯爵士（Sir John Menteith）出卖，被生擒。门蒂斯声称自己的兄弟因华莱士而死（但是根据华莱士的陈述，这件事似乎是不合常理的）。根据传说，门蒂斯爵士在华莱士歇息的酒馆里，把一段面包倒转过来，给英格兰士兵指明了自己仇人的位置。

华莱士的处刑比起对待戴维兹（Dafydd）[1]的还要令人毛骨悚然。英格兰人先是拖着他穿过伦敦街头来到刑场，把他勒到半死；接下来是宫刑，再给他开膛破肚，把肠子和生殖器官扔在他面前烧掉；最后，刽子手用斧子结束他的痛苦，并将尸体劈成碎块。华莱士残留的尸块鲜血淋淋，分别被送到北方边境上的城市纽卡斯尔（Newcastle）和贝里克，以及苏格兰的斯特灵和珀斯（Perth）。只有他的头颅还留在伦敦，弃置在桥上，用以彰显国王的权力。

老罗伯特·布鲁斯死于1304年，但爱德华对他的儿子非常不信任。当约翰·科明和小布鲁斯同意休战时，爱德华便已经发出了逮捕令。但是，爱德华的女婿拉尔夫·德·蒙瑟默（Ralph de Monthermer）[2]却是布鲁斯的朋友和崇拜者。德·蒙瑟默颇有诗意地用暗语警告了布鲁斯：给他一枚刻有爱德华头像的先令银币和几枚马刺。布鲁斯会意，带着家人和仆从往北方进发。途中，罗伯特一行遇上了一个骑行方向跟他们相反的苏格兰人。一番搜身后，罗伯特·布鲁斯在此人身上找到一封科明写给爱德华的信，信中表示他将会支

[1] 见本书第三章。——译者注
[2] 第一代蒙瑟默男爵，同时还是格洛斯特、赫特福德和阿瑟尔伯爵，与小罗伯特·布鲁斯年龄相仿。他和爱德华一世居家的女儿琼秘密结婚，因而触怒了爱德华，不过很快就得到了国王的宽恕。——译者注

持爱德华。于是，布鲁斯给约翰·科明送去消息，邀请他在邓弗里斯（Dumfries）[1]会面。在格雷弗里亚尔斯教堂（Greyfriars Church）的祭坛上，两人彼此对视，接着布鲁斯动手刺中了对方。布鲁斯迅速离开了，但他听说科明仍然没断气，于是又派了两个手下进去结果了他。[2]随后，这位叛逃的领主自封为王。

爱德华一世以他特有的残暴作风给予回应。作为报复，他把罗伯特的妹妹玛丽·布鲁斯（Mary Bruce）和另一个女人——布肯伯爵夫人伊莎贝拉（Isabella, the Countess of Buchan）[3]，她帮助罗伯特加冕，触怒了爱德华导致自己被下了狱。国王罔顾战争规则，把两位女士囚禁在木制和铁制笼子里，挂在贝里克和罗克斯堡（Roxburgh）的城墙上[4]作为公开警示。在爱德华的囚禁之下，她们在羞辱中度过了四年时光，却未曾被广大法语世界所知晓，毕竟这里是贵族世界的孤岛。实际上，说法语的贵族们即便被囚禁，按照规矩也会得到很好的甚至称得上是奢侈的待遇。但是负责玛丽·布鲁斯狱中生活的仆人都已经岁数很大了，而且他们得到命令，不允许冲玛丽露出一丝微笑。

爱德华还想把布鲁斯未成年的女儿玛乔丽（Marjorie）也装进笼子关在伦敦塔，但他后来改变了主意，把她送到珀西（Percy）家族手里做人质，这对她来说不啻十足的好消息。罗伯特的妻子伊丽莎白·布鲁斯（Elizabeth Bruce）免于处罚，因为他是英格兰贵族阿尔

---

[1] 苏格兰南部城市，临近英苏边境，与布鲁斯家族的领地安嫩代尔均属于加洛韦地区（今英国邓弗里斯—加洛韦区）。——译者注

[2] 实际上，在格雷弗里亚尔斯教堂被刺杀的是科明家族的另一位名为"约翰"的成员，巴德诺赫和洛哈伯领主约翰·科明三世（John III Comyn），他是前文提到的布肯伯爵约翰·科明的堂亲，也是苏格兰国王约翰·巴里奥的外甥。此时已经逊位的约翰国王和他的儿子爱德华·巴里奥都在英格兰人手里，约翰·科明三世成为苏格兰王位的最有力争夺者，他最主要的对手也就是罗伯特·布鲁斯。由于没有客观真实的记录传世，罗伯特·布鲁斯刺杀约翰·科明三世的故事流传至今有许多版本。根据苏格兰方面的记载，约翰·科明三世是叛国贼，他的下场罪有应得，布鲁斯是为国锄奸；而英格兰人则声称这是一场筹划已久的谋杀，布鲁斯显然是为了扫平登基障碍而对同胞操起屠刀。——译者注

[3] 即第三代布肯伯爵约翰·科明的妻子，来自麦克达夫（MacDuff）家族。——译者注

[4] 玛丽·布鲁斯被囚禁在罗克斯堡，伊莎贝拉在贝里克。——译者注

斯特伯爵（Earl of Ulster）的女儿。不过她还是被软禁在家中长达 8 年之久。

此外，还有数十人被围捕并处决：西蒙·弗雷泽（Simon Fraser），一位先后跟随华莱士和布鲁斯作战的骑士，"享受"到了叛国者的全套待遇"挂、拉、分"[1]，这是一种由爱德华发明的新式刑罚；布鲁斯的朋友克里斯托弗·西顿（Christopher Seton）、布鲁斯的两个兄弟尼尔（Neil）和亚历山大（Alexander）也被处死，亚历山大是一位备受尊敬的学者；阿瑟尔伯爵（Earl of Athol）斯特拉斯博吉的约翰（John of Strathbogie）被处以绞刑和火刑，他的头被在伦敦桥上示众，他成了英格兰 200 多年以来第一个被处死的伯爵，这预示着一个野蛮时代的到来。

苏格兰人的回应方式，按照现在的话说，叫做"焦土政策"。他们所经之处摧毁一切，以此来断绝英格兰人的补给。这种战争方式，残暴却有效，可以追溯到古希腊时期，当年的凯尔特人也是用这种方式来抵抗罗马人的入侵的。拜占庭皇帝莫里斯的《战略学》提到了一种策略，包括毁掉庄稼、田地和树木，往井里下毒以及其他类似的战术。而在 12 世纪，佛兰德的腓力伯爵（Count Philip of Flanders）[2] 建议把土地"用火烧荒，全都点着，什么也不留给他们，无论是树林还是草地都烧掉，这样他们早晨就没法开饭了。"4

最遭罪的是广大农民，无论在苏格兰还是英格兰北部都是这样。边境地区的税收降幅超过 90%。5 据说在 1317 年，相距约 25 英里的"洛赫·梅本（Lock Maben）[3] 和卡莱尔（Carlisle）之间，已经没有活人和野兽留下来了"6。就像君临城的瓦里斯所说："为何在你们这些王公贵族的权力游戏里面，永远是无辜的人受苦最多？"7

---

[1] 也就是前文所述威廉·华莱士所遭受的刑罚。——译者注
[2] 即佛兰德伯国的统治者腓力一世，1168—1191 年在位。——译者注
[3] 盖尔语：Loch Mhabain，位于邓弗里斯东北。——译者注

79

过了1306年4月，爱德华一世的军队再度开赴北方，前往加洛韦。在那里，他命令将士们"烧光、杀光，竖起龙旗"——这意味着，不留活口。他的儿子爱德华[1]变本加厉，"屠杀所有人，不分性别和年龄。他所到之处，就把大小村落付之一炬，任其烧成废墟，没有一丝怜悯。"9老爱德华责备小爱德华的做法，但他倒不是站在人道主义立场，而是认为儿子不应当"对苏格兰的上等人动手，这会逼迫有钱人逃之夭夭。"10放着有钱人、只对穷人下手，不是什么好政策，但是残忍的爱德华一世国王就是这样做的。他残忍成性，只是为了从中取乐。

在出发去苏格兰之前，国王在威斯敏斯特（Westminster）举办了盛大的典礼。参加盛会的包括他的儿子和另外260位年轻人，他们宣誓追随他前往苏格兰、加入十字军，随后被封为骑士。宣誓仪式上站在小王子身边的是皮尔斯·加韦斯顿（Piers Gaveston）、休·勒·德斯潘塞（Hugh le Despenser）和罗杰·莫蒂默（Roger Mortimer），这三个人的命运会伴随着年轻的王储，左右着他在未来的灾难统治。[2]

1307年，苏格兰再度爆发起义，已经68岁的爱德华一世再度御驾北征，但是这次他心有无力了。临近边境时，国王因痢疾而病逝。爱德华一世断气之际，还要求仆人把他的骨头带到苏格兰，直到叛乱平息。

"我们再也见不到他这样的人物了。"[3]泰温死后，洛拉斯·提利尔爵士对瑟曦如此评价他。而在英格兰，国王的离世也让很多人悲痛欲绝，许多悼念这位雄狮的挽歌也被谱写出来。他的成就不仅"超

---

[1] 登基后称爱德华二世，1307—1327年在位。——译者注
[2] 这次典礼被称为"天鹅之宴"（Feast of the Swans）。典礼开始时，爱德华一世在上帝和两只天鹅面前宣誓，要为约翰·科明三世复仇，并杀死罗伯特·布鲁斯和他的同党，以净化被布鲁斯等人玷污的格雷弗里亚尔斯教堂。——译者注
[3] 出自《权力的游戏》第五季。——译者注

过亚瑟王和亚历山大大帝，还胜过了布鲁图斯[1]、所罗门王和狮心王理查”，一位作者怀着沉重的心情写道，“我们应该意识到，在他之前，全世界所有的君王都不能与他相提并论。”[11]

但是，也有人对于这头狮子的离世并不伤心，此人便是给他带来耻辱的流亡者——他的亲生儿子。

国王驾临

1284年，在北威尔士卡那封（Caernarvon）的战场上，埃莉诺王后（Queen Eleanor）[2]生下了她第十六个、也是最后一个孩子，教名是爱德华。他是他们的第五个儿子，但是他的兄长们都夭折了。小爱德华在孤独、寂寞的环境中长大，在他很小的时候，他的父母就把他扔在英格兰，搬到加斯科涅住了三年。他7岁时他的母亲就去世了，而这个时候他的父王已经垂垂老矣，还常年在外作战。

“长腿”（Longshanks）爱德华[3]是一个暴力而冷漠的父亲，他曾经在盛怒之下把女儿的冠冕扔进火中，还有一次他扯掉了儿子的头发。就在老国王行将就木时，他的儿子小爱德华告诉父亲，他准备赏赐给自己的亲密好友皮尔斯·加韦斯顿一块领地。这位老父亲暴怒不已：“你这个贱胚子、婊子养的！你，自己抢不来地盘，还好意思往外送？”[12]

就像《冰与火之歌》里的兰尼斯特家族一样[4]，金雀花（Plantagenet）王朝的这对父子也彼此厌恶。小爱德华不是侏儒，但

---

[1] 这里应当指的是卢修斯·尤尼乌斯·布鲁图斯（Lucius Junius Brutus），罗马共和国的建立者。传统上他被认为是罗马共和国历史上首位执政官，仅执政不到一年（公元前509年）。刺杀恺撒的马尔库斯·尤尼乌斯·布鲁图斯（Marcus Junius Brutus）是他的后代。——译者注

[2] 即卡斯蒂利亚的埃莉诺，卡斯蒂利亚国王费迪南三世之女，英格兰国王爱德华一世的第一任妻子和王后。她和爱德华一世感情很好，经常陪同国王一起出征作战，两人是欧洲中世纪著名的恩爱夫妻。——译者注

[3] 爱德华一世绰号“长腿”。其遗体于1774年被发现，经测量，其身高达到6英尺2英寸（1.88米）。——译者注

[4] 指泰温·兰尼斯特和他的儿子提利昂·兰尼斯特。后者是个侏儒。——译者注

他是中世纪的另一种异类——同性恋。他对加韦斯顿的依赖惹怒了他的父亲。后来的事实证明，加韦斯顿对小爱德华的影响给他的统治带来了灾难性的后果，而他的下一任爱人也是如此。虽然大多数人对他的性取向持蔑视态度，但这毕竟是个人私事，更严重的问题在于，爱德华对他喜欢的人慷慨解囊、穷奢极侈。这种行为使贵族阶层对他渐渐疏远，最终连他的妻子也远离了他。

当初，腓力四世[1]和爱德华一世在协商和平条约的时候，安排过一桩婚事，由英格兰王储迎娶腓力的女儿伊莎贝拉（Isabella），同时，鳏居的"长腿"爱德华跟腓力的小妹妹玛格丽特（Margaret）成婚。玛格丽特芳龄十八，爱德华一世已经六十岁了，但年龄差距这样大的婚姻其实并非罕见，这种双重政治联姻带来的复杂亲戚关系也不是什么新鲜事，更何况这能让两个宿敌邻居解甲投戈。伊莎贝拉是"铁王"腓力四世的第六个孩子，也是唯一一个长大成人的女儿。在她四岁时，伊莎贝拉就跟小爱德华订了婚约，她在整个童年时代都秉持着自己某天将要成为英格兰王后这样的信念。但是，由于复杂的政治环境，"长腿"爱德华直到临死前才最终同意了这门婚事，新娘则要带来土地、黄金、珠宝和白银在内的丰厚嫁妆。

婚礼在 1308 年 1 月举行，地点在法国最北端的滨海布洛涅（Boulogne-sur-Mer）[2]。当时的天气非常寒冷，新郎花了三天时间才渡过海峡。等到典礼举行时，气温已经降到冰点以下，比往年这个时候低了 1.1—4.4 摄氏度（30—40 华氏度）。[13] 这可不是个好兆头。

按照中世纪的传统习俗，婚礼后新婚夫妇就该入洞房了。但是对于这次婚礼来说，考虑到新娘尚且年幼，这道程序很可能没有进行。伊莎贝拉当时只有 12 岁，不过随着她发育成熟，这位王后过人的机智与狡黠给人留下深刻印象。她的父亲腓力国王是一个性情古怪的人，

---

[1] 即前文提及的法国国王，绰号"铁王"。——译者注
[2] 位于法国加来西南，隔多佛尔海峡与大不列颠岛隔海相望。——译者注

而她的母亲也在年轻时就去世了。她的成长历程很艰辛，被很多法国人惧怕、厌恶。她在英格兰就受欢迎多了，至少在她另觅情人之前是这样。尽管当时仍有不少人对她恶语相向，比如杰弗里·勒·贝克（Geoffrey le Baker）[1]就称呼她"那个泼妇""那个母老虎"还有"耶洗别（Jezebel）[2]"。

在之后的编年史中，她的名字被玷污了，关于她的最有名的言语出自诗人托马斯·格雷（Thomas Gray）[3]之手："法兰西母狼，用她无情的獠牙，在你的伙伴那被踩躏的躯体上，撕扯着胃肠。"14确实，莫里斯·德吕翁（Maurice Druon）在他的系列小说[4]中形容她"有一口小而锋利、尖锐的食肉动物般的牙齿，就像母狼一样"。

在真实历史上，人人都说伊莎贝拉格外迷人，不过要考虑到，那个时候人们倾向于夸张地描述有权有势的女人的美貌。巴黎的戈德弗罗伊（Godefroy de Paris）[5]称她为"王国和帝国里最漂亮的女人"，吉斯伯勒的沃尔特（Walter of Guisborough）[6]说他是"世界上最美丽的女士"。她拥有浓密的金色头发和蓝色的大眼睛，在她的一副肖像画里，她的卷发从头巾下面跳脱出来。［艺术作品只能给我们展现伊莎贝拉的大概形象，她的继承人、儿媳妇埃诺的菲莉帕（Philippa

---

［1］ 英格兰编年史家。——译者注

［2］ 《圣经·旧约·列王纪》记载的人物，西顿城邦的公主，以色列王亚哈的妻子，生性冷酷。耶洗别胁迫她的丈夫放弃对耶和华的信仰，并在全国范围内推行对巴力和阿舍拉的崇拜，被《圣经》视作反面人物。她的下场非常悲惨，在一次宫廷政变中被扔下楼摔死，尸体被野狗啃食干净。——译者注

［3］ 英格兰著名诗人、文学家、学者，剑桥大学彭布罗克学院教授，曾于1757年拒绝了"桂冠诗人"称号。其代表作为《墓畔挽歌》（Elegy Written in a Country Churchyard），出版于1751年。——译者注

［4］ 莫里斯·德吕翁（1918—2009年），法国著名小说家、编剧，法兰西学院院士，曾担任法国文化部长。代表作有《大家族》和《宫廷恩仇记》等。乔治·马丁曾表示，德吕翁描绘14世纪法国王室的系列历史小说《宫廷恩仇记》（Les Rois maudits，英译书名 The Accursed Kings）是《冰与火之歌》的灵感来源。此处"系列小说"便是指《宫廷恩仇记》。——译者注

［5］ 活跃于13世纪末至14世纪初的法国廷臣和编年史家。——译者注

［6］ 14世纪英格兰约克郡吉斯伯勒修道院的牧师，也是一位编年史家。——译者注

of Hainault）[1]是第一位拥有写实风格肖像画的英格兰王后。]

伊莎贝拉在穿着打扮上出手大方，她在婚礼上使用的衣柜装了"数十件裙装"，仅供她自己一个人穿着，而当时的头饰则有72件之多。可以说，伊莎贝拉继承了她父亲的贪婪，个人开销也毫无节制。作为王后，她沉迷于很多欧洲大陆的爱好，比如打猎、养鹰、找情人，倒也符合她作为贵妇人的身份。她也算仁慈宽厚，曾经处理过一个男孩的收养事宜，这个小男孩在苏格兰战争中变成了孤儿。她有时候也很残忍、报复心强，但善于掩藏自己的真实情感，以免被人发觉自己的危险性。她比她的丈夫聪明得多，他们童话般的婚姻被证明是一场虚妄，而他在政治斗争上无法与她相提并论。

爱德华和伊莎贝拉初次相遇是在他们的婚礼上，新郎肯定表现得就像是从《武功歌》（Chanson de geste）——那些吟游诗人唱念的爱情长诗，讲述新娘故乡法国的故事*——里走出来的王子一样。爱德华二世国王身高6英尺（1.83米），长得"一表人才"，是"他的国家里最强壮的男人"15。他说着自己的母语诺曼法语，言辞得当，穿着得体。但是知道怎么穿衣打扮、怎么笑得有分寸，并不能帮助他成为一个合适的君王。

人们经常抱怨这位新国王的容貌没有帝王相，抱怨他更喜欢园艺活而不是带兵打仗，抱怨他喜欢跟"娼妓、歌手和弄臣"厮混；最糟糕的是他的识人能力，而且他太软弱、太容易受人影响了。在他父亲死前，爱德华二世已经和加韦斯顿发展出一段亲密的友谊，加韦斯顿是一个出身小贵族的加斯科涅人。爱德华一世放逐了加韦斯顿，但是就在老国王去世后——甚至他都还没下葬——爱德华二世就赦免了他的朋友，还提拔他做康沃尔伯爵（Earl of Cornwall）。而且，他们之间还有一些超越友谊的感情。

---

[1] 爱德华三世的王后，出生于法国北部的瓦朗谢纳。——译者注

当时有一位编年史家记录了"长腿"爱德华的儿子见到皮尔斯·加韦斯顿的情景："他坠入爱河，和他建立起长久的关系。他做出了选择，决定跟他一同编织一张密不可分的情网，其他一切凡人都不能插足。"[16] 托马斯·比尔东（Thomas Burton）是莫修道院（Abbey of Meaux）的一位熙笃会修士（Cistercian），他的用词更加直白，干脆说爱德华二世"鸡奸这种事做太多"。

公开的同性恋统治者在中世纪非常稀少，原因显而易见。同性恋被认为是重罪，所以这种指控只会发生在不受欢迎的统治者身上。威廉二世（William II，1087—1100 年在位）被指控沉溺于多种恶行，一位编年史家抱怨宫廷里充斥着"妓女和寄生虫"，而且两种性别都有。在坎特伯雷大主教安塞尔姆（Anselm, the Archbishop of Canterbury）笔下，威廉的随从当中有很多人自甘堕落成为同性恋，他们的长发和女性化的衣着促成了这罪孽的诞生。但是，安塞尔姆和威廉国王在这个时期正处于斗争当中，所以安塞尔姆的记载算不上是中立的信息源。唯一相关的证据是威廉没有结婚，也没有任何私生子。

婚后的爱德华二世让加韦斯顿负责他即将在同年举行的加冕仪式。这是一件极具象征意义的大事，所有国内的权贵都会出席这场历史悠久的仪式，而且他们都有各自要担当的角色。加冕典礼代表着上帝、国王和他的子民之间的神秘联结，这是不容侵犯的契约，意味着神的准许将赐福统治者。加冕仪式这种神圣的关系让弑君成为最严重的罪行。

国王和王后要在伦敦塔一直待到典礼前一天，在仪式开始前他们得骑马穿过伦敦城。早晨，他们从威斯敏斯特厅（Westminster Hall）[1]走到威斯敏斯特教堂，陪同的是国王的堂兄弟兰开斯特伯

---

[1] 威斯敏斯特厅是威斯敏斯特宫现存最古老的部分，始建于 1097 年，时为欧洲最大的厅室。威斯敏斯特宫坐落于伦敦泰晤士河西岸，在中世纪时是英格兰王室的宫殿，现为英国国会所在地。其北端的伊丽莎白塔上的大钟就是著名的大本钟。——译者注

爵托马斯（Thomas, Earl of Lancaster）[1]，他手持科塔纳剑[2]，这把平和之剑象征着王室权力。托马斯的弟弟亨利（Henry）[3]手持国王权杖，赫尔福德伯爵（Earl of Hereford）[4]拿着十字权杖，林肯伯爵（Earl of Lincoln）[5]负责王权之杖，而沃里克伯爵（Earl of Warwick）[6]则手持三柄国家之剑[7]。所有这些宝物都有其象征意义，而阿伦德尔伯爵（Earl of Arundel）[8]、托马斯·德·维尔（Thomas de Vere）[9]、休·勒·德斯潘塞（Hugh le Despenser）、罗杰·莫蒂默（Roger Mortimer）负责的工作也是如此，他们共同抬着国王的长袍，王袍放在一张木板上，以格纹布覆盖。

然而，仪式上爱德华二世和加韦斯顿过于张扬的肢体亲近、触摸和爱抚还是令伊莎贝拉的两个叔叔震惊。新晋康沃尔伯爵穿着紫色的珍珠袍，这种王室装扮对于他这么一个廷臣来说太不合适了，是对王室的一种侮辱。一位伦敦的编年史家写道，"流言越传越广，说国王更爱这个油嘴滑舌、不怀好意的男人，而非他的新娘。可她才是真正的优雅淑女，是一位当世无双的美人。"[17]加冕仪式后，加韦斯顿拿

---

　　[1]　第二代兰开斯特伯爵。同时也是莱斯特伯爵（Earl of Leicester）。——译者注
　　[2]　即"慈悲之剑"（Sword of Mercy），相传最初是亚瑟王的圆桌骑士之一特里斯坦的佩剑。——译者注
　　[3]　托马斯去世后继任第三代兰开斯特伯爵。——译者注
　　[4]　第四代赫尔福德伯爵汉弗莱·德·博恩（Humphrey de Bohun）。罗伯特·布鲁斯自立为苏格兰王、反叛爱德华一世后，布鲁斯家族的封地被转赐给赫尔福德伯爵。——译者注
　　[5]　第三代林肯伯爵亨利·德·莱西（Henry de Lacy），爱德华一世的挚友。——译者注
　　[6]　第十代沃里克伯爵盖伊·德·比彻姆（Guy de Beauchamp），曾在爱德华一世击败威廉·华莱士的福尔柯克之战中表现活跃。——译者注
　　[7]　原文如此。实际上，上一句所述科塔纳剑（慈悲之剑）即为三柄国家之剑之一，另外两柄是圣灵正义之剑（the Sword of Spiritual Justice）和俗世正义之剑（the Sword of Temporal Justice）。——译者注
　　[8]　此时的阿伦德尔伯爵应为第九代伯爵埃德蒙·菲查伦（Edmund FitzAlan）。——译者注
　　[9]　疑为作者笔误。托马斯·德·维尔是第八代牛津伯爵（Earl of Oxford），约出生于公元1336年，活跃于爱德华二世之子爱德华三世在位时期。爱德华二世登基时的牛津伯爵应为第六代伯爵罗伯特·德·维尔，其跟随爱德华一世、二世、三世祖孙三代四处征战，资历深厚。根据记载，他还主持了爱德华二世与伊莎贝拉的婚礼。——译者注

起了科塔纳剑，此举激怒了许多贵族，仪式后的宴会几乎要以血案收场。当穿着一身紫袍的皮尔斯招手示意国王坐到他身边时，一位伯爵拔出了佩剑，费了好大劲才忍住了怒气。王后的叔叔们一言不发地愤然离席，对于自己的侄女所遭受的屈辱感到愤怒异常。

伊莎贝拉渐渐开始讨厌她丈夫的宠臣，但她只是个孩子，只能毫无怨言地忍受这般侮辱。可是，那些大贵族们可不愿意眼睁睁看着这个狂妄的暴发户掠夺他们的权力。爱德华和加韦斯顿甚至在召开御前会议的时候穿着同样的衣服，国王的宠臣还给那些豪门贵族起些尖酸刻薄的绰号，处处树敌。他管格洛斯特伯爵（Earl of Gloucester）[1]叫做"婊子养的"，称呼莱斯特伯爵"小提琴手"，叫沃里克伯爵"黑猎狗"。更气人的是，加韦斯顿跟《冰与火之歌》里的"百花骑士"洛拉斯·提利尔一样，是个马上比武的一等一高手。和他结仇的那些权贵，很多都是他的手下败将。

很快，反对派出现了，一个致力于除掉加韦斯顿的贵族联盟形成了。他们团结在国王的堂弟兰开斯特伯爵托马斯旗下，称为"贵族委员会"（Lords Ordainers），共有 28 位成员。兰开斯特伯爵是爱德华一世的弟弟埃德蒙的儿子，是英格兰国内最富有的大贵族。兰开斯特家族的无尽财富主要来源于他们在西北部拥有的大量土地。事实上，兰开斯特伯爵远比其他 12 个英格兰伯爵都要富裕得多，其年收入超过 11000 英镑。而且，他还有庞大的私人军队和火爆的脾气。

托马斯和他的伯父爱德华一世一样身材高大、身形伟岸，性格上也非常讨人厌。"他傲慢、自私、阴险奸诈、凶狠毒辣"，"这个男人生性阴郁，爱跟人争论，报复心强……很容易就诉诸暴力。"[18] 他着装奢华，"言语粗鄙，淫乱非常"[19]。当时的一位编年史家说兰开斯特伯爵"糟蹋了一大批妇女和贵族小姐"，显而易见，他肯定有一

---

[1] 第八代格洛斯特伯爵吉尔伯特·德·克莱尔（Gilbert de Clare）。——译者注

段极其不幸福的婚姻。在爱德华二世的其他对手中，赫尔福德伯爵"敏感易怒，但又聪明有幽默感"；沃里克伯爵学识渊博、藏书丰富，然而是个"恶棍"。还有一个人，萨里伯爵[1]，他是个"下流、残忍的人，几乎找不出一点可以得到救赎的品质"20，兰开斯特伯爵和他那态度相对中立的岳父林肯伯爵都非常厌恶他。

　　1309年，兰开斯特伯爵的一个扈从被加韦斯顿羞辱，国王遭到的反抗变得愈发激烈。直到次年2月，只要有国王的新宠加斯科涅在场，很多伯爵就拒绝出席御前会议。在下一个月，爱德华二世同意由21位贵族委员会成员协助主持朝政，这当中有8个人与加韦斯顿不和。但事情并未结束。在1310年，反对派要求国王流放加韦斯顿，这次爱德华二世封他为遥远的马恩岛领主（Isle of Man）[2]，但他很快就回来了。到了这个时候，兰开斯特伯爵已经不再掩饰自己对国王的蔑视。1311年，两人在渡过特威德河（River Tweed）[3]时相遇，兰开斯特伯爵让国王到自己这边来，这是大不敬的举动。而沃里克伯爵盖伊·德·比彻姆（Guy de Beauchamp）对加韦斯顿的仇恨可以说无人能及。当国王的情人向中立派彭布罗克伯爵投降后，沃里克伯爵等待彭布罗克伯爵动身前往伦敦的时候，于1312年6月从彭布罗克伯爵府中把加韦斯顿拖了出来。加韦斯顿被带到了沃里克城堡，一开始被人用绳子牵着走，后来又骑上了一匹老马。最后，他被带到附近的山上。在那里，一个威尔士人用剑刺穿了他的身体，另一个威尔士人则把他的脑袋砍了下来。国王听说后悲痛不已。

　　到了11月，伊莎贝拉艰难生产，诞下一子，教名依然是爱德华。王子的降生带来了全国性的庆祝活动，爱德华二世宣布跟杀害加韦斯

---

　　[1] 第七代萨里伯爵（Earl of Surrey）约翰·德·瓦伦（John de Warenne）。——译者注
　　[2] 大不列颠岛和爱尔兰岛之间的岛屿，位于爱尔兰海中，几乎处于英格兰、苏格兰、威尔士、北爱尔兰和爱尔兰的地理中心点，岛上居民以凯尔特人为主。——译者注
　　[3] 苏格兰临近英格兰的一条河流。边境名城贝里克的全名便是特威德河畔贝里克（Berwick-upon-Tweed）。——译者注

顿的凶手们握手言和，他还公开宴请了兰开斯特伯爵。接下来两年里，伊莎贝拉先后两次回到法国老家省亲，随行的船队包括 27 艘舰船和 13 艘驳船。回家之后，她和她的父亲，三个哥哥路易（Louis）、腓力（Philippe）、查理（Charles）以及三个嫂子在一起。腓力和查理娶了一对姐妹，勃艮第的布朗什和让娜（Blanche and Joan[1] of Burgundy）[2]；而他们的哥哥路易娶了她们的堂姐勃艮第的玛格丽特（Margaret of Burgundy[3]）。作为以示友好的见面礼，伊莎贝拉送给了三个嫂子别致的手包。她的父亲肯定已经见到自己的外孙了，这个孩子也就是将来的英格兰国王爱德华三世（Edward III）。在德吕翁的小说[4]里，老国王思忖这个婴儿是否会继承自己的强大意志力，而这又是否会给自己带来灾难。我们永远都无法得知铁王的想法，但小爱德华确实成为那个时代最伟大的君王，对法国带来了威胁。

王后在家乡住了 8 个星期，经常带着她的 15 条猎狗出去打猎。她还给许多圣殿送去了非常丰厚的礼物。即便以高等贵族的标准来衡量，伊莎贝拉这样也太铺张浪费了。王后每年的开销高达 1 万镑，还要维护一栋拥有 200 名仆人的豪宅。

伊莎贝拉抵达法国的时候，正好是圣殿骑士雅克·德·莫莱（Jacques de Molay）被执行火刑的第二天[5]，给法国带来苦难的一系列重大事件刚好拉开序幕。生性多疑的英格兰王后很快便知悉，她的三对哥嫂并不都是神仙眷侣。当时肯定有一些流言蜚语，也可能她有第六感，而她慷慨送出的礼物是设计好的用来刺探嫂子们情报的工具。

所以，当伊莎贝拉的礼物被发现在一对年轻的兄弟戈蒂埃·德奥

---

[1] 作者在这里使用了让娜（Jeanne）的英语写法"Joan"，即琼安。她的法语原名写作 Jeanne de Bourgogne。——译者注
[2] 腓力的妻子是让娜，查理的妻子是布朗什。——译者注
[3] 法语：Marguerite de Bourgogne。——译者注
[4] 即前文提及的系列小说《宫廷恩仇记》。——译者注
[5] 详见本书第二章。——译者注

尔奈（Gautier d'Aulnay）和菲利普·德奥尔奈（Philippe d'Aulnay）手上时，后续事件就很恐怖了。很快，玛格丽特和布朗什就承认了她们和这两位年轻的诺曼骑士之间的不正当关系，而第三位新娘让娜承认自己给姐妹们打了掩护。伊莎贝拉的三位嫂嫂被下了狱，玛格丽特和布朗什还被迫穿上"带有兜帽的忏悔者的服装"，头发也被剃光了，以作为对她俩的公开羞辱。至于她们的情人，在经受一系列折磨后认了罪，等待他们的命运远非悲惨所能形容。

在骚动不安的围观群众面前，德奥尔奈兄弟俩被去了势。刽子手将切下来的生殖器拿在手里举起来，人群一阵欢呼。他随后便把两人的阴茎和睾丸当场喂了狗。接下来的事情更加恐怖：在一小群尖叫着围观的巴黎市民面前，兄弟俩被活活剥了皮，四肢张开绑在木头轮子上。随着轮子转动，他们的胳膊和腿被铁棍敲断。最后是斩首，行刑结束后他俩的躯体被挂在绞刑架上，在腋窝处固定，好让鸟儿来啄食他们的身体。

剥皮是一项非常骇人的处刑方式，主要程序就是把皮肤切下来，而技艺纯熟的行刑者可以确保整张人皮完好无缺。犯人得承受巨大的痛苦，而且要疼上好几天才能死去，死因可能是失血过多，也可能是感染，甚至可能是体温过低——皮肤对于体温调节至关重要。这项酷刑可以追溯到古亚述人（Assyrian），他们生活的地区就是如今的伊拉克。亚述人得意地在纪念碑上刻下关于剥皮处刑的记载，至今我们还能在伦敦的大英博物馆（British Museum）找到一些这样的纪念碑。即便是在残酷的中世纪，这项刑罚也很少使用，只为罪大恶极的罪犯和残忍无度的暴君保留。早在 1303 年，三位僧侣被认定从威斯敏斯特教堂盗取财宝，爱德华一世自然是对这种罪行执行了剥皮酷刑。于是三张人皮被挂在了教堂门口，以儆效尤。（可以想见，再也没人敢去那偷东西了）

玛格丽特和布朗什被迫观看了整个行刑过程。三兄弟中老大路易的妻子玛格丽特被带到诺曼底的吉拉尔城堡（Chateau Gillard）。根据记载，她的丈夫派他粗野的表亲阿图瓦的罗贝尔（Robert of Artois）去那里赦免她，前提是她承认自己女儿的父亲不是路易王子。罗贝尔是一个高大、凶残有时也不失魅力的男人，他想强行占有玛格丽特，但被她成功劝阻了。毕竟，侵犯国王的儿媳妇会给他带来严重的后果，即便这个儿媳妇已经名誉扫地。[1]

二王子腓力的妻子让娜的罪行仅仅是对她姐姐和嫂子的出轨知情不报，因而最终被允许回到丈夫身边。在这件事上，她那诡计多端的母亲马奥（Mahaut）也功劳不小，许多人相信她是一个女巫，还精通下毒之术。腓力把妻子安顿在内勒公馆（l' Hôtel de Nesle），这里正是她的姐妹和情人幽会的地方。[2]在这里，"故事还在继续，经年累月。让娜从她高塔[3]的窗户往下看，派人去把经过的学生带上来，榨干他们的精力。然后她会把他们装进袋子里，从塔顶扔下塞纳河。"21两位出轨的王子妃再也没有得到自由，后来，当她们的丈夫登上王位后几个星期里，她们都顺理成章地死掉了。

有人可能会猜想，或许是伊莎贝拉想让自己的亲生儿子继承法兰西国王之位，而让她的嫂子们名誉扫地，也让她们的子嗣受到牵连，因为这样一来他们就有可能被怀疑是私生子。如果这是她的真实动机，而非为兄长的婚姻忠诚分忧，那么她真的是祖国的大灾星。

那一年，就在圣殿骑士们被处死后几个月，"美男子"腓力驾崩，他的儿子路易继位，这便是"固执的"路易十世（Louis X "Le Hutin"），他还有一个绰号是"争吵者"（the Quarrelsome）。几个月后，一颗彗星从城市上空飞过，连续三个晚上都能被观察到。这种

---

[1] 玛格丽特余生均在吉拉尔城堡度过。由于医疗条件极差，她于1315年因感冒病故，死时24岁或25岁。——译者注

[2] 让娜于1330年去世。根据她的遗愿，内勒公馆成为巴黎大学一个新的学院——勃艮第学院（College of Burgundy）的校址。——译者注

[3] 指内勒公馆内一座高塔内勒塔（法语: Tour de Nesle），曾是旧巴黎城墙上的四座警戒高塔之一。——译者注

天象在人们眼中，无论何时都是大凶之兆。

本章尾注：

1. 这段精彩的描写出自伊恩·莫蒂默的 *The Time Traveller's Guide to Medieval England*。

2. Bergreen, Laurence: *Marco Polo*

3. Quoted by contemporary *Walter of Guisborough*

4. Asbridge, Thomas: *The Perfect Knight*

5. 正好在边境外的林迪斯法恩圣岛（Holy Island of Lindisfarne）的税收从 1296 年的 202 英镑降到 1326 年的 21 英镑；1299 年—1316 年间，诺勒姆（Norham）每年的什一税从 162 英镑降到了 2 英镑。

6. Rose, Alexander: *The Kings in the North*

7. 乔治·R. R. 马丁著《冰与火之歌》卷一《权力的游戏》。

8. Rosen, William: *The Third Horseman*

9. Ibid

10. Ibid

11. Quoted in Morris, Marc: *A Great and Terrible King*

12. 据吉斯伯勒的沃尔特著《吉斯伯勒的沃尔特的编年史》(*The Chronicle of Walter of Guisborough*) 约成书于 1346 年。

13. Rosen, William: *The Third Horseman*

14. In his poem 'The Curse Upon Edward'

15. Weir, Alison: *Isabella*

16. Rosen, William: *The Third Horseman*

17. *The Annales Paulini*

18. Weir, Alison: *Isabella*

19. Ibid

20. Ibid

21. Horne, Alistair: *Seven Ages of Paris*

* 这是法国北部对南部游吟诗人的传唱，是史诗故事和浪漫故事的歌手。

· 06 ·

"我们绝不向任何人屈膝"[1]
——希腊、斯巴达和真实的无垢者

无垢者不是人，死亡对他们而言不算什么。

——弥桑黛[2]

公元前 5 世纪，希罗多德（Herodotus）[3]写下《历史》一书，记录了古典希腊文明的巅峰时期；不过到了皮西亚斯（Pytheas）[4]乘船前往不列颠的时代，随着雅典（Athens）和斯巴达（Sparta）的覆灭，嗜酒的北方半野蛮山地民族马其顿人（Macedonians）开始崛起，希腊文明也走向衰落。在《冰与火之歌》的世界中，有一个更加伟大的文明，它横跨颤抖海（Shivering Sea），承载了无数历史记忆，中世纪欧洲的希腊和罗马也是如此。虽然在 15 世纪大多数的英国人终

---

[1] 传说在波希战争时，两名被俘的斯巴达人被带到波斯皇帝面前，卫兵用武力强迫他们下跪，这两个斯巴达人坚决反抗，并对皇帝作出这样的回答。——译者注

[2] 出自《冰与火之歌》卷三《冰雨的风暴》。实际上这句话出自阿斯塔波的奴隶主克拉兹尼·莫·纳克罗兹之口，弥桑黛只是翻译。——译者注

[3] 希罗多德（约公元前 480—公元前 425 年），古希腊作家、历史学家，所著《历史》一书是西方史学首部较为完备的历史著作，因此被尊称为"历史之父"。——译者注

[4] 皮西亚斯是一名古希腊商人，他在约公元前 330 年启程去探索欧洲的西北海岸，希望打破迦太基对于海外贸易的垄断，为希腊开辟一条新的海上商路。——译者注

生都不会离开自己居住的村庄远行，更加不会冒着危险，忍受多日晕船之苦远渡重洋，但对于那些受过更多教育的人来说，上古先民们征服海外的传说如幽灵般始终在他们脑海中挥之不去。

在《冰与火之歌》的世界中，第一个伟大的文明诞生于厄斯索斯（Essos）大陆上一座以奴隶制为基石的城市——古吉斯（Old Ghis）。彼时，维斯特洛人尚未脱离蛮荒，吉斯卡利（Ghiscari）[1]却早已发展出了使用高大的盾牌、纪律严明、阵型紧密的步兵军团。在军事方面，他们的创举与古典希腊，尤其是斯巴达的重装步兵战术相似；吉斯人还会驱使奴隶建造巨大的金字塔，这一点可能更像埃及；而最终被对手瓦雷利亚（Valyria）摧毁的结局，则与公元前146年被罗马打败并夷为平地的迦太基如出一辙。

吉斯卡利曾经殖民并征服了周边邻国，但在1000年后他们国力衰退，瓦雷利亚人取而代之，蚕食他们的地盘，建立了自己的帝国。瓦雷利亚末日浩劫（Doom of Valyria）之后，吉斯再度崛起，只是不复强盛如昔，这时他们只能购买、驯养奴隶而不是征服抢夺。他们还不再使用母语"格拉兹旦语（Grazdan tongue）"，转而使用高等瓦雷利亚语（High Valyrian）。[2]这样的事情在现实生活中也发生过：古代亚述人（Assyrians）在被邻居阿拉米人（Arameans）征服之后开始使用他们的语言，所以，今天在伊拉克和叙利亚的一些亚述人后裔仍然会讲阿拉米语（Aramaic），这也是耶稣基督的母语。

在其鼎盛时期，瓦雷利亚曾是最伟大的城市，是文明世界的中心。在它寒光闪闪的城墙里，40个敌对的家族为了朝堂之上的权力和荣光互相倾轧，在崛起和衰落中进行着永无休止、阴毒狡诈并且常常是残酷血腥的斗争。[1]与罗马一样，瓦雷利亚不实行君主制，他们称自

---

[1] 在古吉斯城发展起来的帝国，曾是世界上最古老的国度和文明之一，统治着厄斯索斯的大部分地区，5000年前被瓦雷利亚所灭亡。——译者注

[2] 出自《冰与火之歌的世界》中《瓦雷利亚的崛起》一章。——译者注

己的帝国为"自由堡垒"（the Freehold）而非王国；他们的统治者被称为大君（Archons，源自古希腊的一种称呼，意为"领主"或"亲王"）[2]，由统治家族选出，不过同样和罗马一样，每个家族的统治都不长久，只能延续几代。

古吉斯和瓦雷利亚相继衰落之后，这些古老的文明被现在的奴隶制城市——阿斯塔波（Astapor）、渊凯（Yunkai）和弥林（Meereen）所取代。弥林的统治者自称伟主大人（Great Masters）；阿斯塔波[1]拥有一支阉人大军——"无垢者"；渊凯是一座黄砖筑就的"伟大城市"，由贤主大人（Wise Masters）统治，但是在维斯特洛人眼中，他们以出售"男童妓"为主要贸易，实在是腐化堕落。

瓦雷利亚人从吉斯那里学到了奴隶制，随着他们的帝国像罗马一样向四面八方扩张，这种制度也得到了更加广泛地推行。他们需要铜和锡来冶炼青铜，制造武器和纪念碑，也需要铁来炼钢造剑。据说，在瓦雷利亚矿场劳作累死的人数"大得不可思议"。[3] 锻造使用瓦雷利亚钢是他们最先进的技术之一——通过反覆锻打钢铁来获取平衡、去除杂质，最后再施加咒语，或者是其他什么维斯特洛人并不知晓的诀窍。瓦雷利亚钢剑（Swords of Valyrian steel）极为珍贵，虽然科霍尔（Qohor）的铁匠声称他们了解这门艺术，但是完全掌握锻造技法的人已经不存在了。

虽然听起来很神奇，但现实生活中确实存在与之类似的物品——大马士革钢，这种钢材在公元纪年之前就出现于印度，中世纪在中东地区被广泛应用于铸剑。关于大马士革钢有很多轶事，比如它能切断来复枪管，或者吹毛断发，但即使用严谨的现代科学技术去分析，也能够证明这在那个时代是不可思议的。到了1750年，由于印度和中东之间的商路断开，这种技术逐渐遗失。尽管现代技术进步了，但制

---

[1] 阿斯塔波统治者自称善主大人（Good Masters）。——译者注

造这种非凡的、无所不能的材料的精密技艺却不复存在。

在希腊古典时代（Classical Greece）[1]之前，古米诺斯（Minoan）人和迈锡尼（Mycenaean）人生活在荷马史诗所歌颂的英雄时代（Age of Heroes），这个时代于公元前 1100 年左右随着希腊黑暗时代（Greek Dark Ages）[2]的降临而结束。黑暗时代文明的崩溃摧毁了地中海东部的众多社会，在这一时期，埃及人、特洛伊人、希泰人（Hittites）、叙利亚人和迦南人（Canaanites）全部衰败，或者受到了重创，这或许是因为遭受了严重的自然灾害，也可能是受到了一群失控海盗的侵袭——这些人被称作"海上民族（Sea Peoples）"。一些现代历史学家甚至认为，当时在近东这些强国之间可能发生过一场规模巨大的"第零次世界大战（World War Zero）"，又或者，它们全都是被来自北方的野蛮人彻底击溃。[4]

进入公元前 8 世纪，希腊迈锡尼时代宫殿林立的光景不在，又变回了一个个孤立的村庄，这时出现了城邦(poleis)，今天我们所说的"政治"（politics)和"警察"(police）的词源也来自这里。虽说希腊的文化将成为日后西方文明的基石，但是和古吉斯一样，军事才是他们的核心力量。古希腊的重装步兵系统由一个个阵型严密的军事单元组成，依靠盾牌实现整体防御，这种先进的战术系统在希腊内部的城邦之间催生了不少极其血腥的战争。

现实中的西方文明起始于一场针对贵族女性的绑架案，只不过和导致劳勃国王发动战争的那次"绑架"一样，事件背后的真相到底是武力强迫还是为爱私奔，谁也说不清楚。大约诞生于公元前 9 世纪的史诗《伊利亚特》（*The Iliad*）讲述了希腊人和特洛伊人之间的一场古老的战争，帕里斯（Paris）从墨涅拉俄斯（Menelaus）手中抢走了

[1] 古希腊一个持续了两百年左右的历史时期，通常认为是从公元前 510 年雅典暴政结束开始，到前 323 年亚历山大大帝之死结束。——译者注

[2] 又叫荷马时代，大约从公元前 12 世纪至前 8 世纪。——译者注

他的妻子海伦（Helen），[1]但与莱安娜·史塔克（Lyanna Stark）一样，我们并不清楚海伦本人的意愿究竟如何。人们一直认为特洛伊战争纯属虚构，最多是个高度隐喻的寓言故事，但是到了20世纪，考古学提供了令人信服的证据，种种迹象表明这个故事具有一定的真实性。在伊利昂（Ilium）[2]确实有过一个城市，位于现在土耳其的西北部，大约在荷马史诗所记载的年代，这个城市曾经被洗劫一空。即使只考虑核心故事线，我们通常也会认为绑架敌对方的贵族女性不会仅仅因为爱情，一定还有其他原因，比如贸易或土地——但总而言之，近年来对农业社会之前时期的一些分析表明，当时确实发生过绑架女性的高规格战争，所以，特洛伊战争并不一定完全是虚构的。

《伊利亚特》和它的续集《奥德赛》（The Odyssey）起先都是由吟游诗人在宴会上演唱而代代相传，直到这个历史事件发生四百多年后才被记录下来。通常来说，史诗最初都是靠着歌手的记忆，通过歌唱的方式流传。比如，荷马史诗的开场白便是"高歌吧，女神，为了阿喀琉斯（Achilles）[3]的愤怒、黑暗和残杀"。在人类历史上，故事和史诗最初都是以歌谣的形式传唱，因此马丁为自己创作的史诗之作取名就是"冰与火之歌"。5

古典希腊在公元前5世纪达到顶峰，但在持续了30年并带来毁灭性灾难的伯罗奔尼撒战争（Peloponnesian War）[4]后走向衰败。这场冲突起源于希腊地区两个最大的城邦——雅典和斯巴达之间的竞争。公元前5世纪，雅典是众多城邦中的佼佼者，不仅站在军事和经济力量的前沿，也是政治发展的先驱，它最先给予每一名成年

---

[1] 在《荷马史诗》中，帕里斯是特洛伊王子，墨涅拉俄斯是斯巴达的国王。——译者注
[2] 伊利昂是特洛伊的别称。——译者注
[3] 阿喀琉斯又译作阿基里斯、阿基琉斯、阿克琉斯，是《伊利亚特》中的半神英雄，海洋女神忒提斯（Thetis）和英雄珀琉斯（Peleus）之子。全身刀枪不入，唯有脚后跟是弱点。——译者注
[4] 是以雅典为首的提洛同盟与以斯巴达为首的伯罗奔尼撒联盟之间的一场战争，从公元前431年持续到公元前404年，最终斯巴达获得胜利。——译者注

男性自由民在政府发言的权力，他们称之"人民统治"（rule of the people），或者叫"民主"（dēmokratia）。它发展出了将要流传几个世纪，对于古代世界来说非常伟大的哲学流派。同时，雅典人还发明了戏剧。

城邦政治总是受到派系冲突的影响，通常是集团化的寡头政治（意为"少数人统治"）和民主政治之间的冲突。在自由城邦中，瓦兰提斯（Volantis）[1]的统治阶级后来分裂为两个政党，虎党和象党，前者代表传统的军事贵族精英，后者代表商人和放债人这些新兴阶层。同样地，阿斯塔波也有一位民粹主义者克莱昂（Cleon）[2]，他的名字就来源于现实中一位雅典将军，此人代表城市商业阶层，极力主张与斯巴达重新开战，在剧作家阿里斯托芬（Aristophanes）的作品中，他被塑造成了一个蛊惑人心的煽动者。

然而，尽管雅典在各个领域都取得了辉煌成就，史学家和平民大众却都对斯巴达更感兴趣。雅典为世界留下了戏剧、哲学和科学，但斯巴达是所有威权政权的祖先，艺术、文化、金融——几乎所有的活动在这里都受到压制，除了战争——战争简直就是这个城邦存在的唯一理由。在许多方面，斯巴达的奴隶军队都和阿斯塔波残暴的奴隶军团"无垢者"极其相似。

斯巴达人像"无垢者"一样，是远近闻名、令人敬畏的战士。公元前490年至479年的波斯战争（Persian Wars）期间，希腊众城邦结成了暂时联盟，抵抗波斯帝国的大流士国王（King Darius）[3]及

---

[1] 位于厄斯索斯大陆东南，是九大自由贸易城邦之一。——译者注

[2] 古希腊的Cleon（？—公元前422年），一般译作克里昂，是活跃于伯罗奔尼撒战争期间的政治家与军事将领，出身富裕的皮革商家庭。《冰与火之歌》中的Cleon，译作克莱昂，曾是一名奴隶屠夫。丹妮莉丝征服阿斯塔波后建立了由一名医生、一名学者和一名牧师领导的议会。在她离开后，克莱昂煽动阿斯塔波人民屠杀议会，并自立为王，因此又被叫作"屠夫王"。——译者注

[3] 即大流士一世（公元前558—公元前486年），波斯帝国阿契美尼德王朝国王，公元前521年—公元前485年在位。——译者注

其继任者薛西斯（Xerxes）的入侵。斯巴达人完成了历史上最著名的英雄主义行为之一，他们派遣了300名勇士到温泉关（Thermopylae）隘口阻挡数十万波斯大军的去路。这是一次自杀式任务，在坚持了整整36小时的残酷战斗之后，他们意志坚定地走向死亡，这种精神从古至今一直鼓舞着人们。[《冰与火之歌》里有一段非常相似的故事，"科霍尔3000勇士"（The Three Thousand of Qohor）以寡敌众迎战多斯拉克军队。]

然而，"无垢者"和斯巴达人之间的不同也突显了他们的古怪之处："无垢者"是太监，但是被选中前往温泉关的斯巴达战士必须要有孩子来延续自己的血脉。雅典人以蓄短发为文明习惯，斯巴达人却和多斯拉克人一样，视长发为阳刚和力量的象征。

斯巴达独特的社会结构起源于公元前8世纪，当时的希腊处于动荡时期，新兴城邦的贫富差距导致了巨大的社会矛盾，在许多城邦，"暴君"（这个词在当时并非完全贬义）轮番上台执政，却通常只持续两三代就会出现新的篡位者。为了避免这种内部冲突，斯巴达人选择设计了一种新制度，以最大限度地实现男性自由民之间的平等。据传，曾有一位强大的国王来库古（Lycurgus）[1]，他根据得到的德尔菲神谕（Delphic oracle）[2]提出了著名的"大公约"（Great Rhetra），其中便包含了斯巴达的法律，斯巴达人对其毫无质疑，谨守奉行。

来库古设计的体系体现了高度平等。确实，斯巴达人之间的称呼相互平等，他们取得军事成功的关键是依靠男性之间强烈的同志情谊；他们都穿着同样朴素的衣服，吃着同样严格配给的食物。但是，这种

---

[1] 又译作吕库古、莱库古（约公元前700—公元前630年），是传说中古希腊斯巴达的王族，斯巴达政治改革、教育制度以及军事培训的创始人，是否真实存在于历史上目前仍不能肯定。——译者注

[2] 古希腊人在德尔菲神庙供奉阿波罗，当时会由祭司在这里向信徒传达来自阿波罗的神谕。——译者注

制度也有极其黑暗的一面。

他们也许有两种选择——束缚或者死亡，但是二者必选其一

"支撑起壮丽的魁尔斯的，乃是无数奴隶的脊梁。"魁尔斯最可怕的人之一，札罗·赞旺·达梭斯（Xaro Xhoan Daxos）[1]对丹妮莉斯说，"您扪心自问，如果所有人都面朝黄土过完一生，谁来抬头仰望无尽的星空？如果所有人都为生存疲于奔命，谁来建造赞美神明的恢弘宇庙？为了伟人的出现，必须有一部分人做奴隶。"⁶奴隶制在古希腊和罗马普遍存在，是他们贯穿始终、不容质疑的信念。实际上，奴隶制一度也在欧洲成为常态，直到 11 世纪左右才在天主教会（Catholic Church）的压力下开始废除。比如，盎格鲁 - 撒克逊时期的英格兰，奴隶人口至少占总人数的 10%，贫穷偏远地区甚至高达四分之一，后来，征服者威廉（William the Conquer）和他的继任者废除了这种制度，只不过取而代之的却是近乎同等可怕的农奴制。尽管废除了奴隶制，可是将非基督徒当作奴隶仍然可以接受。后来，大西洋奴隶贸易带来的血腥利润使这种制度更加趋向于种族化，规模也更加恐怖。14 和 15 世纪之时，在位于西方意识边缘的中东地区，奴隶制依然存在，但对于西方人来说，除非不幸被北非海盗绑架，他们几乎不可能再经历奴隶生活。只不过直到 18 世纪以前，欧洲沿海地区都存在着来自北非海盗的威胁。

在罗马，奴隶可能获得自由并取得社会地位，但在希腊，奴隶和他们的孩子则注定永远是奴隶。斯巴达是古代唯一一个创造出种族奴役制度化体系的国家，他们出征位于伯罗奔尼撒南部的邻国美塞尼亚（Messenian），将俘虏当作永远的奴隶——黑劳士（Helot，意为被俘者）[2]。⁷斯巴达每年都会正式向邻国宣战，这样才能让每一个斯

---

[1] 丹妮莉丝在魁尔斯遇到的商贾巨头，他是魁尔斯 13 巨子之一。——译者注
[2] 又译作希洛人、希洛特。——译者注

巴达人（只有父母都是斯巴达人，孩子才可能是全权公民，才算是斯巴达人）有机会合法杀戮。斯巴达人创建了一支古老的专门对奴隶实行恐怖统治的秘密警察队伍——克里普提（Krypteia），其中的青年成员会绑架并杀死黑劳士，就像厄斯索斯的"无垢者"会在母亲面前杀害婴儿一样。平心而论，这里绝不是一个令人感到愉快的地方。

与其他奴隶社会不同，黑劳士属于国家而非个人，因此在斯巴达，主人和奴隶并没有情感联系。历史上几乎所有的奴隶社会都通过一些标记将奴隶区分出来。雅典的游客会因为无法区分奴隶和自由人感到不快，但在斯巴达，黑劳士必须时刻戴着狗皮帽，穿着皮外套。法律规定，他们"即使没有犯错，每年也要接受固定次数的责打，提醒他们永远不忘自己的奴隶身份"[8]——这件事他们本来也不可能忘记吧。如果黑劳士看上去过于强壮就会被处死，而接受国家分配使用这个奴隶的斯巴达人则会被处以罚金。

这个社会极度残酷，即使是斯巴达人也没有特殊的乐趣。斯巴达人出生后必须由年长者进行挑选，先天体弱的婴儿会被弃置山谷任其死亡——尽管遗弃婴儿在基督诞生前的欧洲社会相当普遍。如果能活下来，那么到了 7 岁，斯巴达男孩就会进入教育体制，和其他男孩一起生活，被训练成顺从的士兵。训练期间的管理者称为paidonomos，在年轻男性的协助下拿着鞭子，实施惩罚。他们鼓励孩子偷窃食物，可是一旦被抓就会受到严厉的惩罚——不是因为犯了盗窃罪，而是因为没有能够逃脱——教育的目的只是让儿童习得狡诈。并且在某种程度上，儿童也是整个社会共享的，因此成年人可以管教任何一个犯错的儿童，哪怕是别人的孩子（毫不意外，他们关于儿童的教育理念相当严苛）。

斯巴达人从小就被迫听颂扬军队荣耀的歌曲。他们唯一的诗人、7 世纪的提尔泰奥斯（Tyrtaeus），把战争作为荣耀乐事来歌颂，男孩们从小被教导："站起来，冲向持矛的敌人！当他们的圆盾撞向我们的圆盾时，你会听到可怕的声响；当敌人挨个倒下时，用长矛刺穿他们的胸膛，你会听到最为惊恐的叫声。"

斯巴达人被期望一直战斗到 60 岁，并且伴随着不间断的强制训练——一旦拒绝战斗面临的就是死亡。不过，男性如果生了 3 个健康的儿子可以免除兵役；如果有 4 个儿子以上，他就不再需要向国家缴纳赋税。另一方面，斯巴达男性还会因不结婚、与年龄过大的女性结婚或与错误的女性结婚而受到惩罚。

斯巴达社会的每一件事都有军事层面的考量，包括他们独特的宪法。宪法规定，斯巴达实行二王制，两个国王分别来自亚基亚德家族（Agids）和欧里庞提德家族（Eurypontids）；他们认为这种制度下双方可以互相制约，谁也无法独揽大权，战争时期一个负责留守，另一个率军出征。法律中其他一些留存下来的部分，为我们描绘出了一幅幅极度偏执、令人费解的画面。例如，为了随时保持高度警惕，斯巴达人在黑暗中不允许点灯。据推测，这个规定引发了很多事故，但因为斯巴达经常有黑劳士发动叛乱，这个规定的存在也并非全无道理。公元前 464 年，斯巴达地震引发了一场黑劳士大起义，但以失败告终，奴隶们遭受了血腥镇压和报复——这几乎是所有古代世界奴隶起义的结局。

公元前 490 年，波斯帝国开始征服世界，希腊迎来了史上最大的危机，斯巴达人挺身而出力挽狂澜。在公元前 479 年的普拉提亚（Plataea）战役[1] 中，斯巴达人充当主力，将波斯人赶出希腊，用普鲁塔克（Plutarch）[2] 的话说，"他们就像海湾中愤怒到毛发直立的野兽"。9

---

[1] 普拉提亚城是希腊维奥蒂亚地区的一个城市，波斯第二次入侵希腊时的最后一场战役发生于这里，对阵双方分别是希腊城邦联军和由薛西斯一世带领的波斯帝国大军。——译者注

[2] 普鲁塔克（约46—120年），希腊作家、哲学家、历史学家，以《比较列传》（又称《希腊罗马名人传》或《希腊罗马英豪列传》）一书闻名后世。莎士比亚不少剧作都取材于他的作品。——译者注

温泉关战役时，有人说对面的波斯人太多，太阳都会被他们的箭挡住，一位名叫狄耶涅凯斯（Dieneces）的士兵的回答非常有名："这样我们就能在阴凉下战斗了。"[10] 这是斯巴达式冷幽默的一个例子，因为斯巴达周边有一个地方叫拉科尼亚（Laconia）[1]，后来这种说话方式就被叫做"拉科尼式（laconic）"。［当时这种风格很受欢迎，罗马人普鲁塔克甚至还汇编了一本《拉科尼语录》（*Laconic Sayings*）］最终，狄耶涅凯斯、列奥尼达斯（Leonidas）[2] 以及其余296人，在与波斯人苦战36小时后全部阵亡。[11]

另一个至今仍在使用的词语"斯巴达"则反映了他们简单朴素的生活品味。一位智者曾对他们的食物评论道："现在我知道斯巴达人为什么不怕死了。"他们以厌恶奢侈享乐而出名，从古到今吸引了许多崇拜者，从同时代的希腊对手，到19世纪依据斯巴达生活方式建立寄宿学校的德国教育家。

希腊重装步兵（"无垢者"战术的创作原型）的战斗过程极其血腥，其残暴程度往往令外国人感到震惊。希罗多德曾引用过波斯将领马铎尼斯（Mardonius）的评论："胜利方往往都会死伤惨痛，失败方就更不用说了，绝无生还希望。"希腊人自己也意识到了通过这种方式解决争端代价高昂，公元前394年，底比斯（Thebes）和斯巴达爆发了一场战争，其残酷程度从色诺芬（Xenophon）[3] 的记载中可见一斑："大地血流成河，战友和敌人的尸体层层相叠，盾牌碎裂，长枪折断，刀剑出鞘——有的落在地上，有的插在尸体上，还有的握在手中。"[12] 这种场景想想就令人不寒而栗。

提尔泰奥斯在描述重装步兵的战斗场面时，几乎没有掩饰身为同

---

［1］拉科尼亚位于伯罗奔尼撒半岛东南部，历史上是斯巴达城邦的核心地区。今天的斯巴达市仍是拉科尼亚州的首府。——译者注

［2］即列奥尼达斯一世（？—公元前480年），古代斯巴达国王，出自亚基亚德世系，温泉关战役希腊方的统帅。——译者注

［3］色诺芬（约公元前427—公元前355年），雅典历史学家，苏格拉底的弟子。以记录当时的希腊历史和苏格拉底语录而著称。——译者注

性恋的喜悦，他写道："每个人都必须咬紧嘴唇，站稳脚跟，叉开双腿，扎稳脚步，举起宽阔的盾牌，上遮胸肩，下挡腿脚。用右手挥舞有力的长矛，用脑袋疯狂地抖动帽尖。"

重装步兵的阵型一般为长方形，约有 8 到 10 排，前后两端都是最优秀的战士。战场上，每个人都带着一个又大又重的阿斯庇斯圆盾（the aspis），一杆枪头带铁尖、枪尾带钉头的长枪，还有短剑、头盔以及保护身体的盔甲。当战斗开始，号角吹响，方阵前移，发起进攻："让每个战士都冲向一个敌人，用长枪或是宝剑将他击倒。" 提尔泰奥斯唱到，"迎击敌人时，他们必须脚抵着脚，盾牌顶着盾牌，帽尖挨着帽尖，头盔靠着头盔——胸膛贴着胸膛，握住宝剑或是长枪。"

只有当一方最终放弃抵抗的时候，战斗才会彻底结束，通常来说，一场血战很少持续一个小时以上。就像在所有的战场上一样，人们瞧不起懦弱的逃兵，因为一旦有人逃跑，和他同一阵营的每一个战友都会立即暴露在敌人的长枪之下，处于致命的危险之中。若是为了更快逃跑而丢弃盾牌，就会被认为奇耻大辱。因此，斯巴达母亲对于上战场的儿子最出名的愿望，是他回来时"带着盾牌，或者用盾牌抬回来"。[13] 有时只有当战场上所有战败者全部死亡，战斗才会结束。有的时候，比如斯巴达人在温泉关，甚至会用牙齿和指甲坚持战斗到最后一刻。

尽管比起对手，斯巴达人更加贫穷弱小，但是由于对方自大轻敌，他们还是赢得了伯罗奔尼撒战争。雅典人不断对周围施以重压，致使提洛同盟（Delian League）[1]的盟友日渐疏远。同时，他们开始极度疯狂地试图入侵西西里（Sicily）的叙拉古（Syracuse）。叙拉古位于意大利南部的大希腊（Greater Greece）[2]地区，也使用希腊语，当时的人口超过 25 万，是已知世界上最大的城市。

---

[1] 公元前478年，在波斯第二次入侵希腊的最后阶段，希腊在普拉提亚战役中获得胜利后，为了继续对抗波斯帝国，由雅典领导联合一百余个城邦组成的军事联盟。——译者注

[2] 公元前 8 世纪到公元前 6 世纪，古希腊人在安纳托利亚、北非以及意大利半岛南部建立一系列殖民城邦的总称。——译者注

从最初在希腊诸城邦中占据统治地位，到公元前 371 年在留克特拉（Leuctra）战役中大败于底比斯，斯巴达最终因为低出生率的蔓延而从内部开始崩坏。但是，考虑到存在着新婚之夜新娘被迫剃光头的习俗，斯巴达人对于生孩子一事其实并不那么热衷，也许不算是特别令人惊讶。最终，雅典、斯巴达以及希腊的其余城邦都被来自北方的马其顿（Macedonia）所征服。马其顿使用和希腊语（指的是通用希腊语 Koine，字面意思是"共同的语言"，类似维斯特洛的通用语）同源的语言，勉强也算是个希腊王国。此后随着马其顿国王亚历山大大帝（Alexander the Great）征服了大部分已知世界，希腊的语言和文化被这些半希腊人在近东和亚洲地区渐渐传播开，就像 20 世纪英语依靠美国的优势地位传播到那些已经被英国殖民者定居的地区一样。

姐妹妻子

埃及也是被亚历山大征服的土地之一，那里存在一个更加古老、对我们来说更有异国情调和奇特之处的文明。埃及的古王国时期（Egypt's Old Kingdom）距离亚历山大的时代已经非常久远了，时间间隔几乎和亚历山大的时代到我们现在一样。在希腊出现的几千年前，巨大的尼罗河滋养了一条狭长而肥沃的地带，孕育出古老的文明。随着农业生产的发展，这里发展出了一个中央集权国家，其统治者具有半神地位，而且就像众神一样，王室家族也实行近亲通婚。

近亲通婚最早的记录可追溯至公元前 16 世纪的雅赫摩斯（Ahmose）法老，他有十几个同父同母的亲生兄弟姐妹，他们的父母便是一对亲生兄妹，都是特提舍利（Tetisheri）法老的孩子。雅赫摩斯后来又娶了他的妹妹雅赫摩斯·纳菲尔泰丽（Ahmose-Nefertari），她拥有众多头衔：国王的母亲、国王的女儿、国王的妹妹和国王的伟大妻子——尽管后两个头衔中的国王指的是同一人，她还称自己为"上帝的妻子"（God's wife）。

　　埃及王室实行兄妹通婚的原因尚不清楚，可能是为了效仿沉迷于兄妹通婚的诸神，或者更加简单，只是为了将所有潜在竞争对手都拒之门外，又或者是为了巩固家族团结——这仍然是当今中东地区堂亲表亲通婚普遍存在的原因之一。虽然可能是最出名的，但法老们并不是唯一一个与坦格利安家族（Targaryens）一样近亲通婚的家族，印加（Incan）和夏威夷（Hawaiian）的王室也都沉迷此道。然而，这一做法的负面影响显而易见：17 王朝和 18 王朝早期的底比斯统治者因为长期近亲通婚，最终无法生出健康的孩子。阿蒙霍特普一世（Amenhotep I）和他的妻子兼妹妹是兄妹婚姻的产物，他们的父母也是，所以这对王室夫妇只有两位曾祖父母，而不是八位。[14] 我们所知道最著名的埃及人图坦卡蒙（Tutankhamun）娶了自己的姐姐，他们有过两个女儿，生下时便都是死胎，而图坦卡蒙 19 岁时也因为骨质疏松而早逝。后来，两个孩子都被制作成木乃伊，葬在了帝王谷（Valley of the Kings）[1]图坦卡蒙的身边。

　　在亚历山大大帝之后统治埃及的是来自希腊的托勒密家族（the Ptolemys），他们把这种兄弟姐妹通婚的做法一直延续了下去。公元前 3 世纪 70 年代中期，托勒密二世为了迎娶姐姐阿西诺亚二世（Arsinoe II），与来自马其顿的妻子阿西诺亚离了婚。托勒密和姐姐的画像被一起印在硬币上，她在公元前 270 年去世之后，托勒密授予了她神圣的称号。王朝内部的乱伦行为一直在继续——而令人困惑的是，直到公元前 1 世纪王朝陷落为止，这个家族所有的男性都叫托勒密。正如人们对埃及统治者的预期，这是一个残酷的家族。托勒密王朝建造了巨大的金字塔，毫无节制地奴役大批奴隶——显然，它

　　　　[1] 帝王谷位于尼罗河西岸的金字塔形山峰库尔恩（Al-Qurn）之巅，第 18 王朝到第 20 王朝有 64 位法老和一些王室成员埋葬于此。——译者注

是奴隶湾（Slavers Bay）[1]的灵感来源。

托勒密八世的妻子是他哥哥的遗孀，同时也是他自己的姐姐，据说，他在两人的婚礼上派人杀死了新婚妻子和哥哥托勒密六世所生的儿子。后来，他开始和姐姐的小女儿（他自己的侄女兼外甥女）发展关系，并在公元前141年娶她为王后。形成这种畸形竞争关系的不仅有母女，还有父子。托勒密担心自己和第一任妻子兼姐姐所生的儿子[2]有夺位的野心，便派人绑架并且当着自己的面杀死了他，然后将尸体肢解，赶在他母亲生日时送到她的庆祝典礼上。

最后一位统治埃及的托勒密家族成员死于公元前30年。她先是嫁给了弟弟托勒密十三世，然后又和他断绝关系，接着先后与两名外国人[3]结婚，最后被蛇毒死。她就是历史上最著名的女王之一——克利奥帕特拉（Cleopatra）[4]。此时此刻，世界已经被另一种力量所主宰，实际上，这是一个真正的超级大国，将会为欧洲带来空前绝后的影响，它是一个公元前3世纪就在大希腊北部崛起的新兴城邦，一个不断扩张中的奴隶制帝国——罗马。

本章尾注：

1. 这个背景故事出自《〈冰与火之歌〉的世界》（*The World of Ice and Fire*），也就是《冰与火之歌》系列小说的设定集，该书假托维斯特洛的一位学士创作，实际上则是由乔治·R. R. 马丁、艾里奥·M·加西亚（Elio M. Garcia）和琳达·安东松（Linda Antonsson）撰写。
2. 这个词字面意思是"统治"，正如君王（monarch）这个词的原意是"统治者"。
3. 乔治·R. R. 马丁、艾里奥·加西亚和琳达·安东松《〈冰与火之歌〉的世界》。
4. http://www.sciencemag.org/news/2016/03/slaughter-bridge-uncovering-

　　[1]奴隶湾位于夏日之海悲痛海湾之内，建立在古吉斯帝国的废墟上，有阿斯塔波、渊凯和弥林三座主要城市，是目前全世界奴隶贸易的绝对中心。——译者注
　　[2]即托勒密·孟斐特斯（Ptolemy Memphites），被父亲杀死时年仅14岁。——译者注
　　[3]即罗马帝国的尤利乌斯·恺撒和马克·安东尼。——译者注
　　[4]即我们所熟知的"埃及艳后"。——译者注

colossal-bronze-age-battle

5. 这个观点出自 Ayelet Haimson Luskkov 的《不胜即死》（*You Win or You Die*），所以我不会把它据为己有。

6. 出自《冰与火之歌》第五卷《魔龙的狂舞》。

7. 这个词的确切词源有争议，可能是意大利墨西拿一个村庄的名字。

8. Hall, Edith: *The Ancient Greeks*

9. Ibid

10. Told by the Roman Plutarch in his book *The Sayings of the Spartans*

11. 三百勇士中的两个人其实回到了家乡。其中一个叫阿里斯托德穆斯（Aristodemus），因为半失明而被命令返回家中，结果一直被视为懦夫。另一个因为被派出担当使者而错过了这场可怕的战斗，回到家后，他却因为觉得耻辱而上吊自杀。

12. Hall, Edith: *The Ancient Greeks*

13. Plutarch

14. 托比·威尔金森（Toby Wilkinson）在《古埃及兴亡史》（*The Rise and Fall of Ancient Egypt*）中写道："实际上，他们没有被更严重的先天性疾病所折磨，很令人感到意外。"

· 07 ·

冰与砖之墙
——来自罗马的灵感

许多伟大的角斗士都倒在了角斗大会的门边，今天下午，你们这些废物中的大部分也将走向死亡，这或许就是你们人生中最光彩的一刻。

——亚赞·佐·夸格兹[1]

随着喇叭声与号角声响起，角斗比赛正式开始。接着爆出一声巨吼，大门打开，地板上的灰尘升起。此时此刻，帝国首都最大的体育场容纳了成千上万的观众，有些人来自偏远地区，从未见过两层高的建筑，对他们来说，这种噪音尤其显得震耳欲聋，甚至有些可怕。所有战士在进入竞技场时都已经知道了一件事——他们中的许多人会在这一天死去，不是为了事业，不是为了国家，也不是为了女人，而是纯粹为了娱乐。

现场的罗马观众们深深沉醉于这样的嗜血场景，纷纷对着自己最喜欢的战士高声尖叫，以此激励他们的斗志。他们通常会高喊：

---

[1] 出自《权力的游戏》第五季第七集《礼物》，亚赞是渊凯的一名贤主。——译者注

verbera（鞭打他）、iugula（砍死他）和 ure（烧死他）。大多数情况下，在战斗结束后失败方的生死掌握在观众手中，他们的命运取决于现场两种呼喊声——mitte（释放他）或 igula（割了他的喉咙）哪种音量更大。不过，最终的话语权来自 editor——也就是为整场竞技支付费用的公民，如果皇帝本人出席的话，那么一锤定音的就是他。举办角斗竞技是赢得人气的一种有效手段，罗马领袖们经常为此耗费大量金钱。比如，为了纪念去世的父亲，尤利乌斯·恺撒（Julius Caesar）就曾斥巨资雇佣 320 对角斗士举办了一场葬礼角斗。

可怕的搏斗结束之后，胜利者可以从胜者之门离开，失败者则被拖到对面的出口，也就是死亡女神利比蒂纳（Libitina）之门——libitinaria，他们通过这个门会被带到一间圆形房间剥去衣衫（设计成圆形更有利于冲洗血迹），即使此时还有一口气，也会被补上一刀了结性命。最后，这些角斗士的血液还可以当作壮阳剂出售，一点也不会浪费。

这一切看起来非常残酷，但古罗马本就是一个残酷的地方。曾经有一个名叫斯巴克斯（Spartacus）的色雷斯人（Thracian）带领 7 万名绝望的奴隶发动起义，罗马人用十字架刑对待他们，这种极不人道的处决方式让受害者们忍受好几天的折磨才得以死去。与之类似，《冰与火之歌》中，在位于奴隶湾（Slavers Bay）的城邦阿斯塔波（Astapor）和弥林（Meereen），奴隶主也会使用这种酷刑来惩罚奴隶。丹妮莉斯·坦格利安（Daenerys Targaryen）在弥林时参观了达兹纳克竞技场（Daznak's Pit），为了遵从瓦雷利亚传统，出于政治上的考量，她极不情愿地出席了这个奴隶城市的角斗大会。当天，女王看到数以万计的群众兴致高昂地前来观看自己的同类对战至死，她看到一头大象干掉了六匹红狼，看到一头公牛与一头熊展开对决。为了让观众尽兴，还有一场 6 个步兵与 6 名打扮成多斯拉克骑兵的奴隶进行的模拟战斗。紧接其后的是侏儒互搏、人狮大战、女人斗野猪。新女王被这些暴力场面所震惊，但是弥林的人们喜欢暴力，他们被当天的活动所吸引，被唤醒，被逗乐。同样恐怖的场面，罗马也已经见证过无数次。

公元前 8 世纪，意大利中部拉丁姆（Latium）地区的一些村庄联合在一起，形成了一座主宰世界的新城市——罗马。在它的南方，希腊殖民者统治着半岛的大部分地区，北方则是略显神秘的伊特鲁里亚（Etruscan）文明。伊特鲁里亚的国王们从公元前 616 年起统治着罗马，直到公元前 495 年罗马共和国成立，他们才被推翻。伊特鲁里亚文明为南方的拉丁部落留下了不少印记，比如相信打破镜子会带来厄运，还有 people（人）、aren（竞技场）、palace（宫殿）、military（军事）、element（元素）和 letter（字母）这些词语。除此以外，他们为罗马人留下的另一项创新则是首先开始于葬礼的角斗竞技。

在摆脱伊特鲁里亚统治后，罗马开始向周边扩张，到公元前 300 年，他们已经控制了拉丁姆的大部分地区；一个世纪后，他们统治了几乎整个意大利；又过了 100 年后，他们实际上控制了地中海地区。

在马丁的世界中，受到罗马影响的最明显的两个因素分别是角斗竞技和满是残酷谋杀的宫廷政治。罗马圆形竞技场（Colosseum）的官方名称为弗拉维安剧场（Flavian Amphitheatre），在这里总是有数量庞大的角斗士等着送上性命，仅仅是供群众消遣。公元 107 年，图拉真（Trajan）皇帝在征服达西亚（Dacia，即今天的罗马尼亚）时俘虏了 5 万人，随后罗马约有 1 万名角斗士陆续进行了战斗，很可能都是这批战俘。两年后，在一次持续 117 天未曾间断的竞技中，约有 9800 人当场丧生。然后在公元 115 年，又有 2400 人因体育比赛而死亡。从公元 80 年开始算起，到 4 世纪时信仰基督教的君士坦丁（Constantine）大帝废除角斗为止，即使是最保守的估计，罗马也有 27 万人死于角斗，同样夸张的是，还有 100 万人死于体育比赛——这真是一座死亡之城。

在厄斯索斯（Essos），为了取悦民众死于角斗竞技的除了罪犯

111

还有相当多的无辜者。丹妮莉丝到来之后下令，只准强迫罪犯参加角斗，无辜者不得牵涉其中——这种做法与古罗马人不谋而合。只不过在罗马，虽然也有不少被迫进入竞技场的是犯罪者，但大多数其实都是倒霉的奴隶。他们通常是外族俘虏，被抓住后送到这个巨大的竞技场中，看着高达 90 英尺的雕像，既不知所措，又惊恐万分，在比自己整个部落还多的人围观之下，痛苦地死去。话虽如此，仍有一小部分角斗士参加竞技是出于自愿，他们愿为金钱和荣誉冒险，有些人甚至能在职业生涯结束后安然退休，这些水平高超的幸运之人会得到一个木制的 rudis，也就是一柄小型的木制罗马短剑——和他们角斗用剑的外形一样——作为退役纪念品。

许多角斗士都荣耀加身，备受尊敬。曾有两位角斗士普里斯库斯（Priscus）和弗鲁斯（Verus），在一场漫长的比赛中，两人在耗尽了全部力气之后同时放弃了战斗，他们扔下手中的剑向对方表达敬意，此举赢得了现场群众的赞同，提图斯皇帝（Emperor Titus）见状，当场赐予他们每人一柄木制短剑。还有一些角斗士并不在意能否获得自由，有一个叫弗拉马（Flamma）的叙利亚奴隶曾经 4 次赢得了自由，但每次都选择继续战斗，虽然在整个生涯 34 场比赛中，他赢得了大部分场次的胜利，但最终还是没有摆脱角斗士的宿命，在 30 岁时死在竞技场中。实际上，最后一场致命的比赛并不是他唯一输掉的一次，之前还有过四次，但当时并非每一次角斗都以死亡告终——事实上只有 13% 到 19% 的比赛会有人送命。但即便如此也意味着，以每年参加两到三场的频率，大多数角斗士都不大可能撑过 10 年。[1]

角斗士分为 12 种不同类型，其中有一种是战斗时拿着网和三叉戟的 retiarius（网斗士），他们战斗的对手通常是拿着一个巨大的长方形盾牌、戴着一个护手和一个蛋形头盔的 secutor（追逐者）。角斗士们还会在头盔上插上羽毛，这是当时流行的一种复古风，模仿的是罗马人崛起之前那些古意大利人佩戴的古老头饰。

从公元前 510 年起，罗马成为了共和国，但是在公元前 1 世纪，一连串手握军政大权的将领争权夺利，为国家带来了巨大的压力。其中一位名叫尤利乌斯·恺撒的将军权势急剧膨胀，最终致使自己被元老院密谋刺杀而亡。元老院为恺撒罗列了诸多罪名，但实际上，引起他们极度反感的真正理由是恺撒在埃及之行中爱上了埃及统治者克利奥帕特拉（Cleopatra）[1]，而罗马精英们完全不信任这位外国女王。后来，恺撒的主要支持者马克·安东尼（Marc Anthony）也爱上了那位埃及美人，最终又和恺撒外甥女的儿子屋大维（Octavius）反目成仇。

公元前 1 世纪的罗马内战导致了共和国的垮台，一个帝国家族由此崛起，接下来将近 5 个世纪，罗马由皇帝进行统治。第一位称帝的是屋大维·恺撒，后来他自称"奥古斯都"（Augustus）。显而易见，儒略 - 克劳狄家族（Julio-Claudian）的前五位皇帝正是许多维斯特洛秘事的灵感来源，[2]尤其是第三位皇帝卡利古拉（Caligula）和他的侄子、第五位皇帝尼禄（Nero）。这两个人都是沉迷性虐的虐待狂，还都热衷于华丽的大场面，为当时罗马的穷苦人民留下了深深的心理阴影。

卡利古拉成长于一个尔虞我诈的恶毒世界。他的本名为盖乌斯·尤利乌斯·恺撒·奥古斯都·日耳曼尼库斯（Gaius Julius Caesar Augustus Germanicus），童年的大部分时间随着父亲日耳曼尼库斯在德国征战中度过。当时，士兵们因为他经常穿着靴子，便给他起了绰号"卡利古拉"，意为"小军靴"。后来，他的母亲大阿格里皮娜（Agrippina the Elder）与他的祖父提比略（Tiberius）皇帝发生了激烈的争执，导致她的两位哥哥被杀。因此，当公元 37 年提比略去世时，卡利古拉几乎是奥古斯都家族在世的最后一位成员，于是，刚满 25 岁的卡利古拉便继承了皇位。

---

[1] 即"埃及艳后"克利奥帕特拉七世。——译者注
[2] 这五人分别是屋大维、提比略、卡利古拉、克劳狄乌斯和尼禄。——译者注

卡利古拉是一个残忍的虐待狂，他内心幼稚，却又充满兽性，并且痴迷于震撼的大场面。事实上，如果把他和维斯特洛自己的男孩暴君乔佛里（Joffrey）相比，从外表来看，他甚至与乔佛里的演员杰克·格里森（Jack Gleeson）非常相像。有一次，卡利古拉在那不勒斯湾（Bay of Naples）举办了海上盛宴，他令人将许多船只停在海上，排成一座横跨海湾的桥梁，接着在周围的高地点燃篝火，照亮所有出席的宾客。宴会当中，皇帝下令把身边的同伴、甚至自己的亲戚都推到海里，"最后，他一心要把宴会的结尾推向高潮，便令人开船撞击自己部下乘坐的船只，目睹整个过程令他兴致高昂。"[2] 卡利古拉还让参议员的孩子在自己的私人小岛上扮演妓女，主要是为了羞辱参议员本人，同时也为了激发自己的情绪。[3] 虽然任命自己的马为参议员的故事可能是虚构的，但另一个荒唐故事的真实性就高了很多——他曾经企图对不列颠发起入侵，结果只是让军队沿着海岸捡拾了一堆贝壳，行动失败之后他又对着大海宣战。

"小靴子"最终死于暗杀，继承王位的是他的叔叔克劳狄乌斯（Claudius）。因为腿脚残疾，又是口吃，家人多少都有点看不起他。最终结束克劳狄乌斯生命的，很可能是来自妻子阿格里庇娜亲手奉上的毒药，随后王位传给了他的继子尼禄。尼禄简直就是疯王的缩影，据说，他继位不久就杀害了克劳狄乌斯14岁的儿子不列塔尼库斯（Britannicus）。

还在青春期的尼禄就已兼具乔佛里和拉姆斯·雪诺（Ramsay Snow）的双重疯狂。他擅长用表演来蛊惑人心，迎合人们的原始欲望，怂恿人们任意妄为，制造超乎想象的大场面给人们刺激兴奋——比如在海岸上人为再现大型海战——这般般件件轻率行为的背后，是尼禄超出人们预期的黑暗内心。

长大之后，尼禄既耽于引诱男孩，又不放过已婚妇女，还强奸了一个维斯塔贞女（Vestal Virgin）。维斯塔贞女是当时罗马的女祭司，对她们来说，守护贞洁非常神圣，一旦和别人发生性关系就会被处以死罪。他还沉溺于和亲生母亲乱伦，据说，每当他和阿格里庇娜大被同眠，颠鸾倒凤时，两人总是无法抑制自己的激情，"他出现在众人面前时衣服上的污渍就是很好的证明"[4]。

作为皇帝，他曾令人把无辜的男女绑在木桩上，自己披着野生兽皮从"兽穴"冲向他们，攻击他们的私处。苏埃托尼乌斯（Seutonius）[1]写道，"在通过这种方式激起了足够的兴致之后，他便任由手下的自由民来处置（可以这么说吗？）自己。"[5]

公元64年，一场大火烧毁了罗马大部分地区，尼禄借火灾趁机夷平贫民窟，大肆扩展自己的宫殿和花园，然后将火灾责任甩给了一个规模很小的宗教，他们追随一位在30年前就被处死的拉比（Rabbi）[2]，宗教仪式在当时看来颇有古怪之处，尼禄便声称火灾由此引发。他迫害基督徒最出名的行为，除了把他们和狮子一起扔进竞技场，还有在花园之中用基督徒点天灯，当夜幕降临，便将钉在十字架上的可怜人点燃，用来照亮聚会。这时，他打扮得像一个战车车夫，在客人中间来去穿梭、谈笑自若。即使罗马人并不算是特别追求人道主义，也都为此感到震惊和遗憾，因为尼禄"灭绝基督徒似乎并非为了公共事业，而仅仅是出于个人的残暴本性"[6]。

最后，尼禄对母亲感到厌倦，派人谋杀了她。皇帝故意弄沉了船，和他母亲一同落水的朋友为了引起救援人员的注意，一边拼命挣扎，一边疯狂喊着"我是阿格里庇娜"，却立即被船桨和撑杆打死。目睹一切的阿格里庇娜静静地游着离开沉船，但还是被儿子派去的刺客活活捅死。

尼禄毫不在意这些丑闻，沉醉于堕落的生活。当意外踢死妻子波

---

[1] 苏埃托尼乌斯（约69或75—130年后），罗马帝国的历史学家，著有《罗马十二帝王传》，记述了罗马帝国前12位帝王。——译者注
[2] 拉比意为"可以去请教的人"，是犹太人的特别阶层，许多犹太教仪式的主持。在这里指的是耶稣。——译者注

培娅（Poppaea）后，他命令仆从们寻找一个替身，最后找到了各个方面都非常完美的斯波鲁斯（Sporus）——除了他是个男孩以外。于是，他让这个男孩穿着波培娅的长袍，留着同样的发型，装扮同样的妆容。后来，皇帝带着他的新"妻子"坐在皇后的轿子中，在女仆的照料下访问了希腊。然后，他举办了一场模拟婚礼，让新娘穿着橘黄色的礼服，举办了盛大庆典，还遵照传统祈求诸神赐予他们孩子。

尼禄最终无可挽回地走向了毁灭之路。公元 68 年 3 月，高卢北部的总督首举叛旗，随后西班牙（Hispania）总督加尔巴（Galba）也加入阵营。不久，负责保护皇帝的精锐部队——罗马禁卫军（Praetorian Guard）的首领也开始反抗这位疯狂的皇帝。尼禄走投无路，让私人秘书了结了自己，最后留下一句遗言："Qualis artifex pereo"！（一个多么伟大的艺术家就要死了！）儒略-克劳狄王朝终结于此，罗马陷入了一场被称为"四帝之年"（Year of the Four Emperors）[1]的内战。

山民

尤利乌斯·恺撒政治生涯的起起落落最终导致了共和国的解体，但在走到这一步之前，让我们先把时间倒回一小段：在取得了对高卢的胜利之后，恺撒将下一个征服目标瞄准了不列颠。公元前 55 年，恺撒率领一支部队横渡大海抵达坎蒂（Cantiaci）部落的家乡肯蒂姆（Cantium），后来盎格鲁-撒克逊七大王国之一的肯特（Kent）便诞生于此，王国名字也由此而来。［在维斯特洛，七大王国的祖先全部可以追溯至外来的"先民"（First Men）[2]，但在现实中，我们至少可以确定，肯特王国在撒克逊人到来之前便已存在。］第二年，

---

［1］公元 69 年，内战中的罗马帝国同时出现了四位皇帝：加尔巴（Galba）、奥托（Otho）、维特里乌斯（Vitellius）和韦帕芗（Vespasian），因此这一年被称为"四帝之年"。——译者注

［2］先民是最早踏上维斯特洛大陆的外来者，在伊耿登陆前约12000年，他们从东大陆通过尚未断裂的多恩断臂角来到维斯特洛。——译者注

116

恺撒再次到来，但又一次只待了几天便匆匆动身返回罗马，在公元前50年，帝国便陷入了混乱。

最终征服不列颠群岛的是克劳狄乌斯。但在当时，这段征程令许多罗马人望而生畏，因为一部分人认为不列颠人都是独眼巨人，另一部分则认为他们会以活人祭祀。当然，对大量群体墓地的考古研究也证实，我们不能说不列颠人不热衷于极度的血腥暴力，但是现在可以参考的文字佐证只有罗马人的记录。（在马丁的世界里，由于先民的血祭传统，当代受过教育的人对他们祖先的信仰已经有所质疑。）

瓦雷利亚人（Valyrians）最初踏足维斯特洛是应当地国王的邀请，真实历史中同样有一个不列颠部落曾向罗马寻求援助。在公元45年，奥鲁斯·普劳提乌斯（Aulus Plautius）在布洛涅（Boulogne）[1]集结了4万人的军队，由此渡海。抵达不列颠后，他们在岛上遇到了20多个部落，其中有锤子部落（Hammerers）、山民部落（Hill Folk）和深海部落（People of the Deep），这些部落名称听起来可能非常陌生，因为更为我们熟知的可能还是由征服者为他们所起的名字——奥陶维斯人（Ordovices）、布里甘特人（Brigantes）和杜姆诺尼人（Dumnonii）。他们信奉的神明手持巨棍，即使对追随信徒来说也非常神秘。其中有：知识之神达格达（Dagda）、艺术和工艺之神鲁格（Lugh）以及在这些野蛮人心中最接近至高神明的路德（Lud）[或者又叫诺德（Nud）]，他们的神庙可能就在圣保罗大教堂[现在的拉德盖特马戏团（Ludgate Circus）]，或者附近某处。他们的一些传统甚至延续至今：今天的许多风向标顶部仍绘有公鸡图案，其中一种解释便是因为古代的不列颠人相信小公鸡能够避雷。

不列颠的西边是他们更加神秘的近亲——冬之国（Land of Winter）爱尔兰（Hibernia）[2]，两地人民每年都会宰杀动物来庆祝

---

[1] 现在是法国西北部的临海城市。——译者注
[2] 爱尔兰的拉丁文叫法。——译者注

凛冬降临之前的夏末节（Samhain）。后来这个节日跟随爱尔兰移民的脚步传入美国，演变成了今天的万圣节，主要庆祝方式则变成了以孩子为中心的一系列活动。

虽然罗马人轻易地占领了不列颠岛南部的平原，但很快就有一位女性站出来带领人们反抗。她接替死去的丈夫领导军队，并以惊人的头发闻名。[7]根据同一时代的罗马历史学家塔西佗（Tacitus）所记载，布狄卡（Boudicca）"比一般的女性更加有智慧"[8]。卡西乌斯·狄奥（Cassius Dio）[1]说她"声音刺耳、眼神锐利，习惯性地戴着一条粗大的金色项链（很可能是金属制品），穿着五颜六色的长袍，披着一件用胸针扣住的厚斗篷"[9]。这位外表颇具个性的女性带领着由被解救的奴隶组成的军队，不顾一切地向奴隶主发起复仇，是个相当可怕的人物。

布狄卡所在的爱西尼（Iceni）部落位于不列颠东部，他们与罗马人结盟已久，直到公元60年，国王普拉苏塔古斯（Prasutagus）去世后联盟才破裂。按照习俗，普拉苏塔古斯把一半遗产留给了罗马皇帝，另一半则留给了妻子布狄卡。但是罗马官员强占了布狄卡的土地，对她鞭打蹂躏，还强奸了她的两个女儿，于是忍无可忍的爱西尼人爆发了，叛乱像雪球一样越滚越大，不断有人加入其中。直到他们洗劫了包括伦丁尼姆（Londonium）[2]在内的三座城市之后，才遇到大规模的血腥镇压。

然而，在接下来的几年里，罗马人轻而易举地驯服了位于该岛南部的上不列颠（Britannia Superior），穿过他们平坦的牧场，开辟了走出森林的道路，向当地引进了诸多奇异的奢侈品（比如橄榄油），让当地人开始食用地中海的水果和蔬菜。相比之下，北方的下不列颠

---

　　［1］卡西乌斯·狄奥（150—235年），古罗马政治家与历史学家，出身于贵族家庭，曾担任执政官。——译者注
　　［2］又译作朗蒂尼亚姆，指罗马统治不列颠时期的伦敦。——译者注

（Britannia Inferior）就要强硬得多。于是，罗马人将南北划分为两块，南方已经半罗马化的称作 Britanni，北方多岩石、峭壁和山丘，并且比较好战的被称作 Brittones。我们几乎可以肯定，南方人和他们在多年后也被罗马化的高卢表亲一样，慢慢开始使用一种拉丁语。即便如此，现在的法语中仍然保留了一些凯尔特（Celtic）词汇，后来又融入了英语当中，例如 brave（英/法，勇敢）、bribe（英，贿赂/法，碎片）、galon（法，丝带）/gallon（英，加仑）、greve（法，罢工）/gravel（英，碎石）、mouton（法，羊肉）/mutton（英，羊肉）、petit（英/法，小）、piece（英/法，碎片）。同时，北方人则大多仍使用本地的布立吞（Brythonic）语。

在更远的北方，更加古怪的加勒多尼亚（Caledonia）[1]人和不列颠人完全不同。这些皮肤黝黑的皮克特人（Picts）[2]通过母系而不是父系来追溯血统，在欧洲来说非常独特，他们对于同时代的南方人而言就像是噩梦。[10]苏格兰的土著居民被认为是几千年前从伊比利亚（Iberia）来到这里的，他们的语言是属于印欧语系的一种混合产物，非常古老，我们对其知之甚少。他们维持狩猎采集的生活方式比不列颠人更加长久，因此很可能是深色皮肤。因为在狩猎时代，人们摄入的食物富含蛋白质，不利于产生白皮肤的基因突变，所以只有当欧洲人的日常饮食倾向于谷类时，才更加容易促进突变，这使得佝偻病成为那个时代人们的一大困扰（白皮肤能更有效地通过日晒转化维生素 D，从而降低患这种病的风险）。所以，切德人（Cheddar Man）[3]当然是深色皮肤，就像不列颠人一样，他们可能要到进入农业社会以后才会变为白皮肤。[11]

公元 83 年，罗马人继续向北进发，在加勒多尼亚最北部的格劳

---

[1] 苏格兰古称。——译者注

[2] 在苏格兰人之前居住在加勒多尼亚的原住民。——译者注

[3] 切德人是在英格兰萨摩赛特的切德峡谷中发现的一具人类男性化石，对骨骼测定的结果显示他生活于距今约 9100 年前。——译者注

庇乌山（Mons Graupius）击败了土著居民。同时代的历史学家塔西佗记录了加勒多尼亚领袖卡加库斯（Calgacus）面对敌人的一次演讲："我们，这片土地上距离自由最为遥远的人民，因一直与世隔绝、默默无闻才保住了自己的家园。然而现在，即使是最遥远的不列颠疆界也已经被打开，我们所面对的一切未知都无与伦比，但现在，前方已经没有了人民，只剩下海浪和岩石。"最后，他用一句话来总结演说，这句话后来成为了传世名言，经常被人们引用来批判谴责帝国暴行："他们创造了一片沙漠，却称之为和平。"[12]

罗马人以 180 人左右的微小伤亡重创对方，使土著人付出了 1 万条生命的代价，尽管获此大胜，但他们仍然认为加勒多尼亚狂野难驯，令人生畏。如果要讲述这片土地有多么顽强不屈，就必须要提到著名的罗马第九军团（Roman IX Legion），公元 120 年左右，第九军团在远征不列颠时从这里消失，直到今天我们仍然不知道他们的下落。[13]

皮克特人在不列颠北方为罗马人带来的威胁从未停歇，于是哈德良皇帝（Emperor Hadrian）[1]决定修建一座城墙将他们阻挡在外。这项工程于公元 122 年启动，总计动用 15000 人，前后耗时 6 年，终于建成。哈德良长城（Hadrian's Wall）有 80 英里长，8 英尺厚，15 英尺高，每隔 15 英里就建有一座堡垒，两侧各有一道沟渠，足以将野蛮的皮克特人挡在墙外。在马丁的作品中，绝境长城有 300 英里长——是哈德良长城的 4 倍，有 700 英尺高——是哈德良长城的 50 倍。（就连中国长城的最高处也只有 26 英尺，当今世界上最高的墙体是内华达州的一堵攀爬墙，有 164 英尺高）。此外，就像维斯特洛的绝境长城一样，罗马人很可能曾经将哈德良长城也刷成了白色，使它的视觉效果达到最大化。

公元 138 年哈德良去世后，他的继任者安东尼·庇护（Antoninus

---

[1] 哈德良（76—138 年）是 117—138 年在位的罗马皇帝。——译者注

Pius）在更远的北方，也就是苏格兰中部低地的最狭窄处开工建造第二道长城，但不久之后他就放弃了这项工程。［"疯王"伊里斯（Aerys the Mad King）也曾计划在更远的北方建造第二道长城，只不过工程还没开始，他就把兴趣转向了别的计划。］

历经多年，哈德良城墙的大部分都被慢慢拆掉，用来修建道路，直到 19 世纪，一个名叫约翰·克莱顿（John Clayton）的律师挽救了它。如果不是约翰，长城可能早就被拆光了。现在，那里吸引了许多来自世界各地的游客，乔治·R. R. 马丁便是其中之一，他在 20 世纪80 年代初访问英国时去了那里。那一天，北方的傍晚暮色渐浓，马丁想象自己是一名军团士兵，站在已知世界的边缘，面对着化外之地的野蛮人：

> 我们爬上哈德良长城的高处，我向北方眺望，试着想象 1 世纪时驻扎在那里的罗马士兵是什么样的。在已知世界的尽头，凝视着这些遥远的小山，想知道那里住着什么，会有什么从山里跑出来。他静静地看着世界尽头，心中想着，无论那些树木当中会出现什么可怕的东西，他都要守护这个文明世界。[14]

然后，他问自己，"如果你的军团面对着比野蛮人更糟糕的东西怎么办？"

在其鼎盛时期，大约有 10000 名士兵驻扎在这一文明世界的北部边界，城墙上的每座堡垒都可容纳多达 600 名士兵，两端的骑兵军团又各有 1000 人。诺森布里亚的冬天相当严酷，驻扎于此的罗马士兵不得不穿上羊毛斗篷、裤子和羊皮靴，但其实哈德良长城上的生活并不像人们想象得那么艰苦——记录显示，许多士兵都能享用热水澡、厕所、医院和种类丰富的食物，还有充足的假期，平常面临墙外的威胁也不多。对军官们来说，甚至可以利用一种叫做"罗马热炕"

（Hypocaust）的装置在地板下加热取暖。事实上，一些历史学家认为，可能和许多东西一样，哈德良长城的威慑意义大于实际意义。尽管如此，罗马士兵仍在这些堡垒驻守了 300 多年，甚至在 410 年罗马撤离不列颠之后的一段时间仍然如此。

驻守长城的士兵来自帝国各地，最远可达叙利亚。[15]毫无疑问，长城一带乃是整个帝国军事化程度最高的地区。前往驻扎的士兵中，有 5500 名来自萨尔马提亚（Sarmatia）的骑兵，这些草原游牧民族来自现在的乌克兰，使用伊朗的一种语言，在历史学家卡西乌斯·狄奥的笔下，他们是"一个野蛮、未开化的民族……天生好战，最出名的行为是上战场时在身体上绘画来威吓敌人……他们以掠夺为生，以马血混合人血为食。"[16]

这些萨尔马提亚人最终驻足于今天英格兰西北部兰开夏郡（Lancashire）的临时殖民地，后来又把这里变成了他们的永久殖民地。今天生活在俄罗斯最南部高加索山脉的奥塞梯人（Ossetians）就是萨尔马提亚人的后裔，他们说的是一种伊朗东部方言。奥赛梯民间传说中有这样一个故事：一个垂死的战士要求朋友把自己的剑扔进湖里，以免它落入敌人的手中。朋友不忍舍弃如此华丽的武器，于是对他撒了两次谎，结果英雄还是通过某种方式知道了此事。最后，他把武器扔进水里，却被湖中伸出的一只女人的手抓住了。这个奇怪的故事除了在奥塞梯和威尔士之外，没有别的地方流传，这表明，亚瑟王的故事最初可能是由萨尔马提亚人带到了晚期的罗马不列颠，或者就像 2004 年的电影《亚瑟王》所暗示的那样，亚瑟本来就是一个萨尔马提亚人。[17]

更加宿命的是，从 3 世纪起，当盎格鲁人和撒克逊人跨越冰冷的日耳曼海（German Sea）陆续到来时，罗马人仍在不断地进入不列颠。

黄金王冠

从公元96年涅尔瓦（Nerva）继位开始，到180年马库斯·奥雷利乌斯（Marcus Aurelius）去世为止，先后五位贤明的皇帝执政，这段时期恐怕便是罗马文明的最高峰，这五人也因此被后世称为"五贤帝"（Five Good Emperors）。当中的最后一位皇帝马库斯既是哲学家，又是战士，但关于他那个精神错乱的儿子康茂德（Commodus），我们能回想起来的就只有腐朽堕落。[18] 康茂德热衷于竞技比赛，常常乐此不疲，甚至有一次"用100支标枪猎杀了100头狮子"[19]。后来他又迷上了砍鸵鸟的脑袋，这使得一些参议员开始怀疑他是否仍然适合这个角色。他们先是试图下毒，结果没有成功，于是又找了一名运动员去勒死他。尽管刚刚被皇帝任命为叙利亚总督，这位运动员还是亲手将他送上死亡之路，倘若泉下有知，皇帝定会觉得他缺乏感恩之心。康茂德和他的父亲因两部电影——《罗马帝国沦亡录》（*The Fall of the Roman Empire*）和《角斗士》（*Gladiator*）而出名，不过，严肃历史学家认为这两部影片对康茂德的塑造都不贴合史实，他本人如果看了影片也一定会大为光火。

公元193年的罗马迎来了"五帝之年"[1]，到了3世纪，敌对将领之间的内战频发，导致帝国时常处于分裂状态。在3世纪中期，短短50年间就有26个皇帝夺取政权，此外还有更多的人意图篡位。此时，真正的权力握在罗马禁卫军手中，他们的任务本是保护皇帝，但在这段时期，他们更多时候会选择杀掉皇帝，再安排一个人接班。由于缺少合法组织保障权力交接，实际上，人们相信谁有权力谁就真的掌握了权力。

公元260年，罗马皇帝瓦尔里安（Valerian）被波斯人俘虏，给帝国带来了极大的震惊和耻辱。他沦为俘虏，终身未能回归祖国，据

---

［1］公元193年，罗马帝国在一年内出现了5位皇位争夺者，分别是佩蒂纳克斯、尤利安努斯、奈哲尔、阿尔拜努斯和塞普蒂米乌斯·塞维鲁。——译者注

说还曾被沙普尔皇帝（Emperor Shapur）当作人肉脚凳。一份资料显示，虽然为赎回自由支付了大笔金钱，瓦尔里安还是被沙普尔强迫吞下了熔化的黄金，然后被活生生地剥皮，然后塞入稻草，作为战利品摆放在神庙之中。[20]

《冰与火之歌》中，瓦雷利亚末日浩劫（The Doom of Valryia）是一场由地表破裂引起的天灾，帝国的首都因此下沉，从而导致了长达一个世纪的混乱。根据记载，500英里以内所有的城市都被烧成了灰烬，甚至天空中的巨龙也没能逃脱，红云伴着"恶魔般的黑火"倾泻而下，掀起300英尺高的巨浪，淹没了陆地。[21] 这场浩劫令我们想起了历史上青铜时代晚期的那场灾难，《圣经》提到的那场著名的洪水可能就是由它所引发。

不过，罗马面临的末日完全是人为原因导致的。至少从1世纪起，罗马人就因为野蛮人的高出生率而担忧。一名罗马士兵的服役时间可能长达25年，驻扎在莱茵河和多瑙河沿线的士兵们会从老兵那里听说，每隔十年，野蛮人的数量似乎都在不断增长（于是现在他的大多数同袍可能都是野蛮人）。因为罗马人不再提供庇护，为了保护自己的地盘不受其他部落的蚕食，从4世纪开始，许多日耳曼部落迁移到西罗马帝国定居。到了公元406年12月31日，汪达尔人（Vandals）和阿兰人（Alans）率领大批野蛮人部落越过莱茵河攻占了高卢，一路上几乎没有遇到反抗。他们既是难民，也是侵略者。

大批日耳曼民族穿过欧洲大陆进入了罗马帝国的领土，形成了一片巨大的战争区域，这些日耳曼人中有西哥特人（Visigoths）、东哥特人（Ostrogoths）、汪达尔人、法兰克人、撒克逊人和盎格鲁人。从4世纪末开始，撒克逊船只陆续从不列颠海岸的两三处港口撤离，但仅仅几年之后，便返回了更多的船只。站在不列颠平坦的东海岸——即后来的埃塞克斯（Essex）和东盎格利亚（East Anglia）——向东望向北海（North Sea），人们可以看到曾经被称为日耳曼海（German

Sea）的地方，现在是无边无际的茫茫冰雪。可以想象，当住在这里的土著人看到撒克逊人驾船沿着欧洲大陆的海岸线，穿过大海，直奔这个不堪一击的岛屿时，该有多么惊慌失措。

海盗对不列颠的袭击变得更加频繁。公元 367 年，不列颠遭遇了撒克逊人和爱尔兰人从东西两面的双重袭击，后来又有一次来自于爱尔兰高王（Ireland's high king）"九名人质"的尼尔（Niall of the Nine Hostages）。关于尼尔和他美丽妻子的相遇，有这样一个传说故事：有一次，当尼尔和一群朋友寻找水源时，被一个老巫婆拦在水井前，声称必须亲吻她才准许饮用。朋友们纷纷拒绝，只有尼尔点头答应，满足了这个丑老太婆。结果在亲吻的瞬间，巫婆就变成了美丽的少女，后来他们的诸多子孙成了许多成功的部落首领。虽然这只是一个传说故事，但在 2006 年，遗传学家研究发现，每 12 个爱尔兰男性中就有一个人的父系祖先可以追溯至同一个生育能力很强的男性。除了他们之外，还有 2% 的纽约男性以及许多其他美国人，比如斯蒂芬·科尔伯特（Stephen Colbert）、比尔·奥莱利（Bill O'Reilly）和亨利·路易斯·盖茨（Henry Louis Gates），都传承自这个共同的祖先。那么显然，在那个时代确实有人成功地留下诸多子孙，令自己的血脉未曾中断，绵延至今，这个人可能是尼尔，也可能是未能被历史和传说记载的其他人物。

公元 407 年，罗马军团撤出了不列颠。不久之后，由于日耳曼部落的入侵，不列颠领袖们不得不再次向罗马求助："尊敬的三度当选执政官的埃提乌斯（Agitius）：请您听听不列颠人民的痛苦呻吟吧……野蛮人把我们推向大海，大海把我们推向野蛮人。我们徘徊在两种地狱之间，要么被杀死，要么被淹死。"[22] 罗马帝国（或者只能说是帝国的残躯）回答他们："不列颠人必须学会自己的事情自己管，罗马再也不会提供任何帮助。"即使如此，罗马也未能独善其身：公元476 年，还是个孩子的末代皇帝罗慕路斯·奥古斯都路斯（Romulus

Augustulus）被一位野蛮人国王所废黜，赶下了王座。

一个世纪之后，"伟大的"格里高利教皇（Pope Gregory the Great）[1]确定了罗马教皇对城市的控制权，这使它成为了一个精神意义上的新帝国。历经千年荣耀，此刻只余残躯，现在，仅有几千灵魂栖息于这里——一个满是牧羊人和牲畜的废墟。如果有一位游客从昔日罗马穿越而来，触目所及必定会以为这座城市历经了末日浩劫，只不过，不同于马丁笔下的世界，这幅光景是人类自作自受。

接下来，便是十年的寒冬。

本章尾注：

1. 玛丽·比尔德（Mary Beard）对死亡率的估计为13%，艾莉森·富特雷尔（Alison Futrell）在《罗马竞技：翻译中的历史渊源》（*The Roman Games: Historical Sources in Translation*）中认为是19%。
2. Holland, Tom: *Dynasty*
3. 汤姆·霍兰德（Tom Holland）在《王朝》（*Dynasty*）一书中写道，他希望"用这种方式作践这些贵族，以显示他们无关紧要，毫无用处。这一刻，再没有什么可以阻止他走向最大的舞台，粉墨登场"。
4. Ibid
5. Ibid
6. Tacitus
7. http://blogs.transparent.com/latin/game-of-thrones-ancient-rome-part-i/
8. *Tacitus' Agricola*
9. *Roman History* by Cassius Dio
10. http://www.livescience.com/42838-european-hunter-gatherer-genome-sequenced.html
11. 这个理论由格雷戈里·柯克伦（Gregory Cochran）和亨利·哈本丁（Henry Harpending）在《一万年的爆发》（*The 10,000 Year Explosion*）一书中首次提出。
12. *Tacitus' Agricola.* 这个话题至今仍然存在争议，并且吸引了一些相当疯狂的猜测。详细内容可以点击这里查看：http://en.wikipedia.org/wiki/Legio_IX_Hispana

［1］ 即教皇格里高利一世（约540—604年），任职时间为590—604年。——译者注

13. From an interview with BBC Radio 4's "Front Row". https://www.bbc.co.uk/programmes/p00t0cvx

14. http://blog.english-heritage.org.uk/30-surprising-facts-hadrians-wall/

15. *Roman History* by Cassius Dio

16. 这部电影是指 2004 年由克里夫·欧文（Clive Owen）和凯拉·奈特莉（Kiera Knightley）主演的《亚瑟王》。

17. 这至少是一种传统解读，不过在历史学家中存在较多争议，因为很多人都认为自己的看法才真正揭开了历史的真面目。

18. Bowman, Alan.K (ed): *The Cambridge Ancient History,* Volume 11

19. 这段资料来源于一个世纪之后公认的反波斯派，所以皇帝的真实命运尚不清楚。因为瓦尔里安曾迫害基督徒，作者那个时代的波斯人也一样，所以这种说法既证明了波斯人的残忍，又表明虐待基督徒的人将会遭遇可怕的命运。在其他的消息来源中，瓦尔里安被俘之后受到了优待。

20. http://awoiaf.westeros.org/index.php/Doom_of_Valyria

21. Recorded by Gildas, a sixth-century monk in his 'Ruin and Destruction of Britain'

· 08 ·

长城之外
——《权力的游戏》中的苏格兰历史

少年时代，我见过一些野人。他们对偷盗很在行，却不会讨价还价。总而言之，他们看起来跟其他人种也差不多，有的漂亮，有的丑陋。

——戴佛斯·席渥斯[1]

手持利剑和长矛，他们屠杀床上的病弱、怀孕或者分娩中的妇人，他们屠杀在摇篮中和在母亲怀抱中的婴儿——有时候连母亲也一并杀死。他们屠杀风烛残年的老头子、虚弱的老妇人，他们当着妻子的面杀掉她们的丈夫。之后，他们掠走战利品和女人——寡妇和未婚少女们被剥光衣服，绑在一起——用长矛一路驱赶她们。这些女人的结局只有两种，要么被留下来当做奴隶，要么被卖给其他野蛮人以换取牲口。

这是 1138 年，苏格兰人聚集在北方边境引起骚乱和恐慌时，英格兰北部编年史家赫克瑟姆的理查德（Richard of Hexham）所作的

---

[1] 出自《冰与火之歌》第三卷《冰雨的风暴》。——译者注。

记录。

这些野人（Wildlings）的组成很复杂，他们说着七种不同的语言、传承不同的文化，从类似于北方人的部落到吃人肉的不折不扣的野蛮人，应有尽有。而且，1138年入侵的这伙掠夺者，很可能操着好几种口音，包括盖尔语（Gaelic）、皮克特语（Pictish）、布立吞语（Brythonic）以及一种盎格鲁低地方言（Anglian dialect Lallands），而他们当中的领袖说诺曼法语（Norman French）。这个精英阶层由两百名诺曼贵族组成，领导着来自苏格兰各部落的弓箭手和长矛兵。这些苏格兰部落包括皮克特人（Picts）、苏格兰人（Scots）[1]、盖尔人（Gaels）、低地人（Lowlanders）、高地人（Highlanders）、岛民（Islanders），其中最臭名昭著的莫过于加洛韦人（Galwegians），他们全裸作战。

一位历史学家这样写道："这些杂牌军由苏格兰人和英格兰人（说英语的苏格兰人）、来自奥克尼岛（Orkney）和周围群岛的挪威人（Norwegians）、诺曼人（Normans）甚至还有日耳曼人（Germans）和丹麦人（Danes）组成，毫无疑问，这场杀戮狂欢他们都有份。但是所有人都认同，'野兽般的'加洛韦的皮克特人（Picts of Galloway）是其中最恶劣的行凶者，也是这场可怕的事件中最难以用语言形容的恐怖。"[1]

在英格兰（England），苏格兰人被提起时总是跟怪物联系在一起，正如在七大王国（the Realm）中谈及野人（Wildings）。北境人民尤其害怕这些长城以外的野蛮人，对于他们来说，苏格兰人对暴力的热衷让人惧怕，但是他们掠夺奴隶的行为更加可怕。

1138年8月22日，当北方英格兰军队在军旗之战（Battle of the Standard）中面对苏格兰人时，出现在他们面前的是一副骇人的景象——一大群赤裸的加洛韦人。这些野蛮人来自跟爱尔兰隔海相望的

---

[1] 此处指5世纪晚期从爱尔兰移居至苏格兰的盖尔人中的一支，并非整个苏格兰人的统称。——译者注

苏格兰西南部，以"将婴儿往门框上猛烈撞击头部之类的作风闻名。"[2]在加洛韦人身后的是来自坎布里亚（Cumbria）的长矛兵——除了坎布里亚之外，其他说古布立吞语的部落都融入了威尔士部落——以及来自东北海岸阿伯丁郡的低地人，他们当中大部分是渔民。战斗开始，先是苏格兰号角吹起，接着是三声催促加洛韦人冲锋的怒号，这些裸身的野蛮人用长矛拍打着盾牌，敲出鼓点。英格兰人拉弓放箭，"羽箭密如雨下，落在那些挡路者的胸膛上，扎进他们的面部、眼睛里。"[3]一名加洛韦人"尽管浑身插满了箭，仍然盲目地挥剑疯狂乱砍，向前冲锋，试图给敌人一记猛攻，但只是徒劳地劈砍着空气。"[4]很快，加洛韦人败阵而逃，苏格兰国王被他的骑士们救了出来，而他剩下的军队逃离战场，成了当地居民的俘虏。

边境之外野蛮人的侵袭至少可以追溯到 11 世纪，有学者记录过一次发生在 1070 年的袭击，马尔科姆国王（King Malcolm）"命令他们不再放过任何一个英格兰人，而是将他们屠杀殆尽或者掳走成为奴隶……老人和女人的下场是长剑斩首或者长矛捅死，就像猪注定只能被端盘上桌一样……婴儿被抛上天空，然后用矛尖接住。马尔科姆看着这一切发生，没有一丝悲悯，只会喝令他的手下在驱赶奴隶时动作快些。"[5]从 1058 年到 1093 年，"坎莫尔"（Canmore，意为大首领）马尔科姆王[1]五次侵袭英格兰，但在最后一次入侵中被杀。

苏格兰人烧杀掠夺、奴役民众，当时有人如此感叹："那些年轻男女，只要看起来还能干活、劳作，就会被敌人驱赶带走……苏格兰到处都是从英格兰俘虏的奴隶和女仆，以至于如今再小的村庄甚至农舍，都会有他们的身影。"[6]野蛮人一旦出现，英格兰北方的村民们就会前往安全处所避难，教堂就是一个显而易见的好去处，在那里新生儿的啼哭声和牲畜的叫声会被僧侣们祈祷的声音盖过。

---

[1]　即苏格兰国王马尔科姆三世。——译者注

但是，诺曼征服（Norman Conquest of England）引领了英格兰全国性的城堡建造高潮。建于 1072 年的达勒姆（Durham）是北方第一座城堡，接下来是建于 1080 年的纽卡斯尔（New Castle，意为"新城堡"），这座泰恩河（River Tyne）畔的城堡在一次坎莫尔的侵袭后被建造起来，当地最大的城市也以它命名[1]。不久，卡莱尔（Carlisle）在长城西端建造完成。除此之外，人们还会往山里、树林里躲藏。意识到这些花招之后，苏格兰人有时候会假装离开，等到英格兰人从藏身处出来之后，再重复他们在 1070 年所做的那些事情。

　　在《冰与火之歌》里，尽管野人也说长城以南居民使用的通用语（Common Tongue）——相当于真实历史上的英语——一些部族仍然使用古语（Old Tongue）交谈，比如瑟恩人（the Thenn）。同样地，盖尔文化和语言在苏格兰群山和诸岛中持续繁荣到 18 世纪，直到高地大清洗（Highland Clearances）[2]，这是苏格兰氏族社会被永久瓦解的开端。

　　哈德良长城（Hadrian's Wall）由罗马人（Romans）建立，为了将喀里多尼亚诸部落（Caledonian tribes）[3]阻挡在外，如今它恰好可以成为盎格鲁—苏格兰的象征性边界。不过，虽然小说里和现实中的长城都可以看作是南北文化的主要心理认同边界，但在现实中，拥有文化象征意义的并非哈德良长城，而是更北一些的安东尼长

---

[1]　即如今英格兰东北部泰恩—威尔郡的著名城市泰恩河畔纽卡斯尔（Newcastle upon Tyne）。——译者注

[2]　高地大清洗（Highland Clearances）是英国历史上长达数个世纪的"圈地运动"在苏格兰的部分体现，始于 18 世纪中晚期，断续进行到 19 世纪中期。1746 年库伦登战役后，汉诺威王朝巩固了对英格兰和苏格兰的统治，开始针对苏格兰制定新的土地政策。当地氏族首领成为地主，将农民赶出他们的土地，圈地牧羊。高地大清洗导致苏格兰氏族社会的彻底被摧毁，许多农民被迫走进新兴工业城市成为工人，或者远走他乡去北美洲谋求生计。——译者注

[3]　喀里多尼亚（Caledonia）是罗马人对苏格兰的称呼。在现代英语里，"喀里多尼亚"常作为苏格兰的诗体代称。——译者注

城（Antonine Wall）[1]，这座长城修建于苏格兰中部地带（Central Belt）的最狭窄处。尽管安东尼长城的绝大部分都没能留存至今，而且它在建成之后数年就被遗弃了，但它仍然是一个比哈德良长城更好（虽然也不能说最完美）的文化分界线，将历史上不列颠岛（Britain）北部的英语和凯尔特语地区分隔开来。

罗马灭亡后，一支名为盎格鲁人（Angles）的日耳曼部落席卷哈德良长城两侧的土地。在更北方，阿尔巴（Alba），也就是我们称之为"苏格兰"（Scotland）的地区，在9世纪时通过政治联姻成为一个统一的国家。联姻的一方是西部说盖尔语的苏格兰人（Scots），他们起源于爱尔兰；另一方则是东北部的原住民皮克特人。而东南部的洛锡安（Lothian）则成为盎格鲁人建立的诺森布里亚王国（Kingdom of Northumbria）的一部分。洛锡安一直延伸到一座名为丁·爱丁（Din Eidyn）的堡垒，这里在7世纪时发展成爱丁堡（Edinburgh）。城里的宫廷一直说盎格鲁方言，这种语言后来发展成一种被称为"低地语"（Lallands）的英语方言。诺森布里亚和洛锡安"在语言、社会和经济方面都很难区分"，7 而后者被描述为"虽然是英格兰的土地，但却属于苏格兰的王国。"8

10世纪时，南方的威塞克斯（Wessex）国王们征服了所有维京人（Vikings）建立的英语国家，但是他们发现洛锡安实在是太远了，超出了自己的有效管理范围，于是把这里让给了苏格兰人。威塞克斯王国放弃的地区包括战略要地城堡岩（Castle Rock），这座死火山控制着整个福斯湾（Firth of Forth），后来成为爱丁堡城堡（Edinburgh Castle）。城堡岩位于从伦敦开始的北方大道（Great North Road）的尽头，谁控制了这里，谁就能有效地控制苏格兰中部和南部地区。

---

[1] 安东尼长城（Antonine Wall）始建于公元142年，为罗马皇帝安东尼·庇护（Antoninus Pius）下令修建，用以抵御北方民族的侵袭。长城历经十数年建成，但在建成后数年即遭废弃，罗马军队向南撤退至公元162年建成的哈德良长城一线，两座长城之间的部分逐渐被一支说布立吞语的苏格兰部落占据。——译者注

所以，野蛮人（Wildlings）和下跪之人（knee-benders）[1]的划分不能简单地用苏格兰人和英格兰人来类比，更合适的区分方法是高地苏格兰人（Scots Highlanders）和英语使用者（English-speakers），后者既有苏格兰人也有英格兰人，而高地人对他们一视同仁。在苏格兰盖尔语中，"Sassenach"一词——字面意思就是"萨克森人"（Saxon）——最初就是指这些英语使用者。

另一方面，在苏格兰低地（Scottish Lowlands）生活的英语居民对高地人的态度就是恐惧和憎恶。安德鲁·温顿（Andrew Wyntoun）[2]称呼他们是"野兽般的人"（wyld wykkyd Heland-men）[9]，而福尔顿的约翰（John of Fordun）[3]在14世纪时这样记录："低地人顾家，文明可信，宽容有礼貌，穿着得体，和气而又虔诚。岛民和高地人则是野蛮未驯化的民族，他们原始、傲慢，习惯于劫掠，生活简单；他们聪明善学，外貌漂亮，但是穿衣方面非常邋遢。"[10]

但是诺森布里亚人对于低地人和高地人都很害怕，因为他们时不时地会对"南方人"（Southron）发动突袭。"南方人"这个词，曾经是北方的英格兰人对南方英格兰人的称呼，也是苏格兰人对英格兰人的统称，这点像极了《冰与火之歌》中维斯特洛（Westeros）的情形：北境（the North）人民称呼颈泽（the Neck）以南的人都是"南方人"，而对于野人来说，长城以南的所有人都是"南方人"。

在边境以北的荒野地区，狼在当时仍然十分常见。它们曾经广泛分布在整个不列颠岛，但人类针对它们进行坚决的灭绝行动，这些狼群只能节节败退。早在10世纪，盎格鲁—萨克森（Anglo-Saxon）的国王们就开始要求属下进贡狼皮，当时的罪犯只需要上缴一定数量的野兽尸体，就能免于处刑。爱德华一世（Edward I）曾经着手实施一

---

[1] 《冰与火之歌》中野人对长城以南人民的称呼。——译者注

[2] 安德鲁·温顿（约1350—约1425年），苏格兰诗人，同时也是圣安德鲁斯（St Andrews）的法证牧师。——译者注

[3] 福尔顿的约翰（John of Fordun），14世纪的苏格兰编年史作者。——译者注

系列政策，意图将国内的狼消灭干净，但直到都铎王朝时期（Tudor period），狼才被彻底赶出英格兰。

在西欧文化中，狼"一直是恐惧的象征。漆黑森林中的狼嚎，冬日农庄周围悄无声息的走动，还有童话故事里又大又坏的狼，无一不在诉说着这种古老的恐惧——在荒野中等待着我们的野兽的恐惧。"[11] 除了对于孩子和牲畜是一大威胁之外，狼群还经常啃食那些被遗弃在战场上的尸体。在 11 世纪发生过一场河湾战役（Battle of Waterfirth），交战双方是盖尔人和诺斯人（Norsemen），诗人阿尔诺（Arnor）后来这样唱道："只见那灰狼张开大口，无数伤痕累累的尸体在它身下。"[12]

狼群在长城之外存活得更久。直到近代早期，苏格兰仍有大片地区被茂密的树林覆盖，狼群拥有优渥的生存条件，数量庞大。到了 17 世纪，树木被大量砍伐，它们被逼上绝路。确实，狼群在高地地区是很大的祸害，逼得人们常常把逝者埋葬在一些小岛上，以防被这些动物刨出尸体。恐狼（Dire Wolves）[1]也是真实存在过的，虽然它们在一万年前就已经灭绝，但在那之前它们在北美洲留下过不少痕迹。恐狼学名为"canis dirus"[2]，它们比其他任何种类的狼都要更庞大，不过还是不能跟维斯特洛的那些生物比，而且恐狼跟人类之间的关系非常纯粹，令人痛心。[13]

"诸位大人，要我下跪没问题，但我只跟这一位国王下跪。北境之王万岁！"[3]

苏格兰王室的政治斗争永远都暴力得荒诞。1094 年，邓肯国王（King Duncan）[4]被他的叔叔"白脸"唐纳德（Donald the

---

[1]　重庆出版社《冰与火之歌》译作"冰原狼"。——译者注
[2]　恐狼的学名。——译者注
[3]　出自《冰与火之歌》第一卷《权力的游戏》。——译者注
[4]　即邓肯二世，前文所述"坎莫尔"马尔科姆三世的长子。——译者注

White）[1] 杀害。而在仅仅几年后的 1097 年，唐纳德就落了个死无全尸的下场，主导这场惨剧的是被流放的盎格鲁—萨克森领袖"显贵者"埃德加（Edgar the Atheling）[2]，后者此举是为了支持他那出生在苏格兰的同名外甥[3] 坐上苏格兰王位。在这些争端杀伐之前，苏格兰贵族麦克白（Macbeth）[4] 也曾通过战争击败邓肯一世而夺取了王位，并非如莎士比亚所写的那样以谋杀手段篡位。而麦克白的结局可想而知，必定也是非常血腥。

等到苏格兰君主们开始跟英格兰和法国贵族通婚后，情况才有所好转，苏格兰逐渐融入欧洲主流文化中。"坎莫尔"马尔科姆三世的英格兰妻子玛格丽特（Margaret）[5] 坚持允许奴隶可以被其家人赎回，她在去世后被封为圣人。而她的儿子大卫王（King David）[6] 则把自己的奴隶都释放了。

直到 14 世纪，英苏边境一直处于高度军事化的状态。这里有上百座"佩尔"塔（pele tower），这是一种小型防御式建筑，墙厚 7 英尺到 10 英尺；除此之外还有为数不少的城堡。当敌人入侵时，北方人民会把财产物资放进城堡里以确保安全。但是，之前苏格兰人对于英格兰北方只能进行劫掠，现在他们只要能占领这些堡垒，便可以利用这些城堡来征服北方了。大卫一世（David I）就是这么做的，他率大军过境，占领了五座城堡。他的孙子"狮子"威廉（William the Lion）在 1173 年入侵英格兰，试图夺取诺森伯兰（Northumberland），但最终还是被击退了。到了这个时候，苏格兰已经有了很深的法兰西

---

[1] 即唐纳德三世，邓肯一世之子，马尔科姆三世之弟。——译者注

[2] "显贵者"埃德加是英格兰威塞克斯王朝最后一位男性成员，也是该王朝最后一任国王，但他从未正式加冕。他的姐妹威塞克斯的玛格丽特正是马尔科姆三世的妻子。——译者注

[3] 埃德加王是马尔科姆三世和玛格丽特所生的第四个儿子。——译者注

[4] 因莎士比亚剧作而举世闻名的"赤王"麦克白原是苏格兰王室支系贵族，于 1040 年击杀入侵其领地的苏格兰国王邓肯一世并继任苏格兰国王。1057 年，邓肯一世之子马尔科姆（即后来的马尔科姆三世）在伦法南战役中击败并杀死了麦克白。——译者注

[5] 即上一段中"显贵者"埃德加的姐妹。——译者注

[6] 即大卫一世，马尔科姆三世最小的儿子。——译者注

烙印，军队里也有来自欧洲大陆的雇佣兵，其中以佛兰德（Flanders）雇佣兵为主。如今这些苏格兰和英格兰的骑士都是诺曼人后裔，在同一套骑士精神约束下互相搏杀、决斗，一旦被俘也能被赎回。而在野蛮的加洛韦人眼里，领导他们的这些骑士跟对面的敌人并无二致。所以，当威廉国王（King William）在阿尼克（Alnwick）被俘后，他麾下的加洛韦人立刻掉头跑回老家，摧毁了威廉国王建造的所有城堡，还把他们能够找到的所有"外来者"（new-comers）——也就是法国人——统统杀掉。

至于群岛的其他部分，融入欧洲主流文化耗费的时间更长。13世纪时，苏格兰国王的军队击败了"赤手空拳、赤身裸体"的马恩岛人（Manxmen）。整个不列颠群岛，就只有这里的战争"原生态"（au naturel）地结束了。

在大不列颠岛极北，一切都跟一千年前没有太大区别。成书于13世纪的《马恩岛及群岛之诸王编年史》（*Chronicle of the Kings of Man and the Isles*）中提到，刘易斯岛（Isle of Lewis）上的居民"大部分以渔猎为生，因为岛上多山，岩石遍地，几乎无法进行耕作"。盖尔人跟维京人共同生活在这里，直至12世纪，后者当中有一部分仍然依靠劫掠为生。奥克尼（Orkney）领主斯韦恩·阿斯莱法尔森（Svein Asleifarson）会在春天播种，"完事之后，他会出发去赫布里底群岛（Hebrides）和爱尔兰劫掠一番，他管这个叫做'春游'（spring trip）。"在收割庄稼的时候他会准时回家，然后再次出去"秋游"（fall trip）。[14]有当地的首领劝斯韦恩放弃这种不合时宜的行为，但他并不理会，反而直奔都柏林准备再进行突袭，结果他在那里惨遭杀害。

在英格兰的玫瑰战争时代，苏格兰文明已经取得了长足的进步，但是比起那些更靠近南部的地区来说，还是太落后了。埃尼亚斯·西尔维厄斯·皮科洛米尼（Aeneas Silvius Piccolomini）在成为教皇庇护二世（Pope Pius II）之前，曾于15世纪30年代作为教皇特使访问过这片当时的文明边缘地。他如此写道："这里气候寒冷，作物鲜有丰产，大部分地区都是森林覆盖的贫瘠之地。土壤里有一种硫矿石，他们会挖出来用作取火。他们的聚居区没有被城墙包围，他们建造房屋不用砂浆，盖些茅草就当作屋顶。在乡下，门洞只用牛皮遮挡。这里的人民贫穷落后，未曾开化。他们以肉和鱼为食，却把面包当成美味佳肴……他们自己不酿酒，全靠外面供给……据说，这里有两种苏格兰人，一种以耕地为生，另一种则没有田地，以森林为生。住在森林的那部分苏格兰人说着另一种语言，他们连树皮都吃。"15埃尼亚斯见到的那些经常吃肉的苏格兰人估计是最富有的大贵族，绝大多数的普通百姓如果运气不太差，平常是以燕麦为食。

逐渐益格鲁化（Anglicized）的苏格兰很可能会被吸收同化，但爱德华国王（King Edward）的入侵阻止了这一过程；相反，他的入侵成就了一部伟大的民族史诗：长城以北那些松散的部落联合起来，共同抵抗英格兰人的入侵。这部史诗在1314年达到高潮，苏格兰人在这一年击败了入侵者。[1]这场战役和另外两场残酷的战役一起，成为中世纪开始走向终结的标志。

欧洲旧秩序实际上从1302年5月18日就开始走向解体了。这一天，"美男子"腓力（Philippe the Fair）[2]的大军向北进军，准备摧垮佛兰德人（Flemish）。面对这个处于王国边陲的弱小但勤劳的民族，腓力的士兵们确信他们将轻松获胜。佛兰德与英格兰南部隔着日耳曼海（German Ocean）[3]相望，这里地势低洼，自然资源匮乏，"佛兰德"（Vlaanderen）一词在古荷兰语里便是"被淹没"的意思。但是，尽管土壤贫瘠，地下水位也很高，佛兰德人却将沼泽变为城镇和牧羊场，建立起纺织工业，获得丰厚的财富。此时的佛兰德跟意大

---

[1] 即下文提到的班诺克本战役（Battle of Bannockburn）。——译者注

[2] 即法国卡佩王朝（Capetian dynasty）的第11位国王腓力四世（Philippe IV）。——译者注

[3] 英格兰对北海的旧称。——译者注

利北部都是欧洲最富有的地区。佛兰德人均 GDP 比法国高了 20%，比英格兰高出 25%。值得注意的是，这里的城镇人口占到 40% 左右，带来的好处之一便是佛兰德民兵可以定期在一起进行军事训练，这是广袤的法国乡村比不了的。

数百年来，整个欧洲的秩序都依赖于骑士阶层——骑在马背上作战的贵族战士。自大约公元 7 世纪起法兰克人（Franks）就开始运用这种战争形式，后来诺曼人将骑兵冲锋发挥到极致，其阵势骇人心魄。面对这些马上战士，步兵几无胜算。1066 年的黑斯廷斯战役（Battle of Hastings）[1] 中，英格兰人的巨大伤亡印证了这一点。第一次十字军东征期间（First Crusade，1095—1099），骑兵还装备有 4 米（13 英尺）长的长枪，枪尖是叶形锋利钢刃，这在步兵当中引起了恐慌。

骑兵没了马什么都不是，而拥有良好特质的骏马极为珍贵。据说马有十五项品质，来自于男人、女人、狐狸、野兔和驴子各自的三种品质——骏马应当像男人一样无畏、自豪、吃苦耐劳，像女人一样胸膛饱满、毛发光滑、易于驯服。战马又被称为"destrier"，其花费是一般农场牲口的 36 倍，最后能长到 1400 磅，负重达 300 磅。

马匹只有长到这般强壮，才能驮得了 60 磅重的马鞍——一大堆又沉又昂贵的金属。骑士的装备不光有盾牌、剑、长枪（可能还会有斧子），还有一整套防护穿戴：锁子胸甲和锁甲护腿、覆盖上半身躯干的板甲；钢臂铠、护膝和保护前臂的钢板；钢制头盔通常附带护面甲，脖子和肩膀处还悬有锁甲；再里层还有不同类型的衬垫，比如软甲，这是一种很厚的羊毛充垫外套，跟驯狗师穿的那种有点像；最后还有胸甲和背甲。

骑兵的发展催生了骑士制度。"骑士制度"（chivalry）一词起

---

[1] 黑斯廷斯战役是诺曼征服中最具决定性的战役。诺曼底公爵"征服者"威廉在黑斯廷斯击败了英格兰军队，击杀了英格兰王国威塞克斯王朝的哈罗德二世，随后征服了英格兰。——译者注

源于法语"chevalier"（意为"骑兵"），是指引和阐述中世纪人们看待世界和他们自身的准则。骑士法则要求俘虏敌人而非将其赶尽杀绝，实际上骑士当中战死的人也非常少。在佛兰德，整个 12 世纪里仅仅有五位骑士在尽职时死亡，其中战死沙场的仅有一位。剩下的几位死者中，有一位是因为吹号角吹得太过用力而去世。但是，在 1302 年爆发的决定性的库尔特赖战役（Battle of Courtrai）中，所有这一切都突然改变了。仅仅一天时间里，数百名法国骑兵（chevaliers）倒在了一万名佛兰德步兵身前。

大批法国骑兵被一种叫做"geldon"的长矛放倒。这种兵器得名于"goedendag"——一句荷兰语玩笑话，意思是"你好"——实际上就是个棒球棍绑上矛尖。佛兰德士兵挖了好几百条壕沟，引诱法国人冲向这片泥中地狱，让他们的"geldon"发挥出重要作用。但是，佛兰德人最核心的武器其实是箭，他们对这种古老兵器的使用数量无人能及。

一名步兵的花费是骑兵的十分之一，这意味着任何人都可以上战场作战。而任何具备有效收税能力的国家都可以动员一支庞大的军队，尤其是那些城市化较高的国家，他们有充足的兵源等待招募。佛兰德人发现，当弓箭手和步兵的数量足够庞大时是完全可以压制住骑兵部队的，更何况他们的士兵军纪严明，还都经过很好的军事训练。佛兰德人的胜利是一场军事革命。从此，步兵的规模开始壮大，导致战争规模也越来越宏大，战事也越来越血腥，使历史上的战争都相形见绌，这是骑士制度终结的开始。战后，尸体上有无数马刺被清理出来，这场战役也有了一个更响亮的名字：金马刺战役（Battle of the Golden Spurs）。

下面要说到撼动欧洲秩序的第二场战役。1315 年 11 月 15 日，自称为"三个森林州的永久同盟"（Everlasting League of the Three Forest Cantons）的瑞士联邦（Swiss Confederacy）的弓箭手在莫尔加滕战役（Battle of Morgarten）中击败了奥地利军队，宣告瑞士（Switzerland）独立。瑞士历史来到了高潮阶段，诚然，这高潮也并没有太高。这段历史当中唯一流传于世的名人便是威廉·退尔（William Tell），但此人是否真实存在还有待商榷，更不用说他射中自己儿子头上的苹果的故事了。[1]

第三场战役发生在 1314 年，苏格兰人在班诺克本（Bannockburn）取得大胜，将英格兰军队赶回了家。同年 3 月，苏格兰人在威廉·弗朗西斯（William Francis）的带领下夺取了爱丁堡城堡。弗朗西斯是当地一个很会攀爬城堡的人，他练就这身本事则是为了爬上城堡见他的爱人。得知消息后，爱德华二世（Edward II）召集了一支大军，包括 21640 名英格兰和威尔士士兵，以及 4000 名爱尔兰士兵。尽管国王在国内的反对者——包括兰开斯特、沃里克（Warwick）、萨里（Surrey）、阿伦德尔（Arundel）等诸位爵士——只派来了少得不能再少的士兵，但英格兰人仍然充满信心。在大军出发前，爱德华国王甚至雇了一个吟游诗人来"写了一首颂歌纪念即将到来的胜利"。[16]呜呼哀哉，英格兰人的如意算盘马上就要落空了。

爱德华的大军里有 2500 名骑兵，其中有超过 1000 位是骑士（骑兵中的最高等级），还有 3000 名弓箭手。他们在 1314 年 6 月 17 日踏进苏格兰境内，很快便遭遇一支人数只有他们一半的苏格兰部队，地点在斯特灵（Stirling）附近一个叫做班诺克·本（Bannock Burn）的地方。这个如今大名鼎鼎的地方，距离杜恩堡（Doune Castle）只

---

[1] 威廉·退尔是瑞士传说中的英雄，其流传的故事有多种版本。根据其中一种版本，威廉·退尔带着儿子经过城市广场时，拒绝向绣着奥地利皇室标志的帽子敬礼，于是遭到当地总督逮捕。总督听说他擅使十字弓，于是在他儿子头顶放了一颗苹果，要求他射中这颗苹果，否则就把父子俩都处死。在退尔射中苹果后，总督发现他箭袋里少了两支箭，于是退尔只得承认自己如果一击不中，便会把第二支箭射向总督。总督勃然大怒，将退尔父子下狱。退尔趁风暴天从狱中逃出，领导了瑞士人民起义反抗奥地利统治。意大利作曲家罗西尼根据德国剧作家弗里德里希·席勒的戏剧《威廉·退尔》（1804）创作了同名歌剧，其序曲成为风靡全球的经典乐曲。——译者注

有几英里远，后者在这次战争中被毁坏了一部分，但在14世纪80年代被大体上重建完成。可以看出，杜恩堡便是临冬城（Winterfell）的原型[1]（此外，《巨蟒和圣杯》[2]里也有杜恩堡的身影）。

苏格兰军队在人数上落于下风，他们的盔甲也没有太多防护效果，因为苏格兰没有锻造金属的能力（这是另一个跟《冰与火之歌》中的野人相似的地方）。比起他们的英格兰对手，大部分苏格兰人骑乘一种更轻的马，称作"courser"。在开战之前，英格兰骑士亨利·德·博恩（Henry de Bohun）——他的叔叔是拥有惊人财富的赫里福德伯爵（Earl of Hereford）[3]——骑在队伍最前面，他看到了罗伯特·布鲁斯（Robert the Bruce）[4]。罗伯特国王离他大约100码远，骑着一匹灰马，正在检阅自己的部队。他们两家其实积怨已久，当年罗伯特流亡海外时，布鲁斯家族的封地全被赐予德·博恩家族。此时，骑士亨利将长枪前倾，骑着他的高头大马全速奔向敌人。但是当他冲过泥泞的土坡到达坡顶时，他的马已经非常疲累了；而罗伯特国王的坐骑更加轻快，以逸待劳的他轻调马头，避开对方的冲击，转过身来，抢起战斧，只一下便劈开了德·博恩的头颅。

布鲁斯对他的士兵发表了慷慨激昂的演说："你们本可以继续做奴隶，平静地活下去，但是你们因为渴望自由，所以和我一起来到了这里。想要取得自由，你们必须要勇敢，要坚强，要无所畏惧……你们知道荣耀是什么。用这些品质装备自己，去守卫你们的荣耀吧。"17

---

[1] 指电视剧《权力的游戏》中临冬城的原型。此外，沃德堡（Castle Ward）也被用作临冬城的原型拍摄了一些场景。——译者注

[2]《巨蟒和圣杯》（Monty Python and the Holy Grail），一部以亚瑟王和圆桌骑士为题材的英国喜剧电影，1975年上映。——译者注

[3] 即第四代赫里福德伯爵，汉弗莱·德·博恩（Humphrey de Bohun），下文亦有提及。罗伯特·布鲁斯曾多次改换门庭，在苏格兰和英格兰之间摇摆。1306年，当他再一次反叛英格兰国王爱德华一世（即爱德华二世的父亲）并遭击败后，他本人逃亡到爱尔兰的拉斯林岛（现属英国北爱尔兰），而他的家人则被处死或下狱，他的财产以及家族封地安嫩代尔（Annandale）都被没收并转封给了第四代赫里福德伯爵。——译者注

[4] 即著名的苏格兰国王，"勇敢的心"罗伯特一世。——译者注

141

苏格兰人排成四个"刺猬战阵"（schiltrom），这种阵型用盾牌组成防御墙，用 18 英尺的长枪指向各个方向，组成围篱。战斗在"一片深不见底又泥泞不堪的恐怖沼泽"中打响，等到战斗结束时，有一千名英格兰士兵战死，有很多人深陷泥潭之中，还有更多人在败退中被追兵杀死。英格兰方面有 22 位男爵和 68 位骑士阵亡；而苏格兰只损失了两位骑士和 500 名长枪兵。

　　在战斗中，爱德华的坐骑在他身下被杀，即使他本人仍然"像狮子一样战斗"，最终还是被彭布罗克伯爵（Pembroke）抓住他换乘的第二匹马的缰绳，把他一路拖回斯特灵城堡，一并突围成功的还有五百名骑兵。最后，他们往爱丁堡和贝里克（Berwick）奔去。爱德华在丢盔弃甲之余，还把他权力的象征、他的私人印章给丢了——简直是奇耻大辱。此役，赫里福德伯爵被俘，罗伯特·布鲁斯用他换回了自己的王后、妹妹和女儿玛乔丽（Marjorie）。班诺克本之战震惊了英格兰全国，许多人将战败归咎于国王。

　　但可怕的事情还在后面。比这可怕得多。

本章尾注：

1. Poole, A.F. : *Domesday to Magna Carta*
2. Bartlett, Robert: *The Making of Europe*
3. Ibid
4. Ibid
5. Ibid
6. Ibid
7. Bartlett, Robert: *England under the Norman and Angevin Kings*
8. Ibid
9. From his Orygynale Cronykil of Scotland
10. Gillingham, John: *Conquest, Catastrophe and Recovery*
11. Larrington, Carolyne: *Winter is Coming*
12. From the Orkneyinga Saga

13. 恐狼灭绝的原因仍无定论，但可以确定的是，它们灭绝的时间跟人类出现在美洲的时间基本一致。

14. Gillingham, John: *Conquest, Catastrophe and Recovery*

15. From his memoirs, Commentaries

16. Rosen, William: *The Third Horseman*

17. Ibid

· 09 ·

旧神与新神
——马丁笔下世界以及真实历史上的宗教、魔法与怪物

大地和水，土壤和岩石，橡树榆树和杨柳，它们在我们之前就生活在这里，在我们死后仍然会生活在这里。

——玖健·黎德[1]

罗马人（Romans）对不列颠人（Britons）的宗教感到毛骨悚然，这种宗教信仰涉及对自然的崇拜，但如果传闻属实的话，还有活人献祭。这种文化冲突在维斯特洛也极为相似，后者借鉴了不列颠民间传说、早期自然崇拜、拟人化异教（anthropomorphic paganism）以及后来将所有取而代之的中东宗教。虽然《权力的游戏》中的世界是多神教的，在那里生活着崇拜各种不同神灵的人，但是在小说的第二卷出现了一种外来的宗教，宣扬这种宗教的是一位来自东方的邪恶女人，她热衷于焚烧活人。然而，在现实生活中，那些由妇女在不列颠群岛（British Isles）四处传播的神秘东方信仰宣告了献祭的结束，但这并不是活人献祭的谢幕。

---

[1] 出自《冰与火之歌》第五卷《魔龙的狂舞》。——译者注

维斯特洛有四种主要宗教——旧神（the Old Gods）、新神（New Gods）、对光之王的信仰（the Lord of Light's faith）以及铁种（Iron Born）所信奉的淹神（Drowned Gods）。根据维斯特洛早年间的历史记载，森林之子（the Children of the Forest）认为灵魂可以栖息在动物的身体或无生命的自然物体中。森林之子的信仰类似于地球上已知的最早的宗教，它没有太多清规戒律，没有系统的信仰体系，也没有供人参拜的寺庙；旧神（the Old Gods）通常与出现在农业社会之前的神灵相似，并与其他元素联系在一起。最近似正式宗教的象征是鱼梁木森林，史塔克家族（Stark family）的成员常常去那里进行参拜。（鱼梁木被切开后的样子像是在流血一样，这是这一宗教的特征之一，这也与凯尔特人的民间传说有着相似之处。）这群森林的歌颂者没有书籍，亦不能写作，他们相信自己去世时，只有树木能记得他们生前所为。同样，古代不列颠人（Britons）认为自然是神圣的，包括岩石、山脉和树木。公元一世纪的老普林尼（Pliny the Elder）这样描述凯尔特人（Celts）："他们选择橡木树林作为神圣之地，没有橡树枝就不能进行神圣的仪式。"[1]

德鲁伊仪式（Druidic ceremonies）就是在这种神圣的小树林中举行的，凯尔特人（the Celts）"也尊崇红豆杉、花楸树和槲寄生，它们红色的浆果与鱼梁木的红叶相呼应。"[2]与此相似的是，在布兰·史塔克（Bran Stark）的绿之视野中，他看到了他的祖先在神木林（Godswood）里进行活人献祭。正如在古代不列颠一样，从铁器时代和青铜时代（Iron and Bronze Ages）的各种万人坑中可以判断，活人献祭曾经存在。自18世纪以来，在欧洲北部的沼泽地中也发现了数百个保存完好的尸体，有证据表明这些人因为某种宗教仪式而被杀害，可能是被绞杀、吊死、殴打或溺亡。[3]

异鬼（the White Walkers）类似于凯尔特（Celtic）民间传说中的生物——希德（Sidhe）或艾欧熙（aos sí），一种来自古代爱尔兰神话、生活在坟墓中的精灵种族。希德族（Sidhe）中最令人恐惧的是报丧女妖（banshees），凶兆与坏消息的信使，以其刺耳的哭声而闻名（在爱尔兰西部，夜晚呼啸的狂风可以让人明白为何这些故事令人陡生凉意）。

有一种理论认为，大部分爱尔兰神话的起源来自迁徙到岛上的不同民族，其中关于小妖精或者叫小矮人的神话传说来源于更古老的达南神族（Tuatha de Danan）信仰，它们是拥有神秘魔法力量的黑暗精灵生物，但是身材很矮小。达南神族也许是基督诞生之前关于诸神挥之不去的记忆，而另一种理论认为，这种生物代表着爱尔兰的原住民。当后来青铜时代（Bronze Age）的新来者凯尔特人（Celtic）带着更先进的技术定居山谷后，他们就住进山里了。

异鬼与斯堪的纳维亚（Scandinavian）神话中的冰巨人也有着相似之处，这一点被认为对乔治·R.R. 马丁的写作产生了很大影响。在北欧史诗（Norse epic）《诸神的黄昏》（*Ragnarök*）中，世界经历了一个漫长的寒冬，被称为芬布尔之冬（Fimbulvetr），在此期间，包括洛基（Loki）、奥丁（Odin）、索尔（Thor）和海拉［Hel，死神女王，"地狱"（Hell) 一词就是来自她］等众神开始战斗。[4] 洛基（Loki）和一群动物生活在野外，并且能通过他的第三只眼睛感知它们的意识。这一能力在维斯特洛也有所呈现，布兰·史塔克（Bran Stark）就向人称三眼乌鸦（Three-Eyed Crow）的布林登·河文（Brynden Rivers）学习过，三眼乌鸦可以侵入动物或其他人的意识并控制其行为，其中就包括乌鸦。布林登这一角色由来自斯堪的纳维亚（Scandinavian）的演员马克斯·冯·赛多（Max von Sydow）饰演。

维京人（The Vikings）相信那些尸鬼（draugr）——也就是行尸走肉（walking dead）——如果人们死后没有被合适安葬就会受到诅咒，并在一直留在地上作恶。[5] 后来的中世纪欧洲人也同样害怕幽灵（revenants），即"那些阴魂不散的亡灵"（the returned）。虽然这只是民间传说的一部分，但却会被那些热衷于号召人们安葬死者的教会所利用而大肆宣扬。

十二世纪的修道院院长布尔顿的杰弗里（Geoffrey of Burton）在他《圣莫德文娜的生平和奇迹》（*Life and Miracles of St Modwenna*）一书中记载了两个生活在德比郡斯塔佩希尔（Stapenhill, Derbyshire）的农民的惊人故事。为了逃避被奴役的命运，他们逃跑到附近的一个村庄德拉克洛（Drakelow）。但在第二天，这两个人死了，他们的尸体被送回家乡埋葬。然而，"很快，在某天夜晚他们又出现在了德拉克洛，当太阳升起后，他们在肩上扛着当初埋葬他们的木制棺材……第二天晚上，他们走过村庄的小路和田野，依然扛着棺材，一会儿以人形出现，一会儿又以熊或狗或其他动物的形象出现。他们和其他农民说话，敲打着那些农民的房屋墙壁，大喊大叫。"[6]

这种恐怖怪诞的行为每晚都会上演，直到一场可怕的疾病席卷整个村庄，村里除了三个人以外无人幸免。庄园主普瓦特万的罗杰伯爵（Count Roger the Poitevin）向修道院捐款以弥补收留逃跑农奴的过错，教会因而挖掘出两人的尸体。杰弗里记录道：

> 他们发现两个农奴的尸体完好无损，但覆盖在脸上的布料都被血给污染了。他们砍下了农奴的头部，在坟墓里把它们放在他们的两腿之间；接着他们从尸体上取下心脏，再次用泥土埋葬了他们的尸身。他们将心脏带到了一个名为多德克拉斯佛拉（Dodecrossefora）的地方，花了一天的时间从早到晚一直焚烧。当心脏即将被完全烧毁时，它们发出了巨大的声响，每个人都看到了一个长得像乌鸦的邪灵从火焰中飞了出来。这一仪式结束不久后所有的疾病和幽灵都消停了。

当然，因为劳动力紧缺的缘故，一个逃跑的农奴可能会成为另一

147

个庄园或城市的自由人，因此地主往往会承受来自社会的压力而拒绝收容逃跑的农奴。有人会把这个鬼故事视为一个浅显易懂的警示故事：如果作为一个农奴想要逃避自己的悲惨生活，那么更糟糕的事情将会降临到你身上；如果一个庄园主雇用了逃跑的农奴，那么你的庄园将会因此招致厄运。

奥德里克·维塔利斯[1]（Orderic Vitalis）讲述了他死去的兄弟的故事：作为反抗的惩罚，他死后不得不与"手握炽热的武器，身披火焰刺甲"的亡者军队一起行军。7 和奥德里克·维塔利斯几乎同一时期的沃特·曼普[2]（Walter Map）回忆起一名来自赫里福德郡（Herefordshire）死而复生的邪恶男子的故事。这个男子常常于夜晚在村子里游荡，那些被他喊到过名字的村民都在三天之内病倒并纷纷死去。最终，当地的主教把这个男人的尸体挖了出来，用一把洒上圣水的铁锹砍下了他的头，然后再把他重新安葬。8 纽堡的威廉（William of Newburgh）描述了一个与之类似的在贝克（Berwick）发生的尸体复活故事，他写道："一般民众担心他们自己可能会遭到来自无生命怪物的攻击和殴打，而有人更担心如果任由那些因瘟疫而出现的尸体继续游荡街头，空气可能会受到污染而被腐蚀。"9 到处的人都普遍相信"相信亡者会死而复生危害人间，特别是那些邪恶的亡者。"10

变形（Shape-changing）这一超自然现象也被人们广泛接受。1200 年左右的埃塞克斯（Essex）牧师提尔伯里的杰瓦斯（Gervase of Tilbury）在作品中认为狼人并不罕见——尽管他也相信女人会变形成蛇。曾经就有一个很受欢迎的法国故事《狼人》（*Bisclavret*[3]），以及讲述了一个男子以鹰的模样出现在心爱女人面前的故事《约尼克》

---

[1] 盎格鲁诺曼历史学家。——译者注
[2] 威尔士作家。——译者注
[3] 此处为法语。——译者注

（*Yonec*），这是一首布列塔尼籁歌（Breton lai）[1]——常常以短韵戏剧的形式呈现，其题材大多数与爱和超自然有关。

另外还有其他许多千姿百态的神话生物：格兰特（grant）是一种长腿、眼睛明亮的生物，看起来像一只小马驹，如果它在村庄里现身则预示着火灾将会发生。还有一种叫做波尔图尼（portuni）、面容干瘪穿着小衣服的小生物，他们喜欢人类，常常在火上烤青蛙，不时在房子周围帮帮忙；但他们有时也会制造些恶作剧，比如在深夜抢走骑手的缰绳，导致他们的马不受控制冲进沼泽地，这时候他们就会笑着跑掉。另外，还有巨人们。科格索尔的罗格夫（Rogph of Coggeshall）是一位接触过大量文学作品、受过良好教育的人，但他也写道"过去历史中关于巨人的内容"是真实的。[11]

然而，到了中世纪晚期，人们对这种民间传说产生了更多的疑问，或许大多数编年史家都会同意《冰与火之歌》里提利昂（Tyrion）的观点，那就是守夜人（the Watch）之所以会守卫在绝境长城上，是为了保护维斯特洛免受"你奶奶小时候告诉你的各种古灵精怪"的侵扰。[12]

乔治·R.R.马丁书中出现的鸟类是另一种受北欧文化影响的结果，乌鸦和渡鸦常常出现在凯尔特（Celtic）文化以及北欧神话（Nordic mythology）中。芭德布（Badb），凯尔特人的战争女神，在战斗的时候化身为乌鸦或者渡鸦，就像真正的鸟儿一样，跟随军队共同作战；长期以来，聪明的乌鸦都知道在战争后能够啄食新鲜的尸体。根据《盎格鲁撒克逊编年史》（*Anglo-Saxon Chronicle*）记载，在 937 年布鲁南堡战役（Battle of Brunanburh）之后，撒克逊人（Saxons）击败了维京人（Vikings）和苏格兰人（Scots）的联合军队，阿瑟尔斯坦王（King Athelstan）留下了"尸体给浑身漆黑、鸟喙尖利的乌鸦享用。"[13] 想

---

[1] 此处为法语，Breton lai 指一种在中世纪浪漫文学体裁，常常出现在法语与英语文学中。——译者注

必这些乌鸦一定没有辜负这顿美餐。在北海（North Sea）对面，斯堪的纳维亚人认为乌鸦是这个世界与"另一世界"（Otherworld）之间的信使。众神之王奥丁（Odin）就有两只乌鸦作为宠物，分别叫做"思想"（Thought）和"记忆"（Memory）[1]。

同样的还有其他野兽。在《权力的游戏》小说卷一中，琼恩·雪诺发现一只藏在雪中的白色小狼崽，这就是之后的白灵（Ghost），这在凯尔特人的神话（Celtic myths）中也有所对应，有一位作者曾记载过那些白色的来自"另一世界"（Otherworld）的生物出现在了人世："从亚瑟王的白鹿[2]到普里德里（Pryderi）与马纳维丹（Manawydan）发现闪闪发光的白色野猪的故事[3]，另外还有神秘的山中白犬[4]（White Hound of the Mountain）。"14

凯尔特人（Celtic）的传奇和民间传说中还有着被称为方拉（faoladh）或康罗切（conroicht）[5]的变形者，而据传维斯特洛也存在这样的变形者。在蒂珀雷里郡（County Tipperary）的偏远乡村，有一些关于奇怪的狼人部落的故事，他们接受古代国王的请求，在战斗中协助国王的军队。威尔士的杰拉尔德[6]（Gerald of Wales）记录了这么一个故事，15 当他在 1185 年与未来的约翰王[7]（King John）共同访问这个奇怪野蛮村庄之后，这位精神不正常的纨绔王子把所有的军饷都花在了酒精和妓女身上，这次糟糕的旅途就草草结束了。

---

　　[1] 又名福金（Hugin）和雾尼（Munin），福金的名字有"思想"（Thought）的意思，雾尼则是"记忆"（Memory）之意。——译者注

　　[2] 亚瑟王与桂妮维尔在教堂举行婚宴时，一只白鹿闯进大厅，后面跟着一只白色猎狗，因此在亚瑟王时期就有传说称白鹿是"幸运"的象征。——译者注

　　[3] 据传二人在打猎时，一只白色的野猪领导他们到了一个诡异的堡垒。——译者注

　　[4] 根据爱尔兰神话，曾经有一位国王的小女儿随意许愿说自己要嫁给山中白犬，没想到最终真的有山中白犬来迎娶她。——译者注

　　[5] 二者均为爱尔兰语狼人之意。——译者注

　　[6] 杰拉尔德是12世纪晚期的威尔士著名学者。他参与了当时西欧不少政治和宗教事件，并留下了诸多记录和作品。他的《威尔士巡游记》和《威尔士风物志》是中古威尔士和凯尔特文化研究领域最重要的基础文献，也是12世纪文艺复兴在英格兰的重要成果。——译者注

　　[7] 即无地王约翰，英格兰王国金雀花王朝的第三位国王。——译者注

杰拉尔德（Gerald）回忆起另外一个故事，这件事发生在约翰王那件事之前的好几年。有一个牧师和一个小男孩，这个男孩是个见习修士。他们沿着小路行进，从北部的阿尔斯特（Ulster）前往中部的米斯（Meath）。夜幕降临，他们在森林的边界地带扎了一个帐篷，慢慢地，他们就被黑暗所包围。过了没多久，牧师隐隐约约听见了一种奇怪的声音，并鼓起勇气想要接近它；意识到牧师的举动后这个声音大叫起来，警告牧师说，如果牧师亲眼看见了他的话一定会被吓到。过了好一会儿，牧师才说服了声音的主人，他说自己受到了上帝的保护所以不会惧怕他。随后，从黑暗中走出了一个身形像狼一样的生物。他告诉牧师和新手，他被诅咒变为狼形已经七年了，不仅他一个人受到诅咒，还有其他很多像他这样的人；事情发生在整整六个世纪之前，即圣帕特里克[1]（St Patrick）时代之后的不久。他的部落叫做阿尔塔部落（Clan Allta），族人们被修道院院长纳塔利斯（Abbot Natalis）诅咒至今。这些生物经常会有攻击绵羊的冲动，但一旦受到干扰就会逃跑并恢复人形。

同样地，盎格鲁 - 撒克逊人（the Anglo-Saxons）也有他们自己的变形怪物——影子人（Scaedugengan，字面意思为"行走的阴影"），这些变形者不生不灭，并且可以变身为儿童的模样，经常去到那些收留他们、富有同情心的家庭中。他们在史诗《贝奥武夫》（Beowulf）中也出现过，这一观念在基督徒到来之后过了很久依然存在，尤其是在北方格外盛行。

光之王
民间信仰在相对范围较小的乡村文化中逐渐发展，但随着人类社

---

[1]圣帕特里克，爱尔兰主保圣人，天主教圣人，出生在威尔士，少年时被绑架到爱尔兰成为奴隶，后来逃走。他冒着生命危险回到爱尔兰传播天主教，成为爱尔兰主教，后成为圣人。——译者注

会变得越来越大、越来越复杂，加上需要迎合那些更大的社会群体、即使联系不紧密但共享重要资源（比如水井和河流）的人们的需求，他们的宗教必然要增加很多道德约束，他们的神灵也更加人格化。因此，在希腊和罗马这样复杂的多神论社会中，无论在现世还是在来世，与人类相貌相似的神灵都会惩罚那些不法行为者；即使神灵本身的行为在我们看来也远远不够完美，他们也试图洞察所有的东西，并且不择手段地实现自己的目标。

但是罗马人对外来宗教却没什么非议，他们只是简单地挑选那些外来神灵并将它们奉为自己的神祇。这种制度一直运作得非常好，直到他们遇到一小部分犹地阿人（Judea），这些犹地阿人将这一过程推进后并宣称：世上只有一个神。因此，这些信仰之间就不可避免地会产生冲突。

而在维斯特洛，先民（the First Men）拥有以自然为本的旧神，但安达尔人（the Andals）却遵循被称为七神（the Seven）的拟人神灵：圣母（the Mother）、战士（the Warrior）、少女（the Maiden）、铁匠（the Smith）、老妪（the Crone）、陌客（the Stranger）和天父（the Father Above），最后一位是正义之神，也是众神之首，常常被描述为一个手持天平的长须男人（七神有时候也被描述为一个神祇的七种不同形态）。

现实生活中的许多宗教都崇拜"母亲"这一的形象。罗马人尊崇的是马图塔（Mater Matuta），也就是"伟大母亲"（Great Mother），她是"主持大局之母"（"the mother of good auspices"），也是生育、起点和黎明的女神。[16] 在基督教（Christianity）特别是天主教（Catholics）和希腊东正教（Greek Orthodox）中，圣母玛利亚（Virgin Mary）被尊为上帝之母（the Mother of God），在许多情况下她几乎比她的儿子更为重要。

七神教的主要经典叫做《七星圣经》（*Seven-Pointed Star*）。

"七"是几乎在所有宗教中都有着重要意义的数字：天主教（Catholic）和东正教（Orthodox）教堂有七大圣礼、七宗罪和七大天使；而在伊斯兰教（Islam）中有绕卡巴天房（Kaaba）七圈的习俗和七件大罪；巴比伦人（Babylonians）有七扇地狱之门；希腊神话（Greek mythology）中阿特拉斯[1]（Atlas）有七个女儿；印度教徒（Hindus）在婚礼上有七步礼；而在巴哈伊信仰[2]（Bahai）中有着七座"山谷"这样的类似事例。

今天，伊拉克北部的亚齐德（Yazidi）族人遵循的宗教信仰和马丁笔下的新神（New Gods）非常类似；他们信奉一位将世界托付给了七位圣灵的神祇，即"七天使"（the Heptad），其中最杰出的叫做 Melek Taus，即备受尊崇的"孔雀天使"。Melek Taus 也被称为路西法（Lucifer），但对于雅兹迪族人来说，虽然路西法是一个反抗上帝的天使，但他现在已经悔改并且又重新向人们施予恩惠。

亚齐德人（Yazidis）的信仰来源于古老的伊朗民间传说，混合了基督教（Christianity）和伊斯兰教（Islam），还有一些巴比伦（Babylonian）宗教的元素。古巴比伦人像他们一样向太阳祈祷，并且每年都会献祭一头公牛，他们身上也有着蓝色的或者杀鱼纹样的纹身（巴比伦人也崇拜鸟类）。

宗教暴力在幻想类作品中也是显而易见的。《冰与火之歌》中，在旧神和新神的追随者之间、在更传统的自然崇拜和拟人宗教之间常常充斥着过往种种冲突的暗示。在维斯特洛，新神本身便受到了"光之王"（Lord of Light）拉赫洛的挑战，这就是梅丽珊卓（Melisandre）传播的信仰，这位女祭司让史坦尼斯·拜拉席恩（Stannis

---

[1] 阿特拉斯是希腊神话里的擎天神，他被宙斯降罪来用双肩支撑苍天。阿特拉斯与普勒俄涅生了七个女儿，分别是伊莱卡（Electra）、迈亚（Maia）、塔吉忒（Taygete）、阿耳刻悠妮（Alcyone）、美罗珀（Merope）、塞莱诺（Celaeno）、丝黛罗普（Sterope）。俱为山林仙女，称为普勒阿得斯姊妹。——译者注

[2] 巴哈伊信仰由巴哈欧拉创立于伊朗，并在中东地区开始传播。——译者注

Baratheon）皈依了"光之王"拉赫洛。梅丽珊卓所信奉的宗教的教义是基于一种二元的世界观，祭司们相信有两个处于对立面的神。它受到诺斯替主义（Gnosticism）和摩尼教主义（Manicheanism）的影响，这些在近东（Near East）出现的宗教将世界分为光明和黑暗两面。摩尼教是由生活在第三世纪的波斯人摩尼（Mani）创立的，他告诉人们，生命就是在光明的精神世界和黑暗的邪恶世界两者之间的持续斗争。摩尼于274年因受到波斯琐罗亚斯德教（Iranian Zoroastrian）当权者的迫害而殉难，但后来他的思想传到了罗马帝国（Roman empire）。

诺斯替主义（Gnosticism）涵盖了基督教之前和基督教的信仰，它认为存在一个邪恶的假神，即巨匠造物主（demiurge），他创造了我们不完美的世界且给宇宙带来了混乱；所以对于梅丽珊卓（Melisandre）而言，活人献祭实际上是让他们从这个可怕的世界中解脱了出来。虽然诺斯替教徒（Gnostics）被主流基督徒（Christians）所驱逐，但他们后来影响了卡特里派（Cathars），这是12世纪在法国南部出现的一种异端邪说，它的信徒认为所有的东西从本质上来讲都是邪恶的。实际上，一些诺斯替教徒（Gnostics）认为宇宙本身就是一个错误。

时至今日仍然存在一些二元宗教，其中包括曼达教（Mandaeism），其追随者相信世界被黑暗与光明分为两部分，而在他们死后其精神则会将正义引导到光明世界。他们起源于基督教时代（Christianity），并尊崇施洗者约翰（John the Baptist），但他们却不信奉耶稣（Jesus）以及亚伯拉罕（Abraham）和摩西（Moses），另外他们还说着一种并不常见的阿拉姆语（Aramaic）方言。这种信仰在伊拉克几乎就要消失殆尽，目前只剩下几千名教徒，而他们的人数自2003年战争爆发后更是遭到了冲击。目前，瑞典的曼达教教徒（Mandeaens）人数差不多和他们祖国的一样多。

但最符合拉赫洛信仰的是琐罗亚斯德教（Zoroastrianism）[1]，这是一种波斯本土宗教，也是目前地球上现存的最古老的信仰。琐罗亚斯德教的创始者（Zoroaster）生活在公元前1000年左右，他们认为宇宙分为两个原理："智慧之主"阿胡拉·马兹达（Ahura Mazda）以及他的对头安格拉·曼纽（Angra Mainyu）。对于琐罗亚斯德教徒（Zoroastrians）来说，阿胡拉·马兹（Ahura Mazda）是光明与智慧之王，他创造了宇宙并把"善良从邪恶中萃取出来，把光明从黑暗中分离开来"；这与黑暗之王安格拉·曼纽（Angra Mainyu）形成鲜明对比，后者在人间制造了邪恶。这位远古异神（Great Other）[2]是一个黑暗之神——"连他名字都不能说出口。"17在来自阿拉伯（Arab）的征服者将伊斯兰教带到这个国家之前，琐罗亚斯德教一直是波斯的官方宗教，尽管他们已经不再是主流。

　　拉赫洛信仰和琐罗亚斯德教（Zoroastrianism）两者之间最惊人的相似之处在于对火的无比尊崇。在波斯，阿胡拉·马兹达（Ahura Mazda）的追随者崇拜它，他们相信火是神之子，神圣之火能给信徒带来欢乐，并毁灭掉追随邪恶与黑暗的信徒。与之相似的是，拉赫洛的祭司称他为"圣焰之心，影子与烈火之神。"古代波斯人也像梅丽珊卓一样用火来受洗和治疗，就像她常说的那样："因为长夜黑暗，处处险恶……但是烈火将濯尽一切。"

　　琐罗亚斯德教的创始者（Zoroaster）谈到了发生在未来的一场战争，以及一次导致世界重生的危机。在一个处女神奇地怀孕生下苏仕扬特（Saoshyant）之后，这位新生的英雄将领导人们进行最后的战斗，那时山脉将融化成一条火红的河流；拉赫洛信仰和琐罗亚斯德教两者之间的相似之处再一次在这里得到体现，这一典故类似于梅丽珊卓

---

　　[1]　又称为祆教、火祆教和拜火教。——译者注

　　[2]　这一说法出自《冰与火之歌》，远古异神（Great Other）在拉赫洛教义中是黑暗、寒冷和死亡之神。他真正的名字从不被世人说出。他被认为是光之王拉赫洛的敌人。——译者注

（Melisandre）寻找亚梭尔·亚亥（Azor Ahai）和他的火焰剑[1]的故事。同样地，在红神（Red God）的宗教中使用了"Maegi"[2]这个词，它与琐罗亚斯德教中法师（Magi）一词相呼应，他们"进行了与火，献祭以及葬礼有关的某些仪式"，并且他们"可能已经掌握了超自然的知识，充当着算命先生、占星家、巫师、方士、无赖和骗子等各类角色。[18] Magi 是"巫师"（Magician）一词的来源，也指耶稣（Jesus）诞生后不久就来朝拜他的"东方三博士"。

应该指出的是，琐罗亚斯德教徒并没有进行活人献祭，即使该宗教偶尔会很严酷——叛教者可能会受到死亡的惩罚——近年来，他们一直是一支脆弱的、遭受迫害的小众人群（他们当代最著名的信徒是皇后乐队的主唱弗雷迪·莫库里）。

在马丁笔下的世界里还有许多其他的神。多斯拉克人（Dothraki）崇拜马，他们的宗教与腾格里信仰（Tengrism）有一些相似之处。腾格里（Tengrism）是一种中亚骑手所信奉的信仰，它集合了萨满教、一神论和草原祖先的古老崇拜，也曾经是蒙古人（Mongols）、土耳其人（Turks）和匈牙利人（Hungarians）的宗教。《腾格里之书》（Tengric book），又被称为《占卜书》（Irk Bitig）或《预言书》（Book of Omens），写于公元9世纪，于1907年在中国的一个洞穴中被发现。书中大多数的预言与动物相关，其中最主要的是关于马的预言，像是"在沙漠中迷路的一匹马找到了草和水，得以吃饱喝足"会被认为是一个好兆头，而"一头失明的小马驹试图在种马身上找奶吸"则被认为是不好的预言。"上天任命一位奴隶女孩成为女王"是好兆头，而"一个男人遇到一个祝福他将拥有无数牲畜与长寿的天神"也被认为是不错的预兆。这是一种认为世界非黑即白的文化，许多游牧民族最终信奉了摩尼教以及后来发展起来的伊斯兰教。

---

［1］ 该剑又名为光明使者。——译者注
［2］ 巫魔女（Maegi）是指来自厄斯索斯的那些使用血魔法的女人。——译者注

另外还有"无面者"（Faceless Men），他们被自由贸易城邦布拉佛斯（Braavos in the Free Cities）的刺客组织所信奉。这些杀手们追随一种令人不解的抽象信仰"千面之神"（Him of Many Faces[1]），或简称为"死亡之神"。无面者认为死亡是一种崇拜行为，并由暗杀行动来执行这一崇拜；这一邪教最开始诞生于那些通过祈求自我的死亡而得到解脱的奴隶之间，这是许许多多不同的奴隶都会面临的困境。直到有一天，他们听到一个奴隶没有为他自己而是为他的神灵祈祷。这听起来十分恐怖和疯狂，但在现实生活中的确有这样的团体，他们大多数人是"Ḥashshāshīn"[2]，写成英语便是"Assassins"（刺客）。这是一个始于 11 世纪十字军第一次东征时期的邪教，由一个来自北波斯的阿拉伯人哈桑·萨巴赫（Hassan-i Sabbah）所建立。刺客们是伊斯兰教徒，即"七派"（Seveners），他们追随一种深奥和神秘的教义。萨巴赫在中东地区是一位广受欢迎的人物，他从该地区招募追随者，并在波斯的阿拉穆特（Alamut）建立了一个堡垒。在那里，他建立了自己的秘密组织，该组织策划了无数起谋杀，人们称他们为阿萨西云（Asasiyun），其意为"忠于信仰之人"（people close to the faith）。

刺客集团极度反对逊尼派塞尔柱王朝[3]（Sunni Seljuq dynasty），他们把大部分精力都花在与其他穆斯林的斗争中，而基督徒却不是他们的仇敌，尽管他们使用毒匕首杀死了一些高调的十字军成员（爱德华一世差点就成为了其中之一）。他们有时只是在被恐吓者的枕头上留下一把匕首，并附上一封威胁信就完成任务；在第三次十字军东征（the Third Crusade）期间，有人就用这样的方式造访

---

　　[1]　又写作"Many-Faced God"。——译者注
　　[2]　阿拉伯语"刺客"。——译者注
　　[3]　塞尔柱王朝是中世纪时期由乌古斯突厥人建立起的逊尼派穆斯林王朝，后期王朝成员逐渐波斯化，为中世纪时期西亚及中亚地区突厥 - 波斯文化的发展打下了基础。塞尔柱王朝曾建立大塞尔柱帝国以及罗姆苏丹国，统治区域东起波斯、西达安纳托利亚高原，王朝的扩张使安纳托利亚、高加索等地突厥化，也间接地引发了第一次十字军东征。——译者注

过伟大的萨拉丁（Saladin），这位著名的领袖不得不对该组织的所有要求作出了让步。

刺客是一群"自我牺牲的特工"，他们接受了特殊的训练，被要求加入、渗透进目标人物的生活圈，在取得他们的信任后进行袭击。而且，萨巴赫的手下还会接受宗教和战争方面的教育，他们训练有素、信息灵通，这会让他们的所作所为更加令人胆寒。刺客在揭露他们自己的真实意图之前，还经常与受害者进行一对一的会谈。根据威尼斯旅行家马可波罗的说法，山中老人（the Old Man of the Mountain）[1]能够通过让自己的追随者摄取大麻的方式来说服他们；然而，出生于1254年的波罗可能将萨巴赫（于1124年去世）与另一位住在山上的老先知有所混淆，当时似乎有很多人叫这个名字；事实上，刺客和大麻之间的词源混淆是由于阿拉伯作家的缘故，而来自西方的旅行者通过航行又将这一错误扩散开来。

另一个更不为人所知的、崇拜死亡的邪教是图基教（Thuggee），这是一个崇拜毁灭和死亡之神——迦梨女神（Kali）的印度教团体，据传迦梨女神会扼杀那些横跨印度的旅行者。该团体在1356年首次被提及，并在长达几个世纪的时间里一直使印度人心惶惶。19

在电影《夺宝奇兵2》（Indiana Jones and the Temple of Doom）中有这么一个群体，图基教教徒（Thugs）可以由一名古鲁（guru）[2]牵头进入该教派，而图基教教徒有时还会绑架他们的受害者的孩子，并将他们变成教徒。他们会一个接一个地加入这个群体，从而牵制压倒更多的旅行者。因此在处决执行的那一刻，受害者会突然发现自己将遭受来自各方的攻击，却并不知道那些新来者是曾经一起共事的人。

---

[1] "山中老人"的传说源自著名的《马可·波罗游记》，书中记载了马可·波罗护送蒙古公主阔阔真成婚的经历和神秘的山中老人。——译者注

[2] 古鲁即上师，古鲁是梵文的音译。梵文 GURU 是一个复合字，由"GU"和"RU"组成；"GU"乃黑暗之意；"RU"为光明之意，排除无知与黑暗谓之 Guru（古鲁）。古鲁代表着神圣和最高的智慧。——译者注

这个邪教大约杀死了五万到两百万人，直到 19 世纪，当英国人设立了一个专门打击并摧毁它们的图基部（Thugee Department）之后，这一邪教才得以被压制。然而，许多图基教教徒声称他们相信自己正在拯救人类。正如一个人所解释的那样，迦梨女神认为牺牲是必须的："神既已指定血液为食，谓之'食汝'（khoon tum khao），即以汝血养之。吾知其乃恶行也，然神之所为皆需血液为继！"[20]

这个邪教最终还是被压制下去了，但图基教教徒（thug）[1]一词成为英属印度（British Raj）时代进入英语的众多印度词汇之一，除此以外还有睡衣（pajamas）、平房（bungalow）、专家（pundit）、洗发水（shampoo）、瑜伽（yoga）、因缘（karma）和英格兰（blighty）[2]。

本章尾注：

1. Pliny's: *Natural History*
2. Frankel, Valerie Estelle: *Winter is Coming*
3. https://www.theatlantic.com/science/archive/2016/03/were-europes-mysterious-bog-people-human-sacrifices/472839/
4. http://gameofthronesandnorsemythology.blogspot.co.uk/2013/05/ragnarok-song-of-ice-fire.html
5. Parker, Philip: *The Northmen's Fury*
6. Whittock, Martyn: *A Brief History of Life in the Middle Ages*
7. Bartlett, Robert: *England under the Norman and Angevin Kings*
8. 纽堡的威廉对任何事总是抱有怀疑态度，他写道"人们不应该轻易相信那些传言，像什么尸体从他们的坟墓中走出来并四处游荡这种胡话，我现在并不知道是什么东西在恐吓或伤害活人，除非在我们这个时代有充分的证词支持这些事例，否则我不会相信它们。"他没有轻易接受那些胡说八道。
9. Ibid
10. Bartlett, Robert: *England under the Norman and Angevin Kings*
11. *The Chronicon Anglicanum*

---

[1] 如今在英语中为"暴徒"之意。——译者注
[2] 第一次和第二次世界大战期间英国士兵用语，现含诙谐意味。"Blighty"最早于 19 世纪在印度被用来表示英国或英国的访客。——译者注

12. *A Game of Thrones*
13. 根据盎格鲁 - 撒克逊诗歌"*The Battle of Brunanburh*",大约在公元 10 世纪写成。
14. Frankel, Valerie Estelle: *Winter is Coming*
15. http://www.irelandseye.com/aarticles/culture/talk/banshees/werewolf.shtm
16. Angela, Alberto: *A Day in the Life of Ancient Rome*
17. Frankopan, Peter: *Silk Roads*
18. Nigosian, Solomon: *The Zoroastrian Faith: Tradition and Modern Research*
19. 在 Ziauddin Barani's *History of Firoz Shah* 中首次被提及。
20. Van Woerkens, Martine: *The Strangled Traveler: Colonial Imaginings and the Thugs of India*

· 10 ·

凛冬将至
——大饥荒

小少爷，当冬天来临，积雪百尺，冰风狂啸，那才是真正的恐怖。

——老奶妈[1]

最早注意到气候变化的，大概是瑞士萨斯河谷（Saastal Valley）的农民，那时候是 13 世纪 50 年代，阿拉林冰川（Allalin Glacier）开始向山下蔓延；[1] 也可能是居住在格陵兰岛的诺斯殖民者，他们在这样的苦寒之地，本就在生存的边缘挣扎，也许他们感到了更大的生活压力。伊瓦尔·巴尔德松（Ivar Baardson）是生活在那个年代的一位挪威牧师，他这样写道："现在的冰山……跟帆桅太近了，如果还想沿着旧航线航行，就只能冒着生命危险了。"[2] 在整个旧大陆，越来越多的人意识到了天气的异常。从 1308 年开始，连续四年，冬天都异常寒冷。泰晤士河甚至结了冰，冰面上有狗追逐兔子，从来没有人见到过这样的场景。

然而，全欧洲没有一个人意识到，灾难就要到了。巴黎城外圣但尼修道院（Abbey of Saint-Denis）的一位僧侣写过一部《纪尧姆·德·南

---

[1]　出自《冰与火之歌》第一卷《权力的游戏》。——译者注

161

吉的编年史》（*The Chronicle of Guillaume de Nangis*），书中记载了1315年4月的一场连续不停的大暴雨。这场大雨日复一日地下到8月，有记录说这场雨持续不断地下了155天，覆盖了南至阿尔卑斯山、东到乌拉尔山的广大欧洲地区。[3]

大雨淹没了农田，庄稼泡在水里，见不到阳光，收成大减。粮食的价格翻了一番，接着又涨到了原价的四倍，到处都是绝望的村民在绝望地呻吟。穷人"啃食死牛尸体上的生肉，像狗一样"，还"像牛一样在田野里吃草。"[4] 这些痛苦"在我们这个时代前所未见，"一位编年史家悲伤地写道。[5] 在接下来的两年时间里，全欧洲十分之一的人都被饿死了，有些地方情况还要更糟。这是欧洲历史上最严重的大饥荒。

气候总是受到远在天边的大事件影响，遥远大陆上的火山爆发，往往能给人类带来大灾变。1815年印度尼西亚坦博拉火山（Tambora）的爆发和1873年冰岛拉基火山（Laki）的爆发，都引起了全球各地严重的饥荒。早在1257年，印度尼西亚的一场大型火山爆发导致欧洲大范围的粮食短缺，其中一项后果就是人民对政府的普遍不满，最终导致西蒙·德·蒙特福德（Simon de Montford）的叛乱爆发，英格兰议会（Parliament）建立。

但是这次的饥荒跟其他那些比起来，严重程度上了一个台阶。从1303年到1328年，这是有记载以来的最冷的25年。这当中有四年是"极其寒冷的"，是四百年来最冷的四个冬天，雪从秋天一直下到春天，整个欧洲的河流湖泊全都结冰至少一个月。天气实在太冷了，人们甚至可以骑马在冰封的海面上从丹麦一路到达瑞典，这段距离最短处也有2英里。

在历史上，地球经历过很多极端时期，或者温暖或者寒冷，跟维斯特洛的长夜非常像。而寒冷期永远都会带来饥饿。在异教徒时代（pagan times），日耳曼人会把常青藤（evergreen）挂在房门外以抵御冬天。冰雪老人（Ded Moroz）是斯拉夫传统中的圣诞老人，他的原型是齐姆尼克（Zimnik），是异教信仰中的冬之神（基督徒把他变成了乐善好施的慈悲形象）。圣诞树可能延续自人类远古的恐惧心理。

影响气候变化的原因有很多种，地球曾经断断续续地经历过很多冰期，在过去 10 亿年里有过 4 次大冰期。理论上说我们现在正处于其中一次，但是在这些大冰期里还是会有一些时候比较温暖，称为间冰期，那些较冷的时期就叫冰川期，俗称"冰川时代"（ice ages）。欧洲经历了长达四百年的中世纪温暖时期（Medieval Warm Period），我们可以通过树木年轮中的碳—14 放射性同位素含量来了解到这些信息。碳—14 是由高层大气中的氮气和氧气在宇宙射线作用下形成的，所以，太阳活动越少，生成的碳—14 就越多。维多利亚时代历史学家 H.H. 兰姆（H. H. Lamb）仅凭编年史资料就最先提出了类似的假设。他发现，有些编年史提到了一些奇怪的现象，比如英格兰北部居然有葡萄园。他是对的。从那以后，有大量不同的测量方法来支持他的说法，不止用年轮，还有林线[1]高度和泥炭层中的花粉。

这次长夏开始于 9 世纪，延续了许多年。在这个阶段，葡萄园遍布英格兰，包括东盎格利亚（East Anglia）的伊利（Ely）和西部的格洛斯特谷（Vale of Gloucester）。12 世纪编年史家马姆斯伯里的威廉（William of Malmesbury）写道："这片区域的葡萄，藤蔓浓密、果实累累，口味也比英格兰其他地方种的葡萄要好吃得多。这里的酒你不用皱着嘴唇喝，完全没有那种刺激的难喝味道。有一说一，这酒在甜度上不比法国酒差多少。"6

温暖时节的增加给欧洲带来了 20 天额外的作物生长期，粮食产出自然就增多了。英格兰的人口从 1000 年的 150 万增长到 1300 年的

---

[1] 在高纬度地区或高山地区，由于低温、风及土壤等条件而不能形成森林的界线。——译者注

500 万，同一时期法国人口从不到 600 万增长到 1700—2100 万之间。放眼整个欧洲，人口增长了四倍。

随着人口的增加，在偏远地区，挣扎贫困线上的人口也增加了。人们的热量摄入有所减少，出土的头骨表明英格兰人的平均身高已经从千禧年的 5 英尺 7 寸左右降至 14 世纪的 5 英尺 5 寸。[7] 当冬天在 1310 年突然来临，并延续到 1330 年时，数百万人陷入饥荒。

凛冬来临的最早迹象出现在 13 世纪，当时北大西洋的浮冰开始向南漂移，格陵兰的冰川也在向南扩张。冰岛残存的植物组织表明，从 1275 年开始气温便急剧下降——温度每降 1 度，作物歉收的概率就增加 7 倍。1316 年春天临近之时，很多人祈求太阳回归。然而上苍没有听到他们的祷言。到了 4 月，灰暗的天空转为黑色，大雨再度落下："冰冷，猛烈，瓢泼而下。雨水蜇伤皮肤，刺激眼睛，使人面色发红；雨水用耙犁一般的势头，将松软、潮湿的地面刨开。"[8]

10 月的时候，英格兰西部的埃文河（Avon）沿岸有 4 座磨坊被冲走，而在奥地利，穆尔河（Mur）[1] 上的 14 座桥被冲垮。在萨克森（Saxony）[2]，至少有 450 个村庄，连同它们的居民、家畜和房屋，都被淹没了，伤亡不计其数。堤坝和桥梁分崩离析，建筑物被洪水冲垮。

木柴和泥炭非常潮湿，无法燃烧。什么农作物也没法种植，遑论收割。在英格兰，一夸特（quarter）[3] 小麦、大豆或者豌豆可以卖到 20 个先令，是 1313 年价格的四倍。与之相似地，大麦、燕麦和盐在当地的价格上涨了 300%。1316 年 5 月和 6 月，英格兰的粮食产量下降多达 85%，人们以"最野蛮残忍的死法"和"最令人伤心的死法"去世。[9] 绝望的市民走在田野间，寻找任何可以下咽的食物；男人们游荡在全国各地，工作养家，结果回家以后却发现妻子和孩子已经饿

---

　　［1］　中欧的一条河流，是多瑙河的支流。——译者注
　　［2］　位于今德国东部。——译者注
　　［3］　英制单位，等于英制四分之一英吨。1300 年后 1 夸特等于 512 英磅（按国际磅换算，约合 232 公斤）。——译者注

死了。很多人脸朝下趴在被水淹没的田地上，饿得奄奄一息。圣奥尔本斯（St Albans）附近的路上一度找不到任何食物，哪怕是国王来了都没有一点点吃的。

在佛兰德（Flanders），有位记录者写道"穷人的哭声连石头听了都会感动。"[10] 在爱尔兰，饥饿的人们"从坟墓里挖出死尸，从头骨里挖出肉来吃。"一位日耳曼僧侣这样记载："有些人……实在是太饿了，他们吃掉了自己的孩子。在很多地方，父母杀掉自己的孩子然后吃掉，还有的情况是孩子杀掉父母，把父母的尸体给吃了。"[11]

当时，大多数人的热量摄入有80%—90%都来自农作物。以征服了英格兰的诺曼人为例，他们80%的热量来自于同一种面包。肉很少见，羔羊肉更是顶级奢侈品，就算是富贵人家一年也只能吃上一次，在穷人的餐桌上永远都不可能见到。在那个饥荒年代，大多数人早就缺乏蛋白质了，就算在好年景，至少半数人口的菜谱里都缺乏热量以及钙、维生素A、维生素C、维生素D、镁和锌。

北欧很多地方都吃黑麦面包，但这种面包容易导致麦角中毒，这是由一种跟致幻剂有相同基本特性的真菌引起的。有些人认为这个时期各种精神错乱的幻觉都是麦角中毒作祟，不过当时的人们通常会将其归咎于恶魔。吃了发霉的黑麦就会导致麦角菌攻击神经系统，这些真菌甚至可以切断血液循环，引发坏疽。吃了被感染的肉也会引发肠胃炭疽病。

鱼也是很多人的必需食物，但是鱼类贸易需要用盐来进行存储，这又要受到天气的约束。英格兰的漫长海岸线上有不少大型海边盐田，本质上是一些建设在高潮线和低潮线之间的凹地，通过涨潮退潮将咸水留在凹地里，等它蒸发。但是由于缺乏光照，盐的供应从1315年开始就严重不足了。1315年到1319年间，鱼的价格飙升到破纪录的水平。

酿酒业同样遭受灭顶之灾，因为葡萄需要一年有100天日照，这也决定了萨克森地区是欧洲能够酿酒的最北端区域。1316 年，"整个法兰西王国没有一滴葡萄酒"，这对他们来说显然是巨大的痛苦。到了第二年，德意志地区的诺伊施塔特（Neustadt）[1] 葡萄园的产量"微不足道"。英格兰的葡萄酒产量也在下降，不过有时候也还在生产，但是品质就非常差了。在维多利亚时代，有一本流行杂志曾经开玩笑说，喝下英格兰葡萄酒需要四个人——一个人负责喝，两个人负责按住他，最后一个人负责强行把酒灌进这个可怜的人的喉咙。

　　除了饿死之外，从 1315 年以来很多人死于坏血病、痴呆和眼盲，大多因糙皮病（一种烟酸[2]缺乏症）或干眼症（一种维生素缺乏症）引起。年轻时营养不良经常会在日后导致免疫系统病变，这在后来的日子里造成非常严重的后果，到那个时候，将有一场更加严重的大灾难降临在欧洲大陆。

　　当时的社会，犯罪率激增，盗窃谷物的现象极为普遍（倒也可以理解），有些暴徒还占领了城市，比如佛兰德的杜埃（Douai）。无地骑士和士兵敲诈勒索，从乡下来的暴民涌入巴黎，"匪徒、小偷、被免除圣职的牧师、乞丐和妓女，各种各样的无业青年寻找机会。"[12] 他们占据了巴黎最重要的堡垒大沙特莱（Grand Châtelet），抢劫教堂，还攻击犹太人，把他们扔进火坑。实际上，中世纪欧洲的气温和反闪米特人（Semitic）的暴力强度是存在关联的，因为资源实在有限。[13] 饥饿会掩盖人类内心最好的那部分。

　　从 1317 年开始，诺森伯兰（Northumberland）就开始陷入对"schavaldores"——当地方言，意为强盗——这些匪帮的恐惧之中。他们闯进人们家里抢劫，在野外抢劫，偷窃人们的牛和猪，还经常杀人——有时候也会放人一马，反正他们早晚也会饿死。在英格兰北部，

　　[1] 位于今德国西南部，是德国重要的葡萄酒酿造中心。——译者注
　　[2] 也称维生素 B3、维生素 PP，是人体必需的 13 种维生素之一，属于维生素 B 族。——译者注

绝望的苏格兰人比以前更具威胁。

吃人的现象也出现了，每到大饥荒的时代，这种事情总会发生（公元前3世纪，中国发生过一次大饥荒，皇帝甚至颁布法令，允许双亲以子女为食）。在爱沙尼亚，"人们用母亲的肉喂养她们的孩子。"在一本爱尔兰编年史中，有这样的记载，"饥不择食的人们从坟墓里挖出死尸，从头骨里挖出肉来吃。女人们实在是太饿了，只能吃掉她们的亲生骨肉。"在波兰和西里西亚（Silesia），据说有"父母吃掉自己的孩子，也有孩子吃掉自己的父母。"[14]被绞死的犯人的尸首也是人们的食物来源。"糖果屋"（Hansel and Gretel）是个有点邪恶的童话故事，正是诞生于大饥荒的年代。在当时，不少父母因为不忍心亲眼看着孩子饿死，会选择把孩子丢进森林里。

这些年里，1317年和1318年的冬天是最严酷的，寒冷的天气差不多持续到了五月。1318年，波罗的海冻住了，这是自1303年以来的第三次。流入波罗的海的河流同样也冻住了，滨海城市被切断了跟外界的联系。

与此同时，接连不断的风暴席卷了北海盆地（North Sea basin），其形成原因是北冰洋和墨西哥湾暖流（Gulf Stream）之间日渐增加的温度差。这些暴风雨在英吉利海峡（English Channel）更加凶猛，因为这里是连接两片海域的狭长通道，这里的风暴非常危险。东盎格利亚的邓尼奇（Dunwich）是当时英格兰最大的市镇之一，它在一次又一次的洪灾中被吞噬了，损毁建筑达269栋。这里再也没能恢复到受灾之前的水平，现在这里的常住人口只有86人。萨尔茨堡（Salzburg）的编年史家描述过1317年发生在莱比锡（Leipzig）附近穆尔德河（Mulde River）的一场洪水的凶猛程度，当时有一座教堂被连根拔起，顺水漂走了。

根据大多数对大饥荒时期的估算，欧洲大概有5%—12%的人去世，大部分死于饥饿。这场灾难过后，欧洲又面临着牛羊疾病的威胁。

"Fasciola heaptica"这种寄生虫有个更为人所熟知的名字"牛羊肝吸虫"（sheep liver fluke），从 1321 年开始，它们让绵羊和山羊的数量减少了 70%；此外羊群还遭到绵羊痘（sheep pox）[1]侵袭，爆发了著名的"红死病"（Red Death）。牛瘟亦在 1319 年流行于英格兰，造成牧牛大量减少——跟《出埃及记》（*Exodus*）时期折磨埃及牛而放过希伯来牛的那种疫病是一样的。[2]这是上帝在表达他的不满啊，还不够明显吗？

兰开斯特有债必偿

就在班诺克本（Bannockburn）战役后六个星期，苏格兰军队在布鲁斯（Bruce）[3]和"黑"詹姆斯·道格拉斯（"Black" James Douglas）的率领下，大举入侵诺森伯兰和达勒姆（Durham）诸郡，并在次年加强了侵袭力度。在 1316 年整个夏天，勇敢又无情的道格拉斯带领苏格兰人最远打到了约克郡。早在 1308 年，黑道格拉斯就已经恶名远扬。当时他的部下在棕枝主日（Palm Sunday）[4]攻克了一座英格兰要塞，冲进教堂大喊"道格拉斯！"俘虏们被带到了城堡的贮藏室，在那里他们都被砍了头。苏格兰人把尸体堆成一堆，点上了火。然后，他们用盐和死马往井里下了毒。道格拉斯还将全部被俘的弓箭手都砍掉了右手。边境外的人对于弓箭手又恨又怕，正如谚语所说，"每个英格兰弓箭手的腰带上都挂着 24 个苏格兰人的

---

[1] 一种由羊痘病毒引起的接触性传染病，病羊死亡率高。——译者注

[2] 耶和华吩咐摩西说：你进去见法老，对他说：耶和华—希伯来人的神这样说：容我的百姓去，好事奉我。你若不肯容他们去，仍旧强留他们，耶和华的手加在你田间的牲畜上，就是在马、驴、骆驼、牛群、羊群上，必有重重的瘟疫。耶和华要分别以色列的牲畜和埃及的牲畜，凡属以色列人的，一样都不死。耶和华就定了时候，说：明天耶和华必在此地行这事。第二天，耶和华就行这事。埃及的牲畜几乎都死了，只是以色列人的牲畜，一个都没有死。（《出埃及记》9：1—6）——译者注

[3] 苏格兰国王罗伯特一世，本名罗伯特·布鲁斯。关于罗伯特·布鲁斯和班诺克本战役，详见本书第八章。——译者注

[4] 基督教节日，每年复活节的前一个星期天。从这天开始，纪念耶稣受难的"圣周"开始。——译者注

命。"[15] 道格拉斯从此多了一个称号"道格拉斯·拉尔德"（Douglas Larder，即"贮藏室的道格拉斯"），他本人的恶名更盛，"超过了地狱里的恶魔"。[16]

直到 1318 年，贝里克（Berwick）城一直处于苏格兰人的围攻下，城内存粮渐渐不支，英格兰人不得不以马匹为食。到了 3 月份，在一番巷战之后，城市一角被攻破，但是贝里克城堡又坚持了额外三个月才向黑道格拉斯投降。22 年前，正是他的父亲威廉（William）将这里拱手交给了英格兰人。现在，苏格兰已经深入英格兰腹地，一度控制了整个北方地区，而此时的英格兰在爱德华国王（King Edward）[1]和他的对手多年的内斗下步履蹒跚。1319 年，国王向封臣们征召 23000 名士兵，但最终出现在约克（York）的只有 8000 人。更糟糕的是，一种由鼻疽伯克霍尔德氏菌（burkholderia mallei）引起的传染病在马匹之间流行，1320 年—1322 年间有半数马匹病死。爱德华二世率领着一支骑兵大军入侵苏格兰，结果带着一支步兵部队回来了。

即便加韦斯顿（Gaveston）被贵族们除掉了，事情也依旧事与愿违地往更坏的方向发展。反对派们依旧围绕在兰开斯特（Lancaster）伯爵[2]左右，也依旧存在很深的分歧。当托马斯（Thomas）的岳父林肯伯爵（Earl of Lincoln）在 1311 年去世后，情况变得更糟糕了，他是国王的反对者当中最温和的一个。与此同时，在加韦斯顿死后，爱德华二世在一个更加腐败的宠臣身上找到了安慰。这个叫做休·勒·德斯潘塞（Hugh le Despenser）的残忍暴力、横行霸道的恶徒，成了爱德华国王的新情人。[17]前不久，德斯潘塞杀了一位叫做卢威林·布伦（Llewelyn Bren）的战俘，这是违背骑士律法的大罪，

---

[1] 即爱德华二世(1307—1327 年在位)，他也是班诺克本战役英军总指挥。详见本书第八章。——译者注

[2] 即第二代兰开斯特伯爵托马斯。——译者注

但是他的罪行显然不止这一件。还有一次，"一个叫做萨顿的约翰（John de Sutton）的人被关在牢里，直到他答应把达德利（Dudley）城堡交出去。"还有一位富裕的女继承人伊丽莎白·科明（Elizabeth Comyn）[1]被绑架了，她当了一年人质，直到她交出了自己的田产。[18]德斯潘塞尤其臭名昭著的做法，是猎捕那些拥有他眼馋房产的寡妇。巴雷特夫人（Lady Baret）就是其中一位受害者，她饱受折磨，四肢都被弄断了，整个人也因此疯掉了。此外，他还控制着国王——这让王后极为不满。

伊莎贝拉王后（Queen Isabella）在1322年第四次生产，诞下一名女婴。随着她逐渐适应了自己的角色，王后在宫廷里的权力和责任越来越大，国王也会重视她的建议。但是，她无休止的占有欲和对奢侈生活的热爱从未消减。尽管国家处境困难，她仍然维持着60个人的女裁缝队伍，以保证她的家眷能跟得上最新的潮流。她还有180个仆人，其中包括"一名施赈人员，他的唯一一项工作就是在宗教节日和神圣的日子里分发救济品，盛着救济品的是'王后巨大的银盘'"[19]。作为王后，理应对穷人施以怜悯。

此时的兰开斯特伯爵非常不受欢迎，以至于出现了一个中间派，同时反对这堂兄弟俩。这个派系的领袖是巴塞洛缪·巴德尔斯米尔（Bartholomew Badlesmere），他是国会议员、男爵，还是一位跟随爱德华一世征战多年的老兵，居所在肯特（Kent）的利兹城堡（Leeds Castle）。尽管国王有很多缺点，仍有很多世家大族对国王保持忠心，其中有一位是边镇领主罗杰·莫蒂默勋爵（Roger Mortimer），他的家族从1074年开始世袭威格莫尔男爵（Baron Wigmore）头衔。莫蒂默"身形颀长、肤色黝黑、身躯强壮……坚强刚毅、充满活力、果断坚决，在各方面都很有天赋。"他也是个"傲慢、贪婪而野心勃勃"

---

[1] 苏格兰王位争夺者"红科明"约翰·科明三世的小女儿。她的父亲在邓弗里斯的格雷弗里亚尔斯教堂被王位竞争者罗伯特·布鲁斯刺杀。——译者注

的人，对于自己家族的血统和背景深感自豪。[20] 他品味高雅，把自己在威格莫尔和拉德洛（Ludlow）的城堡改建成宫殿一样，如此才能配得上他高贵的姓氏。

就连莫蒂默也实在看不下去德斯潘塞的残暴行径。冤家路窄，德斯潘塞家族和莫蒂默家族还有一段旧仇。早在 13 世纪 60 年代，罗杰的祖父——也叫罗杰·莫蒂默——在伊夫舍姆战役（Battle of Evesham）[1] 中击杀了休的祖父——正好也跟他同名。永远对土地保持贪欲的德斯潘塞试图染指他老对手的领地，于是，在 1321 年的春天，莫蒂默动员了一大帮边镇领主，在约克郡会同兰开斯特伯爵和其他北方反叛贵族碰了面。

比较中立的彭布罗克（Pembroke）伯爵眼看国王和德斯潘塞之间的关系会毁了他，赶紧劝爱德华二世："他爱另一个人胜过他自己，这样下去早晚要触礁而亡。"[21] 王后跪下来，苦苦哀求她的丈夫把德斯潘塞从宫廷里赶走，结果都是徒劳。当年，伊莎贝拉的丈夫和加韦斯顿一起羞辱她的时候，她差不多只是个孩子；但是如今她已经是个成年女性，给她的国王生下了两男两女，理应获得尊重。然而，爱德华二世就像迷恋他的前任一样对德斯潘塞着迷，他的宠臣则下定决心要击垮王后。如果可能的话，他甚至打算干脆除掉她。

让伊莎贝拉倍感羞辱的是，爱德华二世尤其醉心于出身低贱的男人。有记录表明，国王曾经包养了好几个人，包括瓦特·考赫德（Wat Cowherd）、罗宾·戴尔（Robin Dyer）、西蒙·霍德（Simon Hod）等人。这可能是他们这段婚姻的常态，因为早在 1314 年的圣诞节，爱德华二世和伊莎贝拉就是分开过的，国王"在剑桥湿地（Cambridge Fens）和一大群普通民众一起划船，以净化心灵"，他还跟"愚蠢的

---

[1] 1265 年 8 月 4 日，英格兰王子爱德华（后来的爱德华一世）率领其父亲亨利三世的军队在英格兰西部伍斯特郡的伊夫舍姆附近击败了莱斯特伯爵西蒙·德·蒙特福德，平定了叛乱。——译者注

伙伴"一起游泳。²²

1321 年 8 月，兰开斯特伯爵率领 5000 名全副武装的家臣出现在议会，要求放逐德斯潘塞和他的父亲老休·勒·德斯潘塞（Hugh le Despenser the Elder）。小德斯潘塞逃上了他的船，做了海盗，俘获了一艘热那亚舰船，杀了全体船员，还偷了价值 5000 镑的财物——然而他很快又回来了。

随着德斯潘塞势力越来越大、在朝廷里的地位越来越稳固，一些中立的贵族开始逐渐向兰开斯特阵营靠拢，比如巴德尔斯米尔。作为回应，国王下令将巴德尔斯米尔从他自己在肯特郡的封地驱逐出去。1321 年 10 月，当他远在牛津郡（Oxfordshire）时，王后奉命在回伦敦的途中来到利兹城堡。但是，当伊莎贝拉到达并要求进城堡时，巴德尔斯米尔夫人命令她的弓箭手朝王后的侍臣放箭，在王后的眼皮底下杀死了 6 个人。王后返回了伦敦，在震惊之余，告诉了丈夫这一情况。

算总账的时候到了。次年 3 月，忠于爱德华二世的军队和兰开斯特军在巴勒布里奇（Boroughbridge）[1] 展开会战，北方领主的骑兵惨遭国王的弓箭手重创。兰开斯特伯爵托马斯的盟友赫里福德伯爵（Earl of Hereford）被长枪从坐骑下身刺入，死状惨烈，肠子都掉出来了。²³ 兰开斯特伯爵被俘，并被判处死刑，执行挂拉分（hung, drawn, and quartered）[2] 酷刑。出于对他体内王族血脉的尊重，其刑罚减轻为斩首。兰开斯特伯爵戴着一项破烂帽子，被迫骑着一头年迈的母驴前往行刑地，当地人则纷纷用雪球砸向他。伯爵郁郁寡欢的妻子艾丽斯·德·莱西（Alice de Lacy）后来嫁给了她的情人欧布洛·莱斯特兰奇（Eubulo L'Estrange）。

一周后，托马斯的六员主要干将被杀。3 月 22 日，对兰开斯特党进一步的清算到来，有 24 人被处决，死法各异。在整个四月份，

---

[1] 位于英格兰北方约克城西北。——译者注
[2] 英格兰酷刑，又名"英式车裂"。详见本书第五章。——译者注

共有118人被处死，其中包括6名豪族权贵。鉴于巴德尔斯米尔男爵在这次叛乱中的表现，他被拖着在坎特伯雷（Canterbury）街头游行示众，最后才被斩首。然后，"他的头被插在长枪上，摆成向下看的样子。那空洞的眼睛，看着城市东门熙熙攘攘的市民。"[24] 利兹城堡的治安官和另外13个人也被爱德华二世绞死了，而巴德尔斯米尔夫人和她的孩子们被关进了伦敦塔。入狱的还有兰开斯特伯爵年迈的岳母林肯伯爵夫人，她的丈夫对国王表达了忠心，或者挑剔点说，是向国王臣服。爱德华二世的士兵还抓到了莫蒂默，后者被判死刑。但是国王对屠杀的热情已经退烧了，莫蒂默被改判为终生监禁在伦敦塔。

这次对敌人的残酷大清洗让爱德华二世看起来强硬不少，但他暂时赢得的名望很快就烟消云散。欧洲大麦种植业彻底崩溃，1321年的收成甚至比1315年还要差。翌年，有人在伦敦布道修士会（Preaching Friars）附近城门处因争夺食物而发生斗殴，造成52人死亡。国王在德斯潘塞的摆布下愈发暴虐，而德斯潘塞的权力也前所未有地大。卡莱尔伯爵（Earl of Carlisle）曾经忠心耿耿地帮助国王击败兰开斯特伯爵，现在他因为接受了苏格兰人提出的和平条约，就被知悉此事的国王残忍地处死了。[25]

1322年8月，爱德华二世入侵苏格兰，但罗伯特·布鲁斯避免与其交锋，越过福斯河（Forth）。当英格兰人准备撤军时，苏格兰军队开始追击，生擒里士满伯爵（Earl of Richmond），让爱德华二世颜面扫地。更糟糕的是，爱德华把她的王后扔在了诺森布里亚海边的泰恩茅斯修道院（Tynemouth Priory），任由附近的苏格兰人处置。道格拉斯伯爵（Earl of Douglas）就在附近，国王也没有做出任何试图让道格拉斯伯爵去营救她的尝试。这是国王第二次用这种方式抛弃她了，前一次他是带着加韦斯顿逃跑的。王后和她的女伴们最终靠一艘小船逃出生天，但在拼命逃生的过程中，有一位小姐掉入水中淹死了。王后的恨意燃烧了起来，法兰西的母狼不会永远忍气吞声。

"我听说毒药是女人的武器"[1]

1315 年 8 月，法国国王路易十世的妻子玛格丽特（Margaret）在诺曼底（Normandy）的地牢里去世，据称是死于风寒，但也有人怀疑是中毒身亡。至少，她确实受到了严重的虐待。不过，路易在第二年也死了，年仅 26 岁。他打完网球以后就得了感冒，结果这要了他的命。很多人在谈论，其实是他弟弟腓力的岳母阿图瓦的马奥（Mahaut of Artois）暗中下的毒。几个月后，路易的第二任妻子，身怀六甲的克莱芒丝（Clemence）生下来一个男孩约翰（John），但他在仅仅六天之后就夭折了。于是王位传给了铁王（Iron King）[2]的次子腓力，正合马奥的心意。

在法国的宫廷政治斗争中，毒药经常是人们怀疑的杀人手法，但是因为取证不足，没办法证明尸体上是否存有毒素，所以这些推测大多也只能停留在推测的程度。马奥就被怀疑是杀人凶手，有些人甚至坚信她还谋杀了婴儿国王约翰，以巩固她女儿的政治地位。可能吧。在厄斯索斯（Essos）和多恩（Dorne），毒药的使用非常普遍，同样地，法国、意大利和西班牙也是人们眼中孕育这类诡计的温床。诺曼人对毒药的使用尤其臭名昭著，至少有一次谋杀确切是使用了毒药——诺曼公爵们毒杀了他们的主要敌人布列塔尼公爵（Duke of Brittany），至于其他被杀的对手，很多人的死法都很玄妙。1008 年，西班牙正值摩尔时代，科尔多瓦（Cordoba）的统治者阿布德·马利克（Abd al-Malik）在前去迎战基督徒的路上猝死。他在死前接过了弟弟给他的一个苹果，显然这个苹果被下了致命毒药。这种西班牙传统在哈里发的天主教继任者手里继续发扬光大。公元 14 世纪时，卡斯蒂利亚

---

[1] 德·史塔克对派席尔大学士所说，出自《权力的游戏》第一季第四集《残缺之躯》。——译者注

[2] 即"美男子"腓力四世。——译者注

王后（Queen of Castile）波旁的布朗什（Blanche of Bourbon）死于剧毒，下令用毒的是她的丈夫"残酷者"佩德罗国王（King Pedro the Cruel）。[26]

很多人相信一件轶闻，独角兽的角有毒。于是，独角兽的角在全欧洲的市场都很有销路。当然了，独角兽并不存在，市场上在卖的是独角鲸的角，这种鲸鱼生活在冰冷的北方海洋。在历史上，大多数毒药都没有现成的解毒方法，所以法国王廷一直保留着侍膳大臣（Master of the Stomach）这一职位来保护国王，以免他受到任何有意谋害他的人的毒害。不过，帮法国国王事先品尝食物算不上是最差的工作，因为在瓦卢瓦王朝的国王们推动下，一门如今被我们称为"烹饪"的技术被发明了出来。国王们雇佣了烹饪艺术史上最有名的人物之一纪尧姆·蒂雷尔（Guillaume Tirel），他一开始是查理四世（Charles IV）王后让娜（Jeanne）的"enfant de cuisine"（帮厨小子）。后来他成长为腓力六世（Philippe VI）的首席厨师，还写了一本书叫做《Le Viandier》，这是中世纪第一本食谱，详细记录了法国北部的主要食物。由于烹饪的正式发展始于巴黎，所以即便在今天，想要做一名厨师，首先要学的也是法国菜。

腓力五世（Philippe V）有资格争夺王位，是因为他哥哥仅存于世的女儿仍有非婚所生的嫌疑。然而，根据规定，王位只能由男性继承，其依据是一则饱受质疑的习惯法——法兰克人的"萨利克法"（Salic Law）。仅仅在几年之后，这次律法争议就将引发一场战争，有数百万人在那场战争中死去。不过那都是将来的事情了。可悲的是，腓力五世29岁就英年早逝，有些人相信，这是因为圣殿骑士的诅咒再一次生效了。于是，在1322年，法国王位传给了他最小的弟弟查理（Charles）[1]。

---

[1] 即查理四世（1322—1328年在位），绰号也是"美男子"。——译者注

除了王位之外，查理四世还继承了法国跟英格兰的领土纠纷：英格兰控制着加斯科涅（Gascony），与之有领土争议的是法国人手里的阿基坦（Aquitaine）。1320年6月，英格兰和法国的国王曾经会过面，腓力五世要求爱德华二世为了加斯科涅而向他宣誓效忠（fealty）。爱德华已经向其致以敬意（homage，从法语的"homme"演变而来），即上贡特定的一块封地或者一笔财富以表示臣服，然后以封臣的身份对领主宣誓做他的臣子。领主会把收到的贡品还回去，象征性地给他一件和这笔财富相关的物品，通常是这片领地土生土长的东西。宣誓效忠则大不相同，忠诚的誓言让他只能听取领主吩咐，甚至对抗其他所有人，这是身为国王的爱德华二世所不能接受的。他怒不可遏。

　　接着，到了1323年11月，加斯科涅人拆掉了一个法国领主在争议地带修建的堡垒，这件事成了冲突爆发的导火索。第二年，查理四世国王宣布没收爱德华二世在加斯科涅的领地，战争一触即发。

　　对于德斯潘塞来说，这是铲除王后势力的绝佳借口。所有法国人都被赶出了宫廷，伊莎贝拉的密友和亲信当然无一幸免，他们的私人财产也都被没收了。不仅如此，王后的孩子们全被带走了，女儿们被送到了德斯潘塞家居住，而德斯潘塞的妻子埃莉诺·德·克莱尔（Eleanor de Clare）——她还是国王的外甥女——被安排做王后的管家，到处跟着她。显然她担任的是间谍工作，王后的印章也被她带在身上。不论大事小事，她都会向她的丈夫和他的家族汇报。

　　到这个时候，伊莎贝拉肯定恨死她丈夫的情人了，但是王后比她的敌人更加熟悉宫廷政治艺术，这些本事多半是在巴黎学到的。宫廷生活的一项基本技能就是学会假装，因为身处宫廷核心的女人永远都不能让别人知道她的真实想法。维斯特洛的玛格丽·提利尔曾经把这门艺术表现得淋漓尽致，伊莎贝拉同样精通此道。她对德斯潘塞以及她丈夫的怒火与日俱增，然而她从来没有表露出一丝痕迹。

　　英法两国之间的僵局眼看就要演变到全面战争的地步。伊莎贝拉王后表面上原谅了她的丈夫和他忠实的顾问，提出带上他们的儿子小爱德华前去加斯科涅替爱德华二世向法国国王致敬。这样做既可以满足法国国王，又照顾到了英格兰国王的面子，而且对于德斯潘塞来说，国王身边也能少个碍事的人。

当王后出发前往法国时，爱德华二世写道，"当她离开时，看起来她并没有受欺凌，"还跟德斯潘塞来了个吻别："除了我以外，她对任何人都非常亲善。"他注意到"他们之间那些友善的表情和亲切的话语，她在即将渡过大海之际，向他提出建立深厚的友谊。"[27] 德斯潘塞当时不太确定王后的提议和动机，直到最后时刻，他才终于明白他们被骗了，落到了任人宰割的田地，但为时已晚。

与此同时，罗杰·莫蒂默正在伦敦塔里饱受煎熬，在历史上只有一个人曾经顺利逃出这座堡垒。不过，伯爵想必是口才惊人，他设法劝服了地牢守卫队长，后者在一年一度的纪念伦敦塔守护神的晚宴上给全体卫兵都下了毒。莫蒂默的越狱路径非常大胆，他通过一条走道逃脱出来，趁着夜色爬下塔楼，来到河边。早就有一艘船等在那里，准备接他走。国王派出了搜捕队，以为他会直奔边境地区，逃回他自己的城堡。结果他往相反的方向逃跑了，他去了法国，他的妻子有亲戚在那里。

莫蒂默逃到了皮卡第（Picardy）[1]，再转去巴黎——在那里，他和伊莎贝拉王后陷入爱河。这位极其专横的边镇领主非常有男子气概，他和妻子已经生了10个孩子了。对于一个活在没有爱情的婚姻里、终日面对一个对自己毫无兴趣的丈夫的女人来说，莫蒂默是不可抗拒的。[28]

浪漫故事弥漫在马丁的世界里。高尚的骑士拯救危难中的小姐，这种纯真幻想就集中体现在年轻的珊莎·史塔克身上，至少在整个

---

[1] 法国北部古地名。——译者注

世界展现出残酷的现实之前是这样的。在这部史诗奇幻的开头，她坚信一位像乔佛里这样英俊的王子，理应具备符合他出身的品质，比如高尚的品格（nobility）和温柔的性情（gentleness）——这两个词最初都是"高贵出身"（highborn）的意思。和她的妹妹不同，珊莎非常积极地学习，明白了如何才能扮演好传统贵族淑女的角色，尤其是掌握了各种繁文缛节。[29]但是，热衷于浪漫想象并不意味着软弱，更与单纯无关。伊莎贝拉的意志和他的父亲一样坚强，虽然她确实沉迷于浪漫小说——的确如此，这是她和她情人的共同点之一。莫蒂默认为自己是亚瑟王再世，他们俩都"着魔似地喜欢读惊险刺激、充满情色描写的骑士浪漫小说，这类小说讲述的都是英雄主义的大胆冒险故事。"[30]

伊莎贝拉经常去伦敦塔图书馆借书，全都是如今看来有点老套的爱情小说。由于她的所见所闻和亲身经历，她明白男人可以有多么软弱，也知道男人会有多么狡猾，但是她仍然坚信理想。

现在，王后控制着她的儿子小爱德华，变成了她丈夫的眼中钉，因为她不仅仅站在他的对立面，还拥有取代他的实力。国王命令她回国，遭到了拒绝。于是他不再给她钱，不过还继续给他妻子和儿子写信；当然了，她的哥哥查理四世不会让她忍饥挨饿。爱德华二世还给他儿子写信，后者如今已经 13 岁了，身处非常尴尬的境地。小爱德华毫无疑问非常痛恨德斯潘塞，痛恨他对自己家庭的所作所为；但是他对莫蒂默也没什么好感，这个专横跋扈的恶霸如今已经是伊莎贝拉王后公开的情人了。

查理国王对于公开的奸情非常不舒服，毕竟他过去经历过类似的事情。[1]于是，伊莎贝拉、莫蒂默和小爱德华不得不逃向北方，来到了艾诺伯爵（Count of Hainault）的屋檐下，他的领地在今天的

---

[1] 查理四世的大嫂和二嫂都有婚外情。——译者注

比利时境内。多年来，很多穷途末路的流亡政治家都必须要做一件事——通过政治联姻来获得外国盟友和盟友的军队。在这里，她也被迫走出了这一步。伊莎贝拉允诺让小爱德华迎娶伯爵的女儿菲莉帕（Philippa），借此换来了一支可以渡过大海的军队（凑巧，爱德华和菲莉帕在一起度过了很长时间，互相之间已经产生了爱意）。

英格兰王后被宣布为外国敌人，她的领地也以维护国家安全的名义被没收了，但是她的海外反对党势力开始吸引一些英格兰的名门豪族，这当中就有爱德华二世的同父异母弟弟肯特伯爵埃德蒙（Edmund, Earl of Kent）。于是，她有了渡过海峡回英格兰的计划。

伊莎贝拉召集军队，在东盎格利亚登陆。派来讨伐王后的2千士兵，竟然只有55人抵达，而且他们还阵前倒戈了。伦敦陷入了混乱，王后的入侵受到广泛的支持，很快，身处南威尔士卡菲利城堡（Caerphilly Castle）的爱德华二世和小德斯潘塞众叛亲离。他们本应该固守城堡的，这是欧洲最坚固的堡垒之一，有30英尺高、12英尺厚的城墙，补给也很充足。结果他们弃城而出，奔至海边。但在那里，他们遭遇了暴雨天气，在苦等6天不见晴日之后，被迫返回。

休·勒·德斯潘塞的父亲已经65岁了，他被定了叛国罪，处以绞刑。人们在他的胳膊上绑了粗壮的绳索，连胳膊带躯干一并吊起来，悬挂了四天，然后把他的尸体剁碎，扔给了狗。小德斯潘塞的命运就悲惨多了。包括莫蒂默和兰开斯特伯爵的弟弟莱斯特伯爵亨利（Henry, Earl of Leicester）在内的一群贵族定了他的罪，判他前往伦敦受刑。但是德斯潘塞试图绝食自尽。他因为饥饿而极度虚弱，在赫里福德（Hereford）时险些痛苦地死去，而掌权者们也非常担心这趟前往首都的旅程会让他挺不过去。到达伦敦后，他戴上了倒置的家徽——这是背叛的象征——头上戴了一顶荨麻做成的王冠，一些出自《圣经》的关于狂妄的句子用刀刻进了他的皮肤，以示嘲弄。在小号和风笛声中，他被四匹马拖着穿过伦敦城，最后被半吊在一具15.24米（50英尺）高的绞刑架上，以便所有人都能看到。他一度失去意识，但很快就被放了下来，扇耳光扇到清醒。接着，他的肚子被割开，肠子流了出来；然后，"他的阴茎和睾丸被切掉了，因为他是个异端分子，犯了鸡奸罪，哪怕对象是国王——当然，最后一句只是传言。"火堆在绞刑架前面点燃了，德斯潘塞的生殖器都被扔了进去，接着是他的肠子和心脏。他奄奄一息，眼睁睁看着这一切发生。最后，在群众的欢呼声中，他的头被砍了下来。

莫蒂默宣布，贵族们已经废黜了爱德华二世，因为他没有遵循其加冕誓言，甘愿被邪恶的佞臣控制。于是，在 1327 年 1 月，议会以爱德华二世之子的名义召开，莫蒂默被任命为全境守护者（Keeper of the Realm）。在爱德华二世面前，王室管家托马斯·布朗特爵士（Sir Thomas Blount）折断了国王的执政权杖，以表明王室的分崩离析。

爱德华二世被送到了格洛斯特郡（Gloucestershire）的伯克利城堡（Berkeley Castle）。他的一些支持者有过一次营救他的尝试，但在那之后他就去世了。有个流传很广的说法，说国王是因为屁眼里被插入红热的烧火棍而死，这样在他的尸体上就检查不出任何暴力迹象。[31] 几乎可以断定，这是莫蒂默指使的。

短短几周后，也就是 1327 年的 4 月份，又有一支英格兰军队开赴北方，再次与苏格兰人交战，结果英格兰人又吃了败仗。英军前往珀西家族控制的约克郡托普克利夫（Topcliffe），再转道前往达勒姆。后来成为法国著名编年史家的让·勒·贝尔（Jean le Bel）此时仅仅是军中一名士兵，他称呼达勒姆是"文明世界最后的前哨。"[32] 英格兰人坚信苏格兰军队会穿过坎伯兰（Cumberland）来发动进攻。他们想错了。英格兰人派兵沿着往西的道路向边境进军，与此同时，黑道格拉斯带着人马往东去了，在诺森伯兰烧杀抢掠，把惊恐不已的村民们赶进了堡垒和森林里。苏格兰人确实无法被打败，于是英格兰和苏格兰在 1328 年签订了合约，前者正式承认了后者的独立地位，少年国王爱德华三世对此怒不可遏。布鲁斯的儿子大卫（David）将要迎娶小爱德华国王的妹妹琼（Joan），苏格兰人给她起了个嘲弄性的绰号"撒尿女公爵"（Countess Makepee）。罗伯特·布鲁斯在第二年因麻风病去世了，但是塞外之王的位置传承了下去。

本章尾注：

1. Rosen, William: *The Third Horseman*
2. Kelly, John: *The Great Mortality*
3. 另有资料表明，中间有 1—2 天的间隔。
4. Rosen, William: *The Third Horseman*
5. Ibid
6. Bartlett, Robert: *England under the Norman and Angevin Kings*
7. https://pseudoerasmus.com/2014/06/12/aside-angus-maddison/
8. Kelly, John: *The Great Mortality*
9. Ibid
10. Ibid
11. Rosen, William: *The Third Horseman*
12. Horne, Alistair: *Seven Ages of Paris*
13. http://www.res.org.uk/details/mediabrief/10547499/ECONOMIC-ROOTS-OF-JEWISH-PERSECUTIONS-IN-MEDIEVAL-EUROPE.html
14. Rosen, William: *The Third Horseman*
15. Ibid
16. "比地狱里的恶魔还要糟糕得多"，有位编年史家这样评论。
17. 公平地说，没有十足的证据能确认他们俩是情侣。不过他们之间的确有非常亲密的友谊，这最终毁掉了国王的婚姻。
18. McKisack, May: *The Fourteenth Century*
19. Weir, Alison: *Isabella*
20. Ibid
21. Ibid
22. Ibid
23. quoted in Ibid
24. Castor, She-Wolves.
25. 但当时存在一则豁免条款，如果他被攻击在先，那么他的领地可以不被没收，这很容易让人质疑他的本来动机。

26. Well, possibly

27. Weir, Alison: *Isabella*

28. 她的传记作者艾莉森·韦尔（Alison Weir）的作品证明了这一说法。

29. 弗兰克尔在《凛冬将至》（*Winter is Coming*）里这样写道："珊莎一直坚持'礼仪是淑女的盔甲'，她热衷于类似于中世纪的'礼仪教本'（courtesy books）这样的书籍——大多成书于 12—15 世纪，内容都是关于得体礼节的。"

30. Rose, Alexander: *The Kings in the North*

31. 这种说法多半有艺术夸张成分，不过这是大多数人听说过的他的唯一一种死法。也有别的信息来源表明，他在狱中受到了虐待和嘲弄，被迫用阴沟里的冷水剃掉头发和胡子，还要穿上旧衣服。他被强迫吞咽腐烂的食物，头上还戴着一顶干草王冠，为的是慢慢弄死他。但是，艾莉森·韦尔对此信息源表示怀疑。

32. Rose, Alexander: *The Kings in the North*

· Ⅱ ·

七　神
——教堂和圣堂

他们注视着每一个人，随时赐予仁慈和公正。

——蓝赛尔·兰尼斯特[1]

　　宗教随着社会的变化而演变，最终，在公元前 1000 年左右最复杂的中东文明中，发展出了进化心理学家阿兰·洛伦萨杨（Ara Norenzayan）所谓的"大神"（Big Gods）——与人们生活与行为相关的全能神灵。以前，人们所崇拜的神灵并没有特别关心人们在生活中的所作所为，但逐渐地，他们的做事方式越来越道德化，即使在《旧约全书》（Old Testament）中上帝的行为有时对世人来说是残酷的。精明的亚述人（Assyrians）崇拜许多神灵，他们也许是第一个将主神阿舒尔（Ashur）提升到如此重要地位的民族，以至于其他神几乎失去了他们的神性。在公元前 10 世纪和 6 世纪之间，希伯来万神殿逐渐演变成了对耶和华（Yahweh）的单一崇拜，而一神论（monotheism）在古代世界的大规模爆发大概始于一个犹太教派开始宣称他们的领袖拿撒勒的耶稣（Jesus of Nazareth）是预言的弥赛亚（promised

---

[1]　出自电视剧《权力的游戏》第五季第一集。——译者注

Messiah），这位神曾经在耶路撒冷（Jerusalem）被罗马人（Romans）钉在十字架上。弥赛亚在希腊语中翻译为"基督"（Christos）——他不仅仅是犹太人（Jews）的救世主，全人类都在等待他去拯救。

这种新的崇拜向穷人和善良的人允诺了永生，并且不再需要献祭与牺牲，因为上帝与他的儿子已经做出了最后的牺牲。在公元34年，他们有了第一个殉道者，名叫史蒂芬[1]（Stephen）。他在一群人面前被石头砸死，其中包括一位名叫扫罗（Saul）的讲希腊语的犹太人，他当时近乎狂热地四处追捕新教派的成员。过了不久，在历史上最重大的事件之一中，扫罗在前往大马士革（Damascus）的途中不幸失明，看到了耶稣（Jesus）的异象，并成为了"弥赛亚"的追随者，即基督徒（Christians）。到了第二世纪末，该教派已经扩散到整个东部和并很快到达了地中海西部，而第一部拉丁文基督教经文则于公元180年出现。[1]到了公元200年，该教派已经在不列颠建立了据点。岛上的第一名殉道者，一名叫阿尔班的士兵，在掩护基督教牧师并皈依后于公元304年去世。虽然新宗教有时会受到宽容对待，但却遭受了来自罗马当局的断断续续的迫害，其中最严重的是戴克里先皇帝[2]（Emperor Diocletian）于公元303年2月24日颁布诏书之后引起的毁灭与谋杀浪潮，该法令下令摧毁所有的教堂并焚烧他们的全部经文。无数基督徒在随后的"大迫害"（Great Persecution）中被烧死或以其它可怕的方式被杀害。

狂热的红袍女祭司梅丽珊卓（Melisandre）极不待见其他宗教，她摧毁了所能见到的任何其他信仰的痕迹，并毫不犹豫地杀害了拒绝皈依的人。她说服史坦尼斯（Stannis）放弃对七神（the Seven）的崇拜并烧毁了他们的塑像，并强迫那些不愿皈依光之王的人改变信仰。

---

[1] 又称"圣史蒂芬"。——译者注

[2] 戴克里先，罗马帝国皇帝，于284年11月20日至305年5月1日在位。其结束了罗马帝国的第三世纪危机（235—284年），建立了四帝共治制，使其成为罗马帝国后期的主要政体。——译者注

在之后的战场上，史坦尼斯的旗帜增加了光之王烈焰红心的图案。

所以，在公元313年，罗马皇帝君士坦丁[1]（Constantine）在与王位竞争对手的一场大战开始之前，看到天空中出现一个十字架的形象，旁边还有着"凭此神佑，汝可凯旋"的字样。他随即命令他的部队在战斗前将所有的盾牌都画上十字。在这次战争胜利后不久，他使基督教合法化，自己后来也皈依了该教。在隐忍了几个世纪的压迫后，基督教终于取得了统治地位。但基督徒却很快就变成了压迫者，他们不仅压迫异教徒，更狂热的是，还有人压迫其他基督徒，这种压迫通常已经超过了因为迂腐而产生的教义上的分歧。

罗马晚期最受尊敬的圣徒之一图尔的圣马丁（St Martin of Tours）在公元397年去世之前，也是高卢（Gaul）异教寺庙的狂热破坏者，他不顾当地人的反对，砍倒了一棵圣树。圣马丁这种对异教圣地的亵渎行为是普遍存在的。几十年后，当诺森布里亚（Northumbria）国王接受了新神时，他的主要宗教领袖，在刚刚皈依新教后做的的第一件事就是向旧教的礼拜场所掷出一柄长矛，他似乎是在恼怒旧神不知出于什么原因总不喜欢他。正如山姆威尔（Samwell）所说："七神从未回应我的祈祷，或许旧神会呢。"2

不过，对新神的崇拜并不总是通过征服来传播的。事实上，许多征服了基督徒的统治者们都接受了他们臣民的宗教信仰，而不是反过来强迫臣民信仰新的宗教。坦格利安家族（the Targaryens）在征服维斯特洛时，就接受了七神信仰，而不是去散播他们自己的宗教，征服者常常都会这么做。在西罗马帝国分崩离析的时候，许多横扫罗马国土的野蛮部落纷纷成为基督徒——如果那之前他们还没有皈依的话。后来征服中东的征服者同样把伊斯兰教作为他们的信仰。客观上来看，如果与臣民信仰共同的宗教，那么统治就会变得容易得多。在西方帝

---

[1] 即君士坦丁一世，罗马皇帝，306年至337年在位。在313年颁布米兰诏书，承认基督教为合法且自由的宗教。324年成为罗马帝国的唯一统治者。——译者注

国垮台之后，曾经是妓女、乞丐和流浪者所信仰的基督教，在帝国权力崩溃、城市风雨飘摇之时在代表权威的主教们的带领下变得制度化。

圣堂与国家

基督教比传统的欧洲宗教更正式，《冰与火之歌》里的七神信仰也比旧神的宗教更有章法。他们有名为圣堂（Septs）的寺庙和他们自己的神职人员——修士（Septons）。与基督教一样，七神信仰也强调性的羞辱感和负罪感，在对瑟曦（Cersei）通奸一事的羞辱中修士们也扮演着重要角色。七神信仰往往与国家联系在一起，总主教（High Septon）为国王施恩，他的支持对任何君主来说都至关重要。与西方基督教一样，国王应该信教，并参与由男性神职人员修士（Septons）与女性神职人员修女（Septas）组织的官方宗教仪式。七神信仰的神职人员是由大主教（Most Devout）组成议会选出的，人们向七神宣誓，就像中世纪欧洲的男男女女向上帝宣誓一样。在现实生活中，教会与国家之间也不可避免地会发生冲突，许多教会领袖因此被暴力地结束了自己的生命。

在维斯特洛七神神性中，有三位是男性，代表神圣的审判、勇气和劳动；三位是女性，代表养育、纯洁和智慧。第七位是陌客（Stranger），代表"未知与超然"，[3] 在《列王的纷争》（*A Clash of Kings*）中陌客被描述为"既非人类又像人类，未知而且不可知"。这里与基督教有着明显的类比，基督教中有三位一体的圣父、圣子和圣灵，也就是三个位格、一个本体，正如陌客作为不可知的圣灵的那样。陌客也为被遗弃者提供了心灵依靠，这也是侏儒提利昂·兰尼斯特（Tyrion Lannister）向他祈祷的原因。

用小说作者马丁自己的话来说，"七神信仰的确是建立在中世纪天主教会的基础上"，即七神是基于三位一体的。七神的宗教也包含欧洲中世纪基督教的某些实质特色，如大教堂、彩色玻璃窗、教堂圣钟、烛光祭坛和皇家陵墓的地下墓穴。最流行的西方天主教大教堂的经典形象是哥特式的，当时被称为"法式风格"，起源于法国北部（后来被称为哥特式，最初是一种带有侮辱性质的称呼，因为它的尖拱被视为与罗马建筑相对立，所以更适合野蛮的哥特人）。几乎所有最著名的大教堂，如巴黎圣母院（Notre-Dame de Paris）、沙特尔大教堂[1]（Chartres）、科隆大教堂[2]（Cologne）和林肯大教堂[3]（Lincoln），都是哥特式的，尽管贝勒大圣堂[4]（Great Sept of Baelor）的设计让它看起来更具异国情调。

天主教（Catholic Christianity）在欧洲占主导地位与一个非常成功的野蛮部落——法兰克（Franks）有着很大关系。他们的霸权始于一个通常被称为"黑暗时代"（Dark Ages）的时期，尽管由于各种原因，中世纪历史学家不喜欢这个术语。虽然"黑暗"一词从历史意义上是指这个时期缺乏资料记载，但从历史进展的任何一个维度来说，西欧的生活水平和文明成果在公元500至1000年期间都出现了急剧下跌。4

对于某些年头，它也的确算得上是黑暗时期。正如维斯特洛（Westeros）那样，民间流传着太阳消失、庄稼枯萎的传说，与之对应的则是罗马末日（doom of Rome）后出现的大灾变。到了6世纪中叶，曾经统治着大部分已知世界的帝国大都市——不可一世的罗马城，正在被来自东方的希腊人（Greeks）和来自北方的哥特人（Goths）所争夺，而这里的景象恐怕会让两个世纪前的罗马人惊愕不已。

5世纪晚期，当罗马帝国崩溃之时，阿尔卑斯山以外未受教化的部落开始涌入意大利北部；西部被金发的野蛮人所占领；而在东部，帝国在新首都君士坦丁堡（Constantinople）幸存了下来，并且在那

---

[1] 坐落在法国厄尔-卢瓦尔省省会沙特尔市的山丘上，是法国著名的天主教堂。——译者注

[2] 位于德国科隆的一座天主教主教座堂，是科隆市的标志性建筑物。——译者注

[3] 坐落于英国东部的林肯郡，属于英国国教会。——译者注

[4] 贝勒大圣堂，也被称作贝勒圣堂，是七神信仰的中心和总主教的驻节地。它坐落于七国首都君临，以主持修建它的修士国王"受神祝福的"贝勒的名字命名。——译者注

里繁衍生息了一千年。这个讲希腊语的帝国被西方历史学家称为"拜占庭"（Byzantium）[1]，而"拜占庭人"（Byzantines）则只会称自己为罗马人。

476年，一支叫做哥特人（Goths）的日耳曼（German）部落征服了意大利，而在接下来的一个世纪里，野心勃勃的拜占庭皇帝查士丁尼[2]（Justinian）决心为帝国夺回它。拜占庭最伟大的将军贝利萨留（Belasarius）从汪达尔人（Vandals）手中夺得了北非旧迦太基（old Carthage）[3]周围的地区，并且在535年，拜占庭人越过了西西里岛，那里自公元前8世纪以来一直是说希腊语的地区，且这种情况一直持续到中世纪晚期。（今天意大利南部的一些地方仍然说着一种受意大利语影响的希腊语形式，被称为Griko）这场战争最终持续了数十年，以东罗马人[4]的一场惨淡胜利告终，那时他们仍控制着意大利的一半国土，但已经国势衰微。而他们并不知道，此时一股从东方出现、远超任何西方力量的势力即将威胁到他们。

在那一半说着拉丁语的前罗马帝国土地上，旧日帝国的荣光逐渐黯淡了下来；在六世纪到七世纪之间，西欧大概失去了半数到三分之二的人口。公元800年，罗马城的人口从几十万人减少到两万人；在罗马城遭受种种劫数之后，拜占庭与哥特之间的战争使其水道[5]完全损毁，导致罗马城供应大量人口生活用水的能力永久丧失。一位当时的编年史家说："在大城市的残骸中间，只有稀稀疏疏的一群可怜人幸存了下来"，此时罗马"已经奄奄一息，在暮色中看上去几乎就是一片杂草丛生和狼群流窜的废墟，只有两万名萎靡不振、身患疟疾

---

[1] 也叫东罗马帝国。——译者注

[2] 即查士丁尼一世，东罗马帝国皇帝，527年到565年在位。——译者注

[3] 今突尼斯共和国境内。——译者注

[4] 即拜占庭人。——译者注

[5] 即罗马水道（Roman Aqueducts），这是指古代罗马帝国城市供水系统的输水槽。古罗马城在公元1世纪已有较好的供水系统，历代花费了巨大的人力、财力和物力，保证了罗马城的用水，对城市建设起到了重要作用。——译者注

的居民在大理石剥落的纪念碑、在被拆毁后运走砖块和铜块的公众建筑之间苟延残喘"[5]。

拜占庭历史学家普罗科皮乌斯（Procopius）于公元536年抵达意大利，他在这段旅行中发现了一些非常奇怪的事情："白日里的太阳和夜晚的月亮一天天变得昏暗，从那年的3月24日直到次年的6月24日，海上总是翻腾着汹涌的巨浪……同时，冬季变得格外严寒，异乎寻常的大雪导致鸟儿陆续死去……在民众中……充满着对不幸……的绝望。"[6]那年，记录遥远地区历史的《阿尔斯特[1]编年史》（*Annals of Ulster*）也记录了"面包短缺"这一事件，同时像秘鲁和中国这样遥远的地方也有饥荒的记录。这一极端天气事件留存在历史的记忆中，同样地，在维斯特洛也出现过"长夜"（the Long Night），这是一场长达一代人的冬天。根据一些老妪的描述，在"长夜"里有些人至死也未见过日光。

那些真实历史上没有太阳的年份可能是由南太平洋的一座火山造成的，火山灰在世界各地蔓延，使日照减少从而引发饥荒，并可能导致了中美洲的某座城市被毁。蒙古部落（Mongolian tribes）的西征很可能也是拜它所赐，这给欧洲带来了更多灾难。

当时有记录称高卢下起了血色雨，而在不列颠西部有一种黄色物质"像阵雨一样在地面上到处散落"[7]。太阳光在整个欧洲和近东地区变暗，弗拉维乌斯·卡西奥多罗斯（Flavius Cassiodorus）[2]写道："我们惊叹于在正午时分看到自己身上的阴影，感受到来自太阳热度的强大力量正变得衰弱。"

这是西欧历史上最黑暗的时刻，但正如在维斯特洛大陆上所发生的巨变那样，一个新的时代将会出现。[8]在厄斯索斯（Essos），洛恩

---

[1] 爱尔兰的历史省份，位于爱尔兰岛东北部。如今，阿尔斯特省的一部分组成了英国领土北爱尔兰，另外一部分则属于爱尔兰共和国。——译者注

[2] 罗马政治家，活跃时间大概为485年到585年。——译者注

河（Rhoyne）被形容为"世界上最伟大的河流"。在那里洛伊拿人（Rhoynar）建起了"优雅的村镇和城市，遍布洛恩河源头到入海口的沿岸各处，且个个兴旺发达"[9]。艺术和音乐在这里蓬勃发展，通过血缘和文化结合起来的洛伊拿人"非常独立"，在这一地区，女性的地位与男性别无二致。在真实历史中与之对等的显然是出现在中世纪时期的德意志诸国，这些国家以莱茵河（river Rhine）为中心，并且以其优雅、美丽的城镇而闻名（其中许多城镇在第二次世界大战中被摧毁）。

在罗马覆灭的时候，莱茵河是许多部落的家园，其中最具有主导力量的部落是法兰克人（Franks），他们在与罗马人结盟的同时开始大量定居在高卢北部。在五世纪末，一位名叫克洛维（Clovis）的军阀将所有法兰克人招致麾下，建立了有朝一日一统法兰西的第一个王朝。

克洛维与克洛蒂尔达（Clotilda）成婚，后者是勃艮第人（Burgundian），是来自南部的另一个日耳曼部落。克洛蒂尔达穷其一生都在努力让克洛维皈依天主教。在战争中克洛维大声呼唤基督教上帝的帮助，之后他为了感恩上帝，在公元 496 年的圣诞节和他的 3000 名战士在巴黎北部、法兰克领土中心的兰斯主教堂（the Cathedral of Rheims）受洗。直到 19 世纪之前，这里也一直是法国国王的加冕之地。

由于这个关键性的决定，天主教被确立为西欧的宗教，同时也是法兰克人开创了教会与政权的结合。他们成为西方最杰出的部落，声称自己是衰落的罗马帝国的接班人；这个日耳曼部落虽然是征服者，但他们却采用了被他们所统治的人们的语言，他们称之为"罗马式的语言"（Romanz），但后来这一语言还是以征服者的名字来命名，谓之法兰克语（Frankish），也就是"法语"（Français）。

通过被代表上帝的主教加冕，克洛维也提升了王权，使之凌驾于凡人之上。国王（King）一词来自古老的日耳曼语"kuningaz"，之后在古英语中变成了 cyning，其最接近的现代翻译是"人民的领袖"或"贵族的后裔"，尽管"军阀"（warlord）一词也能表达差不多的意思。然而，在克洛维以及三百年后的查理曼大帝（Charlemagne）之后，国王不仅仅有着"领主"的含义；他们接受了上帝的涂油礼从而变得神圣化，这也解释了为何对于弑君篡位有一种特别的恐惧感。这种最高权威反映在中世纪的著名游戏——象棋[1]中，在这个游戏里国王无法被单独杀死。在 13 世纪，英国神学家亚历山大·奈昆（Alexander Nequam）回忆起路易六世（Louis VI）从英国国王亨利一世（Henry I）的军队中逃跑的时候，亨利手下的一个骑士抓住了他的缰绳，路易随即大声喊道："去你的！难道你不知道即使在象棋里，国王也不会被人拿下吗？"[10] 由此可见弑君常常被认为是违反自然规律的终极原罪。

克洛维和他的继承人开创的王朝被称为墨洛温王朝（Merovingian），这是以克洛维的父亲墨洛维（Merovich）来命名的。由于将长发作为家庭特权，他们有时会被同时代的人称为"长发国王"（拉丁语：reges criniti）。与多斯拉克人（Dothraki）一样，剪掉头发被视为失败和罢黜的标志，不再拥有统治国家的权力。

在克洛维的统治下，法兰克人几乎占领了高卢北部，并在其南部建立了有效的统治，但是在阿基坦[2]（Aquitaine）和塞蒂马尼亚[3]（Septimania）地区，人们还说着拉丁语并保留着拉丁文化。直到近些年，这两个法国地区仍然使用着独特的语言。除此以外，阿基坦公爵一直尊巴黎的国王为领主，其实他们的关系维系得很艰难——而且一场新的危机很快就会改变这一切。

---

[1] 当然，这里指的是国际象棋。——译者注
[2] 法国西南部一个大区的名称。——译者注
[3] 位于如今法国南部。——译者注

随着时间的推移，法兰克人的国王开始衰弱，真正的权力转移给了世袭的"宫相"（Mayor of the Palace）[1]，就像这个官职名称所表达的含义一样[2]。公元714年，当宫相、法兰克王国的实际统治者赫斯塔尔的丕平（Pepin of Herstal）去世时，他的遗孀普雷科特鲁德（Plectrude）试图夺取权力。她谋划驱逐丕平25岁的私生子查尔斯——一个身材高大、金发碧眼的年轻人。然而她终究没有成功，这个年轻人不仅成功地夺得了政权，将他的继母送到了修道院，未来还会带领法兰克人在一场历史上最有影响力的战役中取得胜利。

本章尾注：

1. Freeman, Charles: *A New History of Early Christianity*
2. *A Game of Thrones*
3. http://www.onreligion.co.uk/religion-in-game-of-thrones/
4. http://slatestarcodex.com/2017/10/15/were-there-dark-ages/
5. Lewis, David: *Levering God's Crucible*
6. *The contemporary Zacharias of Mytilene*
7. Kelly, John: *The Great Mortality*
8. 维斯特洛与欧洲相等同的理论出处：http://www.quora.com/Are-Westeros-Kingdoms-inspired-by-real-life-countries-and-peoples. 铁群岛的原型不是来自苏格兰、马恩岛和爱尔兰群岛的维京王国，而是斯堪的纳维亚半岛本身。在这个理论中，北境是东欧，白港的原型为圣彼得堡；欧洲东北部的斯拉夫土地是最后信奉旧神的土地，因为波罗的海的一些地方直到13世纪还一直有着异教徒。矿藏丰富的西境（Westerlands）可以与不列颠等同，后者有着丰富的锡和煤炭储藏；且两者都有狮子作为代表形象。在这个比较中，河间地（Riverlands）是低地国家和位于德国的莱茵兰地区，这个地区以河流为主，拥有良好的耕地，但即便如此，对前来征服的军队来说仍然不堪一击。王领（Crownlands）代表德国东部，一块位于大陆中部、被森林覆盖着的土地，乃是兵家必争之地。
9. Martin George R.R., Garcia, Elio m Jr, Antonsson, Linda: *A World of Ice and Fire*

---

[1] 译自法文 maire du palais，官职名。法兰克王国墨洛温王朝的宫廷总管。——译者注
[2] "Mayor of the Palace"字面意思是"王宫执政官"。——译者注

10. Bartlett, Robert: *England under the Norman and Angevin Kings*

多恩式西班牙
——摩尔人统治下的西班牙及多恩

多恩出产沙子和蝎子，烈日下耸立着阴郁的红色山脉。

——雷兹纳克·莫·雷兹纳克 [1]

　　一股新的威胁很快出现了，法兰克人和拉丁人都感到了恐慌。在高卢（Gaul）以南，罗马帝国行省希斯帕尼亚（Hispania）[2]在公元5世纪时被另一个蛮族部落西哥特人（Visigoth）占据；三百年后，他们又被另一个新兴帝国蚕食，这便是吸收了世界上三分之一人口、疆域从直布罗陀（Gibraltar）一直延伸到印度河（Indus）的伊斯兰帝国。他们兴起于阿拉伯沙漠，称自己为"信徒"（believers），拥有强大的社会凝聚力，或者说"群体意识"——"asabiyyah"（意为"宗派主义"）。他们征服了拜占庭帝国的大部分领土，吞并了世界上另一个强大的帝国——波斯。出于对财富的渴望也好，对天国的向往也罢，被征服者皈依了他们的宗教。伊斯兰帝国则追随着他们在近东地区最早的战俘，沿着北非海岸爆发出第二次能量。

---

[1] 出自《冰与火之歌》第五卷《魔龙的狂舞》。——译者注
[2] 今西班牙。"希斯帕尼亚"也是"西班牙"（España）的词源。——译者注

于是，到了公元711年，一支庞大的军队迈过了将罗马希斯帕尼亚行省与非洲分隔开的狭窄海峡（即直布罗陀海峡——编辑注）。阿拉伯人将要在西班牙再待上七个世纪，在这期间，摩尔人统治下的西班牙（Moorish Spain）要比它的基督邻居们发达得多。

乔治·R.R. 马丁说过，位于七大王国最南端的多恩，是基于摩尔人统治下的西班牙而创造的。多恩比维斯特洛的其他地方都要干燥炎热得多。和北方相比，这里的人民也更浪漫，食物更辛辣。马丁这样描述多恩人的长相："黑色头发，橄榄色的皮肤，有着炽热的鲜血和激情"[1]；北方诸国的人民外貌像北欧人，多恩人跟他们长得很不一样。不过多恩人也是由三个不同的民族演化而来的，所以他们分了三大族群——石人、沙人和盐人（多恩石人居住在群山之中，有着漂亮的头发和皮肤，跟另外两个族群不一样）。多恩人的起源在七大王国中独树一帜，只有他们是厄斯索斯的洛伊拿人后裔，而且他们还保留了很多洛伊拿人的传统。数百年前，洛伊拿人在娜梅莉亚的带领下来到多恩，她把船只全部烧毁，这样他的追随者们就无法回头了。

多恩有着"广袤的红沙地与白沙地；难以翻越的高山……令人窒息的闷热；沙尘暴；蝎子；辛辣食物；毒药；泥巴城堡；海枣、无花果和血橙。"[2]这里分布有半干旱的山丘、沙漠、山脉和拥有大量人口的沿海地区，这种地理条件限制了多恩的统一，因此，这里一度袖珍小国林立，曾经拥有整个大陆数量最多的国王。

这个南方王国在很多方面都不一样——比如说对同性恋的接受程度——就像南欧传统上也比北方地区更加开放一样。法国和意大利在18世纪和19世纪就有过同性恋合法化运动，比不列颠和德意志地区要早很多。

和多恩一样，伊比利亚（Iberia）气候炎热。在整个欧洲，除了最北端能接受到最多的阳光照射之外，就只有意大利南部的小范围地区、希腊南部和普罗旺斯（Provence）[1]能跟伊比利亚半岛相提并论。这个半岛面积广大——有22.9万平方英里，跟法国差不多大——地形以山地为主。在整个欧洲，伊比利亚半岛的西班牙和葡萄牙是除了瑞士和挪威之外海拔最高的国家。从西北的坎塔布连山（Cantabrian）到南部的内华达山脉（Sierra Nevada），伊比利亚被五个政权分割。这使得很难有一个中央政权对它形成有效控制。

西哥特人（Visigoth）用等级制度统治伊比利亚半岛，总的来说极其不愿意和当地的伊比利亚—罗马人（Ibero-Roman）融为一体，对待他们相当冷漠。所以，当穆斯林到来时，普通老百姓里只有很少一部分愿意为统治者卖命，很多城镇主动迎接入侵者进城。对于那些坚决抵抗的城市，其居民在城破后都遭到了清算：成年男子被处死，女人和孩子成为奴隶。科尔多瓦（Cordoba）和萨拉戈萨（Zaragoza）便是这样的下场。而那些投降了的城市就逃过了这样的命运，比如潘普洛纳（Pamplona）。

和多恩一样，西班牙也曾经被多个不同的民族入侵过，比如橄榄色皮肤的阿拉伯人和蓝眼睛的日耳曼人。公元711年，入侵者带来大批从中东到北非的不同种族的移民。士兵们甫一登陆，就奉命烧毁了全部船只，这样他们就没办法再回去了。这支军队的指挥官就是最终征服了伊比利亚的塔里克·伊本·齐亚德（Tariq ibn Ziyad），他本人可能是波斯人，也可能是柏柏尔人（Berber）。

实际上，大多数侵略者是柏柏尔人，而不是阿拉伯人。柏柏尔人是西北非洲的原住民，民族名称来自于希腊语"野蛮人"一词。不过没人知道他们是怎么聚合成一个民族的，这一直是个不解之谜。柏柏尔人称呼自己是"自由民"（Amazighen），在中央集权的统治者眼中，这"自由"当然是另一个概念了。后来的摩洛哥统治者提起那些在他

---

[1] 法国南部地区。——译者注

们势力范围之外的部落地区时，会用"傲慢之地"这样的词。

　　大约有几十万阿拉伯人和柏柏尔人定居在这片土地上，他们来自叙利亚、巴勒斯坦、也门和其他一些地方，这些居民都在这里留下了自己的印记。西班牙语、葡萄牙语和加泰罗尼亚语里都有数百个源自阿拉伯语的单词，其中很多都跟农业和行政管理有关；还有一些食物方面的词汇——比如糖、橙子、茄子和水稻最初都是阿拉伯语的单词，另外还有棉花、柠檬、青柠、香蕉、菠菜和西瓜等伊比利亚半岛没有的新作物，这些都是征服者引入进来的。

　　这是一个举世瞩目的社会。基督教的欧洲尚在沉睡，一个璀璨的文明却在他们南方的安达卢斯（al-Andalus）——也就是如今我们称为摩尔人统治下的西班牙——繁荣发展。他们创造的文化雍容富足、华丽精美，这顶文明之冠上的瑰宝就是科尔多瓦城。在千禧年之际，科尔多瓦是欧洲最大的城市，拥有45万人口，是威尼斯或罗马的十倍，更是巴黎的二十倍之多，而当时西欧最大的基督教城市萨莱诺（Salerno）[1] 只有5万人。直到1330年，伊斯兰城市格拉纳达（Granada）大概有15万人口，很可能是欧洲最大的城市。[5] 10世纪阿拉伯地理学家伊本·霍卡尔（Ibn Hawqal）写道："在马格里布（Maghreb）[2]，没有能与之匹敌的城市，在埃及、叙利亚和美索不达米亚也很难出现。人口规模、占地面积、繁荣发展的市场、干净的街道、精妙的清真寺建筑艺术、数不清的澡堂和商队旅馆，这些方面它都是第一。"而这座伊斯兰化的城市科尔多瓦是以罗马城市科尔杜巴（Corduba）为中心发展而来的。

　　在旧城墙内，瓜达尔基维尔河（Guadalquivir）向南流去，河边

---

　　[1] 意大利南部城市，史前即有人类居住，是古罗马时代的重要城市。其人口在2017年约为13.5万。——译者注

　　[2] 阿拉伯语意为"日落之地"，在古代原指非洲西北部沿海，大概范围是从撒哈拉沙漠北部边缘的阿特拉斯山脉至地中海海岸之间，有时也包括穆斯林统治下的西班牙部分地区，后逐渐成为摩洛哥、阿尔及利亚和突尼斯三国的代称。——译者注

就是行政区，这里比较重要的建筑物有哈里发的宫殿、公共档案馆、兵营、监狱，还有高层官员的住宅以及大清真寺。有七座大门可以进入内城，在城墙外围绕着密集的居民区、市场、花园、公墓和浴池。再往外是"别墅"（"munyas"），坐落于科尔多瓦山脉（Sierra de Cordoba）西南边缘，闹中取静，是城市精英们的奢华避世之所。[6]在科尔多瓦大清真寺旁边，有很多公共澡堂，还有中央市场。在这里，人们可以买到面包、水果、油和羊肉，还有"波斯的地毯、大马士革的金属制品、中国的丝绸、上好的皮革和珠宝、奴隶，只要穆斯林世界的贸易需要，这里就可以供应任何其他种类的货品。"[7]

摩尔人在8世纪重建了跨河大桥，取代了原来的罗马建筑。看得出来，这就是电视剧《权力的游戏》里提利昂和瓦里斯一起走过的瓦兰提斯长桥（Long Bridge of Volantis）[1]，不过，当时桥上的住宅、酒馆、妓院和一座市场也非常引人注目。[8]

接下来我们说说阿尔扎哈拉城（Madinat al-Zahra）[2]的宫殿，它在公元936年开始由埃米尔（Emir）[3]阿卜杜拉赫曼三世（Abd al-Rahman III）[4]下令建造，一万名工人付出了数年的辛苦劳动，终于创造出这座壮观的建筑。它使用的大理石是从北非进口的，有一位主教被派到君士坦丁堡收集艺术品、招募工匠。东罗马帝国皇帝"生于紫室者"君士坦丁（Constantine Porphyrogenitus）[5]可能还送去

---

[1] 在《冰与火之歌》的世界中，瓦兰提斯长桥是一座横跨洛恩河的大桥，连接新老城区。——译者注

[2] 位于今科尔多瓦市西郊。其遗址于2018年7月被联合国教科文组织宣布为世界文化遗产。——译者注

[3] 本指军事统帅，衍生自阿拉伯语"命令""指挥"一词，是伊斯兰哈里发派驻在外的军事统帅或总督的称谓。后因埃米尔权力越来越大，与哈里发仅存在名义上的从属关系，"埃米尔"一词遂成为中东、北非一带伊斯兰统治者的称呼，可以看做是"亲王"或"酋长"之类的概念。——译者注

[4] 伊斯兰帝国在科尔多瓦的第八任埃米尔（912—929年）。从929年开始，作为倭马亚王朝遗族的阿卜杜拉赫曼三世自称科尔多瓦哈里发，与阿拔斯王朝彻底决裂。——译者注

[5] 即君士坦丁七世（912—959年在位），因其出生于皇宫的紫室内，因而得到"生于紫室者"这一绰号。——译者注

了 140 根柱子以帮助宫殿的修建。

王座厅非常宏伟，但是最华丽的房间是哈里发大厅（Hall of the Caliphs）：

> 屋顶和墙壁用彩色大理石薄片装饰，非常精致，晶莹剔透。在房间中央，摆着一个很大的碗，底很浅，碗里盛着水银。它的下面是一个可以摇晃的基座，好让阳光从环绕一圈的孔洞照射进来。当哈里发在接见某人时，如果他希望给此人留下点深刻印象或者给他一点警告，哈里发只需要做个手势让一名奴隶摇晃这个大碗，一束阳光就会经由水银的反射，在屋里飞速闪过，就像闪电一样。[9]

"扎哈拉"（Zahra）一词是"开花""花"的意思。根据传说，扎哈拉宫殿和扎哈拉城就是以埃米尔最宠爱的妻子扎哈拉命名的。外国使臣觐见城主时，会有两列士兵站在道路两侧，排出 3 英里长的仪仗队伍。"他们出鞘的佩剑又宽又长，两边的剑尖相抵，好像搭成了一排屋顶……这种阵势给人带来的威慑力是无法用语言描述的。"[10] 在宫殿内部，有"柱廊式大厅、规则式庭院、瀑布式喷泉，这些景观挫败了数任外国使臣的锐气，令他们产生敬畏之情。"[11]

科尔多瓦有 70 座图书馆，而最主要的那座图书馆藏有差不多 40 万册手抄本，大多写在纸上。形成鲜明对比的是，在北方基督教世界最大的城市瑞士的圣加伦（英语：St Gall，德语：Sankt Gallen），藏书只有 600 本，还都是写在劣质小牛皮和绵羊皮上的。对于那些从基督教世界来的拜访者来说，这座城市显得非常雄伟。有一位叫做甘德斯海姆的赫罗斯威塔（Hrowswitha of Gandersheim）的萨克森修女，称阿卜杜拉赫曼三世治下的科尔多瓦是"整个世界的灿烂装饰品"。

在那个时代，能跟科尔多瓦竞争的只有塞维利亚（Seville），后者的标志性建筑便是其奢华的阿卡萨宫（Alcazar Palace）。"阿卡萨"在当时的阿拉伯—西班牙混合语里是"亲王们的居室"之意，自11世纪建成后便是阿巴德王国（Abbadí kingdom）[1]的行政中心，也是后来的阿尔摩哈德帝国（Almohad empire）[2]的三个首都之一。再后来，基督徒征服了塞维利亚，这里又归属于卡斯蒂利亚的君主们。到了现在，我们可以从《权力的游戏》电视剧里很容易地认出它——这里是多恩王宫的原型。

西班牙是个多元化的地区，跟法国和不列颠不一样。阿卜杜拉赫曼有一支私人卫队，主要成员是俄罗斯南部山区的高加索步兵，辅以非洲黑人组成的亲王卫队。安达卢斯尤其崇尚"Convivencia"，也就是"共存"精神。在这个国家，穆斯林、基督徒和犹太人可以生活在一起，尽管这种容忍也是有限度的。从伊斯兰教改信基督教要被判处死刑；而另一个皈依方向虽然缓慢但稳定存在，表明当时作为一个非穆斯林会在经济上受到制裁。

不过犹太人和基督徒仍然是王室顾问中的常客。塞维利亚的穆阿台米德（Al-Mu'tamid）[3]曾指派一位拉比担任他的御用占星师，这便是萨拉戈萨的穆阿台明（Al-Mu'tamin）。他展现出来的占星技术非常高超，甚至精准地预测出了自己死亡的确切日期——就算这项技能确实没什么用，但也足够惊艳。

这种混合文化造就了非常多样化的种族外貌，直到今天的西班牙还能看到。阿卜杜拉赫曼三世备受尊崇，被称为"保卫安拉宗教的哈里发"，但是他的父亲和祖父都娶了俘虏来的基督徒女孩，所以他其实只有四分之一的阿拉伯血统，长着蓝眼睛、红头发，皮肤苍白。他

---

[1] 在11世纪雄极一时的穆斯林王朝，于11世纪末被北非的阿尔摩拉维德王朝吞并。——译者注

[2] 北非柏柏尔人建立的伊斯兰王朝，鼎盛时据有马格里布和西班牙的穆斯林地区。——译者注

[3] 全名穆罕默德·伊本·阿巴德·穆阿台米德，1069—1091年、1040—1095年两度担任塞维利亚的阿巴德王朝国王。——译者注

把头发染黑，好让自己看起来更像一个穆斯林亲王该有的样子。

多恩的奥柏伦·马泰尔就扮演了这类传统的中世纪穆斯林典型形象。浪漫的多恩亲王游历丰富，是个善于思辨的诗人，以其高超的剑术闻名于世，而他的仁慈和温和也为人所称道。很多摩尔统治者都符合这一模板，他们是老练精明、能言善辩的穆斯林贵族。科尔多瓦第四任埃米尔阿卜杜拉赫曼二世（822—852年）就是其中一位典型代表。他收藏书籍，喜欢写诗，还把音乐家齐尔亚布（Ziryab）从伊拉克带了过来，让他住在穆尼亚特·纳斯尔宫（Munyat Nasr）。

齐尔亚布是一位时尚领袖,他把很多东方的音乐传统引入了欧洲。他给鲁特琴（"lute"，这也是个阿拉伯语单词）加上了第五根弦，把一些东方发式介绍到了欧洲；在他的帮助下，牙刷在欧洲流行开来。"典雅爱情"这个概念可能源自波斯，它从中东被带到欧洲的过程中，摩尔人统治下的西班牙多半也发挥了一定影响力。欧洲浪漫传统的终极起源为什么会在法国南部生根发芽，依旧是个谜。

奥柏伦·马泰尔的笔下诞生过很多浪漫诗句，很多摩尔时代的西班牙贵族也是如此。例如11世纪的塞维利亚国王穆阿台迪德（Al-Mu'tadid），他曾经写出过这样的句子：

> 我的心遇见她的心，我知道爱意会蔓延，
> 深陷爱河之人，只能表达渴望：
> 她优雅地向我伸过脸颊——
> 恰如岩石上突然迸出清泉——
> 我对她说，"请让我先亲吻你洁白的牙齿，
> 因为我喜爱白色花朵，更胜红色玫瑰：
> 倚在我身上罢"——于是她俯身
> 靠向我，如我所愿，一次，又一次，
> 我们拥抱，接吻，在彼此的欲望之火里，

一次，两次，就像燧石上溅出的火星[13]

他的儿子穆阿台米德也写过一些陈词滥调的诗，题材是关于他的青春和他所结识的一些女士：

> 曾有许多夜晚，我欣赏那些影子，
> 少女们围绕左右，臀圆腰细：
> 她们白色和棕色的美貌刺透了我的心
> 就像出鞘的白色长剑和棕色枪尖！
> 那些在河堰上度过的欢愉之夜
> 有一位姑娘，她的臂带恰如新月的曲线！

诗的结尾处，她让自己的睡袍滑落，诗人得以看到她"美妙的胴体"。

穆阿台米德最宠爱的妻子当中，有一位是来自北方的基督徒。有一天他发现她在暗自垂泪，就问她原因。她回答说，她可能再也看不到家乡的冬季雪景了。于是穆阿台米德召集起他最好的园艺师们，令他们连夜赶工，在她房外种下一片北方的杏仁树林。当她醒来时，他带她来到窗前，说："看啊，亲爱的，这就是你想要的雪。"[14]

穆罕默德·伊本·阿巴德·穆阿台米德（Mumammad ibn Abbad al-Mu-tamid）是 11 世纪的塞维利亚统治者。有一天，他在外面散步，吟诵诗句。这个时候，一位在瓜达尔基维尔河边洗衣服的姑娘听见了，主动提出来要帮他完成这首诗。赋诗完毕，他便迎娶了她。这位姑娘一直是他最爱的妻子，他为她写了很多诗。哈卡姆一世（Al-Hakam I）在 796 年到 822 年间担任埃米尔，他酒窖里的上好美酒让他远近闻名，而他本人也爱写诗。当五位青春貌美的后宫佳丽公然抵抗他时，埃米尔"向她们声明了自己的权利"。但他还是感到悲哀，认为自己"像个俘虏一样"被她们"制服"了。还真是艰难的人生啊。两个世纪以后，学者伊本·哈兹姆（Ibn Hazm）在科尔多瓦撰写了关于典雅爱情的巨作《班鸠的项圈》（阿拉伯语：Tawq al-Hamama，英语：*The Ring of the Dove*）。另一位埃米尔，活跃于公元10世纪的哈卡姆二世（Al-Hakam II）是双性恋，甚至有传闻说他的后宫都是男人，但他最终还是在46岁时生下了一个继承人。不过，比起这些，他对书籍更感兴趣。哈卡姆二世的私人图书馆收集了600本藏书，他还开展了中世纪最大的翻译工程，将无数拉丁语和希腊语作品译成阿拉伯语。

摩尔人治下的西班牙，还给欧洲留下了另一笔影响深远的遗产，这可比浪漫传统重要得多。这就是经由科尔多瓦介绍到基督教世界的阿拉伯数字。西方数学经过这次革命，在这门学科当中留下了许多阿拉伯语词汇（尽管阿拉伯数字其实起源于印度）。在此之前，尝试使用罗马数字进行乘除运算简直是一种折磨，这也从某种角度上解释了为什么中世纪战争中的参战人数总是跟事实相去甚远（当然了，过分夸张是最主要的原因）。

很多新事物从世界的这个角落传播到了欧洲，象棋是另一个例子。象棋起源于波斯——"将军"（checkmate）一词就衍生自"shah mat"，意为"王孤立无援"——在9世纪20年代传入安达卢斯。一开始，陪伴在"王"旁边的是"vizier"，阿拉伯语里宰相、大臣的意思。但到了西班牙，犹太人和基督徒开始用"后"来代替它。不过一开始"后"是个相对较弱的棋子，一次只能移动一格。后来，"象"（elephant）被"相"（bishop）[1]替代。（《权力的游戏》里也有跟象棋差不多的棋类游戏"席瓦斯"，同样是舶来品，源自瓦兰提斯。）

与辉煌和浪漫并存的，是骇人的残酷暴行。安达卢斯是欧洲最后一个仍在使用十字架钉死人作为处刑方式的地方。基督徒考虑到耶

---

[1] 国际象棋里的"bishop"，字面意思是主教。——译者注

203

稣的死法，认为把犯人钉十字架太不敬了。当然这也很难说是出于人道主义原则，总之他们更乐意用其他花样繁多的刑罚施加于人民。在805年的科尔多瓦，一场针对埃米尔哈卡姆一世（Emir al-Hakam I）的密谋流产，72个人被钉死在十字架上；同样是在科尔多瓦，871—872年间，一场由贵族发动的叛变最终导致大量叛军被钉死；888年，安达卢西亚（Andalusia）阿奇多纳（Archidona）[1]的驻军叛变，不幸的叛军首领被钉在一只狗和一头猪之间。15当也门士兵攻克塞维利亚时，埃米尔拉赫曼（Al-Rahman）率领一支奴隶大军击败了他们。在他的亲自主持下，敌人的手脚都被切了下来。之后，所有的人头被泡在盐水里，贴上标签，作为他们失败的证据送到了麦加。哈里发曼苏尔（al-Mansur）看到这些血腥的细节时，他对自己的下属说："感谢主，布置了一片大海隔开我们！"16

摩尔人统治下的西班牙跟它的北方基督邻居一直关系不好。安达卢斯常年维持6万人规模的常备军，部分是出于这方面原因。在穆斯林和法兰克人之间是"无人之境"（"tierras despobladas"），这里有一支伊斯兰西班牙军队驻守，人称"静默军团"（the silent ones），因为他们都不会说阿拉伯语。

但是，其实西班牙本身也处于分裂中，这里有阿拉伯人、摩尔人和数量众多的东欧奴隶。1031年，科尔多瓦哈里发国最终瓦解，18年后这座城市在内战中毁于一旦。图书馆的大部分被烧毁，埃米尔的旧住所被摧毁，只有清真寺幸免于难。

从此，安达卢斯分裂成一系列小型埃米尔国（Emirate）[2]，它们的统治者称为"派会之王"（the party king），倒不是因为他们会穿着夏威夷衬衫出现在烧烤聚会上，而是因为这个称呼的阿拉伯语"muluk al-tawa'if"原意就是指"党派"（partisan）或者派系。其

---

[1] 位于今西班牙南部安达卢西亚自治区马拉加省。——译者注
[2] 或称"酋长国"，其元首通常就是或者相当于埃米尔。——译者注

204

至还有更小的"泰法"（taifa）国，这是一种独立的小公国。有些泰法国实际上就是海盗城邦，比如西班牙东海岸的德尼亚（Denia）[1]，这里的首领是一个逍遥法外的奴隶，本名穆贾希德·阿米里（Mujahid al-Amirii）。西班牙东部很多地区被来自东欧的斯拉夫人（Slav）占据，臣服于斯拉夫人的土地非常广阔，所以"斯拉夫"这个词逐渐进入许多欧洲语言，用来表示"失去自由的人"。这个词在西班牙语里是"esclavo"，法语里是"esclave"，在英语里就是"slave"，即"奴隶"。

奴隶贸易几乎无处不在，这门生意被西西里阿拉伯人（Sicilian Arab）掌控着。他们作为基督教世界和穆斯林世界的中间人，将伦巴第和希腊的奴隶送到东方去。拉赫曼埃米尔逝世于公元961年，此时在他的宫殿里生活的奴隶数量达到惊人的3750名。[17] 直到公元10世纪，位于今天法国东北部的凡尔登（Verdun）的犹太商人都在进行奴隶贸易，把东欧的奴隶运作到西班牙去。来自爱尔兰和英格兰的奴隶也能在9世纪的安达卢斯见到，他们都是维京人劫掠的受害者。这片区域还连接到了一个更广阔的贸易市场：泛撒哈拉（trans-Saharan）的车队贸易路线。这条贸易路线从西班牙一路南下至摩洛哥南部的西吉勒马萨（Sijilmasa），继续前进到达廷巴克图（Timbuktu）[2] 附近的尼日尔谷（Niger valley），总路程1400英里。黄金和行人在这条贸易路线上川流不息。

摩尔人统治下的西班牙也分为几个不同的信仰阵营，它们的名字太相似，经常被弄混。宽容的阿尔摩拉维德教派（Almoravids）[3]

---

    [1] 位于今西班牙东部巴伦西亚自治区阿利坎特省。——译者注

    [2] 现名通布图（Tombouctou），位于尼日尔河北岸，马里历史名城。——译者注

    [3] "阿尔摩拉维德"源自阿拉伯语"al-Murabitun"（穆拉比特），意为"准备好为堡垒战斗的人"。阿尔摩拉维德教派发源于西非塞内加尔河流域，从一个宗教组织发展出自己的军队并向外扩张，建立起穆拉比特王朝（1040—1147年），又称阿尔摩拉维德王朝，鼎盛时期疆域北面包括安达卢斯，向南到达今塞内加尔和马里一带，东部边境几乎囊括今阿尔及利亚全国。——译者注

受到过阿尔摩哈德教派（Almohads）[1]的反对，而后者是原教旨主义者。在北非，名气相对较小但是团结一致的族群会把权力紧紧抓住，确保自己的统治，然而，这一切最终不可避免地向着派系争斗和腐败堕落的方向发展，这样的历史进程屡有发生。14世纪的北非哲学家伊本·赫勒敦（Ibn Khaldun）在格拉纳达居住过很长时间，深受安达卢斯历史影响，并以此形成了他的"asabiyyah"（宗派主义）历史观。这套历史理论解释了帝国的兴衰，从蛮荒时代演变到堕落享乐的变化过程。早期统治西班牙的摩尔首领们就是很好的例子，一个沙漠民族占据了罗马帝国的整个行省，逐渐变得富有而自满，逃不出历史轮回。然而，当年他们的祖先如此勇猛无畏，很有可能要接着征服高卢，甚至可能把整个欧洲都伊斯兰化。

铁王冠

公元721年，阿拉伯人第一次越过了将西班牙和法兰西分隔的比利牛斯山脉（Pyrenees），但在图卢兹（Toulouse）被一支庞大的拉丁部队击败。十年后，一支更加强大的军队又一次越过了群山，这次阿拉伯人到达了法国北部的卢瓦尔河（Loire River）。在这里，他们被法兰克公爵（Frankish duke）查理（Charles）挡在了普瓦捷（Poitiers）附近。早年，这位公爵在父亲死后，战胜了自己的继母，才得以统治整个王国。他的骑兵将穆斯林入侵者逼退，杜绝了一切让伊斯兰文化影响到法兰克王国（Francia）的可能性。后世史家称他为查理·马特

---

[1] "阿尔摩哈德"源自阿拉伯语"al-Muwahhidun"（穆瓦希德），意为"一神论者"、"统一"，是12世纪初诞生于摩洛哥的柏柏尔人伊斯兰教派，并发展出军队，于1121年建立起穆瓦希德王朝（阿尔摩哈德王朝）。1147年，穆瓦希德王朝攻克马拉喀什，灭亡了穆拉比特王朝。其鼎盛时期疆域和穆拉比特王朝相当，但向南仅延伸到摩洛哥、西撒哈拉一带，向东则扩展至今利比亚境内。——译者注

（Charles Martel），即"铁锤"查理。[1]

统治西欧期间，法兰克人将教廷和政权结合了起来，这种方式和七大王国很像。公元752年，查理的儿子"矮子"丕平（Pepin the Short）[2]废掉了墨洛温王朝（Merovingian dynasty）的末代长发国王[3]，给他剃了头送进了修道院。两年后，在巴黎郊外的圣但尼圣殿（Basilica of St Denis），教皇斯德望二世（Stephen II）为丕平涂抹圣油，代表上帝的意志准许其登基称王。这是一种象征，意味着没有教皇的允许就废掉国王是极其大逆不道的行为。

教皇之所以会对丕平的篡位行为给予支持，是因为此时的罗马正受到一支斯堪的纳维亚部落的威胁。这个叫做伦巴第（Longobards 或 Lombard）的民族已经占据了意大利北部地区，还用自己部落的名字给这里起了名。伦巴第国王戴着的"铁王冠"（the Iron Crown）据说是用钉耶稣的钉子做的，而君士坦丁皇帝（Emperor Constantine）从他的母亲手里得到了这顶王冠。不同文化的统治者头顶着不同的帽子或者头饰，无论是古埃及、希腊还是各种各样的亚洲、欧洲文明，莫不如是。这当中最常见的还是王冠，这种小型头箍可以戴在前额；还有一种是罗马人那样的桂冠（laurel）。但是，这一顶铁王冠确实是此类王冠中的开山鼻祖，而作为现代人来说，这种王冠已经司空见惯了。

尽管伦巴第人非常凶猛，他们仍然不是法兰克人的对手。丕平的儿子查理曼（Charlemagne）——也就是查理大帝（Charles the Great）——在战场上击垮了伦巴第人，并于公元800年在罗马加冕

---

[1] 此时法兰克王国处于墨洛温王朝统治末期，国王已经成为傀儡，实际掌握政权的是世袭的宫廷主管，称为"maior palatii"（宫相）。查理·马特是法兰克公爵及宫相丕平二世的私生子。——译者注

[2] 史称丕平三世，法国加洛林王朝的开创者。——译者注

[3] 墨洛温王族成员的"长发"是法兰克王国最具典型意义的政治符号之一，因为当时大部分法兰克人都会剪掉头发。墨洛温王朝的国王也被称为"长发国王"（long-haired kings）。——译者注

为西罗马帝国皇帝，教皇亲自将铁王冠戴在他头上。

史诗《罗兰之歌》（*La Chanson de Roland*）和《路易加冕》（*Le Couronnement de Louis*）歌颂了查理曼家族的丰功伟绩，再加上亚瑟王的传说系列，它们是中世纪最有影响力的文学作品，内容也都是歌颂当时的军事功业。和亚瑟王一样，罗兰的剑也有名字，叫做杜兰达尔（Durendal），而他死敌的剑名字就叫 "Précieux"（意为"宝贝"）。在真实历史上，查理曼的兵器叫做欢喜剑（Joyeuse）。不仅如此，很多人都会给自己的剑起名字，就像艾莉亚告诉猎狗那样。西班牙的基督教领袖熙德（El Cid）[1] 有一把名为蒂索纳（Tizona）的剑[2]，它如今是马德里一座博物馆的名字；"光腿"马格努斯（Magnus Barelegs）[3] 是一位维京国王，1103 年在爱尔兰被杀，他的剑叫做"咬腿剑"（Legbiter）。还有 "Skofnung"，这是传奇的丹麦国王朗纳尔·洛德布罗克（Hrolf Kraki）的佩剑，据说这把剑拥有超自然的锋利程度，蕴藏着国王手下的护卫——12 名维京狂战士的灵魂。关于这把剑本身就有很多迷信故事，比如说它不能当着女人的面出鞘。

英格兰国王的加冕要用到平和之剑（Sword of Mercy），又名科塔纳（Curtana）。这是一件礼器，剑尖是磨钝的，代表着君王的仁慈宽厚，剑身有一处非常引人注目的奔狼徽记。英格兰国王的加冕礼是非常重要的仪式，所以，在 1308 年，当皮尔斯·加韦斯顿（Piers Gaveston）擅自拿起科塔纳剑时，他犯了众怒。[18] 科塔纳剑——或者

---

[1] 全名罗德里戈·迪亚斯·德·比瓦尔（约 1043—1099 年），卡斯蒂利亚贵族、军事领袖，西班牙民族英雄。摩尔人尊称他 "al-sayyid"（对男子的尊称），西班牙语译作"熙德"（El-Cid）。熙德战功卓著，先后效力于莱昂和卡斯蒂利亚王国、萨拉戈萨埃米尔，还有过流放生涯。后来熙德靠声望聚拢起一支部队并攻占巴伦西亚，成为这一地区事实上的统治者。1099 年，摩尔人围困巴伦西亚城，熙德在守城时去世。——译者注

[2] 西班牙诗歌《熙德之歌》（*Cantar de Mio Cid*）里称之为 "Tizón"，意为"火焰剑"。——译者注

[3] 马格努斯·奥拉夫松（Magnus Olafsson）又称马格努斯三世，中世纪挪威国王（1093 年—1103 年在位），绰号"光腿""赤足"（Barefoot）。

说是制作于 17 世纪的科塔纳剑的复制品——如今仍然要在英国君主加冕时派上用场。

摩尔人结束了征服战争，在西班牙北部沿海留下了一小块地方，这里坚守着一个基督教国家——阿斯图里亚斯（Asturias）。之后的几个世纪里，一系列天主教小国在北方出现：卡斯蒂利亚（Castile）、阿拉贡（Aragon）、纳瓦拉（Navarre）、莱昂（Leon）和加泰罗尼亚（Catalonia）等等。公元 9 世纪时，卡斯蒂利亚在边境地带形成，其国名的字面意思是"城堡"。到了 12 世纪，基督徒已经重新控制了西班牙北部大部分地区。葡萄牙本来是一个郡，但在 1143 年获得了教皇的承认，独立成为一个王国。不过，在 1147 年，葡萄牙的新首都里斯本被路过参加十字军的英格兰水手攻占了。

1224 年，哈里发优素福二世（Yusuf II）被一头牛顶伤，死于马拉喀什（Marrakesh），摩尔人统治下的西班牙不再保有从前的相对稳定状态。摩尔统治阶层分崩离析，基督徒占了上风，攻占了几乎所有地盘，仅剩下西班牙南部格拉纳达附近的土地。正如诗人伊本·阿巴德·伦迪（Ibn Abbad al-Rundi）就塞维利亚的陷落所作的诗句所写："哦，粗心的人呐，这是命运对你的警告，倘若你继续酣睡，命运就会永远清醒。"[19]

本章尾注：

1. Larrington, Carolyn: *Winter is Coming*
2. Martin George R.R., Garcia, Elio m Jr, Antonsson, Linda: *A World of Ice and Fire*
3. https://www.spectator.co.uk/2017/10/the-muslim-world-is-more-tolerant-of-homosexuality-than-you-think/
4. Hourani, Albert: *A History of the Arab Peoples* Quoted in the introduction by Malise Ruthven
5. https://www.reddit.com/r/europe/comments/4kdvo1/the_thirty_largest_cities_

in_europe_by_population/

6. 在 Richard Fletcher 著 *Moorish Spain* 当中可以找到这段有趣的描写。

7. Lewis, David: *Levering God's Crucible*

8. http://gameofthrones.wikia.com/wiki/Long_Bridge

9. Fletcher, Richard: *Moorish Spain*

10. Ibid

11. Ibid

12. 为了《权力的游戏》去西班牙朝圣，这里不可错过。http://www.design-mena.com/thoughts/game-of-thrones-themed-tour-of-spains-moorish-architecture-on-offer

13. Fletcher, Richard: *Moorish Spain*

14. 显然，这只是一种文学手法，借以说明他到底有多浪漫。当然了，今天的迪拜真的可以把雪带到沙漠里。

15. Fletcher, Richard: *Moorish Spain*

16. Lewis, David: *Levering God's Crucible*

17. Fletcher, Richard: *Moorish Spain*

18. 现在的科塔纳剑是兼任英格兰、苏格兰及爱尔兰三国国王的查理一世（1625年—1649年在位）登基时制作的。

19. Fletcher, Richard: *Moorish Spain*

剑上系的缎带

——雇佣兵、强奸犯和百年战争

你找不到贞洁的妓女，也找不到忠诚的佣兵。

——瑟曦·兰尼斯特[1]

"泰伯恩行刑树"（the tree of Tyburn）耸立在西伦敦，这里是两条古罗马道路的交汇处，靠近韦斯本河（River Westbourne）。这条河是泰晤士河的支流，大部分河段现在已经被埋到了地下。早在罗马人到来之前，泰伯恩就曾经有一块古代独石柱，一直矗立到1869年。当时，有一份考古学杂志发表了一篇关于它的文章，很快独石柱就不见了，再也没人看到过它。或许古人认为这个地点有某种重要意义，但在中世纪的英格兰，这里有另一番意义——"泰伯恩行刑树"是用来绞死犯人的场所。

从13世纪开始，死刑犯就从新门监狱（Newgate Prison）[2]里被拖出来，带去行刑地点。他会坐在马车里走完这段3英里的路程，

---

[1] 瑟曦·兰尼斯特对珊莎·史塔克说，出自《冰与火之歌》第二卷《列王的纷争》。——译者注

[2] 伦敦著名的监狱，坐落地点原为罗马时代的伦敦城门，已于1904年停止使用。——译者注

沿途还可以喝点烈酒以缓解紧张情绪。平常，会有不少人聚拢过来观看刺激的行刑仪式，而在 1330 年 11 月 29 日这天，围观群众出奇地多，他们都是来观看罗杰·莫蒂默（Roger Mortimer）的死刑。

就在 8 个月前，人们在静默中观看了已故国王的同父异母弟弟被斩首的过程。肯特伯爵（Earl of Kent）埃德蒙（Edmund）因参与针对新国王的反叛而被捕，但他的处刑表演很不受欢迎，他不得不在断头台上待了五个小时，才等到有人愿意来杀他。一个已经被定罪的犯人接过了这个任务，作为奖励，他可以免去对自己的责罚。他是个"gonge-fermer"，也叫"拾屎人"，也就是负责清理厕所的人。伯爵的财产归莫蒂默所有——在经历了这位贪婪的边镇领主三年统治后，人们早就对这样的事情习以为常。

莫蒂默在爱德华二世（Edward II）驾崩后就自封为马奇伯爵，跟全国上下几乎所有大贵族都闹翻了。在他的情人——王太后[1]——的帮助下，他还大手大脚地挥霍王室的储金。到了 1330 年，由莫蒂默和他的党羽一手操纵的大议会（Great Council）在诺丁汉（Nottingham）城堡召开。这位英格兰的实际统治者实在是太出格了，他居然在会议上指控傀儡小国王爱德华三世参与谋害了他的父王。身着雍容华贵衣物的马奇伯爵过于"傲慢和卑鄙"，甚至在威尔士举行了圆桌会议（Round Table），效仿"亚瑟王的习惯和做法"。[1] 在这段时间里，太后就像瑟曦一样，愈发容易嫉妒，她担心自己年轻儿子的妻子会用她的女性魅力迷惑、掌控他，因此拖延了她的王后加冕仪式长达两年。

莫蒂默对爱德华三世的年轻朋友威廉·蒙塔古（William Montague）不太放心，反复询问此人是否在城堡里。到了晚上，莫蒂默把所有外门和房间门都锁上，并把钥匙交给太后掌管，而她则禁

　　[1] 即法兰西的伊莎贝拉（Isabella of France），绰号"法兰西母狼"。她是法国卡佩王朝腓力四世国王的女儿，爱德华二世的妻子，爱德华三世的生母。——译者注

止儿子进门。不过，莫蒂默的疑心是有道理的，因为年轻的蒙塔古身负秘密任务，他要帮助爱德华三世抓住马奇伯爵和他的随从，掌控局势。蒙塔古曾经跟一个朋友说过："先咬狗，好过被狗咬。"[2]

10月19日晚，爱德华带着25个人进了城堡，杀了3个廷臣，接着在一块帘子后面发现了正在穿盔甲的莫蒂默。太后乞求她儿子"放了好爵士莫蒂默"，但是这个谋害了国王的生父和叔父的人还是被带到了威斯敏斯特（Westminster）受审。他被迫穿上一件斗篷，上面写着"quid gloriaris"——"你的荣誉哪去了？"莫蒂默毫不意外地被判绞死，虽然没被开膛破肚，但尸体还是扔在泰伯恩放了两天。1326年写就的拉丁语编年史《爱德华二世传》（*Vita Edwardi Secundi*）这样写道："把你自己摆在国王的对立面，这不是明智之举。后果通常不会太好。"

太后被流放到了诺福克（Norfolk）[1]，并在那里度过了余生，不过她得到了儿子很好的优待。其实历史对待她一直很苛刻，她被推到了那样一个艰难的位置，还要面对一个软弱的丈夫和他的虐待狂情人。

不试一试怎么知道毫无希望[2]

《六王的预言》（The Prophecy of the Six Kings）出现于爱德华三世出生后不久，此书假托梅林（Merlin）[3]所写，讲述了约翰王（King John）[4]之后的六位君主的事迹，说最后一位国王的统治将以灾难结束："恶龙将在北方崛起，凶残无比，战争一触即发"，"恶龙再次抖擞精神，和它的盟友共同作战，一头恶狼将从西方蹿出"，它们

---

[1] 位于英格兰东部的东盎格利亚地区。——译者注
[2] 阿莎·葛雷乔伊对"读书人"罗德利克说，出自《冰与火之歌》第四卷《群鸦的盛宴》。——译者注
[3] 传说中的虚构人物，是帮助亚瑟王登上王位的魔法师。——译者注
[4] 绰号"无地王"，1199—1216年在位。——译者注

的盟友还有一头狮子，"国土将被分成三部分，龙、狼、狮各踞一角，直到永远。"书上说，其中第四位国王将在巴黎城门前磨尖牙齿，赢回他祖先的土地。

约翰王曾经统治着一个庞大的帝国，从大西洋一直绵延至北海，领土从苏格兰一直到西班牙，整个法国西部都在他的治下。但他在1204年遭到惨败，除了加斯科涅（Gascony）以外输掉了一切。年轻的爱德华三世正是在他之后的第四位国王。

公元1328年2月1日，铁王（Iron King）[1]的最后一个儿子去世了，应验了圣殿骑士的诅咒。然后，铁王的第三子——被妻子布朗什（Blanche）戴了绿帽子的查理（Charles）[2]拒绝接妻子回来，而是把她送进了修道院；但他的第二段婚姻没有子嗣。法国贵族坚称王位只能传给男性，所以王位继承权传到了查理的堂兄瓦卢瓦的腓力（Philippe of Valois）[3]头上。

翌年，爱德华三世率领一众贵族到访法国，其中包括亨利·珀西（Henry Percy）。亨利·珀西是第二代珀西男爵（Baron Percy），他于1314年继承了这一头衔，当时年仅16岁。珀西家族在新国王的统治下延续了他们的上升势头，在1331年控制了东部边境（East March），珀西家族统治这里一直到1550年。[3]随国王同行的还有兰开斯特的托马斯（Thomas of Lancaster）的侄子亨利·格罗斯蒙特（Henry Grosmont），他只比爱德华三世大了两岁，但已经是一个勇猛的战士了。很多名门权贵汇集亚眠（Amiens），参加了这次会晤，比如纳瓦拉国王、波希米亚国王和马略卡（Mallorca）[4]国王，还有很多公爵。

[1] 即腓力四世（1285—1314年在位），另有绰号"美男子"。——译者注

[2] 腓力四世第三子，在两个哥哥先后继位并去世后继承王位，称查理四世（1322年—1328年在位）。这个阶段的法国国王兼任纳瓦拉国王。——译者注

[3] 史称腓力六世，是为法国瓦卢瓦王朝的开端。由于纳拉王国可以由女性继承王位，故纳瓦拉王位由查理四世的侄女、路易十世的女儿让娜继承，称胡安娜二世。——译者注

[4] 以地中海马略卡岛（今属西班牙）为核心的国家，脱胎于阿拉贡王国。1349年，重新被阿拉贡王国吞并。——译者注

但爱德华在离开时没有跟腓力国王道别，此举惹怒了腓力。傲慢的瓦卢瓦王朝掌舵人习惯主导，他和年轻气盛的英格兰国王之间的关系变得紧张。

1333年，爱德华在哈利登山（Haildon Hill）经历了第一次战争，对手是苏格兰人。战争结束后，战场上躺满了苏格兰人的尸体，他们的手被锯掉了，以便取走手上的戒指。与此同时，加斯科涅的紧张气氛愈发严重。但是爱德华作为吉耶讷公爵（Duke of Guyenne）是法国国王的封臣，他不能拿起武器对抗法王，否则就有被教皇革出教会的危险。然而爱德华三世对于法国的持续挑衅非常失望，最终于1339年自立为法国国王。他的王位宣称权来自他的母亲，但这也印证了之前的诅咒，英格兰人被拖进一场持续百年的战争。

乔治·R.R. 马丁曾经谈到过这次战争对他的小说的影响。在一次采访中，他说百年战争（Hundred Years' War）时期的盔甲就是《权力的游戏》参照的模板，尽管"越往南方去，维斯特洛的盔甲倾向使用'战争晚期'的样式。板甲在河湾地（Reach）更加普遍；而链甲在北境更受欢迎；在长城以外，野人穿着简陋的原始护具"[4]。这也跟真实历史相吻合，在15世纪，人们普遍认为苏格兰相对于法国更加落后。

战争开始时，英格兰人取得了一系列胜利，这是国王的组织才能和领袖魅力的极大成功。1340年，他们在斯鲁伊斯（Sluys）击败了两倍于己的法国海军。法国舰队在这座佛兰德港口内遭到了攻击，多达2万名法国士兵战死在舰船上，大海都被尸体给填满了。

但是爱德华在后勤补给方面有个大麻烦。加斯科涅非常遥远，到加斯科涅的水路还要经过布列塔尼（Brittany），这是法国西部向大西洋伸出去的一片半岛。布列塔尼已经被法国统治了几百年，但它保持着一定的独立性。这里有自己的凯尔特分支语言，是由5世纪躲避撒克逊人进攻的布立吞人（Briton）带过来的。[5] 就在第二年，一个机会摆在了爱德华面前。布列塔尼公爵让三世（Jean III）去世，布列塔尼陷入内战。腓力国王支持他的外甥媳妇让娜（Jeanne）继位，于是已故公爵的异母弟弟让·德·蒙福尔（Jean de Montfort）向英格兰人寻求支持。

11月，让娜围攻南特（Nantes）[1]，把30位骑士的头颅用投石机抛过了城墙，守军立刻就投降了。让·德·蒙福尔被邀请到巴黎陈述诉求，还被许诺有安全通行的权利，但他一进城就被腓力抓了起来，关进了卢浮宫（Louvre）。他的妻子佛兰德的若阿娜（Joanna of Flanders）"以男人的勇气和狮子的心"[6]代替他领导了叛乱，但她的根据地埃讷邦（Hennebont）很快被夏尔（Charles）[2]的军队包围了。她穿上盔甲，指挥城内的守军，催促女人"剪掉裙子，用自己的双手保卫自己的安全。"若阿娜注意到敌军营地守备不足，她率领一支300人的队伍，烧掉了法国人的营帐，摧毁了他们的补给，终于确保了埃讷邦和附近的城市布雷斯特（Brest）的安全。经过漫长的围城，士气低落的蒙福尔军终于看到了远处的英格兰舰队。

但若阿娜不是这次战争里唯一的刚猛女战士。亚拉·葛雷乔伊*是那种海盗女王的形象，她指挥长船黑风号（Black Wind）攻克了北境要塞深林堡（Deepwood Motte）。之后她还宣称了对铁群岛大王的所有权，但是在竞争中输给了她疯狂的叔叔攸伦（Euron）。在中世纪，也有一位杰出的女海盗，浑身上下都是胆量。

英格兰人在1342年围攻布列塔尼城市瓦讷（Vannes）时，贵族奥利维尔·德·克里松（Olivier de Clisson）是被俘的法国官兵中的一员。之后，德·克里松是唯一一个被释放的法国人，他被用来交换一位英格兰伯爵，加上很少的一点钱作为赎金——这引起了法国人的怀疑，他们认为他做了叛徒。在1343年，奥利维尔和另外15名布列塔尼领

---

[1] 布列塔尼首府。——译者注
[2] 布卢瓦的夏尔，他是腓力六世的外甥、让娜的丈夫。——译者注

主在停战期间受邀参加一场骑士比武,结果他们一到现场就被逮捕了。他们被带到巴黎,接受了一场简短的审讯,接着就被裸身拖到巴黎大堂(Les Halles)砍了头。

据说,德·克里松的遗孀让娜(Jeanne)把爱人的头一路从巴黎带回布列塔尼,让7岁的孩子亲眼目睹父亲的惨剧。她发誓要复仇,而且她对法兰西王国的仇恨将永无休止。

1300年,让娜出生在布列塔尼南部边境的旺代(Vendee),她的第一段婚姻留下了两个孩子,然后在25岁时成了寡妇。在她的第二任丈夫奥利维尔·德·克里松被斩首之前,她又生了5个孩子。怀着复仇的怒火,她驾驶着舰船"我的复仇"号(My Revenge)出海当了海盗。每当俘虏了法国船员,她便会放走船上的一位水手,让他把消息传播出去。十多年时间里,克里松夫人和她的黑舰队(Black Fleet)在海上恶名昭彰,人人畏惧;而她本人赢得了"布列塔尼母狮"(Lioness of Brittany)的绰号。像葛雷乔伊一样,她也拿下过敌人的城堡,屠杀了守军,作为自己亲人被残杀的报复。不同寻常的是,德·克里松夫人似乎安安稳稳地退休了——不过她的儿子后来在百年战争中扮演了极其重要的恐怖角色——而她的故事则成为后世很多19世纪小说的灵感源泉。"布列塔尼母狮"也会协助英格兰军队解决补给问题,曾经帮助爱德华在克雷西会战(Crecy)中取得了他最重要的胜利。

箭雨的风暴

公元1346年7月,英军在诺曼底登陆。他们洗劫了卡昂(Caen),屠杀了大部分居民。英格兰派出了大约8000名士兵,其中半数是弓箭手,从朴茨茅斯起航,穿过诺曼底向巴黎进军。在法国首都北边,他们转头跟佛兰德盟友会合,而法国国王腓力六世跋涉越过索姆河(Somme)来进攻他们。

维盖提乌斯（Vegetius）[1]在4世纪完成的专著《论军事》（*Epitoma Rei Militaris*）后来成为最流行的军事学书籍。他在书中不鼓励激烈的阵地战，更加推崇围城战。他认为正面交锋是最差的选择，因为这样的战斗太依赖运气了。腓力国王当然也是这样做的，他尽量避免跟他年轻的敌人正面交锋。不过，他这样做有一部分原因是来自他的表亲西西里国王（King of Sicily）的建议，他是个"满腹科学知识的伟大天文学家"。但是，在1346年的夏天，腓力终于决定着手对付他年轻的对手。

不消说，中世纪的大战是一副十分可怕的场面，让人的感官全面超负荷。号角声中，士兵列阵、击鼓、齐声呐喊；马蹄响声如雷，钢铁撞击声此起彼伏，到处都是尖叫声和喊叫声。但从此刻起，真正有决定性作用的，是千万支气势汹汹的羽箭划过天空的呜呜声。箭支以高速落在地上，产生致命的杀伤力。1346年8月26日，在克雷西—昂—蓬蒂约（Crécy-en-Ponthieu）[2]，飞行的金属产生的刺耳声音无休无止，骇人心魄。某些瞬间，飞在空中的箭有25000支之多，"像雪花一样密集而均匀地"落在地上。

早在爱德华一世入侵威尔士期间，英格兰国王便发现了当地人使用的一种武器。这种武器改革了战争形式，不仅仅是在不列颠，在整个欧洲都起到革命性的作用。长弓重60—90磅之间，每分钟可以射出12支箭，是十字弓的两倍，在220码的距离内都可以保持很高的准确率。如果把箭头抬升一些，射程会更远，但命中率也就低了。长弓杀伤力惊人，可以在很近的距离穿透教堂大门，隔远一点也能穿透盔甲。爱德华一世征服了威尔士人之后，就招募了很多威尔士弓箭手加入自己的军队。在克雷西，6000名英格兰和威尔士长弓手在一天

---

[1] 全名普布利乌斯·弗拉维厄斯·维盖提乌斯·雷纳图斯，古罗马军事家。但他本人是文职官员，并不带兵打仗。——译者注

[2] 克雷西的全名。——译者注

多的时间里射出了差不多50万支箭，这重达20吨的致命武器落下去，敌军就只有死人和将死之人两种了。与他们作战的法国骑兵和热那亚十字弓手，完全不是对手。

关于十字弓最早的使用记载可以追溯到10世纪的法国北部，但是直到12世纪，十字弓才开始被广泛使用，替代了一些短弓的位置。拜占庭公主安娜·科穆宁娜（Anna Comnena）[1]说这种"野蛮的弓……对上帝大不敬"[7]。十字弓引起严重的人道主义恐慌——就像20世纪战争中的狙击手一样——它们的使用者会被主流社会所鄙视，这种武器在战争中被认为是歪门邪道。公元1215年，当罗切斯特（Rochester）城堡向约翰王投降后，所有人都可以被赎回去，只有十字弓手例外，他们全都被绞死了。正因如此，十字弓手的酬劳很高，是普通步兵的两倍之多。

十字弓威力巨大。公元1361年，在今天瑞典境内的维斯比（Visby）发生过一场丹麦人和哥得兰人（Gotlander）[2]之间的战争。古战场遗留的尸体显示，有些头颅中了多达六支十字弓箭，这些箭支全部穿透了头盔和头骨。面对十字弓，链甲防御形同虚设。然而，外表看起来更加原始的威尔士长弓却有更强大的威力，其杀伤力惊人。在攻打威尔士的战争中，英格兰人被箭"正中大腿，再往上，那里有铁制链甲保护着他的腿……接着又被射穿了革制上衣的下摆，"最后，又有一箭射穿了马鞍，对胯下坐骑造成致命伤害。"[8]长弓的杀伤力实在是太恐怖了，爱德华一世不得不派人将威尔士道路两旁100码范围内的树林清理出来，以防遭到长弓手埋伏。而且，箭支即便没能刺穿护甲，也足以挫伤敌人的锐气，在身体和精神两方面给予打击，还能扰乱其阵型。

---

　　[1] 安娜·科穆宁娜（1083—1153年）是东罗马帝国皇帝阿莱克修斯一世之女，是一位"生于紫室者"。她是欧洲最早的女性历史学家之一，著有《阿莱克修斯传》。——译者注
　　[2] 哥得兰岛位于瑞典东南，是波罗的海最大的岛屿，是哥特人的发祥地之一，今属瑞典。自史前就有居民在岛上居住，称哥得兰人。维斯比是岛上最重要的城市。——译者注

进攻武器越来越致命，同时代的盔甲也跟着改进了。软甲——那种驯狗式外套——已经过时了，而且穿起来实在是太热了。大腿仍然有"cuissart"（护腿）保护，这是一种用皮甲和钢条制作的护甲。骑士在上身穿着铠甲罩衣，这种无袖的外套有时候会用昂贵的布料——丝绸或天鹅绒——垫衬或收边，再把纹章绣在胳膊上（所以纹章会被称作"臂章"——Coat of Arms）。但是，这个时候圆锥形的"bascinet"（轻盔）已经有人使用了，这种头盔在前面有个护脸，中世纪那些参加比武的骑士通常会用到。链甲套装进一步得到了加强，用铆钉固定在钢制板甲上，可以给予盔甲防护箭支戳刺的能力。第一套完整的板甲套装出现在 1380 年左右。

克雷西还经历了大炮和火药第一次在基督教欧洲的使用。这是法国人从意大利搞来的，最早由中国人在 8 世纪最先使用。火药改变了欧洲的等级制度，其核心便是城堡。这些坚不可摧的堡垒可以抵御叛乱或者入侵的敌军，但在这种新技术面前显得孱弱无力。1342—1344 年间在西班牙发生的阿尔赫西拉斯（Algeciras）围城战中，火药派上了用场。现在，它们被传播到了北方。

在法国人大败那天，他们本可以选择在晚上养足精力，但是，在午后的阳光下，他们急不可待地纵马冲进了战场。法国人自信满满，毕竟，光是 12000 名热那亚十字弓手，在数量上就已经超过了步兵为主的英格兰军队。然而，当箭雨的风暴袭来时，热那亚人拔腿就逃。腓力六世喝令他的人马攻击他们："快，杀了这些贱民，他们只会挡我们的路。"[9] 数千法国人在箭雨中倒下了，当天总共有 1500 位法国贵族和 10000 名士兵丧命。

在法国北部的贵族看来，这是一种新的战争方式。"对于法国人来说，新时代的曙光显现了出来。这是有史以来第一次，骑着马的贵族老爷可以被步行的平民撂倒。"[10] 这是一场没有剑刃交锋的杀戮，战死的贵族甚至不知道射中自己的是谁。传统的骑士精神受到沉重打击。

然而，这一天仍有一个人将被后世永远记住，他的所作所为堪称骑士精神和浪漫主义的典范。在法国诸多盟友的国王们中间，有一位是波希米亚王国的盲眼王约翰（Blind King John of Bohemia）[1]。他在参加十字军东征时瞎了双眼，尽管如此，他依旧坚持参加此次战役。他让帐下12名骑士把他们的马系在一起，这样他们就可以引导他一同进入战场。这些骑士当中只有两位幸存下来，约翰国王则战死沙场。

这种逞强行为是时代精神的缩影。8年前，有大约40名英格兰下级勋位爵士（骑士阶级中最低的一档）在瓦朗谢讷（Valenciennes）作战，每人都用绸布盖住一只眼睛，"据说，这是因为他们曾向他们祖国的女士们发过誓，除非他们在法国立下武功，他们才能用两只眼睛看东西，"弗鲁瓦萨尔（Froissart）[2]在他的《编年史》（*Chronicles*）中这样记载。他们当中绝大部分都战死了，这个结果毫不意外。

战役结束后，对败军的追击通常会停在辎重车队这里，没有比这更好的掠夺对象了。尸体上的金属都会被剥下来，而赎回自由的俘虏此时被放行。大多数伤员都要面对极其痛苦的死亡过程，除非有慈悲之人愿意给他们一个痛快。有些营地随行人员了解软药膏和香脂油的作用——当然了，修女和僧侣们肯定知道——但只有最有钱的人才负担得起治疗和医护费用。那个年代，在牛津和伦敦的圣·巴茨（St Barts）都有医学院，博洛尼亚（Bologna）、佛罗伦萨、巴黎和蒙彼利埃（Montpellier）也有，但是直到几个世纪之后战场伤员的治疗水平才有显著提高。当时最凶狠的杀手是血肉感染，所以最迫切的事就是切断被感染的肢体，并用火在伤口处烧灼。

---

[1] 又名卢森堡的约翰，史称约翰一世，神圣罗马帝国皇帝亨利七世之子。根据捷克民间流行的说法，在他冲进战场时，法军已经战败。他用捷克语说"Toho bohdá nebude, aby český král z boje utíkal"，意为"上帝不允许波希米亚的国王临阵脱逃"，随即投身战斗。——译者注

[2] 早期译作"傅华萨"，中世纪法国作家。——译者注

就在克雷西会战的同一天，英格兰人在内维尔十字之战（Neville Cross）击败了苏格兰人；苏格兰国王大卫二世（David II）被一名叫做约翰·库普兰（John Coupland）的诺森布里亚侍从生擒活捉。库普兰被封为方旗骑士（knight-banneret）[1]，得到每年 500 镑的年金奖励、一些封地和罗克斯堡（Roxburgh）[2]的看守权，他犯过的"谋杀罪及多项重罪"也被赦免了。他本来只是个临时狱卒，还杀过人。很多跟他的阶级背景差不多的流氓恶棍都被提拔到了绅士阶层，只要他们在战争中证明了自己的能力。1332 年，当苏格兰和英格兰的军队蓄势待发准备交锋时，一个叫做特恩布尔（Turnbull）的"身躯庞大的苏格兰暴徒"出列叫阵，英格兰一方的罗伯特·本黑尔爵士（Sir Robert Benhale）上前应战，他是一位来自诺福克的骑士。罗伯特"将他的凶恶黑犬劈成两半，接着砍掉了他的左手和脑袋。"[11] 于是他成了本黑尔勋爵（Lord Benhale）。犯罪不再成为阻碍仕途的绊脚石，约翰·霍利爵士（Sir John Hawley）在 1408 年去世之前曾经 18 次当选达特茅斯（Dartmouth）市长及下院议员，他曾经是个海盗。

不过，命运也实在是变幻无常，库普兰的好运在 1363 年耗尽了，他被嫉妒的邻居们谋害了。

英格兰人回国后庆祝了他们在法国取得的胜利，花费大量金钱以颂扬伟大的武士国王。但是，事实上王室已经在历史上真实的铁金库那里欠下了巨额债务，而这些银行的总部都设在意大利的各大城邦。国王的母亲早就在佛罗伦萨的巴尔迪家族（Bardi of Florence）透支了，这个家族所管理的银行可能是欧洲最大的。爱德华还从巴尔迪家族额

---

[1] 中世纪的一种骑士等级,在战争中可以在自己的旗帜下率领部队,他们的旗帜是方形的、以区别于更低阶级的骑士们的三角旗。作为一种军衔,方旗骑士高于下级骑士,而低于男爵。虽然大多数方旗骑士都是贵族,但是这个头衔通常不是贵族头衔,也不是世袭的。——译者注

[2] 位于苏格兰东南部边境。——译者注

外借出了90万弗洛林币[1]，另外从佩鲁齐（Peruzzi）家族的银行借到了60万弗洛林币。1345年，国王逾期未还款，导致欧洲发生了第一次银行危机。在那之后，单调乏味的金融业务再也提不起国王的兴趣了。

爱德华三世为了庆祝他在克雷西和加来取得的胜利，还创造了一种新的骑士勋章——嘉德勋章（Garter）。1348年的圣乔治日（St George's Day）[2]，国王邀请24位大贵族加入他的兄弟会。有一种理论这样说，这枚勋章源于爱德华三世和他最年长的一位朋友之间开的玩笑。在他年轻的时候，比如他冒险突袭莫蒂默并将其擒获的那个年代，爱德华三世培养了一帮非常亲近的朋友，"嘉德"可能就是指他们无拘无束、沾花惹草的年轻时代。（在《权力的游戏》里，劳勃·拜拉席恩和艾德·史塔克回忆他们年轻时一起战斗的岁月，感伤地反映出那样的时代已经一去不复返了。）

在爱德华三世的伙伴当中，最著名的骑士可能就是他的二堂兄亨利·格罗斯蒙特。兰开斯特的托马斯在扳倒德斯潘塞（Despenser）[3]的过程中出力不少，但在那之后他双目失明，逐渐离群索居，把他的爵位传给了弟弟亨利。亨利的儿子也叫亨利，是个"瘦削结实、沉默寡言、颧骨很高"的人。1333年他首次上战场，到1345年就已经可以游刃有余领导盖格鲁—加斯科涅联军了。在战争中，他得知父亲去世的消息，就此继承了伯爵的头衔。接下来的30年里，他几乎参加了发生在欧洲的每一场战争，当法国战事停歇，他就会离开，到处

---

[1] 1252—1533年间流行于欧洲的一种金币。最初是由佛罗伦萨共和国铸造的，正面是佛罗伦萨市徽百合花，背面是施洗者约翰像。在其通行期间，金币样式及金属含量标准没有发生重大变化。14世纪时很多欧洲国家也开始自己铸造弗洛林，他们铸造的弗洛林会采用当地的徽章和铭文。——译者注

[2] 即4月23日。这是为纪念英格兰的守护神圣乔治而设的节日。——译者注

[3] 爱德华二世统治末期，宠臣德斯潘塞父子把持朝政，与贵族矛盾加深。伊莎贝拉回到法国培植势力，联合英格兰国内的反对派，将德斯潘塞父子扳倒并处决。此后国会罢黜爱德华二世，伊莎贝拉和罗杰·莫蒂默成为实际上的英格兰统治者。——译者注

去游历，最远到达过立陶宛、希腊、塞浦路斯和中东。他从来不会错过一场他能参加的战争，吸引了一大批贵族自愿跟随在他左右。从法兰西到德意志，许多领主的儿子都在他麾下效力。但在1354年前往阿维尼翁（Avignon）拜访教皇时，他被暴民袭击了。

从很多角度来讲，兰开斯特伯爵都是中世纪对生活充满渴望的精神代表人物，尽管——或者说"因为"——中世纪充满了恐惧氛围。他热衷于打猎、宴饮、勾引农家少女，但也有传闻说他"热爱夜莺的啼声，喜欢玫瑰、麝香、紫罗兰和山谷里百合花的芳香。"[12] 作为一个被全欧洲人都仰慕的英雄人物，他在1350年的温奇尔西海战（Battle Winchelsea）中解救了黑太子（Black Prince）[1]和他10岁的弟弟冈特的约翰（John of Gaunt）。小约翰后来娶了格罗斯蒙特的女儿布兰奇（Blanche）为妻。[2]

1351年，爱德华三世将亨利擢升为公爵，这是英格兰的第二位公爵。国王给予他对西北部兰开夏（Lancashire）的完整控制权，允许他像统治一个独立小王国一样进行统治。那年冬天，他参加十字军，前往普鲁士，但和跟随他的十字军战士奥托（Otto）闹翻了。他们商定在巴黎决斗，结果他的对手没有勇气参加，在恐惧中缩成一团，极不光彩。兰开斯特公爵还写过一本很生动的书，《圣医之书》（*Le Livre de Seyntz Medicines*）。他在书里说到自己的缺点，详细描述了自己对于农家大胸姑娘的喜爱，毫不在意穷人身上的臭味。

嘉德骑士（Knight of the Garter）会在左肩佩戴蕾丝，直到他立下一定功绩才有资格去掉它，接着挂缀更多的荣誉。勋章的目的是尊重骑士和战争文化并为其增光添彩，在那个年代，一个人的剑和他用剑的本事就几乎代表了他的全部。这样的生活给人带来死亡、伤

---

[1] "黑太子"爱德华，爱德华三世的长子，百年战争中英军主要指挥官之一。——译者注

[2] 冈特的约翰的长子即亨利四世，为兰开斯特王朝开创者。——译者注

病和痛苦，但却更加吸引人，正如若弗鲁瓦·德·沙尔尼爵士（Sir Geoffroi de Charny）在 1352 年对年轻骑士们的劝诫："想要在这一行赢得荣誉，你们必须付出极大的努力，克服许多困难：炎热、寒冷、紧张艰难的任务、很少的睡眠和长时间的警戒，永远的精疲力竭。"[13] 关于战场厮杀，德·沙尔尼写道："看到敌人向你冲来，你通常会感到害怕……但你不知道怎么做才能最好地保护你自己。现在，你看到人们彼此残杀……你的朋友们战死，尸体就在你身旁。但你的马没有死，你可以骑着它逃之夭夭……如果你留下来，你将永远荣耀加身；如果你逃跑，你将一世蒙羞。这难道不值得一场伟大的牺牲吗？"[14]

但是，借用历史学家芭芭拉·塔奇曼（Barbara Tuchman）的话来说，骑士精神有五分之四都是幻象，因为真正起到决定作用的是力量，是穿着 55 磅重的钢甲战斗的能力，你要全速冲向敌人，用剑或斧子给予敌人致命一击。[15] 或用桑铎·克里冈的话来说："骑士，一张皮、一把剑、一匹马。除此之外还有誓言、圣油和女人的信物，喏，就是剑上系的缎带。也许系缎带的剑比较漂亮，但它的功用没变，一样是杀人！"[16]

强奸犯和雇佣兵

但法国普通老百姓要面对的现实，跟骑士的浪漫主义完全搭不上边。

现代社会和中世纪社会的一项主要区别在于，前一种社会里犯罪的主要群体来自较低社会层次和经济水平的阶层；而在古代，社会地位更高、财力更强大的人一样会作奸犯科，有些还更容易犯罪。1317年，教廷使节奥兹的戈瑟兰（Gaucelin of Euaze）和卢卡·菲耶斯基（Luca Fieschi）两位枢机主教被教皇若望二十二世（John XXII）派往达勒姆（Durham）[1]任命新主教，结果他俩被一个叫吉尔伯特·米德尔顿爵士（Sir Gilbert Middleton）的人袭击了。这位骑士大人把他自己的城堡米尔福德（Milford）当做抢劫的基地，在那里还养了一帮"亡命之徒"（gang of desperadoes）。在接下来的十年里，英格兰被各种匪帮洗劫过，他们的领导层通常都来自绅士家庭，当时的人称为"compaignies""conspiratours""confederatours"等等。这股犯罪浪潮发生在一个已经暴力化的社会，旅途充满危险，不结队成大队人马一同出行是非常不明智的行为。而在森林里，藏着数不清的法外之徒，更加危险。

福尔维尔兄弟（Folvilles）是最臭名昭著的匪帮，成员是来自英格兰中部地区的六兄弟加上他们的同伙，他们当中有一位村庄牧师、一个书记员和一名罗金厄姆（Rockingham）城堡的治安官。福尔维尔兄弟抢劫过无数人，比如绑架国王直属的法院的法官，还曾杀害过一位税务法院的贵族。

有些帮派跟王廷关系密切。罪犯朱什兄弟（Zouche brothers）有个同伙叫罗杰·贝尔斯（Roger Bellers），他受到德斯潘塞保护，起码他在朝廷里有人。结果他在梅尔顿·莫布雷（Melton Mowbray）到莱斯特（Leicester）的路上被福尔维尔兄弟给杀了。在整个 1327 年，暴力戳穿了名存实亡的王室统治者的全部脸面，福尔维尔帮在主干道上肆虐，寻找劫掠目标。仅仅是这个帮派中的一个，尤斯塔斯·福尔维尔（Eustace Folville），就被指控背了四条人命还有一桩强奸案。他还参与了莫蒂默夺权时候的一系列混乱事件，可以说福尔维尔兄弟已经完全凌驾于法律之上。

1328 年，福尔维尔兄弟帮助莫蒂默对抗反对自己的昔日盟友兰开斯特伯爵亨利，因此获得特赦。于是他们用犯罪的方式来庆祝，在

---

[1] 英格兰东北部历史名城。——译者注

莱斯特郡（Leicestershire）的群众身上又抢了 200 镑的财物。他们的大哥负责维护治安，但是他很可能会给其他人提供消息。有个叫做罗杰·德·温斯利（Roger de Wensley）的佣兵被雇追踪福尔维尔兄弟和另一个跟他们有关系的帮派——科特雷尔家族（Coterels）。结果科特雷尔家族对他印象非常好，邀请他入伙共分赃款，最后罗杰·德·温斯利加入了他们。

1331 年，森普灵厄姆修道院（Sempringham Priory）的教士雇佣了福尔维尔帮，委托他们捣毁其竞争对手的水力磨坊。后来他们联合另外的匪帮家族，合力绑架了法官理查德·威洛比爵士（Sir Richard Willoughby），并收到了 1300 马克[1]的赎金，这可是一笔大数目。最终，理查德·福尔维尔（Richard Folville）被斩首。在此之前他和一位当地的大人物罗伯特·科尔维尔爵士（Sir Robert Colville）在教堂用弓箭进行了一番激战，结果被活捉了。尽管有一支专门的剿匪队伍四处搜寻，还抓捕了 200 位有名的匪徒，但大多数罪犯还是逃掉了，其中有很多逃犯都在爱德华国王后来的战争中效力。尤斯塔斯·福尔维尔在克雷西会战中立了功，最后被封为骑士；罗伯特·福尔维尔也在佛兰德战场打过仗。

直到近现代，士兵一直是惹人讨厌的人，因为他们"吃的喝的都要靠普通人来供给，不受他们的长官管辖，他们……看上什么就拿什么，甚至可以随便欺侮女性，也不付钱。一旦遇到反抗，他们就折磨人，或者直接杀人。"[17] 前往法国的英格兰人尤其令人厌恶、害怕，主要原因在于他们的部队里有大量罪犯。当地有专门的征兵委员会，任务就是决定派哪个本地人上战场，他们当然会首选那些最为暴力的、反社会的人。在哈利登山，军队里充斥着劫匪、偷猎者和杀人犯，这

---

[1] 中世纪欧洲有多个地区都通行过名为"马克"的货币，但在英格兰，马克是一种记账单位而非实体货币，最初于 10 世纪由丹麦人引入，早期 1 马克约等于 100 便士。1066 年诺曼征服后，1 马克价值 160 便士（13 先令 4 便士）。——译者注

场苏格兰战役从 1334 年打到 1335 年，有两百人被国王赦免了之前所犯的重罪。

艾莉亚曾经和那些前往长城的犯人一同长途跋涉，那些人经历过的事情跟百年战争里的士兵没什么两样。提利昂评价守夜人的时候，说他们是"一脸死相的农奴、欠债鬼、盗猎者、强奸犯、小偷，还有私生子。"[18] 用一位历史学家的话来说，法国被"英格兰的渣滓和欧洲最差劲的雇佣兵给蹂躏了。"[19]

在爱德华三世麾下的弓箭手中，大约每十个人里就有一个是重罪犯，四分之三都因谋杀罪或者过失杀人罪被关进了监狱。珀西家族召集起来的诺森布里亚军队当中"杀人犯、强奸犯、窃贼和逃犯的比例要比平均数高得多。"[20] 在他们当中，有布兰廷厄姆的罗伯特·阿特·柯克（Robert atte Kirke of Brantingham），他是杀害桶匠罗伯特·普伦通（Robert Plumton）的凶手；有理查德·德·阿克林顿（Richard de Aclyngton），他在"激烈的冲突中，并非出于恶意地"——这是珀西为他辩护时说的话——杀死了约翰·陶卢尔（John Taullour）；[21] 还有约翰·普卢默（John Plummer），他杀害了罗伯特·埃普沃思（Robert Epworth），偷走了他的马和马鞍，但他效力于珀西家族时，"在法国的战争中表现出色"。[22] 在 1339—1340 年间，有差不多 850 人因为在战争中的表现而被国家赦免罪行，[23] 而在 1390 年，下议院甚至有人抗议，反对为强奸犯和杀人犯免罪。

比罪犯更糟糕的是那些为了酬劳而参加战争的人，也就是佣兵（mercenaries），也叫"écorcheurs"，翻译过来就是"剥皮人"。编年史家用"投机分子"来形容这些人——但是弗鲁瓦萨尔说他们"其实就是土匪和盗贼"。[24] 在维斯特洛，勇士团（Brave Companions）人称"血戏班"（Bloody Mummers），因为他们非常残忍，他们还有个外号叫做"猎足者"（Footmen），因为他们喜欢把人的脚砍掉。"次子团"（Second Sons）的名字体现出中世纪那些排行靠后的弟弟在家族中的境遇，"在长子继承制度下，他们没有希望继承封地，所以只能离开家，靠手里的剑碰碰运气。"[25]同样处境的还有私生子，黄金团（Golden Company）就是由坦格利安家族的一个叫做寒铁（Bittersteel）[1]的私生子创立的。

在真实历史上，像白色军团（White Company）和塔尔—维纳斯（Tard-Venus）这样的自由佣兵团是非常野蛮的，甚至可能更可怕。"被杀戮污染，被金钱和他们贪婪胃口的满足感所腐蚀，"用法国历史学家乔治·迪比（Georges Duby）的话来说，"这些渎神的暴徒用他们从教堂里偷来的圣杯畅饮美酒。他们从社会最底层的人渣当中汲取新成员，这些人曾经只知道贫穷和困苦，如今他们违法如家常便饭。"[26]

雇佣兵集团从12世纪就已经存在了，由欧洲各地被放逐的人组成。沃尔特·马普（Walter Map）[2]形容这些人"从头到脚都用铁制盔甲和革制护甲包裹着，他们的武器是木棒和钢剑……他们将修道院、村庄和城镇碾成灰烬，实施暴行，发泄兽欲。他们发自真心地说，'没有上帝'。"[27]但是，职业雇佣兵跟另一种佣兵"routiers"是不一样的，后者只是一些没有荣誉感的亡命之徒："他们活着就是为了打斗和劫掠；他们杀人不分性别和年龄，也不管你是神职人员还是热爱和平的商人。他们残酷无情的虐待行为和肆意的破坏招致所有人的憎恨和惧怕。"[28]

大多数雇佣兵不是来自人口密集的都市区，如佛兰德和布拉班特（Brabant）[3]，就是来自艰苦贫穷的偏远地区，像布列塔尼和威尔士。出自布拉班特的雇佣兵实在是太多了，以至于"布拉班特人"成了12世纪时人们对雇佣兵的一种通称。

---

[1] "寒铁"伊葛·河文是伊耿四世的私生子，创立黄金团之前效力过次子团。他的异母弟弟就是"三眼乌鸦"布林登·河文。——译者注

[2] 使用拉丁语写作的中世纪作家。他是威尔士人，在巴黎大学学习过。——译者注

[3] 中世纪欧洲低地地区的公国之一，1183年独立，首都布鲁塞尔。1430年被勃艮第公国吞并。——译者注

威尔士人尤其让人惧怕。1305年，还未登基的爱德华二世给他的表哥埃夫勒伯爵（Count of Évreux）路易（Louis）写了一封信，说："要是你对我们的威尔士感兴趣，我给你派些野蛮人过去，他们知道怎么教育那些年轻的贵族小子。"[29]佣兵市场随着13世纪意大利城邦的崛起而发展起来，而意大利人更擅长用钱而不是人来抵御他们。

在法国最大的自由佣兵团当中，人称"迟到者"（Latecomers）的塔尔—维纳斯由臭名昭著的"主助祭"（Archpriest）领导。他早年是一个神职人员，本名阿诺·德·塞尔沃莱（Arnaud de Cervole）。最终，他被自己手下的人给绞死了。最声名狼藉的英格兰雇佣兵是海伊·卡尔维利爵士（Sir High Calveley）和他的异母兄弟罗伯特·诺尔斯爵士（Sir Robert Knolles）。[30]罗伯特爵士出生在柴郡（Cheshire），他的佣兵队伍有三千多人。他太有钱了，甚至绕着自己的房子建了一道石墙，好把那些看上他庞大家产的"神职人员和实习教士"挡在外面，不让他们进来乞讨。结果石墙挡不住这些人，他又布置了很多有致命效果的铁蒺藜，好让别人清楚自己的意思。弗鲁瓦萨尔说他"从事战斗职业来改善自己的生活"，这是种委婉说法，实际上就是指出了他财富的来源都是靠"plunder"（劫掠），这个英语单词正是在这个时候从意大利传进来的，很多英格兰人都靠战争很好地改善了自己的生活。

关于诺尔斯还有一些传闻："他的名字实在是太恐怖了，据说有个地方的人，一听说他要来，马上就跳进河里去了。"[32]

自由佣兵团加起来差不多有16000多人，比爱德华三世的士兵还多，最大也可能是最令人惧怕的佣兵团听命于约翰·霍克伍德（John Hawkwood）。霍克伍德在埃塞克斯长大，当过裁缝学徒，参加过克雷西会战。1360 年《布勒丁尼条约》（*treaty of Brétigny*）[1] 签订以后，他去了勃艮第加入一支佣兵团，这支队伍后来控制了大部分勃艮第地区。最后，他掌管着自己的佣兵团"白色军团"，队伍里有很多来自埃塞克斯的佣兵。后来，在法国已经赚不到什么钱了，他们移师意大利北部，在那里他们帮助米兰的维斯孔蒂（Visconti）家族对抗佛罗伦萨。霍克伍德还跟维斯孔蒂家族领袖众多私生女中的一位结为夫妻。后来，他又帮助教皇与那不勒斯作战。之后，尽管他曾经让佛罗伦萨闻风丧胆，但佛罗伦萨还是雇佣了这帮佣兵。到 1394 年霍克伍德去世时，他已经执掌他的军队长达 17 年，得到了大量礼物、土地和金钱。意大利人叫他"狡猾的约翰"（Sharp John），他的纪念碑在佛罗伦萨大教堂里矗立至今。

虽然雇佣兵毫无荣誉感可言，而且还受到传统贵族的鄙视，但他们通常在战斗方面表现出色。法国军队与之完全相反，赢得荣誉的渴望严重制约着他们，刺激每个骑士都投身到最激烈的战斗中以寻求荣耀，妨碍了纪律和组织性。自由佣兵团给每个人都提供了晋升的机会，佣兵首领就代表了一种野蛮而不道德的社会阶层流动形式。尽管很多佣兵领袖出身于低阶贵族，但他们通常也是家里的小儿子，而且仍有一些人来自普通百姓；而法国军队则是典型地被阶级彻底束缚了，只有贵族才有指挥权，这带来的就是灾难性的后果。

随着战争的延长，在中央政府控制范围以外的大量领土上，这些有组织的佣兵对毁灭格外痴迷，痛苦在全国蔓延开来。一些亡命徒组成的小股匪帮会合力攻下一座城堡，并以此为据点控制周边的乡村。他们抢劫能看到的一切东西，奸淫妇女、滥杀无辜，最后再流窜到附近的下一个市镇。王公贵族玩着他们的权力游戏，无辜的人却在受苦

---

[1] 又名《加来条约》。按照条约，法国割让大片领土给英格兰，同时英格兰需要放弃安茹伯爵等一系列头衔和对布列塔尼、佛兰德的宗主权，并放弃对法国王位的宣称权。《布勒丁尼条约》更重要的作用在于，从此英格兰国王不再是法国国王的封臣，不必对其背负封建义务。——译者注

受难，永远都是这样。

本章尾注:

1. Rose, Alexander: *The Kings in the North*

2. Seward, Desmond: *Demon's Brood*

3. "边境守护"（Warden of the March）这个头衔最早出现在 1309 年，第一任来自克利福德（Clifford）家族。

4. http://www.proto-english.org/o21.html 他还说他"非常随意地混合了不同时代的盔甲样式"。

5. 这是一种本地高卢语言，早在罗马人到来之前被广泛使用。而现在，随着法国人对这里的统治，当地的凯尔特语言又被一种拉丁语言再次取代。

6. 弗鲁瓦萨尔在他的《编年史》（*Chronicles*）中如是说。

7. Bartlett, Robert: *The Making of Europe*

8. 12 世纪的编年史家威尔士的杰拉尔德（Gerald of Wales）如是写道。

9. Reid, Peter: *A Brief History of Medieval Warfare*

10. Ibid

11. Rose, Alexander: *The Kings in the North*

12. Mortimer, Ian: *The Time Traveller's Guide to Medieval England*

13. De Charny's Book of Chivalry

14. Ibid

15. 芭芭拉·塔奇曼在《远方之镜》（*A Distant Mirror*）里这样写道："骑在马背上也好，步行也罢，穿着 55 磅的板甲，水平举着一根长达 18 英尺——电线杆平均长度的一半——的长枪，在全速冲刺的情况下和敌人相撞；在一瞬间用剑或战斧劈开头颅或者切断肢体，或者承受这一击；生命中的一半都在马鞍上度过，无论什么天气都是一样，有时候还要连续骑行好几天——这不是弱者所能承担的工作。"

16. *A Storm of Swords*

17. Keegan, John: *The Illustrated Face of Battle*

18. *A Game of Thrones*

19. Harvey, John: *The Plantagenets*

20. Rose, Alexander: *The Kings in the North*

21. Ibid

22. Ibid

23. Appleby, John C: *Outlaws in Medieval and Early Modern England*

24. *Froissart's Chronicles*

25. Larrington, Carolyne: *Winter is Coming*

26. Duby, Georges: *France in the Middle Ages*
27. Bartlett, Robert: *England under the Norman and Angevin Kings*
28. Poole, A.F.: *Domesday to Magna Carta*
29. Ackroyd, Peter: *Foundations*
30. Seward, Desmond: *The Demon's Brood*
31. Barker, Juliet: *England Arise*
32. Tuchman, Barbara: *A Distant Mirror*

· 14 ·

七大王国
——安达尔人和盎格鲁人

我对《权力的游戏》的最初印象是在播出之前听到了熟悉它的人这样介绍：你就当它是《黑道家族》版的《指环王》。

——约翰·兰彻斯特（John Lanchester）

成书于 1892 年至 1895 年间的英国民间传说选集《德纳姆手册》（Denham Tracts）列出了传说中曾经生活在不列颠岛上的所有超自然生物的名字，其中包括萨堤尔（satyrs）[1]、潘神（pans）[2]、法翁（fauns）[3]、地狱马车（hellwains）[4]、火龙（fire-drakes）、

---

[1] 萨堤尔又译萨特、萨提洛斯或萨提里，一般被视为是希腊神话里的潘与狄俄倪索斯的复合体精灵。萨堤尔拥有人类的身体，同时亦有部分山羊的特征，例如山羊的尾巴、耳朵和阴茎。——译者注

[2] 潘神是希腊神话里的牧神，是众神传信者赫耳墨斯之子。掌管树林、田地和羊群的神，有人的躯干和头，山羊的腿、角和耳朵。他的外表后来成了中世纪欧洲恶魔的原形。——译者注

[3] 法翁是罗马神话生活在树林里半人半羊的精灵。罗马人将其与希腊神话中的潘神连结对应。有时也被译成"半羊人"或"羊男"。——译者注

[4] 地狱马车来自于西欧或者北欧民间传说，在爱尔兰流传最为广泛，英国和美国也有部分流传。地狱马车的出现意味着必然出现死亡，因为它一旦来到人间就绝不会空着回去。——译者注

斯伯恩（spoorns）、皮克西（pixies）[1]、巨人（giants）、汤姆-
迫克（Tom-poker）[2]、精灵-火（Elf-fires）、恶魔（fiends）、追
猎魔犬（gallytrots）、小恶魔（imps）、佩格-鲍勒（Peg-powlers）[3]、
迫克（pucks）、红毛怪（ginges）、巨魔（trolls）[4]、海豹人（silkies）[5]、
扫兴鬼（cauld-lads）、纳克（nacks）、威斯（waiths）、巴奇（buckies）、
地狱猎犬（hell-hounds）、英国女巫（boggleboes）[6]、小地精
（hobgoblins）[7]和沉默迫克（mum-pokers）。除此之外，书中还提
到了一些其他奇怪的生物，比如霍比特人（Hobbits）。后来，一位
名叫 J. R. R. 托尔金的古英语教授在构思他的史诗巨作《指环王》（*The
Lord of the Rings*）时偶然发现了这本小册子，他在自己的作品中大量
融入了盎格鲁-撒克逊时期英国的历史和神话，再后来，他的作品反
过来又对乔治·R.R. 马丁产生了巨大的影响。

这些民间传说及其创作者都起源于日耳曼辽阔的森林之中，盎格
鲁人和撒克逊人也从这里走出了历史最深处。随着罗马帝国的急剧

---

　　[1] 皮克西是传说中出现在英国西南部的爱恶作剧的小精灵。它们比人的手掌大不了多少，
但是可以任意改变自己的大小、人形、红发绿眼、上翘的鼻子，嘴角上总是挂着一副淘气的笑容。
它们通常穿着紧身的绿衣，最喜欢的恶作剧是使人迷路，人们只要把外套反过来穿就可以躲
过它们的捣乱。——译者注

　　[2] 迫克又叫"好伙伴罗宾"，是一种代表自然的小精灵，喜欢跟人类开一些无伤大雅的玩笑。
莎士比亚《仲夏夜之梦》中就有一个叫迫克的小精灵。——译者注

　　[3] 佩格-鲍勒是英国民间传说中居住在蒂斯河畔的水精灵。如果孩子们离悬崖太近，就
会被她拖下水，因此父母经常用她来吓唬小孩。在 19 世纪的民俗学家威廉·亨德森笔下，她
有一头绿头发，"渴望人类的生命，永远不会满足"，经常引诱人们到靠近河边然后吃掉。——
译者注

　　[4] 巨魔是北欧神话中一种智力低下的食人巨人。——译者注

　　[5] 海豹人传说居住于苏格兰奥克尼郡和舍尔特兰岛附近海域中，外形与常人并无二致，
但体外却长着一层光滑的海豹皮，使他们可以在水中自在地游泳。上岸的时候，会褪下自己
的海豹皮藏起来，如果在岸边发现了少女的海豹皮，把它藏起来，找不到海豹皮的少女会主
动以身相许，但如果她又找回自己的皮肤的话，会立刻返回大海。据说那些天生有蹼的婴儿
有着海豹人的血统。——译者注

　　[6] 在英国北部乡间，女巫有时被称为 bogglebo。——译者注

　　[7] 又译作淘气鬼、大地精、恶鬼，是一种炉边的精灵，通常在民间传说中被认为会带来
好兆头，但在基督教传播开之后被认为是邪恶的。莎士比亚在《仲夏夜之梦》中塑造的迫克
就是一个小地精。——译者注

衰落，在帝国疆域之外的区域，一场巨大的人口变化——欧洲民族大迁徙运动（Völkerwanderung）[1]拉开了序幕。当高卢和西哥特王国（Visigoths Hispania）被法兰克人征服时，与他们在北部相邻，一直延伸到冰冷的波罗的海（Baltic Sea）的一个"狭小半岛"上，盎格恩（Angeln）部落被土地短缺压得喘不过气。于是，盎格鲁人和邻近部落的撒克逊人、朱特人（Jutes）一起将视线转向了西方。

早在公元 1 世纪，塔西佗（Tacitus）就在作品中提到过盎格鲁人，但是在他们抵达不列颠之前，人们对他们知之甚少。至于撒克逊人，根据某些记载，他们为了使脑袋看起来更大，会时常修剪自己的发际线，他们还会淹死十分之一的俘虏，作为对海神的献祭。

与之相似，《冰与火之歌》中的安达尔人（Andals）起源于大海对面的斧头半岛（Axe），周围环绕着洛恩河（Rhoyne）及其它一些洛伊拿（Rhoynar）河流。在征服维斯特洛之前，安达尔战士会在身体上刻上七芒星，以彰显自己的宗教信仰。入侵之后，安达尔人与先民（First Men）之间爆发了一场战争，一些本土王国迅速消亡，另一些则有幸维持了一段时间。最著名的战斗由介于历史和神话传说之间的最后一位河流与山丘之王（king of the Rivers and Hills）特里斯蒂芬四世（Tristifer the Fourth）所带领，后来，他在对抗安达尔人的第 100 次战斗中不幸死去。这些入侵的安达尔人继续摧毁鱼梁木，击败了森林之子和先民组成的联军，并且杀光了所有的森林之子。不过，也有人认为森林之子并未完全消失，每到夜晚，它们的鬼魂仍在山上出没。〔由于安达尔人的征服，多斯拉克人（Dothraki）把维斯特洛称为"雷叙·安达里"（Rhaesh Andahli）[2]，与法国人至今仍称德

　　[1]　古代欧洲在 4 到 7 世纪间持续约 400 年的一连串民族迁徙运动。日耳曼人、匈人等民族迁入罗马帝国的疆域，导致罗马帝国的衰落。——译者注
　　[2]　出自《冰与火之歌》卷一《权力的游戏》，这个词在多斯拉克语中意为安达尔人之地。——译者注

国为"Allemagne"[1]可谓异曲同工，都是用曾经居住在那片土地上众多群体中的一个来指代全国。］

　　和安达尔入侵一样，盎格鲁 - 撒克逊入侵的真相同样隐藏在重重阴云背后。书呆子霍斯特·布莱伍德（Hoster Blackwood）[2]解释说："没人知道安达尔人渡过狭海（Narrow Sea）的确切时间。《真史》（The True History）认定那是距今四千年的事，有的学士却说只有二千年。"[1]盎格鲁人到来的确切时间也是众说纷纭，虽然中世纪的编年史学家亨廷顿的亨利（Henry of Huntingdon）在《盎格鲁史》的开头便提到"上帝化身后的第 449 年，""盎格鲁人和撒克逊人来到了英格兰。"[2]但我们对这个日期毫无信心，因为这些新来到的人们并不会读写，没有留下任何文字资料。实际上，当时罗马不列颠（Roman Britannia）已被遗弃，变成了废墟，那些旧时的居民区现在只有鬼魂飘荡其中。盎格鲁人大多数情况下都选择避开城市，他们觉得这些老建筑中闹鬼，还认为建造者一定是具有超出人类力量的巨人，所以始终对这些老房子敬而远之。有一首 8 世纪或是 9 世纪的古英语诗《废墟》（The Ruin）中曾描述了当时的一座城市——也许就是现在的巴斯（Bath），诗中称罗马建筑为"巨人的杰作"。

　　这些不列颠的征服者遵循战士的准则：人们通过向某一个人宣誓效忠来换取食物和保护。"领主"（lord）这个词便是由 loafward（字面意思是"给人面包的人"）演化而来，意思是他们会为侍奉自己的人提供庇护和食物。在广泛修建城堡之前，承担社交中心作用的是蜜酒厅，领主们会在大厅中款待封臣，让人们在此分享故事，立下誓言，或者饮酒狂欢。

　　　　[1] 这个单词来源于阿勒曼尼人，他们是日耳曼人的一支，被认为是现在德意志民族的其中一个源头。——译者注
　　　　[2] 霍斯特·布莱伍德是鸦树城伯爵泰陀斯的第三子。他是一个高高瘦瘦、举止笨拙、爱读书的男孩。在《冰与火之歌》卷五《魔龙的狂舞》中，他被送给詹姆·兰尼斯特作为人质，以确保他的父亲不会反叛铁王座。——译者注

至少从 3 世纪起就有许多日耳曼人在罗马不列颠当兵，在公元 400 年后，为了保护自己不受皮克特人和爱尔兰人的袭击，不列颠招收的日耳曼雇佣兵人数更是迅速增加。[3] 不久后，这些日耳曼人占领了不列颠岛东部，然后反客为主，把西部土著威尔士人叫做"外地人"或者"黑暗陌客"，但在多年之后他们还是用回了"不列颠人"这个称呼——由迈克尔·德雷顿（Michael Drayton）所著，出版于 1627 年的史诗《玛格丽特女王的苦难》（*The Taries of Queen Margaret*）中，就把威尔士人称为"有不列颠血统的人"。

在撒克逊人占领塞文河（Severn）河口后，当地古老的语言逐渐走向分化，在西部成为了威尔士语，在西南形成了康沃尔语（Cornish），但到了 16 世纪，在康沃尔已经很少能听到"我不会说英语"（mees navidua cowzs sawzneck）[4] 这句话了。又过了两个世纪后，康沃尔语彻底消亡。

不列颠的土著人口在很大程度上已被早期陶器时代的居民（Beaker People）所取代，但此时，虽有部分同胞逃往西方和布列塔尼（Britanny），还是有许多不列颠人选择留了下来，此后一代又一代的不列颠人开始使用更为主流的语言，直到某个时间点，从那一刻起，他们自己原本的语言彻底被遗忘了——这时他们也就成了撒克逊人。

在马丁的世界中，根据一位编年史者所记载，"先民在数量上仍远多于安达尔人，不容忽视"[5]，于是许多安达尔人都娶了被征服者的妻子。同样的情况极有可能发生在罗马衰落后的不列颠，遗传学研究表明，现代英国拥有盎格鲁 - 撒克逊血统的男性比女性比例更高。就像一些盎格鲁—诺曼贵族——如罗杰·莫蒂默（Roger Mortimer）声称自己与传说中的不列颠国王亚瑟王有血缘关系一样，在《冰与火之歌》中，谷地（Vale）也有一些家族声称自己是"先民"后裔，比如雷德佛家族（Redforts）和罗伊斯家族（Royces）。

朱特人统治着肯特王国，与此同时，撒克逊人建立的南、东、西三个王国分别叫做苏塞克斯（Sussex）、埃塞克斯（Essex）和威塞克斯（Wessex）。威塞克斯最初被称为"多恩"（Dorn）[1]，统治范围集中在不列颠南部的汉普郡（Hampshire）、威尔特郡（Wiltshire）和多塞特（Dorset）。在中部，盎格鲁人在与不列颠人接壤处建立了一个王国，被称为"边疆国"或是麦西亚王国（Mercia）。靠近北海的则是东盎格利亚王国（East Anglia），一片与荷兰非常相似的沼泽和平原——人们总是穿梭于这两个国家之间。更远处还有两个最北边的王国——伯尼西亚（Bernicia）和德拉（Deira），后来他们合并成为了诺森布里亚（Norumbria）。因此，后来这段时期被称为"七国时代"（Heptarchy）[2]，虽然这片土地上最初有超过 12 个国家，但到了有历史记录的时候，只剩下了 4 个王国。[6]

就像在维斯特洛一样，面对入侵，当地人民奋起反抗，尤为著名的是一名与撒克逊人进行了多次战斗的战士，那就是传说中的亚瑟王。亚瑟王传说起始于中世纪中晚期，因此故事吸收的大量元素其实也都属于中世纪中晚期，而不是故事中所描绘的那个更加残酷、原始的 6 世纪。这个实际上兴起于 12 世纪法语世界的故事，在某种程度上定义了贵族阶层的行为准则。

关于英勇的不列颠战士抵抗撒克逊人进攻的传说首次出现在公元 700 年左右，毋庸赘言，在那个人们普遍缺乏读写能力的时期，近两个世纪的间隔使得任何历史传说的准确性都无法证实。亚瑟王的故事经过蒙茅斯的杰弗里（Geoffrey of Monmouth）编撰后大为流行，但在此之前，这个故事已经在三块交流频繁的凯尔特人领土——威尔士、康沃尔和布列塔尼——通过口头流传了很久。现实生活中的"卡米洛

---

[1]　《冰与火之歌》中的多恩为 Dorne。——译者注

[2]　这七个国家指的就是本段提到的肯特、诺森布里亚、东盎格利亚、麦西亚、埃塞克斯、苏塞克斯和威塞克斯，最终威塞克斯王国灭了其他六国，建立威塞克斯王朝。而这七个王国的格局，也成为了后来英格兰王国的雏形。——译者注

特"（Camelot）[1]——这个词其实很晚才出现——可能指的就是从康沃尔到苏格兰南部的某处，亚瑟的王国"里昂内斯"（Lyonesse）在词源上则与洛锡安（Lothian）有关。

洛锡安是"古北境"（Hen Ogledd）的一部分。古北境则是位于现在英格兰北部和苏格兰南部的一系列不列颠王国的合称，其中包括斯特拉斯克莱德(Strathclyde)、雷格德(Rheged)和高多汀(Gododdin)，后来他们都被盎格鲁人的德拉王国和伯尼西亚王国所征服，这两个王国合并成为诺森布里亚后，国王们在北海沿岸的贝班堡(Bebbanburg)*建立了据点。贝班堡即现在的班堡（Bamburgh），是凯尔特军阀在罗马统治崩溃后使用的一座古老堡垒。到了6世纪时，盎格鲁人占领了这个要塞，经过长达几个世纪的冲突，把不列颠人逼向了最西边。

在维斯特洛，安达尔人并没有征服北境，同样，因为偏远地区地形多山、难以攻占，盎格鲁人也没有殖民整个英格兰。事实上，2015年公布的一项大规模 DNA 测试结果表明，盎格鲁人的血统并未渗透曾经属于诺森布里亚的山区。测试的样本来自同一地区四名英国人的孙辈，结果证实，虽然盎格鲁 - 撒克逊人在约克郡东部的低洼地区进行了大量的殖民活动，但来自奔宁山脉（Pennines）的被测者携带的大多数还是不列颠本土的遗传标记。7

因此，在那些外来者难以进入的地区，先民的古道（old ways）[2]便大行其事。直到 20 世纪以前，约克郡西区高地的农民仍在使用一种名为"Yan Tan Tethera"的计数方法，这种方法可以追溯到当地在英语之前曾经使用过的古代语言。他们的单词"四"(peddero)与威尔士语中的"四"（pedwar）有关，而"十"（dix）则与威尔士语中的"十"（deg）出自同源。安达尔人多花了 1000 年的时间才

---

［1］ 传说中亚瑟王的宫殿所在之地。——译者注
［2］《冰与火之歌》中，古道指的是从先民时代传承下来的传统习俗，其中最有名的是铁民把自己不事生产、四处劫掠的传统称为"古道"。——译者注

占领铁群岛（Iron Islands），而盎格鲁人和撒克逊人则用了更久的时间才征服英格兰的大部分地区，位于最北部的坎布里亚郡（Cumbria）和最西南的德文郡（Devon）甚至坚持到了 9 世纪。毫不意外，2015年的那项研究表明，这些地区的人在基因上与其他英国人差别很大（在德文郡旁边的康沃尔郡乡下，还有另一套完全不同的遗传标记）。总的说来，盎格鲁 - 撒克逊对现代英国基因组的影响在 10%—40% 之间，这意味着即使是一次大规模的入侵，也无法完全抹去原住民存在过的印记。[8]

亚瑟王的撒克逊敌人彻迪克（Cerdic）和他的儿子金里克（Cynric）有一半可能是真实的历史人物，但这两个不列颠名字暗示了他们很可能是冒用撒克逊身份的本土贵族，或者至少有部分不列颠血统。他们沿着泰晤士河谷（Thames Valley），在神秘的古代遗迹优芬顿白马（Uffington White Horse）附近建立了自己的王国——威塞克斯。优芬顿白马是伯克郡（Berkshire）的一副山体画，甚至在公元前 800 年左右凯尔特人到来之前便已存在。它的附近是一座天然的白垩山——龙山（Dragon Hill），山的表面平坦，寸草不生，当地人深信是因为龙血渗入其中。后来，这里又成为了传说中圣乔治（St George）杀死怪兽的地方。我们几乎可以肯定，它是铁器时代（Iron Age）的某种宗教仪式场所，可能涉及到一些可怕的东西。正是在这些风景如画的缓缓山坡和泰晤士河周围的宝贵农田之中，诞生了未来的英格兰国王。

尽管没有证据证明亚瑟王真的存在过，但他的神话对中世纪的骑士精神、浪漫传奇和英雄主义思想都产生了巨大的影响，甚至辐射到了维斯特洛——即使在马丁的世界里，英雄主义只是他脑海中闪现过的一些愤世嫉俗的念头。

冬月

这是一片孕育神话和怪物的土壤，诞生于 8 世纪的盎格鲁 - 撒克逊诗歌《贝奥武夫》讲述了一位英雄誓要杀死巨兽格伦德尔（Grendel）的故事。《贝奥武夫》的故事背景设定在盎格鲁人起源时期的斯堪的纳维亚半岛（Scandinavia），但长诗中它表现出的却是 8 世纪中叶的历史风貌，因此很可能成型于诺森布里亚。[9] 在许多方面，它和希腊神话中的珀尔修斯（Perseus）[1] 以及《惊情四百年》（*Dracula*）和《大白鲨》（*Jaws*）的故事内核是一样的，属于七种基本情节[2]之一——人类战胜怪兽。但是，这个故事还蕴含了对逝去时光的惋惜，和一种悲观的哀叹：当所有困难都解决之后，荣耀又有什么意义。

在这个战士社会中，每个男性死后都会和自己的剑盾一起埋葬，甚至包括幼童，因为人们认为，他们在战场上斩杀之人的光环会附于其上。虽然贝奥武夫是一位勇斗巨龙的战士，但他也是"最温柔的人，对待人民最为仁慈亲切，同时也最为渴求名声"，但他始终没有意识到，一切虚名都将归于虚妄。

20 世纪 20 年代，J.R.R. 托尔金在牛津大学当教授，当时他正在翻译《贝奥武夫》的新版本。从索姆河（Somme）战役中生还归来之后，托尔金对现代化带来的巨大影响倍感震惊。此时，世界正在滑向另一场灾难性的战争，他提笔撰写了一系列幻想故事，这些故事日后又反过来深深地影响了马丁的创作。[10] 在关于贝奥武夫的著名系列讲座之后不久，1937 年，托尔金创作了《霍比特人》（*The Hobbit*），故事的高潮就是一场英雄与恶龙的战斗。同时，托尔金和马丁的作品还都包含了亚瑟王式的传统元素。有人对这两部史诗进行了比较，认为这两位幻想作家从两个中世纪的故事——《高文爵士和绿衣骑士》（*Sir Gawain and the Green Knight*）以及托马斯·马洛里爵士的《亚瑟王

---

[1] 希腊神话中宙斯之子，杀死了女妖美杜莎。

[2] 克里斯托弗·布克（Christopher Booker）在 2004 年出版的《七种基本情节：我们为什么讲故事》（*The Seven Basic Plots: Why We Tell Stories*）中，研究了各类故事传说的模式以及其心理学含义。书中提出的七种基本情节分别是：斩妖除魔、从穷困到富有、探寻、远行与回归、喜剧、悲剧、重生。

之死》（*Le Morte d'Arthur*）——之中"借鉴了亚瑟王的传说"。"有些是模仿，有些是放大，还有些是从这些古老的作品中分离出的元素，托尔金和马丁所创作的伟大的奇幻传奇有一种家族性的相似之处，因为他们继承了相同的叙事 DNA。"[11] 这两部现代史诗都讲述了人类面临着外部世界的邪恶威胁，在托尔金的作品中，威胁来自东方，而在马丁的作品中则来自北方。

托尔金创造的座狼（warg）和马丁创造的狼灵（warg，又叫易形者，skinchanger）都是从古英语单词"wearh"（意思是"强盗"或者"男人"）和古斯堪的纳维亚语（Old Norse）单词"vargr"（意思是"狼"）演变而来。在中土世界（Middle Earth），座狼是充当半兽人坐骑的巨狼，而在维斯特洛，狼是站在人类身边一起对抗怪物的伙伴。wights（生物，生灵）这个词也有着类似的演变，当基督教的福音传播到北方时，一部名为《救世主》（*Heliand*）的史诗用日耳曼人可以理解的话解释《圣经》，于是《圣经》中的"引导我们不要陷入诱惑"变成了"不要让邪恶的生灵（wights）引诱我们听从他们的意愿"。追溯其词源，古英语单词 Wiht 指的是所有生物，但是在现在的幻想作品中，它已经变成特指不死者或其他类似的邪恶生物。

虽然英雄的美德总会被史诗颂扬，流芳百世，但大多数盎格鲁人并不是战士，只是靠种植大麦和其他庄稼艰难谋生的农民。盎格鲁 - 撒克逊人把收获之后进行食物储存的十月称为冬月（Winterfylleð），因为它标志着进入冬天的第一个满月[12]——换句话说，也就意味着"凛冬将至"。随后到来的 11 月被称为血月（Blopmonap），此时人们宰杀动物为过冬准备。接下来的 12 月被称作 Ærra Gēola，意为"耶鲁节前"（Before Yule）——耶鲁节指的是异教徒在冬至日进行的节庆活动。[1]

---

[1] http://calendopedia.com/english.htm

和安达尔人一样，盎格鲁人也是多神论者，不过除了在星期的名称里留下名字的提尔（Tiw）、沃登（Woden）、索尔（Thor）和弗丽嘉（Frigg）这几位神灵之外，我们对他们的信仰几乎一无所知。[1]我们只能推测，他们最有可能信奉的是某种战士天堂，这种信仰和北欧神话中瓦尔哈拉（Nordic Valhalla）类似，相信阵亡战士死后的英灵将会前往天堂，在大醉之后享受盛宴、搏斗和肆意交欢。

　　然而，就像在维斯特洛一样，盎格鲁人很快就迎来了只信奉一位神明的东方神秘新信仰。就像在维斯特洛一样，这种宗教最初是依靠外国女性的力量才站稳了脚跟。[2]昔日的帝国都城罗马，此时只有几千人生活在这里，往昔荣耀只剩余晖。有一天，教皇格里高利（Pope Gregory）在奴隶市场上见到了两个金发的奴隶男孩，询问他们来自哪里，得知是盎格鲁人后，他巧妙的回应在后世广为人知：Non Angli sed Angeli（not Angles but angels），意为"不是盎格鲁人而是天使啊"。于是教皇心有所感，便派出使团前往不列颠传教。公元597年，肯特国王在来自法兰克的妻子伯莎（Bertha）的影响下接受了基督教。又过了几十年，在一些爱尔兰教士的不懈努力下，北方也投入了基督教的怀抱。

　　其余宗教的势力终于被彻底荡平，然而霍萨（Horsa）和彻迪克

---

　　[1] 英文中星期的名称，最早来自罗马人将一个星期的七天分别对应七位罗马神，传播过程中，星期二到星期五这四天被日耳曼人用自己相应的神进行了替代。星期日、星期一这两天，罗马人认为分别是太阳神和月亮神的日子，最后就演化成了 Sunday 和 Monday；星期二罗马人认为是战神马尔斯（Mars）的日子，日耳曼人用自己的战神提尔（Tyr，在古英语的写法为 Tiw）替代后演化成了 Tuesday。星期三罗马人认为是众神信使墨丘利（Mercury）的日子，墨丘利同时还是商业神，日耳曼神话中主神沃登（Woden，也就是奥丁）也兼管商业，因此替代之后星期三的英文演变成了 Wednesday。星期四罗马人认为是朱庇特的日子，因他以雷电为武器，日耳曼人用雷神索尔（Thor）进行了替代，最后演化为 Thursday。星期五（Friday）罗马人认为是爱神维纳斯（Venus）的日子，日耳曼人用自己的爱神、奥丁之妻弗丽嘉（Frigg）替代，最后演化成了 Friday。此外，星期六在罗马神话中对应的是农神萨杜恩（Saturn），这个词没被动过手脚，保持了原始面目，所以星期六就是 Saturday。——译者注
　　[2] 在《冰与火之歌》中，来自厄斯索斯的神明光之王拉赫洛，依靠史坦尼斯对女祭司梅丽珊卓的信任才得以在维斯特洛传播开。——译者注

的后裔无须为失去旧神而哀叹，因为众所周知，传教士们为不列颠带来了书写文字和罗马遗失的珍宝。诺森布里亚，这个曾经位于世界最边缘的阴影之地，转瞬之间即被文化繁荣的光明照亮，创造了像《林迪斯法恩福音书》（*Lindisfarne Gospel*）这样的文化瑰宝。这场文化复兴依靠修道士的广泛活跃而推动，他们就是真实生活中的学士（Maesters）[1]，他们的足迹踏遍欧洲大陆又延伸到不列颠，留下了七国历史上的第一批学习中心。

不列颠人改变了自己的信仰，然后派出许多传教士渡过冰冷的海洋，去自己祖先的发源地传教，想要那里的人们也加入基督教的世界。在萨克森（Saxony）和伟大的莱茵河边的低地弗里西亚（Frisia），他们取得了一些成功。然而，在更远的北方，人们仍然崇拜那些古老的神灵。除此之外，在寒冷刺骨的极北之地，一个可怕的种族——现实生活中的"铁种"（Iron Born）[2]诞生了。一位修道士看到不列颠此时遭受的种种灾难，回忆起《耶利米书》（*the Book of Jeremiah*）中可怕的预言："必有灾祸从北方发出，临到这地的一切居民。"

本章尾注：

1. *A Dance with Dragons*
2. *Henry's Historia Anglorum*
3. 这是一个比较传统的理论。另一种可能性是不列颠东部这些地区其实一直都在使用日耳曼语，布狄卡其实也算是撒克逊人，不过这个理论存在的问题就比较多了。

---

　　［1］《冰与火之歌》中的学士是指那些在学城学习、训练过的学者、医者和科学家，在完成学业后，学士会被派往城堡或者其他居所，并以一个导师、医者和顾问的身份忠于那里的主人。——译者注
　　［2］《冰与火之歌》中铁群岛的原住民通常自称"铁种"。由于先民在数千年前便到来，铁群岛在一定程度上与维斯特洛大陆隔绝，所以这些铁民并没有信仰来自森林之子的旧神，而是基于淹神和海石之位发展出了自己的宗教——淹神。——译者注

4. Mortimer, Ian: *The Time Traveller's Guide to Elizabethan England*

5. Martin George R.R., Garcia, Elio m Jr, Antonsson, Linda: *A World of Ice and Fire*

6. 当时并没有出现这种叫法，很久之后才把这七个主要王国称为"七国"。

7. http://www.nature.com/news/british-isles-mapped-out-by-genetic-ancestry-1.17136

8. 盎格鲁人和撒克逊人到底在多大程度上取代了不列颠的土著居民，一直是人们激烈争论的问题。

9. 这只是其中一种理论，也有可能是在麦西亚或者东盎格利亚。http://csis.pace.edu/grendel/projf20004d/History.html

10. http://www.bbc.co.uk/culture/story/20140616-game-of-thrones-debt-to-tolkien

11. http://www.bbc.com/culture/story/20140616-game-of-thrones-debt-to-tolkien

12. https://twitter.com/ClerkofOxford/status/914396271506575360

15

死神狂舞

——灰鳞病、黑死病和麻风病

对提利昂·兰尼斯特来说，死亡已不再可怕，但灰鳞病是另外一码事。

——出自《冰与火之歌》第五卷《魔龙的狂舞》

1348 年 8 月，人们看到巴黎上空出现一团火球；这颗像星星一样的物体大而明亮，出现在西边的夜空中。在 1347 年 8 月的意大利，佛罗伦萨的（Florentine）银行家和编年史家乔凡尼·维拉尼（Giovanni Villani）观察到一颗彗星出现在金牛座附近，并把它称之为黑暗彗星（Dark Comet）或内格达（Negra）[1]。这颗彗星好似一束熊熊燃烧的巨大火焰，其形状像一把利剑，并一直在天空中直到 10 月。

当时的意大利文编年史 Nuova Cronica——《新编年史》（*New Chronicle*）写道：彗星的出现预示着"伟大国王之死"，而且在那之后不久，神圣罗马帝国皇帝（Holy Roman Emperor）路易四世[2]（Louis

---

[1] 西语中"黑色"之意。——译者注

[2] 即（巴伐利亚的）路易四世（Ludwig IV der Bayern，1282—1347 年），上巴伐利亚公爵路易二世之子。——译者注

IV）确实很快就暴毙了。这颗彗星非常不详地与有着大陵五（Algol）[1]的美杜莎（Gorgon Medusa）头颅相距十六度，而大陵五也"被人广泛地认为是天空中最恶毒的恒星"，对许多人来说恐怖异常。"它看起来很糟糕，就像……一把剑……他们说彗星是红色的……它的表象十分引人注目，还有一条像龙一样的尾巴"。[1] 这个"火柱"也在"罗马教皇之都"阿维尼翁（Avignon）被观察到。

流星常常被视为坏消息的征兆，最著名的一次发生在1066年，在王国被入侵的前几个月[2]，有人在天空中看到了哈雷彗星。同样的，《列王的纷争》（A Clash of Kings）也是始于天空中出现了不祥的血红彗星，这一现象被乔佛里（Joffrey）和爱德慕·徒利（Edmure Tully）认为是好兆头，但被伊伦·葛雷乔伊（Aeron Greyjoy）和野人欧莎（Osha）视为战争的先兆。

在这样的例子里，彗星确实预示着可怕的消息。13世纪40年代已经涌现出了许多灾难，包括地震、风暴、饥荒和洪水，然而，真正在一个夏日里震惊了这个世界的是另一种全新层面上的恐惧。

灰鳞病

在马丁笔下的世界里，一种叫做灰鳞病（greyscale）的可怕疾病折磨着"石民"（Stone Men），这种疾病会让他们的皮肤硬化从而导致死亡。通常这些可怜的人不得不被流放并生活在旧日瓦雷利亚（Old Valyria）的废墟中，在那里灰鳞病带来的痛苦往往会把他们折磨至发疯。偶尔在最好的医生的帮助下，或者不一定通过医疗手段，有些人会逃过灰鳞病这一顽疾的折磨，继续过着幸福绵长的生活，

---

[1] 大陵五，英仙座 β 星，西名 Algol，意思是"妖魔"，它是英仙座内一颗明亮的恒星，也是一对著名的食双星。在西洋星座系统中，大陵五是英仙座帕尔修斯（Perseus）手中提着的美杜莎头颅上的"魔眼"。在古希腊与古罗马传说中，若谁与美杜莎的魔眼对视，他立刻就会变成石头。——译者注

[2] 指诺曼征服战争。——译者注

例如史坦尼斯（Stannis）的女儿——可怜的希琳·拜拉席恩（Shireen Baratheon，好吧，事实并不完全是这样美好）。曾经有一场名为灰疫病（grey plague）的大型瘟疫，一种"速度更快，毒性更强"的灰鳞病在旧镇（Oldtown）杀死了四分之三的人口。领主昆丁·海塔尔（Quentin Hightower）命令将城市隔离起来，烧掉所有的航运设备，没有人可以出入旧镇——河湾地（Reach）因此从爆发的疫情中得以保全。

当时在欧洲存在许多令人作呕的疾病，但与灰鳞病有着明显相似之处的是麻风病（leprosy），这种疾病在十四世纪的欧洲仍然普遍存在——也许在英格兰（England）有二百分之一的人患有这种疾病——尽管到了接下来的一个世纪它已经逐渐消失了。麻风病早在古埃及就有记载，但是在亚历山大[1]的军队把它从印度一并带回来后，它才在欧洲变得普遍起来。在中世纪早期，它变得更加常见，并且从11世纪起，一项法律规定麻风病患者必须与人群隔离。1179年，第三次拉特朗公会议（The Third Council of the Lateran）下令将所有麻风病人隔离开来，反映了这种毁容性疾病造成的恐慌，即使是在教会中也是如此。麻风病的潜伏期也许有20年，这也是该病引起人们恐慌的部分原因。

当有人感染这种疾病时，他们要参加一个审理并接受外科医生的检查，如果麻风病得到确认，那么一周后他们就会被送到教堂进行"隔离"，最终成为自己葬礼的唯一出席者，孤独地死去。

当天，穿着裹尸布的、面露不悦的男人或女人，被四位唱着天主教歌曲《拯救我》（*Libera me*）的牧师用担架扛到教堂。在教堂里，担架被放置在距离人群来说安全的地方，牧师将朗读悼文，就像葬礼一样。麻风病人不得不穿着黑色衣服在祭坛前跪下，牧师用铁锹在受

---

[1]　指亚历山大大帝。——译者注

害者的脚上撒上泥土，并说："你虽在尘世间死去，却活在上帝跟前。"

之后，牧师会宣布禁止受害者进入任何可能被人发现的地方，包括教堂、面包店或市场等，并且要始终穿着麻风病人的服装，如果要和别人说话只能朝着风吹来的方向。然后那些悲伤的诗篇会再一次唱响，紧接着神职人员会把麻风病人带出教堂，穿过街道，离开城镇来到麻风病人的聚居地。他会得到一对响板来警告别人自己的靠近，另外还有一副手套和一个面包篮，他的家人会让他过着一种与死亡无异的、被人遗忘的生活。

由于麻风病人在法律上已经死亡了，他们的所有财产都被瓜分一空，但如果他们非常不走运——在局势极度紧张的时候——他们可能会被烧死。源自对麻风病人的恐惧，从 1310 年开始，理发师就被安排守在伦敦的大门旁边，寻找那些试图偷偷摸摸混来的患者（理发师曾经做过许多与理发无关的工作，例如手术等，这就是为什么今天的理发店外面有着红白相间的杆子，这是为了纪念过去那些患者在他们接受治疗的磨难期间曾用过的绷带）。

麻风病人不得不住在聚居地，当时在法国有 2000 病人，而在英国截至 1230 年估计有 250 人；神职人员马修·帕里斯（Matthew Paris）估计在整个欧洲有 1.9 万例麻风病，但他是如何得出这个数字的仍不为人所知。麻风病人的住房条件非常恶劣，甚至 1313 年在萨里的金斯顿（Kingston, Surrey）还发生了麻风暴乱。这主要是抗议那些无用的治疗方法，每个人都知道这些方法没有用，其中包括放血净化疗法、极端食疗以及吃韭菜炖煮物等一些古怪的法子。

然而，中世纪的人们对麻风病人的态度是复杂的；虽然人们对麻风病人感到恐惧和厌恶，称他们为"行尸走肉"，但许多人认为他们是圣洁的，因为耶稣治好了某些患者并向他们表达了特别的感情。这种混杂了厌恶和崇敬的情感影响了人们对不幸的"石民"的态度。

麻风病可以影响到所有的社会阶层，其中最著名的是耶路撒冷

（Jerusalem）的十字军国王鲍德温四世（Baldwin IV），他于1174年13岁时登上了王位。他那位后来成为大主教的老师提尔的威廉（William of Tyre）有一天发现了鲍德温和他的朋友们在玩游戏，他们试图把自己的指甲钉入对手的手臂来伤害对方；他惊恐地发现鲍德温并没有因此感到痛苦，而这种症状只能说明一件事[1]。成为国王之后，鲍德温的宫廷变得云谲波诡，因为每个人都认为他会很快就死去，最终鲍德温活到了24岁。和詹姆·兰尼斯特（Jaime Lannister）一样，鲍德温的右手受到的感染非常严重，因此他学会了用左手进行搏斗。

然而，到了玫瑰战争（the War of the Roses）时期，麻风病几乎已经完全在英格兰绝迹了，其中一个原因就是它被其他类似的疾病所击溃，并且患者从这些疾病中发展出了交叉免疫，特别是结核病，这种病直到20世纪对欧洲来说仍是一个威胁。但从另一个角度来讲，这是因为欧洲的大部分麻风病人都被另一种更可怕的疾病杀死了。

瘟疫

1348年6月23日，一艘船抵达英格兰南部海岸梅尔科姆雷吉斯（Melcome Regis）某港口，这艘船很有可能来自法国北部的加来（Calais）。在那艘满载货物、决定着英格兰未来命运的船只上，有着无论对于船上的老鼠或受感染的人群来说都极为致命的鼠疫杆菌（Y.pestis bacterium）；之后的一年内，英格兰的土地上因为瘟疫失去了三分之一的人口，且这种疾病每天都以一英里的扩散速度蔓延到全国各地。

阿拉伯人称之为"毁灭之年"（The Year of Annihilation）。对于欧洲人来说，他们称之为"大死亡"（Big Death）或高死亡率时期（Great Mortality）。之后在16世纪，它被称为"黑死病"（Black

---

[1] 即患了麻风。——译者注

251

Death），这个词于 1555 年首次在瑞典（Sweden）使用。[2] 人类从未遭受过如此前无古人后无来者的恐怖——教会的权力开始出现下滑，封建制度进入衰落的尾声，欧洲人的心态就此发生了永久改变，变得更加病态。

导致鼠疫的鼠疫杆菌存在于中亚的啮齿动物身上，它们通常对人类无害，但很有可能因为气候变化和人口增长使它能够跨越物种之间的障碍并变得更加致命。这种新型致命细菌由印鼠客蚤（X cheopis）携带，这是一种寄生在老鼠身上的"非常具有侵略性的昆虫"，"并且能够将其口腔部分粘在活体毛虫的皮肤上并吸出毛虫的体液和内脏。"[3]

这种疾病由贸易和战争向西部蔓延，扫荡着从东向西的丝绸之路的两旁地区。在位于卡法（Caffa）的热那亚的克里米亚（Genoa's Crimean）殖民地，即现在的费奥多西亚（Feodosiya），一场发生在意大利商人和当地鞑靼人（Tartars）之间的街头斗殴爆发了，最开始是言语侮辱，之后双方拳头相向，然后又拿出了刀子，从而导致这场打斗全面升级。鞑靼人向意大利人发出最后通牒，但是在那之后很快收到了侮辱性的回应——这绝对不算是明智的回应——因此围攻开始了。然而，鞑靼人很快就被这种不为人知的疾病所打倒，先是有数十人死去，接下来成千上万的人也陆陆续续地死去了。鞑靼人变得非常虚弱以至于要撤退，但在这之前他们把一些尸体通过弹射器投入城内，根据当时一位名叫加布里耶勒·德穆西斯(Gabriele de'Mussis)的人说，"（尸体）被抛入城中，他们希望产生这种难闻恶臭的疾病会杀死城里面的每个人。"不久，这种疾病在意大利人中肆虐，心惊胆寒的卡法（Caffa）居民爬上船只逃回了家，他们首先抵达西西里岛的墨西拿（Messina in Sicily）。虽然只有二分之一的热那亚船只从黑海回到了家——但是这个数量足以让意大利灭亡。

对于黑死病感染者来说，口臭是第一个令人作呕的迹象；他们最初会感到头晕目眩和恶心，然后开始呕吐，紧接着腹股沟会开始疼痛并随即出现腹股沟腺炎，长出一个个苹果大小的肿块，这种肿块可能会出现在患者颈部、腹股沟或是腋下，意大利人称它们为gavocciolo。在这个阶段，受害者会出现吐血的症状，他们会把牧师叫来做临终祈祷（Last Rites）。这些可怕的肿块一直氤氲在欧洲人的脑海中，而患者所表现出的怪异畸形更加令人不安；对于那些在大腿上有 gavocciolo 的人来说他们走路总是一瘸一拐的，而对那些有颈部肿块的人来说他们的头就像是被卡住一样，呈现出一种奇怪的角度。城市里到处弥漫着疾病的气息。

很快，四处就有了一种末日将至的感觉，即一种所有人类死期将近的氛围；当信徒们聚集在教堂里看到一只黑色的狗的爪子里握着一把出鞘的剑时，墨西拿的人们目睹了一场可怕的奇观："这只狗咬牙切齿，冲开人群，打破了祭坛上所有的银器、灯和烛台，然后把它们四散扔开（当然，这只狗可能患有另一种普遍的疾病——狂犬病）。"[4]另一个故事则告诉人们，在前往墨西拿的途中，一尊圣母像（the Blessed Virgin）突然复活起来，然而她拒绝进入这座城市。

意大利各地的人们一大片一大片地死去。有一天，"一个想要立遗嘱男人找来了一些人，并把他们都给感染了，于是他与公证人、听他忏悔的牧师以及见证他立遗嘱的人一起去世了，第二天他们都被埋在了一起。"[5]在威尼斯，在某一可怕的日子里，一艘来自黑海（Black Sea）的船抵达并停泊在诗人彼得拉克（Petrarch）位于圣马克盆地（Basin of St Mark）的房子附近。很快，尸体就被特殊的船只运走了。船上的很多人都还有呼吸，还有些人因窒息而死亡，且大多数划桨手也都患上了这种疾病。

在 1348 年的那个夏天，伴随着"死尸！死尸！"的喊叫声，每天都有用黑色织物覆盖尸体的船只穿过运河。人们烧毁掉那些被认为受到了感染的船只。随着小酒馆的关闭，人与人之间的互动也变少了，售酒也成了违法行为。另外，贫穷家庭为获得捐赠而外出乞讨的这一威尼斯习俗也被禁止了。

随着这场疾病蔓延到整个意大利，那些大城市试图阻止周围的人们进城，但这似乎根本无济于事。奥尔维耶托（Orvieto）的七人委员会（Council of Seven）草草地决定忽视这场即将到来的瘟疫，以防引起民众恐慌；然而，委员会中最终有六人死于这种疾病。在托斯卡纳的皮斯托亚（Pistoia in Tuscany）"几乎无一人生还"。大约在五十年后，这个城市的人口仍不到瘟疫发生前的三分之一。当局对此束手无策，然而几乎没有什么办法来阻止它，因此在拉古萨（Ragusa），政府命令每个人必须制定遗嘱。

在某些情况下，这种疾病导致了社会规范的崩溃。在威尼斯，因为看管罪犯的狱卒都死了，所以犯罪分子在街上四处游荡。在佛罗伦萨，幸存者受到了一群名为 becchini 的黑帮团伙的恐吓，这群歹徒的座右铭是"畏死则亡"，他们吃喝嫖赌、打家劫舍，常常用暴力威胁或强奸无辜之人，除非那些可怜人愿意拱手让出自己的财产。还有一些其他人表现得像圣徒一样，那些死在佛罗伦萨的人的尸身被仁慈堂（Compagnia della Misericordia）收集了起来，这是一个组织成员穿着红色长袍、戴着兜帽掩盖面容的团体。

法国的感染源最有可能来自南部的马赛港（Marseilles）。很快，"罗马教皇之都"阿维尼翁（Avignon）就陷入了瘟疫的阴影之下。每天晚上，城里的墓地都被饥肠辘辘的猪群袭击，这些野兽在黑暗中聚在一起，奔向那一天产生的又一批新鲜尸体，它们将鼻子插入刚刚挖掘过的土壤中寻找新鲜的人肉。因为死者人数众多，没有足够的牧师来给他们做临终祈祷，所以教皇将整个罗纳河奉为圣河；每天早晨，被投入罗纳河的尸体经过城镇以及那些有名的桥梁，随着流水前往地中海。这种疾病很快在巴黎肆虐，在这场瘟疫结束之前，估计有 5 万人死于此浩劫；生者与死者一同被扔进尸堆，经常看到有成群的尸体在蠕动。

瘟疫最有可能首先通过法国加来（Calais）来到不列颠，那些围攻了11个月以后的体弱英军纷纷感染此病。在布里斯托，"瘟疫肆虐到难以想象的程度，活着的人还没来得及为死去的人掩埋尸体，自己便离开人世……在这个时期，高街（High Street）和宽街（Broad Street）上的草长到了几英寸高。"[6] 格洛斯特（Gloucester）附近的一位作家哀叹："惨绝人寰，粗鲁狂野，人心散乱。只有人渣才能生存下来。"[7] 牛津因这场瘟疫失去了三位市长，三位坎特伯雷大主教（Archbishops of Canterbury）也接连离世。

当有人患病后，他们往往会去找牧师做祷告，因此自然而然地，那些牧师的伤亡率都很高，尤其是那些宗教机构有着令人震惊的死亡率，一些修道院因此失去了所有的神职成员。有些人在这次灾难中表现得非常英勇，充满人性的光辉，但还是有许多人选择了逃离，并放弃照顾那些濒死的亲人。虽然这是可以理解的，但是一些编年史家对此依然感慨不已。

从那时开始，不时就会有一些残忍的、令人沮丧的故事发生。在杜伦（Durham）"有一个疯狂且孤独的农民……在瘟疫平息后的几年里，他像幽灵一般地在该地区的村庄和小巷中游荡，呼唤着他因瘟疫而死去的妻子和孩子们。据说这名男子对当地民众的情绪产生了极大的负面影响。"全国各地的村庄里充满着大量因瘟疫而离世的人的坟墓，埋葬着人们的挚爱亲人；人们像自己逝去的亲人那样咳嗽着等待着死神的降临，因为他们知道自己很快就会和自己逝去的亲人重逢。作为对幸存者警告，黑旗飞扬在那些受感染的村庄的教堂尖顶。

在历史上曾经有一段时间，伦敦每天有200人死于瘟疫，因此伦敦在1348年被称为"无人区"（Nomannesland），而伦敦西部的一块大田则被划为大规模埋葬点。数百个英格兰村庄几乎同时被完全遗弃，尽管许多村庄是因为那些渴求工作机会的工人离开而导致的接连移民潮从而消亡的。

有些人采取了果断措施。当瘟疫一出现，莱斯特郡（Leicestershire）的一位拥有庄园的贵族便立即烧毁并夷平了诺赛莱（Noseley）村；而今他的后代仍然住在诺赛莱宅（Noseley Hall）中，说明这一措施显然对他们有用。在引入最严格的法规后，米兰市的死亡人数远远少于其相邻城市。此项制度规定当一间房子里有人被感染后，则二话不说立即将这间房子封死，房里所有的居民都被遗弃在房间里活活饿死。后来发生在位于意大利对面、亚得里亚海岸的杜布罗夫尼克城（the city of Dubrovnik）的瘟疫大爆发中，该城坚持要求所有的船只能停泊40天，即意大利语中的"quaranta"[1]，因此英语中的隔离期一词"quarantine"由此诞生。

医学专家对黑死病的成因感到迷惑不解，而更糟糕更令人困惑的是，那时主要有两种类型的鼠疫——腺鼠疫（bubonic）和肺鼠疫（pneumonic）——第一种由跳蚤携带，第二种由人类携带。其实还有第三种不太常见的类型，即血鼠疫（septicaemic），通常发生在血液被感染的时候。这三种鼠疫类型的共同点是它们都会造成极为痛苦可怕的死亡，其中血鼠疫的致死率接近100%。这种瘟疫的致死速度极快，在后来爆发的一些疫情中，从患者最初出现症状到最后死亡的平均存活时间不到15个小时。[8]

不是所有人都认为老鼠应该负全责，就像历史学家菲利普·齐格勒（Philip Ziegler）所说的那样："死老鼠无疑会把街道和房屋弄得乱七八糟，但在死人更惹人注目的时候，那些死老鼠就几乎不值一提。"[9]然而，死老鼠仍然是一个混乱的根源，因为一些历史学家认为，瘟疫发生之前往往会有大量的死老鼠，而死老鼠的数目如此之大，以至于14世纪的人都认为"死老鼠"是值得关注的重点。事实上，今天的医学专家和历史学家并不完全确定黑死病就是鼠疫，2018年的

---

[1] 四十之意。——译者注

一篇论文还暗示老鼠并不是罪魁祸首。[10]

在不了解真正元凶的情况下，许多人将瘟疫归咎于麻风病人、犹太人或穆斯林，亦或是以上任意两者之间的组合又或者是所有这三者的阴谋。敌人们向井中投毒的谣言与雅典的瘟疫一样古老，当时斯巴达人（Spartans）被指责为一种人类无法控制的疾病的根源，但在十四世纪，人们开始相信麻风病人、犹太人和格拉纳达（Granada）的穆斯林统治者都是来自一个阴谋集团。之后，大屠杀始于纳博讷（Narbonne）和卡尔卡松[1]（Carcassonne），在那里犹太人被活生生地烧死；很快地，大屠杀蔓延到了法国和德国。1348 年，教宗克莱门特（Pope Clement）发布了一项诏书，也可能是一项教令："禁止未经审判杀害、抢劫犹太人，亦不可使其强行皈依"，但这几乎无济于事。

与战争时期一样，人们只能勉强度日，因而对婚姻并不那么挑剔，许多人早早地成家安顿下来并想要快一点有孩子。一位法国修道士让·德·维内特（Jean de Venette）观察到："每个地方的女性都比平常更愿意怀孕，几乎没有想不孕的人；并且，目之所及四处都能看见有孕在身的女性。"[11] 随着人们的举止更加冲动，犯罪案件的数目也随之增加，而又因为那些原本住在瘟疫肆虐的城市的贵族大批地离开，城市里的暴乱也越发猖狂。但是生活还是要继续，即使它变得异常严峻。

现代人对黑死病的共识是，它导致了当时欧洲三分之一至二分之一的人口死亡，尽管在波兰波希米亚（Bohemia, Poland）某些相对孤立的小地区以及范围较小的佛兰德斯[2]（Flanders）的死亡率相对较低，但是另一些地区的损失极其严重；诺曼底（Normandy）东部的

---

[1] 两地均为法国南部城市。——译者注

[2] 中世纪欧洲一伯爵领地，包括现比利时的东佛兰德省和西佛兰德省以及法国北部部分地区。——译者注

人口在 1300 年到 1400 年这期间下降了 70%—80%。佛罗伦萨的人口（Florence）从 1330 年的 12 万人锐减到瘟疫爆发后的 37,000 人，与此同时，威尼斯估计有三分之二的人口都不复存在，[12]大约有 50 个贵族家族永远消失。几个世纪以来，城市周围的渔民们在一个个荒岛上停靠，而这些岛屿都是由那些因瘟疫而死去的人的白骨所构成。意大利应该是遭受了最沉重打击的地方，整个半岛的死亡率高达 60%。在整个欧亚大陆上，街道和田地都寂静无声。对许多人来说，这就像世界末日降临了一样。[13]

鼠疫只是当时许许多多的疾病之一。直到 18 世纪发现疫苗之前，天花（smallpox）也是一种不可控的恐怖致命疾病，它也被称为赤瘟疫（red plague）；它于 15 世纪 40 年代造成了后果严重的流行病，其死亡人数超过了临近一次的腺鼠疫疫情，并且在 15 世纪 60 年代，天花在短短 12 个月内杀死了一个英国城镇 20% 的居民。另外还有流行性感冒（influenza），或简称流感（flu）；其中 1426—1427 年的疫情导致欧洲 7% 的人口死去。西班牙军队打败了摩尔人（Moors）从塞浦路斯（Cyprus）返回后，斑疹伤寒（Typhus）也席卷了阿拉贡（Aragon）。圣维特斯舞蹈症（St Vitus Dance）是另一种常见的疾病，它是一种由病毒引起的自身免疫性疾病，通常会对儿童造成影响，多是由于体内灼烧疼痛而导致的不自主痉挛，其症状类似于跳舞。

鼠疫最终在欧洲灭绝，1722 年在马赛港爆发的疫情成为鼠疫最后一次为害人间的记录。鼠疫灭绝的原因最有可能的是携带鼠疫的黑鼠被其表兄棕鼠赶出欧洲了；另外，用砖头替代木头来建造房屋，也使得老鼠的生存环境变得不那么友好。

爱德华·詹纳（Edward Jenner）在 18 世纪发现一种疫苗后，天花的浪潮才开始逐渐退去。詹纳注意到感染了牛痘的挤奶女工再也不会患上更严重的疾病（疫苗一词"vaccine"来自于拉丁文中的"vacca"，即"牛"之意）。在没有得到妻子许可的情况下，他在儿子身上进行了一种全新的、危险的治疗实验，但幸运的是，结果证明这对父子是正确的。[1]麻风病现在被称为"汉森病"（Hansen's disease），根据19世纪的格哈德·汉森博士（Dr. Gerhard Hansen）的名字命名，这位博士分离出了引起疾病的细菌。具有讽刺意味的是，他发现，这种疾病不是由接触传染引起的，而是由细菌引起的。说到底，这种病并不具有传染性。

本章尾注：

1. http://alxlockwood.webs.com/plaguecomet1347.htm
2. 虽然这引起了罗马在1世纪爆发的混乱，但塞内卡已经如此命名这场瘟疫。
3. Kelly, John: *The Great Mortality*
4. Ziegler, Philip: *The Black Death*
5. *Contemporary Gabriel de Mussis, in The Great Dying of the Year of our Lord 1348*
6. Ziegler, Philip: *The Black Death*
7. Ibid
8. 在20世纪初期，土拨鼠皮的价格翻了两番，中国猎人因而涌入满洲来捕捉啮齿动物，从而导致疫情在一年之内爆发，造成6万人死亡。该种疾病症状发作后的平均存活时间仅为14小时30分钟。
9. Ziegler, Philip: *The Black Death*
10. https://www.standard.co.uk/news/uk/black-death-plague-spread-by-dirty-humans-and-not-rats-study-finds-a3741411.html
11. Jean de Venette's: *Chronicle of the Hundred Years War*（虽然不是每个人都认为这本书是他写的）
12. Frederic C. Lane says plague killed 60 per cent of Venice, or 72,000 people
13. 这场瘟疫留下的另一个遗产可能是民谣歌曲 *Ring a Ring a Roses*，这首童谣最后以"我们都会堕落"（we all fall down）为韵结束，虽然这种说法有争议，因为许多人认为这首民谣起源于19世纪。这一与瘟疫有关的联系仅在第二次世界大战后出现。

---

[1]根据另一种说法，1796年5月，詹纳用从一个奶场女工手上的牛痘脓胞中取出来的物质给一个8岁的男孩詹姆斯·菲普斯注射。如事先所料，这孩子患了牛痘，但很快就得以恢复。詹纳又给他种天花痘，果不出所料，孩子没有出现天花病症。——译者注

16

牛会死，亲人会死，我们自己也会死"
——维京文化对《权力的游戏》的影响

战争才是铁民的正当职业，淹神造人，便是要他们奸淫掳掠，用鲜血、烈焰和欢歌开创新天新地，并用之镂刻名姓。

——席恩·葛雷乔伊[1]

"他们从海上来。那些异教徒！他们烧杀抢掠，血溅祭坛。基督徒被踩在脚底践踏，就像是街上的秽物。有些兄弟还被掳走了。"[1] 这是一位撒克逊编年史家的记录，事情发生在 792 年，林迪斯法恩（Lindsifarne）[2] 的僧侣被大海对面过来的强盗袭击了。

盎格鲁 - 撒克逊（Anglo-Saxon）是日耳曼海文化圈的一部分。"日耳曼海"是他们对这片海域的称呼（直到 18 世纪，这里才被称作"北海"），它把他们和"大海对面的撒克逊人"隔开了。罗马人曾经来到日耳曼海的南部边缘，但他们遇到了一场风暴。诗人阿尔比诺瓦努斯·佩多（Albinovanus Pedo）[3] 相信，这是上帝的指示，他

---

[1] 出自《冰与火之歌》第二卷《列王的纷争》。——译者注
[2] 英格兰东北部一个潮汐岛。——译者注
[3] 活跃于公元 1 世纪初的罗马诗人。——译者注

在告诉他们，这就是世界的边缘。12世纪阿拉伯地理学家伊德里西（Al Idrisi）称它为"永久黑暗之海"，大海们在这里碰撞，像极了诞生出整个世界的那个深渊。

在那之外的事物，撒克逊人知之甚少，只有旅行者讲述的传说在国王的宫廷中回荡：有的人沿着挪威的峡湾一路向北，来到北极圈，见识到了午夜高悬的太阳；有的旅行者向东到达了神秘的芬兰人（Finn）和他们的萨满所居住的土地，再往东则是永远冰封的黑暗世界，叫做"大瑞典"（Great Sweden），也就是今天我们所称的俄罗斯；从这里往南去，就到了万城之女皇（Queen of Cities）君士坦丁堡（Constantinople），这是一座金光灿烂的异域大都市，满足你所有的想象。对于那些听说过撒克逊部落的人来说，他们认为撒克逊人居住在世界的尽头。从"太阳落下的西部海岸……我们知道，再往西不会有任何陆地了，只有水域"，一位叙利亚的穆斯林官员这样写道。他在公元724年接见了一些身着奇装异服的盎格鲁－撒克逊朝圣者。这些穿着颇具异域风情的基督徒没有恶意，"他们只是想履行他们的宗教义务，"当地的官员这样做了总结，随即放他们通过。²

上溯至公元6世纪，罗马人约达尼斯（Jordanes）[1]写过一本书，书里说德意志北边有一个叫做"Scanza"的寒冷岛屿，环绕它的是"很多小岛"，"当海面冰封时，狼群可以在海面行走。在这里，冬天不仅对人们很残酷，对待野兽也毫不留情。由于极端寒冷，那里也没有采蜜的蜂群。"³他把这里描述成"国家的摇篮"（womb of nations），而这里确实孕育出不少饥饿的部落，他们甚至比南方的日耳曼人还要凶恶。两个世纪后，他们已经饿得不行了。在绝望中，他们发展出了造船和航海技术，凭借这些能力他们得以穿过苦寒的大洋一路向西，那里有一个富庶的岛屿，等着他们去掠夺。当地人称他们

---

[1] 生活在公元6世纪的东罗马帝国哥特裔官员，晚年专注于历史研究。——译者注

是"Denes"，也就是"异教徒"的意思。从19世纪开始，我们通过冰岛萨迦（saga）[1]得知他们是"掠夺者"，也就是维京人（Viking）。

像铁群岛（Iron Islands）一样，斯堪的纳维亚缺乏自然资源，除了贫瘠的土壤和咸涩的海水之外什么都没有。耕地的缺失造就了海盗文化的产生和发展，这种文化以劫掠为荣。就像巴隆·葛雷乔伊（Balon Greyjoy）说的："我们是铁种，不是臣民，不做奴隶，不是田野里的耕牛、矿场里的苦力。我们夺取所有应该属于我们的东西。"[2]

从9世纪开始，斯堪的纳维亚军阀的权力逐渐集中，形成了挪威、丹麦和瑞典三个王国。这些激烈的斗争让失败者没有多少选择，只能带上他们的支持者和其他冒险者，乘船出海。在中世纪早期，有多达20万人离开了这片寒冷的地区，他们劫掠、贸易，建立的殖民地从加拿大一直到君士坦丁堡。

在维斯特洛，铁民崇拜他们自己的神——淹神（Drowned God）。与之类似地，维京人是欧洲最后接受基督教的民族。铁群岛的居民有自己的岩妻和盐妾，维京人也有类似的第二个配偶，叫做"handfast"，地位比正妻要低，通常也不是斯堪的纳维亚人。维京人还有一点跟铁民很像，他们也搞奴隶贸易。都柏林就是维京人建起来用作奴隶贸易港的，许多不幸的人从大海对面被劫掠至此，被卖为奴。这其实是欧亚大陆互相影响的体现，维京人在9世纪60年代重新对欧洲基督世界产生威胁，跟前几年发生在巴格达的非洲奴隶起义有很大的关系，此事导致阿拉伯统治者们转用欧洲奴隶来替代。

铁民有"细长、设计得很漂亮的战舰，方便他们随意沿海岸袭击，"而维京人也有他们的长船。4 铁民蔑视贸易和农业，他们的族语"强取胜于苦耕"（we do not sow）表明，劫掠是他们眼中唯一称得上光

---

[1] 北欧地区尤其是冰岛的一种特有文学。其广义指各类文学作品，例如圣徒传记、史书和通俗小说；狭义上仅指传奇小说和历史小说，这些故事大多是9世纪中叶到11世纪时的神话和英雄传奇、维京人的远征故事等等，真伪参半，浪漫主义色彩浓厚。——译者注

[2] 出自电视剧《权力的游戏》第二季第三集《逝者不死》。——译者注

荣的行为。他们对贸易充满敌意，以至于巴隆大王扯住席恩的项链，朝他大吼"你脖子上戴的东西——用金子还是用铁换来的？"[5]在这方面，他们跟维京人不太一样，后者乐于改行当农民或者商人，只要比劫掠能获取更高的利润，或者更加省事。后世的维京人倾向于定居下来，安安静静种田。只不过他们当中有一些，只要有利可图，每年还是要花几个月出去劫掠，比如奥克尼的斯韦恩·阿斯莱法尔森（Svein Asleifarson of Orkney），每年都要"春游"和"秋游"。[1]

诺斯人（Norseman）[2]首次出现在英格兰是在787年，他们在威塞克斯王国（Kingdom of Wessex）的波特兰（Portland）附近的海边杀了一个当地的城镇长官。6年后，大灾变降临，"可怕的预兆出现在诺森布里亚（Northumbria）上空，引起人们极大的恐慌"——是强烈的龙卷风和闪电的光亮，还有人看到喷火的龙在天上飞。那一年，丹麦人袭击了诺森布里亚林迪斯法恩的僧侣，圣艾丹（St Aiden）[3]于635年建立起修道院后第一次下跪祷告就是在这一小片陆地上。在撒克逊人看来，这些恐怖的北方人是上帝派来惩罚他们的杀手，是来自冰冷北方、永冬之地的怒吼。

斯德哥尔摩（Stockholm）附近的乌普萨拉（Uppsala）是"联结古斯堪的纳维亚文化的纽带"[6]，诺斯人最早就是在这里的黑森林中崛起的。正是在这里，在比尔卡（Birka）[4]的山丘堡垒附近，居于此地的维京主神奥丁（Odin）将自己悬吊起来，以期获得预言的能力。他在树上吊了9天。往南边是罗斯基勒，在哥本哈根（Copenhagen）往西一点点，古代先民就住在这里的莱尔河（river Lejre）两岸，这

---

[1] 详见本书第八章。——译者注

[2] 意为"北方人"，是对斯堪的纳维亚人的中世纪称呼。——译者注

[3] 即林迪斯法恩的艾丹（Aidan of Lindisfarne），爱尔兰僧侣及传教士，因在诺森布里亚重树基督教而闻名，后被封圣。——译者注

[4] 维京时代重要贸易中心，位于梅拉伦湖中的比约雪岛（Björkö）上，位于斯德哥尔摩以西30公里。比尔卡通常被认为是瑞典最古老的市镇，1993年列入世界文化遗产。——译者注

条河如今已经干涸了。传说中的希奥罗特（Heorot）甚至也可能在这里，这是《贝奥武夫》[1]中赫罗斯加王（King Hrothgar）[2]的蜜酒厅。根据 10 世纪编年史家蒂特马尔（Thietmar）的记录，这里的统治者通过献祭礼来维持力量：每隔 9 年要将 9 只公鸡、9 条狗、9 匹马和 9 个人处死。一位日耳曼僧侣在乌普萨拉见过类似的场景。

随着盎格鲁人逐渐基督化，他们的族人可以担任战士以外的职业，比如牧师或者僧侣；而他们在寒冷大海对面的表亲仍然保持着一种武士文化，在这种文化里，人的社会地位严重依赖于他的作战能力。就像铁民一样，维京人也对男子气概非常看重，所以一个没有正常性器官的男人根本没有做男人的资格。有一位葬在麦西亚王国（Mercia）[3]雷普顿（Repton）[4]的战士，他被阉割了———一种常见的战后暴行——不过有人在他的两腿之间放了一根野猪獠牙，很可能这样做就能保证他在来生拥有完整的性能力。

乘着长船，丹麦和挪威的维京人在开阔海面上是驾驭波涛骇浪的专家。经过很长时间的销声匿迹，他们在 9 世纪 30 年代重回英格兰。之后的 865 年，一支庞大的军队在英格兰东部海岸登陆，率领他们的是神话般的人物"毛裤"朗纳尔·洛德布罗克（Ragnar Lothrbrok "hairy trousers"）的三个儿子。朗纳尔作为一个古代诺斯人，在 21 世纪反倒更有名了，这要归功于电视剧《维京人》（Vikings）[5]的热播，他是这部剧的主角。朗纳尔是否真实存在仍然有待商榷，不过发生在他身上的很多故事显然是假的，除非他真的死了五次。

在《"毛裤"朗纳尔萨迦》（Saga of Ragnar Hairy-Breeches）里，一位名为托拉（Thora）的美丽公主从父亲那里得到一条蛇作为礼物，

---

[1] 古英语史诗，共 3182 行，作者是一位不知名的盎格鲁 - 撒克逊诗人。——译者注
[2] 活跃于 6 世纪早期的丹麦国王，出现在《贝奥武夫》以及诺斯萨迦、诗歌和一些丹麦中世纪编年史中。——译者注
[3] 英格兰七国时代的主要王国之一，由盎格鲁人建立。——译者注
[4] 位于今英国德比郡南部。——译者注
[5] 美国历史频道制作并播出的电视剧，首播于 2013 年。——译者注

但很不幸的是它长大变成一条龙。它的胃口长很快，每天都要吃掉一头牛，为了安抚它，人们被迫给它成堆的金子，龙就每天坐在金子上。这位父亲宣布，谁能杀死这头恶兽，谁就可以得到奖励——娶托拉为妻。于是，丹麦国王的儿子朗纳尔站了出来。他有一条特制的裤子，外表覆盖着沥青。当龙被刺死时，一大股毒血从它身体里喷涌而出，溅得到处都是，而朗纳尔的衣物保护了自己。龙经常在维京神话中出场，而且他们的战船也被英格兰人叫做"龙船"，部分是因为船的形状，部分是因为他们经常在船身两侧画上龙的图案。

公元 865 年，朗纳尔的儿子"无骨人"伊瓦尔（Ivar the Boneless）攻占了诺森布里亚的首都约福威克（Eoforwic），在这里建立起一个持久的丹麦王国。城市的名称被丹麦化，改称约维克（Jorvik），后来演变成约克（York）。麦西亚王国和东盎格利亚王国（East Anglia）很快也被征服了，后者的国王埃德蒙（Edmund）被乱箭射死。这种死法至少还比较人道，诺森布里亚国王艾勒（Aelle）的肺被生生扯了出来，这种臭名昭著的处决形式叫做血鹰（Blood Eagle）[1]。到了公元 9 世纪 60 年代晚期，仅剩一个盎格鲁 - 撒克逊王国还没被征服。于是，在公元 871 年，维京人入侵威塞克斯王国（Wessex）。很快，它的未经世事的小国王就躲进了沼泽地，同行的只有一小队追随者，他们艰难地躲避着入侵者的追捕。国王的名字是阿尔弗雷德（Alfred），他是埃格伯特国王（King Egbert）的孙子，血脉承自彻迪克（Cerdic）[2]。由于他是埃塞伍尔夫国王（King Ethelwulf）五个儿子中最小的一个，所以他一直在学习教会相关的知识，甚少学习怎么打仗。在丹麦人持续多年的攻势下，威塞克斯的形势已经陷入绝望。公元 878 年 1 月 6 日，第十二夜（Twelfth

---

[1] 一种北欧酷刑。被处刑者俯卧，行刑人将其胸腔从背后切开，用利器将肋骨从脊柱上切下来，然后将两肺向后拉出体外，形成一对雄鹰翅膀。——译者注

[2] 根据《盎格鲁 - 撒克逊编年史》（*Anglo-Saxon Chronicle*），彻迪克是威塞克斯王国的创立者及第一任国王（519—534 年在位），所有威塞克斯国王都是他的后裔。——译者注

Night）[1]，最后一位英格兰国王在败给维京人后几乎丧命。阿尔弗雷德率领他的部队，或者说是民兵（fyrd），逃到了萨默塞特（Somerset）[2]的阿瑟尔尼岛（Isle of Athelney）。国王在这片沼泽地度过了人生最低潮，据说死神在这期间还拜访过他。

但是，靠着这样一种几乎不可能逆转的运气，年轻的国王却接连打了几场胜仗，其中第一次胜利是在公元878年5月的埃丁顿（Edington）。在我们的想象中，双方士兵应当站成数排，交错盾牌以保护自己，两边的军队都在前排士兵后面组成三角阵型。互相对骂过后，第二排和第三排士兵会向敌人投掷标枪。接着，盾牌的撞击声混杂着尖叫声，人们不顾一切地用长矛刺向外敌。他们和敌人的距离非常接近，甚至可以嗅到对方的气息。国王在正中央，即便他只是几十个人的国王，他的每一个方向都有最亲近的部下在守护——因为如果他倒下了，那么他们就都完了。

但是，公元9世纪的战争和中世纪晚期的壮观战斗场面不同，后者动辄有大量装备精良的军队参战，而9世纪的士兵们没有盔甲，很多人连像样的武器也没有。他们拿起手边种田用的家什——餐刀、木杆或者短棍——就来跟侵略者战斗了。跟诺斯人不同，阿尔弗雷德的民兵都不是士兵，而是农民，其中罕有人在异教徒大军（Great Heathen Army）到来之前有过作战经验。他们战斗不是为了钱，而是为了自己的主君、自己的家人和自己的土地。

然而，文弱的阿尔弗雷德和他的农民子弟兵将丹麦人赶出了威塞克斯，最终跟维京国王古思伦（Guthrum）签订了停战协议。按此协议，诺斯人仍然占有英格兰东部，他们承认阿尔弗雷德对威塞克斯和西麦西亚的统治。公元886年，阿尔弗雷德在重建的伦敦城加冕为王，

---

[1]　即主显节前夜，基督教一些分支会庆祝这个节日。它发生在圣诞节后的第12个晚上，按照不同的计算方式，可能是1月5日也可能是6日。
[2]　位于英格兰西南部。——译者注

被尊为所有未在丹麦人统治下的盎格鲁 - 撒克逊人的国王[1]。阿尔弗雷德逝世于公元 899 年，他的儿子爱德华（Edward）继位，被奉为 "fader"（父亲）和全不列颠岛的领主。爱德华的私生子阿瑟尔斯坦（Athelstan）在公元 924 年继承了他的王位，他是爱德华和一个牧羊人的女儿私通的结果。阿瑟尔斯坦在布伦南布尔（Brunanburh）面对维京和凯尔特联军时取得一场了不起的大胜，借此机会，他终于将英格兰曾经的七大王国都统一了。

马丁从中世纪欧洲借用的素材里，有一项就是王室的养子制度。在他的世界里，收养是治国理政的重要方面，而在现实世界里，王公的儿子们经常被送去，和他们父亲的领主生活在一起。奈德·史塔克和劳勃·拜拉席恩便是以琼恩·艾林的养子身份长大的，这是贵族收养关系网的一部分，有助于建立起对领主的忠诚并将世家大族绑定在一起。有时候，养子也是一种人质，就像席恩·葛雷乔伊。阿瑟尔斯坦虽然没有子女，但他收养了大量王室子弟，他们来自遥远的布列塔尼（Brittany）、斯堪的纳维亚和爱尔兰。不过，养子和人质的区别有时候很模糊，就像史塔克家族跟葛雷乔伊家族的关系一样。收养制度的设立，是为了在家族之间建立政治纽带，以便将来彼此合作。将孩子培养成强大的领主有时是从家族的利益考虑，不过对于那些有不安因素的封臣来说，这样做可以起到教化开导的作用。

古代埃及，南方的努比亚酋长们会强行让自己的儿子接受埃及老师的教育，这将促使他们了解埃及的习俗，形成埃及人的世界观，还能确保他的家族能够举止得体。[7]在古罗马也有类似的情形，部落首领的儿子们通常会作为人质送到罗马接受罗马式教育。日耳曼领袖塞拉皮奥（Serapio）的名字来自于罗马神话中的塞拉皮斯（Serapis），这是他父亲做养子的时候学到的知识。[8]

---

[1] 被尊称为阿尔弗雷德大帝（Alfred the Great）。——译者注

阿瑟尔斯坦统一了整个王国，但是盎格鲁-撒克逊的国王们并不满足于简单的"英格兰国王"称号。就像维斯特洛的君主会被冠以"安达尔人、洛伊拿人和先民的国王、七国统治者和全境守护者"的头衔，英格兰的统治者们也对整个岛屿的所有民族宣称领导权，不仅仅限于英格兰境内。阿瑟尔斯坦的大侄子埃德雷德国王（King Eadred）拥有了"盎格鲁-撒克逊人、诺森布里亚人、异教徒和不列颠人的王国政府的统治者"（Reigning over the governments of the kingdoms of the Anglo-Saxons, Northumbrians, Pagans and British）的头衔。他的继承人"美男子"埃德威格（Eadwig the Fair）则是"上帝属意的国王、盎格鲁-撒克逊人和诺森布里亚人的皇帝、异教徒的统治者、不列颠人的统帅"（King by the Will of God, Emperor of the Anglo-Saxons and Northumbrians, governor of the pagans, commander of the British），这意味着他是英格兰人、维京人和威尔士人的统治者。在这之后，标准头衔变成了索然无味的"英格兰人的国王"（King of the English），约翰王（King John，1199年—1216年在位）是第一个被冠以这个头衔的英格兰国王。

冰与火的国度

诺斯诸神都很残忍，他们的主神奥丁是战争和诗歌之神，在维京人眼里这两码事是紧密相关的，因为他们所有的诗歌都是战争题材。奥丁只有一只眼，但他养着两只渡鸦，以智慧闻名，而他的战斗技巧和战争中的无情也被人所共知。其他主要神明还包括雷神托尔（Thor）、混乱之神洛基（Loki）、弗蕾雅（Freya）[1] 以及霍德尔（Hodor）。霍德尔是奥丁和弗里嘉（Frigg）的盲眼儿子，被洛基欺骗，用一支箭杀死了自己的亲生兄弟[2]。成书于13世纪的语录和冰岛诗歌集

---

[1] 爱神、战神和魔法之神。——译者注
[2] 光明之神巴德尔。——译者注

《Havamal》记录过很多假托奥丁之口的维京格言，称作"最高之人（the High One）所言"。其中就有这么一句："牛会死，亲人会死，我们自己也会死，但是自己赢来的好名声永远不会死。"⁹或者，用瓦雷利亚人的话来说，"Valar morghulis"——凡人皆有一死。

在维京神话里，世界开始于"金伦加鸿沟"（Ginnungagap），虚空的裂口。冰岛诗人斯诺里（Snorri）[1]"告诉我们有两个国度，分别属于冰与火——尼福尔海姆（Nifleheimr）和穆斯贝尔（Muspell）[2]，"从这两个国度流出来的12条河，有11条"流进虚空，在薄雾中混流、凝结。"¹⁰世界结束于诸神的黄昏（Ragnarok），此时"万物烧尽……诸神和人类做什么都是徒劳。我们的命运，早就被决定了，无论我们做什么都已经无关紧要。唯一重要的，是我们如何面对它。"¹¹对于诺斯人来说，他们的凛冬将至就是"芬布尔之冬"（Fumbulvetr），这是诸神的黄昏到来之前的三个寒冷的冬天，预示着世界的终结。如果你住在斯堪的纳维亚，那么你大概能明白那种程度的寒冷是什么感觉的。

铁民的信仰是从凯尔特人和诺斯人的民间传说中借鉴来的。跟德鲁伊（Druid）一样，他们在水中给婴儿施洗，保护他们不受妖邪和精灵的侵害。爱尔兰史诗《夺牛记》（*The Tain*）中的艾利尔（Ailill）被德鲁伊的溪流浸没，威尔士神话里的英雄古里（Gwri）也被水吞没（这些故事远在基督教到来之前就产生了）。凯尔特人甚至会把人

---

[1] 全名斯诺里·斯蒂德吕松（Snorri Sturluson，1179—1241年），冰岛历史学家、诗人、政治家。代表作《埃达》通常被称为"散文埃达"或"新埃达"，以便同古代诗歌集《埃达》区别。——译者注

[2] 通常被称为穆斯贝尔海姆（Muspelheim）。——译者注

淹死，借以向他们的海神马纳南（Manannan）[1]、摩根（Morgen）[2]和迪伦（Dylan）[3]献祭，但是在那个年代没人会读会写，所以这些都只是猜测。凯尔特人会向"大海、岩石和天空"起誓，而铁民则向盐、岩和钢祈福。

淹神的厅堂里，有美人鱼侍奉英雄们用餐。与之类似的，在英灵殿（Valhalla）里也有女性神灵在奥丁主持的筵席上侍奉英雄们享用蜜酒和麦酒。她们被称为"战死之人的选择者"（Choosers of the Slain），又称"女武神"（Valkyrie），正是她们把死后的英雄带来这里。奥丁住在英灵殿里，这是"战死之人的厅堂"，用战士的盾牌做成屋顶，搭在长矛做成的橼子上。与他对应的是死亡女神赫尔（Hel），她统辖着另一个厅堂，那些不是战死的人将被送到这里——应该不是个很舒适的地方。

其他的神居住在阿斯加德（Asgard），这里和人类世界米德加尔特（Midgard）通过比弗罗斯特（Bifrost）——彩虹桥——相连。在东边是外域（Utgard），这里是恶魔和巨魔（troll）的家乡；北边是约顿海姆（Jotunheimr），巨人的国度。但是，即便是在人类世界里，人们也相信在大瑞典——如今的俄罗斯——到处都是巨人和"身躯庞大的野兽和龙"。[12] 住在这样一片无尽的冰冻荒原上，人们黑暗的想象力也只能被古灵精怪（grumkins and snarks）[4]所填充。

---

[1] 全名"Manannán mac Lir"（意为"海之子"），爱尔兰神话中的海神，在苏格兰和马恩岛的神话传说中也有出现。他和中世纪威尔士传说中的神话人物 Manawydan fab Llŷr 同源。有资料表明马恩岛（Isle of Man）就是以他的名字命名的，但也有资料表明他的名字是以马恩岛的名字命名。——译者注

[2] 威尔士和布列塔尼神话中的水神，以其美丽的外表或者水下庭院的幻象引诱水手并将其溺毙。有点像希腊神话里的塞壬。——译者注

[3] 全名"Dylan ail Don"，是中世纪威尔士传说故事集《马比诺吉昂》（*Mabinogion*）中的一个角色。——译者注

[4] 《冰与火之歌》中常见于维斯特洛民间故事的两种神秘生物，绝大多数时候都并列出现，难以区分，故通常合称"古灵精怪"。传说中它们生活在长城以北，身材矮小。——译者注

亡者大军

恐怖的生物都是从北方来的。维京人相信世界上有尸鬼（draugr），也就是活死人，它们是那些没有得到妥善安葬的人重新复活后变成的生物。尸鬼总是对人抱持恶意，哪怕它们在生前是个友善的人。[13] 尽管墓穴通常都有人看守，尸鬼还是会爬起来，走出去，攻击牲畜和人类，用它们极其野蛮的力量撕开他们的身体。被尸鬼杀死的人，也会变成尸鬼。

在诺斯人最坏的想象中：

> 赫尔的大军从墓穴里出征了。所有的火巨人、霜巨人、巨魔和其他的地底生物，全都奔向诸神的黄昏，把它们对诸神积蓄已久的敌意都发泄了出来。[14]

在诺斯神话里，纳吉尔法（Naglfar）也就是"指甲船"，是一艘"用死人的指甲做成的战舰，船员在生前都是被淹死的。我们可以想象这样一艘大得不可思议的腐烂长船，沾着泥巴和杂草。它从地底上升了不知道多长的距离，终于突破了表面，咸水倾倒在它的甲板上。"[15] 由于斯堪的纳维亚人坚信指甲船的存在，所以他们会非常仔细地修剪死人的指甲，以免为亡者大军（Army of the Dead）作出贡献。[16]

最著名的妖鬼（wight）是格拉姆（Glam），出自 14 世纪的《萨迦》（*Grettis*）。格拉姆是一个"巨大的、头发灰白、未经世事的人，非常开心地做着牧羊人的工作。他放牧的农场在冰岛一个与世隔绝的山谷里，之前这里已经发生过几起莫名其妙的失踪事件。"[17] 有天晚上，格拉姆一头钻进暴风雨中，再也没回来。终于，他肿胀的尸体被找到了，肤色变成了蓝色和黑色。人们把他葬在找到他的地方。过了不久，"显然，他重新站起来了。见到他的人不是直接晕过去，就是疯掉了。到了晚上，他会骑在农舍屋顶上。继承他牧羊人工作的人脖子断了，'四肢都被弄残废了'。"[18] 最后，一个叫做格雷蒂尔（Grettir）的英雄挖出了格拉姆的双眼。英雄往眼窟窿里望去，看到了"他此生见过的最可怕的事情"。格拉姆的头被割了下来，烧掉了。但是格雷蒂尔之后遭到了诅咒，成了从前的自己的影子。

不过，所有的死人都会在诸神黄昏到来之时，再次爬起来参加最后的战斗。到那时候，天狼奔跑着穿过天空，追逐太阳；洛基那丑陋的尸体大军从赫尔的世界爬了起来，霜巨人和火巨人与这支部队一起作战。

撒克逊人和诺斯人都相信世界上有"alfar"（也就是精灵）以及它们的邪恶表亲"dvergar"（矮人）。更夸张的是，"恶魔在北方稀松平常，它们甚至能做仆人做的工作——比如擦桌子"，这是来自生活在 16 世纪的牧师奥拉乌斯·马格努斯（Olaus Magnus）的说法，他写过一本很有影响力的关于斯堪的纳维亚民间传说故事的书。[19] 所有北方人都相信，真的有愿意帮忙做家务的妖灵存在——在德意志，他们叫做"Heinzelmannchen"，斯堪的纳维亚人管它们叫"tomte"，斯拉夫人称呼它们"domovoi"，而盖尔人叫它们"gruagach"。在低地苏格兰人和北方英格兰人那里，它们叫"brunaidh"，或者棕仙（brownies），这种小小的、像小地精（hobgoblin）一样的生物会帮人做家务以换取食物，但它们不愿意被人看到。《哈利·波特》系列小说里面的家养小精灵就是根据棕仙创造出来的，而在美国女童军（Girl Scouts）的层级划分中，幼年童子军也以棕仙命名。[1]

接着讲讲巨魔，这种恐怖的类人生物居住在山上或者洞穴里，通常对人类怀有敌意。这种传说生物的起源颇有争议，不过其中有一种很有意思的理论是这样解释的：有些很久以前就消亡的种族，它们在

---

[1] 美国女童军创立于 1912 年，其成员为生活在美国和出国在外的美国女孩。其目的是通过进行露营、社区服务和学习救护知识来教导女孩子诚实、公平、勇敢等优秀品格。其中 2—3 岁的成员被称作棕仙。——译者注

最早的人类到来之前就在北方居住，巨魔就代表着它们残留在人类记忆中的痕迹。比如《冰与火之歌》里的森林之子，远在人类到达之前就已经在维斯特洛生活了。与之类似，尼安德特人（Neanderthal）在他们的表亲智人到达欧洲之前也已经在那里居住了很多年了。尼安德特人大约在3.5万年前逐渐消亡，但很有可能仍有一部分幸存者躲藏在北方一些不适宜居住的偏僻地区。在斯堪的纳维亚传说故事里，巨魔经常用"老家伙们"（the old ones）指代，它们被描述成丑陋一些的人类，但仍然很像人。在20世纪70年代，芬兰古生物学家比约恩·库尔滕（Björn Kurtén）第一次提出，巨魔的起源，可以追溯到那些跟灭亡已久的尼安德特人相关联的口述传统。[20]（直到近些年，人们还坚信尼安德特人是跟人类完全不相关的种族；然而现在已经确认，他们可以跟智人交配，而今天的欧洲人和亚洲人当中有2%的尼安德特人基因。）

维京人有献祭活人的习惯，这种维斯特洛社会的灰暗面，曾经一度司空见惯。有许多活埋和祭祀活人的遗迹可作证明，比如瑞典的博尔斯塔纳斯（Bollstanas）和比尔卡（Birka）、挪威的奥斯贝里（Oseberg）。在乌克兰的切尔尼戈夫（Cernigov）和马恩岛（Isle of Man），有一些墓穴里发现有女人的尸体。她们很可能是被献祭的，因为只有被暴力杀害才能确保她们能跟随主人前往英灵殿。10世纪阿拉伯旅行家伊本·法德兰（Ibn Fadlan）目睹过一场骇人的维京罗斯人葬礼，一名被下药的奴隶女孩葬在她的主人身边。她先是被6个维京男子轮奸，被勒到半死，然后接连被刺了好几下。维京人猛劲敲击他们的盾牌，把她的尖叫声吞没了。无论乔治·R. R. 马丁的想象力有多么残酷，现实世界里发生过的事情都要更加残酷得多。

伊本·法德兰是土生土长的巴格达人。当时的巴格达是一座容纳了50万人的城市，是世界上最重要的学术中心，但当地人对一帮蓝眼野蛮人深感恐惧。这些野蛮人从不洗漱，公开性交而不觉羞耻。后来，他的编年史给了迈克尔·克赖顿（Michael Crichton）[1]创作小说《食尸者》（*Eaters of the Dead*）的灵感，这部小说后来被改编成电影《第十三个勇士》（*The Thirteenth Warrior*），讲述了罗斯人与恐怖的"迷雾怪兽"或者叫"文德尔"（wendel）的类人生物作战的故事，这些生物很可能就是幸存下来的尼安德特人。

冰岛编年史家斯诺里·斯蒂德吕松的《Heimskringla》（意为"世界之环"）讲了这样一个故事：有一年，瑞典的收成很不好，所以人们在乌普萨拉献祭了牛；第二年，收成仍然不好，他们这次献祭了人；等到第三年，他们聚集起来，决定把他们的国王多马尔迪（Domaldi）献祭了，于是，他们用王族之血染红了献祭指环，看起来这次终于奏效了。在潘托斯，如果有事情发展得不顺利，当地人也是用同一套做法。

矛妇

自由民（Free Folk）当中有一些是矛妇（spear wives），她们也会参加战斗。尽管维京女战士这个概念非常流行，但是男女在上半身的力量差距让这种说法缺乏说服力。[21]铁民无法容忍一个女性统治者，维京人也是一样，他们的领袖必须得能挥动大斧和长剑。但是，女性在斯堪的纳维亚社会里有高度人身自由，这一点几乎没有什么地方能比得了：维京女人有离婚的权利，还能获得其丈夫一半的财产。

和自由民类似，斯堪的纳维亚人的妻子通常也是偷来的。这是一种非常普遍的习俗，在他们基督化之后仍然存在了很长时间。琼恩·雪诺是这么说的："按照自由民的习俗，男人必须去偷女人，以证明自己的力量、狡黠和勇气。"[22]时至今日，每年6月份在芬兰的松卡耶尔维（Sonkajarvi）都会举行负妻大赛（Wife-Carrying contest），这便是这种传统的遗留产物。

---

[1] 美国畅销书作家、制片人、导演及编剧。其创作的小说《侏罗纪公园》由他本人改编剧本被搬上大荧幕，成为影史经典。——译者注

但是铁民的习俗还包括了一些后期的基督教元素。他们称呼自己的真神是"为我们而死的神",这听起来非常有基督的味道,他们的箴言也有这样的感觉:"逝者不死,必将再起,其势更烈。"[23]事实上,维京人在 10 世纪时已经开始逐渐接受基督教,有时候也非常虔诚,不过他们通常还是会坚持一些古老的传统元素,比如说很长时间里他们依旧保持着一夫二妻制的习俗。不消说,他们的举止行为也没有多少改善,即便是维京国王里基督化程度最高的克努特大帝(Canute the Great),也依然会断人手足,依然会把敌人和无辜群众一并杀死。

这些刚刚皈依基督教的维京人,在"决策无方者"埃塞尔雷德(Ethelred the Unready)[1]统治期间又一次回来,成了不受欢迎的客人。埃塞尔雷德是"和平者"埃德加(Edgar the Peaceful)的儿子,而他的绰号"Unready"在古英语里意为"坏的建议",这是针对他名字的一个双关,"ethel-red"(埃塞尔雷德)意思是"很好的建议"。中世纪的君主们通常都有绰号,维斯特洛的统治者们也是如此,比如"受神祝福的"贝勒(Baelor the Blessed)和"孽种"乔佛里(Joffrey the Ill-born)。在欧洲,有很多君主被称为"坏人"(the Bad),有一些被称作"瞎子"(the Blind)、"冒险家"(the bold)和"勇士"(the Brave),还有不少"征服者"(the Conqueror)、"胖子"(the Fat)、"好人"(the Good)、"老者"(the Old)和几十个"大帝"(the Great)。有四位君王被冠以"疯子"(the Mad)的绰号,其中就有法国的查理六世(Charles VI of France),他的外孙则是英格兰的疯王[2]。

还有一些不那么常见的绰号,比如莫斯科公国的"斜眼"瓦西里二世(Vasili II the Crosseyed)、拜占庭的"粪名"君士坦丁五世

---

[1] 古英语:Æþelræd Unræd。英格兰国王。——译者注
[2] 即亨利六世,他的母亲瓦卢瓦的凯瑟琳是查理六世的女儿。——译者注

（Constantine V the Dung-Named）、西班牙乌赫尔（Urgel）[1]的"毛发旺盛的"威尔弗雷多一世（Wilfred I the Hairy）[2]、卡斯蒂利亚的"无能者"恩里克四世（Henry IV the Impotent）[3]、瑞典的"不善言辞的瘸子"埃里克十一世（Eric XI the Lisp and Lame）、俄罗斯的"钱袋"伊凡一世（Ivan I the Moneybags）、14世纪的波希米亚国王"酒鬼"文策尔四世（Wenzel IV the Drunkard）[4]、挪威的"神父仇敌"埃里克二世（Eric II the Priest Hater）——他不太喜欢跟教会搞好关系——以及保加利亚的"卷心菜"伊瓦伊洛（Ivaylo the Cabbage）。最难听的绰号属于爱尔兰的詹姆斯二世（James II），他的绰号叫"屎"（the Be-shitten）或者"屎脑袋"（shit-head），爱尔兰语里称为"Seamus a Chaca"。这个绰号是他在窝囊地输给自己的新教徒女婿威廉三世（William III）后，爱尔兰的天主教徒送给他的。

埃塞尔雷德除了得不到什么好建议之外，运气也不太好。他的对手是难缠的丹麦国王斯文（Sweyn）[5]，绰号"八字胡"（Forkbeard）。埃塞尔雷德在978年开始主政，在此之前，统治者是他的同父异母哥哥爱德华（Edward）[6]。爱德华在一次宫廷决斗中丧生，此事很可能是埃塞尔雷德的母亲埃尔弗里达（Elfrida）[7]一手操纵的。此事牵扯到弑君，于是造成了不少恐慌。据说在爱德华尸体被扔下的那片荒地上升起了一束火柱；当他的弟弟加冕为王时，"有一片血色云朵多次出现，看起来像是一团火焰，大多数午夜都能看到它。"24

这不祥的开端，拉开了埃塞尔雷德长期糟糕统治的序幕。这段时间里，他为了延缓维京人的进攻而付给敌人金钱，这笔"丹麦金"

---

[1] 位于西班牙加泰罗尼亚地区。——译者注
[2] 西班牙语：Wifredo el Velloso。——译者注
[3] 西班牙语：Enrique IV el Impotente。——译者注
[4] 这是他的德语名字。捷克语：Václav IV，译作"瓦茨拉夫四世"。——译者注
[5] 丹麦语：Svend。——译者注
[6] 绰号"殉教者"。——译者注
[7] 古英语：Ælfthryth，"埃尔弗思里思"。——译者注

（Danegeld）成了绥靖政策的代名词，但是其实阿尔弗雷德[1]也实行过几次这样的政策。埃塞尔雷德的政策并未起到很好的效果，他本人也在公元1014年被斯文驱逐了出去。结果，维京国王居然意外去世了。

于是埃塞尔雷德又回来了，他的诺斯人盟友帮助他守住了伦敦，抵挡住了另一波维京人的进攻。当时，伦敦桥被一个强壮得不可思议的19岁维京人拉倒了。这个叫做奥拉夫·哈拉尔松（Olaf Haraldsson）[2]的年轻人身手灵活，当长船满速前进时，他甚至可以沿着船桨奔跑。用巴隆·葛雷乔伊的话，是这样说的："十三岁时，他操纵长船和表演手指舞的技巧已能企及岛上一流好手。"25埃塞尔雷德两年后去世，他的儿子"刚勇者"埃德蒙（Edmund Ironside）败给斯文的儿子克努特，后者加冕为英格兰国王。

在克努特的早期举措中，有一项是返还他父亲收监的人质，但是他把他们的嘴唇和耳朵都给割掉了，这种习惯在他整个残暴而高效的统治过程中一直延续了下来。想跟中世纪的王权作对，就要做好被断肢的风险准备。史坦尼斯曾经奖励过戴佛斯，把他封为骑士，但条件是切断他左手所有手指的第一个关节。英格兰的维京统治者也会用伤残肢体的手段对付那些惹自己不高兴的人，有些人因为亲属惹怒了君王，也跟着倒了霉。不过，克努特大帝也奖励过一个帮助自己的走私者兼海盗，是个名叫戈德温（Godwin）的萨塞克斯人。

后来，克努特陷入了跟盟友托基尔（Thorkell）的长期争斗中。1021年，克努特将托基尔抓捕起来。最终，这次争端以交换人质的方式解决了：托基尔的儿子娶了克努特的侄女贡希尔德（Gunnhild），

---

[1] 即前文提及的阿尔弗雷德大帝。——译者注
[2] 挪威国王（1015—1028年在位），史称奥拉夫二世（Olav II），死后封圣。——译者注

而克努特跟埃塞尔雷德的遗孀埃玛[1]所生的儿子哈德克努特（Harthacnut）将会被送到丹麦，成为托基尔的养子。

克努特本身可以作为典型的例子，说明维京人有一点跟铁民差别非常大。铁民"在衣着和装饰方面非常单调灰暗"，而有位作家这样评论，"没有哪个维京人会把席恩脖子上的金项链拉下来，除非他想立即跟他来一架。"[26] 确实，克努特和大多数维京人一样，喜欢戴金戒指、佩戴别针、穿亮色衣物，而且对于自己抢夺来的财富感到非常自豪。他们还会经常洗头，这种习惯在那个年代并不多见。

克努特大帝是第一个走上欧洲政治舞台的维京统治者。他把自己的女儿贡希尔达（Gunhilda）[2]嫁给了神圣罗马帝国皇帝亨利（Henry）[3]。但是后来，贡希尔达被指控通奸。为了证明自己的清白，她得找到一位代理骑士，代表自己出战。尽管指控者是一个身躯庞大的巨人，仍然有一位英勇的见习骑士答应为她而战，并击败了比自己大得多的对手。针对贡希尔达的指控无效，而她本人则拒绝再和自己的丈夫同房。我们并不知道这位勇敢的代理骑士后事如何。像黑水河的波隆一样，人们可以在这样的决斗中与已经成名的战士交手，借以扬名立万。但是在多数情况下，这样做只会自寻死路。

克努特大帝死于1035年。他一去世，他的英格兰妻子埃尔弗吉富（Elfgifu）[4]生的儿子"飞毛腿"哈罗德（Harold Harefoot）和他的诺曼妻子埃玛生的哈德克努特就开始争夺英格兰王位。两位王子彼

---

[1] 即诺曼底的埃玛（Emma of Normandy，约985—1052年），是诺曼底公爵理查一世的女儿。——译者注

[2] 史称丹麦的贡希尔达（Gunhilda of Denmark），是克努特与诺曼底的埃玛所生的女儿。——译者注

[3] 即亨利三世（Henry III），德语称海因里希三世（Heinrich III），1039年成为神圣罗马帝国皇帝。在他统治期间，神圣罗马帝国皇帝对教皇的控制达到顶峰。他于1046年赴意大利，废黜了反对他的教皇格里高利六世，另立新教皇为自己加冕。此后他又多次废立教皇。——译者注

[4] 史称北安普顿的埃尔弗吉富（Ælfgifu of Northampton），出身于英格兰中部的贵族，克努特大帝的第一任妻子，1030—1035年间担任挪威的摄政太后，辅佐她和克努特的儿子斯文·克努特松治理挪威。——译者注

此厌恶不已，但是他们都在几年内死去了，王位传到了埃塞尔雷德的儿子"忏悔者"爱德华（Edward the Confessor）手中。

爱德华在其整个统治时期，都在跟克努特的前摄政威塞克斯伯爵（Earl of Wessex）戈德温和他的 6 个儿子作斗争，这一系列争端将在日后成为引发更大灾难的导火索。他们之间的仇恨很可能改变了爱德华的弟弟阿尔弗雷德（Alfred）的命运。在克努特和他儿子们当政的时候，爱德华和他的弟弟被流放到了他母亲的家乡诺曼底，而在克努特大帝死后，阿尔弗雷德便越过了海峡回到英格兰。但是，他被克努特的儿子"飞毛腿"哈罗德抓住，还被弄瞎了眼睛。戈德温有共谋此事的嫌疑。

在维斯特洛，"受神祝福的"贝勒国王建造了贝勒大圣堂（Great Sept of Baelor）；无独有偶，"忏悔者"爱德华国王也建造了威斯敏斯特教堂（Westminster Abbey）。贝勒以虔诚闻名，瘦弱纤细；爱德华通常也是一副苍白面容的形象。贝勒宽恕了杀死他哥哥的凶手；爱德华则必须与他认定的谋害阿尔弗雷德的凶手生活在一起，不过爱德华是否宽恕了他就是另一回事了。两个人的婚姻也都不幸福，其中贝勒离婚了。贝勒和他的首相韦赛里斯（Viserys）[1]关系不佳；爱德华也和国内最强大的贵族戈德温争吵不休。

贝勒差不多是个圣人，据说他曾经赤脚走进毒蛇巢穴营救他的堂兄伊蒙（Aemon）[2]，而毒蛇纷纷拒绝攻击他。他惧怕自己的性欲，把自己的妹妹兼妻子戴安娜（Daena）以及另外的妹妹们都锁在处女居（Maidenvault）。他整日祈祷，把国事都扔给担任首相的叔叔去治理。（奈德·史塔克正是在贝勒大圣堂的台阶上被处死的。）在真实的历史上，爱德华的婚姻很可能是一段无性婚姻，至少他没有任何子嗣。

---

[1] 贝勒国王的叔叔，在贝勒死后继承王位，称韦赛里斯二世。有人认为他为求登上王位，下毒害死自己的侄子。韦赛里斯二世登基之后第二年就去世了。——译者注

[2] 即"龙骑士"伊蒙·坦格利安，韦赛里斯二世之子，维斯特洛历史上最著名的御林铁卫。——译者注

不过，这有可能是因为他的妻子伊迪丝（Edith）是戈德温的女儿。究竟是因为爱德华本人拒绝圆房，还是因为他圣洁的修为发展到了厌恶性行为的程度，我们无从知晓。他的婚姻生活没有诞生任何子女，这在同时代的国王当中实属罕见。

1053 年，戈德温伯爵在威斯敏斯特的一场宴会上暴毙，可能是被一口面包噎死的，也可能是中风而死。鉴于爱德华国王没有子嗣，国王本人又年老多病，戈德温在世的最年长的儿子哈罗德（Harold）成为显而易见的最受认可的王位继承人，而爱德华国王从未在公开场合给予他祝福。但是，戈德温家族自身却已经四分五裂。1055 年，戈德温的第三子托斯蒂格（Tostig）继承了诺森布里亚伯爵西沃德（Seward）的爵位。就在前一年，西沃德刚刚在福斯湾（Firth of Forth）附近击败并杀死苏格兰篡位者麦克白（Macbeth）[1]，是为"七圣童之战"（Battle of the Seven Sleepers）[2]。对于南方人来说，诺森布里亚不啻于异域外乡，当时也很少有道路连通南北，这片区域有点太过丹麦化了，而它最大的城市正是约克。托斯蒂格尽管拥有一个丹麦名字和一个丹麦母亲，但在大多数当地大贵族眼里却又太南方化，而他在维护法律方面表现出来的暴力行为——无论是对罪犯还是无辜的人——导致他树敌不少。

1065 年 10 月，上述矛盾所引发的叛乱在北方发生，带头的是以前统治过诺森布里亚的旧贵族的两兄弟，埃德温（Edwin）和莫卡（Morcar），他们剑指泰晤士河。哈罗德居中斡旋，大体上同意放逐

---

[1] 击败了其君主邓肯一世后登基为苏格兰国王（1040—1057 年在位）。据传他被西沃德击杀，但根据一些史料记载他比西沃德还多活了两年。麦克白因莎士比亚的同名剧本而举世闻名。——译者注

[2] 此战发生于"七圣童之日"（7 月 27 日），因此得名。"以弗所的七圣童"（Seven Sleepers of Ephesus）是一则基督教神话传说。相传在公元 250 年左右，7 个孩子为躲避罗马皇帝对基督徒的迫害而逃到以弗所城外一个山洞里，他们睡着了。皇帝下令封住洞口。过了将近 200 年，基督教已经成为罗马的国教。有人打开洞口，发现洞里的人仍然在睡觉，他们以为自己只睡了一天。根据《Roman Martyrology》记载，他们醒来这天正是 7 月 27 日。——译者注

托斯蒂格，分封这兄弟俩为诺森布里亚伯爵和麦西亚伯爵，还要迎娶他俩的妹妹。由于他们的妹妹拥有诺森布里亚王族血脉，此举可以赢得北方领主们的支持，让他对王位的宣称权更加牢固。哈罗德已经有一位"handfast"，按照斯堪的纳维亚习俗，这个姑娘要被抛弃了。

据记载，在1065年最后的日子里，暴风雨大作。英格兰的贵族们从全国各地齐聚威斯敏斯特教堂（Westminster Abbey）参加宴会。这座大教堂正是"忏悔者"爱德华建造的，但是谁都看得出来，国王已经病入膏肓了。两位僧侣站在他身边，警告说英格兰已经被上帝诅咒了，即将开始遭受邪灵们长达一年零一天的侵袭。1月5日正是第十二夜，国王驾崩了。第二天，哈罗德登上了王位。

伟大之城

很多维京人——也就是丹麦人和挪威人——喜欢在不列颠西边和北边的一些岩石离岛上定居，特别是奥克尼群岛（Orkneys）和设得兰群岛（Shetlands）。根据一些萨迦的叙述，半传说性质的挪威国王"金发"哈拉尔（Harald Finehair）[1]驾驶着他著名的战船"龙号"（Dragon）征服了奥克尼。"金发"哈拉尔的儿子哈康一世（Haakon I）有位宫廷诗人，人称"抄袭者"埃维因（Evyind "the plagiarist"），他曾经为他的国王写过一首悼诗，表达出很多他们对于这种船上生涯的态度："财富会用尽，亲人会去世，土地会荒芜，自从哈康来到外邦神祇的国度，许多人就成了奴隶。"[27]（至于说他为什么会得到"抄袭者"这个绰号，我们永远也不会知道。）

今天，设得兰群岛仍有一种具有诺斯语特征的方言；DNA分析也表明岛上居民具有30%的维京血统，这在整个英国是最高的，紧随其后的就是奥克尼群岛人（Orcadian）。[28]恰恰相反的是，生活在

---

[1]即哈拉尔一世，在一些冰岛历史学家的记载中，他是挪威历史上第一位国王（约872—930年在位）。其生平经历大多有传说性质，很难确定真伪。——译者注

不列颠岛上的苏格兰人，血统绝大多数都来自岛上的原始居民，即皮克特人（Pict）和盖尔人（Gael）。维京人也在赫布里底群岛（Hebrides）居住，盖尔语管这里叫做"Innse Gall"，意为"外来人的岛"（Isle of the Foreigner）。而马恩岛则一直被挪威统治到1266年。很多岛屿一直到近代，仍然保持着维京文化。在外赫布里底群岛（Outer Hebrides）的尤伊斯特岛（Uist），有位游客听到过当地人在说一些关于"他在无根之树上倒悬了9天"之类的话，显然涉及到一些关于奥丁的古老传说。即便当地已经基督化，这些传说仍然以民间故事的形式流传了将近一千年。设得兰岛仍然会在一月的最后一个星期二庆祝名为"U-Helly-Aa"的维京传统节日，当地人会打扮成他们祖先的样子。节日活动还有一项是把烧着的油桶拖过勒威克（Lerwick）[1]的街道（这项活动在1874年被禁止了，原因显而易见）。马恩岛基本上算是不列颠岛的一部分，今天这里仍然拥有世界上最古老的延续至今的议会，称为"Tynewald"（源自诺斯语的"会议"一词——"thing"）。[29]

维京人曾经在西欧大片土地实行其恐怖统治，最远甚至到达过伊斯兰化的西班牙，当地穆斯林称他们为"magus"，或称"拜火者"（fire-worshipper）。维京人在公元844年第一次进攻摩尔人统治下的西班牙，其中有一部分人在同一年顺着瓜达尔基维尔河（Guadalquivir river）逆流而上攻打塞维利亚（Seville）。之后，诺斯人转而进攻加的斯（Cadiz），结果遇到了他们从未见过的一种奇怪的液体火焰，损失了30条船和1000名战士。显然，安达卢斯（al-Andalus）[2]可以轻而易举地将这些野蛮人赶跑。拉赫曼二世（Rahman

---

[1] 今设得兰群岛的首府，坐落于设得兰群岛中的梅恩兰岛东岸。此城镇距苏格兰本土北岸160公里，位于苏格兰阿伯丁以北340公里、挪威卑尔根以西370公里、法罗群岛托尔斯港东南370公里。——译者注
[2] 指穆斯林统治下的伊比利亚半岛南部大部分地区。——译者注

II）[1]命令巴伦西亚（Valencia）、里斯本（Lisbon）和塞维利亚等三座城市建造战船。两支舰队下水后，拜火者就被驱散了。被俘虏的维京人皈依了伊斯兰教，塞维利亚则建起了城墙。

维京人的足迹范围广阔。他们到过达过冰岛，这是一个长不了树木的贫瘠火山岛。维京人从公元9世纪70年代开始在岛上殖民，当时他们发现有爱尔兰僧侣已经在岛上居住了。（岛上有一个名为"Grjótagjá"的熔岩洞穴，由于附近火山爆发的影响，其温度维持在将近50℃。《权力的游戏》中琼恩·雪诺和耶哥蕊特的温存戏就是在这里拍摄的。）维京人还去过更远的地方，比如格陵兰岛。随着全球气候变暖，岛上冰层减少，这个居住着4000人的定居点终于可以建起一座教堂和两座修道院。维京人甚至到达过北美大陆，他们沿着大陆最南到达纽芬兰岛（Newfoundland）。维京人也曾向东航行，越过芬兰，逆着东方的河流南下。在那里，他们被称为"桨手"（the rowers），也叫作"Rus"（罗斯人）。

这些罗斯人逆着那些注入波罗的海的河流而上，抬着他们的船越过旱地，直到他们发现一些奔向南方的河流，而这些河流载着他们来到温暖得多的黑海。罗斯人一路航向南方，建立起一个城邦。这里有朝一日将会发展成基辅大公国（Grand Duchy of Kiev），这便是俄罗斯帝国的萌芽。最终，这些粗犷的糙汉子来到了"Miklagard"——伟大之城（the Great City）——城下，满脸惊愕。有的人称呼这里是"Basileuousa"（万城之女皇）或者"新罗马"（New Rome），但是对于世界上大多数人来说，这座城池叫做君士坦丁堡。

本章尾注：

---

[1] 阿拉伯帝国倭马亚王朝治下第四代科尔多瓦埃米尔（822—852年在位）。——译者注

1. Lewis, David: *Levering God's Crucible*

2. Brown, Peter: *The Rise of Western Christendom*

3. *Jordanes's Getica*

4. Larrington, Carolyne: *Winter is Coming*

5. *A Clash of Kings*

6. Clements, Jonathan: *The Vikings*

7. Wilkinson, Toby: *The Rise and Fall of Ancient Egypt*

8. Goldsworthy, Adrian: *The Fall of the West*

9. Parker, Philip: *The Norsemens' Fury*

10. Price, Neil S.: *The Viking Way*

11. Ibid

12. Pye, Michael: *The Edge of the World*

13. Price, Neil S.: *The Viking Way*

14. Ibid

15. Ibid

16. 亡者大军，或者称 "das germanische Totenheer"，根据奥佛·霍夫勒出版于 1934 年的《日耳曼民族的秘密异教团体》（*Kultische Geheimbünde der Germanen*）： "这是存在于铁器时代的日耳曼民族中的真正的战士兄弟会的神话反映。"（出自 Price, Neil S.: *The Viking Way*）

17. Price, Neil S.: *The Viking Way*

18. Ibid

19. *Historia de Gentibus Septentrionalibus*

20. http://www.electrummagazine.com/2017/04/neanderthals-scandinavian-trolls-and-troglodytes/

21. 据说在 2017 年 9 月，有一处维京女战士的墓穴被发现，但专家们对此事抱怀疑态度。https://arstechnica.com/science/2017/09/have-we-finally-found-hard-evidence-for-viking-warrior-women/

22. *A Dance with Dragons*

23. *A Feast for Crows*

24. 当然，在经历了埃塞尔雷德的糟糕统治之后，这很可能是一种后来的附会说法。

25. *A Feast for Crows*

26. Larrington, Carolyne: *Winter is Coming*

27. Parker, Philip: *The Norsemens' Fury*

28. http://www.huffingtonpost.co.uk/2014/03/10/one-million-brits-viking-descendants_n_4933186.html

29. 冰岛的议会更加古老，但是没能持续多少年。

· 17 ·

十字兄弟会
——圣堂、教堂、麻雀和鞭笞派

伪善就像是一块脓肿，切开它并不好受。

——大麻雀[1]

    马丁笔下的世界与我们的世界有很大不同，其不同之处并不仅仅是因为有龙的存在。比较七神信仰[2]（Seven）和天主基督教（Catholic Christianity）之间的异同，宗教在维斯特洛的大众生活中几乎是缺失的。总主教[3]（The High Septon）并不出席御前会议（Small Council），他在公众活动中也不做正式祷告，而这些人也通常不参加任何宗教仪式。[1]

    也许最重要的是，七神信仰与人们日常的学习、阅读和写作没有太大关系，而在现实生活中，天主教会是西欧的教育体系。从人们几乎不识字的后罗马时期到只有相当少的人能够读写的十四世纪，天主教会几乎对识字率的提高做出了最主要贡献。截至十四世纪，城市人

---

[1]　出自电视剧《权力的游戏》第五季第三集。——译者注
[2]　七神信仰是七国最主要的宗教信仰，人们往往简单的称之为"教会"。教会所崇拜的七神，实际上是一个神祇的七种不同形态，代表着七种不同的德行。——译者注
[3]　总主教是教会的最高领袖。——译者注

口的识字率高达 20%，而农村有 5%。[2]

正是修道院作为先锋带来了这些变化，大部分书籍在修道院中被人复刻和誊抄。大部分用古希腊语记录下来的学问知识都在阿拉伯世界保存了下来，但拉丁语主要通过四处分布的修道院得以流传。修道院最初兴起于公元四世纪的埃及，后来发展到了西欧。在修道院中，兄弟们[1]在阴冷的北方小房间里既费力又痛苦地用冻住的羽毛笔写下传给下一代人的信息。如果没有他们，那么只会有很少一部分罗马文字流传于世——估计只会有 1% 的纸张作品会保存下来——也许连这部分都会消失。

修道士是真实世界里的学士[2]（maestars）。正如小说家翁贝托·埃可[3]（Umberto Eco）曾经说过的那样，"没有书籍的修道院就像没有草药的花园、没有鲜花的草地，没有树叶的树木。"然而，没有一个宗教图书馆可以与古人的图书馆竞争——亚历山大图书馆[4]在公元前 3 世纪有 50 万个卷轴，而据另一个估计的描述，这里在两百年后有 70 万册书籍。而即使是 12 世纪的大型图书馆也没有超过 500 篇左右的手稿，随着时间的推移，这种情况有所改善。在 1338 年，巴黎索邦大学图书馆[5]（Sorbonne in Paris）有 1728 件书籍可供借阅，但其中有 300 件已经丢失。

许多中世纪图书馆都是由一排排捆着锁链的书籍所构成，时至今日在赫里福德大教堂（Hereford Cathedral）等地方仍然可以看到这种陈列。然而，书籍经常会被借出——却从未被人归还原主。一些特征

---

［1］ 即修道士——译者注

［2］ 学士是指那些在学城学习、训练过的学者、医者和科学家。——译者注

［3］ 翁贝托·埃可，意大利学者（中世纪学家、符号学家）与作家。——译者注

［4］ 亚历山大图书馆，又称古亚历山大图书馆，位于埃及亚历山卓，曾是世界上最大的图书馆。由埃及托勒密王朝的国王托勒密一世在公元前 3 世纪所建造，后来惨遭火灾，因而被摧毁。它实际是什么模样无人知晓，因为它连一个石块实物都没有留下，今人只能从历史文献的零星记载中了解，而大量考古发掘似乎也无确凿线索。——译者注

［5］ 13 世纪以后，随着大学教育的发展，出现了大学图书馆，索邦大学图书馆是当时最大的图书馆之一。——译者注

鲜明的诅咒往往以神授的正义相威胁那些失信不还书的人，而其他出借人则会和借书人立下合同，当书籍非常昂贵时，这不妨为明智的预防措施。

然而，在玫瑰战争时期，随着越来越多的人选择进入世俗职业，修道院编年史逐渐衰落。早在宗教改革之前，教会就失去了对教育和政府的垄断权。

在英格兰，在这些现实生活中的学士当中，身份最重要的是比德尊者（Venerable Bede），这是一位出生于公元 672 年的诺森比亚[1]（Northumbria）修道士，他在 12 岁时被送往贾罗[2]（Jarrow）修道院。比德在公元 731 年撰写了《英吉利教会史》（*The Ecclesiastical History of the English Nation*），并且是第一个将七国人民称为 Anyclyn 或英格兰人（English）的人，尽管他最有影响力的行为是普及推广公元记法作为纪年方法。如果我们想找出与伊蒙学士[3]（Measter Aemon）相类似的人那便是比德（伊蒙学士也会说比德故乡的英格兰东北口音）。当山姆[4]对逝去的伊蒙学士念出下面这段悼词时时，也可以看作是《贝奥武夫》的一种映现："他的睿智、高尚与仁慈无人可及。他是真龙血脉，但他的火焰已经熄灭。"[3]

修道院是一个生活艰苦的地方，饥肠辘辘的小孩们经常在很小的时候就被绝望的父母送到那里。奥德里克·维塔利斯（Orderic Vitalis）在十岁时被打发到一个修道院，他在四十多年后写下某篇文章时仍然感到痛苦和愤怒："自从我父亲把我流放之后，我再也没有见过他，我就像一个令人讨厌的继子一样，苦苦奢求着造物主的爱。"十一世纪的安瑟伦（Anselm）曾描述了修道院里的男孩们"在主人

---

[1] 中世纪时不列颠北方的王国。——译者注

[2] 英格兰东北部小镇。——译者注

[3] 伊蒙·坦格利安（Aemon Targaryen），即伊蒙学士，是国王梅卡一世与王后 Dyanna Dayne 夫人的第三个儿子。他在黑城堡以学士的身份为守夜人服务了相当长的时间。——译者注

[4] 山姆威尔·塔利。——译者注

的杖下颤抖着"的惨象。这些男孩必须一直保持着安静与沉默，而修道士们甚至不准对新人微笑。不过从 12 世纪开始，修道院开始拒绝收留幼儿，就像教会不允许儿童订婚一样，因为这些孩子缺乏足够的理智来做出这些选择。

虽然天主教神父直到 12 世纪才完全禁欲，但是自从第一个修道院建立以来，修道士们就被要求戒色，一旦破戒，其惩罚从席恩·葛雷乔伊（Theon Greyjoy）的角度来看可能较为野蛮。英格兰南部威尔顿修道院（Wilton Abbey）的一名修女因和一名修道士发生关系从而怀孕，在那个修道士逃离后，修女的面纱被人撕了下来，并惨遭鞭打和监禁，只能靠面包和水在监狱里度日。然而，他们很快就哄骗她说出了那个犯事的修道士的下落。当他一被人抓到，那个修女的同伴们就"急于报复他对贞洁的侮辱"，她们向教士请求"能否让她们和这个年轻人相处一会儿时间"。[4] 在那里，她们强迫那位怀孕的修女亲手阉割她的情人，然后将睾丸塞进她的嘴里。圣埃尔雷得[1]（Ailred of Rievaulx[2]）对这种有些过分的惩罚赞不绝口地评论道："看看这些热爱基督胜过一切的人啊，这些不洁行为的迫害者、贞操的捍卫者，他们心中燃烧着怎样的激情！"[5]

修道士的抄写复刻了大量资料，且不仅仅局限于宗教典籍。比德写了几十本书，其中就包括一些关于科学和历史的作品，他记录了自己从旅行者那里学到的知识以及来自王国上下甚至其他地方的故事。这些宝贵的记录都被后人再次记录、誊抄和使用。他甚至还推演月亮如何影响潮汐以及地球四季的变化。

12 世纪，修道院的数量急剧增长，而在这个时间，欧洲社会的发展也正处于起飞阶段。大约在这个时候，一些修道院聚集了这样一

---

[1] 英格兰的作家兼史学家，以及杰出的西多会大修道院院长，对中世纪的英格兰、苏格兰和法国的修行制度深具影响力。——译者注
[2] 应为 Aelred of Rievaulx，疑为作者误记。——译者注

个学者群体，吸引了许多学生慕名前来。他们一开始是非正式地授课，后来转为正式授课。也因为这样，历史上的第一批大学分别诞生于1088 年[1] 的博洛尼亚（Bologna）、1150 年[2] 的巴黎和 1167 年[3] 的牛津。神学家兼牧师罗伯特·德·索邦[4]（Robert de Sorbon）在巴黎大学以自己的名义开办了图书馆，并捐赠了 67 本书；30 年后，图书馆共有 1017 本书。

学生们的生活残酷并充斥着暴力，他们过着更接近守夜人[5]（Night's Watch）的艰苦生活，而不是像《故园风雨后》[6]（Brideshead Revisted）里面所描绘的那样。在中世纪最具影响力的巴黎大学，学生和当地人之间经常爆发大规模的致命斗殴事件。在公元 1200 年，一群日耳曼学生打砸了一家小酒馆并殴打了店主，随即发生了一场打斗。这个城市的治安法官召集了一支民兵并袭击了日耳曼人的住所，但也有一些巴黎学生被杀。之后，学者们威胁要离开这座城市，结果是国王菲利浦·奥古斯都[7]（King Philippe Augustus）发布了该大学的第一份特许状[8]，并对这位治安官法进行严酷的审判，他最终活了下来，但还是逃不了被流放的命运。公元 1229 年，学生和当地人之间爆发了战争，在这次事件中多达 320 人被杀，他们的尸体被扔进

---

[1] 博洛尼亚大学是一所坐落在意大利艾米利亚—罗马涅大区首府博洛尼亚的综合性公立大学，是广泛公认的西方最古老的大学，建立于公元 1088 年神圣罗马帝国时期。——译者注

[2] 巴黎十三所公立大学的历史最早可以追溯到 1150—1160 年天主教修士建立的大学。1257 年索邦神学院正式建立，1261 年更名为巴黎大学。——译者注

[3] 牛津大学的师生人数日 1167 年亨利二世禁止英国学生前往巴黎大学就学后就开始迅速上升。但在这之前就已有授课记录。——译者注

[4] 法国神学家，曾担任法王路易九世的私人神职人员。他是索邦学院的创建者。——译者注

[5] 守夜人是一个专门守卫绝境长城的军团。——译者注

[6] 该电影改编自英国作家伊夫林·沃的小说《旧地重游》，故事以主人公查尔斯的视角展开，描写了伦敦近郊布赖兹赫德庄园一个天主教家庭的生活和命运的故事。——译者注

[7] 菲利浦·奥古斯都（腓力二世）是西法兰克国王路易七世之子，卡佩王朝国王。——译者注

[8] 国王菲利浦·奥古斯都发布敕令，就大学的基本生存权和生命安全权作了保证，并且要求市政官员和市民宣誓遵守这法令；加盖印章后该法令成为发布给巴黎大学的特许状。——译者注

289

了塞纳河。

牛津的情况也并没有好到哪里去，在那里发生了无数起导致数百人死亡的骚乱，这些骚乱有时发生在学生和当地人之间，有时发生在学生之间，而其中大部分骚乱常常发生在北方人和南方人之间。1209 年的一次骚乱导致数人惨死，逼得一些学者离开小镇，并在剑桥建立了一所大学。[1]而最臭名昭著的事件发生在 1355 年，一些学生和当地人参与了修士节暴乱（St Scholastica Day Riot），导致 93 人死于斗殴。此后每年 2 月 10 日，镇长和议员不得不光着头在街头游行，并以每名去世学者一便士为标准向大学支付罚款，一共要支付六十三便士。这一游行惯例一直持续到 1825 年，直到时任镇长拒绝参加这一活动。而正式的和解在 1955 年，那年的时任镇长被授予荣誉学位，大学副校长成为这座城市的荣誉市民。

巴黎大学影响最恶劣的事件也许来自学者阿伯拉德（Abedlard），他曾与一名年轻女子建立了亲密关系，并试图掩盖这件事。但不幸的是，他的情人海洛伊丝（Heloise）生下了一个名叫阿斯楚拉伯（Astralabe）的婴儿，她羞愧中被人送到了布列塔尼（Brittany）。即使阿伯拉德本人干了这件"光荣"的事，他却感叹道"结婚的时候，我把自己毁了。"6 唉，可惜这样的悔恨对海洛伊丝的家人来说还远远不够，她的叔叔富尔伯特（Fulbert）非常生气，叫来一群暴徒把阿伯拉德给阉割了。这种与对待臭佬[2]无异的犯罪在西欧令人震惊，在人们的常识印象中，阉割不是寻常事，是一种异端行为。有些人在早期教会阶段会选择自愿阉割自己，因为移除男性欲望会被视为一种解放，但教会并不赞成这种过激行为。

---

[1] 1209 年，一名牛津大学的学生在练习射箭时误杀一名妇女后逃跑，激化了牛津大学和牛津市民的矛盾，两名学者和与那名学生同住的几名同学在未咨询教会的情况下（教会往往会优先赦免学者）被牛津市民绞死，进而矛盾激化，引发了学校和市民的暴力冲突，冲突中一些师生向北逃离直至剑桥镇，在当地教会的支持下在本地开始潜心文化学术研究，形成了现在的剑桥大学。——译者注

[2] 即被拉姆斯阉割的席恩·葛雷乔伊。——译者注

除了教育之外，教会还提供一种我们现在称之为文职的服务。直到大约 1400 年，当时出现了越来越多的非教会官员，他们接管了这些服务，其中以律师特为在行。毕竟，很长一段时间以来教会人士是唯一可以拥有阅读能力的人。事实上，学校曾经是专门为接受教士培训的人开设的，因此，第一所向任何愿意支付学费的人开放的学校被称为"公立学校"（这就是为什么英格兰的一些私立学校仍被称为"公立学校"的原因，这一点令人困惑）。

　　和维斯特洛一样，坎特伯雷大主教和教皇常常会使自己陷入与统治者的冲突当中，其中有些人甚至会惨遭谋杀。在那些因工作而丧生的人中，大主教埃尔夫赫亚克（Ælfheah）在 1012 年被维京人（Vikings）用鸡骨头砸死，大主教西蒙·萨德伯里（Simon Sudbury）在 1381年农民起义期间被人砍掉了头。最著名的案件涉及托马斯·贝克特（Thomas Becket），他死于亨利二世（Henry II）的骑士手中。当被任命为大主教时，贝克特甚至都不是牧师；他只是亨利的好友，是一个非常世俗的商人的儿子，以其奢华的服装而闻名。然而，一旦贝克特正式成为像大麻雀（High Sparrow）一样的真正信徒，他就必须要穿着粗毛衬衣来强调他的朴素和圣洁，并谴责那些潜伏在宫廷周围的肮脏下流的人物。而最有争议的是，他拒绝让神职人员在世俗法庭接受审判，这不仅引起了国王的不满，也引起了公众的不满，他们对牧师犯下的许多罪行感到愤怒。这种"神职人员福利"条款允许任何被教会雇用的文化人士逃脱世俗的惩罚——只有极少数罪犯会被抓获。

　　贝克特最终逃离了这个国家，但是他于 1170 年回到坎特伯雷，并在圣诞节那天走上讲坛抨击国王，身处诺曼底的亨利二世被彻底激怒了。亨利二世十分愤怒地咒骂了贝克特一通，他手下的四名骑士因此展开了对大主教的逮捕。这四个人与贝克特的争吵最终以其中一人削掉大主教的一块头骨而愈发激烈，紧接着是另一次重击，贝克特的头骨被彻底打开，混合着脑浆和鲜血的液体流到了大教堂的地板上。

这一谋杀对基督教世界来说是一个巨大的冲击，贝克特因此赢得了关于神职人员权利自由的争论——尽管付出了不菲的代价。在教堂里喋血被认为是一种特别邪恶的行为，甚至最恶劣的罪犯都不能被迫离开特定的教堂，因为它们是庇护所，就像今天的大使馆一样。

作为一个真正信奉简朴和贫穷的人，大主教穿着自己那件粗毛衬衣走向了人生的尽头。一位编年史家这样记录道，当他被脱光衣服时，身上的害虫"像炖锅里的水一样沸腾"。

点燃我们的火焰保护我们免受黑暗的侵扰[1]

教会本身永远不可能实现自己的理想，但是也没有任何一个人类组织可以达到这一期望。到中世纪晚期的危机时期，几个世纪以来的绝对权力集中不可避免地使它变得更加腐败；这反过来又会刺激产生新的狂热团体，他们就像麻雀[2]（Sparrows）一样疯狂。

1300年，教皇博尼法斯（Pope Boniface）举行了一场盛大的宴会，他身穿罗马徽章，大喊"我是恺撒"；他的继任者本尼迪克特十一世（Benedict XI）只活了九个月，怀疑是被毒药所害；下一任替代者克莱门特五世（Clement V）因裙带关系而臭名昭著，他让自己的五名家族成员成为红衣主教（许多红衣主教任命他们的私生子担任职务，表面上称他们为侄子或外甥）。约翰二十二世（John XXII）在1316年接替克莱门特，据估计他自己有重达96吨弗罗林[3]的个人财富；在他任职期间，他花费1276金弗罗林从大马士革购买了40匹金布，并且花费了更多钱在毛皮上。他还有一个貂皮装饰的枕头，他的随行人员的衣服开销每年要花费8000弗罗林（这似乎很难计算，但在今天一个弗罗林价值约7200美元，所以这笔钱肯定有数千万美

---

〔1〕 出自《冰与火之歌》第五卷《魔龙的狂舞》。——译者注

〔2〕 麻雀在维斯特洛的世界里是指信仰虔诚的一群穷苦之人，他们在五王之战期间贫困不堪、流离失所。——译者注

〔3〕 英国旧时价值两先令的硬币，相当于现在的十便士。——译者注

元）。到了14世纪，人们可以以各种名义向教会行贿，包括使儿童合法化[1]、允许修女保留女仆、与亲戚结婚或与穆斯林进行贸易等；一些教皇也对高利贷者采取削减措施，从而使这种高利率贷款被正式禁止，教皇也会暗中出售教会职位。由于政治原因，罗马教皇从罗马迁到了阿维尼翁（Avignon）。这里的生活环境非常宜人，有丰富的新鲜鱼类，有来自阿尔卑斯山脚下的绵羊和牛群以及来自这片法国水土丰茂之地最好的蔬菜——更不用说这里还有地球上最好的葡萄园。教皇的宫殿里还有一个蒸汽房、一个养着熊和狮子的动物园，另外还有无数的房间供那些穿着昂贵的教皇亲戚居住。

这样的腐败使得许多教士通过非法拥有许多教区而变得富有。博格·德·克莱尔（Bogo de Clare）是一个伯爵的小儿子，在1291年他名下就有24个教区或者部分教区以及一些教会的挂名职位，这些资产每年为他赚得一笔2200英镑的财富。而他每年花在生姜上的费用比他付钱请人管理一个教区的费用还要多。曾经有一个修道士去往他的另一个教区拜访时，在原本是祭坛所在的地方只发现了"一些脏旧的棍子上溅满了牛粪"。[7]

除此之外还有性腐败。据报道，1397年在格洛斯特郡[2]（Gloucestershire）的弗拉克斯利（Flaxley Abbey）修道院里被人发现有九名修道士和女人在一起睡觉，而修道院院长正在和其中三位发生关系。在1373年的诺里奇[3]（Norwich），十名神父被指控为"无节制"，其中一名神父牵连了两名妇女比阿特丽斯（Beatrice）和朱莉安娜（Juliana），他因此被罚五先令。1331年德文[4]的一名牧师被发现与三名不同的女人有染；在玛丽丘奇[5]（Marychurch）附近，

---

[1] 这里指非婚生子产下的儿童。——译者注
[2] 英格兰西南部的郡。——译者注
[3] 英格兰东北部诺福克郡的城市。——译者注
[4] 即德文郡，为英格兰西南部的一个郡。——译者注
[5] 德文郡南部某定居点。——译者注

牧师们被指控贪污并经常擅离职守。在同一时期，许多牧师被指控酗酒，他们中的一些人还从事着买卖、放高利贷、伪造遗嘱、出售圣礼等勾当，并且还常常和别人谈论在他人忏悔中听到的内容，有的时候甚至还涉及黑魔法。[8]

中世纪晚期和现代早期的人们开始更加重视宗教，但矛盾的是，在以前人们受教育程度较低的时代，宗教似乎被很多人所轻视，其中一些人可能对基督教保留了一些传统的看法。人们习惯于在教会活动期间高声喧哗，有时甚至开玩笑和大笑。12世纪和13世纪的许多编年史家都哀叹许多人早已丧失了信仰。除此之外，人们还有着许多非正统信仰，其中一些是异教时代的遗物，而教会花了几百年的时间在贵族男性中强制实行一夫一妻制。人们现在更加重视宗教纪律，而在此之前，许多神职人员可能会有情妇，还会有酗酒或打架的行为。于是，现代社会更加克制，也没有那么多暴力事件发生，而过去社会相对来说就要更为偏执一些。

在维斯特洛，瑟曦恢复了信仰七神的士兵组织——战士之子（Warrior's Sons）与穷人集会（Poor Fellows），但她很快就发现这个城市对宗教的狂热已经完全失控，民众们转而开始反对她。在现实生活中，中世纪晚期是一个宗教狂热日益增长的时期。

异教徒一直受到迫害——在宗教改革前夕，西欧99%的天主教徒证明了这一点——但1215年的第四次拉特兰议会（Fourth Lateran Council）已经提高了对异教人士的容忍度。人们对犹太人也越来越不宽容，并且编写了许多反对他们的小册子，这实际上是一种名为Adversus Judaeos（即"反对犹太人"）的文学体裁——那一时期最流行的作品有：《答犹太人》（*An Answer to the Jews*）、《在安息日反对犹太人》（*On the Sabbath, against the Jews*）、《关于反对犹太人的八篇演讲》（*Eight Orations Against the Jews*）、《反犹太人示威》（*Demonstration Against the Jews*）、《反犹太人布道书》（*Homilies*

Against the Jews）以及听起来有点奇怪的《反犹太人旋律》（*Rhythm Against the Jews*）。

犹太人不仅仅被视为对弥赛亚[1]犯下错误的人，更被视为邪恶的象征。犹太人被迫穿着与众不同的衣服，并且遭受了越来越残酷的法律待遇——反对犹太人皈依、与外族通婚，甚至不准人们被犹太人基督徒雇佣。

麻雀是最卑微、最普通的鸟[2]

在维斯特洛，局势随着麻雀的出现而发生改变，他们对战争的冷酷以及人民受到的待遇感到愤怒，这与富人们的奢侈和腐败形成鲜明对比。根据一名光脚修士（Barefoot septon）的说法："麻雀是最卑微、最普通的鸟，而我们是最卑微、最普通的人。"[9]除此之外还有乞丐兄弟（Begging Brothers），他们是一个拒绝唯物主义、徘徊于各地以乞讨为生的组织。最终，一名麻雀被任命为总主教（High Septon），取代了之前在城市骚乱中被谋杀的主教，后来他们甚至接管了王室。

从13世纪开始，教会中出现了向贫困人民靠拢的运动，特别是方济会（the Franciscans）的成员，他们化身为乞讨的传教士，从一个村庄前往另一个村庄与人交谈，靠着人们给予的物资过活。他们的创始人阿西西的圣弗朗西斯[3]（St Francis of Assisi）是一个贵族的儿子，他放弃了所有的财产，这样他就可以更简单地靠着信仰生活；教会当局认为他是危险分子，他差点被贴上异教徒的标签；然而，他们最终拉拢了他。

到了14世纪，教会人士常常来源不明的财富越来越引起公愤，他们中的许多人已经失去了基督教的贫穷观念，但黑死病（Black

---

[1] 救世主基督。——译者注
[2] 出自《冰与火之歌》第四卷《群鸦的盛宴》。——译者注
[3] 也被称为阿西西的圣方济。——译者注

Death）导致了一种对宗教的全新精神错乱，包括对教会权威的幻灭，以及公开敌对和暴力场景。

在《权力的游戏》中，宗教权威们对一个激进组织的到来感到震惊，而在真实的历史中，黑死病爆发后确实出现了多场运动，其中最糟糕的是十字兄弟会（Brethren of the Cross），也被称为"鞭笞派"（Flagellants）。鞭笞大约在 1260 年左右兴起于意大利，后来被德意志人所接受，而他们也一直在改进这一刑罚，最终达到登峰造极的程度——因为他们在历史上常常倾向于意大利思想。意大利的鞭笞派也被纳入教会，正如人们常常对待那些潜在危险群体的办法一样，然而对于德意志人来说，那里的鞭笞派更加反权威并且目无政府，他们发展了自己的组织和仪式。他们完全疯了。

鞭笞派们围成一个圆圈，在这个圆圈中，信徒将衣服剥离到腰部，然后以不同的姿势趴到地面上，以此代表他们的各种罪行——脸朝地的是通奸者，伪证者一般举起三根手指侧躺着。然后，他们会有节奏地开始用带有铁钉和铁针的鞭子抽打自己，并且"在这一部分表演结束之际，鞭笞主将穿过这些堕落之人，脚下是鞭笞者们的血海，那些因鞭打而紧张的躯体不断地冒汗"，而他手中则拿着一根系有三条尖钉鞭子的棍子。[10]

"每个人都试图以虔诚的痛苦来胜过他周围的人，硬生生地把自己逼到一种仿佛感受不到痛苦的狂乱之中。在他们周围，镇民们因同情而颤抖、抽泣和呻吟，鼓励兄弟会成员做出更加过激的行为。"[11] 据记载"当成员们围着教堂墓地并排走一圈时，他们中的每个人都会在自己赤裸的躯干上猛烈地鞭打自己，直到自己全身变得'又肿又青'为止。"[12]

这场运动很快就变得过于疯狂，那些原本温和的支持者也相继离开。一些兄弟会成员声称自己拥有超自然力量，并称他们可以治愈病人、让死者起死回生；他们还吹嘘自己曾经与基督一起吃过饭喝过酒，或者与圣母玛利亚（Virgin Mary）交谈过；还有人认为自己曾经死过一次。他们把儿童的尸体放在围城的圆圈中心，据说他们认为这样就能使孩子活过来。

兄弟会成员大量涌入城镇，任何反对他们的人都会被指控为"蝎子"或反基督者；在迈森[1]（Meissen）附近，两名试图打断会议的多米尼加修士惨遭袭击，其中一人被杀。兄弟会中很快也混入了匪徒，他们试图发起抢劫或制造混乱，并在他们能去到的任何地方传播瘟疫，袭击犹太人和牧师。

他们的崛起伴随着反教权主义情绪的高涨——在1350年，罗马的红衣主教兼教廷使节遭到了一群人的嘘声——当局对此感到非常惊慌，查理四世皇帝（Emperor Charles IV）请求教皇镇压他们。教会领袖谴责了鞭笞者们，在1350年该团体的许多成员在罗马受到惩罚，即在圣彼得大祭坛（High Altar of St Peter's）前公开互殴——但这远远起不到威慑作用。

该运动遍及德意志和低地国家[2]（the Low Countries），但在英格兰却没有什么波澜。一群来自荷兰的人于1350年抵达伦敦，他们在圣保罗大教堂（St Paul's cathedral）外的表演只收到了一片尴尬的沉默，随后该组织被驱逐出境。

然而，十字兄弟会很快就消失了，就如他们当初崛起的速度那样快，不过他们并不是唯一一个出现在瘟疫之后的古怪团体。另外还有"贝格派"（Beghards），即自由精神兄弟会，他们声称自己处于一种没有牧师或者圣礼的恩宠状态中，并且"不仅传播教义，而且还散播内乱。"[13] 这些自由的灵魂相信"上帝存在于他们之中，而不是在教会里，他们认为自己身处一种无罪的完美状态"。[14] 他们争辩说，

---

[1] 德国萨克森州迈森县的县治。——译者注
[2] 低地国家，又译低地诸国，是对欧洲西北沿海地区的称呼，广义包括荷兰、比利时、卢森堡，以及法国北部与德国西部；狭义上则仅指荷兰、比利时、卢森堡三国。——译者注

这允许他们可以与任何他们想要的人一起沉溺于无罪性行为，并可以拿走任何人的财产。[15] 教会当然不会批准他们的请求。

其他大规模歇斯底里的事件也反映了社会正处于一个紧张状态。1374 年，莱茵兰[1]（Rhineland）地区在春季大洪水之后发生了"狂热跳舞"事件。街道上和教堂里都有人围成圆圈，人们连跳几个小时的舞，同时不停地尖叫着跳跃着，"他们尖叫着说自己看到了基督、圣母或天堂之门开启的景象。"[16] 最后，舞者们纷纷摔倒在地，乞求人们去践踏他们。众所周知，"圣约翰之舞"（St John's Dance，也称为"舞蹈瘟"——编者注）会导致人们出现幻觉，无法控制地一直跳跃直到自己崩溃。

"舞蹈瘟疫"很快传播到了荷兰、佛兰德（Flanders）和德意志，其受众大部分是女性，特别是未婚女性。跳舞可能是瘟疫和其他灾难后的社会压力的产物，虽然它也可能是麦角中毒的结果，这是一种生长在黑麦面包中的真菌。"受害者手拉着手，极度兴奋地跳着狂野的舞蹈，直到他们筋疲力尽，口吐白沫。治疗这种群体性疾病的方法要么是将受害者像婴儿一样包裹起来，以防他们伤害自己和他人，要么通过驱魔来治疗。"[17]

1518 年 7 月，在阿尔萨斯[2]（Alsace）再次出现了舞蹈瘟疫。这一切都始于斯特拉斯堡（Strasbourg），当特洛菲亚夫人（Mrs. Troffea）开始跳舞后，一周之内就有 34 人加入了她，最终总共约有 400 人不眠不休地跳舞。这一狂热持续了一个月，每天多达十五人因疲惫、中风或心脏病发作而死亡。

对于这种狂热主义本身的平庸之处，马丁笔下的世界与真实世界之间的主要区别在于前者表现更多的是前基督教时期的态度，因此人们对穷人或者苦难几乎没有同情心。在中世纪的欧洲，阶级差异几乎

---

[1] 指德国西部莱茵河两岸的土地。——译者注
[2] 法国东北部地区。——译者注

不可逾越，农民常常被人鄙视，但有一个悖论，那就是宗教常常教导人们要尊崇热爱穷人，即使他们经常实现不了这个理想。瑟曦和她的同类们会更适合生活在罗马，而不是中世纪的基督教世界。

"麻雀"是一个没有同情心的人，但他是唯一一个对受压迫者有着基督徒式同情心的人。正如《纽约时报》的罗斯·杜西特（Ross Douthat）所说的那样：

大麻雀是乔治·R. R. 马丁笔下基督教世界的幽灵，马丁的中世纪欧洲更加无教派化，或者说是坚忍克己的看法。在电视剧和原著中，大麻雀对人民来讲显然是一个诚恳之人，是为数不多在维斯特洛扮演政治角色的平民之一。他支持在法律面前人人平等，主张财富重新分配——这些思想比他的敌人所支持的任何东西都更接近自由价值观。他的主要敌人是瑟曦，一个迷人但从客观角度来讲极为邪恶的角色……他剩下的对手，（可以说）除了丹妮莉丝（Daenerys）以外，对于在他们的权力游戏中死去的普通民众基本上无动于衷。[18]

然而，在这场瑟曦与狂热分子的斗争中，很多观众都选择支持瑟曦，只是因为被她感动了。

大麻雀在剧中最终迎来了一个血腥的结局，而这与1605年发生的"火药阴谋"（Gunpowder Plot）相类似——后者差点就成功了——天主教极端主义者试图在议会中炸死新教教徒詹姆斯一世（James I），导致多年之后旧教的追随者面临越来越多的迫害。如果盖伊·福克斯（Guy Fawkes）和他的同伴们成功了，那么这场爆炸几乎可以摧毁约一公里（三分之二英里）内的所有东西，并至少将导致数百人死亡。[19] 然而在此之前，早已有成千上万的人因日益增长的宗教狂热而不幸丧命。

本章尾注：

1. "Carolyne Larrington：御前会议上没有留给总主教的地方，宫内也没有做祷告的公共区域，贵族或骑士阶级也没有经常出席相关活动。"

2. Mortimer, Ian: *The Time Traveller's Guide to Medieval England*

3. 这个比较由 Carolyn Larrington 完成。其他英国中世纪大师有 Eadmer, William of Malmesbury, Symeon of Durham, Henry of Huntingdon, Orderic Vitalis, William of Newburgh, Gervase of Canterbury, Ralph of Diceto, Roger of Howden and Ralph of Coggeshall，她为我们提供了能够信赖的大量资源。

4. Bartlett, Robert: *England under the Norman and Angevin Kings*

5. Ibid

6. Horne, Alistair: *Seven Ages of Paris*

7. Gies, Frances and Joseph: *Life in a Medieval Village*

8. Hibbert, Christopher: *The English, a Social History*

9. *A Feast for Crows*

10. Kelly, John: *The Great Mortality*

11. Ziegler, Philip: *The Black Death*

12. Ibid

13. Tuchman, Barbara: *A Distant Mirror*

14. Ibid

15. Ibid

16. Ibid

17. Gies, Frances and Joseph: *Life in a Medieval City*

18. https://twitter.com/douthatnyt/status/747584810693042176?lang=en

19. http://www.dailymail.co.uk/news/article-201388/Gunpowder-Plot-ruined-city.html

· 18 ·

水淹镇
——威尼斯与布拉佛斯

世界就是由迷雾与阴影所构成，除此以外别无他物。
——刻在克利特岛[1]（Crete）威尼斯风格房子上的箴言

横渡英吉利海峡（English Channel）向来是"一项可怕的任务"，而"那些完成这项考验的人常称，花在这件事上的精力已经损害了他们的健康。"[1]如果潮汐还算仁慈的话，人们也许会被困在船上好几天，即使对于那些四处转转的当地人来说也同样如此。如果天气不好，这趟穿越海峡之旅可能需要几个小时，也可能需要四天或更长时间。约翰王[2]（King John）曾经花了11天的时间试图越过这片海域，而一位名叫赫尔夫·德·莱昂爵士（Sir Herve de Leon）的骑士曾于暴风雨期间在哈弗勒尔[3]（Harfleur）和南安普敦[4]（Southampton）之间煎熬了两个多星期，他的马也落水而死；他因这一事件心灵受创，"此后他再也没有恢复健康。"[2]

---

[1] 位于地中海东部，属希腊。——译者注
[2] 英格兰王国金雀花王朝的第三位国王（1199—1216 年在位）。——译者注
[3] 法国北部古代港口名。——译者注
[4] 今为英国南部港口城市。——译者注

在公海[1]上，"木材之间相互摩擦挤压着，船只仿佛想要将自己撕裂开"，风暴也尤为可怕。[3]一位名叫佩特洛·卡索拉（Peitro Casola）的威尼斯船长回忆起自己的船只满载着前往中东的朝圣者时，被暴风雨袭击的经历。在一片漆黑中，货舱里的乘客们从一边被扔到另一边，感觉船好像要被"愤怒的大海给扭成一个结"；船只吱吱作响，"似乎马上就要分崩离析"，之后海水流过舱口，货舱里立即就传出山呼海啸般的尖叫声，"好像所有在地狱中受折磨的灵魂都聚集在了那里"。[4]相比之下，提利昂的海上之旅可以称得上是格外豪华了。

卡索拉船长回忆说"死亡对着我们穷追猛赶……大海如此汹涌澎湃，以至于所有生存的希望都被抛弃了……在夜间，这些巨浪袭击了海面上所有的船只……船上的厨房里到处都灌满水……无论这水是从天上下的还是从海里来的，船里每一处都被水淹了。每个人的嘴里不时喊出像"耶稣"（Jesus）和"可怜可怜我吧"（Miserere）这样的词，特别是当那些大浪以万钧之力冲打着船只时，在那一刻，每个人都可能会被沉入海底。"[5]

每艘船上都有一名厨师以及一只拿来捉老鼠的猫，还有一名引航员或领水员。然而，直到15世纪，人们才终于明白那些伟大的葡萄牙航海家们要去往何处，"航海几乎就是一种魔术"。[6]即使挨着海岸线航行也不能保证你知道自己会去到哪里，一艘前往苏格兰的法国船只不敢太靠近英国海岸，就像一位英国船长在前往阿基坦[2]（Aquitaine）的路上不会冒险地离法国太近。

那时的常规旅途不仅仅包括横渡海峡前往加来[3]、布鲁日[4]或哈弗勒尔，还包括行程超过30天的冒险之旅。在这种旅程中，船只

---

[1] 外海，或者外部开阔海域。——译者注
[2] 法国西南部一个大区的名称，西邻大西洋，南接西班牙。——译者注
[3] 法国北部重要港口。——译者注
[4] 位于比利时西北部，是比利时西佛兰德省省会，也是比利时著名的文化名城、旅游胜地。——译者注

沿着西班牙海岸航行，穿过直布罗陀海峡，前往热那亚[1]和威尼斯等意大利强盛之地。

意大利是西罗马帝国覆灭后第一个复兴起来的地方。到了10世纪，在波河（river Po）河畔的帕维亚（Pavia）集市上就有商人出售"俄罗斯貂皮，来自叙利亚（Syria）的紫色布料和来自君士坦丁堡（Constantinople）的丝绸"。[7]米兰的发展十分迅猛，其城市范围已经远远超过了它的旧城墙，并且在那个时候城里就已经建成了一百座塔楼，其所拥有的财富大部分来源于它广阔的贸易网络。米兰也成为欧洲的主要军火商，"米兰的铁匠和军火商们为来自意大利、普罗旺斯、德意志以及更遥远的国家的骑士们提供剑、头盔和锁子甲。"[8]

从古代到公元1200年这段时间里，没有一个西部城市的人口超过两万；到1300年，仅意大利就有九个城市的人口超过了五万；与此同时，巴黎的人口在一个世纪内从二万增加到了二十万。在黑死病席卷欧洲之前，有三个意大利自治市的人口超过了十万，其中包括热那亚、比萨[2]以及最富有魅力的、现实生活中的布拉佛斯[3]。

在罗马沦陷后，匈奴骑士造成的破坏导致一群人逃到意大利东北部的一个潟湖寻求庇护。他们来到一个由118个岛屿组成的群岛中，该群岛被亚得里亚海（Adriatic）里一个叫做丽都岛（Lido）的长沙洲保护着，因此得以隐藏在那些窥探的眼睛之外。威尼斯城最初只是一个避难所，却成长为世界上最重要的城市，它是银行业、贸易和帝国的重要中心。但与其他城市不同的是，因为有潟湖和沼泽的保护，威尼斯没有城墙或大门。

同样的，正如布拉佛斯也被称为"秘之城"（the Secret City）那

---

[1] 意大利最大商港和重要工业中心，利古里亚大区和同省省热那亚省的首府。位于意大利西北部，利古里亚海热那亚湾北岸。——译者注

[2] 意大利中部托斯卡纳大区城市，比萨省首府。——译者注

[3] 布拉佛斯是自由贸易城邦中最特殊也最强大的城邦，由厄斯索斯大陆最西北端的一系列岛屿组成，正处于狭海和颤抖海交会的地方。——译者注

样，它是在玉海（Jade Sea）叛乱后由奴隶建立起来的，逃亡者们根据一位圣人的建议来选择他们的新家，但选址于此的主要原因还是因为该地点被隐藏得很好。威尼斯和布拉佛斯这两所城市都建立在一群岛屿上，二者都以运河和银行家而闻名于世。另外，二者都在下沉。布拉佛斯已经有一片较老的区域沉入了大海，即水淹镇（the Drowned Town）；而由于沉降和全球变暖的原因，威尼斯正在以每年 2 毫米的速度下沉。二者都有着不可忽视的海上力量，布拉佛斯由海王（sealord）掌权，而威尼斯由总督（Doge[1]）统领。Bravo 在意大利语中是大胆的意思，但它也意味着雇佣杀手，布拉佛斯也是著名的尊崇死神的邪教无面者（Faceless Men）的老巢。

布拉佛斯人（Braavosi）原本是指"多民族融合的民族：数十个民族，上百种语言以及几百位神祇在这里融汇。"9 尽管不同的群体之间除了"奴隶"这一身份之外没有任何的相同之处，他们把瓦雷利亚语（Valyrian）作为进行贸易的通用语，即 lingua franca[2]［最初的地中海佛兰卡语（Mediterrean Lingua Franca）是指地中海东部的一种混杂语言，但该区域里的"Frank"一词指代的是任何西方人，而不仅仅是指法国人，且这种语言比较接近意大利北部语言］。

就像布拉佛斯语是从高等瓦雷利亚语（High Valyria）演变而来的那样，威尼斯人的语言威尼托语（Vèneto）则是从拉丁语发展而来，而因为港口的人总是会和海外打交道，威尼托语也受到一些德语、克罗地亚语和西班牙语的影响。性感的英国浪漫主义诗人拜伦勋爵[3]（Lord Byron）在他呆在威尼斯的这期间，称这种语言为"甜蜜而又混账的拉丁语"，他声称自己曾在 200 个夜晚里与 200 名女子共度良宵。威尼斯人从克罗地亚语中借用了 sciao vostro 或 sciavo 这种措辞，

---

［1］ 古威尼斯和热那亚的总督，意同英语中的"duke"。——译者注
［2］ 即通用语之意。——译者注
［3］ 乔治·戈登·拜伦（George Gordon Byron, 1788—1824），是英国 19 世纪初期伟大的浪漫主义诗人，代表作品有《恰尔德·哈洛尔德游记》《唐璜》等。——译者注

其字面意思是"我是你的奴隶",而这也在后来成为标准意大利语中
ciao[1]一词。潟湖(Lagoon)、海滨浴场(lido)和贡多拉(gondola)
也是来自威尼斯语,后者还衍生出了一个词"船夫"(gondolier);
而另一个词兵工厂(Arsenal)也从威尼斯语进入到了欧洲的词典里,
但其最初来自于阿拉伯语 dar al sina'ah,即工作室之意。

后来托斯卡纳语(Tuscan)开始成为意大利的主要文学语言,像
但丁[2]、彼特拉克[3]和马基雅维利[4]等这些作家也用这种方言写
作,并逐渐发展为今日的标准意大利语;尽管如此,如今仍有大约
400万人会说威尼斯语。

虽然威尼斯以海上力量为重,但它也为银行业诞生提供了驱动力,
尽管教会对利息贷款有所限制,但几乎所有的欧洲银行家都来自意大
利北部。普拉托的商人弗朗西斯科·塔蒂尼(Francesco Datini)遵循
着他写在分类账上的座右铭"以上帝和利益的名义"。10热那亚银
行家安东尼奥·皮萨诺(Antonio Pesagno[5])曾向爱德华二世提供
贷款,每年约为25000英镑,而令他们感到遗憾的是,他的儿子却向
佛罗伦萨人借钱。

威尼斯共和国(The Republic of Venice)发展出了世界上最先进
的银行体系;在1156年,它提出了公共贷款的概念,这也是人类历
史上的第一笔贷款,另外威尼斯还通过了欧洲的第一部银行法,因此
"复杂的海上贷款和海上交易合同阐明了船东和商人之间的义务,甚
至还提供了保险服务——于1253年开始在威尼斯强制执行。"11合
同被称为 commenda 或 collegantia,威尼斯人对这种写在纸上的文件

---

[1] 意大利语中的"你好""再见"一词。——译者注
[2] 但丁·阿利基耶里(1265—1321年),13世纪末意大利诗人,现代意大利语的奠基者,
欧洲文艺复兴时代的开拓人物之一,以长诗《神曲》(原名《喜剧》)而闻名。——译者注
[3] 弗兰齐斯科·彼特拉克(1304—1374年),意大利学者、诗人,文艺复兴第一个人文
主义者,被誉为"文艺复兴之父"。——译者注
[4] 尼可罗·马基雅维利(1469—1527年),意大利政治思想家和历史学家。——译者注
[5] 应为"Antonio Pessagno",疑为作者笔误。——译者注

的价值极为信赖。威尼斯的第一家商业银行的历史可以追溯到1157年，该产业部分是由从西班牙逃过来、提供信贷和保险服务的犹太放债人开发的。他们无法在基督教城市购买房产，因此他们在广场上买了一条长凳，即banco[1]。

威尼斯拥有独特的福祉，即现在社会学家所说的高社会资本，信任水平以及有利于贷款和合资企业的社会团结。在威尼斯的主要岛屿上，横跨威尼斯大运河（Grand Canal），坐落着里亚尔托桥[2]（Rialto Bridge），在这里商人们一致决议通过贸易投资，通常在很短的时间内就能筹集到资金。

里亚尔托桥上罗列出的商品足以令所有游客大吃一惊。这里有来自英格兰科茨沃尔德（Cotswold）的羊毛、出口到埃及的俄罗斯皮毛、出口到日耳曼的叙利亚棉花、出口到佛罗伦萨的中国丝绸，出口到英格兰的印度糖和胡椒以及斯洛伐克（Slovakia）的锡、纸、炸鱼和铜。这里还有"矿物、盐、蜡、药物、樟脑、阿拉伯树胶、没药、檀香、肉桂、肉豆蔻、葡萄、无花果、石榴、布料（特别是丝绸）、皮革、武器、象牙、羊毛、鸵鸟和鹦鹉羽毛、珍珠、铁、铜、金粉、金条、银条和亚洲奴隶"，这些货品都来自那条连接中东、非洲和欧洲、东方与西方的贸易之路。[12] 然而，随之而来的财富和贪婪的声誉自然而然地让他们成为不少人眼中的敌人。教皇庇护二世[3]（Pope Pius II）就说过威尼斯人比鱼好不到哪里去，而对于叙利亚的阿拉伯人来说，"威尼斯人"和"混蛋"这个词听起来几乎一模一样。

从气氛上来讲，威尼斯和布拉佛斯没什么两样，威尼斯是一个拥有"腐烂的宫殿，繁忙的集市，热闹的妓院和被葡萄酒浸泡着的小酒馆"的城市，"街头挤满了戴着奇怪头饰的贵族夫人，商人们忙碌地

---

[1] 银行一词 Bank 源于意大利语 Banco(Banco 原意为板凳)。——译者注
[2] 即商业桥，威尼斯城的贸易中心。——译者注
[3] 庇护二世(Pope Pius II, 1405—1464 年)意大利籍教皇 (1458—1464 年在位)。——译者注

赶去进行下一笔交易，仆人们在鱼市和水果市场奉命办事，小贩们大声叫卖着他们的商品。"[13]

这个城市"晦暗不明，神秘莫测，充满了罪过和迷信色彩。甚至那些在威尼斯度过了一生的人也会在这里迷失方向，他们在死路徘徊，在毫无预警的情况下，这些平日里熟悉的小巷突然就会露出阴险的嘴脸。阴谋的低语和亲密的笑声从未知的源头传来，回荡在狭窄的通道中；在昏暗的窗户后面，蜡烛和火把悄悄地闪烁着。"[14]晚上的薄雾从运河中升起，城市的肮脏的一面开始焕发生机，妓女们在卡斯特罗（Castello）游荡，那些一个个阴谋在大家族的宅邸里孵化出来。

在布拉佛斯没有奴隶制，也不会贩卖奴隶。而这一点却并不适用于威尼斯，对于它的海上竞争对手热那亚来说也同样如此，热那亚有着比欧洲任何其他城市都更多的奴隶人口。威尼斯的人畜在很小的时候就会被卖出去——男孩大约在十几岁的样子，而女孩的年纪则稍大些。在威尼斯出现的大多数奴隶作为家奴被运往城市，在那里他们可能会受到性虐待。其他人被派往克利特岛的种植园工作，而这是一种更为糟糕的命运。鞑靼奴隶——原本是来自中亚的骑兵——则格外昂贵，他们的价格要比其他奴隶贵三分之一，因为据说鞑靼奴隶从不出卖主人——而鞑靼人不会贩卖他们自己的族人，也不会善待那些做过这种事的人。

一些基督徒被非法出售给埃及的马穆鲁克（Mamluk）奴隶军队，西班牙旅行家佩罗·塔夫尔（Pero Tafur）回忆说："人贩子们不让奴隶们穿任何衣物，无论男女都要这么做。贩子们给他们披上毛毡斗篷，并标明价格。然后，贩子们扔掉奴隶身上的遮盖物，让他们来回走动，以此显示他们是否有任何身体缺陷……如果一名奴隶在六十天内死于瘟疫，买方将被返还他所支付的钱。"[15]然而，在1381年，威尼斯彻底废除了奴隶制。

威尼斯是一个由150个家族统治的共和国，这些家族的人口不到总人口的1%，且在1297年之后再也没有新的家族加入；事实上，仅仅二十七个家族就为480人的大议会输出了一半成员。而他们的领袖总督，据说"是一个神秘的人物，很少能被公众一睹真容，他主持了威尼斯长期以来与海洋的神秘关系，而这种关系经常被描绘成一段婚姻的形式。"[16] 总督的国家船（state boat），也被称为布钦多洛船（Bucintoro）或"金船"，是一艘豪华的镀金船，有着两层甲板，上面覆盖着深红色的顶篷，航行时由168名男子划船。

在布拉佛斯有着一年一度的开禁节（Uncloaking festival），为的是庆祝该城市在其创始人逃离奴隶制一个世纪后决定向世界展示真容，而在威尼斯也有着著名的腐化堕落的狂欢节，据说这场狂欢始于城内的名门望族。每年春天，这座城市将举行仪式，总督会向亚得里亚海扔一枚金戒指，象征着这座城市与大海的"联姻"，并再次重念誓言。航行着的布钦多洛船上飘扬着市旗，即圣马可旗（the banner of St Mark），船头上的男人拿着天平和宝剑，其打扮象征着正义。旗舰巡航到亚得里亚海，其后跟随着一支小舰队，伴着乐鼓、管乐器和大炮的轰鸣声驶去，代表城市的权力与力量。大主教（the Archbishop）面朝着大海诵念道："伟大的主啊，请赐予我们以及所有在海上航行的人以碧波万顷、风平浪静。"此时，总督从他的手指上取下一枚金戒指并把它扔进大海，并宣布："海洋啊，我们与你结下姻缘，以此表示我们对你真实而又永久的统治权。"[17]

同样，在另一个自由贸易城邦潘托斯（Pentos），"在每一个新年，亲王[1]（Prince）要为两名分别代表海洋和大地的处女开苞。这种古老的仪式——也许是来自旧瓦雷利亚潘托斯（pre-Valyrian Pentos）的神秘起源——旨在确保潘托斯在陆地和海洋上的持续繁荣。"[18] 但是，如果局势变得危急，比如发生了饥荒或战争，国王就会被献祭，这也

---

[1] 即潘托斯亲王，从40个显贵家族中被选出，是潘托斯名义上的元首，负责主持仪式，在舞会和晚宴上高高在上。——译者注

是为什么国王在潘托斯并不是一个热饽饽的原因。

威尼斯与大海的"婚姻"关系可能并不稳定，几乎人人都对1106年1月发生的洪水心有余悸。来自撒哈拉沙漠臭名昭著的热风（sirocco）将炙热的风浪和沙子带到南欧，一切就像爆炸了一样，空气变得闷热，这些迹象都表明即将有风暴来临。人们注意到墙壁开始上潮，大海开始低吟，之后暴风雨突然来袭，雨水不断冲击潟湖。亚得里亚海的海平面随之上升，吞噬了丽都岛，淹没了城市；建在一座岛屿上的马拉莫科（Malamocco）镇，则被完全摧毁。

"水流到哪个地方"，威尼斯人就可以在哪个地方做买卖，此话所言不虚，这种贸易主导力量很快就使其发展成为一个帝国，在威尼托语中被称为"罗马帝国的四分之一与一半四分之一"，这意味着他们统治了八分之三的罗马帝国。然而，海上的掠食者并没有轻易地把这个帝国交给他们。罗伯特·吉斯卡德（Robert Guiscard）领导下的诺曼人在阿尔巴尼亚海岸附近与他们作战，威尼斯人用原始鱼雷和夯捣原木来回应敌人的攻击，击沉并摧毁了许多敌舰。威尼斯很快就有了一系列殖民地，其中包括杜布罗夫尼克（Dubrovnik），即后来独立的拉古萨共和国（Republic of Ragusa）。杜布罗夫尼克是一个像威尼斯这样的海上国家，且在后来短暂的独立期间内施行了许多创新理念：它在1301年创建了公共医疗服务，其第一个药房于1317年开业（至今仍在运营），并在1347年建立了第一个公共救济院；奴隶贸易于1417年被废除，并于1438年建立孤儿院。鉴于其规模较小但屡有创新，这个非凡的城市可谓为人类做出了巨大贡献，而它在二十一世纪更成为电视剧《权力的游戏》中君临（King's Landing）的取景点。（至少君临的大部分场景是在这里拍摄，虽然有些时候是在马耳他取景，而布拉佛斯实际上是在西班牙拍摄的，渊凯[1]和潘托斯则是在

---

[1] 渊凯（Yunkai）是《冰与火之歌》的世界中奴隶湾东海岸的一座城市。西边坐落着岛屿雅洛斯岛。——译者注

摩洛哥拍摄。）[19]

航运业的发展从而促使了保险的发明，并使之成为分散风险的一种方式；艾莉亚（Arya）在布拉佛斯被安排去杀害的瘦子（Thin Man），就在码头有一个出售航运保险的摊位。海运合同最初于14世纪出现在威尼斯、热那亚以及意大利其他地方，尽管它们在17世纪才在伦敦的咖啡店里变得真正流行起来。［保险经纪公司伦敦劳埃德保险公司（Lloyds of London）最初是一家咖啡馆，投资者们会在那里见面并谈论航运新闻］。

意大利并不是原始资本主义蓬勃发展的唯一地方。就像布拉佛斯和维斯特洛（Weseros）隔海相望那样，在隔着北海（North Sea）的英格兰对岸，也有着被称为"帝国自由城市"（free imperial cities）的荷兰（Netherlands）以及汉萨同盟诸城镇（Hanse towns）。这个松散的日耳曼海上港口联盟都是由商业中心构成，其行事作风非常自由，其中就包括吕贝克[1]（Lubeck）、汉堡[2]（Hamburg）、不来梅[3]（Bremen）、维斯比[4]（Visby）和但泽[5]（Danzig）。与自由贸易城邦一样，汉萨同盟者们（Hanseatics）也处在像颤抖海边以北那样的森林地带，即波罗的海与北海旁边。同样地，他们都讲从一种语言发展出来的有关联的各类语言，比如德语、荷兰语、丹麦语和瑞典语。

自由贸易城邦和帝国自由城市的发展都依赖贸易，而不是军队，用泰温·兰尼斯特（Tywin Lannister）的话来说，就是"用钱币打仗"（fought with coins）。特别是，荷兰在17和18世纪成为最重要的银

---

[1] 欧洲著名的港口及商业城市，位于今德国北部。——译者注
[2] 汉堡是德国北部重要的交通枢纽，是欧洲最富裕的城市之一。——译者注
[3] 德国北部城市。——译者注
[4] 瑞典古城维斯比是哥德兰岛首府，地处该岛西部，濒临波罗的海。——译者注
[5] 波兰滨海省的省会城市，也是该国北部沿海地区的最大城市和最重要的海港。Danzig为德语名称，波兰语为Gdańsk（格但斯克）。——译者注

行与贸易中心。当时英国人称荷兰人和佛兰德人[1]（Flemish）为"东方商人"（Easterlings），这种叫法看上去很实在，但从经济层面上来讲却映射了二者贪婪的一面，后来随着荷兰开始发展现代资本主义，这种名声在人们的脑海中变得更加根深蒂固。正如一位作者所言："布拉佛斯的铁金库[2]（Iron Bank）里还缺少些来自威尼斯的工作人员；相反，他们却有着低地国家[3]（Low Countries）金融家的质朴精明感。"20

"秘之城"由一尊巨大的雕像守卫着，即泰坦巨人（Titan of Braavos），这与希腊罗德岛太阳神铜像（Collosus of Rhodes）很相似，后者是一座100英尺高的太阳神赫利欧斯（Helios）铜像，建于公元前304年，是古代世界七大奇迹之一。然而不久之后，它在一个世纪之后发生的一场地震中坍塌并开始腐朽生锈；最终它被拆开并作为废料卖给了埃德萨[4]（Edessa）的商人，需要900只骆驼才能把它带走。虽然这无疑是一个巨大的损失，但仍有类似的巨大雕像留存于世，比如中国湖北荆州的关公圣像，高190英尺，重达1320吨[5]，再现了一位将领手持武器准备进行战斗的英姿。21

1200年后，尽管教皇不赞许人们与穆斯林做生意，威尼斯还是参与了十字军东征。这一霸业是一项极为艰巨的任务，因为光从威尼斯到克利特岛就需要25天的航行时间，与1900年从孟买[6]（Bombay）到伦敦的时间一样长，并且还要花三个月才能到达黑海

---

[1] 佛兰德伯国（荷兰语：Graafschap Vlaanderen、法语：Comté de Flandre），或称佛兰德公国，是一个中世纪国家，领土包括现在比利时东弗兰德省和西弗兰德省、法国的诺尔省以及荷兰的泽兰省南部。——译者注

[2] 铁金库（Iron Bank of Braavos）是布拉佛斯最重要的银行。它非常的富有并且经常借钱给外人。它的客户中就有七大王国的国王。——译者注

[3] 包括荷兰、比利时和卢森堡，尤用于旧时。——译者注

[4] 古叙利亚城市，位于现土耳其与叙利亚交界，罗德岛以东。——译者注

[5] 据相关中文资料记载，圣像净高48米，连同基座，共58米；总重量1200余吨，与原文叙述有出入。——译者注

[6] 印度西部滨海城市，马哈拉施特拉邦首府。——译者注

附近鞑靼人所在地（Tata on the Black Sea）。然而，常常也会有从威尼斯到亚历山大港[1]（Alexandria）、贝鲁特[2]（Beirut）和君士坦丁堡[3]（Constantinople）的常规旅途；8 月底或 9 月初，黑海上的威尼斯商船队前往亚历山大港，当他们到达目的地时，他们所需的货物也恰逢从其他方向抵达于此。严苛的时间表都取决于可预测的交付货物，否则利润将会受到重创。许多人因此变得富有，然而对于帆船上的划手来说，生活几乎入不敷出，食物和水总是供不应求。

到了 14 世纪末，威尼斯每年从埃及运出 400 吨胡椒，并与黎凡特[4]（Levant）进行大量贸易往来，每年有数百万磅香料经过这片地区。然而，一个贪得无厌的竞争对手出现了，这个对手试图反抗他们在贸易上的专权。

热那亚位于意大利西北海岸，周围环绕着可用来造船的树木，但其土地并不肥沃。它有一个受荫蔽的港口，且气候比威尼斯周围的潟湖更加宜人；而且在威尼斯，疟疾更容易肆虐。这两个互为竞争对手的城市在很多方面都相互对立；威尼斯人因大自然的力量而被迫同心协力治理潟湖淤塞，从而缔造了大型公共企业，而热那亚人则以其个人主义而闻名。热那亚人也更富有创新思想，走在新技术的最前沿，拥有制作钟表和海图的工艺。

这两个城市在中世纪晚期几乎一直处于战争状态。由于大量的粮食只能通过君士坦丁堡才能进入黑海，所以在 1294 年他们因为对黑海的竞争而爆发了冲突。这两个城市在城里都有殖民地，而且在某些时候，热那亚的水手们将威尼斯人的 bailo，即法警，从窗户里扔出去，并残杀了许多商人。威尼斯人对此回以激烈的报复，他们派遣一名船

[1] 埃及北部港市，亚历山大省省会。——译者注
[2] 黎巴嫩港口。——译者注
[3] 土耳其的城市伊斯坦布尔的旧名，东罗马帝国的首都。——译者注
[4] 东托罗斯山脉以南、地中海西岸、阿拉伯沙漠以北和上美索不达米亚以东的一大片地区。——译者注

长——被称为"残忍之爪"的马拉布兰斯（Malabrance）——去攻击热那亚在金角湾（Golden Horn）对面的殖民地加拉塔（Galata）。

1295年，热那亚人向地中海派遣了165艘船和35000名男子，想以此来摧毁他们的对手，但没想到威尼斯人却改道回家。在1298年，两支舰队终于在亚得里亚海的库佐拉到（Curzola）交锋，这场战斗有170艘船舰参与其中。这是威尼斯共和国历史上规模最大的海战，95艘威尼斯舰船里只有12艘最终返回。在战斗中，热那亚总司令兰巴·多里亚（Lamba Doria）的儿子奥塔维奥（Ottavio）在他父亲身旁被威尼斯的箭击中，但兰巴拒绝了所有人的同情，并说："把我的儿子扔到深海里。我们再也给他找不到比这里更好的安息之地了。"[22]他继续作战并最终获得胜利。

热那亚人俘获了8000名男子，威尼斯总司令安德烈·丹多洛（Andrea Dandolo）耻辱地"把自己和桅杆绑在一起，拿头猛撞船的桅杆直到自己因头骨骨折而死，从而剥夺了热那亚人处死他的满足感。"[23]然而，许多热那亚人也在这场战斗中牺牲了，当多里亚总司令回到热那亚停船上岸时，剩下的一切只有沉默。

其中有一名俘虏是名叫马可·波罗（Marco Polo）的指挥官；当他在监狱里谈论起他的人生往事时，另一名叫鲁斯提契亚诺·达·皮萨（Rustichello da Pisa）的因犯[1]认为这故事不错，并开始记录下波罗的生平。

这两个大国于1352年在君士坦丁堡发起了另一场战争，一场在黑暗中进行的海战。在威尼斯最终挫败了热那亚。热那亚转而向其北边的邻居米兰示弱求助，于是米兰的统治者派诗人彼特拉克（Petrarch）对威尼斯人进行劝和，并警告他们"命运的骰子总是模棱不明的……若是想对这样的一个敌人能有一场不流血的胜利，那么就预示着要少

---

[1] 另一种说法为此人是一名狱官。——译者注

一些愚蠢和错误的信心。"[24] 然而威尼斯人根本就没有把彼特拉克的话放在眼里，这可不是明智之举，因为热那亚随后便重新组建了一支新舰队，很快就俘获了六千名威尼斯水手。

1378 年，热那亚和威尼斯进行了最后一场战斗。那个冬天格外寒冷——雪花一直簌簌地下着，大雪封城，严寒刺骨，来自匈牙利草原（Hungarian steppes）的寒风使威尼斯人的生活变得异常艰难。与此同时，威尼斯军队的指挥权交给了卡罗·泽诺（Carlo Zeno），一位有着传奇一生的人。当小时候父亲在战斗中丧生后，他便成为了孤儿，长大后更成长为"学者、音乐家、牧师、冒险家"以及雇佣兵。在一次土耳其人围攻结束后，泽诺因"战死"而被抛在一边，随后被人裹上了裹尸布放进了棺材里；就在这个时候，人们从他颤动的指甲发现了生命迹象。他曾经为了解救教皇约翰五世[1]（Pope John V），用绳子爬上君士坦丁堡的监狱。人们称他为"不可征服者"（Unconquered）。

在 1380 年历史性的基奥贾之战（Battle of Chiogga）中，威尼斯在卡罗·泽诺的带领下大破敌军，最终一劳永逸地击败了敌人。后来，他们用一种方法将帕多瓦[2]人（Paduans）、匈牙利人（Hungarians）、雇佣兵与热那亚战俘区分开来。如果让囚犯念 capra[3] 这个词，热那亚人只能发出 crapa 的音。大约有四千热那亚战俘被送到监狱，途中有许多人死去，而其他一小部分没有真正参与作战的雇佣骑士则被释放。[25]

然而在某种意义上，这两股势力都注定失败。十字军东征最后的失利危及东方市场，并迫使热那亚人探索其他贸易途径。1291 年，

---

[1] 君士坦丁堡牧首。——译者注
[2] 意大利东北部城市。——译者注
[3] 山羊之意。——译者注

有一对兄弟[1]乘船经过直布罗陀海峡进入大西洋，希望找到前往印度的路。他们从此音信全无——然而他们的确是在正确的航线上。

本章尾注：

1. Bergreen, Lawrence: *Marco Polo*
2. Tuchman, Barbara: *A Distant Mirror*
3. Mortimer, Ian: *The Time Traveller's Guide to Medieval England*
4. Crowley, Roger: *City of Fortune*
5. Ibid
6. Reid, Peter: *Medieval Warfare*
7. Crowley, Roger: *City of Fortune*
8. Gies, Frances and Joseph: *Life in a Medieval City*
9. Martin George R.R., Garcia, Elio m Jr, Antonsson, Linda: *A World of Ice and Fire*
10. Tuchman Barbara: *A Distant Mirror*
11. Bergreen, Lawrence: *Marco Polo*
12. Ibid
13. Larrington, Carolyne: *Winter is Coming*
14. Bergreen, Lawrence: *Marco Polo*
15. Crowley, Roger: *City of Fortune*
16. Bergreen, Lawrence: *Marco Polo*
17. Crowley, Roger: *City of Fortune*
18. Martin George R.R., Garcia, Elio m Jr, Antonsson, Linda: *A World of Ice and Fire*
19. http://kengarex.com/real-life-game-of-thrones-locations-you-can-actually-visit-23-photos/15/
20. Larrington, Carolyne: *Winter is Coming*
21. http://www.oldpicsarchive.com/23-most-unusual-and-strange-sculptures-from-around-the-world/2/
22. Bergreen, Lawrence: *Marco Polo*
23. Ibid
24. Crowley, Roger: *City of Fortune*

---

[1] 指热那亚探险家维瓦尔第（Vivaldi）兄弟。1291年，乌戈利诺·维瓦尔第和瓦迪诺·维瓦尔第两兄弟从热那亚出发，开始了绕过非洲去印度的航程。但是，他们却从此一去没有复返。——译者注

25. 这种语言测试被称为 shibboleth，据《圣经》记载，基列人（Gileadites）通过法莲人（Ephraimites）无法发出某个词的音来辨别他们。几次这样的栅筛测试都会按组记录下来其灭绝的时间。如果你真的很感兴趣，你可以在我的书 *England in the Age of Chivalry* 中了解到更多相关知识。

· 19 ·

平民百姓
——札克雷暴乱和农民起义

> 这就是战争之道：贵族被俘等人来赎，百姓却只能引颈待屠。[1]
>
> ——提利昂·兰尼斯特

1348 年 4 月至 1351 年 2 月，英国国会暂时关闭，因此没有任何势力能够发起提高税收的投票，也就无法重启战争，这也许算是黑死病为人民带来的小小慈悲。然而，即使这样也不能让爱德华三世消停片刻，1350 年夏天，他下令捕杀了一些来自卡斯蒂利亚（Castilian）[2]的船只。当时，爱德华领兵埋伏在海边，一听到岸边传来"船来咯"的叫声，他就下令士兵们戴上头盔，一边喝酒一边冲向敌船，就像"开着碰碰车疯狂乱撞的十岁小孩"。[1]胜利之后，爱德华和亨利·珀西（Henry Percy）一起大肆庆祝，整晚"与女士们狂欢，谈论武器和爱情。"[2]

1356 年，英国人在普瓦捷（Poitiers）取得了第二场大胜。爱德华三世年轻的继承人，被后世称为"黑太子"（Black Prince）的伍

---

[1] 出自《冰与火之歌》卷二《列王的纷争》。——译者注
[2] 9 世纪时伊比利亚半岛上出现的一个古代王国，后来与阿拉贡王国合并，形成了现在的西班牙。——译者注

德斯托克的爱德华（Edward Of Woodstock）带领 6000 名英国士兵击败了规模两倍于己方的法国军队。爱德华王子在国王的五个儿子中最为年长，他在 16 岁时便跟随 34 岁的父亲第一次登上战场。现在，十年过去了，他已能够独当一面，取得了属于自己的胜利。当时的法国国王是腓力六世（Philippe VI）之子约翰二世（Jean II），[1]虽然在战场上安排了 19 个和自己长相相似的人并穿着同样的衣服，但他还是没有逃脱被英军俘虏的命运。3 不过，身为贵族，被俘之后并不会面临比死亡还惨的命运。正如伟大的中世纪历史学家 A.L. 普尔（A.L.Poole）所说："对于上流阶层，战争在一定程度上至少是受到骑士精神严格规范的游戏，只有倒霉的农民和其他非战斗人员才会遭受野蛮的掠夺。"4

身为一国之君，约翰即使沦为囚犯，依然能够享受奢华的生活。这位法国国王被押送到伦敦时，队伍行进过程长达几个小时，沿途一直有金叶子洒下。约翰身穿黑衣，骑着白马，与爱德华王子并辔而行，"沿途的房子都悬挂着缴获的盾牌和挂毯，鹅卵石路上铺满了玫瑰花瓣，队伍从华丽梦幻的场景中穿过，这是 14 世纪最受欢迎的艺术表现形式。伦敦的金匠们在沿途摆放了 12 座镀金笼子，里面安排了 12 位美丽的少女，不断将金银丝编织而成的花撒向骑手"5。在一次盛宴上，英国人向约翰敬酒，称颂他是一位伟大而勇敢的国王，黑太子便站在餐桌旁亲自招待，整个流程精心设计，煞有介事，为的便是展示自己的骑士精神。

被囚禁在英国期间，约翰住在伦敦最奢华的豪宅——兰开斯特公爵位于伦敦西部的萨伏伊宫（palace of the Savoy）。家庭账单显示，他不仅在马匹和乐器上花费不菲，还斥巨资购买了一座钟表——那可是当时最尖端的技术产品。约翰深受伦敦社交圈的欢迎，事实上，他

---

[1] 法国国王约翰二世（1319—1364 年），又被称为"好人"约翰，在位时间为 1350—1364 年。——译者注

在英国期间不但没有受到虐待，反而过得相当滋润，甚至在 1364 年因流连声色过度放纵而死。之所以会得到这种特殊礼遇，是由于在同样被俘的儿子越狱逃跑之后，约翰恪守信用，自愿返回英国去做人质。

两国在 1360 年签订的和平条约并没有结束英法之间的冲突，英国人反而主动向卡斯蒂利亚人示好。1367 年，黑太子派出三名外交官，与"残酷的"佩德罗国王（King Pedro the Cruel）在阿卡扎堡（Alcázar）进行会谈，但是没有取得任何进展。《权力的游戏》电视剧中，詹姆·兰尼斯特（Jaime Lannister）与多恩亲王道朗·马泰尔（Doran Martell）也曾在类似场合会面。[1][佩德罗曾被指控谋杀了妻子布兰奇·德·波旁（Blanche De Bourbon）。这位王后在婚礼上穿了一套由 11784 只松鼠皮制成的服装，使用的大部分松鼠皮都是从斯堪的纳维亚进口而来，可是结婚仅仅三天之后，她便被国王抛弃了。]

爱德华三世长大成人的第三个儿子冈特的约翰（John of Gaunt）娶了兰开斯特公爵的女儿，公爵死后，冈特继承了萨伏伊宫和他的头衔，因而变得非常富有，如果再加上通过第二次婚姻获取的 6600 英镑年金，冈特一年的收入总计可以达到 1.2 万英镑。[2]（为了便于大家对此有更加直观的了解，这里我们给出一个参考数据：当时男爵的平均年收入在 300 到 700 英镑之间）。随着父亲的健康状况逐渐恶化，他在政府中发挥了更积极的作用，也因此招致了更多的反感。

即使在战争时期，贵族老爷们也照样享受着镀金生活，但对于平民百姓来说却没有这么舒服的好事。诺曼诗人罗伯特·韦斯（Robert Wace）曾在作品中这样描了另外一种冲突：

> 他们为善良的人民和美好的土地带来了多么巨大的伤痛和

---

[1] 出自《权力的游戏》第五季第九集《魔龙的狂舞》。——译者注
[2] 冈特的约翰第一任妻子是兰开斯特公爵之女布兰奇，第二任妻子是佩罗德一世的女儿康斯坦萨。——译者注

伤害……烧掉房屋，摧毁城镇，无论是骑士还是农奴，无论是牧师、僧侣还是修女，谁也逃不脱猎杀、殴打和谋杀……只能眼睁睁地看着土地被摧残，女人被侵犯，男人被刺死，摇篮中的婴儿被剖开了肚腹，穷苦人的财产被夺去，羊群被牵走，塔楼被夷平，城镇被烧毁。[6]

实际上，即使在和平时期，农民的生活也相当糟糕。社会对穷人缺乏宽恕心和同情心，那些产生于中世纪阶级制度的词语有力地说明了这一点。"慷慨"（Generous）一词来源于 generosu，"温柔"（gentle）一词来源于 gentilis，这两个用来形容上流阶层的词语的词源都是"genetic"，意思是"天生的"，暗示着他们生来高贵。相反，用来形容穷人的词 Nativi 的字面意思也是"天生的"，但却暗示着天生的不自由。相比之下，最初用来形容中世纪穷人的各种词汇都保留着贬义，其中包括卑劣的（ignoble）、粗俗的（churlish）、恶棍（villain）和乡巴佬（boor，这个词来自一名盎格鲁-撒克逊农民 gebor）。

人们普遍认为，上流人具有更好的道德品质。当时有一首诗歌——《猫头鹰和夜莺》（ *The Owl and the Nightingale* ），诗中传达了一种典型的理念，即下层人民生来便人品低劣：

> 邪恶的人
> 来自污秽的窝
> 即使混入自由民中
> 总是格格不入
> 就算现在有了自由的安乐窝
> 可孵化他的是一个变质的蛋[7]

当时社会普遍瞧不起农民，在大多数的诗歌和故事中，他们都是轻信、贪婪和粗鄙的形象。正如"小指头"（Little finger）[1]所言："他们还相信女人怀孕时若是吃了兔肉，生出的孩子就会有长长的软耳朵呢。"[8]

然而，阶级制度并不像后世人们想象的那样可怕。长着一双"死人眼"的精神变态卢斯·波顿（Roose Bolton）[2]对他那更加可怕的儿子讲述如何"制造"他的过程，令人闻之胆寒："我第一眼看见就想要她，而这也是我的权力。学士们会告诉你，杰赫里斯王（King Jaehaerys）[3]为取悦他那泼辣的老婆，已废除了领主的初夜权，但我们北方是旧神的地盘，遵循古老的习俗。"[9]

这里提到的"初夜权"（First Night）一词，源自于法语 Droit de seigneur，意为"领主的权力"，指的是领主老爷们可以在农民女孩的婚礼当天夺走她的贞操，这个非常可怕的念头触发了人们对性虐待和强奸行为的恐惧心理，因此成为了历史剧中的常见桥段。但其实这是一个典型的"现代神话"，"初夜权"这个说法直到 16 世纪才首次出现，主要流行于法国革命家和马克思主义者之中，用来证明封建贵族有多么邪恶——但这种事从来没有发生过。我们并不否认，许多出身底层的女性都遭受过领主的强奸，但这从来没有成为一种制度，也没人认为它是合乎情理的。[10]

有些贵族确实非常令人讨厌，但在中世纪，随着时代的发展，他们已经很难再虐待比自己地位低的人——至少在英格兰的确如此。国家出台了越来越多的法律保障穷人权益，穷人也享有越来越多的土地权，拥有越来越强的流动性。事实上，有大量证据表明，即使到了这一时期，英格兰土地上仍然存在着自由贸易市场。[11]

---

［1］即培提尔·贝里席（Petyr Baelish），因为身材矮小，绰号为"小指头"。——译者注

［2］来自北境的恐怖堡伯爵，波顿家族是先民后裔，数千年来一直保留着活剥人皮的传统。——译者注

［3］指的是杰赫里斯一世，又称"仲裁者"或"睿智的"或"人瑞王"。他是"征服者"伊耿的孙子，坦格利安王朝第四位国王。——译者注

瓦里斯（Varys）是维斯特洛少数几个超越了自己社会阶层的人物之一，从童年时在密尔（Myr）[1]行乞，出卖身体[2]，直到最后进入御前会议（Small Council）成为了朝廷重臣。贝里席伯爵（Lord Baelish）虽然继承了一些土地和领主的头衔，但他的家族资历太浅，大贵族们压根看不起他。我们可以用14世纪英国的杰弗里·乔叟（Geoffrey Chaucer）和他们进行对比：乔叟的祖父两代都是伦敦酒商，他的父母当家时已经拥有24家分店。乔叟年轻时曾在法国为爱德华三世而战，这段生活过得极其悲惨，但是随后，他得到了为爱德华的儿媳、阿尔斯特女伯爵（Countess of Ulster）菲利帕（Philippa）效命的机会，后来，他担任了海关长官，还和冈特的约翰成为了连襟。[12]乔叟的地位迅速提升，儿子托马斯担任了下议院议长（Speaker of the House of Commons），孙女爱丽丝在玫瑰战争期间挤进了上流社会。当然，大多数人知道乔叟，更多的是因为他是一位写色情故事的诗人，但在某种程度上说，这只是他的副业。

另一个典型例子是德·拉·波尔家族。威廉·德·拉·波尔是赫尔（Hull）[3]的一名羊毛商人，发达之后他投入大笔金钱资助爱德华三世的战争，作为回报，国王任命他为财政大臣（Baron of the Exchequer）。以此为台阶，他的儿子迈克尔地位得到了进一步上升，大大激怒了同时代那些出身更好的人。爱丽丝·乔叟后来嫁给了另一位威廉·德·拉·波尔，两个新兴的富裕家庭就此联系在一起，到"堂亲战争"（Cousin's War）结束时，德·拉·波尔家族距离王位只有一步之遥——不过事与愿违，而失败也就意味着毁灭。中世纪时血统大于一切，他们因此遭人轻视，事实上，敌对方甚至可以用他们有农奴血统这个理由提出起诉，并且足以夺取他们的财产。

---

[1] 密尔是厄斯索斯九大自由贸易城邦之一。——译者注
[2] 出自《权力的游戏》第三季第四集《至死方休》。——译者注
[3] 英格兰东部的港口城市。——译者注

在维斯特洛，平民百姓想要提升地位，可以加入都城守备队（City Watch）或是成为修士（Septons）。他们也可以努力成为骑士，当然这种情况比较少见。在现实生活中，虽然说事无绝对，但农奴出身则意味着几乎没有上升渠道，在仅有的可能性中，教会就是一种最好的选择。威克姆的威廉（William of Wykeham）是一个汉普郡自由民的儿子，后来他升任至温彻斯特主教（Bishop of Winchester），同时兼任英格兰大法官（Chancellor of England），实际权力相当于维斯特洛的"国王之手"（the Hand）。他还创立了英格兰最古老的公立学校——温彻斯特公学（Winchester College），这所学校的座右铭就是著名的"不知礼，无以立也"（Manners makyth man）。威克姆是幸运的，他不仅先后得到了两位富人的资助，成为牧师后，还在为国王服务期间因为出色的管理能力赢得了赞誉。除了威克姆以外，两个世纪前还有一位出身低微的大人物——1175 年，罗伯特·格罗斯泰特（Robert Grosseteste）出生于萨福克（Suffolk）一个卑微的贫寒家庭，后来他不仅成为了林肯主教（Bishop of Lincoln），还被后世普遍认为是使用科学方法的先驱。

然而实际上，促使社会阶层流动最为有效的手段是一种更加残酷的英才教育——战争，尤其是对一个低阶士兵来说，如果能俘获一个有价值的敌人，人生就能迈上一个大台阶。威廉·卡洛（William Callowe），1415 年阿金库尔战役（Agincourt）中的一名普通弓箭手，通过一名俘虏换取了 100 英镑赎金，比他 10 年能赚到的工资还要多。约翰·霍克伍德（John Hawkwood），一个叫作自由军团（Free Companies）的雇佣兵组织首领，尽管他的早年经历比较神秘，有各种传说，但是根据一般公认的说法，他可能只是埃塞克斯（Essex）一个卑微的制革工人之子，最后却成为了整个意大利最令人闻风丧胆的可怕人物。

现实中仅有极少数人可以实现地位跃迁。保加利亚沙皇（Bulgarian

Tsar）伊瓦依洛（Ivaylo）最初只是一名猪倌，但在带领一群农民击退蒙古金帐汗国（Golden Horde）[1]的入侵之后，他取代了当时的沙皇并在战斗中将其杀死，于是拜占庭人将他扶植为傀儡。尽管困难重重，伊瓦依洛后来还是击败了拜占庭人，可是他又被自己的人民驱逐，走投无路之下，他只好前往蒙古人那里寻求帮助，最后被蒙古人砍掉了脑袋。

历史上只有一位教皇真正出身卑微，那就是西尔韦斯特二世（Silvester II），他本名奥利亚克的格伯特（Gerbert of Aurilliac），是法国南部奥弗涅（Auvergne）地区一个山区农民的儿子，因为学识广博，在升任教皇之前，他最后担任的是神圣罗马帝国（Holy Roman）皇帝子女的家庭教师。由于他的发迹道路太不寻常，许多人怀疑他和魔鬼有暗中交易，因而不愿为他奉上祝福。

在维斯特洛，"多数平民贫穷愚昧、不识读写，仅仅是卑微地维持着最简单的生活。他们没有姓氏。他们穿着生羊毛衫和式样单一的粗麻衣，行走在地图上没有标识的泥泞弯曲的小道。"[13]直到13世纪，英国老百姓才普遍有了姓氏。所以，在1160年的时候还很少有英国房客会被要求登记，但是到1260年，登记已经成为了一道必须的手续。姓氏出现的主要原因是国家力量不断发展，档案记录逐渐增加，税收规模日益扩大，这些客观因素都对大众的身份识别有了明确需求，特别是在那个人们对起名毫无想象力的时代。

在英格兰，许多姓氏都与贸易和地点有关（例如，姓氏 West 意为西方），但在苏格兰高地和爱尔兰，几乎所有的姓氏都源自父名，这反映了在他们的世界中，明确父母血统非常重要。个别威尔士人甚至会使用一连串父名，因此当时一位名叫欧文·图德（Owen Tudor）

---

[1] 又称钦察汗国，是蒙古四大汗国之一，建立于蒙古帝国西北部，位于今天哈萨克咸海和里海北部，占有东欧和中欧地区（至多瑙河），由成吉思汗长子术赤的次子拔都及其后裔统治。——译者注

的兰开斯特士兵，他的全名其实是欧文·阿普·梅雷迪思·阿普·蒂迪尔（Owain ap Maredudd ap Tudur）——意为"蒂迪尔（西奥多）之子梅雷迪思之子欧文"——即使在近代这也是一种常见的用法（因此有句古话就叫做"跟威尔士人的家谱一样长"）。爱尔兰和苏格兰高地之所以存在这种姓氏模式，是由于部落制度一直延续了下来，而在英格兰，除了偏远的北方，部落制度早已瓦解。在国家力量发展起来之前，人们依赖紧密团结的大家庭提供保护，这些大家庭通常实行族内通婚，因此便将共同的祖先看得极重，但随着人们对法律的依赖性逐渐加深，这种家族联系也就相应减弱了。

英格兰最常见的姓氏是史密斯（Smith，意为铁匠），今天的英国人中姓史密斯的比例略高于1%。这个结果并不意外，因为铁匠在古代是一个非常重要的职业，要么受人尊敬，要么令人畏惧，"至少从12世纪起，铁匠就很容易成为主导人物，有时他们会是帮派头目，通常都是阴险狡诈的家伙，戴着首领耳环作为身份标志。"[14] 除此以外，铁匠还经常与一些超自然行为联系在一起。然而，即使没有苏格兰和爱尔兰那么典型，在英格兰10个最常见的姓氏中也有7个起源于父名，包括约翰逊（Johnson，意为约翰之子）、戴维斯（Davies，意为戴维之子）和威廉姆斯（Williams，意为威廉之子）。

在那个时代，即使和平时期的乡村生活也非常艰苦：人们研究了那时的人类骨骼，发现骨头变形、骨关节炎等现象普遍存在，除此以外，骨头上还有很多长期艰苦劳作留下的痕迹。当时农人们收割庄稼用的是18英寸长的短镰刀——长镰刀要到16世纪才会出现——这就要求人们必须从早到晚都弯着腰，挥舞着重达20磅的脱粒连枷，以5秒一次的频率，连续几个小时不停地拍打谷物，日复一日，不断重复着繁重的劳动。[15]

大多数人的生活环境相当恶劣。牧羊人和牧牛人会和自己养的牲畜一起睡在谷仓里，因为这些动物通常便是他们拥有的最贵重的财产。

茅草屋顶最是常见，因为它最不值钱，用来挡风遮雨却最为有效。但是茅草绝对不算是什么好材料：受潮则容易腐烂，干燥则容易着火，这些情况都经常发生。此外，老鼠和昆虫也是茅草屋的常客。在中世纪中期，大多数农民的房子都非常脆弱，墙壁很薄，甚至曾有一个穷人吃着早餐就被流矢穿墙而过射中头部，真是飞来横祸。[16] 事实上，"入室行窃"在当时真的就是指破墙而入，那个时代的验尸官案卷就记载了不少用农具撞破墙壁的犯罪记录。东盎格利亚（East Anglia）埃尔顿（Elton）地区的一个法庭曾经判决了一起案例，一个年轻人因为得不到父亲的遗产便将父亲留下的房子怒而"拆掉搬走"。

粗略计算，英国社会约有一半人口都是处于社会最底层的塞尔夫（Serf）或农奴。塞尔夫是指那些没有人身自由的农民，他们受到严格的限制，无法离开庄园，但他们也不同于奴隶，不属于任何人所有，只是被绑定在了土地上。他们的主人不能像对待奴隶那样任意宰杀他们，也不能随意拆散他们的家庭——这一点上没有奴隶制那么残酷。[与铁群岛（Iron Islands）类似，斯堪的纳维亚半岛把农奴称为 thrall（意为奴隶、束缚），enthralled（被迷住的）这个词便是由此演变而来。]

农奴们还必须承受一些惩罚性的税收和限制。如果一个农奴的女儿发生了婚外性行为，那么父亲或者女儿就必须向他们的主人支付一笔罚款，称为 leirwite 或 legerwite。他们死后，留下的财产都会被主人夺走，包括动物、金银和黄铜罐子。除此之外，教会还针对死人设置了"停尸费"。

真正的犯罪行为非常普遍，却很少受到惩罚，同时，根据庄园法庭的记录，又有许多被判决的罪行听起来十分可怜可悲：莉蒂西亚之子威廉的女仆伊迪丝·康伯"偷走了主人的豌豆"，尼古拉斯·米勒的仆人爱丽丝因偷干草和植物残株而被罚款。

酒馆小酌是乡村人民最享受的闲暇时光，虽然这些小酒馆往往非常随意简陋，就开在最近酿造了廉价啤酒的村民家中。可怕的意外

326

时有发生。1279 年 6 月，牛津有一位名叫玛格丽特·戈德（Margery Golde）的女子因为醉酒而被活活烧死。当时，她在一家酒馆里喝了整整一天，"醉得不省人事"，回到家中后，顺手把蜡烛插进了床头的干草墙上，结果可想而知。记录中还有一个叫威廉·伯纳夫特（William Bonefaunt）的皮革匠，"喝醉了之后脱得精光，一个人站在楼梯顶上……为了解放天性，结果忽然失足跌落，一头栽在地上，当场送了命。" 1339 年，有一位名叫约翰·德·马凯比（John De Markeby）的金匠在朋友家"喝得大醉，然后跳来跳去"，结果不小心被腰间带着的刀子刺伤，当晚失血过多而死。

酒精也不可避免地催生暴力。翻开一份 1306 年的庭审记录，我们可以看到这样一个案子：贝德福郡（Bedfordshire）的几个乡村名流家庭成员卷入了一场严重的暴力争执，罪魁祸首便是酒精。约翰·凯特尔（John Ketel）"两次担任陪审员却两次喝得烂醉……打破了理查·史密斯（Richard Smith）之子尼古拉斯（Nicholas）的头"，狠狠地打了理查·本尼特（Richard Benyt），"还跑到对方家里去揍了他一顿"。亨利·史密斯（Henry Smith）的儿子约翰，四次担任陪审员，"狠揍了罗伯特·斯蒂克德克（Robert Stekedec）并从他身上抽血"，却被自己的兄弟——也叫亨利·史密斯——"拿着刀子狂追……说是要揍他砍他。"而这些人全都是郡里的知识分子。

我们有过恶毒国王，也有过白痴国王

现在，黑死病的灾难虽然过去了，欧洲大陆的乡村地区却愈加动荡不安。1355 年，法国出台了新的税收政策，规定对富人的税率为 4%，中产阶级为 5%，穷人为 10%，不公平的政策进一步加剧了人们的愤怒情绪。

欧洲历史上曾经发生过一些穷人起义。早在 1190 年代就有一个叫威廉·菲茨·奥斯伯特（William Fitz Osbert）的政客自称"穷人救

星"，煽动被压迫的伦敦人民起来造反，最终，他的政治生涯结束于泰伯恩刑场（Tyburn）。1251年，法国东北部爆发了"牧羊人十字军东征"（Shepherd' Crusade）。大约6万人"在北部省份荒凉、一贫如洗的村庄之间四处游荡，人数越来越多，最后，一大群小偷、流浪汉、吉普赛人和妓女汇集到了巴黎。"[17]他们起初得到了大部分人的同情，但很快就不可避免地沦为暴力分子，牧师、贵族和犹太人遭到袭击，许多建筑物被烧毁。巴黎人厌倦了他们，把这些乡巴佬驱赶到鲁昂（Rouen），此时，国王从十字军东征赶了回来，屠杀了所有的人。

然而，黑死病的袭来令社会形势急剧变化，因为无论在哪里，不同阶级之间的死亡率必然有很大差距。一些地区农奴的死亡人数高达贵族的两倍，不久那里就面临着工资上涨的压力。法国库西（Coucy）就是其中一个因缺乏劳动力而被"恶作剧之火"点燃的城镇。

1358年的初夏，法国农村民间积攒的不满情绪终于决堤，巴黎爆发了后来被称作"札克雷"暴乱（Jacquerie）的农民起义。起义名称来自于当时贵族阶层对农民的蔑称Jacques Bonhomme，意为"衣着穷酸的乡巴佬"，其中jacques指的是农民们穿的简朴衣服（后来这种衣服发展成为了夹克衫）。这场巴黎暴乱是在艾蒂安·马塞尔（Etienne Marcel）的煽动下爆发，马塞尔带领3000暴徒冲击王宫大殿，这伙人涌进王太子（Dauphin）[1]的房间，高呼"这里已经被我们征用了"，一位王室顾问被人群抓住，当场砍死；另一位顾问虽然仓皇逃出，但还是被叛军抓住杀死，血淋淋的尸体被拖出，扔到楼下院子里那群尖叫的暴徒面前。混乱中，马塞尔救出了吓得半死的王太子，匆匆乔装一番之后，把他偷带了出去。此刻，整个巴黎到处都是暴徒、

---

[1] Dauphin是1350—1830年左右法国王位继承人的称号。此时的王太子即后来的查理五世（1337—1381年），瓦卢瓦王朝第三位国王，"好人"约翰二世之子，父亲被英国人俘虏期间由他摄政。——译者注

罪犯和学生。

当时，王太子一家都住在首都郊外的莫城（Meaux），9000个心怀不轨的农民涌向这里，大声叫嚷着杀人放火、奸淫掳掠。王太子的妻子、妹妹和襁褓中的女儿，还有300名贵族女性和她们的孩子都在城中，可是只有很少的领主和骑士能够保护他们，随着暴徒逼近，千钧一发之际，本应挺身而出的骑士们却越来越紧张。莫城市长和官员们向王太子发誓决不让他的家人受到玷污，但事实证明他们不过是一群懦夫，没过多久就向叛军敞开大门，送上面包和酒肉。现在，乡巴佬们涌入城市，"野蛮的叫喊"在街道上此起彼落，女士们全都吓得瑟瑟发抖。她们藏身的堡垒和城市之间只有一座桥梁以及一条夹在河流和人工水道之间的土地。她们知道一旦叛军攻破城堡，等待自己的会是怎样的命运，因为类似的情节早已上演过无数次。

就在女士们为自己的命运祈祷的时候，有两名南方骑士旅行回来正骑马穿过这里，被城中的暴乱所惊动。比克伯爵（Captal de Buch）让·德·格莱里（Jean de Grailly）和富瓦伯爵（Count of Foix）加斯顿·福玻斯（Gaston Phoebus）在战争中本是对立的双方，前者效忠于金雀花家族（House of Plantagenet），后者则听命于瓦卢瓦王朝（Valois）[1]。但他们同时也是一对表兄弟，此时两个家族处于休战期间，他们一起前往普鲁士（Prussia）参加清缴异教徒的十字军东征。实际上，作为加斯科人（Gascons）和奥克人（Occitans）口中的北方"弗兰基佬"（Franchimen），他们对王太子查理和他的家人们并无好感，但身为骑士，他们绝不能坐视贵族女士的生命受到如此暴力威胁。

这两个吉耶纳（Guyenne）[2]骑士带着120人快马加鞭赶往城里，一看到女士们藏身的城堡，便毫不犹豫地冲了过去。这两人带着25

---

[1] 英法百年战争时期，英国当政的是金雀花王朝，法国则是瓦卢瓦王朝。——译者注
[2] 法国西部旧省名。——译者注

个身穿明亮盔甲的骑士，举着"由银币、天蓝色的星星、百合花和昂首蹲着的狮子组成的三角旗"，骑马穿过吊闸，与暴民展开近身搏斗。叛军毫无还手之力，"像野兽一样被杀"，一天的战斗下来，农民死了好几千人，骑士只有几个被杀。后来德·格雷利和福玻斯烧毁了镇子，绞死了市长和一批城里的叛徒，然后护送贵族女士们回到安全区域。

大部分暴乱都集中在巴黎和它的北边，但是很快就有一个阴险狡诈的贵族——纳瓦拉的查理（Charles of Navarre），也就是"恶人查理"（Charles the Bad）扭转了局势，挫败了叛乱。虽然立下大功，但事实上，查理始终心怀不轨，三番五次试图加害王太子。第一次是在王宫被攻入时，农民们在附近抓住了查理的一个手下，衣服上缝着毒药，显然是受命刺杀王太子和他的叔叔们。1359 的第二次暗杀计划也没有成功，中途被迫放弃。到了 1360 年 10 月，王太子忽然身患重病，"枯瘦如柴"，头发和指甲脱落殆尽，人们相信他是中了查理所下的砒霜之毒，从那以后，他便一直遭受病痛的折磨未曾好转。

此时在英国，由于工人工资不断上涨，"许多人的穿着远远超出了自己的身份和阶层，大量土地闲置荒芜，遭到严重破坏"，为了限制这种情况，当局颁布了一系列法律，然而毫无作用。[18] 虽然工人酬劳有了固定标准，理论上任何人离开自己的土地到别处找工作都会受到惩罚，但这些法律在实际生活中宛如一纸空文，并没有得到有效执行。1368 年，黑死病卷土重来，进一步推高了劳动力成本。1375 年，粮食大丰收，食物价格再次下降。形势日新月异，等级制度早已不同往昔，但是有许多人，尤其是现在已经老去的君主，仍然无法或者说是不愿接受这一现实。

虽然骑士精神在爱德华三世的辉煌时代也达到了顶峰，但他统治的最后几年日子非常凄惨，爱德华变得身体虚弱、精神抑郁，他治下的人民也是一样。1375 年那个炎热的夏天，黑死病卷土重来的阴云笼罩在英格兰上方，这位鳏居多年的老国王失去了自控能力，变得意志薄弱、精神沮丧，似乎还被贪婪的情妇迷住了。

1377年，爱德华三世溘然长逝。临终前，他在温莎举办了盛大宴会，册封孙子波尔多的理查（Richard of Bordeaux）为嘉德骑士（Knight of the Garter），次日便撒手人寰，离开人世。由于长子"黑太子"爱德华比国王还要早走一年，于是王位传给了黑太子在世的儿子理查。一个年仅10岁的男孩现在成为了英格兰国王。

于是，在1377年6月21日，伦敦工会成员们骑马来到位于伦敦南部肯宁顿（Kennington）黑太子的故宫向新国王宣誓效忠。很多人都向这位新君主提出了请愿，其中包括伦敦的约翰·威尔特希尔（John Wiltshire），他要求国王及继承人准许他"在加冕当天早餐之前洗手的时候，为国王拿毛巾"。工作人员查找了相关记录，证实这确实是他们家族应有的权利。

爱德华三世的葬礼盛况空前。在400名火炬手的护送之下，24名身着黑衣的骑士抬着棺木穿过威斯敏斯特教堂（Westminster Abbey）。棺材后面跟着爱德华健在的三个儿子：冈特的约翰，兰利的埃德蒙（Edmund of Langley）和伍德斯托克的托马斯（Thomas of Woodstock）。如果再加上已故的爱德华和安特卫普的莱昂内尔（Lionel of Antwerp），在爱德华三世强有力的统治时期，这兄弟五人始终团结在父亲周围，紧密联系，互相扶持——但在下个世纪，他们的后代将会在一场异常凶猛的战争中互相残杀。

几周之后，理查加冕登基，登基大典精彩绝伦，"女孩们把金叶子洒在国王身上"，一个打扮成天使的男孩向国王鞠躬，献上王冠。[19]但是围观群众人数过多，像潮水一样涌向国王，这个男孩差点被挤晕，他的导师西蒙·伯利（Simon Burley）连忙上前，将他扛在肩上。

为了保护新任君主，当局任命了一名加冕典礼的专职护卫。[20]宴会时，这名护卫会身穿全套盔甲，手持武器骑马进入大厅，扔下自己的护手，对所有敢于质疑国王继承权的人发出挑战。遵照已故国王的遗愿，王叔冈特将护卫特权赐予林肯郡的斯克里弗斯比（Scrivelsby）勋爵约翰·迪莫克（John Dymoke）爵士，后来这也成为了他们家族的世袭权利。然而典礼当天，身着闪亮盔甲的护卫早早就出现在了威斯敏斯特教堂门口，差点惹出麻烦，幸亏担任司仪的亨利·珀西让他留在门口，挽救了他。亨利见到兴奋过头、带有明显醉意的约翰爵士闪电一般冲了进来，便将他拦下，让他"放松一下，休息一会儿"。宴会开始后，迪莫克跟跟跄跄地闯进来，声称如果有人质疑理查的权利，他"已经准备好了，从现在开始，哪怕只剩一口气，拼上这把老骨头，也要把那个混蛋和叛徒狠狠揍一顿。随便指定哪一天，由你说了算。"[21] 扔护手的传统延续了几个世纪，只有一次出了意外，在1760年乔治三世（George III）的加冕典礼上一位女士捡起了护手，因为她担心"如此精心着装的绅士在拥挤的人群中丢掉了护手该有多着急啊。"多年以来迪莫克家族始终行使着这项权利，除了1830年威廉四世（William IV）的加冕礼上，由于当局试图削减开支没有安排这一流程，这是唯一一次例外。虽然这个家族的直系后裔在1875年绝嗣，但迪莫克的亲戚们直到今天仍然扮演着这一角色。

　　1377年，伦敦人民迎来了两天的公共假期，整个城市被清扫干净，主要道路的胜利拱门前都摆放着巨大的古典神像和奇异生物的雕像，每个角落都有音乐家和杂技演员进行表演。理查的游行队伍从伦敦塔一路走到威斯敏斯特，武装卫队在警卫官的带领下在国王前方开道，后面跟随的则是穿着赞助人制服的侍从们、伦敦市长、市议员和郡治安官以及加斯科尼和日耳曼的雇佣兵。伦敦的金匠工会出资建造了一座流淌着免费葡萄酒的城堡，城堡的塔楼中间是一位手持王冠的黄金天使，当国王从他身边经过时，天使走下来把王冠献给了国王。在每个塔楼上都有一名女孩向人群抛洒镀金叶子。

　　伟大的战士君主统治了这个国家长达50年，几乎是当时人们平均寿命的两倍，而当他离世后，坐上王座的是一个小男孩，可想而知，王国前路必定布满荆棘。

理查的统治从一开始便不稳固，对外——与法国的战争接连挫败，对内——朝堂上充斥着党派之争。在维斯特洛，负责处理王国政事的是仅有几位成员的御前会议（Small Council），包括"国王之手"（the Hand）、财政大臣（the Master of Coins）和御林铁卫（Kingsguard）的队长。在现实生活中，协助历代英国君主统治国家的则是王家议会（Royal Council）。由于王座上的君王还只是个孩子，国家权力更多是由议会掌握。冈特在父亲在位的最后几年擢升为兰开斯特公爵，此时王国之中最有权势的非他莫属，大权在握，声名煊赫，以国王之名统治国家。然而，打从一开始，理查二世就对这位叔叔充满恨意。

王家财政面临的风险极高，中世纪晚期的大部分时间，王室的债务水平都居高不下。因此掌权者便一刻不停息地寻找新的方法从百姓身上榨取金钱，但是，人口锐减使得财政缺口不断拉大，根本无法弥补。爱德华在位期间税收已经上涨了 27 倍，仍不能满足王国对金钱的迫切需求，于是王家议会决定开征人头税（Poll Tax）——不是针对土地或者财产，而是针对每一个成年人征税。这项税款已经于 1377 年和 1379 年两次征收，但当 1381 年国家第三次颁布人头税时，大量人口直接就从登记簿上消失了。

因此，在 1381 年 4 月，当局派遣武装人员前往埃塞克斯强制征税，在该郡的三个教区都引发了暴力反抗。不久，埃塞克斯和肯特的村民倾巢而出组成武装暴力团体——他们杀死王室官员，闯入监狱，放走囚犯。[22] 很快，这两个郡的起义人数激增，5000 人马浩浩荡荡地向首都进发。6 月 12 日，肯特人抵达了伦敦郊区，也不知是出于恐惧还是同情，第二天他们就被放进了伦敦。义军由瓦特·泰勒（Wat Tyler）和一位名为约翰·鲍尔（John Ball）的激进牧师领导。鲍尔公开宣称："英格兰已经没救了……除非所有的人民都能共享财富，不再区分农奴和老爷——因为我们人人生来皆平等。"[23] 他认为，领主老爷们"穿着松鼠皮和貂皮里子的天鹅绒和羽纱,而我们只能穿粗布衣服;他们有美酒、香料和好吃的面包,我们只能喝水,吃黑麦、糠麸和稻草。"[24]这种危险思想的行为传播开来,当即被时任坎特伯雷大主教(Archbishop of Canterbury)的萨德伯里(Sudbury)指责为宣扬异端。

起义群众最初也许还怀着一些合理诉求,一定程度上有组织有纪律,但当他们洗劫了城市中高门大户的酒窖之后,所有人都化身暴徒,只剩下彻头彻尾的暴力行为。不久之后,暴徒们不可避免地将矛头指向了那些不得人心的目标人物:他们将冈特的萨伏伊宫洗劫一空后付之一炬,城中的外国人——主要是佛兰德(Flemish)移民——也未能逃脱此劫。

同时代的约翰·高尔(John Gower)[1]在书中这样描写泰勒:"他的声音把疯子聚集在一起,他怀着对屠杀的残忍渴望,对着人群大喊:'烧光! 杀光!'"还有一位沃辛汉姆的托马斯(Thomas of Walsingham)则用"粗俗肮脏的手"来形容这些"肮脏的"乡巴佬是"魔鬼的流氓和妓女"。更糟糕的是,当时大多数男性都拥有合法的武器——长弓、剑或是匕首,不少人都对武器使用并不陌生。事实上,自从这个世纪初期爱德华一世统治的时代以来,国家一直强制人民进行常规的长弓练习。

中世纪城市中,暴徒是一道可怕的风景,更糟糕的是,这些乌合之众缺乏有力的领导组织,往往会带来极大混乱。当时,冈特在前往北方与苏格兰人作战的途中,与亨利·珀西(Henry Percy,家族中第一位把名字中间代表法国的"德"字去掉的成员)发生了争执。虽然不久之后,珀西将被册封为第一位诺森伯兰伯爵(Earl of Northumberland),在这场正在上演的悲剧中,珀西也发挥了不可低

---

[1] 约翰·高尔(1330—1408年),英国诗人,乔叟的好友。——译者注

估的作用，但在冲突之中，他的家族几乎被摧毁。两人就此分道扬镳，当冈特到达贝里克（Berwick）时，由于未得领主允许，珀西的士兵拒绝冈特进入。冈特非常生气："岂有此理！难道诺森伯兰还有谁的权力在我之上吗？"士兵回答，他们是奉了伯爵大人——"诺森伯兰所有领主的领袖和君主"——的命令，[25] 他们只认一个国王，那就是北境之王珀西。

让我们把视线拉回到一片混乱的伦敦。少年国王和他的堂弟——冈特之子德比的亨利（Henry of Derby）——一起蜷缩在城东边缘的伦敦塔里。暴徒冲进来后，将楼里的贵族见一个杀一个，然后将大楼彻底扫荡一空。年仅 14 岁的亨利也险遭毒手，幸亏暴徒中有一个经历过萨伏伊暴乱的老兵出于同情把他藏了起来。暴徒们找到了太后的母亲，为了羞辱她，逼迫她亲吻一个下等人，好在这些家伙忙于扫荡房间而分了心，这位女士被一位侍从武官及时救出，很可能因此逃脱了被强奸的命运。坎特伯雷大主教就没那么幸运了，他差点就成功逃脱，却在人群中被一个女人认了出来，然后被砍了脑袋。

理查国王只比堂弟年长几个月，这时他同意在城外的史密斯菲尔德（Smithfield）会见叛军领袖瓦特·泰勒。泰勒是一名来自达特福德（Dartford）[26] 的普通劳工，据说是在杀死一名性侵他女儿的税务稽查员之后发动了这次起义。此时，他挥动双手，挑衅地指向国王，但年轻的国王毫不畏惧，即使肯特人提出了一系列离谱的要求："人人都应享有自由，人人都应平等对待。"

理查举止镇定的王者风范使气氛平静了下来，于是叛军首领下令为双方拿来啤酒，然而就在此时，他听到国王的手下低声咕哝，说他是"肯特最大的小偷"，泰勒闻言怒而拔刀。幸亏曾经当过鱼贩的市长威廉·沃尔沃思（William Walworth）反应迅速，及时掏出武器刺伤了泰勒。[27] 一片混乱之中，国王安抚了惊慌失措的暴民，准许他们安全返乡，承诺将会废除人头税。但谁知在他们返回埃塞克斯和肯特的途中，王室军队翻脸不认账，屠杀了数百人，还有更多的人遭到血腥报复：躺在医院等死的泰勒被市长手下干掉；鲍尔在圣奥尔本斯（St Albans）当着国王的面被绞死；15名叛乱者在伦敦以北的那个城镇被处决，他们被从自己冲击过的那片土地中拖了出来吊死在树上。一些附近的人出于同情砍断吊绳取下尸体重新埋葬，但国王硬是命令执行官挖出尸体，又制作了一批铁链，然后逼着镇民们亲手把一具具腐尸重新挂上去。

农奴制，一种在经济上已经过时的制度，终于在15世纪走向了终结。一个接着一个庄园的劳动力被释放，农奴们也不再会因为拒绝向领主服务而被罚款——尽管这是不是由农民起义带来的还有争议。对理查二世来说，这场暴力事件让他对伦敦暴民产生了持久的惧怕和担忧——尽管他真正的敌人其实是在宫墙之内。

本章尾注：

1. Rose, Alexander: *The Kings in the North*
2. Ibid
3. Castor, Helen: *Joan of Arc*
4. Poole A.L.: *From Domesday Book to Magna Carta*
5. Tuchman, Barbara: *A Distant Mirror*
6. Ibid
7. Bartlett, Robert: *England under the Norman and Angevin Kings*
8. *A Clash of Kings*
9. *A Dance with Dragons*
10. 当然，幻想文学作家无须拘泥于史实，所以真相如何并不重要，而且毫无疑问乔治·R. R. 马丁明白自己写的只是虚构情节。但是这种情节同样出现在了一些历史作品中，最出名的就是《勇敢的心》（*Brave heart*）。
11. 艾伦·麦克法兰（Alan MacFarlane）所著的《英国个人主义起源》（*The Origins of English Individualism*）一书改变了许多人看待这个时期的方式，使人们意识到对当时的"农民"这个概念的看法已经过时了。
12. 这是由卡罗琳·拉灵顿（Carolyn Larrington）做出的历史性比较。

13. http://awoiaf.westeros.org/index.php/Smallfolk

14. Braudel, Ferdinand: *The Identity of France*

15. Rosen, William: *The Third Horseman*

16. Kelly, John: *The Great Mortality*

17. Horne, Alistair: *The Seven Ages of Paris*

18. As Parliament described it in 1363

19. Audley, Anselm: *Death Keeps His Court*

20. 由于已经有 50 年没有举办过加冕典礼，所以几乎没人拥有操办仪式的第一手资料，所以组织者使用了一本由阿沃特·莱特灵顿（Abbott Lytlyngton）所著，名为《王室典籍》（书名是拉丁文，Liber Regalis）的书作为参考，至今英国君主加冕仪式仍然是按照这本书所写的进行操作。

21. Rose, Alexander: *The Kings in the North*

22. 虽然中世纪监狱的群众暴乱其实十分常见，毕晓普斯托福德（Bishop's Stortford）的监狱在 1392 年爆发过 16 次，1393 年爆发过 18 次，1401 年 10 次，全都是由被定罪的政府办事员引发。

23. *Froissart's Chronicle*

24. Ibid

25. Rose, Alexander: *The Kings in the North*

26. Or possibly Maidstone

27. 关于泰勒之死的详细情形、当时是谁先拔刀、为什么拔刀，这些问题都仍有争议。但是我们只要知道这次会面对他来说并不顺利就够了。

· 20 ·

野 火
——君士坦丁堡，古往今来最伟大的城市

为什么就没人相信太监呢？

——瓦里斯[1]

　　罗马并没有灭亡。公元 5 世纪，当西罗马帝国被伦巴第人（Lombard）、汪达尔人（Vandal）、哥特人（Goth）、法兰克人（Frank）和萨克森人（Saxon）[2]瓜分时，罗马帝国的东半部分和它的人民幸存了下来，继续繁荣发展了下去，甚至又延续了一千年。他们居住的这座城市，在几百年间都是整个基督教世界怦怦跳动的心脏。它那些宏伟的教堂深深震撼了北方来的金发野蛮人，这当中最最闪耀的明珠无疑就是圣索菲亚大教堂（Hagia Sophia）。据说基辅大公（Grand Prince of Kiev）的使者在踏进大教堂那一霎间，就被感动得泪流满面，分不清自己是身处天堂还是人间。这就是君士坦丁堡（Constantinople），古往今来最伟大的城市。

---

[1] 出自电视剧《权力的游戏》第一季。——译者注
[2] 均为日耳曼部落。——译者注

君士坦丁皇帝（Emperor Constantine）[1]困扰于罗马的堕落，在4世纪早期就着手寻找新的都城。他选中了黑海边一块地方，这里本来有一个古老的小渔村。这个叫做拜占庭（Byzantium）的小城建立于公元前658年，建造者是具有神话色彩的拜占斯（Byzas）和一些来自墨伽拉（Megara）的殖民者，墨伽拉是位于雅典以西30英里的一个希腊城邦。拜占庭的地理位置非常好，它控制着连通黑海和爱琴海的博斯普鲁斯海峡，但是由于缺乏淡水，一直没能发展起来。不过罗马的工程技术水平足以解决这个难题，君士坦丁皇帝的新城很快发展成世界上最大的城市。一开始，城市的名字是"新罗马"（New Rome），但是人们普遍使用建城者的名字称呼它[2]。这座城市发展迅速，居住的人口一度超过100万。

君士坦丁建造的这座城市，排布着"柱廊式街道组成的栅格，两侧则是带有典雅圆柱的公共建筑、巨大的广场、庭院和凯旋拱门。"[1]来自古典世界（classical world）[3]各个角落的雕像和纪念碑排列在大街上，"这是一座大理石和斑岩[4]、金箔和精美镶嵌画造就的城市，"比起西方任何城市，它都是个庞然大物。[2]城里有皇家宫殿和教堂，"数量比一年中的天数还要多"。西方人目睹了这一切，他们说这里是"世界的欲望之城"。[3]

这位万城之女皇（Queen of Cities）有路灯、下水道、排水系统、医院、"孤儿院、公共澡堂、引水渠、巨大的蓄水池、图书馆和奢侈品店，"此外还有七座宫殿，宫殿之间的是盖着黄金屋顶的三叶堂

---

[1] 弗拉维·瓦莱里乌斯·奥勒里乌斯·君士坦丁（拉丁语：Flavius Valerius Aurelius Constantinus），即君士坦丁一世（Constantine I），罗马帝国皇帝（306—337年在位），因其功绩又被称为君士坦丁大帝。他击败了另外三位皇帝，成为罗马帝国唯一统治者。——译者注

[2] 也就是君士坦丁堡。它的古称"拜占庭"依然会被使用。今天，这里是土耳其最大的城市伊斯坦布尔（Istanbul）。——译者注

[3] 西方文化环境下的一个广义称谓，指代以地中海为中心，包括周边文明的古希腊罗马世界。以古希腊罗马为文化核心的时代称为"古典时代"。——译者注

[4] 一种具有斑状结构的岩浆岩，可用于做建筑材料。——译者注

（Triconchus）。[4]这里是欧洲和亚洲的十字路口，地中海和黑海的交界处。博斯普鲁斯海峡带来了俄罗斯大草原的冰冷寒风，在冬天，雾和雪会遮蔽整个城市。15世纪的法国旅行者皮埃尔·吉勒（Pierre Gilles）这样形容君士坦丁堡："只用一把钥匙，你可以打开或者关闭两个世界、两片海域。"[5]

君士坦丁堡横跨亚洲和欧洲，是世界上出现过的最好的城市，但它的位置导致它非常容易受到诸多游牧民族的侵扰。君士坦丁堡先后遭遇过匈人（Hun）、哥特人、斯拉夫人（Slav）、格皮德人（Gepid）[1]、鞑靼人（Tartar）[2]、阿瓦尔人（Avar）[3]、突厥保加尔人（Turkic Bulgar）[4]以及佩切涅格人（Pecheneg）[5]的攻击，他们来自亚洲的草原、俄罗斯的森林、巴尔干的群山和匈牙利的平原。公元626年，君士坦丁堡遭受北方阿瓦尔人的攻击，与此同时，波斯人席卷了帝国的东部边境；另一支突厥部落保加尔人则在8世纪、9世纪、10世纪分别围攻过君士坦丁堡；然后是公元941年到来的俄罗斯王公伊戈尔（Igor）[6]，他所到之处都被劫掠殆尽。

君士坦丁堡也被占领过，那是在公元7世纪，当时东罗马帝国跟波斯帝国的战争看起来永远都不会结束。然而，几乎没人注意到，一股新的威胁已经在南方出现了。有一支游牧民族以不可阻挡的势头，在沙漠中崛起了，这就是阿拉伯人。他们团结在先知穆罕默德带来的

---

[1] 东日耳曼部落，跟哥特人很接近，也可能就是哥特人的分支。匈王阿提拉死后，格皮德人联合其他日耳曼部落，推翻了匈人的统治。——译者注

[2] 君士坦丁堡所称的鞑靼人指的是活跃于黑海到咸海之间大草原的突厥人。——译者注

[3] 活跃于潘诺尼亚盆地（巴尔干半岛西北部、喀尔巴阡山以南的广大平原地区）的游牧民族，来源成谜。一说是中国古代西迁的柔然部落分支。——译者注

[4] 突厥人的一支，曾经在黑海北岸建立起大保加利亚汗国（632—668年）、在巴尔干半岛北部建立起保加利亚第一帝国（681—1018年）。后分裂、迁移，已经融入到了其他民族中。现代保加利亚人是保加尔人、斯拉夫人和色雷斯人的后裔。——译者注

[5] 突厥人的一支，10世纪时控制了顿河、多瑙河下游流域。——译者注

[6] 伊戈尔·留里科维奇是基辅罗斯的统治者（912—945年在位），941年和944年两度围攻君士坦丁堡。——译者注

新宗教周围，迅速占领了许多文明古城：大马士革、亚历山大和耶路撒冷。他们甚至灭亡了强大的波斯。循着先知的指示，他们把目光放在了众城中最闪耀的明珠——君士坦丁堡身上。从公元 672 年开始，阿拉伯舰队就封锁了小亚细亚的海岸；两年后，他们开始对万城之女皇发动进攻。面对历史上最成功的征服者，东罗马帝国看起来毫无希望。

古往今来最伟大的城市

很显然，君士坦丁堡跟魁尔斯（Qarth）非常像，它们都是彼此世界上最大的港口之一，富有的商人络绎不绝，他们在此交易着丝绸、香料和其他一些来自遥远东方的异域珍品。[6]魁尔斯的码头"色彩缤纷、人声鼎沸、百味杂陈。酒馆，仓库和赌场沿街林立，与廉价妓院和敬拜各种奇异神祇的殿庙紧紧相连。小偷、流氓、符咒商人和钱币贩子无所不在。码头区就是个大市场。"[7]电视剧里的魁尔斯看起来很像约旦的沙漠之城佩特拉（Petra），但在其他任何方面，它都更像君士坦丁堡，[8]很明显的例子就是二者的位置很相似，魁尔斯海峡[1]也连接着夏日之海（Summer）和玉海（Jade Sea）。

魁尔斯的香料之王（Spice King）非常富有，尽管他的祖父只是个卑微的花椒商贩，真实世界里，在地中海和丝绸之路上做欧洲、近东和中国的香料生意非常赚钱。香料之王属于十三巨子，这是一些由商人组成的城市精英。另一位十三巨子的成员札罗·赞旺·达梭斯（Xaro Xhoan Daxos）是一个商人王公，同样富可敌国，他拥有 84 艘船。札罗安排丹妮莉丝住在自己大得离谱的宫殿里，这宫殿让伊利里欧总督（Magister Illyrio）在潘托斯（Pentos）的大宅就像"猪倌的茅屋"。丹妮莉丝有属于自己的"长满熏衣草和薄荷的芬芳花园，一座养着小

---

[1] 它的正式名称是"玉海之门"。——译者注

金鱼的大理石浴池，一座水晶占卜塔，以及男巫居住的迷宫”，地板是绿色大理石，墙壁上挂着五彩的丝绸。[9] 她住在这里的时候，札罗送给她香水、猴子、瓦雷利亚的古老卷轴、一条蛇、一顶供她乘坐的舆车、一对相匹配的公牛，此外还有一千名玩具骑士，由“翡翠、绿宝石、玛瑙、碧玺、琥珀、蛋白石和紫水晶”制成，穿着闪亮的金银铠甲。这足以说明魁尔斯是个非常非常富足的地方。

就像外表古怪的男巫俳雅·菩厉（Pyat Pree）对丹妮莉丝说的那样：“魁尔斯是古往今来最伟大的城市。它是世界的中心，沟通南北的门户，连接东西的桥梁，古老悠久，超越人们的记忆。它宏伟壮丽，令智者萨索斯（Saathos the Wise）第一眼看到它之后便自毁双眼，因为他知道今后所见的一切，与它相比都将丑陋不堪，黯然失色。”[10]

法国人沙特尔的富尔歇（Fulcher of Chartres）[1] 曾经在 11 世纪时到访君士坦丁堡，写过这么一段话，我们可以对比一下：

> 哦，这是多么雄伟的城市，多么壮观，多么美丽。有那么多的修道院，有那么多的宫殿，完全用人力在宽阔的街道上平地而起；有那么多的艺术品，精妙绝伦。要把这庞大数量的好玩意、黄金和白银、各式新潮衣物和神圣的遗迹都一一介绍，想必会让人累个半死。无论什么时候，总会有船进港停泊，因此，无论人们想要什么，这里都会应有尽有。[11]

这是一座镀金的大都市，用历史学家约翰·朱利叶斯·诺威奇（John Julius Norwich）的话来说，西方人想象当中的君士坦丁堡是“这样一些景象：黄金、孔雀石和斑岩；威严、肃穆，有仪式感；装饰有沉重的红宝石和绿宝石的织锦；熏香的烟雾缭绕在大厅里，奢华的拼贴

---

[1] 法国牧师，参加过第一次十字军东征，用拉丁文撰写了一部十字军东征编年史。——译者注

画隐隐闪着光。" [12]

从中世纪早期开始，拜占庭就对嫉妒心很强的穷困拉丁基督徒们有着夸张的吸引力。在他们的字典里，没有什么单词比得上狄奥斐卢斯皇帝（Emperor Theophilius）[1]的三叶堂（Triconchose）——或者叫三贝堂（Triple Shell）。三叶堂以斑岩柱和巨大的彩色大理石板支撑，银色的大门打开后，出现在眼前的是一个半圆形大厅，内壁用大理石装饰，厅内的喷泉流出来的是美酒。北边是珍珠厅（Hall of the Pearl），"它的白色大理石地板用大量拼贴画做装饰，屋顶则落在八根玫瑰粉色的大理石柱子上。" [13]

紧挨着的是骆驼厅（Kamiles），"在这里，六根绿色的色萨利[2]大理石柱子引导你抬头看，那儿有一副拼贴画，描绘了果实丰收的景象。继续往上，会看到闪着金光的屋顶。" [14]再往北边去，是马格诺拉宫（Palace of the Magnuara）。这座宫殿由康斯坦丁大帝建造，狄奥斐卢斯在王座一旁装了一些机械鸟，还在周围摆放了黄金做成的狮子。只要给一个信号，鸟儿们就会突然开始唱歌，狮子突然开始吼叫，接着，一架金色的管风琴会奏起乐声。

在君士坦丁堡市中心，矗立着纪念性建筑物"百万"（Million），用以纪念城市的建立。它包括四道凯旋拱门以及拱门之间围起来的广场、支撑起来的穹顶，穹顶之上是圣物真十字架（True Cross）的碎片，这是钉死耶稣时使用的十字架。[15]那些同等大小的巨大蛇柱（Serpent Column）是君士坦丁从德尔斐（Delphi）[3]带来的，它们本来是阿波罗神庙的柱子，这是31个希腊城邦为了纪念公元前479年的普拉提亚（Plataea）战役所建，在这场战役中他们大败波斯军队。

比起新罗马城内奢华的宫殿，它的城墙重要得多。君士坦丁堡的

---

　　[1]　东罗马帝国皇帝（829—842 年在位）。——译者注
　　[2]　色萨利（希腊语: Thessalía，英语: Thessaly）是一个传统地理概念，也是如今希腊的一个行政区域，位于今希腊中北部地区。——译者注
　　[3]　整个希腊文明的圣地，先后建有多座阿波罗神庙。——译者注

城墙用混凝土、砖块和当地开采的石灰岩建造，第一道城墙建于公元413 年狄奥多西皇帝（Emperor Theodosius）[1]统治期间，抵挡住了公元 447 年来犯的"上帝之鞭"匈王阿提拉。那一年，新罗马的城墙在一次严重的地震中倒塌了，而阿提拉此时就在君士坦丁堡附近的色雷斯（Thrace）。16000 名城中居民以破纪录的速度很快修复了城墙结构，加了一道建有多座塔楼的外墙，还用砖垒了一条壕沟作为护城河。整个城市防御体系划分为五个区域，共建有 192 座塔楼，很好地保护了地势占据优势的新罗马城。这些塔楼高 100 英尺，间隔 200 英尺排布，有哨兵巡视各个方向的地平线。塔楼内设有专门的房间，装备着攻城器具，用来投掷石块和君士坦丁堡最著名的秘密武器——希腊火（Greek Fire）。

没有哪支军队可以从陆地上攻破君士坦丁堡的城墙，无数例子证明了这一点。阿瓦尔人带来了他们复杂的投石器械，无功而返。保加尔大汗克鲁姆（Krum）[2]用活人献祭，试图以此实现自己的征服意图，但也是一场徒劳。甚至连罗马的敌人也都怀疑，这座城池是不是受到了上帝的保护。直到 1204 年的大灾难之前，新罗马的城墙从未被越过。[3]

凭借着无限的财富、宫殿、技术和贸易，这座"伟大之城"让整个拉丁世界敬畏不已，此时的后者已经迅速堕落至黑暗时代。但他们同样憎恶着君士坦丁堡，这座城市在他们眼里是金玉其外败絮其中的象征符号。意大利的主教克雷莫纳的柳特普兰德（Liudprand of

---

［1］史称狄奥多西二世，东罗马帝国皇帝（408 年至 450 年在位），于 438 年将东罗马帝国的法律汇编成《狄奥多西法典》（Codex Theodosianus）。——译者注

［2］保加利亚第一帝国大汗，在位期间极大地扩张了帝国版图，并颁布了法典，奠定了政府组织的基础。——译者注

［3］1204 年第四次十字军东征期间，十字军围困并攻克君士坦丁堡，进行了野蛮的掠夺。——译者注

Cremona）^[1]把君士坦丁堡描绘成"一座充满了谎言、欺诈、伪证和贪婪的城市，是一座属于掠夺、贪欲和虚荣的城市。"¹⁶对于那些来自小城镇和小村庄的人们来说，这样一座巨大的城市以及它那宫廷中的压力和勾心斗角，简直就是毒药——"烟尘、汗水和屎尿。在这儿，鼻子灵的人，连叛徒也嗅得出来。"¹⁷或许，最让他们感到困惑的，是宫廷里的那些宦官（eunuch）。

在脑子和两腿间的那团软肉之间，只能选择其一^[2]

君士坦丁大帝真正确立了自己不可挑战的统治者地位，是在两个竞争对手李锡尼（Licinius）^[3]和马提尼安（Martinianus）^[4]死后，或者确切地说，在奠定了君士坦丁堡的宫廷政治基调后。君士坦丁还把自己的儿子克里斯普斯（Crispus）抓起来，用慢性毒药处死。几天后，他又把第二任妻子法乌斯塔（Fausta）在浴室或者叫"calidarium"（高温浴室）里用蒸汽闷死。¹⁸大概是因为她诬陷自己的继子勾引自己，而她的丈夫终于识破了谎言，所以杀死了她。还有传言说克里斯普斯想要密谋推翻皇帝的统治。总之，事后他俩的名字都从所有记录和碑文中被抹掉了。这是一种常见的罗马惯例，叫做"Damnatio memoriae"，也就是"除忆诅咒"。

---

[1] 意大利历史学家、外交官、克雷莫纳主教，约920年出生于意大利北部的帕维亚。柳特普兰德曾两度出使拜占庭，他的著作是研究10世纪君士坦丁堡宫廷政治的重要史料。——译者注

[2] 瓦里斯对提利昂·兰尼斯特说，出自《冰与火之歌》第三卷《冰雨的风暴》。——译者注

[3] 盖乌斯·瓦列里乌斯·李锡尼安努斯·李锡尼（拉丁语：Gaius Valerius Licinianus Licinius），罗马帝国"四帝共治"时期东部皇帝（308—324年在位）。李锡尼出身于色雷斯农民家庭，因战功得到赏识，后继承罗马东部副皇帝的位置。311—313年，罗马四位皇帝陷入混战。李锡尼联合君士坦丁一世击败了另外两位皇帝，与其分治东西罗马，但不久后两人又起冲突。公元324年，李锡尼兵败投降，并于次年被处死。——译者注

[4] 塞克斯图斯·马西乌斯·马提尼安（拉丁语: Sextus Marcius Martinianus）是李锡尼的侍卫队长，被其提拔为皇帝。两人被君士坦丁一世击败后分别下狱，最终于325年被处死。——译者注

君士坦丁把基督教（Christianity）合法化，最终将其定为官方宗教。他在临终时接受了洗礼，或许是因为此时他已经有十足的把握确信自己不会再杀死任何一个人了。[1]他为自己的身后事安排好了朴素的坟墓，旁边设有12尊雕花石棺，还有神圣之柱代表着耶稣的十二门徒（Apostle），正中间就是他自己的。君士坦丁大帝可不是个缺乏自信的人，他甚至还收下了"等同使徒"（Equal of the Apostles）这一头衔，后来的皇帝也都沿袭了下去。

继承他皇位的是他的次子君士坦提乌斯二世（Constantius II）[2]，他在清除异己方面毫不迟疑。他先是放出传言，说君士坦丁一世拳头里握着一小片羊皮纸，纸上说君士坦丁二世的两个异母弟弟要毒害他。他的这两个弟弟很快就被残忍地杀害了，一同被处死的还有另一位统治集团的贵族尤利乌斯·君士坦提乌斯（Julius Constantius）[3]和他的长子。皇帝的另一个竞争对手达尔马提乌斯（Dalmatius）[4]连同他的两个儿子也一并被处死了。

同室操戈成了贯穿帝国历史的主旋律，芝诺皇帝（Emperor Zeno）[5]就是一例。他在位时间不长，死于"过度同性性行为和性病"。[19]芝诺相信一则预言，说他将被手下选出来的三十名官员中的一位推翻。于是，一个颇受大家欢迎的叫做贝拉基（Pelagius）的人就被选中，他立即被抓起来绞死了，皇帝也没有给出什么特别理由。

---

[1] 基督教发展初期，洗礼具有清洗所犯罪孽的效果，但当时人们认为这样的机会只有一次，所以君士坦丁大帝可能由于这个原因才一直等到临死时才洗去自己犯过的罪。——译者注

[2] 君士坦丁一世死后，他的三个儿子分别担任罗马帝国皇帝，各自统治一片区域，君士坦提乌斯二世分得帝国东部（337—361年在位）。——译者注

[3] 罗马帝国政治家，公元337年被处死。他是罗马君士坦丁王朝的开创者克洛鲁斯·君士坦提乌斯（君士坦提乌斯一世）的幼子，是君士坦丁一世的同父异母弟弟，也是361年继位为帝的尤利安二世的父亲。——译者注

[4] 君士坦丁一世的侄子，被封为恺撒（四帝共治时代的副皇帝），统治亚该亚（今希腊南部）、色雷斯和马其顿三个行省。公元337年，他被部下杀死，幕后操作者很可能就是君士坦提乌斯二世。——译者注

[5] 公元474—475年、476—491年两度担任东罗马帝国皇帝。——译者注

在这些宫廷争斗中，宦官经常站在风口浪尖上。公元 395 年至公元 408 年间在位的阿卡狄乌斯皇帝（Emperor Arcadius）[1]是个软弱无能的人，被一个叫做鲁菲努斯（Rufinus）的廷臣控制了，后者还想把自己的女儿嫁给皇帝。但鲁菲努斯却遇上个对手——年长的宦官欧特罗庇厄斯（Eutropius），皇帝的"神圣卧室总管"（英语：Superintendent of the Sacred Bedchamber，拉丁语：Praepositus Sacre Cubiculi）。

欧特罗庇厄斯长着一颗鸡蛋一样秃的脑袋，一张黄脸皱皱巴巴，不是个能给人留下深刻印象的人。他一开始的工作是男妓，后来干起了拉皮条的行当，给达官贵人们介绍年轻男孩，最后进入了皇家内侍（Imperial Household）。但"他很聪明，不择手段，野心勃勃。他也想控制皇帝，为了达到这个目的，他决心动用一切方法阻挠敌人。"20 为了挡住他的竞争对手，欧特罗庇厄斯安排了一桩皇室婚姻，让阿卡狄乌斯迎娶一位叫做欧多克西亚（Eudoxia）的法兰克姑娘。

根据传言，"美丽、现实、有雄心"的欧多克西亚有很多情人，其中一位很可能就是她儿子、后来的皇帝狄奥多西二世（Emperor Theodosius）的亲生父亲。她借助宦官的力量爬到了现在这个位置，但却慢慢嫉妒他对自己丈夫的影响力。四年后，她和阿卡狄乌斯的婚姻滑入了"互相厌恶"的程度。公元 399 年，由于贵族阶级不能容忍一个曾经的男妓和宦官尊享执政官这样荣耀的头衔，欧特罗庇厄斯只能结束了他短暂的执政官生涯。就在同一年，他被敌人们抓住并流放到塞浦路斯，随即被斩首。

不过，他的竞争对手鲁菲努斯下场更惨。他被自己手下的军士杀死并戮尸，尸体完全无法辨认。他的头被插在棍子上游街。那些曾经

---

[1] 弗拉维·阿卡狄乌斯·奥古斯都（拉丁语：Flavius Arcadius Augustus），罗马帝国东部皇帝（395—408 年在位），狄奥多西一世长子。他的弟弟弗拉维·霍诺留·奥古斯都是西部皇帝。——译者注

为他战斗的人，砍下他的右手，在城中游行，把这只手摆弄得开开合合，向着路人们喊道"给这贪得无厌的人一点钱吧"。

君士坦丁堡不是唯一一个雇佣宦官的城市，在古埃及、中国、日本和倭马亚哈里发国（Umayyad Caliphate）都有宦官的身影。时光退回到公元前210年，宦官赵高[1]在秦始皇驾崩后无情地把持了中国朝政。他伪造了先皇的遗诏，将自己的所有政治对手都赐死。随后他操纵自己的傀儡当上皇帝[2]，之后又派人将其暗杀。毫无疑问，他的最终下场也是不得善终。[3]今天土耳其沿岸有个古希腊城邦阿索斯（Assos），曾经统治它的宦官赫尔米亚斯（Hermias）是个暴君。他曾向哲学家亚里士多德提出把自己的妹妹皮西亚斯（Pythias）[4]嫁给他。亚里士多德同意了，他们幸福地生活在了一起。

罗马人用过专门的阉割钳，侍奉库柏勒女神（Cybele）[5]的祭司们为了表达对女神的敬意，会用这种工具剪掉自己的睾丸。有一些早期的基督徒非常热衷于这种自残行为，包括公元3世纪的学者和苦行僧奥利金（Origen）[6]，不过他后来表示很后悔——理解万岁吧。教会对这种行为并不支持，尼西亚（Nicaea）[7]地方议会在公元325年禁止了自我阉割行为，但是希腊东正教教会（Greek Orthodox church）依然允许阉人担任神父，其中有一些还爬到了很高的位置。

阉人非常昂贵，所以当公元949年，意大利国王（Berengar）派遣柳特普兰德出使拜占庭时，后者就带去了4名年轻阉人作为礼物送

---

[1]　并没有确切证据证明赵高是阉人。——译者注

[2]　即公子胡亥，称二世皇帝。——译者注

[3]　刺杀赵高的也是宦官，名韩谈。——译者注

[4]　另有资料表明，皮西亚斯是赫尔米亚斯的养女或者侄女。——译者注

[5]　弗里吉亚（今土耳其境内的古代区域）神话里的母神。她名字的本来意思可能是"大山母亲"。一些殖民小亚细亚的希腊人接受了库柏勒神，并将对其的信仰传播到了希腊本土和今意大利南部的希腊殖民地。——译者注

[6]　全名亚历山大的奥利金，出生于埃及亚历山大港的希腊基督教神学家。他是基督教早期在神学方面最有影响力的人物，被称为"早期教会最伟大的天才"。——译者注

[7]　位于安纳托利亚西北部，离马尔马拉海和君士坦丁堡不远。——译者注

给皇帝，另外还有两口镀银的大锅和9件高质量的胸甲。10世纪初，一位来自托斯卡纳的大使来到巴格达，送给哈里发的礼物就是大约20名斯拉夫阉人，还有漂亮的女奴、剑、盾和猎狗等等。[21]

商人们把奴隶男孩女孩从欧洲各地带到君士坦丁堡，一进城就开始动手阉割。一位阿拉伯作家建议说，你要是有一对斯拉夫双胞胎，那就阉掉一个，他会比他的兄弟更灵巧，"在智力和谈吐方面都更加有活力"——这是个很有趣的科学实验，不过在今天的学术条件下不可能这么操作了。人们相信阉割对于"斯拉夫脑瓜"是个好事，但是据说对于非洲的黑人却会起反作用。阿拉伯语宦官一词——"siqlabi"——就是来自他们民族对于斯拉夫人的称呼——"saqalibi"。[22]

阉人中有少数会同时失去睾丸和阴茎，他们被称作"carzimasia"，会更加值钱。因为这种手术非常危险，必须要在切割后立即覆盖上黑沥青或者热沙子，来烫灼伤口以止血，否则这个小男孩就必死无疑。

这两种阉割方式在厄斯索斯都很常见，但在维斯特洛却几乎无人知晓，就跟西欧的情况一样，他们认为这种做法太不人道。阉人是舶来品，在现代人思维里，对阉人有一些预设形象，用一位历史学家的话来说，"必定是个胖子，狡诈、懒惰、诡计多端、不可信赖、懦弱、不男不女，而且长相畸形，不像人类"，就像瓦里斯一样。但是，实际上"在拜占庭时代，他们通常证明自己拥有很高的智力水平、勇敢无畏、勤奋工作，而且和其他人一样热情、诚实。"[23]同样是瓦里斯，我们可以看到，宦官没有家庭，也就不会栽培自己的家族势力，比起那些把家族阵营利益放在第一位的人来说，更容易将自己奉献给国家。而且，他的权力也不能遗传下去。真实的历史上也是这样，君士坦丁堡有8个官职是为宦官保留的，其中"侍寝官"（parakoimomenos）是被皇帝高度信任的官员，他就睡在皇帝寝宫的门口。[24]

阉人可以拥有很大的权力和影响力，可以担负保护皇后的职责，也可以在政府担任高级官职。查士丁尼二世（Justinian II）[1]的税收官当中有一位波斯的斯蒂芬（Stephen of Persia），是"一个大块头的丑陋阉人，无时无刻不在手里拿着一根鞭子。"宦官甚至能够担任将军，成为位高权重的政治家。当阉人的好处太多了，于是就有许多家庭主动把自家小儿子给阉割掉，以便加速他在帝国官僚系统中的政治生涯进程。但是阉割也是一种刑罚，针对的是那些让皇帝蒙羞或者反叛的孩子们。

在已知世界（Known World）[2]里，阉人组成了最强大的军队无垢者（the Unsullied），但在现实世界中，他们很难成为合格的战士，因为睾酮分泌大大减少，雄性哺乳动物的侵略性便是由这种激素催生的。中世纪的人们已经大概了解到这些事情，虽然他们没有搞明白当中确切的生理原理。不过，阉人是可以领导军队的，其中有一位可能是拜占庭将军里最有名的，这便是纳尔塞斯（Narses，478—573年）[3]。他曾经在意大利跟哥特人作战，据说他非常善于谋划战略——"对于一个阉人来说"。公平地讲，他确实征服了罗马，不过这归功于他在后勤和管理方面出色的才能，还有一部分原因在于他很自律，不会像其他军队指挥官一样把自己喝得没有人样。

在中国诸多闻名天下的海军将领中，活跃于15世纪的郑和就是个宦官。公元10世纪，阉人彼得·弗卡斯（Peter Phokas）领导拜占庭皇家卫队，保护皇帝尼基弗鲁斯二世（Emperor Nikephoros

---

[1] 685年继位为东罗马帝国皇帝，立志要恢复罗马帝国的荣耀，但对于国内的反对派处理不当，695年被起义推翻，还被割掉了鼻子。查士丁尼二世于705年在保加尔人和斯拉夫人的帮助下夺回王位，开始更加专制的统治，结果在711年再次被推翻，死于自己的军队之手。——译者注

[2] 《冰与火之歌》的"已知世界"是一颗圆形行星的一部分，由维斯特洛、厄斯索斯和索斯罗斯三块大陆，以及可能是大陆也可能仅仅是较大的岛屿的乌尔特斯和很多较小的岛屿组成。——译者注

[3] 亚美尼亚后裔，东罗马帝国查士丁尼一世手下大将。他曾经灭亡了占据意大利的东哥特王国。——译者注

II）。[1] 弗卡斯身体强壮得近乎超出人类极限，有一次他和一位俄罗斯将领进行一对一单挑，结果他向对手扔出一杆长枪，直接把对方的身体劈成了两半。

一座由火红的钢铁、炽热的船木和旋转的绿火组成的长墙挡在他们之间[2]

公元 677 年。在经过了三年艰难围城后，预言看起来就要成真了。预言里说，阿拉伯人将会夺取"Rûm"（罗马）——这是他们对拜占庭帝国首都的叫法。萨拉森（Saracen）[3] 舰队带来了重型攻城器械和巨大的投石机，试图突破城墙；随舰船而来的成千上万的士兵，在他们迅速征服近东的过程中，不断尝到胜利的滋味。但在君士坦丁堡，当敌军舰队靠近城市时，罗马人放出了他们的秘密武器——一道地狱般的液体火焰流。这些火焰落在了阿拉伯舰船之间的水面上，阿拉伯人惊恐地发现，敌人把大海点着了。罗马塔楼上射出了更多的火焰，火焰看起来像是水平飞出来的一样。伴随着火焰的是震耳欲聋的可怕噪声，这声音比雷声还要大；火焰还带来了烟和气。火焰周围的阿拉伯人坐在船上，眼看着一股地狱火在水面燃起。冲着他们射过来的燃烧的液体不仅仅吞噬了海水，还黏上了他们的船，黏上了他们的桅杆和船体，这些木头连同木头里的人都像火绒一样烧了起来。惊恐万分的船员们浑身是火，伴随着响彻天地间的尖叫声，数千人被活活烧死了。耶齐德（Yazid）哈里发[4] 的部下命运太过悲惨，只能无助地面

---

[1] 彼得原本是尼基弗鲁斯·弗卡斯的奴隶，因个别编年史的错误记载使得人们误以为他是弗卡斯家族的人，所以通称彼得·弗卡斯。弗卡斯家族为东罗马帝国输出过多位军事将领，尼基弗鲁斯掌握军权后登基为帝，称尼基弗鲁斯二世（963—969 年在位）。——译者注

[2] 出自《冰与火之歌》第二卷《列王的纷争》。——译者注

[3] 中世纪欧洲基督教世界对于穆斯林的称呼，通常笼统地指代同时期的伊斯兰教阿拉伯帝国。——译者注

[4] 即耶齐德一世，伊斯兰教第六代哈里发，也是阿拉伯帝国倭马亚王朝第二代哈里发（680—683 年在位）。此时的耶齐德尚未继承哈里发的位置，他奉父亲穆阿维耶一世哈里发之命攻打君士坦丁堡。——译者注

对这从未见过的诡异骇人的武器。

阿拉伯人算是见识到了希腊火。

在维斯特洛，最危险的武器可能就是野火，这是一种不怕水的可燃物质，有可能是坦格利安家族研制出来的。它的恐怖杀伤力在黑水河之战（Battle of Blackwater）中得到印证，数千名史坦尼斯的士兵在此战中阵亡。史坦尼斯的首相戴佛斯是这样回忆的："一抹绿光闪过眼帘，飞向前面，落到左舷方向。刹时，一窝翡翠毒蛇咝咝叫着在亚莉珊王后号的船尾升起，翻腾，燃烧。" [25]

现实里的"野火"相当有威慑力也非常怪异，它的实战效果立竿见影，所以一直是一项国家机密。"希腊火"在公元 672 年由君士坦丁堡的炼金术士们研究出来，他们隶属于一个类似于火术士行会（Guild of Pyromancers）的机构，但它最早可能是由一个躲避穆斯林入侵的希腊难民卡利尼科斯（Kallinikos）带来的。来自叙利亚的卡利尼科斯带来"一种通过虹吸管输送流体火焰的技术"，原料是在近东地区各处采集到的黑色石油。这种技术最早可以追溯到公元前 5 世纪，但是直到中世纪才有人意识到它真正的威力。

希腊火的核心成分是来自黑海的原油，混以树脂，让它有黏着性。拜占庭人找到一种在密闭铜制容器里加热这些混合物的方法，给它增压，然后通过喷嘴释放出液体并点火。这需要娴熟的技巧和工程水平，尤其要考虑到施火者是在木制的船上操作。不过，那个时候的拜占庭人毕竟还是罗马人，他们的工程技术水平相当高超。

法国编年史家让·德·茹安维尔（Jean de Joinville）[1]写过这样一段文字，描述了 1249 年十字军面对"希腊火"的情形：

---

[1] 法国贵族，中世纪最伟大的编年史家之一。他的代表作是《圣路易的一生》（*Life of Saint Louis*），这是一本法国国王路易九世的传记，其中包含了大量路易九世发动的第七次十字军东征的历史事件。——译者注

它朝我们飞来，前面看起来跟那种装酸果汁（未成熟的葡萄榨出来的非常酸的果汁）的桶差不多大，尾部拖着的火焰则有巨大的长枪杆那么长。它飞来时发出的声音犹如天空落下的霹雳；它看起来就像翱翔天际的恶龙。这一大团燃烧着的东西落在四周，它所发出的光实在太亮了，你甚至可以看得清营地另一头的情况，就好像在白天一样。[26]

　　希腊火被带上数百艘专门发射火焰的"喷火舰"（dromon）上，使用水泵或者装在盒子里投向敌人。他们也会使用无人驾驶的火船，前提是风向要合适。[27] 2006 年，学者约翰·哈尔顿（John Haldon）[1]发表了一篇文章[2]，说明了他尝试重新制作"希腊火"的过程。他的照片展示出，受热的液体从一个很窄的试管中喷涌而出，"伴随着咆哮般的巨大噪声和浓厚的黑烟。"[28] 借助一根重构的虹吸管和来自克里米亚的石油，他制作出来的火焰绵延 10 到 15 米长，"火势猛烈，在几秒钟之内它就把目标船只完全烧掉了。"

　　挫败于希腊火的威力之后，阿拉伯人在归国途中又遭遇到一场反常的秋季暴风。但是他们并没有就此放弃，在公元 717 年又打了回来，结果这次也没占到什么便宜。公元 814 年，保加尔人经过充分准备后，开始进攻君士坦丁堡。在此之前，他们打败了拜占庭大军，保加尔大汗克鲁姆将尼基弗鲁斯皇帝（Emperor Nicephorus）[3]的尸体扒光了插在棍子上，之后还把他的头骨做成了酒器。随着保加尔人的逼近，一些传言也开始满城飞，主要是关于野蛮人带来的武器，有人说是巨

---

　　[1] 美国普林斯顿大学历史系教授，在中世纪东罗马帝国历史研究方面成果颇丰。——译者注
　　[2] 题为《再访"希腊火"：当前和最近的研究》（'Greek fire' revisited: current and recent research）。——译者注
　　[3] 史称尼基弗鲁斯一世，东罗马帝国皇帝（802—811 年在位），在 811 年发生的普利斯卡战役中战死。此后 150 年里，东罗马帝国再也无力进攻巴尔干半岛北部。——译者注

大的攻城冲车。4 月 13 日是耶稣升天节（Holy Thursday）[1]，克鲁姆大汗本来打算在这一天准备发起进攻，结果他突然急病发作。鲜血从他的嘴、鼻子和耳朵里涌出，大汗倒地死去了。

公元 860 年夏，君士坦丁堡的居民又要忍受另一番恐怖的折磨。6 月 18 日，就在皇帝率军出城迎战萨拉森人后不久，一支舰队从黑海驶入博斯普斯海峡。他们冲着城市而来，烧毁修道院、掠夺城镇，最后来到金角湾（Golden Horn）[2]下锚。从没有人见过这些不速之客，牧首（Patriarch）[3]向神灵乞问这些"暴力野蛮"的战士是什么人，他们"在城外大肆劫掠，毁坏一切……他们把剑往所有东西上刺，毫无怜悯之心，不放过任何东西。"29

他们是罗斯人（Rus），来到东方的维京人。他们扛着长船越过欧洲平原（Great European Plain），南下来到黑海，到达一座如此巨大的城市面前，这座城市的规模世所罕见。加急信使被派去警告米海尔皇帝（Emperor Michael）[4]，但是等到他回来时，罗斯人已经走了。据说这要归功于万福童贞（the Virgin）[5]的出面交涉，她的长袍被举到齐肩高，在城墙上出现。还有人说是牧首把这件长袍在大海里蘸了一蘸，于是一场风暴袭来，摧毁了罗斯人的舰队。比较平淡无奇的解释是，罗斯人发现，君士坦丁堡的城墙对于他们的原始技术水平来

---

　　[1]　即"Feast of the Ascension"，为纪念耶稣复活四十天后升天而设的节日。由于复活节是在星期日，经过推算耶稣升天节是在星期四，所以在英语里又称为"Holy Thursday"。——译者注
　　[2]　君士坦丁堡北侧的天然峡湾，位于博斯普鲁斯海峡和马尔马拉海的交界处，是君士坦丁堡的天然屏障。——译者注
　　[3]　又译宗主教，是实施主教制度的基督教宗派的一种神职人员职称，在东正教内习惯译作牧首。当罗马天主教会和东方正教会分裂时，罗马的宗主教成为天主教的教皇（教宗），而君士坦丁堡的宗主教成为东正教普世大牧首。此时君士坦丁堡的普世牧首是佛提乌一世（Photios I）。——译者注
　　[4]　史称米海尔三世（Michael III），绰号"酒鬼"，东罗马帝国皇帝（842—867 年在位），在位期间多次击退阿拉伯帝国阿拔斯王朝及其附庸国的进攻。米海尔三世被自己提拔的共治皇帝巴西尔一世杀害，后者建立起东罗马帝国的马其顿王朝。——译者注
　　[5]　即圣母玛利亚。——译者注

说实在是太难攻破了，所以他们干脆放弃转而去劫掠其他地方。

这是诺斯人（Norseman）[1]在东方的大冒险之一。斯堪的纳维亚人（Scandinavian）在家乡的墓志铭会用卢恩文字吹嘘自己曾经去过的最南边的地方是"Serkland"，也就是穆斯林（萨拉森人）的土地。他们到过这么远的地方，沿途就会建立半永久的维京殖民地，最远能到波斯湾。[30]他们成了万城之女皇的常客，市民们熟悉但又畏惧他们。在魁尔斯，每一次被允许进城的"多斯拉克人只有极少量"，城里的居民害怕他们人多了会出事。与此相似，在10世纪的君士坦丁堡，一次只允许最多50个罗斯人进城。但是，最终他们还是被吸纳进来，组成了皇帝的一支卫队，称为"瓦良格"（Varangian）——这是一个古诺斯语单词，意为"宣誓信仰"。（皇宫本身由"Vigla"也就是"守护者"保护着，在君士坦丁堡的最高权力中枢，有一个职位就是"droungarios tes Vigles"，也就是守护者的指挥官。）[31]如今的圣索菲亚大教堂成了伊斯坦布尔的博物馆，人们还能在上方的故事画中找到维京人留下的涂鸦，可以辨认出来一个诺斯名字"哈夫丹"（Halfdan）。

终于，拜占庭人驯服了罗斯人，但是有一个人付出了巨大的牺牲。公元988年，来到君士坦丁堡的蛮族领袖弗拉基米尔（Vladimir）[2]同意了一项军事协定，他将派来6000名全副武装的瓦良格战士。作为回报，他只提出了一项要求，就是和巴西尔皇帝（Emperor Basil）[3]的妹妹安娜（Anna）成婚。安娜是一位尊贵的

---

[1] 生活在北欧的日耳曼人，也叫斯堪的纳维亚人或者直接叫北方人。——译者注

[2] 被封圣后全名圣·弗拉基米尔·斯维亚托斯拉维奇（St. Vladimir Sviatoslavich），古罗斯政治家、军事家，诺夫哥罗德王公（969年—977年在位），基辅大公（978—1015年在位），史称弗拉基米尔一世。本章前段，迈入圣索菲亚大教堂并发出感叹的那位使者，就是弗拉基米尔一世派到君士坦丁堡的。——译者注

[3] 即巴西尔二世（Basil II），东罗马帝国马其顿王朝皇帝（976—1025年在位），绰号"保加尔人屠夫"。他为了镇压小亚细亚的贵族叛乱，向基辅大公弗拉基米尔一世寻求军事协助。——译者注

"porphyrogenite"，也就是"生于紫室者"（意味着在她出生时父亲已是统治者）。弗拉基米尔已经有了4位妻子和800个侍妾，统领着一个在文明边界以外的民族。当得知自己的命运时，公主擦干了苦涩的泪水，诅咒她的家族居然把自己当成奴隶一样卖掉。但是，如果她的哥哥需要她嫁给一个野蛮人，尤其是一个拥有强大军队的野蛮人时，她这样一个年轻的公主也没有什么别的选择。订婚仪式也非常隆重，因为稍有不慎他们的新朋友就会变成敌人。安娜公主很不情愿地坐上了船，前往罗斯城市赫尔松（Cherson）[1]，给巴西尔皇帝换回来了6000名士兵。接着，基辅大公受洗，而本来有可能皈依伊斯兰教的罗斯人，却接受了基督教的洗礼，这是决定性的大事件。[2]尽管拥有几百位妻妾，弗拉基米尔仍然因为他在推广基督教方面的贡献而被封圣。他的拜占庭新娘协助建造了许多座教堂，不过她从未给他生下子嗣。

在那之后不久，拜占庭历史上最臭名昭著的人物登场了，这便是"怪异、阴险的'孤儿院长'约翰（John the Orphantorop-hus），"一个"来自帕夫拉戈尼亚（Paphlagonia）[3]的"宦官，"从籍籍无名、贫寒卑微的地位，依靠自己的智慧和勤奋向上攀爬，成为国内官僚系统中极有影响力的一员。"[32]他一开始担任城里一家大孤儿院的院长，有四个弟弟，其中两个较为年长的也是阉人。他们靠放贷和做假为生，不过他们的外表却帅气迷人。1033年，他把最小的弟弟米海尔（Michael）带进了皇宫，在正式场合觐见罗曼努斯皇帝（Emperor Romanos）[4]和他的妻子佐伊（Zoe）。佐伊立即爱上了米海尔，这

---

[1] 位于今克里米亚半岛的塞瓦斯托波尔市郊区，约公元前6世纪由古希腊人最先建立殖民地。——译者注

[2] 史称"罗斯受洗"。从此，基辅罗斯被纳入基督教文化圈，奠定了自身的思想根基，俄罗斯地区迎来文化教育方面的突飞猛进。——译者注

[3] 小亚细亚古地名之一，位于安纳托利亚中北部黑海沿岸，南面是弗里吉亚。——译者注

[4] 史称罗曼努斯三世。——译者注

正合他的宦官哥哥的计划。于是，一段婚外情开始了。罗曼努斯一直都不知道这件事，哪怕在他妹妹提醒他之后他也没有在意。

这个时候，最有名的瓦良格人出现了，这就是挪威的奥拉夫国王（King Olaf of Norway）[1]那被流放的同母异父弟弟。"胖子"奥拉夫（Olaf the Fat）在 1014 年拉倒了伦敦桥，他的故事被编成了英格兰民间传说。之后他回到家乡，赢得了教会的赞誉。尽管他有着持续不断的婚外情，他仍然被教会称为伟大的基督教统治者。不过，奥拉夫的基督教化政策遭到一些贵族的强烈抵抗。1028 年，他被丹麦国王克努特（Canute）[2]率领的联军击败并被杀。奥拉夫的失败让他15 岁的同母异父弟弟哈拉尔（Harald）处于莫大的生命危险中。他受了重伤，但是为了躲避严寒他不得不躲进一对农民夫妇的家中。由于在自己的家乡遭到追捕，他不得不向东逃去，顺着维京人的行进路线，沿着俄罗斯的众多河流来到了君士坦丁堡。

哈拉尔·哈德拉达（Harald Hardrada）后来被称为"无情统治者"（hard-ruler），他长成一个 6 英尺 6 英寸高的人形怪物，绰号"北方霹雳"（Thunderbolt of the North）。他是个残暴而狂热的斗士，非常乐于做那些大胆的行为，但他非常古怪，热爱诗歌的程度几乎跟热爱打斗一样深，他可是个战斗狂人。他一道眉毛比另一道要高，金发，长胡子，还有一双大手、一双大脚。铁民就有个跟他很像的领袖，"强手"哈尔文（Harwyn Hardhand），他"在争议之地经过洗礼，无论海陆都得心应手，无人能匹。"[33]

哈拉尔在拜占庭成为著名的战士，当时发生的很多故事都跟他有所关联，其中有一些可能还是真事。他曾经在勾引了一位贵族女性后

---

　　[1] 本名奥拉夫·哈拉尔松（Olaf II Haraldsson），史称圣·奥拉夫二世，挪威国王（1015—1028 年在位）。——译者注
　　[2] 即克努特大帝（古挪威语：Knútr inn ríki，英语：Canute the Great，995—1035 年），丹麦称克努特二世，英格兰称克努特一世。他的领土包括英格兰、丹麦、挪威及瑞典部分地区，其治下的丹麦有"北海帝国"之称。——译者注

下到竞技场里跟一头狮子搏斗，结果他英勇地杀掉了这头猛兽；他还杀死过一条半路遇到的巨蟒。他曾经为了帝国的利益大闹南意大利，这段冒险在他本人看来，似乎无时无刻不乐在其中。

但是当哈拉尔回到宫廷时，他被拖入了皇室斗争中。佐伊和她的小情人米海尔高调公开了他们的奸情，而她的丈夫没过多久就死在了浴缸里。非常无礼的是，米海尔没过几天就加冕为帝[1]，这对情人还在当天结了婚。但是这位新皇帝受到诅咒，他的癫痫愈发严重。他不得不退位，进修道院休养，拒绝见他的妻子。宦官约翰不愿意失去权力，坚持让佐伊用他的外甥米海尔五世顶替米海尔四世，于是佐伊收他为养子。没过多久，他俩就互相厌倦了。1042 年，米海尔五世放逐了他的新"母亲"，将其赶出宫廷。接着，她的支持者们将米海尔五世和他仅存于世的舅舅君士坦丁（Constantine）一起弄瞎了。被米海尔五世疏远的哈拉尔是这次刑罚的执行者。[34]

但是这位维京巨人很快发现他遇上了麻烦，虽然具体原因还没搞清，但他决定逃命要紧。在黑水河之战里，提利昂·兰尼斯特用过一根巨大的铁链来困住史坦尼斯的舰队，这又是一项从拜占庭借鉴的战术。君士坦丁堡的城防虽然依赖于城墙，但它同样受到一条巨大铁链的保护。这根铁链被固定在海里，横穿金角湾，把君士坦丁堡和对岸的热那亚殖民地加拉塔（Galata）分开来。就人们所知，只有一个人成功突破了铁链的封锁，这就是哈拉尔·哈德拉达。他越狱之后带着一位漂亮的年轻姑娘玛丽亚（Maria）一起出逃，这位玛丽亚是佐伊的亲戚，但是不是哈拉尔的情人就不太确定了。

有玛丽亚当人质，哈拉尔和一帮瓦良格人在金角湾夺取了两艘桨帆船，驶离港口之后，他们决心要越过铁链的封锁。船向着铁链驶去，哈拉尔命令桨手全速划桨，其他船员则跑向船尾，让整个船身向上倾

---

[1] 即米海尔四世。——译者注

斜，于是他们的船跃了起来。接着，他们又迅速往船头跑，好让船身再倾斜回去。维京人驶进了黑海，他们在博斯普鲁斯海峡的岸上释放了玛丽亚，并安全护送她回到拜占庭皇宫。第二艘船没能成功复制这个动作，船员们都下落不明。[35]

由于克努特和他的儿子们都死了，哈拉尔终于可以回家了。他回去以后就逼迫他哥哥奥拉夫的儿子马格努斯（Magnus）退位，但是还有最后一项冒险在等着哈拉尔。因为马格努斯很久以前和克努特的儿子英格兰国王哈德克努特（Hardicanute）订立了协约，规定无论谁先死，死者的王国就归于另外一人。克努特死了，哈德克努特也死了，现在马格努斯也死了，但是哈拉尔认为这项协约依然成立，英格兰也应该是他的。就在这时，也就是 1066 年初，爱德华国王[1]也死了，于是三王之战打响了。

本章尾注：

1. Crowley, Roger: *1453*
2. Ibid
3. Ibid
4. McLynn, Frank: *1066*
5. *Petrus Gyllius's De Topographia Constantinopoleos*
6. Larrington 在 *Winter is Coming* 中有这样的叙述："这座巨大港口城市的繁荣要归功于大型商会（香料古公会、碧玺兄弟会等）和商人王公们，他们从玉海之外更远的东方，引进香料、藏红花、丝绸和其他奇珍异宝。"
7. 乔治 R. R. 马丁：《冰与火之歌》卷二《列王的纷争》。
8. Larrington, Carolyne: *Winter is Coming*
9. http://awoiaf.westeros.org/index.php/Xaro_Xhoan_Daxos#cite_note-Racok 27.7B.7B.7B3.7D.7D.7D-0
10. 乔治 R. R. 马丁：《冰与火之歌》卷二《列王的纷争》。
11. Crowley, Roger: *1453*
12. Norwich, John Julius: *Byzantium: The Apogee*

---

[1] 即英格兰的盎格鲁—萨克森国王忏悔者爱德华。——译者注

13. Ibid

14. Ibid

15. 据说是这样的。但在当时有大量这种圣物出现，嫌疑很大。

16. 出自他的 *Relatio de legatione Constantinopolitana ad Nicephorum Phocam*。

17. 詹姆·兰尼斯特评价君临城，出自《冰与火之歌》卷三《冰雨的风暴》。

18. Although she may also have been stabbed or scalded to death

19. Norwich, John Julius: *Byzantium: The Apogee*

20. Ibid

21. Frankopan, Peter: *Silk Roads*

22. Ibid

23. Bridges, Antony: *The Crusades*

24. Herrin, Judith: *Byzantium*

25. 乔治 R. R. 马丁：《冰与火之歌》卷二《列王的纷争》。

26. Jean de Joinville's: *Life of St Louis*

27. http://www.theguardian.com/tv-and-radio/2013/mar/24/game-of-thrones-realistic-history

28. Herrin, Judith: *Byzantium*

29. Frankopan, Peter: *Silk Roads*

30. Ibid

31. Herrin, Judith: *Byzantium*

32. Norwich, John Julius: *Byzantium: The Apogee*

33. Martin George R.R., Garcia, Elio m Jr, Antonsson, Linda: *A World of Ice and Fire*

34. 根据哈拉尔德自己的传说故事，是这样叙述的。客观地说，这些故事众所周知毫无依据可言，充满了不可信的夸张和吹嘘。

35. 这个故事不能保证百分之百的真实性，正如其他关于哈拉尔的传说故事一样。

· 21 ·

疯 王
——疯狂和火焰

"烧光他们，"他说，"烧光他们！"

——詹姆·兰尼斯特[1]

法兰西国王查理五世（Charles V）在1380年逐渐走向人生的终点，其时无论在法兰西还是在英格兰都有王储觊觎着王座，然而二者最终的结局都很悲惨。对于年轻的法国国王查理六世（Charles VI of France）来说尤为如此，他将会遭受更大的痛苦与劫难。

在少年国王的四个叔叔的统治下，法兰西现在正通过其北部边境将战争带到英格兰，而这更像是一种文化冲击。在维斯特洛，南境的科技水平领先于北境，更远远胜过塞外。野人[2]（The Wildlings）不知如何锻造钢铁，但他们通过贸易或战争积累了一些武器。只有那些生活在有着肥沃土地的绿洲、技术最先进的自由民（Free Folk）瑟恩人（Thenn）才知道如何开采锡、铜这些金属来制造青铜。1

当苏格兰人在1385年向法兰西寻求帮助时，一位自信潇洒的贵

---

[1] 出自电视剧《权力的游戏》第三季第五集。——译者注
[2] 生活在绝境长城之外的民族。——译者注

族海军上将德·维埃纳（de Vienne）带着一万五千名士兵北上支援，这支援军拥有八十名骑士，还有五万金法郎和五十套盔甲，以及为他手下的贵族准备的长矛和盾牌。

然而，来自水土丰茂的卢瓦尔河谷[1]（Loire）、塞纳河谷[2]（Seine）和罗纳河谷[3]（Rhone）的人们并不知道苏格兰是多么贫穷。"海军上将究竟把我们带到了一个什么样的国家？"一位法国人这样问道，并称这里是一个充满"硬床和恶夜"的地方。[2]法国人习惯于"用挂毯装饰的大厅，漂亮的城堡和柔软的暖床"，但现在展现在他们面前的却是"贫瘠而又阴郁的、条件简陋的城堡，恶劣的气候让人深感不适。部族族长的潮湿石屋更糟糕，大多缺少窗户或烟囱，充满了泥煤烟和粪便的气味。这里的人一直热衷于参加世仇报复活动，包括有组织地去偷牛、偷妻、背叛以及谋杀。"[3]苏格兰人（Scots）也没有钢铁，甚至没有皮革用于制作马鞍，所有这些都必须从欧亚大陆进口，当他们见到自己的法兰西盟友时，瞬间就被对方优渥的物质财富给震惊了。一位苏格兰人这样告诉海军上将："直到现在我们才了解贫穷到底意味着什么。"[4]

在贫穷的农民反对法兰西军队搜刮粮草之后不久，苏格兰就发生了一场关于供给物资的争夺。在一个月的时间内，有超过一百名法国人在与苏格兰本地人的暴力争端中丧生。然而为了进一步深化这种联盟关系，这位法兰西将领——无视所有的成见——沉溺于和苏格兰国王堂兄的"禁忌之爱"中，这极大地激怒了法国国王，以至于想要杀死他。

天气也变得越来越冷。在 14 世纪 80 年代，诺曼底的冬季格外苦

---

[1] 卢瓦尔河谷是位于法国中部、卢瓦尔河中游的平原流域，方圆 27500 平方英里。卢瓦尔河是法国最长的河流。——译者注

[2] 塞纳河是流经巴黎市中心的法国第二大河，全长 780 公里，流域面积 7.8 万平方公里。——译者注

[3] 罗纳河谷是法国南部罗纳河谷地区的葡萄酒法定产区。——译者注

寒，时常天降大雪；在英格兰，1385年的冬天"异常恶劣和艰难。"[5]苏格兰人和德·维埃纳手下的法国人在他们前往英格兰北部村庄的路上到处烧杀抢掠，一位法国编年史家记录说，他的同胞将"谋杀、掠夺和火灾"带到了北边，他们"用利剑或烈火摧毁一切，无情地割断农民和其他遇到的所有人的喉咙，他们丝毫不顾及被害者的等级、年龄或性别，甚至连老人和吃奶的婴儿也不放过。"[6]

目击者让·勒·贝尔[1]（Jean Le Bel）这样写道：

> 这些苏格兰人现在正在马背上经历着战争行军带来的艰辛苦楚。当他们即将到达英格兰时，他们需要在一天一夜里骑着马前行24英里……因为此行的目的以及在战争时期需要保持清醒的头脑，所以他们没有随身携带像面包和葡萄酒这样的食物。他们在行军中的很长一段时间里将与半成品腌肉相伴，没有面包，也没有美酒，渴了就只能喝河水。[7]

迎战他们的是亨利·珀西[2]（Henry Percy），他是在1314年那场灾难中去世的第一代珀西男爵亨利·德·珀西的曾孙，现在负责保卫这片国土。然而，虽然这场边境之战将持续20年，但法兰西很快就会出局，转而去处理他们自己的问题。

年轻的国王查理在遇到未婚妻后的第四天就坚持要和她结婚，这位14岁的德国公主名叫伊莎贝（Isabeau），她戴着国王送给她的无价之冠，乘坐的马车昂贵而又豪华。在结婚之前，伊莎贝像任何要嫁给法国国王的女人一样，不着寸缕地接受宫廷女官们的检查，以此"确定她是否适合生孩子"。而在接下来的十年里可以验证，她确实容易怀孕，虽然她的孩子是否全都是国王的亲生骨肉仍然是一个谜。

---

[1] 法国编年史学家。——译者注
[2] 即第一代诺森伯兰伯爵亨利·珀西。——译者注

这场婚礼美妙如幻，宴会结束后，宫廷女官们伺候着这对夫妇更衣就寝，国王"非常渴望在床上拥有她"。一位编年史家这样写道，"他们在一起度过了一个极为美好的夜晚，这点可以确信"[8]。唉，这场充满年轻激情的婚姻即将陷入到他人的蔑视和仇恨之中，查理的心智很快就会崩溃，紧随其后的是他的王国。

在伊莎贝王后的加冕典礼上，她被她来自米兰的弟妹、国王的弟弟奥尔良公爵路易一世（Louis d'Orléans）的妻子瓦伦蒂娜·维斯康蒂（Valentina Visconti）抢尽了风头。这位王后的竞争对手身穿一件缀有 2500 颗珍珠并且"镶满钻石"的婚纱，由 1300 名骑士护送着进入婚礼现场。[9] 瓦伦蒂娜曾经拥有着空前的嫁妆——50 万金法郎以及皮埃蒙特(Piedmont)的一部分土地,这里是意大利最富裕的省份之一,位于伦巴第[1]（Lombardy）和普罗旺斯[2]（Provence）之间。在瓦伦蒂娜被送往法兰西之前，她的父亲米兰公爵吉安·加莱亚佐（Gian Galeazzo）[3]便动身前往帕维亚[3]（Pavia），只是因为他无法强忍泪水佯装镇定地和自己亲爱的女儿分别。在那个时代，年轻的女孩们总是充当着"和平使者"这一角色，她们的使命是在敌对国家之间建立联盟——但这并没有减轻女孩或是她娘家人心中的忧虑。

很快，黑暗便笼罩了这片国土。1392 年，查理六世的朋友兼顾问奥利维尔·德·克里松（Olivier de Clisson）遭到暗杀，他是海盗珍妮[4]（Jeanne）的儿子。德·克里松在 1369 年转变了立场，除了他自己的父亲被人谋杀这一原因之外，也因为他自己的随从被英格兰人所杀害。从此之后，德·克里松发誓永远不会"对任何一个英格兰人留情"，在接下来的日子里他袭击了一个英格兰要塞，拿下了十五

---

[1] 意大利北部大区，北与瑞士相邻。——译者注
[2] 法国东南部的一个地区，毗邻地中海，和意大利接壤。——译者注
[3] 意大利伦巴第西南部的一个市镇。——译者注
[4] 珍妮·德·克里松，又称为布列塔尼"雌狮"。在丈夫被法兰西国王腓力六世以叛国罪斩首后，发誓复仇的珍妮卖掉了自己家的土地，购买了 3 艘战舰，开始了长达 13 年的海盗生涯。——译者注

名俘虏；他命令把这十五个人一个接一个地释放出来，每当一名囚犯走过大门的时候，他就用一把大斧头砍掉了他们的头。

德·克里松是布列塔尼（Brittany）的一个大人物，也是国王的一名臣子。作为对暗杀事件的回应，查理六世打算展开一次探险，以此追捕嫌疑刺客。在8月8日那天，气候异常炎热，空气干燥，气氛紧张。当他们向西行进时，阳光在他们的头上跃动。在路上，一个穿着罩衣的陌生男子阻止了王室的队伍并警告他们说："国王啊，您不要再向前骑了！快调转回头，您被出卖了！"查理六世的侍从以为这个男人疯了，把他打了一顿。

中午，王室的队伍离开了森林，在滚烫的烈日下穿过宽阔的沙地平原。查理六世的叔叔贝里公爵（Duke of Berry）和勃艮第公爵（Duke of Burgundy）位于他左侧100码处。一位编年史家这样写道："脚下的沙子被晒得很烫，马浑身都在冒汗。"在这样的天气下，国王的穿戴确实太繁复了，他穿着"黑色天鹅绒上衣，还戴着一顶猩红色的帽子，这让他感到非常热。"[10] 在他身后跟着一名戴着抛光钢盔的侍童，而这名侍童后面还有另一个手拿长矛的侍童。由于被炎热分散了注意力，第二名侍童不小心松开了手中的长矛，从而让这一武器掉了下来并击中了他前面那个人的头盔。

伏瓦萨[1]（Frossiart）这样记录道：

> 侍童俩骑的马离国王非常近，这时候突然有一声钢铁撞击的巨响，国王仿佛一瞬间开了窍。他的思绪开始发散开来，脑海里不断回响着那个在森林里遇到的疯子或是智者对他说过的话，想象着大批敌人即将赶来杀死他。在这种妄想之下，他虚弱的心智使他发狂。他于是策马前进，拔出剑来转身对准他的

---

[1] 中世纪法国作家。——译者注

侍童，再也认不出他们和其他任何人。[11]

查理六世的叔叔们看了看自己的侄子，勃艮第公爵随后喊道："灾难已经降临，国王疯了！"随后便充斥着一种令人作呕的钢剑砍肉的声音，这个受折磨的人认为自己身处在战斗中，不断地拿剑刺向自己的侍童，并对着人大喊"叛徒"。当疯王被制服的时候，他已经杀死了五个人，他的哥哥瓦卢瓦的路易[1]（Louis of Valois）因为逃命及时才侥幸活了下来。

随后，这位惊慌失措的年轻国王被带到勒芒[2]（Le Mans），在那里，一位受人尊敬、学识渊博的92岁医生纪尧姆·德·哈赛（Guillaume de Harsigny）从家乡被带到他面前。国王逐渐恢复知觉，随后被慢慢地、小心地送回巴黎。在那之后的秋天，他已经恢复得不错了，在病好之后不久便前往皮卡第[3]（Picardy）拉昂（Laon）附近的里埃斯圣母院（Notre Dame de Liesse）进行朝拜。

但事实上，这只是疯王恍若人间地狱的一生的序幕。

1393年1月，康复后的查理六世在巴黎参加了一个蒙面舞会。这场舞会的目的是为了庆祝王后身边女官的第三段婚姻，这种再婚婚礼通常是以嘲弄和放纵的方式来庆祝的，人们常常会举办充斥着怪异音乐的化妆舞会。

在中世纪晚期的欧洲，为派对而打扮成"野人"是很常见的，这种传统至少可以追溯到九世纪，并且可以在凯尔特人、斯拉夫人、日耳曼人和拉丁民间传说中找到相关记录。人们认为小精灵和野人生活在偏远的山区——据说在法国，比利牛斯山脉[4]（Pyrenees）是许

---

[1] 即上文中提到的奥尔良公爵路易一世。——译者注
[2] 法国西北部城市。——译者注
[3] 皮卡第是法国的一个已不存在的大区，它下属三个省：埃纳省 Aisne、瓦兹省 Oise 和索姆省 Somme。——译者注
[4] 位于欧洲西南部，山脉东起于地中海，西止于大西洋，分隔欧洲大陆与伊比利亚半岛，也是法国与西班牙的天然国界，山中有小国安道尔。——译者注

多神奇生物的家园——他们在火光旁跳舞，作为生育仪式或者超自然行为的一部分。这种民间传说可能反映了被驱赶到山区的古老土著居民苟延残喘的生存史。在收获季节，人们穿得像野人一样，四处奔跑直到被抓住，随后还要烧毁野人画像，这显然是一种起源不明的异教仪式。

这场致命的巴黎假面舞会涉及六名年轻人，其中包括伪装成林间野人样子的国王以及富瓦伯爵（Count of Foix）的私生子伊文（Yvain）。他们将亚麻布披在身上，并事先把它浸泡在沥青中，以此使之粘上一些纤维，让它们看起来毛茸茸的。与此同时，他们脸上的面具隐藏了他们的身份。

这场派对的发起人胡希特·德·吉塞（Huguet de Guisay）是一个"最残忍无情、最粗鲁无礼的男人"、也是一个有着"邪恶一生"的男人，他"品德败坏，诱导年轻人堕入罪恶的深渊"，但在宫廷中他却是一个深受重用的人物。他同时也是一个虐待狂，常常蔑视穷人，称他们为狗，并且据传他常常强迫穷人在剑下吠叫。他甚至曾经让自己的仆人躺在地上，而他自己却站在他们的背上，让他们发出猎犬的声音；当他喊出"叫啊，烂狗！"之后，那些仆人们便会痛苦地放声惨叫。

那天晚上，六名匿名戴着面具的人来到皇家舞会，模仿狼群的嚎叫，令来宾惊奇不已大为赞叹。查理国王和他15岁的婶母贝里公爵夫人（Duchesse de Berry）调情，不停地戏弄她，这时他的兄弟路易和另一位年轻的花花公子菲利普·德·巴尔（Philippe de Bar）走了进来，他们还沉醉在刚刚另一个派对的热烈氛围中。

奥尔良的路易是"维纳斯的忠实仆人"，他喜欢"舞者、阿谀奉承者和散漫之人"的陪伴，他还是一个冒险者以及喜欢卖弄的人。他现在正拿着火把进入大厅，完全不顾客人不能携带明火进入舞池的规矩。一些人认为他只是希望看到这些戴着面具的神秘人是谁，还些人则表示他只是想从危险中获得快感，其他人对此还有更黑暗的解释。

突然间，一点点火花落了下来，火焰霎时包裹了一条腿，一个男人随即全身着火，紧接着火焰又吞没了另一个人。王后知道查理六世就在那群人之中，她害怕得尖叫着晕倒了。很快，整个大厅里不断爆发出恐怖的尖叫声和呼喊声，人们被灼烧着，在火焰中痛苦地挣扎；客人们试图扑灭火焰，拼命撕下附着在燃烧的肉体上的舞会服装，然而换来的却是持久的痛苦煎熬。因为沥青实在是太易燃了。

　　查理六世之所以活了下来还要多亏他反应迅速的年轻婶母及时把裙子扔在了他身上，使他免受火花的伤害。另一个扮成"野人"的男子德·南图伊莱特阁下（Sire de Nantouillet）则跳进一个装满水的大型酒柜中救了自己。其他人就没那么幸运了；正如圣丹尼斯修道士（Monk of St Denis）所写的那样，"四名男子被活活烧死，他们燃烧着的下体掉到了地上……血流如注。"[12] 德·茹瓦尼伯爵（Count de Joigny）当场就被烧死，而伊文·德·富瓦（Yvain de Foix）和艾米尔·普瓦捷（Aimery Poitiers）在两天后也都相继去世。胡希特·德·吉塞在三天之后痛苦地死去，当他的棺材穿过巴黎的街道时，那些小孩们追着棺材大喊："叫啊，烂狗！"

　　这场灾难被称为 Bal des Ardents[1]，即火人舞会（Ball of the Burning Men）。巴黎人民对此深感震惊，但也感到十分厌恶与反感，他们认为自己的统治者颓废无能，甚至怀疑路易想要杀死他的兄弟。国王的神经因此崩溃了，在那年晚些时候他又再次崩溃，并将一直这样反复下去。

　　在查理六世频繁发疯期间，他的嘴里不断起泡，整个口腔被疮所覆盖，并常常会在地板上吃东西。他开始认为自己的身体是玻璃做的，如果有人碰到他，他就可能会碎掉。人们认为他的病情是由窝囊忧郁的心情引起的——但他们也相信——另一种可能正确的说法——

---

　　[1] 法语。——译者注

即他继承了一种虚弱的体质。查理的母亲珍妮·德·波旁（Jeanne de Bourbon[1]）也曾患有神经衰弱症，虽然仅凭历史记录来进行诊断只是一个粗略的判断，但今天许多人都认为他患有精神分裂症。就像所有精神疾病都具有遗传性那样，查理的外祖父波旁的彼得（Peter of Bourbon）精神状况也不稳定。

查理六世在室内疯狂地跑来跑去，国王的仆人们在巴黎的王室宅第圣普尔酒店（Hotel St Pol）附近围住宫殿门，以防国王逃跑。疯王常常会尖叫，他感觉有千万颗铁钉扎进了他的身体；他拒绝洗澡，全身被自己的粪便所覆盖。他的精神"被如此沉重的阴影笼罩着"，以至于他无法记住自己是谁或者自己到底是什么。[13] 他不知道自己已经结婚，不知道自己是国王，甚至不知道自己的名字是什么。他似乎特别讨厌王室的盾形纹章，曾暴怒着试图破坏这一纹章。他也对自己的妻子抱有特别的敌意，每次一见到她便害怕得逃跑开来。当她和他说话时，他尖叫着说："这个让我痛苦的女人是谁？如果可以的话，给她想要的东西，快把我从她的逼迫中解脱出来，不要让她再跟着我！"[14] 当国王看到巴伐利亚的纹章——王后的家族徽章的时候——他做了粗鲁的手势。国王甚至认不出自己的孩子，虽然他多多少少认出了自己的兄弟和叔叔。但令王后大为恼火的是，他唯一愿意交谈的人竟然是他弟弟疏远的妻子瓦伦蒂娜，他称她为"亲爱的妹妹"，于是许多人自然而然地以为她用毒药迷惑了他。

仅在 1399 年，国王的精神病就发作了六次，而他的妻子则养了一连串的情人，并悄悄地积累了无数金银财宝。

没有一位医生能让国王的病情有任何好转。"一个蓬头垢面、故作神秘、眼光恶毒的骗子阿诺特·吉尔姆（Arnaut Guilhem）"在他宣称自己拥有一本上帝所赐之书后，被安排前去诊治国王。[15] 他坚持

---

[1] 应为 Joanna de Bourbon，疑为作者误记。——译者注

369

认为疯病是由巫术引起的，但即使在他离开后还是有其他人怀有类似想法。两名修道士吟唱了魔调，还让国王服下了一种由珍珠粉制成的液体，然而也丝毫没有任何效果，他们甚至还建议把国王的头给切开。当奥尔良公爵拒绝他们的提议时，他们指责他有巫术，他也因此受到折磨。奥尔良公爵最终承认自己是撒旦（Satan）的帮凶，随后被处死。

关于中世纪君主发疯的故事，也不是没有见诸于史书。卡斯提尔王国的胡安娜[1]（Joanna of Castile）和俄罗斯伊凡雷帝[2]（Ivan the Terrible of Russia）就是两个最触目惊心的例子，而约翰的冈特[3]（John of Gaunt）和黑王子[4]（Black Prince）的表兄弟埃诺特—巴伐利亚的威廉（William of Hainault-Bavaria）一直是个"被困在城堡里三十年的狂躁分子，大多数时候他的双手双脚都被捆在一起"[16]。精神病患者很少被限制外出，尽管许多大城镇会有一个"疯人塔"（Narrenturm）或"愚人塔"。早在公元872年，埃及的伊斯兰统治者就创建了第一个精神疾病患者收留所，在那里音乐被用来治疗精神疾病。伦敦的伯利恒医院（London's Bethlehem hospital）于1329年在伯利恒圣玛丽修道院（St Mary Bethlehem）成立，从1377年开始，那些表现出"心烦意乱"的患者就会被双脚锁在墙上；如果他们一旦有暴力举动，就会被泡在水中，或者被鞭打。[17]直到18世纪，游客们仍可以付费观看并嘲笑他们。毋庸置疑，在这里没有多少人最终能够康复出院。

在其他治疗方法中，除了休息和睡眠之外，还常常使用放血或金属制成的药剂等方法。驱魔也是方法之一，患者的头部被剃出一个十字，或是被人绑在教堂祭坛上方的圣坛屏上，然后有人在他们旁边做

---

[1] 即疯女胡安娜，西班牙女王伊莎贝尔一世的女儿，一生遭遇其父亲、丈夫和儿子的出卖，精神失常。——译者注

[2] 俄罗斯历史上首位沙皇，曾失手杀死了亲生儿子。——译者注

[3] 英格兰国王爱德华三世的三子。——译者注

[4] 英格兰国王爱德华三世的长子。——译者注

弥撒。不会太令人惊讶的是，这似乎也没有多大帮助。由于得了这种病症的人经常会被认为是心灵上出了问题，所以这些疯子也常常出现在人们朝圣的地方，例如圣米歇尔山（Mont Saint-Michel）、康斯特拉（Compostella）或是通往罗马的路上，和那些"瘫痪者、结核病人以及众多残疾人"在一起。[18]

法兰西政治核心深处凶险的精神病反映了黑死病之后人们绝望的情绪。《死亡之舞》（*Danse Macabre*）是一首最初出现于1376年的新诗，它反映了攻陷欧洲人思想的黑暗。死者或者死神与来自各种社会阶层的人交谈，提醒他们即将到来的死亡，这种对死亡的映射被称为死亡警告（memento mori）——"记住你终有一死"。

这种舞蹈还出现在众多的壁画和房屋中，提醒着路过的旅行者：

> 皇帝呀，你的宝剑不会帮你
> 权杖和王冠在这里一文不值
> 快快把你的手交给我
> 和我一起来跳这支舞[19]

13世纪和14世纪初的墓葬显示了那时的人们常常英年早逝，那些坟墓通常装饰着骑士的铠甲或者年轻貌美女子的画像。而死于十五世纪的人的肖像则是骷髅，还常常有蠕虫从画像中的眼睛里爬出，这也进一步强调了死亡离人们越来越近。

更离奇的是，一位于1378年当选的新教皇也变得精神错乱起来。乌班六世（Urban VI）是一个来自教阶制度之外的那不勒斯人（Neapolitan），在新当选的几周里他的性格似乎发生了翻天覆地的改变，他在教会议会期间对被惊呆了的红衣主教们进行侮辱，甚至还刺向其中一人。他对那不勒斯女王（Queen of Naples）乔安娜（Joanna）进行了长篇累牍的侮辱性抨击；不久，一些法兰西教会的领导人对他的行为也表示惊恐——他让六位红衣主教受尽折磨，当尖叫声在问讯室不断回响的时候，他却在问讯室下方咕哝着祈祷书中的段落。这也导致了从阿维尼翁（Avignon）选来的第二位教皇克莱门特（Clement）的分裂，这个人比疯子还要更坏，他曾经下令屠杀整个切塞纳[1]（Cesena）城镇，这一行为如此令人毛骨悚然甚至让那些执行命令的英格兰雇佣兵感到恐惧。

乌班最终被乔安娜的继任者、杜拉佐公爵（Duke of Durazzo）查理驱逐出那不勒斯，此人随后带着一些雇佣兵在意大利横冲直撞四处作恶；在他身后拖着之前被他指责、反对他的红衣主教们，他在途中就杀死了其中五人。他的对手、被称为"切塞纳屠夫"的克莱门特，在听到学者们提议的罢工消息后，于1394年在"深深的懊恼中"因心脏病发作或中风去世，这可能是学术史上最有意义的一次罢工。乌班比他早六年离世，在那之前他带着军队搬到了佩鲁贾[2]（Perugia），在那里他从骡子身上摔下受伤而死——虽然还是有人怀疑他是被毒死的。

但是无论怎么说，凡人皆有一死。

本章尾注:

1. 瑟恩人中也存在领主，他们比南方人有着更严明的纪律，但在电视剧中，因为简化剧情的原因，他们和大冰川的食人部族（ice river clans）被混为一谈。
2. Tuchman, Barbara: *A Distant Mirror*
3. Ibid
4. Ibid
5. Jager, Eric: *The Last Duel*
6. Tuchman, Barbara: *A Distant Mirror*

———————————

［1］ 意大利城镇。——译者注
［2］ 意大利中部城市。——译者注

7. Rose, Alexander: *The Kings in the North*

8. Jager, Eric: *The Last Duel*

9. Tuchman, Barbara: *A Distant Mirror*

10. Jager, Eric: *The Last Duel*

11. *Froissart's Chronicles*

12. Chronique de Religieux de Saint-Denys, contenant le regne de Charles VI de 1380 a 1422.

13. Tuchman, Barbara: *A Distant Mirror*

14. Ibid

15. Ibid

16. Ibidr

17. Hibbert, Christopher: *The English, A Social History*

18. Gies, Frances and Joseph: *Life in a Medieval City*

19. *The Vierzeiliger oberdeutscher Totentanz*, 大约写于 1460 年。

· 22 ·

血与火
——征服、城堡、私生子和侏儒

征服者伊耿带给维斯特洛火与血，但同时也给予他们和平、繁荣和公正。[1]

——丹妮莉丝·坦格利安

瓦雷利亚人极为美貌，他们长着银发紫眸，由于这种异于常人的长相，他们通常被认为"与其他人种血统不同"。1一位学士认为这很可能是某种选择性繁殖的结果，他们因此形成了一些独特的特质，比如似乎不会生病。这么说也许有些夸张，但至少我们可以假定，他们对一些其他人容易感染的常见疾病产生了抵抗力。这个理论并不算特别异想天开，事实上，纵观整个历史，类似的情况确有实例，比如我们所熟知的天花，几百年来一直困扰着旧世界人民。当西班牙人把这种疾病带到了美洲之后，很快便对当地形成了毁灭性打击，新大陆90%的土著居民都被夺走了生命。与此同时，大部分欧洲人却从疾病中挺了过来，因为经历过几个世纪以来天花反复爆发，这些幸存者

---

[1] 出自《冰与火之歌》卷三《冰雨的风暴》。——译者注

在一定程度上都具有了免疫能力。

即使在今天，拜公元后第一个千年中发生过的传染病所赐，大约1%的北欧人对艾滋病毒具有免疫能力，另外还有15%的人由于携带突变基因，即使是进行了最危险的活动，感染机会也相对较低，在这个群体当中，又属瑞典人所占的比例最高。[2]

根据某种理论，5世纪抵达不列颠的盎格鲁-撒克逊人对当时横扫欧洲的查士丁尼鼠疫（Justinian plague）[1]也有比常人更强的免疫力。只不过，后来他们面临的征服者——也就是瓦雷利亚人的原型——在其他方面具有更大的优势，正如伊耿用龙征服了维斯特洛，"私生子"威廉（William the Bastard）用骑兵征服了不列颠。

中世纪早期涌现出的那些暴躁不安、凶猛残暴的民族中，最可怕的可能就是一支维京人的后裔——诺曼人，在不断威胁骚扰法兰克人之后，他们定居在了塞纳河畔。诺曼人将在英国历史上扮演重要角色，并且为马丁的世界提供灵感。作者本人曾经承认过，在维斯特洛建立了瓦雷利安王朝的征服者伊耿，其原型便是诺曼底公爵（Duke of Normandy）威廉，他征服了一个比自己的国家大得多的国家，是这个时期最伟大也最残忍的人物之一。

伊耿是一位神秘而伟大的战士，他总是穿着一身黑色鳞甲，他对妻子非常忠诚（不过他有两位夫人，所以你可能会认为这不能叫做忠诚），唯一的朋友是同父异母的私生子兄弟奥里斯·拜拉席恩（Orys Baratheon）。现实生活中的"征服者"与伊耿的经历非常相似：他是一位可怕无情的领袖，常年穿着一身锁子甲；成年之后，除了亲人，尤其是同父异母的兄弟之外，对谁都不信任；他从来都没有情妇——这对法国贵族来说是如此反常，以至于有些人认为这样的人反而阴险难测。

---

[1] 542—543年，东罗马帝国在查士丁尼一世统治时期爆发了一场鼠疫，由于皇帝自己也受到了感染，因此这场瘟疫被称为"查士丁尼鼠疫"。——译者注

公元 1065 年的圣诞节，爱德华国王（King Edward）^[1]主持修建的大教堂眼看就要完工，国王却在此时重病垂危，神志不清地叫嚷着，可怕的诅咒将会毁了这个王国。在狭海对面的南方，诺曼底公爵"私生子"威廉对王位怀有觊觎之心，尽管严格来说，他的要求并没有什么说服力——爱德华的母亲爱玛（Emma）来自诺曼，是威廉的祖父理查二世公爵（Duke Richard II）的妹妹，因此从血缘上来讲，威廉算是爱德华的表侄。这位诺曼领袖不断用爱德华国王的承诺为自己增加信心，但实际上在当时，继任者的选择并不由国王一锤定音，决定权掌握在撒克逊政治机构"贤人会议"（Witanagemot）手中。

这一天，当威廉公爵外出打猎时，信使传来了令人不快的消息——贤人会议任命哈罗德·葛温森（Harold Godwinson）为国王，即将在爱德华葬礼当天加冕。威廉勃然大怒，立即下令组建了一支舰队，整个公国土地上都能听到斧头砍伐树木的声音。这个决定非常大胆，因为尽管诺曼人身上流淌着维京人的血液，但现在的他们并不是一个善于航海的民族，一想到要冒着危险远渡重洋去征服异国，威廉手下的男爵们全都变得忧心忡忡。

威廉召集了一个议会，通过软硬兼施，一边危言恐吓，一边花言巧语，一边许诺金钱，强行宣布自己将成为英格兰国王。此事的成功证明了他坚不可摧的意志，也可以说，如果名字能够体现人的性格，那么比起法语形式纪尧姆（Guillaume），威廉本人的性格其实更接近于德语中的威廉（Wilhelm），意思是"任性的守护者"。

今天，在伦敦市中心的大英图书馆（British Library）里，有一本 A4 纸大小的古抄本，上面列出了所有追随"征服者"而来的家族，这是 17 世纪文物收藏家罗伯特·科顿（Robert Cotton）爵士收集的大量藏品的一部分。1066 年 10 月的那个血腥星期六（Bloody

---

［1］ 即"忏悔者"爱德华（约 1001—1066 年）。——译者注

Saturday），在苏塞克斯的一个小山坡上，曾有多达15000人投入战斗。对于后来的贵族家族来说，如果能够追根溯源，在那一天的参战人员名单中找到自己的祖先是非常重要的。

诺曼底"自古以来便是血腥的战争交汇处"⁴，凯尔特人、罗马人、法兰克人、维京人以及后来的英国人，都曾在这里拼死厮杀。从克洛维（Clovis）时代起，它就被引领风骚的法兰克骑兵笼罩在阴影之下。但是，随着查理大帝（Charlemagne）的孙子们相继自立为王，雄极一时的法兰克王国陷入了内战之中[1]——此时此刻他们本不应该陷入家庭争吵，因为维京人始终虎视眈眈，对不列颠和法兰西的侵扰从未停歇。维京人对卢瓦尔河（River Loire）[2]地区的威胁持续了很多年，随后他们返回了英格兰，但又被阿尔弗雷德大帝（Alfred the Great）[3]成功地赶回了法国。于是这些北欧人一直咬着法国的西北海岸不松口，直到公元912年，法兰克国王把塞纳河畔的领土拨给了他们。

威廉的五世祖赫罗夫（Hrolfr）来自挪威，这个名字的字面意思是"狼"（wolf），所以我们也把他叫做罗夫（Rolf）。由于身材过于高大，没有适合他骑乘的马匹，因此赫罗夫无论去哪都只能步行。据说，赫罗夫是斯堪的纳维亚最古老的伊恩林斯王朝（Ynglings，意为"金发"）的后裔，他们家族在神话中的起源可以追溯到最早的迁徙时期。作为与法兰克人协议的一部分，赫罗夫接受了洗礼，并给自己重新取名为罗洛（Rollo），没过多久，这些新移民都向法兰克人

---

[1] 查理大帝（742—814年）是中世纪早期法兰克王国的国王，他在843年去世之后，三个孙子各自为王，将帝国一分为三。东法兰克王国成了以后的神圣罗马帝国，西法兰克王国成了以后的法兰西王国，中法兰克王国之后则被东西两国瓜分。——译者注

[2] 法国最长的河流，发源于塞文山脉，全长1020公里，先向北、西北，后向西注入比斯开湾。——译者注

[3] 阿尔弗雷德大帝（849—899年）是盎格鲁-撒克逊英格兰时期威塞克斯王国国王，也是英国历史上第一个以"盎格鲁-撒克逊人的国王"自称且名副其实之人。他率众抗击海盗民族维京人的侵略，使英格兰大部分地区回归盎格鲁-撒克逊人的统治，故得享"大帝"尊称。——译者注

学会了拉丁语，成为了狂热的基督徒。

这些来自北欧的首领多年来一直被邻居蔑称为"海盗公爵"（the duke of the pirates），他们和法兰克国王的关系相当不睦。维京人为自己的自由奔放而骄傲，因此特别抗拒屈膝下跪。传说中，赫罗夫（罗夫）本应亲吻理查三世国王[1]的脚，但他坚决不肯，因为自己"从未向任何国王低过头"。于是他命令一名部下代替自己行礼，但是此人——大家都说他也是个巨人——也不愿意弯下腰，于是便将国王脑袋向下举了起来，这样完成了吻脚礼。这个故事可能不是完全真实的，但多少反映出了维京人对于下跪服软有多么抗拒。

这些海盗移民就这样生存了下来，远远超过了人们的预期，可能与他们精通马术有很大关系。中世纪时人们坐骑用的马匹已经比古希腊人或罗马人骑乘的体格更加高大，与此同时，帕提亚人（Parthians，即现代伊朗人）和拜占庭人开始培育大型战马，然而，马匹繁殖最为出众的地区其实位于法国北部。由于西欧地区的竞争形势如此残酷，骑兵已成为最有效的战争形式，因此，一场规模更大、更加积极的战马"军备竞赛"全面展开。在这样的背景下，诺曼人培育出了品种优良的军用马匹，并开创了一种全新的、可怕的战术——骑兵冲锋。

此时贵族们最关注的焦点全在骑兵。金属在当时非常昂贵，可是一名法兰克骑兵全身装备就需要50磅的铁，而"一个熔炉两到三天的产量只能满足五分之一的需求。"[5]这些军马必须非常健壮，再加上面临巨大的战斗压力，马儿们也经常逃跑，所以培育战马需要付出极大的努力和精力。诺曼人不仅开发出了保护坐骑的盔甲，同时还培育出了更加适合战争的马匹。实际上，他们甚至能够训练战马去撕咬敌人。

起初，骑兵冲锋的规模很小，只有6名或者8名骑手经过精心排

---

[1]　理查三世（879—929年），西法兰克国王，898—929年在位。——译者注

练后协同进行，但随着法兰克人和诺曼人逐渐改进，冲锋队形的规模变得更加庞大。诺曼人还率先采用了多项新的军事技术，他们在这一时期的创新包括锥形头盔、锁子甲和大型风筝盾牌。后来，这些装备都被视为诺曼人的标志，但其实在战场上所有的法兰克人穿着其实都差不多。就像撒克逊人和维京人外表极其相似一样，在黑斯廷斯战役中，想要区别参战双方，很大程度上只能依靠发型和胡子：撒克逊人留着长发，蓄着小胡子；诺曼人则剃着平头，脸上刮得干干净净。

威廉是诺曼底公爵罗贝尔一世（Robert I）的私生子，他的母亲出身低微，外公则可能是一名为尸体进行防腐处理的殓尸人。[6] 据说，威廉的母亲埃尔蕾瓦（Herleva）是生活在法莱斯（Falaise）的一个小镇姑娘，有一天在河边洗衣服的时候被罗贝尔撞见，于是有了后来的故事。马丁在书中借用这段经历讲述了波顿大人与他那疯狂私生子拉姆斯·雪诺的母亲初次相遇的故事。当然，威廉父母的版本更加浪漫一些，而她洗衣的地方现在仍然可以看到——如果这个故事是真实发生过的。*

埃尔蕾瓦的出身确实非常朴素，而且她和公爵两人都没有成婚，所以威廉虽然是非婚生子，却被确定为父亲罗贝尔公爵的继承人——这在一个世纪后是不可想象的。在中世纪早期，尤其是对维京人来说，只要实力足够强大，私生子也可以继承王位或爵位。但是随着教会的影响力逐渐加深，婚姻制度的观念日渐根深蒂固，在一个家庭中，合法妻子的地位也越来越稳固，所以非婚生子嗣的地位明显下降。到了1135 年，威廉之孙格洛斯特的罗贝尔（Robert of Gloucester）[1] 本是最适合的王位继承人，但在那个时代，私生子的出身使他根本不在被考虑范围内。

未来的征服者与母亲家族的亲戚关系密切，但是父亲家族的亲戚

[1] 格洛斯特的罗贝尔（1100—1147 年）的父亲是征服者的第四子亨利一世。亨利一世的婚生子都死得很早，而罗贝尔很可能是私生子中最年长的。——译者注

们却大多都想置他于死地。也许是为哥哥理查三世公爵的神秘死亡（很可能是死于中毒）感到内疚，罗贝尔在威廉七岁的时候决定前往圣地（Holy Land）。

罗贝尔公爵后来死于朝圣途中，留下孤弱无助的威廉，遇到了一系列暗杀事件。他的第一位监护人吉尔伯特伯爵（Count Gilbert）和导师图洛尔德（Turold）都是死于谋杀。后来，小公爵在自己的卧室里眼睁睁地看着王室管家奥斯本（Osbern）被蒙哥马利的威廉（William of Montgomery）刺死。只不过，蒙哥马利自己后来死于同样的方式，威廉倒是顽强地活到了成年。长大之后，屡败屡战的威廉摧毁了许多厉害的对手和亲戚，可见他既坚强不屈又冷酷无情。在威廉的领导之下，诺曼人相继击败了邻近的佛兰德斯（Flanders）、布列塔尼（Brittany）以及安茹（Anjou）等地，甚至还有法兰西王室的军队，但他想要的远远不止这些。

威廉声称，哈罗德在法国北部遇到海难时曾向自己宣誓效忠，因此自己有权继承威塞克斯王位。这件事也许是真的，但哈罗德当初的誓言多半只是形势所迫身不由己。实际上，从血缘关系来说，真正拥有王位绝对继承权的其实是埃塞雷德（Ethelred）的曾孙"显贵者"埃德加（Edgar Atheling），但此时他还只是一个小男孩。

这时的英格兰其实也处于分裂状态。葛温森家族在家乡威塞克斯实力雄厚，但北方却几乎不在他们的势力范围之内。同时，哈罗德的弟弟托斯蒂（Tostig）由于被他疏远，愤怒之下驾船从北海出发，试图寻找盟友一同讨伐哥哥。在被丹麦国王斯威恩（King Sweyn of Denmark）拒绝后，托斯蒂与看似绝不可能合作的"无情者"哈拉尔（Harald Hardrada）达成了一致。托斯蒂曾在君士坦丁堡生活多年，后来回到挪威当了国王。此时他虽已不再年轻，国内所有的反对派也都被粉碎，本来不必趟这滩浑水，但北境雷霆（the Thunderbolt of the North）决心孤注一掷，将所有筹码押在这最后一场伟大的战斗上，搏一个名垂青史，让自己的名字世世代代在炉火边被传颂。于是，一支由 300 艘船组成的舰队从挪威启航，驶向设得兰群岛（Shetlands）和苏格兰东部海岸，从这些岛屿上带走了更多的维京人一同出征。

在维斯特洛，一些坦格利安家族成员有预言梦的能力；与之类似，哈拉尔在路上也梦见了哥哥奥拉夫（Olaf），哥哥警告他前方将会遇到灾难。然而哈拉尔并没有掉转船头，因为他认为这将是史上最后一次伟大的维京冒险。

在诺森布里亚登陆后，哈拉尔的军队重挫了由诺森布里亚伯爵埃德温（Edwin）和麦西亚伯爵莫卡（Morcar）率领的一小股英格兰军队，这两位伯爵太过年轻，几乎还都是孩子。但是非常不幸，哈拉尔低估了对手，他没有料到哈罗德国王的军队正在飞速向北推进，随后双方在斯坦福桥（Stamford Bridge）大战一场，哈拉尔和托斯蒂双双战败被杀。哈罗德国王仁慈地允许活下来的斯堪的纳维亚人回家，甚至包括哈拉尔的两个儿子。令人感到安慰的是，多年之后，这两个儿子反过来为哈罗德·葛温森的一个儿子提供了庇护，哈罗德的仁慈行为得到了回报。300 多艘北欧船只远渡重洋，回来的却只有区区 20 艘，60 年后，一位编年史家写道：战士战死异国，尸骨堆积成山，多年风吹日晒，化作累累白骨。维京人的时代已经结束了。

虽然哈罗德尚不知晓，诺曼人已经带着来自法兰西各地和西欧的雇佣兵，乘风破浪驶向英格兰。就像多斯拉克人一样，他们面临的主要问题是如何将马匹运过大海，因为动物们在船上往往会惊慌失措，极易导致船只倾覆。但这个问题没有难住他们，在西西里岛时，诺曼人向拜占庭人学来了一种技术，制造出一种在海上能将马吊起的工具。现在，他们正带着 3000 匹战马，在这狂风暴雨的大海上一路颠簸。

诺曼人来到葛温森家族的地盘苏塞克斯，掠夺土地，焚烧村庄。哈罗德本可以坚守伦敦，等待入侵者耗尽粮草，但作为领主，他无法坐视苏塞克斯人民遭受茶毒而不理，还是选择了冒险出击。这是一个愚蠢的决定，但称职的领主往往无法忍受臣民无辜受难而不予还击，所以这是当时战争中诱敌出战的一种常见方式。

10 月 14 日的战斗，双方各自投入了七八千的兵力。如此规模极不寻常——在中世纪欧洲，统治者总是试图避免激战，因为大规模战斗太过冒险，一不小心就会在几个小时之内折损一空。英国人占据了高地，所以威廉选择向上发起冲锋，在某种程度上说，这种战术相当于放弃了骑兵的优势。形势危急，但长时间的鏖战对他更为不利，因为一定会有越来越多的人加入哈罗德阵营，他们客场作战，耗时越久疾病爆发的风险就越大。［直到维多利亚时代，弗洛伦斯·南丁格尔（Florence Nightingale）的改革之前，在后方死于疾病的士兵几乎永远比在前线战死的多］

关于这场战斗，只有三份高度雷同的记录流传于世。从中我们得知，正式战斗可能开始于上午 9 点，并持续了几乎整整一天。入侵者分为三队，左边是布列塔尼人，右边是法国人，中间是诺曼人。根据一份记录，威廉连续被击毙了三匹坐骑，中间一度传出他已经战死的谣言，转瞬之间军心大为动摇。公爵不得不高举头盔让士兵们看见自己，同时高声大喊，不要惊慌，如果自乱阵脚我们就死定了。诺曼人的攻势持续了一整天，英国人则抵死顽抗不退缩，当夜幕降临的时候，所有人都精疲力竭。

哈罗德率领的 3000 名护卫是一支久经沙场的铁军，他们个个双手持斧，杀伤力极强，但另一边的诺曼人拥有骑兵优势。他们通过从拜占庭学来的另一项创新——佯装撤退——打破了僵局。左边的布列塔尼人开始逃跑，不知实情的英国人紧随其后下山追击，导致己方队形被冲乱（战争中大部分伤亡都是由于溃败逃跑时将背后暴露给对手所导致的）。此时，诺曼骑兵则趁机向山上冲锋，以摧枯拉朽之势毁掉了英军的防线。

英国人只有一小队弓箭手，相比之下，诺曼人在远程攻击方面也有更大的优势。随着战争推进，越来越多的英国士兵无可避免地中箭倒下，尸体却被夹在密密麻麻的盾墙之中成为阻碍——战斗形势逐渐明朗。哈罗德的兄弟格思（Gyrth）和利奥夫温（Leofwine）战死，国王自己也没能逃脱，也许是死于流矢，也许是被一个由四名骑士组成的行刑队砍倒（死后可能还受到了阉割）。接下来的一段时间，诺曼人从一个城镇扫荡到另一个城镇，留下满地狼藉，直到伦敦献城投降。据说一个叛徒为入侵者打开了路德之门（Lud's Gate）——从1000年前起人们就在这里对古神进行礼敬仪式。圣诞节那天，威廉在威斯敏斯特教堂加冕成王。

第二年，当威廉的妻子、佛兰德斯的马蒂尔达（Matilda of Flanders）加冕为英格兰王后时，一个名叫马米恩（Marmion）、身型巨大的王室护卫出现在大教堂。这位可怕的巨人全副武装，骑马闯入大厅，站在中间大声喊道："如果有人质疑我们至高无上的君主威廉陛下不是英格兰国王，他的夫人马蒂尔达不是英格兰王后，那你就是一个虚伪的叛徒和骗子。我作为王家护卫，在这里向你发起一对一的挑战！"[7]令人惊讶的是，没有人站出来接受他的提议。

此时的欧洲有越来越多的地区处于法兰西北部的控制之下，诺曼征服使得英国更进一步融入了欧洲主流社会。受查理大帝时期的法兰克人影响，传统的英格兰名字，如埃瑟雷德（Ethelred）、埃塞斯坦（Athelstan）、托斯蒂（Tostig）和利奥夫温（Leofwine），逐渐被卡洛林王朝（Carolingian）风格的名字所取代。当时在法国北部贵族中很流行的名字，既有法兰西式的威廉（William）、亨利（Henry）、罗贝尔（Robert）、理查（Richard）和杰弗里（Geoffrey），也有来自《圣经》或者古希腊的名字，如约翰（John）、詹姆斯（James）、凯瑟琳（Catherine）、玛格丽特（Margaret）和托马斯（Thomas）。因此，为了给维斯特洛营造出中世纪的氛围，马丁使用了这样一些特征明显的名字：劳勃（Robert）、琼恩（Jon）、凯特琳（Catelyn）、玛格丽特（Margaery）、乔佛里（Joffrey）、威廉（Willem）、托曼（Tommen）、瑞卡德（Rickard）和瑞肯（Rickon）。［迪肯（Dickon）是理查（Richard）在当时的一个常见昵称］

事实上，从公元 11 世纪到 14 世纪，在整个欧洲，具有区域特色的名字和宗教信仰逐渐被一种由法兰克人主导的大欧洲文化所取代。但是，有少数本土传统和命名模式幸存了下来，在英格兰，由于对"忏悔者"爱德华和圣埃德蒙的崇拜，幸存下来的古英语名字仅有埃德蒙和爱德华仍然流行（阿尔弗雷德大帝于 16 世纪崛起后，阿尔弗雷德这个名字也重新流行了起来）。相比之下，布兰（Bran）或布兰登（Brandon）其实应该算是爱尔兰式人名才更恰当，意思是渡鸦或乌鸦。

事实上，维斯特洛的许多人物的名字都与英国历史上的真实人物相对应。比如，维斯特洛有一位名叫柏洛斯·布劳恩（Boros Blount）的骑士，来自王领（Crownlands）的布劳恩家族，效忠于拜拉席恩王室。这个听起来非常古老的姓氏取自现实生活中的一个战士家族，他们在 12 世纪时崛起，在整个中世纪时期都举足轻重。这个家族中的罗伯特·勒·布朗特（Robert Le Blount）曾和"征服者"一起航行；约翰·布朗特（John Blount）接受了爱德华二世的投降；沃尔特·布朗特（Walter Blount）在 1471 年的玫瑰战争中死于巴尼特战役（the Battle of Barnet）。当然了，如果要说最著名的布朗特，那就是创作歌手詹姆斯·布朗特——后来他把姓氏拼写简化成了布伦特（Blunt）。在成为职业音乐人之前，他和自己的祖先一样，曾在军队待过一段时间。

如果把提利尔（Tyrell）的拼写稍作调整变为泰尔（Tirel），那么就得到了一个在盎格鲁—诺曼历史上扮演了重要角色的贵族家族，其中一位成员意外地杀害了威廉的继任者[1]。再比如，卓戈

---

［1］ 威廉一世的继任者威廉二世在 1100 年打猎时被意外射杀，据说是被一位名为沃尔特·泰尔的贵族失手射中。——译者注

384

（Drogo），一位多斯拉克首领的名字，恰好和查尔斯·马特（Charles Martel）的一个孙子还有法国北部的许多人物同名。

在入侵英格兰之后的20年间，"征服者"威廉与反叛者和竞争对手的战斗从没有停息。此外，他几乎和身边每个人的关系都不和谐，不是跟这个吵，就是跟那个闹，包括长子罗贝尔、妻子玛蒂尔达和同母异父的弟弟厄德（Odo）。

厄德可能参加了黑斯廷斯战役，只是身为牧师，按照教规他不能令别人流血，因此在战场上他没有使用武器，而是挥舞着一根棍棒。这场战争的详细情形被制作成了一副著名的刺绣作品——巴约挂毯（Bayeux Tapestry）[1]，18世纪时这幅作品重见天日，我们才能够还原当时的情景。与文字记载不同，刺绣作品中的厄德显得更加英雄气概光辉无比，因此这副画的制作很可能出自厄德本人授意，至少人们都是这么认为的。同时，这幅作品产自肯特，这个贪婪的牧师正好便是这个大郡的领主，在威廉统治时期，他至少在20个郡都拥有财产，是当时极为富有的贵族。

关于这幅挂毯有一点比较特别，它是进入现代社会之前含有侏儒形象的极少数视觉图像之一。故事发生在蓬蒂厄宫廷中，诺曼大使正在向蓬蒂厄伯爵（Ponthieu's Count）居伊（Guy）提出交涉，要求他们交出哈罗德·葛温森，大使身边站着一个名叫杜洛德（Turold）的侏儒。挂毯上仅有15个人留下了姓名，杜洛德便是其中之一，但是他的身份以及在这次事件中扮演的角色仍然是个谜。如果在整个人类历史现存记录上进行搜寻，我们会发现，侏儒首次出现在公元前2566年去世的古埃及法老胡夫（Khufu）的宫廷中，考古学家在胡夫金字塔附近的一座墓穴中发现了一个名叫皮捏胡（Perniankhu）的侏

---

[1] 巴约挂毯也译作贝叶挂毯，长70米，宽0.5米，现存的部分只有62米。挂毯上共出现623个人物，55只狗，202只战马，49棵树，41艘船，超过500只鸟和龙等生物，约2000个拉丁文字，描述了整个黑斯廷斯战役的前后过程。——译者注

儒。他的工作是"通过唱歌跳舞来取悦国王和王室成员，相当于中世纪的宫廷小丑"[8]。侏儒的记录同样出现在古罗马。另外，在中世纪早期，他们经常受雇于宫廷：在11世纪60年代，位于现在巴伐利亚的雷根斯堡（Regensberg），班贝格主教（Bishop of Bamberg）贡特尔（Gunther）[1]有一个名叫阿斯克尼库斯（Askericus）的侏儒伴随左右。12世纪，耶路撒冷国王（King of Jerusalem）、香槟伯爵（Count of Champagne）亨利二世身边有一个叫斯卡利（Scarlett）的侏儒，"死于一场相当奇葩的意外，当他的主人因为心不在焉从窗口跌下的时候，斯卡利试着去救他，结果两个人一起摔死。"[9]

1087年，"征服者"又一次回归战场，向敌对的曼恩（Maine）公国的芒特（Mantes）地区发动攻击。威廉率军将芒特包围起来，然后采取火攻，没想到反而令自己的坐骑被火焰余烬所惊，威廉从马上跌下，肥胖的肚皮被撕扯开，忍受了5个星期的痛苦折磨才死去。

红堡，白塔

1066年圣诞节后不久，征服者们开始建造自己在这片土地上的第一批城堡。早在诺曼人到来之前，英格兰已经存在一些城堡，但是数量很少，只有十几座，而且大多都是木制，规模也很小——现在他们兴建了数百座，不仅是为了保护自己不受土著人的攻击，也是为了防止彼此在互相攻击中沦为一堆"王国白骨"。[10]在诺曼人修建的这些建筑之中，最著名的就是位于伦敦以东的白塔（White Tower），也就是我们所熟知的伦敦塔（Tower of London），后来马丁以此为灵感创造了"红堡"（Red Keep）。

修建城堡是另一项从东方传来的新技术。古老的日耳曼宴会大厅给了贝奥武夫（Beowulf）这样的人一个教训：不加防护地围着壁炉

---

[1] 贡特尔（1025或1030—1065年），从1057年起担任班贝格主教直至去世。——译者注

欢宴很容易被敌人包围然后放火烧掉。后来，阿尔弗雷德大帝（Alfred the Great）为了抵御维京人的侵袭创建了名叫 Burgh 的一种堡垒，这种新式的砖砌建筑大大提升了外来攻击的难度。公元 6 世纪时，拜占庭人在北非的战役中发明了城堡的雏形，其特色为厚厚的墙壁和高高的塔楼，其中一座城堡还被设计成最后的避难所，这些特色在后来的欧洲模式中都保留了下来。到了八九世纪左右，西班牙的穆斯林学会了修建拜占庭式的砖石防御工事，然后又被那里的基督徒照搬学去。

但是，没有哪个地区的城堡数量可以与法国西部相匹敌，尤其是在诺曼底以南的卢瓦尔河谷（Loire Valley）。为了对抗斯堪的纳维亚的侵略者，公元 863 年，法国的秃头查理（Charles the Bald）[1] 第一次下令在这里建造城堡。后来，这些城堡在诺曼人、安茹人（Angevins）和普瓦图人（Poitevins）缠斗不休时发挥了巨大作用。

典型的中世纪中期城堡有这样的特点：堡垒主楼被一堵高大的护城墙紧紧包围着，从入口处，通过登上一个外部旋转楼梯可以直达屋顶，然后穿过一个平台到达主楼。这些城堡的另一个鲜明的特色是吊桥，平时与大门（或是铁闸）呈垂直状态，紧急时刻可以用铁链收起——这样就为抵御入侵增添了一道额外屏障。因此，任何进攻的敌人一旦穿透这道屏障，就必须强行爬上楼梯，然后穿过桥，最后才能到达堡垒——整个过程都必须正面迎接城堡中强劲的火力压制。[11]

城堡的外墙留有一道道狭缝，十字弓箭手可以透过狭缝瞄准，向袭击者开火，这种结构被叫做射箭垛口（arrow loops）或者 meurtrieres（法语，意为凶器）。这些孔洞呈倾斜状态，因此当弓箭手躲在后面发动攻击时，与目标之间形成了一定的角度，最大限度地降低了暴露在对方狙击手视野中的风险。[12] 同时，守城者还可以通过这些杀人洞，向进攻者倾倒沸腾的液体或是生石灰。

---

[1] 即法兰克王国加洛林王朝的国王查理二世（823—877 年），查理大帝之孙，和他的两个兄弟一起将法兰克王国一分为三。——译者注

387

到了 13 世纪，越来越多的城堡选择依山而建，将城堡修建于山体内部，依靠高地作为后盾，提高安全性。尽管建筑大师们尽了全力，但任何一座城堡都必然还有脆弱的地方，最明显的比如公共厕所和更衣室，为了处理废弃物，这些地方不得不留下通往外界的洞口。在《权力的游戏》第七季中，"无垢者"从厕所潜入拿下了凯岩城，实际上这种情节在历史上确实发生过。1204 年，法国国王腓力二世就曾派军队从公共厕所潜入，从英国人手中夺走了著名的诺曼底盖拉德城堡（Chateau Gaillard）。

由城堡保护的地区被称为 detroit 或者是 district——这个词由拉丁语 distringere（意为强迫）演化而来的，因为控制一座城堡实际上就相当于拥有一片独立的势力范围。威廉的时代被后世称为"封建无政府状态"，因为当时很大一部分权力实际上都掌握在那些身为城堡领主的小军阀手中。对于普通农民来说，大权在握使得这一时期的男爵们比历史上任何时候都更加可怕，11 世纪的欧洲远远比 14 或 15 世纪时暴力得多。

历史上，诺曼人总是与封建主义的概念相关联，但是类似的东西其实早已在英格兰出现，并非他们首创，历史学家们也不喜欢这个说法。封建主义的核心是等级制度，国王位于最顶端，接下来每个层次的人都受到更有权势的上层人士某种形式上的制约。在这个体系中，人们会跪在自己的领主面前宣誓效忠："大人，现在我是您的人了。"然后由领主亲吻他们的嘴巴作为回应。通常，领主会像教父对待孩子一样对待自己的附庸，发誓保护孩子不受魔鬼的伤害，7 年之内"不受水、火、马蹄和猎犬牙齿的伤害"。

反过来，领主会对他的下属说"你是我的""我是你存在的意义"或者"你是我的人，你的职责就是履行我的意志"。从 11 世纪起，每一位骑士都必须发誓："我绝不攻击教会，无论是她的土地还是她的仓库；我绝不攻击牧师、修道士或他们的护卫，他们不需要拿起武器保护自己。"骑士们还"承诺向那些独自旅行的贵族妇女、寡妇和修女提供特殊的援助",而且,自从这一制度在法国发展以来,也诞生了"酒商"这一职业。[13]

在这一体系中,人们会将自己的合法子侄送往更高阶层的家族,这样,城主们的儿子就可以和公爵同住,骑士们的儿子可以与城主们同住。[14]此后,这些年轻人便会和他们的养父一起生活,然后与养父的亲戚结婚。孩子们可能在很小的时候就被送进另一个家庭生活,在这样一个低信任度的社会中,这种做法有效加强了家族之间的联系,这个制度在英国至少持续到了近代初期。

封建主义意味着义务和权力。其中有些是礼仪性的,例如,在一次恶劣天气下横渡英吉利海峡时,肯特的一位小地主负责"在船上托着国王的头"(但是我们不知道他是否也有幸负责为病人擦拭身体)。[15]加冕仪式上的角色会受到更加激烈的争夺,因为这种角色意味着极高的家族荣誉,也正因如此,皮尔斯·加韦斯顿(Piers Gaveston)[1]一手把持了爱德华的登基典礼,意味着对那么多人的极度羞辱。

"私生子"威廉的入侵可能并没有为英国引入封建主义,但它确实制造了一个全新的精英阶层。这次征服见证了英国历史上规模最大的土地流通:英格兰四分之一的土地划归11位男爵所有,另外四分之一掌握在国王手中,只有5%还留在土著居民手中。那么理所当然的,随着男爵们的权力膨胀,接下来的四个世纪中,竞争和嫉妒将成为整个社会的主导情绪。

诺曼征服者还引入了——或者说是重塑了一种我们今天称之为"骑士精神"(chivalry)的行为体系。这个词来源于法语,最初是指骑手、骑士(法语中为 chevalier)作为战士的行为准则。随着后期

---

[1] 皮尔斯·加韦斯顿(1284—1312年),第一代康沃尔伯爵,以作为英格兰国王爱德华二世的佞臣而闻名。——译者注

发展，骑士精神的含义更加丰富，还包含了战争的规则，尤其是规定了贵族被俘后应享有的待遇。尽管盎格鲁-撒克逊人在许多方面都比诺曼人更有教养——例如，他们的本土文学要复杂得多——但他们的政治也要暴力得多。埃塞雷德的宫廷里有无数的谋杀和致盲事件，而威廉一生只处决过一位贵族，这也是英格兰250年来最后一位被处死的贵族。后来威廉甚至废除了死刑，尽管又被他的儿子重新引入。

骑士精神的主要法则是对贵族战俘待遇的规定，后来也包含了善待妇孺的理念。这一准则直到爱德华一世和他的儿子当政时期才开始崩溃，玫瑰战争因此变得非常血腥，被俘贵族被砍头成为了家常便饭——反而是普通士兵的待遇倒还不错。

山地部落

诺曼人在北方遇到了最为激烈的抵抗——北方更难征服，对入侵者的抗拒心理更强，也充斥着更多的陈年宿怨。威廉任命考斯佩（Cospig）管理北方地区，此人刚一上任便迫不及待地试图利用职权杀死对手奥瑟夫（Osulf），但是并未成功，奥瑟夫逃脱并组建了一支军队。一个月后，考斯佩匆匆赶到一座本地教堂，他的老对手此时又忽然出现，在教堂大楼放了一把大火。考斯佩被火势驱赶出来，死于混乱之中。

起初，北方的领军人物是诺森布里亚伯爵西沃德（Siward）。当得知儿子在1054年的"以弗所七圣童之战"（the Battle of the Seven Sleepers）中被苏格兰人所杀时，他首先问道：伤口是在胸前还是背后。人们告诉他是在胸前，这位父亲回答说："我很高兴，因为我认为对我们父子来说没有什么比这更好的死亡方式了。"据说，西沃德的另一个头衔——亨廷顿伯爵（Earl of Huntingdon）——是从他人手中抢来，当时的伯爵曾在一座桥上与西沃德擦肩而过，仅仅因为小小的冒犯便被西沃德杀死，连同头衔也被抢了去。

西沃德在诺曼人入侵前就死了，1069 年，诺曼驻军在达勒姆（Durham）发动的大屠杀引发了当地人民的起义，西沃德另一个活着的儿子沃尔瑟夫（Waltheof）参与了其中。很快，丹麦国王斯威恩加入了北方叛军的行列——丹麦人一直被北方人民视为自己的血脉。威廉向北行进，实施血腥镇压，造成至少十万人死亡。一位诺曼骑士甚至因为自己人民犯下的暴行心生厌恶而返回了家乡。有一半诺曼血统的编年史家奥德里克·维塔利斯（Orderic Vitalis）写道，威廉"下令将所有的庄稼、牲畜、财产和各种食物收集在一起，点燃大火，烧成灰烬"[16]。之后，许多农民被迫卖身成为奴隶，或者直接加入土匪队伍。道路上到处是腐烂的尸体，吸引着狼群从山上下来享用盛宴。1070 年，叛军领袖科斯帕特里克（Cospatric）投降，可能是听从了一位刚刚随着北征大军到来的小男爵威廉·德·珀西（William De Percy）的建议，威廉赦免了他。随后珀西被委任管理位于北约克郡和达勒姆两个地区之间的托普利夫（Topliffe），由于这一带的亡命之徒和杀手太过臭名昭著，珀西不得不大力加强温斯利谷（Wensleydale）地区的警备力量，努力维持治安。

英格兰东部沼泽地的叛乱也未曾停息。在维斯特洛，泽地人（Crannogmen）住在北境的最南端："他们的家是用芦苇和茅草编织的小屋，建在桩子或一束束芦苇组成的浮岛上，他们靠捕捉鱼和青蛙为生。一旦有人穿过狭窄的颈泽堤道，他们就会从沼泽堡垒冒出来反复暗中骚扰。"[17] 泽地（Crannog）一词在爱尔兰语和苏格兰盖尔语（Scots Gaelic）中指的是建造在湖中的人工岛，这个岛位于不列颠北部，新石器时代便存在。在维斯特洛，泽地人擅长游击战争，他们的家园四处移动，从不会静止在某处。而在现实生活中，东盎格利亚是不列颠王国最难驯服的地方之一，这里有大片领土处于沼泽地中，土匪藏身此处便立即销声匿迹，无法寻找。特别是伊利岛（the Isle of Ely），"四面八方都被池塘和沼泽包围着无法通过，唯一的入口是一条非常狭窄的小径。"[18] 只有乘船才能到达岛上，而正是在这里，在一个名为"警醒的"赫里沃德（Hereward the Wake）的土匪头子领导下，沼泽居民的抵抗坚持了最长的时间。

1066 年，赫里沃德从欧洲大陆返回家乡，发现诺曼人占了他的庄园，杀了他的兄弟，还把他兄弟的脑袋插在尖刺上示众。[19] 经过一场旷日持久的游击战之后，他终于被包围了，也许是被一位叛徒修道士泄露了通往沼泽的道路——或者是诺曼人找到了一个巫婆。赫里沃德最终从人们记忆中消失了，他的最终命运是个谜团。土匪们在这片沼泽地生活了好几个世纪，直到很久之后沼泽完全干涸，该地区也由于与荷兰的贸易联系而变得繁荣起来。后来它成为了清教主义的核心区域，并将为新英格兰地区输出大量殖民者。

同瓦雷利亚人和安达尔人一样，大量的入侵者和当地女性通婚，到了 1170 年代，人们已经很难区分不列颠人和诺曼人。历经几个世纪，北方始终没有恢复元气，直到 13 世纪，北方人"仍然深深怨念于失去了自己的国王和曾经享有的自由"。诺曼人用行动证明了自己能够征服并长久统治撒克逊人，到了 1800 年，即使是在哈罗德被宿命性地击败之后又过了 700 余年之际，拥有诺曼姓氏的人成为议会议员的可能性仍然是普通民众的 8 倍。[20]

1066 年，威塞克斯家族的合法继承人、"仓促王"埃塞雷德（Ethelred the Unready）的曾孙"显贵者"埃德加（Edgar the Atheling）还仅仅是一个男孩，在后来的北方叛乱中，他被拥戴为名义上的领袖。然而，他还是听从了他的姐夫、苏格兰国王的建议，选择向威廉臣服，最终被指派到一支由瓦兰吉卫队（Varangian Guard）驻守的舰队上担任指挥官。埃德加晚景凄凉，至死"身无分文，未婚无子"，但威廉的儿子亨利一世后来娶了他的外甥女伊迪丝（Edith）。从此，诺曼和撒克逊两大王族的血脉便融合在了一起。

本章尾注：

1. *The World of Ice and Fire*

2. http://www.nature.com/scitable/blog/viruses101/hiv_resistant_mutation?isForcedMobile=Y

3. http://www.westeros.org/Citadel/SSM/Category/C91/P90

4. Jager, Eric: *The Last Duel*

5. Bartlett, Robert: *The Making of Europe*

6. 一些历史学家对此提出了异议，他们认为威廉的外公实际上相当受人尊敬。但无论如何，人们选择相信他出身卑微，并以此为由嘲笑威廉。

7. Borman, Tracy: *Matilda*

8. Wilkinson, Toby: *The Rise and Fall of Ancient Egypt*

9. Bridgeford, Andrew: *1066: The Hidden History of the Bayeux Tapestry*

10. *William of Newburgh*

11. Gies, Joseph and Frances: *Life in a Medieval Castle*

12. Ibid

13. 出自乔治·杜比所著《中世纪的法兰西》（*France in the Middle Ages*）。有人怀疑，法国人设计出整个中世纪欧洲文化体系，就是为了确保他们红酒生意供应线路的安全性。

14. 乔治·杜比："中世纪早期，国王们抚养他们附庸的儿子，地方诸侯欢迎城堡主将儿子送来自己的宫中，然后城堡主又负责照顾培养本地骑士的儿子。"

15. Gies, Joseph and Frances: *Life in a Medieval Castle*

16. *The Ecclesiastical History of Orderic Vitalis*

17. 出自卡罗琳·拉灵顿《凛冬将至》（*Winter is Coming*）。这些家族姓氏反映了他们生活的环境，除了主要的黎德家族（House Reed，意为芦苇），周围还有分恩家族（House Fen，fen 意为沼泽）、奎格家族（House Quagg，quag 意为沼泽）、鲍格斯家族（House Boggs，bog 意为沼泽），这些姓氏都来自于他们生活的那个人工岛。

18. Larrington, Carolyne: *Winter is Coming*

19. 这段情节只是一个故事，事实上我们对他所知甚少。

20. Clark, Gregory: *The Son Also Rises*

* 后来，法莱斯城堡（Falaise Castle）的经营者将罗贝尔窥探"征服者"之母的房间当做了景点对外开放，售票参观。实际上这个房间是在威廉儿子统治期间才建造的，但这一点似乎并没有影响任何游客的兴致，今天，这个小镇砌筑了一座喷泉雕塑来庆祝这一事件。毕竟法国有那么多的漂亮城镇在竞争游客，所以谁能因此责怪他们呢？

· 23 ·

国王之死
——理查二世的悲剧

任何大声声明"我是国王！"的人，根本当不了真正的王者。[1]

——泰温·兰尼斯特

那场被后世称为"玫瑰战争"的纷争，其实早在一个世纪之前就由反复无常、极度暴力的理查二世（Richard II）埋下了种子，他的种种古怪偏执的行为最终导致了自己的毁灭。除了他之外，这场王位争夺战之中还有 3 名国王惨遭横死，大部分英格兰贵族都送了命。有时人们认为《权力的游戏》对人物下手太狠，杀戮过重，但在现实中，当时英国贵族的死亡率同样高得离谱。玫瑰战争期间，英格兰有十多位王子丧生，还有 50 多名高级贵族死在战场上，包括战死或者被处决——占到贵族总人数的一半左右。珀西（Percy）、博福特（Beaufort）等一些家族的伤亡率更是高得惊人：珀西家的五代继承人都未得善终，其中甚至有一代，兄弟六人在四年之内便有四人死于战争。考特尼（Courtenay）家族的情况也差不多。博福特家族某一代的兄弟四

---

[1] 出自《冰与火之歌》卷三《冰雨的风暴》。——译者注

人全部死于战争，导致家族的这一支合法血统就此绝嗣。

冲突开始之后，王国内的实权领主们各自站队，选择为约克或是兰开斯特而战，同时扯起大旗召集封臣。约克的理查[1]的标志是一只栖息在枷锁上的猎鹰，其子爱德华四世的是辉煌的太阳。和维斯特洛一样，这场战争在一定程度上可以分为南北两个阵营，只不过在现实生活中，控制北方大部分地区的是兰开斯特，约克党（虽然姓约克，却不在约克郡，实际上是南方阵营）则以伦敦为据点，距离家族采邑赫特福德郡（Hertfordshire）的金斯兰利宫（Kings Langley Palace）不远。玫瑰战争期间，除了约克和兰开斯特之间的主线剧情之外，还有其他家族之间为了争夺土地和地位不断上演的支线剧情。在遥远的北方，有内维尔（Neville）家族与珀西家族作战；在西南部则是考特尼家族和邦维尔（Bonville）家族相争。还有一些家族由于内部立场分裂而同室操戈，典型的比如内维尔，在 1455 年战争爆发时，家族不同分支之间围绕土地和头衔产生的陈年积怨最终演变成了流血冲突。

这场冲突的种子由理查二世在 1399 年播下，他在强烈的复仇欲望驱使下疏远了王国的主要贵族，使得自己众叛亲离。动荡不安的14 世纪的最后几周，当理查二世进入伦敦城时，扑面而来的便是当地居民充满生活气息的强烈气味，混杂着牲口、烂菜、臭鱼烂虾和粪便的臭气。这座城市人满为患，肮脏不堪，即使黑死病夺去了那么多人的生命，它仍然容纳着一百多个人口过剩的教区。在城墙外，国王看到街道被横七竖八的动物尸体覆盖；在墙内，他被窄巷和鹅卵石街道上的垃圾和气味所淹没，人们必须准备许多水桶存水来防止火灾。在伦敦城西北的主干道瓦特林街（Watling Street）和通往西部的主要公路泰伯恩路（Tyburn Road）的交界处，泰伯恩林（Tyburn Tree）向新来的人们致以亲切的问候——国王的祖父便是在此吊死了

---

[1] 即第三代约克公爵理查·金雀花（1411—1460 年），论父系是爱德华三世的曾孙，论母系是爱德华三世的五世孙。——译者注

罗杰·莫蒂默（Roger Mortimer）。

理查国王被首都人民施以无情的嘲笑和攻击，接着，他被扔进了伦敦塔——这座他的祖先"征服者"威廉在三个世纪前建造的堡垒。现在，他的堂弟、兰开斯特公爵的继承人亨利·博林布鲁克（Henry Bolingbroke）也来到了这里。早在 1381 年，他们两个还是孩子的时候，曾在这里一起躲避凶残的暴徒，现在，亨利则成为了这群叛乱贵族的首领。贵族们宣读了一份罪名清单，其中包括指控国王杀害了两位大贵族——伍德斯托克和阿伦德尔（Arundel）。宣读完毕之后，叛党立即将理查身边的四个同伴绑了起来，让马拖着穿过整个城市，然后斩首。

国王对自己即将迎来的命运心知肚明，内心"饱受煎熬惶恐不安"。虽然当时国王陛下还留下了什么言论我们永远不得而知，但是莎士比亚借理查二世之口说出的言语则永远不会过时：

> 为了上帝的缘故，让我们坐在地上，
> 讲些关于国王们的死亡的悲惨的故事；
> 有些是被人废黜的，有些是在战场上阵亡的，
> 有些是被他们所废黜的鬼魂们缠绕着的，
> 有些是被他们的妻子所毒毙的，有些是在睡梦中被杀的，
> 全都不得善终；因为在那围绕着一个凡世的国王头上的这顶空洞的王冠之内，
> 正是死神驻节的宫廷，这妖魔高坐在里边（第三幕，第二场）

莎士比亚无与伦比的文字一如既往地一针见血，一语道破了一个永不过时的普遍真理。一项针对公元 600 年之后 1600 名欧洲君主的研究显示，他们之中有七分之一不得善终，要么死于敌手，要么死于战场。"如果对每个统治者每年的杀人率进行计算，平均每 10 万人

中就有 1003 人被杀，这使得'君主'成为了犯罪学研究中已知的最危险的职业。"[1]

在《冰雨的风暴》（*A Storm of Swords*）中，巴利斯坦·赛尔弥（Barristan Selmy）爵士曾这样形容"疯王"伊里斯之子雷加·坦格利安："他喜欢于星月之下睡在荒废的大厅，每次回来，都会写一首新歌。当你听他弹奏那把银弦古竖琴，感叹黎明、眼泪和逝去的君王时，不禁会觉得他是在歌唱自己以及自己所爱的人。"理查也一样，会变成一个可怜的怪物，然后死于一场悲剧。

这位少年国王就像是伊里斯和乔佛里的混合体。和疯王一样，他在年轻时的表现不失为一位有为君王，但被王国重臣们一波又一波的叛乱阴谋逼得半疯之后，他的妄想症最终达成了自我实现。伊里斯逮捕了布兰登·史塔克（Brandon Stark），并将如约前来为儿子谈判的老史塔克一并拿下，一同处决。同样，理查二世也曾邀请一个对手参加宴会，然后将他处死。和伊里斯一样，理查不肯给对方一个痛快，而是施以暴力凌虐，折磨至死。

和家族中的其他男性一样，理查身材高大，有 6 英尺高，长着尖鼻子和圆脸，一头金色的长发和红润的脸颊使他看起来相当女性化。由于年纪幼小，理查国王并没有什么军事经验，结果反而变得"沉醉于威严"，乳臭未干却"阴险恶毒、睚眦必报"。[2] 就像乔佛里要求人们"向你们的国王下跪"一样，理查对自己的神圣权力热爱不已，他参照东方专制君主的方式强迫臣民对自己行三次跪拜礼。最终，国家重臣都被理查远远推开，然而推翻君主毕竟是一件大事，且为人所不齿，人们惧怕为此可能付出的代价而不敢轻举妄动。有充分的理由证明，一场巨大的悲剧正在拉开帷幕。

理查出生在英国控制下的加斯科尼地区，他是英格兰最后一位以法语为第一语言的国王。理查很小的时候就被带到肯宁顿（Kennington）的宫殿，陪伴病重的父亲度过了他人生最后一段时光。

没有同龄人的陪伴，王子孤独地长大，开始时只信任很少的人，比如以前的家庭教师西蒙·伯利（Simon Burley）爵士，比他年长许多、同母异父的哥哥约翰·霍兰德和托马斯·霍兰德，[1]以及在王室中长大的牛津伯爵（Earl of Oxford）老罗伯特·德·维尔（Robert de Vere）。

但是，霍兰德兄弟不仅气质奸邪，后来还卷入了几起残暴的行为。曾有一次，仅仅因为随从之间的争执，约翰·霍兰德便杀死了斯塔福德伯爵（Earl of Stafford）18 岁的儿子拉尔夫·斯塔福德（Ralph Stafford）。理查当时表现得非常愤怒，承诺一定会惩罚自己的哥哥，但后来他违背了诺言，因此失去了斯塔福德家族的支持。这种随从之间的暴力行为，甚至在神职人员中也很常见。1384 年，埃克塞特主教（Bishop of Exeter）拒绝坎特伯雷大主教（Archbishop of Canterbury）访问自己的教区，三位出身大家族的绅士强迫大主教的信使吃下自己送来的信上的蜡印。后来，大主教的几个手下为了报复，又反过来抓住了埃克塞特主教的一个手下，逼他吃掉自己的鞋。

理查年轻的时候就读过 13 世纪罗马大主教贾尔斯（Giles）所撰写的《论君主的统治》（*De Regimine Principum*），书中提出了一个新理念——君权神授。在《权力的游戏》中，乔佛里也认为地方诸侯拥有自己的军队非常"原始落后"，从表面看来，这个"君主理应享受绝对权力"的新理论应该更加先进一些。虽然曾经的男爵、领主们对自己城堡周围的地区几乎实现了完全控制，但随着国家机器越来越复杂完备，国家通过税收能够筹集大量资金，便有能力大规模地制造武器，起初是弓箭，到后期则是火器。现在，国王们拥有的财力和人力足以碾压小军阀们，毫无疑问，专制主义是未来的发展方向——但国王还太年轻，这个念头既诱人又害人。

---

[1] 霍兰德兄弟的父亲是第一代肯特伯爵托马斯·霍兰德，他们的母亲肯特的琼安在父亲去世后嫁给了黑太子爱德华，然后又生下了理查二世。——译者注

理查是英国第一位拥有王家肖像的国王——第一幅类似于我们想象中的"文艺复兴艺术"。肖像的整个画面金光闪闪，国王手握一根金色权杖，坐在金色墙壁之前的椅子上。他还授权制作了威尔顿双联画（Wilton Diptych）[1]，左边的画中站在他身旁的是圣爱德华（St Edward）、圣埃德蒙（St Edward）以及圣约翰（St John），右边则是圣母玛利亚（Virgin Mary）。理查也是第一个使用"朕"（we）来自称，并坚持让臣民称呼自己"陛下"（your majesty）而不是"大人"（my lord）的国王。

即使在执政初期还没有坐稳位子，这位少年国王也常常任意妄为，极不明智。他违背祖父的意愿，收回爱德华指定给三座修道院的土地，赐给自己的朋友西蒙·伯利。当时为他选定的妻子是米兰公爵（Wenzel the Drunkard）众多女儿中的一个，但理查拒绝了这桩婚事，转而娶了日耳曼皇帝"醉鬼"文策尔（Wenzel the Drunkard，他因为嗜酒而得到了这个绰号）[2]的妹妹，波希米亚的安妮（Anne of Bohemia）。

1381年末，马奇伯爵罗杰·莫蒂默（Roger Mortimer）在爱尔兰与叛军首领的混战中去世，延续了家族成员总是英年早逝且不得善终的传统。莫蒂默的同名曾祖父，也就是第一代马奇伯爵在泰伯恩刑场被爱德华三世绞死，但是由于他的孙子二代伯爵（也叫罗杰·莫蒂默）对爱德华忠心耿耿，立下汗马功劳，后来受封成为一名嘉德骑士（Knight of the Garter），因此爱德华很快就恢复了这个家族原本的爵位和财产。事实上，后来罗杰·莫蒂默娶了爱德华三世的孙女，所以他的两个年幼的孩子都在王位继承顺位之中。但是理查并没有把他们的土地置于安全托管之下，而是如预期的一样，把土地交给了自己

---

[1] 画师分别在两块橡木板上作画，然后把它们用铰链连接起来。——译者注

[2] 神圣罗马帝国的君主文策尔一世，1378—1400年在位，同时也是波希米亚国王瓦茨拉夫四世，1378—1419年在位。——译者注

的亲信——伯利、罗伯特·德·维尔和迈克尔·德·拉·波尔。

理查的财政大臣斯克罗普勋爵（Lord Scrope）认为这是赤裸裸的盗贼行径，因此拒绝参与。于是大人物们强迫国王成立一个委员会，由两位贵族领导，接手管理莫蒂默的财产。一位是沃里克伯爵（Earl of Warwick）托马斯·德·博尚（Thomas De Beuchamp），他的母亲也是一个莫蒂默；另一位是国王的叔叔伍德斯托克的托马斯（Thomas of Woodstock），也与已故的罗杰·莫蒂默之子有亲戚关系。这两位贵族对国王夺取土地的行为都给予了最不留情面的批评，他们日后将成为反对国王的核心人物。后来又有很多不同的势力卷入这场冲突，每个人都是按照血缘关系决定自己的效忠对象。

1384年11月在索尔兹伯里（Salisbury）召开的议会上，王家要员们都显得非常愤怒。另一位批评家——阿伦德尔伯爵（Earl of Arundel）理查·菲查伦（Richard Fitzalan）也开始抨击国王的所作所为。阿伦德尔伯爵是兰开斯特的亨利（Henry of Lancaster）的外孙，因此通过母亲的家族，他与理查的堂弟德比的亨利（Henry of Derby）[1]——即莎士比亚戏剧中的那个博林布鲁克——有亲戚关系。菲查伦同时还是西海上将（Admiral of the West），他与伍德斯托克的托马斯互为盟友，两人都对理查致力于英法和平持反对意见。

在议会里，国王先是静静听着，在一段可怕的停顿之后，国王勃然大怒，当面威胁阿伦德尔，震惊了在场所有的贵族。在索尔兹伯里，牧师们努力地调解国王和他的敌人却徒劳无功。此时，关于王叔冈特的约翰的谣言四起，说他正在幕后阴谋策划危害国王的生命。听到对冈特的这项指控，暴脾气伍德斯托克拍桌而起，声称无论是谁胆敢伤害他的哥哥，他都不会放过，哪怕是国王本人。

事实上，反倒是理查暗中策划了针对冈特的谋杀。自从老国王去

---

[1] 德比的亨利（1367—1413年），又称博林布鲁克的亨利，就是后来的亨利四世国王。他的父亲是冈特的约翰，祖父是爱德华三世，外祖父是兰开斯特公爵。——译者注

世后，冈特便是王国实际上的统治者，幼主登基王叔摄政在历史上并不少见（就像提利昂帮助乔佛里管理国家，还有法王理查的叔叔们）。然而，年仅17岁的理查却无法忍受他父亲的弟弟，而且越来越觉得叔叔对自己是极大的威胁。

1385年2月的一次御前会议上，理查和两个叔叔——冈特和伍德斯托克——爆发出激烈争吵，在会议上公然大喊大叫。就在这天晚上，德·维尔和国王的另一位同伴莫布雷伯爵（Earl of Mowbray）试图逮捕冈特，但警醒多疑的王叔早已悄悄溜走。十天后，他和侄子在私人场合又发生了一次争吵，他训斥理查要有国王的样子，公正地统治这个国家。之后，冈特借着夜色的掩护，偷偷逃回了自己在西北地区的领地。

在下一次御前会议上，坎特伯雷大主教威廉·考特尼（William Courtenay）批评了理查的统治方式，指责他不遵照法律行事，随意谋杀政敌，引得国王大发脾气。考特尼来自西南地区最有权势的家族，他们控制着德文的伯爵领地，拥有众多盟友。虽然伍德斯托克努力地安抚双方情绪，会谈最终还是因争吵而破裂。这场在泰晤士河上一艘游艇上的和解会议，以国王拔剑刺向气得发抖的大主教而告终，好在歇斯底里的君主被叔叔伍德斯托克拦了下来，才没有直接酿成血案。

中世纪的欧洲对新进家族——相当于现实世界中的"小指头"（Littlefinger）——怀有极大敌意，认为他们要走到这一步，必然非常冷酷无情，因此，当理查在1385年11月让国会将迈克尔·德·拉·波尔擢升为萨福克伯爵（Earl of Suffolk）时，招致了一片反感。德·拉·波尔的父亲是一名羊毛商人，那些诋毁他的贵族对他卑微的出身十分鄙视。然而第二年，理查又一次独断专行，没有征询重臣们的意见就直接提拔了德·维尔为爱尔兰公爵（Duke of Ireland）。

1385年，理查国王等来了一个大好机会。冈特此时的妻子是卡斯蒂利亚国王"残酷的"佩德罗之女康斯坦斯（Constance），由于佩德罗被谋杀，王位空悬，冈特便以女婿的身份乘船前往西班牙，争夺王位继承权。虽然冈特离开了，但是理查又与冈特之弟、伍德斯托克的托马斯发生了冲突。鉴于理查患有比较复杂的神经病并且内心纠结，而他的叔叔虽然有一点急躁轻率，但总体上为人简单直率，因此颇受欢迎。从精神气质方面来说，再也不会有比他们更合不来的两个人了。次年，议会拒绝了德·拉·波尔为王室提供更多资金的请求，反而弹劾他，将他送进了监狱。可是没过几个星期，国王就完全无视议会释放了波尔。

理查的敌人名单越来越长。1384 年，诺福克伯爵、国王的好友托马斯·莫布雷娶了阿伦德尔的女儿伊丽莎白·菲查伦（Elizabeth Fitzalan）。莫布雷是爱德华一世的后裔，曾在苏格兰作战，并拥有东马奇守护（Warden of the East March）的头衔，在父亲被杀于前往圣地（Holy Land）的途中后，他成为了国王的监护人。现在，他则进入了阿伦德尔的势力范围。

在此后的 1387 年，理查开始将火力转向他的敌人们：除了伍德斯托克，阿伦德尔和沃里克，还有另外两位——斯克罗普（Scrope）和科巴姆（Cobham）。他强迫议会宣布对王室权力的限制是非法的，并逼得地方法官同意逮捕议会中的"叛徒"。当一位地方法官站出来反对这种公然违法的行为时，德·维尔直接照脸给了他一拳。于是，伍德斯托克回到自己位于西南部的封地格洛斯特（Gloucester）招兵买马，沃里克则回到自己中部的封地养兵蓄锐。阿伦德尔和莫布雷同时开始加强各自的防御措施。另一位重要人物德比的亨利还有些犹豫不决，便向远在兰开夏郡 1300 英里之外的西班牙写信，寻求父亲冈特的建议。

尽管现实生活中并没有乌鸦可以远距离传递信息，不过，古波斯人擅长训练信鸽，希腊人和罗马人都会雇佣他们来飞鸽传书。公元前 23 世纪，阿卡德（今天的伊拉克）的萨尔贡国王（King Sargon of

Akkadia）就已经利用鸽子传信。他命令所有信使都要随身携带一只鸽子，一旦自己被抓就将鸽子放飞，确保信息不会被截获，能被鸽子带着飞回国王身边。在十字军东征期间，"狮心王"理查（Richard the Lionheart）的手下在前往一个被围困的穆斯林小镇途中捕获了一只信鸽，信中提到援军将在三天后到达，这些人当即伪造了一封信，说是再也不会有人前来救援，然后将鸽子放回，于是绝望的穆斯林很快就投降了。但是在这一时期，只有中东地区使用信鸽更加普遍一些，西方则要到到19世纪才会广泛应用。尽管君临城距离临冬城已经相当遥远，约有500里格——大约1500英里，相当于波士顿和迈阿密之间的距离，但是美国陆军通讯部队（US Army Signal Corps）训练的信鸽最远的飞行纪录可达惊人的2300英里。[3]

1387年11月，三个反叛者：伍德斯托克、阿伦德尔和沃里克互相发下誓言，组成了贵族上诉团（Lords Appellant），对包括德·拉·波尔和德·维尔在内的五人发起弹劾。

11月17日，理查召集朝臣们聚集在威斯敏斯特大厅，一起等待上诉团的到来。最后，三位贵族终于现身，每个人都穿着全副盔甲向国王致意，他们带着武器，重申了弹劾要求。国王当时表示同意……但是很快就反悔，反而派德·拉·波尔前往巴黎向法国国王寻求帮助，但倒霉的伯爵在加来被人认出，然后遭到逮捕。不过，这名国王宠臣还是被送回了理查国王身边，又在国王允许之下逃出国外。

现在，莫布雷和德比也加入了反叛阵营，上诉团从三人增加到五人。冈特之子可能是国王有史以来面对的最危险的敌人，他的继承顺位排在伍德斯托克之前，也是顺位中第一个成年的人。亨利是理查的同龄人，从九岁起就被送去和他一同生活，但是他们从来没有真正亲近过，性情也是截然相反。德比痴迷于比赛和战争，被公认为欧洲最好的赛事拳手之一，还参加过十字军东征。即使不包括父亲的巨额财产在内，德比也拥有惊人的财富，因为他娶了赫里福德公爵的小女儿玛丽·德·博恩（Mary de Bohun），于是他又成了自己叔叔托马斯的连襟[1]。此外，因为母亲的关系，几乎半独立的兰开斯特郡也在他控制之下[2]。

德·维尔在柴郡（Cheshire）蓄养了5000名士兵。一直以来，柴郡都对国王非常忠诚，从这里招募士兵与威士人作战是王国的一项传统。此时，柴郡人在残忍的切斯特城堡（Chester castle）主人托马斯·莫利纽克斯（Thomas Molyneux）率领下，义无反顾地跟随德·维尔前往伦敦，但是半路就遭到上诉团的阻截。于是，国王的这批盟友被迫通过科茨沃尔德（Cotswolds）向泰晤士河进发。科茨沃尔德又称伊夫舍姆谷（Vale Of Evesham），依靠羊毛制造产业的繁荣发展成为了王国最富有的地方之一。

柴郡人一到斯托镇（Stowe）就陷入了五位上诉团贵族的包围。伍德斯托克从他们身后闪出，兰开斯特的军队从右边包抄，转眼之间，柴郡人就陷入泥潭，动弹不得。起初德·维尔还想召集军队一战，但发现形势不妙之后他立刻动摇了，溜之大吉，不安的情绪蔓延开来，柴郡人也纷纷跟着逃跑。只有莫利纽克斯一直战斗到最后，被他的老对手、罗杰的私生子托马斯·莫蒂默俘虏。与大多数私生子不同，莫蒂默从小在他父亲家中长大，受到的待遇也与婚生子几乎没有不同，此时效力于他的曾舅公[3]伍德斯托克。莫利纽克斯哀求对方放自己一条生路，但莫蒂默毫不动摇，摘下他的头盔，拔出匕首，一刀刺进了他的眼睛。

余下的柴郡普通士兵全部投降，叛军剥夺他们的财产之后把他们放回了家乡。德·维尔借着浓雾的掩护实现了惊险逃亡——逃跑途中差点被一个弓箭手射中，于是他脱下昂贵的盔甲扔到经过的一座桥下，

[1] 托马斯的妻子是了赫里福德公爵的大女儿埃莉诺·德·博恩。——译者注
[2] 亨利的母亲是冈特的约翰的第一任妻子，兰开斯特公爵之女。——译者注
[3] 托马斯的祖母是爱德华三世的孙女，伍德斯托克是爱德华三世的小儿子，因此伍德斯托克是托马斯祖母的叔叔。——译者注

然后骑马沿着泰晤士河逃回伦敦，把这个噩耗带给他的国王。

真的是惊天噩耗。

1388年元旦，理查的宠臣们，还有他们的侍从、珍爱之人、管家、办事员和高级律师接连下狱，只剩国王孤立无助地对付敌人。上诉团带领人马冲入威斯敏斯特宫，围捕最受宠爱的五位国王宠臣，抄没他们的家产。他们在威斯敏斯特宫找到了德·维尔的卧室，里面放满了他位居权力中心时搜罗的珍宝。

然而，对于下一步如何行动，上诉团出现了分歧。纵有再多的不是，国王终究是国王，沃里克、莫布雷和德比从未想过废黜君主，但是伍德斯托克却因被人怂恿，对王位动了心思。阿伦德尔支持他，但是莫布雷和比他继承顺位更高的德比都坚决反对，于是理查逃过一劫。

叛党发起了残忍的复仇，国王已经无力阻止。德·维尔、德·拉·波尔以及两名流亡在外的贵族在未出席的情况下，以叛国罪被判处死刑。接着轮到了西蒙·伯利爵士，他在法庭上被控诉的腐败行为比任何人都更多，但他也算颇有人望，莫布雷和博林布鲁克都出面为他辩护，但遭到了一致否决。理查国王甚至请求王叔约克的埃德蒙为伯利辩护，试图挽救他的性命，但是叛党首领始终不为所动。经过三个月的"无情议会"（Merciless Parliament）之后，理查所有的朋友不是被处死就是被流放，他成了名副其实的孤家寡人。

1389年德·拉·波尔死于伦敦，另一位宠臣亚历山大·内维尔三年后死于佛兰德（Flanders）的卢万（Louvain）。同样去了佛兰德的还有罗伯特·德·维尔，1392年，他被一只野猪杀死。这种死亡方式并不算太不寻常，在《冰与火之歌》中，劳勃·拜拉席恩也是被野猪顶死。当时的人们捕猎野猪时，通常会带着一只猎犬，这种猎犬是斗牛犬的祖先，现在已经灭绝。但即使有猎犬傍身，这种捕猎行为还是非常危险，加斯顿·德·拉·富瓦（Gaston de la Foix）在《狩猎全书》（*Livre de la Chasse*）中曾写道："我见过许多优秀的骑士、侍从和仆人被野猪袭击而死，”而理查的侄子、诺里奇的爱德华（Edward of Norwich）[1]在《狩猎能手》（*The Master of Game*）一书中也说道："野猪的獠牙就像利刃，只要轻轻一挥就能取人性命。曾经有人见过，一个人被野猪从膝盖划到胸前，瞬间就死透了。"

1389 年 5 月，理查宣称自己到了亲政的年龄，并且宣布对于往事绝不追究。然而实际上，他的内心充满仇恨，正在暗自谋划一场复仇。这位多疑的国王现在只信任三个人——霍兰德兄弟和另一位老朋友约翰·蒙太古（John Montague）。他变得更加暴虐和反常，常常戴着王冠一言不发地坐在王座上好几个小时，房间里的每一个人，不管是什么时候，只要被国王的眼神扫到，都必须立刻屈膝下跪。他挥霍无度，慷慨打赏自己的支持者，甚至愉快地怀着成为德意志皇帝的希望。

1394 年，理查的妻子安妮王后（Queen Anne）去世，阿伦德尔来到威斯敏斯特大教堂参加安魂弥撒。理查抓起手杖对着他的脑袋打去，伯爵摔倒在地，受了伤。在场众人惊恐地看着，理查仍然没有停手，挥杖反复殴打，直到鲜血顺着水沟流下，要不是因为在教堂，伯爵可能当场就会死于国王杖下。之后，阿伦德尔被扔进伦敦塔关了几个星期，还被罚款 4 万英镑。

致命的一刻终于到来。1397 年 7 月，阿伦德尔受邀与国王共进晚餐，却在一无所知的情况下被直接逮捕并判处死刑。9 月，国王派出武装侍从到伍德斯托克位于埃塞克斯的普列西城堡（Pleshey Castle）的家中，将他从梦中叫醒，然后逮捕。国王召集议会，命令 300 名柴郡弓箭手将议会包围，他们全部张弓搭箭，瞄准那些紧张的议员们。冈特的约翰此时已从西班牙返回，被迫参加了将阿伦德尔判处死刑的审判表演。沃里克发出苦苦的哀求，终于逃脱了死刑，被流

---

[1] 即第二代约克公爵理查·金雀花（约 1373—1415 年），英格兰国王爱德华三世之孙，第一代约克公爵兰利的埃德蒙的长子。——译者注

放到马恩岛（Isle of Man），穷困潦倒过完了一生。接着应当面对审判的是伍德斯托克，庭上宣布这位王叔已经不幸地自然死亡，可实际上国王早就用毛巾勒死了他。[4] 理查甚至将敌人孩子的继承权全部剥夺，然后把他们的土地分配给自己的支持者，国王威胁大家，所有人都会得到宽赦，只有 50 个"不知名者"除外。

1397—1398 年的冬天，在一封给霍兰德伯爵的信中，理查用越来越歇斯底里的语言为自己的行为辩护，他说叛徒的子女必须"永远被阻挡在尊严和特权的顶峰之外，无论多么年幼，只有这样，他们的后代才会明白冒犯王室权威意味着什么"。最后的结论是"因为他是冒犯国王的死神之子"[5] 然后在 1398 年 3 月，年轻的王位继承人罗杰·莫蒂默在爱尔兰被杀，年仅 24 岁——现在再也没有人挡着理查的路了。

当初反对处决伯利的两位上诉团成员被排除在他的复仇范围之外，但就在此时，这两个人却产生了分歧。莫布雷告诉德比的亨利，他听说国王将要为之前的叛乱发起报复，已有消息称国王准许杀死他们，他警告德比："我们完蛋了"。惊慌失措的德比连忙告诉了父亲冈特，冈特却将此事告知国王——事情摊开之后，这两个人都不承认自己说过的话，互相指责对方撒谎。

因此，为了解决这场争端，理查下令，为他们提出了一个遵循骑士精神法律的解决方案——一场长枪比武。

尾本章注：

1. https://www.researchgate.net/publication/264402032_From_Swords_to_Words_Does_Macro-Level_Change_in_Self-Control_Predict_Long-Term_Variation_in_Levels_of_Homicide With thanks to Ben Southwood – @bswud – for the hat-tip
2. The Real History behind Game of Thrones documentary with George R.R.

Martin and historians https://www.youtube.com/watch?v=Odw3Nxdqq4o

3. D'Elgin, Tershia The Everything Bird Book: From Identification to Bird Care, Everything You Need to Know about our Feathered Friends

4. 或者是压在羽毛床下窒息而死，反正效果是一样的。

5. Ackroyd, Peter: *Foundation*

· 24 ·

武功歌[1]
——比武大会和骑士精神

我不参加比武大会，是因为跟人真刀真枪干上的时候，我不想让对手知道我的本事。

——奈德·史塔克[2]

由诺曼人完善起来的大型骑兵很难做到完美，需要大量的协调、技巧和勇气——而且最重要的是练习。所以在公元10世纪，出现了"比武大会"（tourneys 或 tournaments），这些大型运动赛事可以让骑士们磨练自己的战斗技能。

大众心目中的比武大会类似于我们在《权力的游戏》中的维斯特洛看到的百花骑士与魔山的那种打斗，是15世纪时的中世纪晚期版本。当时，这项运动装点着浪漫和骑士精神，由出席的女性颁发奖项（并且可能给予性方面的奖励）。然而，早期的比武大会远没有那么高雅，而且它们极度危险，并不比战斗中安全多少。这些大会在法语

---

[1] 英文为 A Song of Heroic Deeds，是在法语文学开端出现的史诗。已知最早的武功歌出现在 11 世纪晚期和 12 世纪早期。——译者注

[2] 出自《权力的游戏》第一季第一集《凛冬将至》。——译者注

中也被称为 behourd，起源于法国北部，那里自然也是马匹养殖和骑兵发展最先进的地方。第一次有记录的比武大会于 1095 年在图尔奈（Tournai）附近举行；当地的领主、勒芬（Louvain）的亨利伯爵三世（Count Henry III）在那次比武大会上丧生。

比武基本上可分为两种：一对一的长枪比武（joust）和团体比武（melee）。长枪比武来自 12 世纪的 pas d'armes ——正面交锋（passage of arms）——一名骑士站在桥上或狭窄的通道中，挑战任何试图通过的人，如果他们是同一级别的话。相反，团体比武时，每方通常有多达 100 名骑士参与，试图占领对手的基地并抓住对手。比武大会（Tournament）字面意思是"旋转"，而这通常发生在一名骑士从马上被拖到地上的时候。在团体比武前，骑士们必须决定他们是要采取极端（法语：l'outrance）的方式战斗至死，也就是使用锋利的武器；还是采取消遣（法语：plaisance）的方式使用受限制的武器，仅仅是为了得分。然而，任何比武大会都不允许使用战斧。

这项运动的推动因素之一是 11 世纪的和平运动。当时教会发起了被称为"上帝的休战"（Truce of God）的运动，迫使敌对领主同意每周有四天不得互相攻击。教会还规定在教堂附近不允许有暴力，因此在这些神圣的建筑周围逐渐有了村庄。宗教当局还规定某些人——神职人员、妇女和其他人——得到豁免，不得受到伤害。因此，比武大会在一定程度上发展为暴力的容忍区，虽然残酷，但它们在贵族当中是公认的生活特色。亨利三世[1]曾试图禁止比武大会，但这只是因为他担心它们会引发阴谋。

比武大会定期举行——西欧某地区至少每两周举办一次——并吸引大量渴望暴力的年轻骑士源源不断地来参赛。（在维斯特洛，雇佣骑士是不属于任何特定家族的穷人。而在现实中，骑兵来自各种阶层，

有低级别的方旗骑士[1]，有下级勋位爵士（batchelor）[2]，还有骑士。）

比武大会发展起来的原因之一是失业的贵族过多，他们除了暴力几乎没有其他技能。正是这些"自由枪骑兵（free lances）"经常冲在军队或殖民力量的最前沿，横跨不列颠群岛，由穆斯林资助深入伊比利亚半岛[3]以及欧洲、西西里岛和中东地区。"自由职业"（"freelance"）一词是由沃尔特·司各特（Walter Scott）创造的，他是19世纪历史小说家，他还创造了"玫瑰战争"这个词，"自由职业"适用于人们不受雇于任何雇主而从事的任何行业。

许多年轻的贵族男子在这些比武大会上死亡，其死亡率只有现代的早期赛车比较接近。《冰与火之歌》里，在"伊耿历170年"（"170AC"）的维斯特洛，在最后壁炉城（Last Hearth）的一场团体比武中大约有18名男子死亡，另有9人受重伤，但现实中的伤亡数字要糟糕得多。在1241年德意志举行的一场比武大会上，大约有80名骑士被杀死，尽管这当中有许多人死于炎热天气里穿着盔甲中暑而亡。前一年在德意志杜塞尔多夫举行的一场比武大会上，大约有60名骑士被屠杀，大部分是被砍死的。甚至连法国王室也失去了成员：1279年，国王[4]的兄弟罗贝尔（Robert）头部严重受伤，造成永久伤害。许多显要家族在比武中失去了家庭成员，但这是他们准备好要面对的风险，正如瓦里斯所说，这些大会"对上等阶级而言，这是求取荣耀的大好时机。至于穷苦老百姓嘛，也能因此暂时忘却忧伤"[5]。

受伤在比武大会上也很常见，如果不加以治疗，即使是比武中相

---

[1] 中世纪的一种骑士。他们在战争中可以在自己的旗帜下率领部队，而比他们更低阶级的骑士则不得不打着别人的旗帜来率领部队。——译者注

[2] 原文如此。bachelor 误写为 batchelor。是各种骑士勋位之中最低等的。——译者注

[3] 主要包括当今西班牙、葡萄牙、安道尔、法国的一小部分地区、以及直布罗陀。——译者注

[4] 指腓力三世，1270—1285 年在位。——译者注

[5] 出自《冰与火之歌》第一卷《权力的游戏》。——译者注

对轻微的受伤也可能致人死亡。在维斯特洛，"猎狗"在伤口处倒上煮沸的葡萄酒，这是古希腊人使用的一种技术，酒精至今仍被用来清洁伤口。然而到了中世纪，欧洲的医疗技术几乎没有改进，如果动脉被击中或者伤口受到感染，那就回天乏术了。烧灼法此时被引入，但存活率并不理想。该方法将红热的烙铁放到伤口上，以防止失血和感染；没有麻醉剂，所以人们使用替代品，如"莴苣汁混合物（concoction of lettuce juice）、阉公猪胆（gall from a castrated boar）、泻根草（briony）、鸦片、天仙子（henbane）、铁杉汁（hemlock juice）和醋"，与葡萄酒混合后再让病人喝下。[1] 这种很不安全的药物被称为 dwale，发音为"dwaluh"，而铁杉经常会杀死病人——但没有它，受害者也可能会因休克而死亡。鸦片是真正的"罂粟花奶"（milk of the poppy），来自罂粟（Papaver somniferum）植物或罂粟。它作为止痛药的用途可以至少追溯到公元前 4000 年的苏美尔人（Sumerians）[1]——在中世纪的近东[2]被广泛使用，但到了 16 世纪左右才在欧洲普遍使用。当然，鸦片也是让人上瘾的，诸如海洛因之类的化学改性合成剂更是如此。

此外还有些更为孤注一掷的办法，比如头部穿孔——在头部钻孔以释放积聚的血液——更可能以悲剧收场。虽然偶尔会有人走运：人们发现一具来自英格兰、可追溯到 1100 年的尸体被一个沉重的钝器击中，并且靠头部穿孔幸存了下来。总之，伤口是愈合了，但他后来有着怎样的生活质量，我们就无从知晓了。

教会很快就对比武大会产生了敌意，拒绝埋葬那些在比武大会上死去的人。但在 1316 年，教会放弃了这一立场，当时的教皇若望

---

　　[1] 苏美尔文明主要位于美索不达米亚的南部，为目前发现于美索不达米亚文明中最早的文明体系，同时也是全世界最早产生的文明之一。——译者注

　　[2] 早期近代西方地理学者以"近东"指邻近欧洲的"东方"。欧美人使用的词汇，以他们所处的位置来讲，指地中海东部沿岸地区，包括非洲东北部和亚洲西南部，有时还包括巴尔干半岛。——译者注

二十二世（John XXII）得出结论，比武大会对十字军而言是一种很好的训练。据邓斯特布尔编年史（Annals of Dunstable）记载："教会每个星期天都会下令将参加比武大会的人、他们的助手和教唆者以及那些携带商品或食物参加比武大会的人逐出教会。"[2] 每个星期天都要定期发声明，这一点说明教会的裁决往往被年轻人忽视。那些组织比武大会的人也被罚了款，并拿出了 100 marks 的巨额罚款——但"无论是自己的血、破碎的牙齿、还是神职人员的啰嗦说教抑或是王室统治者的干涉，都无法控制比武大会那'美妙的恐怖'。"[3]

家徽

这些比武大会带来了纹章学（heraldry）的发展，部分原因是人们需要知道自己在大型团体比武中的对手是谁。各个家族开始用徽章来表明自己的身份，特别是彰显他们的祖先是谁（徽章在维斯特洛被称为家徽）。不同的符号具有不同的意义，它们在纹章（coat of arms）上的位置也有意义，随着规则的发展，需要雇人来确定具体位置。纹章是关乎一个人权利的大胆主张，但也是危险的主张——亨利八世[1]有一位亲戚因为更改纹章而被处决，更改后的纹章看上去似乎显露了他夺取王位的野心。

各式各样的徽章（Badges）可以追溯到古代，早在贝奥武夫（Beowulf）[2] 的时代就提到过野猪头盔，而《罗兰之歌》[3] 中则讲述了有着"许多纹章图案"（徽章）的盾牌。然而纹章学，一个关于谁可以展示什么的正式规则系统，到 1140 年才在英格兰首次被提及，也就在这一年，比武大会传到了英格兰。

纹章学里的徽章通常带有一个人祖先的信息，经常包含他们祖

[1] 1509—1547 年在位。——译者注
[2] 约 750 年左右的英雄叙事长诗《贝奥武夫》主角。——译者注
[3] 一首法兰西 11 世纪的史诗（武功歌），改编自公元 778 年查理曼统治时期发生的隆塞斯瓦耶斯隘口战役。它是现存最古老的重要法语文学。——译者注

先视为象征（symbol）的动物——莫布雷（Mowbray）和阿伦德尔（Arundel）家族的纹章上都有狮子。沃里克（Warwick）家族的纹章是六个十字架之间的一个金条，而伍德斯托克（Woodstock）和德比（Derby）家族的纹章上有四分之一的部分都展示了英格兰狮子和法国的百合花饰（fleur-de-lis），他们的王室血统让他们有权利使用这些徽章。纹章可以一分为四来说明家世的杰出，如果有更多有名望的祖先，还可以进一步细分，所以有了纹章学的膨胀，因为人们试图在纹章上展示更多杰出的祖先。到了 15 世纪，一位骑士带着 32 种不同的纹章进入比武场，肯定没人认得全这些纹章。4

担当旗手在当时是一种很重要的特权，在战斗中失去旗帜对士气而言非常不利。在 1424 年的韦尔讷伊（Verneuil），一名诺曼士兵冲进法国军队重兵把守的地区，拿回亨利国王[1]的旗帜，并很可能因此扭转了战局。

比武大会有很重大的象征意义。在亨利二世[2]统治期间，有一个故事讲述了诺曼人与布列塔尼人（Bretons）[3]之间的团体比武，其中亨利二世的父亲安茹伯爵若弗鲁瓦五世（Count Geoffrey of Anjou）[4]为凯尔特人[5]而战，这个故事有意将亨利二世与亚瑟王（King Arthur）[6]的领地联系起来。在团体比武以无人胜利结束后，双方提名了决斗（single combat）的战士代表（champion），诺曼人选择了一名高大的英格兰战士，若弗鲁瓦五世则代表布列塔尼人；若

---

[1] 即亨利六世，1422—1461 年，1470—1471 年在位。——译者注

[2] 1154 年—1189 年在位，开创了得名于父亲若弗鲁瓦帽饰的金雀花王朝。——译者注

[3] 法国西北部布列塔尼半岛上的民族。——译者注

[4] 法国人，1129 年通过继承成为安茹、都兰、曼恩伯爵，1144 年通过征服成为诺曼底公爵。由于他和英格兰国王亨利一世之女和继承人、神圣罗马帝国皇帝亨利五世的遗孀马蒂尔达皇后的婚姻，他的长子"短斗篷"亨利继承了英格兰的王位，称亨利二世——译者注

[5] 现在的爱尔兰、苏格兰、威尔士、康沃尔郡、曼岛和布列塔尼的语言和文化都来自凯尔特人，统称为凯尔特地区。

[6] 是不列颠传说中的国王，也是凯尔特英雄谱中最受欢迎的圆桌骑士团（或译圆桌武士）的骑士首领，一位近乎神话般的传奇人物。——译者注

弗鲁瓦五世让高大的对手摔下马来，然后砍下了他的脑袋。

亚瑟王的传说与这个世界的发展密切相关。亚瑟王被视为骑士精神的巅峰之作，法国和英格兰南部等更先进地区的人们对他特别着迷，他们被更为神秘、朦胧的布列塔尼（Brittany）、康沃尔（Cornwall）和威尔士所吸引。这是一个幻想世界，有一种将狂野的西部和霍比特屯合二为一的感觉，诗人们和他们的赞助人被口头流传下来的凯尔特诗歌中的传说迷住了。从爱德华一世（Edward I）[1]的时代起，比武大会经常会再现亚瑟王一生中的场景，罗杰·莫蒂默（Roger Mortimer）[2]最喜欢打扮成这位卡美洛（Camelot）[3]的英雄。

亚瑟王的传说告诉骑士们应该如何表现，但也肯定了他们是一个充斥着邪恶的世界中的好人。正如托马斯·马洛礼（Thomas Malory）[4]在《亚瑟王之死》（*Le Morte d'Arthur*）[5]中所述，作为一名骑士意味着注定"永不暴怒和谋杀、永不背叛、决不残忍、给予请求宽恕者以宽恕……永远要冒着生命危险救助小姐、少女和贵妇们。"

亚瑟王的故事非常不合时宜，为早期黑暗时代注入了高度中世纪化的骑士精神，更不用说后来的科技和时尚了。同样地，在山姆威尔·塔利（Samwell Tarley）[6]讲述的骑士故事中，主人公都生活在骑士出现的数百年前，然而将近期的道德观念注入遥远的过去几乎是一种普遍的人类文化习惯。

---

[1] 1272—1307年在位。——译者注

[2] 生于1287年，卒于1330年，在爱德华三世成年之前，他曾是英格兰的真正统治者。——译者注

[3] 是亚瑟王传说中的王国，坚不可摧的城堡。——译者注

[4] 生于1415—1418年间，卒于1471年，英格兰作家，《亚瑟之死》的作者。——译者注

[5] 《亚瑟之死》为托马斯·马洛礼集结一些英文及法文版本亚瑟王骑士文学而成的作品。此书包含了部分马洛礼的原创故事以及一些马洛礼以自己的观点重新诠释的旧故事。许多近代的亚瑟传奇作家都把马洛礼的《亚瑟之死》当作首要的资料出处。——译者注

[6] 原文如此。Tarly误写为Tarley。——译者注

比武大会代表了骑士的意义，不过当然，年轻人还有其他参加的动机。现代荧幕上描绘的长枪比武大会上几乎总有胸部丰满的少女出席，在中世纪晚期，这确实是一大特色。骑士们为他们的小姐而战，也常常为别人的小姐而战。克雷蒂安·德·特鲁瓦（Chrétien de Troyes）[1]创作了12世纪晚期的浪漫故事《埃雷克和埃尼德》（*Erec et Enide*），讲述一位名叫埃雷克的男子发誓要参加比武大会，将荣誉献给他爱的埃尼德，即使她穿着破旧的裙子。埃雷克击败了强大的伊德尔（Yder）并致其重伤，英雄在获得一只雀鹰作为奖品后赢得了他的女主角："那天她赢得了很多荣誉、喜悦和尊严。她的心中充满了对她的鸟和主人的喜悦：她高兴到了极点。"作品中还有一个侏儒，"因殴打女王身边的少女而侮辱了女王"，残疾和毁容与邪恶甚至巫术被联系了起来。5

克雷蒂安是最早的浪漫小说家，他还创造了兰斯洛特（Lancelot）[2]这一角色。他是香槟伯爵的宫廷诗人，他的工作包括赞美其赞助人及其祖先，并创作围绕圣人的"灵性启迪"故事。在他写作的那段时间里，也就是12世纪60年代，举止优雅（法语：courtoisie）和宫廷爱情（法语：fin'amor）、骑士精神（法语：chevalerie）和学问（法语：clergie）在法国、英格兰以及后来的德意志讲法语的贵族当中被认为是理想的境界。亚瑟王、崔斯坦[3]和其他人的古老凯尔特故事用来强调这些理想，但也探讨了幻想与现实之间的差距。6

法国宫廷诗人从三大主题中取材：法国历史、亚瑟王等英格兰传说和古希腊罗马神话——也被称为法国史诗、英格兰史诗和罗马

---

［1］ 12世纪后期法国行吟诗人。——译者注

［2］ 亚瑟王传说中圆桌骑士团的成员之一。——译者注

［3］ 崔斯坦与自己的叔父马克国王的妻子伊索德的一段不伦恋情，后被瓦格纳改编成歌剧《崔斯坦与伊索德》，他们的爱情故事是中世纪最为凄美动人的传奇故事之一。——译者注

史诗——前者赞颂查理曼（Charlemagne）及其骑士的勇气，是一种被称为"武功歌"（法语：chansons de geste，英语：the "song of heroic deeds"）的史诗。克雷蒂安的其他作品，如《囚车骑士兰斯洛特》（*Lancelot, the Knight of the Cart*）和《帕尔齐法尔，或圣杯的故事》（*Perceval, the Story of the Grail*），都遵循一个类似的主题，歌颂骑士们大胆的事迹，这种文化影响了当时还很残酷的比武大会。比武大会成了一个在女性面前炫耀的机会，因此变得不那么暴力了，毕竟比起给男性留下的好印象，男性互相抠出眼球不容易给女性留下好印象。

正如当时浪漫诗歌所强调的那样，爱情（法语：Druerie）是对骑士精神（法语：chevalerie）的一种激励。法国诗歌《色鬼之诗》[法语：*Lai du Lecheoir*，英语：*the Lay (Poem) of the Lecher*]，讲述了布列塔尼宫廷中的八位女士"聪明且学识渊博"，她们在讨论骑士为什么要在比武大会上战斗。他们为什么喜欢英勇？他们为什么不作恶？他们为什么穿新衣服？她们得出的答案，是阴道（法语：con）——或者说"下半身的安慰"。[7]

这些浪漫的理想改变了比武大会的性质，比武大会在中世纪晚期不再那么残酷，但按照现代体育的标准来看，仍然是非常危险的。正是在这个时代，全副武装的骑士们互相冲锋，中间用栅栏隔开——这是 14 世纪引入的一项创新——出席的女性之后会颁发奖励，骑士们通过将胜利献给女士们来赢得她们的青睐。[1]

然而，尽管有这些浪漫，骑士精神的现实是以暴力为基础的，一把带有漂亮丝带的剑仍会杀死你。在一个故事里，伊万（Yvain）[2]描述了两名骑士之间的打斗："从没有两名骑士如此坚决地要置对方于死地……最后，我的领主伊万粉碎了骑士的头盔……在他的头巾下

---

[1] 原文注释为疯王伊里斯在比武大会后将"爱与美的王后"称号给了莱安娜·史塔克，激怒了妻子。但实际上是他的儿子雷加将"爱与美的王后"称号给了莱安娜·史塔克。——译者注

[2] 亚瑟王传说中圆桌骑士团的成员之一。——译者注

面，头脑崩裂。"

13 世纪的浪漫诗篇《丹麦王子哈夫洛克》（*Havelok the Dane*）描绘了骑士的暴力：

> 他打断了他们的臂膀，打断了他们的膝盖。
>
> 他打断了他们的小腿，打断了他们的大腿。
>
> 他让血流下来，从王冠流到脚边；
>
> 他没放过一颗头颅。[8]

然而，在肮脏暴力之下，理想对某些人来说的确很重要。毫无疑问，一些骑士的确实现了浪漫的荣誉准则，塔斯的布蕾妮就是一个缩影，尽管遭受嘲讽和挫折，她依然效忠于蓝礼和他的彩虹护卫。在现实中也有过一位这样的骑士，一位因英雄事迹而闻名于世的男子，即使面对艰难逆境，他仍效忠于他所服务的人，最终对我们的生活产生了巨大的影响。事实上，他就是拯救了《大宪章》（*Magna Carta*）[1]的那个人（可能是指威廉·马歇尔 William Marshal——编者注）。

本章尾注：

1. https://www.oddee.com/item_96620.aspx
2. Gies, Frances and Joseph: *Life in a Medieval Castle*
3. Bartlett, Robert: *The Norman and Angevin Kings*
4. 塔奇曼："随着外来者的增多，势利的人也增多了，直到 15 世纪中叶的某一天，一名骑士进入比武场时后面跟着一排旗帜，带有至少 32 种纹章。"
5. Larrington, Carolyne: *Winter is Coming*
6. 根据法国中世纪研究家卡尔·乌伊蒂。

---

［1］ 是英格兰国王约翰最初于 1215 年 6 月 15 日在温莎附近的兰尼米德订立的拉丁文政治性授权文件，但在随后的版本中将大部分对英格兰王室绝对权力直接挑战的条目删除。1225 年首次成为法律。1297 年的英文版本至今仍然是英格兰威尔士的有效法律。——译者注

7. 最接近的翻译是'阴道'，con 是一个非常粗俗的词。
8. Jones, Terry: *Medieval Lives*

· 25 ·

弑君者的诅咒
——珀西家族

北境是战士待的地方，不是骑士待的地方。

——詹姆·兰尼斯特

诺曼君主成功阻止了大贵族占领大量边境地区的领土，因此这些大贵族没能在边境地区发展权力基础，只有与苏格兰和威尔士的边境地区是例外，那里的贵族必须足够强大才能保护国土。正如史塔克家族是维斯特洛的北境守护者，中世纪英格兰的大家族也有军事上的职位，他们在北方边境地区执行君主的法令，但有一定程度的自治权。然而，北方和西方的这些边境领主也始终是君主们最大的威胁：对于爱德华二世（Edward II）[1]而言，威胁来自西方领主罗杰·莫蒂默（Roger Mortimer）；对于弑君者兰开斯特的亨利（Henry of Lancaster）[2]而言，威胁来自北方的领主们。*

威尔士多山，难以征服，但那里的人对威胁英格兰毫无兴趣；相

---

[1] 1307—1327年在位，被妻子法兰西的伊莎贝拉及其情夫罗杰·莫蒂默率领的叛乱者推翻并杀害。——译者注

[2] 即亨利四世，1399—1413年在位。——译者注

比之下，从 1040 年到 1745 年，只有三位英格兰君主没有遭遇苏格兰的入侵，或者反过来入侵苏格兰。[1] 所以北方的军事体系更像是盎格鲁 - 撒克逊时代的英格兰，民兵（fyrd 或 militia）随时准备被征召去捍卫王国；许多北方人都会使用斧头和剑，即使他们并不是训练有素的士兵。

北方生活是艰苦的，坎伯兰（Cumberland）的珀西家族领地在 1570 年被描述为"在这片荒凉的土地上，他们家族的土地最多，但在冬天非常地寒冷和贫瘠。"[2]"家族中的人高大且天性勤劳，其栖息地大多在山谷和山沟中……他们只有很少的耕种地，很难放松，因此他们身材高大，必要时在艰苦环境中的忍耐力很强。"[3] 当奈德·史塔克抵达君临时，被问到是否想要穿"更合适的"[1]衣服，他的衣服在南方人看来很粗糙。当时在伦敦的北方贵族在现实中看起来还要更贫穷、没那么优雅，该地区离法国和意大利北部复杂的宫廷中心也更遥远。同样，在维斯特洛"北方战士身着更旧式的连环锁子甲（chain mail）[2]……而不是南方骑士所穿厚重又限制活动的板甲（plate armour）[3]，或者他们可能会穿皮革胸甲（breastplate）。"[4] 北方马匹也更便宜，因此，珀西家的 304 匹马中只有 7 匹马的价值超过 15 英镑，是南部索尔兹伯里伯爵（Earl of Salisbury）家中马匹价值的四分之一。珀西自己的坐骑价值在 20 英镑到 25 英镑之间，而在索尔兹伯里，仅仅是骑士就会拥有价值 50 英镑的马匹。[5]

北方的贫困很大程度上要归结于纯粹的地理原因，北方地形更崎岖、耕地更贫瘠，且远离欧洲大陆的富裕市场。15 世纪 40 年代，未来的教皇庇护二世（Pope Pius II）[4]埃涅阿斯·皮科洛米尼（Aeneas

---

[1] 出自电视剧《权力的游戏》第一季第三集《雪诺大人》（Lord Snow）。——译者注

[2] 将铁环连串在一起的铠甲，一般为上身铠甲。比板甲要灵活轻便灵活，但防刺性稍差。——译者注

[3] 以整块金属板制成的盔甲，用于保护全身。——译者注

[4] 1458—1464 年出任教皇。——译者注

Piccolomini）在前往苏格兰的途中穿越诺森伯兰（Northumberland）边境地区，走近"一条从高山源头流出的河流，这条河划定了两国之间的边界。"这位意大利人与当地牧师一起吃饭，目睹了该地区的极度贫困，而这与他的家乡托斯卡纳（Tuscany）截然不同。

他写道："之后，村里的男男女女都跑了过来，好像看到了不同寻常的景象，就像我们看到埃塞俄比亚人（Ethiopian）或印度人（Indian）一样，他们惊讶地看着埃涅阿斯。"[6] 他以第三人称称呼自己。他制作了当地人从未见过的面包和葡萄酒，"这场盛宴一直持续到日落之后的第二个小时，然后牧师、主人、所有男人和男孩都离开埃涅阿斯，匆匆走了出去，并解释说他们要逃到一个安全的塔楼里去。他们说这样做是出于对苏格兰人的恐惧，因为苏格兰人经常在退潮时过河并在夜间前来劫掠。"这位意大利人很惊讶地了解到，他们留下女人们听天由命，因为他们不认为强奸是一种犯罪，或者说，也许至少没有男人们可能要面临的谋杀那么严重。"在大半个夜晚过去之后，两个女孩带着沉睡的埃涅阿斯进入了一间铺满稻草的房间。如果埃涅阿斯要求，她们会和他上床，这就是他们那里的习俗"，但他关注的是其他事情。当他回到纽卡斯尔时"他第一次感觉到自己又回到了那个认识的世界，一个适合居住的国家。苏格兰和与其接壤的英格兰边境地区与我们所居住的国家没有任何共同之处，环境艰苦、未开垦，冬天阳光也无法照到那里。"

到了世纪之交时，北方变得更加军事化。14世纪90年代，诺森伯兰的阿尼克（Alnwick）和贝里克（Berwick）之间共建有79座堡垒塔楼，这些塔楼也是村民的庇护所。然而，由于地下室里可以容纳许多人和40头牛，前来突袭的部落经常使用堡塔（peel tower）[1] 作为基地。

---

[1] 英格兰和苏格兰的边境地区修建的小塔楼，作为防止入侵的要塞。——译者注

尽管存在敌意，英格兰的北方人与苏格兰人之间却有很多共同点，他们被长城和边界分隔开来，却有着共同的文化。尽管方言不同，长城两边讲的是同一种语言。两边的语言非常接近，以致于在战斗中经常会出现如今被称为友军误伤的情况。1388年，珀西[1]的儿子哈里·热刺[2]率军与詹姆斯·道格拉斯领导的苏格兰军队在黑暗中的奥特本[3]作战，大批英格兰人被自己人杀害。由于两边文化上的相似性，间谍活动也很常见：约翰·哈丁（John Hardyng）从1418年起在苏格兰为诺森伯兰伯爵做间谍工作，并在那里待了好几年，尽管遭到许多起了疑心的当地人殴打，他仍然活了下来。

诺森伯兰人从来不愿意被南方人统治，自英格兰统一以来就经常发生起义；早在10世纪，北方人就已经起义并宣称"他们的国家已经习惯于拥有自己的国王，不会附庸于南方的盎格鲁人"[7]。英格兰国王很少在北方待很长时间，忏悔者爱德华（Edward the Confessor）[4]一次也没去过，而狮心王理查（Richard the Lionheart）[5]最远只到过英格兰中部的诺丁汉（Nottingham）。没有自己的国王，珀西家族自然比南方任何统治者更能赢得北方人的忠诚。

但正如在《冰与火之歌》中，史塔克家族有强劲的对手波顿家族，珀西家族也受到了内维尔（Nevilles）家族的威胁。此外还有一些比他们规模小但同样骄傲的家族，他们的尊严必须得到满足：在维斯特洛，有卡史塔克（Karstarks）、菲林特（Flints）、陶哈（Tallharts）、葛洛佛（Glovers）和霍伍德家族（Hornwoods），而在现实中有克利福德（Cliffords）、达克雷（Dacres）、德·罗斯（de Ros）和博尔

---

[1] 生于1341年，卒于1408年，第一代诺森伯兰伯爵。——译者注
[2] 生于1364年，卒于1403年，在莎翁名剧《亨利四世》中是一个主要角色。因为某次冲入苏格兰阵中的速度而赢得"热刺"的绰号。——译者注
[3] 位于诺森伯兰的一个小村庄。——译者注
[4] 1042—1066年在位。——译者注
[5] 即理查一世，1189—1199年在位。——译者注

顿的斯克罗普家族（Scropes）。[8]

在《冰与火之歌》中，北境一直在与不受法律约束的山地部落交战，这些部落，比如明月山脉（Mountains of the Moon）[1]的部落，是没有屈服的先民（First Men）的后代；他们几乎像野人一样，都有偷新娘的共同点。同样，这一点与现实中类似，在英格兰和苏格兰边境地区长期居住着游离于法律之外的部落"流寇"（reiver）家族。

在这些臭名昭著的边境氏族中，既有特威德河（Tweed）以北的斯科特（Scotts）、伯恩斯（Burns）和欧文（Irvines）氏族，也有英格兰一侧的芬威克（Fenwicks）、米尔伯恩（Millburns）、查尔顿（Charltons）和马斯格雷夫（Musgraves）氏族。有些氏族两边都有，例如哈尔（Halls）、格雷厄姆（Grahams）和尼克松（Nixons）氏族，但实际上，边界对边境地区的人来说没什么意义。最臭名昭著的氏族之一是阿姆斯特朗（Armstrongs），当执法者追捕他们时，他们会骑着耐力很强的小马"消失在适合躲藏的沼泽和灌木丛中。"[9]

这些家族住在伦敦人或爱丁堡人控制范围以外的地方，法治的安抚作用是不存在的，所以边境地区的民众仍然依赖于氏族对自己的保护；这种基于荣誉的文化使得一代又一代的暴力循环延续下去。

边境人民在英格兰拥有一种独特的文化，这种文化是封闭、顽固、非常暴力的。有很多北方民谣，如"奥特本之战（The Battle of Otterburn）"和"切维猎场（Chevy chase）"[2]都描绘了一个充斥着个人恩怨和封闭家族关系的社会。前者回忆道：

　　珀西和蒙哥马利相遇了，

---

　　[1]是艾林谷以西的山脉。这里经常发生泥石流，同时高山氏族部落也居住于此。——译者注

　　[2]即"切维猎场之歌"（The Ballad of Chevy Chase），讲述诺森伯兰伯爵率领手下在位于诺森伯兰和苏格兰边境之间的切维厄特丘陵上的猎场中举行大型狩猎派对，苏格兰伯爵道格拉斯禁止这次狩猎，将其视为对苏格兰的侵略并袭击了对方，于是双方展开血腥的战斗，最终只有110人幸存下来。——译者注

他们都不示弱；

他们互相击剑，猛击对方，

血流成河。[10]

    这些流寇仍然保留着表亲婚配和血亲复仇的传统，而强大的中央集权国家早已在其他地方废除了这些传统。这些部落中有许多人是不法分子，有些是执法者；其他人两者都是，或者是其中之一，视具体情况而定。

    即便是贵族家族，他们在适当的时候仍会偷窃或谋杀。坎伯兰地区的达克雷家族至少从 13 世纪起就一直是治安官，后来又成为中部边境守护者（Wardens of the Middle March），他们被普遍怀疑从事违法行为，但他们不是唯一这么做的家族。在边境地区，突袭和暴力行为如此普遍，以致形成了一种传统，即以"免抢税"（blackmail）来换取停战，作为对边境首领的上贡。这个词可能来自苏格兰盖尔语 blathaich，租金的意思，但更有可能来自中世纪英语 male，上贡的意思，从 19 世纪开始，它的涵义变为任何形式的敲诈勒索。

    从卡莱尔（Carlisle）到兰厄姆（Langholm）之间的西部边境人口稀少的地区被称为"争议之地"（Debatable Land），在那里，人们不确定自己身处哪个国家、谁拥有土地、谁的法律占主导地位。这个拥有壮丽湖泊的地区是英伦三岛上最具诗意、最美丽的地区之一，但也一直是非常贫穷的地方。〔同样，在《冰与火之歌》中，维斯特洛北部也有"争议之地"（Disputed lands）〕

    边境地区的家族世仇是远近闻名的，其中就包括约翰逊氏族和他们的习俗："用仇敌马克斯韦尔（Maxwells）家族的剥皮装饰自己的房子，两个家族的血亲复仇持续了许多代。"[11] 边境民众也长期保持他们独特的信仰和迷信，这通常与巫婆有关，可以通过狗的嚎叫或温暖的气流侦测到巫婆的到来。

大量流寇家族后来迁移到阿尔斯特（Ulster）[1]，然后又迁移到美国殖民地，为美国的建立发挥了主导作用，苏格兰—爱尔兰定居者是美国独立战争期间支持独立最为热心的群体。他们还形成了阿巴拉契亚山脉（Appalachians）特别的山区文化，"乡巴佬"（hillbilly）正是"山地人"的边境俚语。许多历史学家和社会学家认为，与北方人相比，南方白人居高不下的暴力事件发生率与边境地区基于荣誉的文化有关，这种文化鼓励人们随时准备使用暴力，并参与血亲复仇，而不是诉诸法律。[12] 哈特菲尔德（Hatfields）和麦科伊（McCoys）等家族的家族主义就是一个例子。19 世纪末，他们在西弗吉尼亚州和肯塔基州（West Virginia-Kentucky）的边境地区展开了长达 30 多年的血亲复仇，远近闻名。即便在今天，这个地区与美国其他地区仍存在明显的文化差异，对文化态度的调查显示，他们在某些情况下对使用暴力的支持度远高于其他美国人，且强烈支持军方。

国王之血

　　1398 年 9 月安排的德比的亨利（Henry of Derby）[2] 和托马斯·德·莫布雷（Thomas de Mowbray）之间的长枪比武吸引了来自西欧各地的人们，为了这次比武，德比从米兰定制了盔甲，莫布雷一路从波希米亚定制了盔甲。它本应是这个时代最伟大的事件，但在最后一刻，国王[3] 叫停了比武，命令将二人驱逐出国，莫布雷被驱逐 5 年，德比被驱逐 10 年——或者到他父亲去世为止。莫布雷前往威尼斯，而德比前往巴黎，在那里，摄政王奥尔良公爵路易一世（Louis, Duke of Orléans）允许德比在重重守卫的保护下定居。奥尔良公爵有自己的打算，他想在意大利北部建立一个王国，并认为亨利

---

[1] 位于爱尔兰岛东北部。——译者注
[2] 即后来的亨利四世，1399—1413 年在位。——译者注
[3] 即理查二世。——译者注

在此期间破坏英格兰王室稳定的作用对自己有利。第二年 2 月，冈特（Gaunt）[1] 去世了，理查二世在一封信中告诉法国国王，他对叔叔的死感到"快乐"。查理二世没收了他堂弟的所有土地，然后去爱尔兰为莫蒂默[2] 的被杀复仇。

奥尔良公爵本应对德比的亨利严加看管，但却故意让他逃跑，新任兰开斯特公爵（Duke of Lancaster）[3] 来到了约克郡一个叫拉温斯普（Ravenspur）的地方，收回自己的土地——至少他是这么要求的。这里是珀西家族的地盘。

亨利·珀西[4] 已于 1377 年成为第一任诺森伯兰伯爵，三年后负责在北方组建军队；1383 年，他还简短担任过英格兰典礼官（Marshal of England），这个角色最初需要负责国王的马匹，但后来职责变广，负责皇室仪式。珀西还是北海海军大臣（Admiral of the Northern Seas），负责英格兰的东部沿海防御，到 1412 年，该职位与西方海军大臣（Admiral of the West）合并成为英格兰海军大臣（Lord Admiral of England）。但珀西家族越来越感觉到内维尔家族带来的威胁，后者在新国王的统治下权力越来越大。

珀西和内维尔家族曾经很友好，至少直到 14 世纪中叶，北方的这两大家族都在保卫边境。但后来双方的敌对状态开始加剧，因为内维尔家族的扩张是以牺牲对手为代价的。1382 年，珀西和拉尔夫·内维尔（Ralph Neville）一起被任命为两大边境地区的共同守护，但不久之后，这两位北方人闹僵了，很可能是因为内维尔和冈特走得太近了，而珀西不喜欢冈特。尽管如此，珀西此前已经娶了内维尔的妹妹。然后在 1382 年，冈特羞辱了珀西，让珀西的对手掌管东西边境，使得内维尔的领土包围了他们。拉尔夫·内维尔于 1397 年升任威斯特

---

[1] 亨利的父亲，兰开斯特公爵冈特的约翰。——译者注
[2] 即理查二世的推定继承人罗杰·莫蒂默，1398 年在爱尔兰被杀。——译者注
[3] 亨利在父亲去世后继承了爵位。——译者注
[4] 生于 1341 年，卒于 1408 年。——译者注

摩兰伯爵（Earl of Westmorland），这让内维尔家族与珀西这个更古老、更有声望的家族势均力敌，也点燃了珀西和理查二世之间的敌意。

因此，当德比的亨利来到珀西的地盘时，诺森伯兰伯爵本应——并且本可以——阻止他，但他让对方通过了。

亨利在向南进发的过程中召集了一群追随者，他很快意识到自己可以夺取王位。实际上，如果不夺取王位，他就得死。理查二世是孤立的，当他于7月24日来到威尔士时，发现这个国家已经属于对手。甚至连柴郡（Cheshire）的弓箭手们都抛弃了他。理查二世逃到康威城堡（Conwy Castle），派遣索尔兹伯里伯爵（Earl of Salisbury）约翰·蒙塔丘特（John Montacute）去组建一支威尔士军队，这是他最后的忠实追随者之一。

蒙塔丘特的祖父威廉曾是爱德华三世[1]最亲密的同伴，并与他一起抓住了莫蒂默[2]。年轻时，蒙塔丘特曾与博灵布罗克（Bolingbroke）[3]一起并肩与普鲁士（Prussia）的异教徒斯拉夫人（Slavs）作战，博灵布罗克的长子蒙茅斯的亨利（Henry of Monmouth）[4]在其母去世后被托付给蒙塔丘特；但即便如此，蒙塔丘特如今站在支持者寥寥的国王这一边。然而他只能征集到100人，甚至连负责都城的约克公爵（Duke of York）、国王的叔叔埃德蒙（Edmund）也投靠了德比的亨利。

珀西将理查二世从城堡里引诱了出来，并告诉他，他的堂弟[5]已经在圣事[6]上宣誓，只要理查二世将兰开斯特归还给他的堂弟，

---

[1] 1327—1377年在位，理查二世的祖父。——译者注
[2] 即罗杰·莫蒂默，生于1287年，卒于1330年，爱德华三世母亲的情人，在爱德华三世成年之前，他曾是英格兰的真正统治者。——译者注
[3] 即德比的亨利，后来的亨利四世。他出生在林肯郡的博灵布罗克城堡，所以也被称为博灵布罗克的亨利。——译者注
[4] 即后来的亨利五世，1413—1422年在位。——译者注
[5] 即德比的亨利，后来的亨利四世，他是理查二世的堂弟。——译者注
[6] 基督教传达神圣恩典的仪式。——译者注

他就能继续当国王；事实上，理查二世被抓起来并被带到切斯特（Chester），很快就连最后的追随者们也离弃了他。在前往伦敦的途中，理查二世试图从马车窗户逃跑，但无济于事；他的命运已定。理查二世发誓要对珀西家族进行报复，其首领会遭受"痛苦的死亡"。政治动荡和暴力是中世纪晚期英格兰的一大特点，理查二世回到了他曾经统治过的城市，如今他已成为兰开斯特的亨利的囚徒，他的命运显而易见——失去王位的国王很快就会掉脑袋。篡夺神选国王的王位是重大而危险的一步，但亨利呼吁议会"用他们的心和口"宣告他为统治者，如果他们不这样做"我也不会觉得很惊讶，"他故作谦逊地说道。

沃里克（Warwick）被准许从马恩岛（Isle of Man）回来。国王希望与莫布雷和解，但为时已晚——莫布雷已在9月死于瘟疫。被捕后，理查二世拒绝将王冠让给堂弟，所以把它放在地上，象征性地让位给上帝。在蒙塔丘特领导的一场释放理查二世的阴谋败露之后，无数支持者被斩首，包括蒙塔丘特。前任国王在几个月后去世。他的死因被官方宣布为绝食，但很少有人相信。

用历史学家奈杰尔·索尔（Nigel Saul）的话来说："政治中引入了一种危险、不稳定的新因素"[13]，并且更多人会在争夺王位的斗争结束前死去。

在加冕典礼上，珀西拿着亨利四世国王的剑，这是他抵达英格兰时佩戴的武器，而理查二世的国王骑士（champion）[1]约翰爵士（Sir John）的儿子托马斯·迪莫克爵士（Sir Thomas Dymoke）延续了家族传统。国王定制了一个新的王冠，并用特殊的油来涂圣油。但有人注意到，他的头发上出现了虱子。当大主教将一枚象征王权的仪式硬币交给亨利四世时，这位弑君者将它掉落，它滚走后就再也找不到了。这就是上帝的神迹。

---

[1] 国王/女王骑士自1377年至今一直由莫迪克家族的人担任。其职责是骑马进入加冕礼现场，准备好与违抗君主的人一战。——译者注

亨利四世国王推翻、并极有可能谋杀了神授国王，他在许多人眼中犯下了可怕的罪行。正如在维斯特洛，詹姆·兰尼斯特被称为弑君者一样，杀害君主是中世纪欧洲一种极端恶劣的罪行。亨利四世的统治受到了诅咒，健康状况不佳、北方和西方的叛乱、无数暗杀阴谋，还有各种怪事：人们试图将越来越不可信的冒牌理查二世们推上王位。亨利四世的生活会崩溃，他的血脉也会遭遇悲惨而血腥的结局。

珀西因在推翻查理二世事件中所起的作用而受到奖赏，成为英格兰王室总管（Constable of England）和马恩领主（Lord of Man），而伯爵的长子哈里"热刺"成为北威尔士的首席政法官（justiciar），负责在该地区执行英格兰法律。诺森伯兰伯爵的弟弟、伍斯特伯爵（Earl of Worcester）托马斯被任命为内廷宫内大臣（steward of the royal household），珀西家族在政变中也获得了丰厚的报酬，共计4900英镑，而他的对手威斯特摩兰家族只得到了146英镑。

但他们仍然不满。珀西的继承人因为某次冲入苏格兰阵中的速度而获得了"热刺"的称号，他凭出色的战斗能力得到了很多荣誉，但他也是浮躁和骄傲的。在当时很小的年纪就目睹极端暴力并不罕见，"热刺"9岁时就上战场了，在战场上他看到了人们被砍死。12岁时他和未来的理查二世和亨利四世一起获封骑士，16岁出征爱尔兰，两年后在普鲁士参加十字军东征，20岁成为东部边境守护者。第二年，他随理查二世出征苏格兰。

边境地区仍不稳定，战争一触即发。从1377年开始，珀西和道格拉斯家族之间就一直在战斗。1388年在奥特本，"热刺"在一个满月之夜袭击了苏格兰人，他在北方追逐詹姆斯·道格拉斯，部分原因是为了追回道格拉斯伯爵在之前的小冲突中拿走的热刺旗帜。尽管苏格兰人赢了，并抓住了"热刺"，但道格拉斯也受了致命伤。

1402年，珀西家族再次与道格拉斯家族在霍梅尔顿山（Homildon

Hill）[1]展开战斗，这次面对的是黑道格拉斯[2]的孙子阿奇博尔德·道格拉斯（Archibald Douglas），尽管父亲是个私生子，他仍继承了爵位。在这次战斗中只有5名英格兰人死亡——而有500名苏格兰人在试图渡过特威德河时淹死了。道格拉斯失去了一只眼睛并被抓住，但这为英格兰主要家族的一系列灾难性事件拉开了序幕。

亨利四世国王坚持将囚犯转移到伦敦，这一做法侮辱了珀西和道格拉斯。根据不成文但同样有效的边境法，囚犯应该有尊严，并被允许无看守的跨边境探访，但必须承诺返回，这一制度被称为"释放宣誓"（parole，"誓言"的法语）。南方的监狱更让人痛苦，对边境两边的人来说都很陌生。

亨利四世国王在西方遇到了更大的难题。一位名叫欧文·格伦道尔（Owain Glendower）的威尔士绅士开始叛变，主要是针对当地大贵族赖辛（Rythin）的格雷勋爵（Lord Grey）。两人早有宿怨，格雷曾在格伦道尔故意弄丢军事征召后将其列为叛徒。格伦道尔——威尔士语为Glyndwr——是古代波伊斯亲王（Princes of Powys）的后裔，波伊斯是面对麦西亚（Mercia）[3]的威尔士内陆丘陵地区（它的字面意思是乡下，与异教徒有关）。格伦道尔在山区得到足够的支持，自立为威尔士亲王。1402年，格伦道尔在布林格拉斯（Bryn Glas）赢得了一场巨大胜利，战胜了由埃德蒙·莫蒂默（Edmund Mortimer）领导的更为强大的英国军队。埃德蒙·莫蒂默是爱德华三世的曾外孙和主要边境领主之一。莫蒂默也是已故罗杰·莫蒂默的弟弟，虽然罗杰留下了一个儿子（让人容易混淆的是，他也叫埃德蒙），但当然埃德蒙·莫蒂默比德比伯爵亨利更有资格继承王位。

莫蒂默自己的威尔士军队倒戈，这位被俘的英格兰男爵被带走囚

---

[1] 位于诺森伯兰境内。——译者注
[2] 即詹姆斯·道格拉斯。——译者注
[3] 英格兰七国时代的主要王国之一，由盎格鲁人在公元500年前后创立，统治范围大致跟英格兰中部地区相当。——译者注

禁。然而在囚禁期间，他爱上了威尔士领导人[1]的女儿卡特琳（Catrin）并娶了她，加入了格伦道尔的反叛军。他对国王拒绝支付赎金感到不满，这是亨利国王的又一次失算。贵族家族的关系网决定了人们在冲突中忠于哪一方，由于莫蒂默的姐姐嫁给了"热刺"，因此珀西更接近西方反叛分子。

"热刺"最终在1403年7月向南进军，招募柴郡弓箭手到自己麾下。他的计划是在什鲁斯伯里（Shrewsbury）抓住国王的继承人亨利亲王，但国王反应很快，率领14000人的军队抵达边境小镇。在随后的屠杀中，年轻的亨利被箭射中脸部，但在经历痛苦的治疗后幸存下来。"热刺"就没那么幸运了。他抬起面甲，一支钢尖箭穿过他的眼窝，立即将他杀死。道格拉斯幸免于难，但失去了一个睾丸。最终这位苏格兰人在1407年被释放，他签署了一份忠于亨利国王的声明，宣称效忠亨利，回去后立即回到突袭的状态中去。

这是两大军队自1066年以来首次在英格兰作战，多达5000人失去了生命——但这不会是最后一次。战斗结束后，珀西的弟弟伍斯特伯爵托马斯被捕，随后被吊死、分尸。"热刺"的尸体被挖出、腌制，并放在什鲁斯伯里的颈手枷上示众，之后他的头颅和肠子在北方示众，以示警告。

然而，北方人始终忠于珀西家族。"热刺"手下的将领威廉·克利福德爵士（Sir William Clifford,）以他的名义保有贝里克城堡，并负责抚养他10岁的儿子——又一位亨利。除非死去领主的土地被归还给他的儿子，否则他拒绝将贝里克城堡交给国王。

珀西伯爵本人于1405年与格伦道尔和莫蒂默结盟，他们达成协议，将国家一分为三，珀西为北方国王。另一位爱德华三世的后代、约克公爵埃德蒙（Edmund of York）的儿子诺里奇的爱德华（Edward

---

[1] 即欧文·格伦道尔。——译者注

of Norwich）也被牵连进这场反对国王的阴谋中，他被自己的妹妹告发并关进伦敦塔里。在伦敦塔里他翻译了一本关于狩猎的论著，即《狩猎能手》（*The Master of Game*）。

1405 年 5 月，约克大主教斯克罗普（Archbishop Scrope of York）在约克召集了 8000 名武装人员，抗议税收和神职人员的待遇，并支持他的远亲诺森伯兰。威斯特摩兰伯爵拉尔夫·内维尔镇压了叛乱分子。亨利四世抵达这座城市后，下令将斯克罗普处死，斯克罗普被迫在死前倒骑骡子。

1407 年至 1408 年间，欧洲遭遇了"严寒和冰冻"，这是一个世纪以来最寒冷的冬天，教会文书和修道士们无法写下记录，因为墨水在他们的罐子里"每写两个字就会冻结"。在这样严酷的冰天雪地里，新的一年年初，珀西以理查二世的名义在北方组建了一支军队，并在此期间追随儿子去世了。

亨利四世一直在追着珀西向北，他发现自己一停下来就会痛苦地尖叫。他在一次噩梦后醒来，叫喊道："叛徒！你们竟敢朝我扔火"；他发烧了，这是一种没有医生能弄明白的神秘疾病，至今仍是一个谜，也许是坏疽性麦角中毒、一种真菌感染，或者是麻风病。

珀西此时已经离世，很快埃德蒙·莫蒂默也在一次攻城战后去世。威尔士叛乱分子投降了，法国对他们的支持止于 1411 年，法国宫廷两个派系之间的争斗导致了全面内战的爆发。尽管英国人通过溺死囚犯和饿死百姓在威尔士取得了胜利，格伦道尔却消失了。

尽管敌人都已不复存在，弑君者却毫无快乐可言。在斯克罗普被杀的三年后，亨利四世中风了，说话很困难；他在痛苦中度过了最后的岁月，身上覆盖着红色的脓疱，他会像身上着了火一样大叫。各种各样有关他神秘疾病的故事充斥了王国内外，这疾病让他痛苦地尖叫。有时候他不禁怀疑自己是否已经死去，正在地狱里。亨利四世于 1413 年去世，看上去比实际年龄要老，他确信自己因为杀害国王堂兄而受到了神的惩罚。

至于他的对手，诺森伯兰第一任伯爵亨利的头颅最终来到了伦敦桥上，他的胳膊和腿则被扔进麻袋，送到了北方的四个角落。这个家族被彻底打败了。

本章尾注：

1. Hackett, David: *Fischer Albion's Seed*
2. Rose, Alexander: *The Kings in the North*
3. Ibid
4. Larrington, Carolyne: *Winter is Coming*
5. Rose, Alexander: *The Kings in the North*
6. Goodwin, George: *Fatal Rivalry*
7. Rose, Alexander: *The Kings in the North*
8. Steven Attwell: *Race for the Iron Throne*, 写道：在维斯特洛"安柏家族的人和葛洛佛家族的人和不来；曼德勒（爱用史塔克的钱建公共工程）、陶哈、菲林特、卡史塔克和波顿家族的人愿意牺牲霍伍德家族来扩展自己的领地；波顿家族近来刚处于史塔克家的控制之下，明显需要靠铁腕来约束他们。"
9. Goodwin, George: *Fatal Rivalry*
10. From *Walter Scott's Poetical Works*
11. Hackett, David: *Fischer Albion's Seed*
12. Ibid
13. Saul, Nigel: *For Honour and Fame*
* 头衔 Marques 来自"边境"（march）或边界。

26

"我有其他儿子"

——英格兰被遗忘的内战如何启发了《权力的游戏》

私生子必须学会察言观色，洞悉隐藏在人们眼里的喜怒哀乐。

——琼恩·雪诺[1]

1152 年，一名五岁男孩被带到伯克郡（Berkshire）纽伯里城堡（Newbury Castle）外的一座木结构建筑里。他的父亲远远地看着一个套索被放到孩子的脖子上，面无表情地等待着即将到来的处决。

孩子名叫威廉，他的父亲约翰·菲茨吉尔伯特（John Fitzgilbert）是当地的重要勋爵，这里曾是威塞克斯（Wessex）王国的中心地带。13 年前，两位王位争夺者、征服者威廉（William the Conqueror）[2]的孙辈玛蒂尔达皇后（Empress Matilda）[3]和她的表兄布卢瓦的斯蒂芬（Stephen of Blois）[4]让这个国家陷入了战争。这场内战被称为无政府时期（Anarchy），是一场格外让人厌恶的战争，产生了许多让拉姆斯·波顿看起来更像甘地（Gandhi）的漫画式恶棍。

---

［1］ 出自《冰与火之歌》第一卷《权力的游戏》。——译者注
［2］ 即威廉一世，1066—1087 年在位。——译者注
［3］ 1141 年 4 月 7 日—11 月 1 日实际掌权。——译者注
［4］ 1135—1154 年在位。——译者注

即使按照当时的标准，拥有御马总管（Marshal of the Horses）头衔的菲茨吉尔伯特也是一位无情和粗暴的诺曼贵族。他的父亲吉尔伯特（Gilbert）曾是亨利一世[1]的御马总管，几个世纪后亨利·珀西也曾短暂担任过这个职务。1129年吉尔伯特逝世时，他的儿子继承了这一荣誉。1135年亨利一世去世后战争爆发，菲茨吉尔伯特支持亨利一世的女儿玛蒂尔达，但她的对手斯蒂芬的军队占领了菲茨吉尔伯特的城堡。斯蒂芬国王让菲茨吉尔伯特交出他的第四个和最小的儿子威廉作为人质，想借此赢得这位勋爵的忠诚。作为回报，菲茨吉尔伯特被允许回到纽伯里城堡，条件是他不会重新起兵。然而约翰·菲茨吉尔伯特"没时间考虑和平"，从而将"孩子的生命置于危险之中，因为国王很快意识到自己被骗了"1。

约翰·菲茨吉尔伯特，或称"le Marechal"（御马总管）[2]，在编年史中被称为"地狱之子和万恶之源。"他脸上一道可怕的伤疤可以追溯到1141年，当时他在惠韦尔（Wherwell）修道院里设置了路障，而斯蒂芬的军队则放火烧了它；御马总管爬上钟楼逃跑，但在熊熊大火中，一些燃烧的金属掉落到他脸上，"带来了可怕的后果。"2

但现在，这位御马总管无动于衷地看着征服者威廉的外孙，斟酌如何处置他的轻慢。事实上，斯蒂芬国王别无选择，他的一名骑士走上前来，让他"把孩子吊死"。战火点燃13年了，已经发生过许多次这样的暴行，多一个无辜的死者不会有区别；然而，正如之后的历史所证实的，这一次会有所不同。

御马总管拒绝交出城堡，据一本编年史回忆："他说他并不关心这个孩子，因为他仍然有能力生出更好的孩子来（Il dist ken e li chaleit de l'enfant, quer encore aveit les enclumes e les marteals dunt forgereit de plus beals）。"3当《冰与火之歌》中凯特琳·史塔克威

---

［1］ 1100—1135年在位。——译者注
［2］ 后来这一官职名成为了他们家族的姓氏马歇尔。——译者注

胁要杀死瓦德·佛雷的一个孩子时，他借用了这句台词："我会再生一个。"被激怒的斯蒂芬命令将小威廉带到绞刑架上，在父亲面前吊死。

在维斯特洛，自从"血龙狂舞"（Dance of the Dragons）[1]以来，一直不允许女性统治。在这场内战中，许多坦格利安家族的人都死了。国王[2]去世后，冲突就开始了，他第一任妻子的女儿和他第二任妻子的儿子都来争夺王位。然而当时的共识是一个女人的儿子必须代替她来统治，所以第二位雷妮拉·坦格利安（Rhaenys Targaryen）被称为"从未登基过的女王"（后来她死于一场龙背上的战斗——显然……且不幸的是，这是幻想与现实偏离之处）。

这样的事情确实在英格兰发生过。20年来，由于征服者威廉继承人之间的内战，这个国家瘫痪了。战争使得住在城堡中的当地豪强能够完全控制周围的土地，像国王一样统治，而且往往非常残忍。在无政府时期，各位勋爵的城堡地牢里关满了"因为金银财宝而被关进监狱的男男女女，遭受到无法形容的痛苦和折磨"[4]。维斯特洛普通民众遭遇到的残酷暴行更符合英格兰12世纪的内战，而不是其对应的15世纪内战，那时穷人基本上已经摆脱了这种恐怖。

这一早期的王朝战争也启发了乔佛里国王的背景故事和他不幸的死亡（至少对他来说是不幸的）。

征服者与佛兰德的玛蒂尔达（Matilda of Flanders）婚后有三个存活下来的儿子，他们都像父亲一样矮胖、胸肌发达。征服者讨厌大儿子罗贝尔（Robert），取笑儿子的身高，称他为"短袜"（Curthose）、"短粗腿"（Stubby Legs）或"矮笨蛋"（Short Arse）；他们的关系非常糟糕，以至于1079年时"矮笨蛋"几乎在战斗中杀死了父亲。然而，当征服者在曼恩（Maine）[3]征战中去世时，受到从前誓言的约束，

---

[1] 坦格利安王朝中期一次血腥内战，起源于韦赛里斯一世的长女雷妮拉与第二任妻子阿莉森·海塔尔的长子伊耿争夺铁王座的继承权。——译者注

[2] 即韦赛里斯一世。——译者注

[3] 位于法国。——译者注

他把诺曼底公国（Normandy）留给了大儿子，而排行居中的儿子威廉·鲁弗斯（William Rufus）继承了英格兰；最小的儿子亨利只得到了五千英镑的硬币。

鲁弗斯在英格兰建造了威斯敏斯特厅（Westminster Hall），这座宏伟的建筑与被称为伦敦塔的白塔一起，成为维斯特洛里面"红堡"的原型。5威斯敏斯特厅长度约240英尺，一度在中世纪欧洲是最长的，它至今仍是国会大厦（Houses of Parliament）的一部分，在各种战争和火灾中幸存下来，并且见证过托马斯·莫尔（Thomas More）[1]、盖伊·福克斯（Guy Fawkes）[2]和查理一世（Charles I）[3]等人的审判。在21世纪，它仍用于接待教皇本笃十六世[4]等外国政要。

威廉二世[5]不是一位成功的统治者；他是个不尊重神职人员的酒鬼，他的教会敌人们指责他举行同性恋狂欢宴会，并掌管着一个女性化的宫廷。他刚开始统治，就几乎立刻与兄长罗贝尔发生冲突，直到罗贝尔陷入十字军东征，争斗被推迟；威廉在兄长进行圣战时无法进攻他的领地，否则会被教皇逐出教会。随着罗贝尔离开，他有更多时间沉迷于爱好，其中就包括狩猎——直到1100年8月2日灾难来袭。

鲁弗斯和沃尔特·蒂雷尔（Walter Tirel）一起来到汉普郡（Hampshire）的新森林（New Forest）[6]，这位诺曼领主被认为是王国内最好的射手之一。在狩猎开始前，有人为威廉拿了六支箭，他自己拿了四支，将剩下的两支交给蒂雷尔，并告诉他，"好箭头给好弓箭手"（"Bon archer, bonnes fleches"）。狩猎当天，国王和这

---

　　[1]　生于1478年，卒于1535年，是英格兰政治家、作家、社会哲学家与空想社会主义者，1535年反对英王亨利八世兼任教会首脑而被处死。——译者注

　　[2]　生于1570年，卒于1606年，是英格兰天主教会地方成员，策划了1605年的火药阴谋，但以失败告终。——译者注

　　[3]　1625—1649年在位，是唯一以国王身份被处死的英格兰国王。——译者注

　　[4]　2005—2013年在任。——译者注

　　[5]　即威廉·鲁弗斯，1087—1100年在位。——译者注

　　[6]　约1079年，新森林被开辟为威廉一世的御用猎鹿场。——译者注

位领主分开行动，蒂雷尔瞄准了路过的雄鹿；他错过了，却射中了君主的胸部，刺穿了他的肺部。威廉试图拔出箭杆，但这只会加重伤势。惊慌的蒂雷尔逃往法国。

狩猎是一项危险的运动，几个世纪以来一直有贵族因此丧命。征服者的次子理查也死于新森林中的狩猎，而另一位理查，"短袜"罗贝尔的私生子在鲁弗斯去世之前几个月同样是在打猎中丧生，也是被同伴意外射杀。诺曼人的生活方式决定了他们愿意承担风险，而且年轻人被鼓励参与在现代人看来很愚蠢的危险活动，有许多其他贵族也以类似的方式死去。事实上，英格兰贵族对涉及马匹和武器的冒险运动的这种喜爱是从其讲法语的祖先那里继承而来的。多年来共有 13 位英格兰国会议员在狩猎事故中丧生，最近一次是在 1935 年，另有两人因射击事故死亡，其中包括威廉·佩恩—加尔韦爵士（Sir William Payne-Gallwey），他在 1881 年因被芜菁绊倒而意外射杀了自己。[6]

当然，鲁弗斯的死很可能不是一场意外。他的弟弟亨利当时离财政部所在地温切斯特（Winchester）不远（财政部直到下个世纪才搬到威斯敏斯特），他立即夺取了王位[1]。然后他悄悄将杀手送往法国，让其免受惩罚。这对亨利一世而言是个非常幸运的时机；1099 年，十字军在经历了三年可怕的沙漠战争后占领了耶路撒冷，他的大哥、此时已是基督教世界英雄的罗贝尔已经在回来的路上了。

在参加十字军东征的人中，有刚勇者埃德蒙（Edmund Ironside）[2]的孙子显贵者埃德加（Edgar the Atheling）[3]，根据继承法则，他是英格兰的合法国王。埃德加的妹妹玛格丽特和一些盎格鲁-撒克逊贵族一起穿越了北方边境，并嫁给了苏格兰国王马尔科姆

---

[1] 即亨利一世，1100—1135 年在位。——译者注
[2] 即埃德蒙二世，1016 年 4—11 月在位。——译者注
[3] 1066 年，他被立为英格兰国王，虽然号称显贵，但从未加冕。——译者注

三世（Malcolm III）[1]。他们的女儿伊迪丝后来被威廉·鲁弗斯求婚，但他没有成功，亨利一世娶了她，将她的名字改成听上去像诺曼人的玛蒂尔达。他们有两个存活下来的孩子，此外他还和"6到8名"情妇生了大概22到25名私生子女，创下了一项王室纪录（这个记录大概短期内都不太可能被赶超）。

与粗野的兄弟们不同，亨利一世学会了阅读，这反映在他的绰号beauclerc中，"儒雅者"，但他也是一位残酷无情的领导者，那些让他心烦的人很快就会了解到这一点。1124年圣诞节的12天里，他围捕了王国上下铸造硬币的人，让他们失去右手和睾丸，他们将劣质金属与货币混合，好让货币贬值。他曾经弄瞎了一位诺曼吟游诗人，只因对方唱了一首批评他的歌。

亨利一世在战斗中击败了他的兄长，并在1120年末最终击败了罗贝尔的儿子威廉·克利托（William Clito），巩固了自己对诺曼底公国和英格兰的统治权。11月，王室成员并聚集在诺曼海岸边的巴尔夫勒（Barfleur）等待起航，准备回到海峡对面。亨利一世国王唯一嫡出的儿子威廉和200名狂欢者一起登上了著名的白船。同行的还有那些祖父辈曾征服了英格兰的盎格鲁—诺曼统治阶级的精英们，其中包括亨利一世的两名私生子女、140名骑士、18名贵妇、诺曼底西部"几乎所有莫尔坦（Mortain）郡的贵族"以及一些主要的王室官员。每个人都喝醉了，包括船员。事实上，包括国王最喜欢的外甥斯蒂芬在内的五个人都对船员的状态感到震惊，于是下船了。

狂欢者们让船长赶上前方的王室船只，但当时天色已黑，而且处于航行季节的最后时刻，此时穿越这段水域会很危险。在离开港口之前，船就撞到了一些岩石，当受损的船只迅速进水时，笑声变成了尖叫声。大多数人被淹死在甲板下面，即使那些逃出这个棺材的人也被

---

[1] 苏格兰国王，1058—1093年在位。——译者注

自己的精美丝绸衣服拖累。年轻的威廉被拉上救生船后却回到了同父异母的妹妹玛蒂尔达身边；他俩都死了。只有一个男人——一个在船上收钱的屠夫——设法挂到一只木筏上，等来了黎明并幸免于难。

让人悲伤的是，在海上淹死是很常见的，特别是在英吉利海峡，这是世界上最为危险的水域之一。例如，在1170年3月，包括国王御医在内的400名朝臣在从诺曼底前往英格兰的途中死亡。[7] 如果说诺曼勋爵们曾经很害怕穿越这片水域，那么他们诸多后代的死亡证明了他们的恐惧是明智的。

亨利一世国王又闷闷不乐地统治了15年，并在他妻子去世后再婚，但他已无法生育更多孩子。他只有一个合法的继承人玛蒂尔达，他在去世前要求勋爵们宣誓效忠于她。尽管玛蒂尔达是位女性，宣誓的人还是在他面前挤满了，因为领导人们争着要抢先表达忠诚；带头的是他姐姐的儿子布卢瓦的斯蒂芬。

君主需要在战斗中领军，直到15世纪中叶，只有一个人未能履行这一职责，疯王亨利六世（Henry VI）[1]。一个女人也做不到。尽管大多数人对女性能力的看法与我们今天不同，但反对的一个主要原因是外形，军事领导人必须挥舞重剑，而女性的体力平均只有男性的一半。从16世纪中叶开始，随着火药和军团的应用，这种关于王室军事领导人的观点已经过时，而君主们不仅仅要是挥舞斧头的杀手，还要有教养、狡诈。

在此期间，有少数几位女性成为统治者，但很少有好的结局。阿方索六世（Alfonso VI）[2] 的女儿乌拉卡（Urraca）[3] 从1109年开始的17年内试图统治莱昂（Leon）和卡斯蒂利亚（Castile），这是

---

[1] 1422—1461年；1470—1471年在位。——译者注
[2] 莱昂国王（1065年—1109年，在位时间有间断），卡斯蒂利亚国王（1072年起）。从1077年开始，他自称为"全西班牙皇帝"。——译者注
[3] 莱昂的乌拉卡一世，莱昂、卡斯蒂利亚及加利西亚女王，或称为"全西班牙女皇"（1109年—1126年）。——译者注

一段非常艰难的统治时期。她的绰号是"鲁莽之人";不幸的是,她受虐待的婚姻导致了该国的公开内战,她面临无数的叛乱。她还与一名朝臣有染,并有一名私生子,这有助于证实她作为女性不适合担此大任。与她同时代的英格兰亨利一世有22名私生子女的事实并不能成为借口。

法国北部的两种主要文化,法兰克人和维京人都没有女王统治的历史;除此之外,根据盎格鲁-撒克逊的习俗,前国王的孩子不能自动继承王位,新的君主由主要领导人在一群被认为值得称王的贵族中选择。在征服者威廉之前的五位国王中,没有一位是按血统合法继承的。

亨利一世有许多侄子和外甥,他最喜欢的是布卢瓦的斯蒂芬、他姐姐阿德拉(Adela)的小儿子。斯蒂芬还有两个哥哥,香槟伯爵提奥巴尔德(Theobald, Count of Champagne),他也是家族原籍所在地布卢瓦的伯爵;以及长子、可能有精神缺陷的愚笨者威廉(William the Simple),他从未被编年史家认为是国王候选人。斯蒂芬被认为既亲切又友好,一位作家将他比作"迷人、受欢迎的蓝礼"[8],蓝礼同样有一位继承权在他之前的哥哥。

事实上,这位新国王有许多令人钦佩的品质,但这让他不适合夺取王位。根据《盎格鲁-撒克逊编年史》,他是"一位温和、善良、随和的男人,从不惩罚任何人",这不是一种恭维,因为他纵容手下的大陆雇佣兵掠夺土地。在粉碎西方的起义后,斯蒂芬赦免了其领导人,这在现代人看来似乎是一件温和、宽容的事,但在12世纪被视为弱点。

在男人们觉得女性统治者只会带来麻烦的时代,玛蒂尔达被认为是傲慢的。历史学家海伦·卡斯托(Helen Castor)写道,"这些女王遇到的风险是,她们的权力会被视为败坏了'良好'女性,带出了女性天性中不稳定的内心深处那让人害怕的一切"[9]。古人认为像克吕泰涅斯特拉（Clytemnestra）这样谋杀了丈夫阿伽门农的女人"内心像男子一样"，中世纪的人们称她们为"悍妇"（viragos），而今天被称赞能力出众的女性在当时反而被害怕和憎恨。

玛蒂尔达在某种程度上也是一个外国人，她曾是海因里希五世皇帝（Emperor Heinrich）[1]的儿童新娘，与其说她是诺曼人，不如说是德意志人。海因里希五世去世后，她在诺曼精英中间更不受欢迎了，因为她嫁给了邻国后裔安茹的若弗鲁瓦（Geoffrey of Anjou）[2]，诺曼人将这个国家的人视为恶毒的野蛮人，何况若弗鲁瓦的年纪只有她一半大。他们接连生了三个儿子，第二次分娩几乎要了她的命。

尽管斯蒂芬作出承诺，但他在亨利一世去世几天后就夺取了王位，让他的弟弟温彻斯特主教亨利为他加冕。战火一开始燃烧得很慢，但一旦点燃，就于1139年爆发了全面战争。那年斯蒂芬逮捕了亨利一世统治时期的三位主教和代管教区的牧师；同年，玛蒂尔达自称"英格兰女王"，最后在萨塞克斯（Sussex）[3]的阿伦德尔（Arundel）登陆。当时绑架、抢劫和谋杀案飙升，当地勋爵们借机到处索要钱财，全国的地牢里都关满了人。《盎格鲁-撒克逊编年史》后来哀叹"从来没有一个国家忍受过这么多苦难。即使耕种也没有粮食可收，因为这片土地被这些行径毁了；人们公然说基督和他的圣徒苟且……我们为自己的罪过遭受了19年的苦"。

私生子不见得要被人视为侏儒[4]

玛蒂尔达得到了同父异母兄长格洛斯特的罗伯特（Robert of Gloucester）的帮助，后者是当时最有影响力的私生子之一。罗伯特

---

[1]　是萨利安王朝的第四位也是最后一位罗马人民的国王（1105—1125年在位）和罗马帝国皇帝（1111年加冕）。——译者注

[2]　即若弗鲁瓦五世。生于1113年，卒于1151年。——译者注

[3]　位于英格兰东南部。——译者注

[4]　提利昂·兰尼斯特对琼恩·雪诺所说。出自《冰与火之歌》第一卷《权力的游戏》。——译者注

与父亲非常亲近，父亲去世时他也在场。玛蒂尔达还得到了父亲另一位私生子雷金纳德（Reginald）坚定不移的支持。许多现实中的私生子都在历史上发挥了重要作用，当时合法子女与私生子女之间的界限并不像后来那样分明。尤其王室私生子女是有特权的，甚至还拥有特殊的纹章，标有"私生子的记号"（baton sinister），一条从左下方开始的斜带。（Sinister 在拉丁语中是"左边"的意思。它现在的含义[1]来自一个普遍的信念，即左撇子的人受到了"魔鬼的影响"。）

虽然亨利一世的私生子总数可能是个纪录，亨利二世（Henry II）[2]也有将近十几名私生子女，其中包括成为约克大主教（Archbishop of York）的若弗鲁瓦·金雀花（Geoffrey Plantagenet）。1214 年，亨利二世的另一名私生子长剑威廉（William Longsword）率领同父异母的兄弟约翰[3]的军队执行一次注定要失败的夺回诺曼底行动。约翰国王有 5 名私生子女，但很久之后查理二世[4]至少有 15 名私生子女，当今的 26 名英国公爵中有 5 人是查理二世私生子女的直接后代（查理二世的后代中有戴安娜王妃、卡米拉·帕克—鲍尔斯[5]、几位首相以及基特·哈林顿（Kit Harrington）和罗丝·莱斯利（Rose Leslie），他们因饰演琼恩·雪诺和耶哥蕊特而出名)[10]。格洛斯特的罗伯特本人至少有 4 名私生子女。

亨利一世的另一名私生女成了布列塔尼（Brittany）公爵夫人和佩尔什（Perche）伯爵夫人，这些子女甚至可以用来联姻。"私生子女"尽管是一种冒犯，但并不总是表示蔑视。理查三世[6]以深情的方式提到他"亲爱的私生子"，而 14 世纪 60 年代最伟大的长枪比武骑士是勃艮第公爵（Duke of Burgundy）的儿子"勃艮第的伟大私生子"

---

[1] 即邪恶、险恶。——译者注
[2] 1154—1189 年在位，玛蒂尔达的儿子。——译者注
[3] 即约翰国王，1199—1216 年在位，亨利二世第五子。——译者注
[4] 1660—1685 年在位。——译者注
[5] 查尔斯王储的第二任妻子。——译者注
[6] 1483—1485 年在位。——译者注

（Grand Bastard of Burgundy），百年战争期间"奥尔良的私生子"（Bastard of Orléans）也同样伟大。

教会关于嫡出的规则日益严格，部分原因是为了保护那些出生高贵的妻子们，她们希望让自己的孩子而不是丈夫的其他子女继承领地。正如琼恩·雪诺所知，一名私生子的生活会很残酷。在维斯特洛，私生子只能被国王合法化，这份奖赏给了雪诺，拉姆斯·波顿也拿到了。在现实中，情妇凯瑟琳·斯温福德（Katharine Swynford）为冈特的约翰（John of Gaunt）[1]生的4名私生子女后来被国会合法化成为博福特家族，但此时他们的母亲已经与他们的父亲结婚；而使他们合法化的法案明确表示他们不能继承王位。一般而言，由于会遭到妻子家族的强烈反对，私生子女成为合法继承人的情况非常罕见。

当妻子和情妇的地位混淆时就会出问题。泰温·兰尼斯特的父亲泰陀斯勋爵丧偶后，不仅给情妇礼物和荣誉，还给了她权力，甚至在处理兰尼斯特家大事时都会询问她的意见；很快她就开始掌管兰尼斯港（Lannisport）。这位不知名的女士，一位出身低贱的蜡烛商的女儿，甚至还戴上了泰温母亲的珠宝。但泰陀斯因心脏病发作去世后，泰温将她驱逐出凯岩城，并没收了她的珠宝，然后让她"像一个普通的妓女一样"在城市里裸体游街。

爱德华三世（Edward III）[2]在妻子埃努的菲莉帕（Philippa of Hainault）于1369年去世后丧偶，此时他已经让艾丽斯·佩勒斯成为了自己的情妇，这位女孩被年迈的国王看中时年仅15岁。曾是王后侍女的佩勒斯以贪婪而臭名昭著，她在经济动荡时期控制了这位日益衰老的国王。当他愈加年老时，也愈加拜倒在情妇的石榴裙下，为她挥霍了大量现金、珠宝、金色礼服和50座庄园。

---

[1] 是英格兰国王爱德华三世的儿子，约翰的长子亨利于当年兵不血刃夺取了理查的王位，成为亨利四世，建立了兰开斯特王朝。都铎王朝的创始人亨利七世则是他第三任妻子凯瑟琳·斯温福德所生的儿子约翰·博福特的后代。——译者注

[2] 1327—1377年在位。——译者注

尽管佩勒斯出生高贵，但编年史家托马斯·沃尔辛厄姆（Thomas Walsingham）称她为"无耻、无礼的妓女"，并宣称"她并不吸引人，也不美丽，却以她诱人的声音弥补了这些缺陷"[11]。沃尔辛厄姆相信她雇用一名修士兼术士制作了她和爱德华三世的蜡像，并用魔法草药获得对他的控制权；对其真实性我们只能猜测，但国王极易受女性魅力影响，这一点更明显，没有那么超自然。她给他生了三个私生子女，在他妻子去世前就生了一个儿子，后来又有了两个女儿。佩勒斯在1376年垮台，当时国王年事已高，国会最终以腐败罪名审判了她，并将她驱逐，他们发明了一种新方法让她的一名大臣下台，这种方法被称为"弹劾"（此后该方法在英格兰被废止，但仍在美国使用）。

爱德华三世的孙子亨利四世在妻子玛丽·德·博恩（Mary de Bohun）生下4个儿子和1个女儿后也丧偶了，她在生最小的孩子菲利帕（Philippa）时去世了。亨利四世娶了第二任妻子，纳瓦拉的琼（Joan of Navarre），但在国王去世后，他的继承人亨利五世以实施巫术和雇用一名与死者沟通的巫师为名逮捕了继母，将她关押在利兹城堡。虽然是一名宗教狂热分子，国王的动机肯定在某种程度上与金钱有关，毕竟琼拥有6000英镑的巨大个人财富。

血龙狂舞

无政府时期的大多数战斗都发生在泰晤士河谷——伦敦和西方乡村之间富饶的大片土地上，战斗大多是为了夺取城堡，通常靠秘密行动或诡计，但有时候靠的是纯粹的野蛮行径。

1139年，斯蒂芬希望从迪韦齐斯（Devizes）城堡女主人、又一位玛蒂尔达手中夺取城堡，他俘虏了她的情人索尔兹伯里的罗杰主教（Bishop Roger of Salisbury）和他们的儿子、前大法官穷困者罗杰（Roger the Poor）；他带来了拴着铁链的罗杰主教，并在外面架起绞刑架，威胁要把年轻的罗杰吊死在城墙边。他在前大法官的脖子上放了一根绳子，将其带到绞刑架前，见此情景他的母亲立即投降了，大喊"我给了他生命，我不能毁了他"[12]。此后罗杰主教一蹶不振，退隐了；年轻的罗杰离家流亡并倾家荡产，因此他的绰号"穷困者"得以流传下来。

还有一次，斯蒂芬占领了什鲁斯伯里（Shrewsbury）城堡，并吊死了驻防的全部93名男子及其指挥官阿努尔夫·德·埃斯丹（Arnulf de Hesdin）——但他仍被认为过分仁慈，这也反映了那个时代的残酷。

斯蒂芬还来到马姆斯伯里（Malmesbury），那里的城堡由一名雇佣兵队长罗伯特·菲茨·休伯特（Robert fitz Hubert）控制，"这是一个非常残忍、而且在邪恶和犯罪方面无人能及的人"[13]。菲茨·休伯特吹嘘自己曾经在一个教堂里生烤80名修道士，并且据马姆斯伯里的威廉（William of Malmesbury）说，"下次还会这么做"，他还声称自己用蜂蜜涂抹囚犯，并让他们站在正午的太阳下，等着被昆虫袭击。不过这一次，菲茨·休伯特听从了一位亲戚的建议，向王室军队投降。

后来，菲茨·休伯特袭击了御马总管约翰，并试图逼迫他投降，但御马总管反而抓住了他，要求他交出迪韦齐斯城堡，在遭到拒绝后，就将他绞死了。一些贵族会转投对手，以讨好任何一位即将获胜的人；有一位切斯特伯爵雷纳夫（Ranulf, Earl of Chester）在战争期间转投了七次。他是格洛斯特的罗伯特的女婿，他的妻子当然又是一位玛蒂尔达。

1141年，无政府时期的一场主要战役在林肯打响，当时斯蒂芬正在围攻林肯城堡。然而雷纳夫（当时在玛蒂尔达那边）逃到了切斯特，并向格洛斯特的罗伯特求助，他们一起向东进军，"带着大量可怕且让人无法忍受的威尔士人"。在战斗中，斯蒂芬起初用他那"可怕的臂膀"挥舞着一把剑，但在激烈的战斗之后，他的武器破损了，有人递给他一把战斧。他继续挣扎着，"像狮子一样，磨着牙，嘴角像野猪一样冒着泡"，直到最终因"上帝公正的审判"而被俘；有近500人因试图过河逃跑而淹死，超过了在实际战斗中死亡的人数。

玛蒂尔达后来释放了斯蒂芬，以交换兄长格洛斯特的罗伯特，从而错失了赢得战争的机会。不久之后，伦敦的领袖们转而反对她，她被迫逃离这座城市以及愤怒的市民。

如果你认为这会有一个美好结局，你刚才一定听得不够仔细[1]

1140年，编年史家亨廷登的亨利（Henry of Huntingdon）写道："饥荒带来消瘦，随后是骨瘦如柴。苟延残喘的人们，在缓慢腐烂。"[14]

在《冰与火之歌》里，维斯特洛的平民百姓经常面临着狂暴军队带来的恐惧，农场被烧、牲畜被杀以及随之而来的强奸和谋杀，却无法获得用来保护贵族的赎金。就像在维斯特洛一样，无政府时期的英格兰有一些极其残忍的贵族，用著名历史学家 A.L. 普尔（A.L. Poole）的话来说，是群"不负责任、毫无纪律的亡命之徒"[15]。这群人中间就有托马斯·德·马勒（Thomas de Marle），本笃会（Benedictine）[2]的阿博特·吉伯特（Abbot Guibert）称他为"那一代人里最邪恶的一个"。他会从修道院偷走修女，折磨男人，将他们从睾丸处吊起来，直到它们被扯掉。他在一次叛乱中亲自割断了30位居民的喉咙，并将他的城堡变成了"龙窝和盗贼的老巢"。[16]他最终被逐出教会，当地的教堂每周都会诵读一个针对他的诅咒，但后来他死于床上，给教会留下了一大笔钱。

亨廷登的亨利说，在无政府时期，许多领主将手下的农民关进监狱并使用无法形容的酷刑来勒索金子和银子……他们的拇指或头部被吊起，脚上挂着铁链。打结的绳子被缠绕在头上并扭曲，直至穿透进

[1]（拉姆斯·波顿对席恩·葛雷乔伊所说）出自电视剧《权力的游戏》第三季第六集《攀爬》（The Climb）。——译者注

[2]是天主教的一个隐修会，是在529年由意大利人圣本笃在意大利中部卡西诺山所创，遵循中世纪初流行于意大利和高卢的隐修活动。——译者注

大脑。他们被关进放有宽蛇[1]、蛇和蟾蜍的监狱里等死。有些被关入酷刑室，也就是一个短而窄且不深的箱子里，然后尖锐的石头被放进去挤压里面的人，这样他的四肢都会断掉。[17]

链条被"固定在一根横梁上，而且常常在人的喉咙和颈部周围放一条锋利的铁杆，使他不能坐、不能躺、也不能朝着任何方向睡觉。"[18]

已知的受害者是一名来自庞蒂弗拉克特（Pontefract）的剥皮工人，因为钱受到折磨，然后被关进塞尔比城堡（Selby Castle），双手被锁链拴在背后，脚被固定在木托里。还有一个小男孩被父亲留下作为人质，身子被固定在枷锁里。一个女人因为丈夫欠了 6 英镑而被扣押为担保人，而他只能送来 9 便士，于是那个扣押她的骑士威胁要割掉她的乳房，在冬夜里用锁链将半裸的她拴在外面。一名受害者的手脚被吊起来，锁子甲压在他身上，放到烟熏火上烤，冬天还被投入冰冷的水下。一位名叫马丁的乡绅因涉嫌盗窃 15 马克而受尽两名骑士的折磨，于是他从一名女裁缝手中抓住一把剪刀，刺进了自己的心脏。

1147 年第二次十字军东征的发起让战争有所缓和；两年后，玛蒂尔达从牛津逃离，她是靠绳索从一扇敞开的窗户逃走的，之后又穿越了冰冻的河流，她和四个同伴在雪地里用白色衣服将自己伪装起来。她再也没回到过英格兰，此时她的大多数支持者都死了，包括兄长罗伯特。然而，她的儿子亨利·菲茨安普莱斯（Henry Fitzempress）[2]还在继续战斗，1153 年，亨利袭击了马姆斯伯里城堡。之前他还试图袭击斯蒂芬，当时他才十几岁。

那一年，斯蒂芬来到沃灵福德（Wallingford），他的儿子尤斯塔斯（Eustace）也在他身边，他们并肩作战。"虽然胡子还没怎么长出来，但尤斯塔斯已经展现出作为骑士的能力。"[19]但斯蒂芬在小规模战斗中落马三次，并对这种折磨感到震惊。他表现出疲态，那一年双方终

---

［1］ 英格兰仅有的一种毒蛇。——译者注
［2］ 即亨利二世，1154—1189 年在位。菲茨安普莱斯是皇后之子的意思。——译者注

于开始谈判。斯蒂芬和亨利见面，"两人都痛苦地抱怨手下贵族的不忠"，[20] 有人建议斯蒂芬继续当国王，但选定亨利作为他的继承人。斯蒂芬控制了英格兰大部分地区，而亨利拥有欧洲大陆大部分地区，但盎格鲁—诺曼贵族不会接受分治，因此必须达成妥协；从斯蒂芬的角度看来，任何事情都可能发生——事实上，那一年亨利病得很重。

从斯蒂芬的年轻继承人看来，肯定出现了投降和背叛，无政府时期为马丁系列小说中最著名的场景之一提供了灵感。当贵族们向亨利·菲茨安普莱斯请求和平时，臭名昭著的尤斯塔斯劫掠了东安格利亚（East Anglia）；他抵达贝里圣埃德蒙兹（Bury St Edmunds）的修道院，在对方拒绝了他的勒索后破坏了土地，然后在那里的饭厅吃饭时窒息而亡。马丁告诉《娱乐周刊》："我部分借鉴了英格兰国王斯蒂芬的儿子尤斯塔斯的死……尤斯塔斯在一场盛宴中窒息而死。人们在一千年后仍在争论：他是窒息死亡，还是中毒？因为除掉尤斯塔斯带来了和平，结束了英格兰内战。"[21]

虽然尤斯塔斯死亡的地点和具体情况仍是个谜，但据《彼得堡编年史》（*Peterborough Chronicle*）记载："他是一个恶人，无论走到哪里，做的坏事都比好事多；他糟践领地，施加重税。"[22] 或者按照奥莲娜·提利尔的说法："他真是个混蛋啊！"[1]

在尤斯塔斯去世的当天，年轻的亨利·菲茨安普莱斯的妻子阿基坦的埃莉诺（Eleanor of Aquitaine）生下了他们的第一个孩子，一个男孩。局势无疑变得对玛蒂尔达有利，而继承人的死似乎摧毁了斯蒂芬的战斗意志，当时患上的轻微胃病会在一年之内杀死他，他签了正式条约，同意将王位传给亨利。在经历了这么长时间之后，玛蒂尔达的血脉终于获胜，金雀花家族将会统治三个多世纪。

至于御马总管的儿子，五岁的威廉——国王可怜这个无辜的小男

---

[1] 奥莲娜·提利尔对詹姆·兰尼斯特说的话。出自电视剧《权力的游戏》第七季第三集《女王的正义》（*The Queen's Justice*）。——译者注

孩，无法将对他的威胁付诸实施，而是开始照看他。尽管面临压力，这位君主还是没有犯下令人震惊的罪行。斯蒂芬和威廉那天后来被看到一起假扮骑士，一起大笑。虽然"一位君主如此温柔的心几乎和御马总管约翰的残忍一样不值得敬佩"[23]，但斯蒂芬帮了这个国家一个大忙。这个男孩将成为一位老人。威廉·马歇尔曾为三位国王效力，成为历史上最著名的骑士，是骑士精神的具体体现，并最终成为英格兰的摄政王（以及巴利斯坦·赛尔弥的原型）。对我们来说，最重要的是，他还在挽救和确定最著名、最重要的法律协议《大宪章》时起到了首要作用。

本章尾注：

1. *History of William Marshal*
2. Asbridge, Thomas: *The Perfect Knight*
3. 这里只有一处参考，马歇尔自己的自传。
4. 《盎格鲁 - 撒克逊编年史》。
5. http://gameofthrones.wikia.com/wiki/Red_Keep
6. 其次是生于 1884 年的吉尔伯特·利，来自诺曼后裔格罗夫纳家族，他是第二代威斯敏斯特侯爵的孙子。
7. Seward, Desmond: *Demon's Brood*
8. Frankel, Valerie: *Winter is Coming*
9. Castor, Helen She-Wolves: *The Women Who Ruled England before Elizabeth*
10. http://www.nytimes.com/1993/01/03/nyregion/the-royal-family-tree-sprouts-unofficial-limbs.html?pagewanted=all
11. Seward, Desmond: *The Demon's Brood*

27

金王冠
——亨利五世、法斯塔夫和劳勃·拜拉席恩

> 哈哈大笑，喝酒比赛，夸口炫耀。这些是他最擅长的东西。对，还有战斗。

> ——史坦尼斯对劳勃·拜拉席恩的评价

查理六世的疯狂在法国催生了两个派系，其中一派由他爱享乐的弟弟奥尔良公爵路易·德·瓦卢瓦（Louis de Valois, Duke of Orléans）领导，另一派则由他的堂弟、勃艮第公爵勇敢的菲利普（Philippe the Bold, Duke of Burgundy）领导。在经历了多年的紧张局势之后，冲突在 1407 年 11 月 23 日升级，当时菲利普公爵和他的儿子"无畏"的约翰（Jean "the Fearless"）雇佣的 15 名蒙面男子在巴黎袭击了奥尔良的路易，将他刺死。在路易的长子查理与他的岳父阿马尼亚克伯爵贝尔纳（Bernard, Count of Armagnac）结盟后，这两个派系被称为勃艮第派（Burgundians）和阿马尼亚克派（Armagnacs）。

巧合的是，英格兰现在由一位宗教狂热分子统治，他也是一位军事天才。亨利五世（Henry V）与莎士比亚笔下的形象完全相反——

缺乏幽默感、无情、对宗教虔诚——是一位能让人追随、鼓舞人心的领袖。他理着布丁碗状的发型，更像一个僧侣而不是一位国王。在他统治的头八年里，他与女人没有任何身体接触。他登上王位时已经拥有丰富的军事经验，在他很年轻的时候亨利就在威尔士了解到战争的肮脏，在那里他著有《信使》，用来在那个反叛的土地上维持秩序。他还参与了法国两个派系之间的冲突，并在那里尝到了流血的滋味；他的父亲，病弱的老国王反对进一步干涉法国，两人闹翻了。父子俩最终和好，但过早衰老的老人已日益憔悴。

作为君主，亨利五世和前任一样面临着王朝的不稳定，即位两年后就又遇到了一次阴谋——前任国王至少遇到过六次——这一次被称为"南安普敦阴谋"（Southampton Plot）。其目的是推翻亨利，让埃德蒙·莫蒂默取而代之，他是 1398 年去世的不幸的罗杰之子，以及与格伦道尔和珀西一起谋反的埃德蒙·莫蒂默的侄子。这一阴谋牵涉了因婚姻关系而被卷进来的一群人；主谋是御前会议成员托马斯·格雷（Thomas Grey），他的儿子与另一名同谋者剑桥伯爵理查的女儿订了婚。剑桥伯爵是爱德华三世最小的儿子约克公爵埃德蒙之子，他是国王的堂兄，也是莫蒂默姐姐安妮的鳏夫。

埃德蒙·莫蒂默父母双方的家族都被卷入王朝冲突中。他的舅舅萨里公爵托马斯·霍兰德（Thomas Holland, Duke of Surrey）在 1400 年因试图将理查二世从监狱中释放出来而被杀。但这位外甥没有叛国的意愿，他向亨利五世国王告发了南安普敦阴谋。所有同谋者都被处决了，但莫蒂默的忠诚并没有得到什么奖赏。两年后，他得到教皇的特许，娶了一位"健康女子"安妮·斯塔福德（Anne Stafford），也是他的第二代表亲，但这激怒了亨利五世国王，即便在表弟成年后，亨利五世也拒绝归还他的领地；莫蒂默于 1425 年去世，没有留下子女。

剑桥伯爵理查留下了一个四岁的儿子理查，有一天他会发动叛乱反对疯王——也就是杀死他父亲的人的儿子。

同年，亨利五世重燃了与法国的战争，这个国家正因内乱而处于危险的羸弱境地。查理六世于 1402 年任命他的儿子王太子（Dauphin）为阿基坦公爵（Duke of Aquitaine），对亨利五世国王而言这是一种轻慢，尽管加斯科涅人（Gascons）仍然忠于英格兰王室；瓦卢瓦家族决心羞辱兰开斯特家族（House of Lancaster），他们公开宣称对方是非法的。由于教会正因自身问题焦头烂额，无力考虑其他问题，这场冲突愈演愈烈。为了结束同时有两位教皇的天主教会大分裂（Great Schism），1409 年，一个教会委员会在比萨开会；他们的解决方案是同时废除阿维尼翁教皇本笃十三世（Avignon pope Benedict XIII）和罗马教皇格列高利十二世（Roman pope Gregory XII），重新选出一位中立的教皇亚历山大五世（Alexander V）。然而，其他人都不接受这一点，因此，当时同时出现了三位教皇。

登基后，亨利五世与阿马尼亚克派签署了一项条约，该派系承认他对普瓦图（Poitou）、昂古莱姆（Angouleme）和佩里戈尔（Perigord）地区的统治权。然而，在 1415 年，亨利五世还坚持自己对诺曼底（Normandy）、曼恩（Maine）、安茹（Anjou）、布列塔尼（Brittany）和图赖讷（Touraine）的统治权，这些领地在两个半世纪前构成了他祖先亨利二世的帝国。他自然被拒绝了，于是准备入侵。1415 年 10 月，亨利在阿金库尔（Agincourt）取得了惊人的胜利，摧毁了人数大约是己方 6 倍的法国军队。弓箭手再次起了决定性作用，击溃了那些深陷泥沼、混乱的法国骑兵。许多人在成堆的尸体下被压死，有些甚至淹死在泥里。国王在这次战斗中几乎被斧头击中，但根据一种说法，最近刚被他斩首的剑桥伯爵的兄长约克公爵爱德华救了他。阿金库尔可能是该国历史上最辉煌的军事胜利，英军死亡人数仅为 120 人，而法军则多达 1 万人。[1]

这些数字包括被处决的数百名法国囚犯，由国王亲自下令处决，因为他害怕从后方被袭击，这是一种肮脏但也许是必要的行为，打破了战争的职能。当天英格兰死亡的最高级别人士是约克公爵爱德华，他很可能在身着盔甲时死于心脏病，但由于他的英勇行为，他的年轻侄子理查被允许继承他的头衔。

在经历了一次可怕的海上旅行后，亨利五世最终回到了荣耀的地方。在伦敦，葡萄酒从这座城市的水管里流出来，这是新近的一项创新之举，因为这个国家正在庆祝上帝赐予的胜利。但在远离狂欢的地方，真实的战斗是恐怖的。许多人在成堆的尸体下面窒息，或者被威尔士山区人割断了喉咙。接下来的情况更糟。整个1417年，英格兰人都在诺曼底围攻卡昂（Caen），当9月4日该城陷落时，发生了可怕的暴力事件，包括强奸、抢劫和屠杀。

然后在1418年到1419年间，在塞纳河下游的鲁昂（Rouen），英格兰国王故意让居民们挨饿，他拒绝让数千名饥饿的平民通过边界线，而是让他们在围困者和被围困者之间的壕沟内死去。亨利五世在城墙前吊死了囚犯们，当他占领这座城市时，城里的幸存者被描述为看着像葬礼上的雕像骷髅。之后，亨利五世参加了一个长时间的宗教仪式，并为每一位之前一直反抗他的居民提供了一顿饭。诺曼底还有几座城市也遭遇了同样的命运，囚犯被吊死，平民被无情地抛弃，食不果腹。虽然亨利五世国王至少设置了一些限制，规定了军队可以从法国抢掠的数量，并且因为知道喝酒的后果而努力阻止军队喝酒，但这个国家还是再次被结队抢劫的士兵攻击（routiers），即被武装士兵兼匪徒占领了。

尽管在诺曼底发生了如此恐怖的事件，但法国的主要贵族太仇视彼此了，各自都坐视不管。1419年9月10日，其中一个派系的领导人、勃艮第公爵"无畏"的约翰走到约讷河（Yonne）的一座桥上与王太子查理会面，突然城门在他身后关闭，按照预先安排的暗号，他被阿马尼亚克派的人砍倒了。在这场使用了诡计的谋杀之后，两个法国派系之间已经没有可能和平共处了。约翰的继任者菲利普正式与亨利五

455

世结盟，为他献上王冠。1420年5月21日，双方在特鲁瓦（Troyes）签定了一份和平条约，约定了亨利五世和疯王查理六世的女儿凯瑟琳之间的婚姻，她的弟弟王太子则被剥夺了继承权。这位可怜的国王甚至都不知道亨利五世是谁，也不知道这个人是来摧毁他的土地、剥夺他儿子继承权的。

凯瑟琳·瓦卢瓦在1420年12月眼睁睁看着她的弟弟被正式剥夺继承权，并于次年2月1日启航前往英格兰，为她的加冕做准备。四旬期（Lent）期间禁止吃肉，所以她在这里吃鳗鱼、对虾、河虾、鳟鱼和鲑鱼。亨利五世带她来到附近被围困的桑斯（Sens）度蜜月，当夜幕降临这座挨饿的城市时，他浪漫地命令音乐家们每晚为她演奏。与此同时，亨利五世还去了英格兰控制下的巴黎休养，并见证了一个寒冷的冬天，那一代人记忆中最寒冷的冬天。当尸体成倍增加时，人们看到狼群游过河来捕食人肉，绝望的人们将房屋当木柴烧。

狂热的英格兰国王给法国北部带来了恐怖，但他的壮举将在莎士比亚的《亨利五世》中永生，《亨利五世》是亨利系列的一部分，这一系列还讲述了理查二世、亨利四世和亨利六世的故事。尤其是戏剧《亨利四世》创造了年轻的哈尔（Young Hal）一角，他是一位爱狂欢、酗酒、风趣的王子。这是一部伟大的戏剧，但与现实没什么关系。在受其启发的人当中就有乔治·R. R. 马丁，他笔下的劳勃·拜拉席恩部分原型正是莎士比亚的角色之一的法斯塔夫——后期的劳勃国王正如琼恩·雪诺描述的那样："是个红脸长须、汗流浃背的胖子，走起路来一副沉溺杯中物的模样。"[2]

法斯塔夫是位喜剧人物，但他表达了一些残酷的真相，也许更为尖刻，毕竟他是酒鬼和懦夫。他和小偷、流氓们一起在东市街（Eastcheap）的野猪头酒馆（Boar's Head Inn）消磨时光，这是莎士比亚时期伦敦一家真正的小酒馆，但也许在亨利五世国王的时代尚未出现。法斯塔夫的原型是真实的历史人物约翰·奥尔德卡斯尔（John

Oldcastle）爵士，他是亨利五世的朋友，因为信仰异端而被监禁。奥尔德卡斯尔曾与亨利四世（Henry IV）一起对抗欧文·格伦道尔（Owain Glendower）并成为国会议员，后来成为赫里福德郡（Herefordshire）的大执法官（High Sheriff）。他的第三次婚姻娶的是当了三次寡妇的科伯姆（Cobham）的琼，她很富有，这次婚姻也给他带来了全国各地的众多庄园。从1409年起，他被称为科伯姆勋爵。

然而到了1410年，奥尔德卡斯尔信仰了罗拉德派（Lollardy）。罗拉德派是一个异端组织，他们在黑死病之后出现，并因为曾经"制作和书写书籍"和"邪恶地指导和劝告人们"而受到攻击。在牛津神学家约翰·威克里夫（John Wycliffe）的领导下，罗拉德派相信天主教会需要回归《圣经》，而不是遵循罗马的等级制度。该教派的成员开始翻译圣经的一部分——这在当时是被禁止的——威克里夫自己翻译了大部分内容。他们自称为威克里夫派（Wycliffites），"罗拉德"这个名字则是一种侮辱，要么是因为他们喃喃自语的习惯，要么是对会说英语但不会说法语或拉丁语的未受教育者的通称。虽然罗拉德派一开始得到容忍，但在1381年农民起义以及受到威克里夫日益激进思想的威胁之后，其贵族支持者们消失了。

罗拉德派也谴责奢侈，并认为教会已经腐败。当然他们的话很有道理，但他们信仰中也有一些狂热的东西让许多人感到震惊，并很可能在将来引发暴力。在十字兄弟会（Brethren of the Cross）崩溃之后，罗拉德派是几个新团体中具有麻雀（Sparrows）或教团武装（Faith Militant）狂热精神的组织之一，特别是它渴望恢复早期宗教的单纯性。"教团武装"这个词是从争战的教会（Church Militant）——拉丁语"战士教会"（Ecclesia Militans）那里借鉴来的——它没有听上去那么具有对抗性，而是将基督徒分为三个不同群体的一种概念：那些仍然在地上挣扎的是争战的教会；得胜的教会（Church Triumphant）是那些已经在天堂的；忏悔的教会（Church Penitent）是那些在炼狱中的。

这个词象征着一种概念，即成为一名好基督徒是一种挣扎，这对大多数人来说带有不幸的内涵。

另一个异端组织，波希米亚（Bohemia）的胡斯派（Hussites）从1419年的"布拉格抛窗事件"（Defenstration of Prague，他们将天主教统治者扔出了窗外）开始，发动了一场武装叛乱。抛窗是一种特别的捷克传统，这只是他们历史上三次类似事件中的第一次，都是领导人被抛出了窗外。

此时，欧洲各国的当局变得越来越不宽容。1401年，英格兰议会通过了"异教徒火刑"（De Haeretico Comburendo）——关于将异端分子处以火刑的法案，这是第一次引入火刑；1410年，裁缝约翰·巴德比（John Badby）成为第一个因异端而被处决的非神职人员教徒。奥尔德卡斯尔在1413年被控有罪，但最初因他与新国王的友谊得救；热心的天主教徒亨利五世即便加大了迫害，还是希望试图说服老朋友放弃信仰，但无功而返。

没能说服奥尔德卡斯尔，国王对其宣判40天缓刑。在此期间，奥尔德卡斯尔逃跑了。逃亡中的他意图推翻亨利五世、逮捕王室成员并更替政治体制，他要让君主受到主要骑士们的约束，这一计划在当时非常超前于时代。他于1417年11月在威尔士边境被捕，一个月后在原野圣吉尔教堂（St Giles's Field）被吊起来，然后戴着铁链被烧死，当他吊在绞刑架上时，曾承诺在第三天复活（然而并没有复活）。

人们认为，莎士比亚最初想给笔下的角色起名奥尔德卡斯尔，但他那个时代的奥尔德卡斯尔家族反对他对其祖先品行不端的刻画。奥尔德卡斯尔在都铎时代的后裔，第十一代科伯姆勋爵亨利·布鲁克（Henry Brook）是一个有权有势的人，拥有五港总督（Lord Warden of the Cinque Ports）的头衔（就像他的祖先一样，他最终因为图谋反对国王而入狱，这一次是詹姆士一世）。让问题更为复杂的是，法斯塔夫这个角色也部分基于布鲁克本人或布鲁克的父亲第十代勋爵威廉，他是这一时期经常被讽刺的人物，也出现在本·琼森（Ben Jonson）的戏剧中。莎士比亚创作亨利四部曲时，亨利·布鲁克是当时英格兰第二大人物、国务大臣罗伯特·塞西尔的岳父，于是莎士比亚被迫作出修改，将约翰·法斯特夫爵士（Sir John Fastolf）改成了法斯塔夫（Falstaff）——他是当时在百年战争中战斗过的另一位士兵，但他在各方面都不像莎士比亚笔下的傻瓜。事实上，他是一位以勇敢而著称、狡诈又坚韧的老兵。[3] 莎士比亚的戏剧中包含了"古老城堡（old castle）"的双关语，只有在写作时考虑到了那个名字才讲得通。

亨利五世和凯瑟琳婚后很快就幸运地得到了一个儿子，他被命名为亨利，并注定要成为英格兰和法国的国王。雄心勃勃的国王现在正热切地研究巴勒斯坦地图，并阅读关于十字军东征的故事；他还只有35 岁就已经征服了大片领土，建立了一个统治英格兰和法国的王朝，并且在他身边还有三个弟弟，一切似乎坚不可摧。

然而命运之轮总是在转动，战争的最大杀手既不是长弓也不是长剑，而是血痢疾——当时人们对痢疾的叫法。1422 年 5 月，国王在莫城（Meaux）征战时感染了这种疾病。他在床上奄奄一息，很快他的追随者们就明白，他熬不过去了。他在 8 月去世，一个月后法国国王也去世了。

国王去世后，他的弟弟贝德福德公爵约翰（John, Duke of Bedford）被宣布为摄政王，他专注于与法国的战争；而国王最年轻的弟弟格洛斯特公爵汉弗莱（Humphrey, Duke of Gloucester）成为尚在襁褓中的侄儿亨利六世的护国公和监护人（排行第二的托马斯在亨利五世去世之前几个月被杀了）。然而，在亨利六世悲剧性的长期统治之初，就出现了令人痛苦的派系斗争。格洛斯特公爵曾希望成为摄政王，但在不可避免的权力斗争中被他的许多敌人拒绝了，其中为首的是他的叔叔、温切斯特主教亨利·博福特（Henry Beaufort, bishop of Winchester）。

法国人继续抵抗英格兰人的统治。1424 年，被剥夺继承权的法国的查理、前任国王的儿子、英格兰人口中"自称为王太子的人"组建了一支军队——混合了法国人、苏格兰人、西班牙人和伦巴第人（Lombards）[1]，后者是欧洲最让人害怕的士兵，主要是因为他们有米兰制造的盔甲和强大的马匹。然而在 1424 年，英格兰人在韦尔讷伊（Verneuil）赢得了又一次伟大的胜利。领兵的是索尔兹伯里伯爵托马斯·蒙塔古（Thomas Montagu），36 岁的他已经是基督教世界最为赫赫有名的军人之一。尽管国王不在，英格兰人仍凭借弓箭手在战斗中占有优势。尽管板甲当时可以承受最先进的箭的袭击，但大量投掷物会导致士兵聚集在中心，从而破坏其队形。当法国人开始逃离战场时，他们的苏格兰盟友发现己方的人数只有敌人的一半，而且由于他们在上战场前决定格杀勿论，必须战斗到死，因此交战结束时没有一个苏格兰人活着离开战场。在 7000 名被杀害的法国和苏格兰军人中，有巴肯（Buchan）伯爵和老将阿奇博尔德·道格拉斯伯爵（Archibald Douglas）[2]，他曾因英格兰人失去了一只眼睛，然后是一个睾丸，最终在英格兰人手上丢了性命。

到了 1428 年末，英格兰人来到巴黎以南卢瓦尔河（river Loire）上的奥尔良（Orléans）城外，这是一个可以控制法国最大河流的关键交汇处。英格兰人控制了西边，勃艮第人控制了北边，而如果贝德福德公爵的军队占领了这座城市，那么法国所有的抵抗都会崩溃。贝德福德公爵反对围攻奥尔良，认为不可能拿下，但军队指挥官托马斯·蒙塔古成功说服了他。蒙塔古的父亲因图谋反对亨利四世而被处决，但在 1415 年参加亨利五世的征战之前，这位年轻的伯爵已被归还了父亲的大部分领地。他是战争中最受尊敬的军人之一，同时也非

---

[1] 是日耳曼人的一支，起源于斯堪的纳维亚，今瑞典南部。经过约 4 个世纪的民族大迁徙，伦巴第人最后到达并占据了亚平宁半岛（今意大利）的北部。——译者注

[2] 生于 1372 年，卒于 1424 年。在第 25 章中有提到他。——译者注

常富有。

接下来是漫长的攻城战，由 32 岁的萨福克伯爵（Earl of Suffolk）威廉·德·拉·波尔（William de la Pole）、理查二世亲信的孙子（他父亲已在阿夫勒尔去世[1]）领导。到 10 月底，经过漫长而残酷的战斗，围攻者已占领了部分桥梁，这座城市看上去注定要失败。

所以英格兰人对接下来发生的事情毫无准备。2 月下旬在希农（Chinon），神经质的王位觊觎者查理[2]在藏身处陷入绝望的困境，这时 6 名武装人员带来一位看上去很奇怪的年轻女孩，她装扮成短发男孩，眼睛里有一种强烈的决心。对法国人来说，她是一位救世主，一位将他们从被占领的命运中解救出来的处女；对她的敌人来说，她是个只能用火来治愈的女巫。他们称她为"少女"，但今天她被称为圣女贞德。

本章尾注：

1. Gesta Henrici 中记录的英格兰人的描述："一些人死于刚交战之时，跌倒在前面。无组织纪律性的杀伤力很强，身后大批人又给他们带来了压力，以致活人跌到在死人堆上，其他人又跌倒在活人身上，也都被杀死了。"
2. *A Game of Thrones*
3. 有些人认为和奥尔德卡斯尔一样，他也是罗拉德派。

---

[1] 即 1415 年的阿夫勒尔攻城战。——译者注
[2] 即查理七世，1422—1461 年在位。——译者注

· 28 ·

"我既生为骑士，也要死得像个骑士"[1]
——"拂晓神剑"威廉·马歇尔

> 我耗费时光为这些糟糕的国王作战……一个有荣誉的人会遵守他的诺言——即使他要服侍一个酒鬼或是疯子。
>
> ——巴利斯坦·赛尔弥爵士[2]

童年很短暂，青春期则是现代才有的概念。孩子们 12 岁就结婚，准备加入男人和女人的世界。也就在这个年纪，约翰·马歇尔（John Marshal）的第四个儿子威廉被从威尔特郡（Wiltshire）的家中送走，去和诺曼底的亲戚一起住，这肯定会削弱原本有爱的父子关系。威廉先后师从他母亲的表兄弟威廉·德·唐卡维尔（William de Tancarville）和她的兄长索尔兹伯里的帕特里克（Patrick of Salisbury）接受骑士训练。后者是约翰·马歇尔（John Marshal）的竞争对手，他是一位地主，也是比武大会上的明星。威廉·马歇尔在贝里地区的沙托鲁（Chateauroux in Berry）长大，这是法国中部一个

---

[1] 出自电视剧《权力的游戏》第一季第八集《剑之尖端》（*The Pointy End*）。——译者注

[2] 出自电视剧《权力的游戏》第三季第五集《火吻而生》（*Kissed by Fire*）。——译者注

无法无天的地方，卡佩（Capet）家族[1]和金雀花家族（Plantagenets）[2]都想占有，但由一个惹人讨厌的家族——普瓦图的吕西尼昂家族（Lusignans of Poitou）控制。

帕特里克伯爵为英格兰王后埃莉诺（Eleanor）[3]效力，但在1168年被吕西尼昂家族杀死。21岁的马歇尔既没有资助人，也没有收入。作为幼子，他没有钱，于是他以长枪比武职业骑士为生，通过获得手下败将的盔甲来积累财富。1178年或1179年，在诺曼底厄镇（Eu）举行的一次比武大会上，马歇尔打败了10名对手。10年时间里，他和一个同伴一共拿下了103名骑士，获得了巨额财富，从此声名远扬。事实上，马歇尔甚至雇佣了一个名叫亨利·诺里斯（Henry Norreis）的仆人，其工作就是四处宣传他的名声，有点像是中世纪的公关人员。

在职业生涯中，马歇尔成为了骑士的英雄标杆，其他人拿他和自己作比较，就像维斯特洛人会谈起"拂晓神剑"亚瑟·戴恩，或者"无畏的巴利斯坦"巴利斯坦·赛尔弥爵士，"维斯特洛历史上最伟大的骑士"。

但他幸运地得到了埃莉诺王后的资助，她让他为自己的长子亨利效力，亨利比他小8岁；即便亨利与自己真正的家庭开战，两人也亲如兄弟。埃莉诺是这一时期最令人印象深刻的女人——一个阴谋家，后来成为政治家—祖母——但在她年轻时，曾是基督教世界中大家最想娶到的小姐。在给亨利二世国王带来了8个孩子之后，她在70多岁时成为艺术资助人和外交官。埃莉诺是终极母亲政治家，实际上是祖母政治家，在整个欧洲都是一位受人尊敬的强硬而有权势的人物。但她也是个投毒者，很可能杀死了她丈夫的情妇罗莎蒙德

---

[1] 即当时的法国王室家族。——译者注

[2] 即当时的英格兰王室家族。——译者注

[3] 即阿基坦的埃莉诺。生于1122年，卒于1204年。1137—1152年为法国路易七世的王后，1154—1189年为英格兰亨利二世的王后。——译者注

（Rosamund）。[1] 她还有一个儿子是恶魔，无论他的行为有多么凶残和懦弱，她都会为他辩护。

阿基坦地区位于伊比利亚北面和法兰克心脏地带的南面，长期保留了独特的文化和自己的语言。这里也是宫廷爱情和浪漫的发源地。就像河湾地（Reach）一样，这里的人民"勇敢、英勇、容易受到女性魅力的影响"，并为当地人的生育能力和葡萄酒感到自豪。阿基坦河是由两条流入西边大西洋的大河滋养的，卢瓦尔河位于其北部边境，吉伦特河再往南边，河岸边是出产地球上最昂贵葡萄酒的葡萄园。

南部的语言是奥克语（lenga d'oc 或者 Occitan），这么说是因为北部人说"是、同意"的单词是 oui，而南部人则用 oc，即使对于未经训练的英语人士来说区别也足够大。语言学家马里奥·佩（Mario Pei）在 1949 年进行的一项研究比较了罗马语族与拉丁语不同的程度，发现意大利语与拉丁语不同的比例为 12%，奥克语为 25%，而法语则为 44%（撒丁语最接近拉丁语）。法国南北部之间的这种区别直到最近依然很明显。

法国南部受到北部统治，但文化影响则是反向的，特别是阿基坦的浪漫传统通过其诗歌得以传达。

阿基坦公爵吉扬（威廉）九世［Duke Guilhèm (William) IX of Aquitaine］（1071—1127 年）是"世界上最有礼貌的人之一，对女性来说也是最大的骗子之一。他是位善用武器的骑士，很慷慨地表达对女士们的关注，也是位有成就的作曲家和歌手。有很长一段时间，他都在世界各地徘徊，一心想欺骗小姐们"[2]。就像西班牙的摩尔人一样，阿基坦人会写爱情诗，吉扬的爱情诗中有一首讲述一个人假装又聋又哑，这样他就可以拜访"瓜林和伯纳德的领主们"的妻子们。

吉扬十世的孙女埃莉诺先后嫁给了西欧两位最有权势的人——法国国王路易七世和年轻很多的英格兰亨利二世。这样，她帮忙将游唱诗人（troubadour）的传统引入法国北部和英格兰，给北部带来了浪漫主义文学和艺术的理念。

埃莉诺和路易七世的婚姻被证明是火药味十足的，在他带她踏上十字军东征之旅后情况变得更糟，据传，她与自己潇洒的叔叔雷蒙（Ramon）开始谈情说爱。在王室夫妇回欧洲的路上，她已经威胁要让婚姻无效。尽管他们已有两个女儿——都无法继承王位——教会还是同意解除他们的婚姻。在回家的路上，她同意与玛蒂尔达皇后的儿子亨利结婚——他只有19岁，比她小10岁。

如果说她的第一次婚姻是灾难性的，那她的第二次婚姻可能更糟。亨利二世是个非常聪明的人，但以他的脾气、胃口和欲望而著称。他的统治受到冲突的破坏，首先是与坎特伯雷大主教托马斯·贝克特（Archbishop of Canterbury, Thomas Becket）发生冲突，后来又与他幸存的4个合法儿子亨利、理查、若弗鲁瓦（Geoffrey）和约翰发生冲突，他们与父亲、与彼此争斗，度过了动荡的10年半时间。嫡出的儿子们在叛乱中受到母亲的鼓励，她被丈夫监禁了16年。亨利二世于1189年去世后，埃莉诺在晚年享有巨大的政治权力。亨利二世还与自己的一个私生子、约克的若弗鲁瓦关系亲密，即便亨利二世的其他儿子都反叛了，他仍忠于父亲。

在亨利二世统治期间，有了第一批真正的法律记录，文职部门诞生了，后来政府永久定居在威斯敏斯特宫。然而在这一时期以及接下来很长一段时间里，王室人员都是四处走动的，在王国内从一个地方走到另一个地方。让平民恐惧的是，就像在维斯特洛一样，皇室随行人员总是给他们带来痛苦。

1293年6月，未来的爱德华二世（Edward II）[1]记录道："来共进晚餐的有布拉班特的约翰（John of Brabant），他带了30匹马和24个仆人，还有埃德蒙勋爵的两个儿子，他们逗留期间的所有费用

---

[1] 1307—1327年在位。——译者注

都由我们承担，包括干草、燕麦和工资。"4天后，只有悲伤的报告——他们还在。几天后，他在记录中感叹："他们一直逗留到现在，真是繁忙的一天。"[3]

爱德华一世（Edward I）[1]在统治期间一共旅行了2891次，每4天一次，而他儿子[2]一共旅行了1458次。四国王出行时会带着阵容庞大的随行人员，其中不仅包括总管大臣（Lord High Steward）和掌礼大臣（Lord Great Chamberlain），还包括杯盘管理官（Keepers of the Cups and of the Dishes）、御膳首席管家（Master Steward of the Larder）、洗漱室看门人、蜡烛管家（Chamberlain of the Candles）、锐目猎犬管理官（Keeper of the Gazehounds）、捕猫者、捕狼者和帐篷管理官（Keepers of the Tents）以及面包师、司膳官、马夫和仆人。当国王走近一座城堡时，会先派人驱除不受欢迎的人，包括妓女和"洗衣妇、赌徒"、请愿者和有官司在身的人。

安茹家族无情地彼此争斗。亨利二世的弟弟若弗鲁瓦在埃莉诺与路易七世离婚后曾试图劫持她，3年后他再次反抗兄长。最后，亨利每年向弟弟支付1500英镑让他臣服，但幸运的是，弟弟很快就去世了。如今亨利和埃莉诺的长子亨利由于缺乏权力而变得沮丧，1172年父子俩公开闹翻。让老国王惊讶和恐惧的是，年轻的亨利竟起兵反对他。在和手下的骑士一起逃跑时，年轻的亨利给了手下选择，让他们有机会回到老国王那里。有些人这么做了，但马歇尔是继续跟着亨利的人之一，作为叛徒，两人都把自己的未来置于危险之中。而埃莉诺很可能鼓励了这次叛乱。

接着理查和他的弟弟若弗鲁瓦开始制造麻烦。尽管缺乏兄长的魅力，理查却有着无情的性格和军事天才，这些在他十几岁时就已经成形。这两个男孩于1178年在埃莉诺和苏格兰人的支持下，发起了反

---

[1] 1272—1307年在位。——译者注
[2] 即爱德华二世。——译者注

对父亲的武装叛乱。亨利的私生子若弗鲁瓦去北部打击入侵者，苏格兰国王在阿尼克附近被捕。国王告诉若弗鲁瓦："我另外的儿子才是真正的私生子[1]。"

尽管叛乱被平定，埃莉诺被囚禁，但在接下来的 10 年里，战争再次爆发。1183 年，年轻的亨利在法国西南部掠夺一座神殿时发烧了，父子间即将和解。在威廉·马歇尔等随行骑士的簇拥下，亨利死了，手中拿着父亲送给他的象征宽恕的戒指。对马歇尔而言，这是个无法估量的损失，但作为一名反对合法国王的反叛者，他也发现自己处于危险之中。亨利在去世前为了自己的灵魂委托他的朋友参加十字军东征。于是马歇尔去找老国王，宣誓效忠，并请求他让自己完成他儿子的遗愿。年轻骑士的奉献和荣誉感给亨利二世国王留下了深刻的印象，他允许马歇尔前往巴勒斯坦，并向年轻的骑士承诺等他回来会给他一个职位。

3 年后，埃莉诺的儿子若弗鲁瓦追随兄长而去，他在比武大会上被踩死，是这项运动的另一个受害者。国王的痛苦并没有就此结束，他试图说服继承人理查将阿基坦交给弟弟约翰，从而引发了又一次叛乱。理查母子和法国年轻的腓力二世国王（King Philippe）[2]联手与国王交战，这场战争比之前的战争要激烈得多。

双方同意在勒芒（Le Mans）举行和谈，理查和腓力二世都对老国王的衰弱状态感到震惊，亨利二世虽然只有 50 岁出头，却像一位老人。他发着烧，冷得发抖。腓力二世递给老国王一条毯子，被他拒绝了。当着所有人的面，亨利二世和他的儿子拥抱，老国王在儿子耳边低声说："上帝饶过我足够长的时间来报复你。"在两军之间的无人之地，理查——没有穿任何盔甲——偶遇马歇尔，骑士直接冲向他。理查尖叫道："上帝啊（By God's legs），马歇尔，不要杀我！ 那

---

[1] 这个词也有混蛋之意。——译者注
[2] 1180—1223 年在位。——译者注

样是错的，我没有武器！"在最后一刻，马歇尔将长矛插向理查的马，并说："让魔鬼杀了你吧，我不会杀你。"

勒芒的和平是个骗局。在距离会面地点几英里的地方，理查和腓力二世准备在敌人回来的路上突袭他。国王的健康状况日益恶化，他周围的人很清楚，很快权力就会来到理查身边。亨利二世的支持者开始消失，老人身边只剩一小群骑士在保护他。但马歇尔坚定不移。

双方在夏天再次会面，亨利二世要求儿子出示当时叛乱者的名单。他只听了第一个名字就回答不需要再听下去了，因为在名单最上面的是他最喜欢的小儿子约翰。伤心欲绝的亨利二世于1189年7月向腓力二世投降，并在两天后因脑溢血过世。国王临终时留在身边的唯一儿子是他的私生子若弗鲁瓦。

亨利的儿子即位为理查一世（Richard I）[1]，由于他的勇敢被称为"狮心王"。他的第一项举措就是召见威廉·马歇尔。在临终前最后几个月里，老国王奖赏了马歇尔的忠诚，将伊莎贝尔·德·克莱尔（Isabel de Clare）许配给他做妻子。她是理查德·德·克莱尔（Richard de Clare）——又被称为"强弓"（Strongbow），征服了爱尔兰的盎格鲁-诺曼军阀——和他的爱尔兰妻子的女儿，而伊莎贝尔带来了大部分威尔士南部和爱尔兰东部的领土。

许多身处这种情况的人都会当场吊死马歇尔，但理查一世原谅了他以及所有忠于自己父亲的人。他派马歇尔去英格兰维持秩序，并释放他的母亲。新国王也同意了马歇尔的婚事，如今已40多岁的马歇尔前往伦敦迎娶他的16岁新娘[2]，他突然间就成为西部最大的土地所有者之一。

然而，理查一世与腓力二世国王的友谊演变成一场激烈的斗争。狮心王将他的大部分统治时间都用在十字军东征上，在取得一系列

---

[1]　1189—1199年在位。——译者注
[2]　即伊莎贝尔·德·克莱尔。——译者注

辉煌的胜利后，他与腓力二世和奥地利的利奥波德五世（Leopold of Austria）闹翻了。这场争斗导致理查一世被关押在德意志，为了换回他，英格兰纳税人不得不募集"国王的赎金"，也就是34吨黄金，相当于4年的国民支出。

在理查一世被囚禁期间，他的弟弟约翰起兵反抗他的统治，并与法国的腓力二世结盟。但国王于1194年3月回国后原谅了弟弟，而且几乎是立即离开，重返战斗。然而1199年，在法国西南部的利穆赞（Limousin）围困一座小城堡时，一名手持十字弓的厨师瞄准了理查一世。国王站起来嘲笑这位射手，一个正拿平底锅当盾牌的小男孩。尽管理查一世没有佩戴任何盔甲，还是夸赞了他的第一箭。男孩再次射击，击中了国王的左肩。这一箭是致命的。

在19世纪医学取得突破之前，即便是战斗中最小的伤口也可能是致命的，而坏疽或绿腐病夺去了大量生命。狮心王的伤口并没有那么严重，但箭头的移除过程太拙劣。狮心王在战斗中度过了整个成年时期，他亲眼见证过腐败感染带走许多人的生命，知道自己的命运。

这位农民声称理查一世杀死了他的父亲和两个兄弟，但出于最后的骑士精神，濒临死亡的国王赦免了他，并要求他在自己去世后获释。然而，理查一世的首席雇佣兵梅卡迪耶（Mercadier）后来活活剥了这个男孩的皮。

"实在是个不折不扣的浑球"[1]

在电视剧《权力的游戏》中，游方艺人（minstrel）马瑞里安写了一首关于劳勃、野猪和"国王床上的狮子"的下流民谣，提到詹姆给国王戴了绿帽，所以乔佛里让一个手下切掉了他的舌头。[5] 虽然亨利一世确实因为一位吟游诗人唱了首批评自己的歌而弄瞎了他的眼

---

[1] 琼恩·雪诺对艾莉亚·史塔克说的话。出自《冰与火之歌》第一卷《权力的游戏》。——译者注

睛，但最符合乔佛里的残忍、怯懦和缺乏政治意识的国王是理查一世的弟弟约翰，他在哥哥突然死亡后继承了王位[1]。有一次，他惩罚了一个预言自己会垮台的可怜的老"乡巴佬"，用马将那人和他的儿子撕成碎片。

约翰童年时少数为人所知的事件之一涉及国际象棋，这种游戏在 11 世纪很可能通过西班牙传入了基督教欧洲。令人惊讶的是，国际象棋在当时是一种暴力的消遣活动，因为根据记录，在下棋的过程中会爆发许多残酷的打斗事件。当时的棋子非常重，如果用作武器，就会伤到人。在一次下棋时，一名叫奥吉耶（Ogier）的贵族私生子博迪安（Bauduin）"据说被另一名棋手用石头猛击了一下，双眼都飞出了脑袋"[6]。根据编年史家亚历山大·内克姆（Alexander Neckam）的记录，在下国际象棋时"经常会有侮辱性的语言，下棋时不能保持严肃消遣的尊严，从而沦为斗殴"。内克姆向贵族们提出的建议之一是："如果你在骰子或国际象棋中输了钱，不要让怒火在你心中引发野蛮的狂怒。"约翰没有留意这个建议。小时候，他和富尔克·菲茨瓦兰（Fulk FitzWarin）一起下棋时，他"拿起国际象棋棋盘，并用它拼命砸向富尔克"，造成非常严重的伤害。[7]

约翰是暴力、无情、残忍、残酷的，并打破了自己作出的每一个承诺。两名主要的勋爵分别指控他对他们妻子和女儿的性犯罪，而当他同父异母的兄弟待在法国监狱里时，他甚至试图勾引他的妻子。

他也是个酒鬼，在他拥有的 50 座城堡里藏有大量葡萄酒。1201 年，约翰国王在南安普敦的葡萄酒库存中有 105 桶普瓦特万（Poitevin）葡萄酒、143 桶安茹（Angevin）葡萄酒以及来自安德尔的勒勃朗（Le Blanc in Indre）的 150 桶葡萄酒。但这在当时并不罕见，因为大多数人每天都会喝几品脱啤酒，如果他们富裕的话，也会喝葡萄酒。法

---

[1]　1199—1216 年在位。——译者注

庭案卷——在亨利二世时代已完全出现——在许多罪案和事故中总是提到酒精。而为亨利二世服务的教士理查德·菲茨尼尔（Richard fitzNeal）写道，英格兰的犯罪行为通常可以用"居民天生酗酒"来解释。[8]

同时代的杰弗里·德·万绍夫（Geoffrey de Vinsauf,），尽管他的名字是英格兰人的名字，却写道"那个饮酒者，英格兰"（Anglia potatrix）。[9]事实上，撒克逊（Saxon）时代以来的地方政府完全围绕着啤酒集会，每个教区都有一个行会（喝酒的地方），大小决定都是在行会里作出的。这种常见的集会场所被认为是"饮酒者的集会"，这可能并不是一件非常可怕的事情，因为一些研究将酒精与社会中的高度信任联系在一起。[10]在中世纪的巴黎，有三分之一的学生是英格兰人，他们因大量饮酒而闻名，被描述为"最有辨别力的人……他们举止出众、言语和外表都很优雅、非常聪明、提出的建议也很明智"，但他们有三大弱点，女人、"Weisheil"和"Drincheil"，后两个是祝酒词。[11]

随着咖啡、茶的出现以及能更轻易地获得洁净水，欧洲的酒精消费量从17世纪开始大幅下降，除了伦敦杜松子酒流行等事件外，整体趋势一直是下降的。[12]

约翰抛弃了他的第一任妻子，娶了12岁的昂古莱姆的伊莎贝拉（Isabella of Angouleme），这让她的未婚夫休·德·吕西尼昂（Hugh de Lusignan）感到惊讶。这个受到伤害的人向领主法国的腓力二世求助，腓力二世要求约翰出现在自己面前。他没有出现，于是腓力二世宣布没收他在法国的土地，包括诺曼底、布列塔尼和安茹的所有土地。与此同时，约翰的侄子阿蒂尔、他哥哥的遗腹子向约翰开战。

于是在1200年，埃莉诺和臭名昭著的雇佣兵队长梅卡迪耶——剥皮人——一起在法国西部围困她的孙子阿蒂尔。她现在已经76岁了，但在随后的和平条约中，腓力二世国王 12 岁的儿子路易[1]要娶她的一位外孙女，她就去卡斯蒂利亚（Castile）[2]为他挑选了一位。这次旅程往返共 1000 英里，要穿越厚厚的积雪和有时无法通行的比利牛斯山脉（Pyrenees）。抵达后，她选择了年轻的布朗歇（Blancha）[3]，并带着布朗歇一起回来，让她在寒冷、遥远的巴黎结婚；路易和布朗歇将成为铁王美男子腓力四世的曾祖父母。

阿蒂尔要求夺回英格兰的王冠，于是约翰前往诺曼底，邀请侄子在自己的城堡里进行会谈，然后将他殴打致死。

腓力二世·奥古斯都利用约翰骇人听闻的行为作为兼并诺曼底的借口，诺曼底的人民已经受够了约翰的雇佣兵军队。法国国王并没有好多少，腓力二世国王"用火和剑清洗城市"，而且一如既往，战争对小百姓来说是无情的。1204 年，腓力二世的军队横扫诺曼底，金雀花家族的人被完全赶了出去，约翰失去了盖拉德（Gillard）城堡。当时入侵者利用厕所潜入建筑物后，约有 2000 人被赶出城堡并挨饿，无法通过法国边界。约翰后来想重新夺回诺曼底的行动也以失败告终，给贵族们徒增税收和麻烦而已。

尽管对君主越来越敌视，贵族之间也在互相作战。所有主要领主都有自己的私人军队，由宣誓效力的封臣组成，他们之间的纠纷经常发展到需要诉诸武力的程度。在约翰的时代，那些主要的勋爵都各自有随行骑士（retinue），人数从 10 人到 100 人不等，随行骑士有自己的侍从（squires），再往下还有随从（yeomen）和隶农（villeins）[4]。在无政府时期，许多勋爵开始形成私下达成和平条约的传统，甚至会在领主要求效力时假装战斗。他们限制了所带骑士的数量，同时还承

---

[1] 即后来的路易八世，1223—1226 年在位。——译者注
[2] 是西班牙历史地名，由西班牙西北部的老卡斯蒂利亚和中部的新卡斯蒂利亚组成。——译者注
[3] 她的西班牙语名字为布兰卡（Blanca）。——译者注
[4] 对于领主说是农奴，对于外人说是自由民。——译者注

诺归还一切获得的战利品，让战事成为一个骗局。在亨利二世统治时期，莱斯特（Leicester）和切斯特（Chester）的伯爵们作为邻居不断就土地进行争斗，双方同意在每次开战前提前 15 天通知对方。

随着时间的推移，国王变得越来越疯狂。所有的国王都会把敌人的孩子当作人质，如果出了问题，他们有时会遭受可怕的命运，但是金雀花家族做得太过分了。1165 年，亨利二世国王命令将威尔士人质弄瞎和阉割，割掉女人的鼻子和耳朵。约翰更过分，他命令将 28 名年龄在 12 岁左右的男孩囚禁起来，然后将他们全部吊死，他们都是威尔士领主们的儿子。

在维斯特洛，拉姆斯·雪诺娶了霍伍德夫人以占领她的家，但随后让她在塔中的一个牢房里活活饿死，她在临死前咬掉了自己的手指。在现实中，作为土地所有者的马歇尔在威尔士边境的主要对手是德·布里乌兹家族（de Briouzes）。约翰在诺曼底征战时，威廉·德·布里乌兹是他的忠实追随者。德·布里乌兹家族至少四代人都是大贵族，其首领是一个无情的人物，这在盎格鲁－诺曼的军人阶层很典型。威廉的曾祖父，另一位威廉·德·布里乌兹［或德·布劳奥斯（de Braoise）］曾在黑斯廷斯战斗后，被赏赐了萨塞克斯（Sussex）、萨里（Surrey）和伯克郡（Berkshire）的领地，他的儿子和孙子扩大了家族在东南部的领地，他的孙子为亨利二世效力。现任威廉·德·布里乌兹，第四代布兰贝尔勋爵（Lord of Bramber）出生于无政府时期，成为边境地区的主要领主。在 1175 年一次臭名昭著的事件中，德·布里乌兹邀请三位威尔士王子和一些领主参加阿伯加文尼城堡（Abergavenny Castle）的盛宴以纪念一年的结束，并为和平祝酒。德·布里乌兹将舅舅的被害一直归咎于他们中的塞西里·阿普·杜芬瓦尔（Seisyll ap Dyfnwal），他没有忘记也没有原谅。因此，在那天晚宴结束时，他发出命令，让手下杀害了所有威尔士人。后来德·布里乌兹还追捕阿普·杜芬瓦尔 7 岁的儿子，并杀死了他。

约翰国王对威廉·德·布里乌兹一直很慷慨，赐给他威尔士的领地，包括该国南部的高尔勋爵（Lordship of Gower）和格拉摩根城堡（Glamorgan Castle）。他还被赏赐了利默里克（Limerick）的领地。然而国王对他越来越怀疑，也许是因为德·布里乌兹对阿蒂尔非自然死亡的内幕知道得太多了。

不管出于什么原因，国王要求威廉·德·布里乌兹偿还欠王室的总共3500英镑债务。勋爵无法偿还，于是国王要求他交出长子——他也叫做威廉。勋爵拒绝了，并于1210年逃往爱尔兰。不幸的是，那一年约翰的手下抓住了他的妻子和年轻的威廉，当玛蒂尔达·德·布里乌兹脱口而出他们了解阿蒂尔的谋杀案后，她和19岁的儿子被关进位于多塞特（Dorset）的科夫堡（Corfe Castle）并活活饿死，这是约翰度过他大部分统治时期的堡垒。一位编年史家描述了这一幕："在第11天，母亲被发现死在儿子的双腿间，仍然坐得笔直，这个女人死时靠在儿子胸前。那个也死了的儿子坐得笔直，靠在墙上。母亲是如此绝望，她已经吃掉了儿子的脸颊。"[13]父亲很快因悲伤而去世。但他的血脉延续了下去，年轻的威廉已经生了4个儿子，他们由一位忠诚的威尔士人秘密抚养长大。

国王还要求马歇尔交出他的长子威廉，他觉得自己受到了胁迫，于是前往他在爱尔兰的领地，远离那公开威胁他的不稳定的国王。

到1212年，约翰被孤立了。他因拒绝教皇选择的坎特伯雷大主教而被逐出教会，并遭到贵族和普通民众的憎恨。约翰试图在1214年赢回诺曼底，最终导致了7月27日布汶战役中的灾难。这场战役发生在酷暑时节，"人们在半盲的状态下战斗，头盔里的汗水倾泻而下，数千匹马扬起的沙尘让情况更加糟糕。"[14]在战斗过程中，佛兰德伯爵（Count of Flanders）袭击了法国国王，"但他在最后一刻退缩，因为他为将要做的事而惊恐万分，也害怕会犯下不被宽恕的罪过，他试图杀死的那个人不仅是他的自然领主，而且还被置于上帝的特殊保护之下（凭借加冕时的涂油礼）。"[15]而英格兰指挥官长剑威廉（William Longsword）被博韦（Beauvais）主教用武器打中头部并俘虏。

除了残酷行为之外，约翰的灾难性失败也导致一群以北方人为主的勋爵宣布放弃对他的敬意和忠诚。当约翰进入房间时，他们甚至拒绝站起来——在一个所有关系都是关于忠诚的世界中，这是一个严重而刻意的侮辱。他们由两位勋爵厄斯塔什·德·韦西（Eustache de Vesci）和罗伯特·菲茨沃尔特（Robert Fitzwalter）领导，他们的女眷都遭受了约翰的性侵害。在其他叛乱分子中，还有正在崛起的北方家族的首领理查德·珀西。

叛乱分子被非正式地称为"北方人"，他们在春天起兵前往北安普敦（Northampton）。多亏坎特伯雷大主教斯蒂芬·兰顿（Stephen Langton）于6月15日在兰尼米德（Runnymede）将双方召集在一起，起草了国王同意据此实施统治的63条系列条款，内战才得以避免。它后来被称为《自由大宪章》（*Great Charter of Liberties*），或《大宪章》（*Magna Carta*），以区别于另一部关于森林的宪章。[16][1]

马丁小说中的世界和我们的世界之间存在许多差异，主要差异之一是国王在没有任何议会的情况下治理的方式（这样可能叙述上更好）。然而，在大宪章颁布后，统治者总是受到法律的限制，而亨利三世（Henry III）的统治见证了最初被非正式地称为"议会"的会议形式。在他儿子长腿爱德华（Edward Longshanks）[2]的统治下，骑士们首次坐在议会里，建立了当时简称为"Commons"的下议院（House of Commons）。世界上大多数国家并非如此，但在大多数欧洲国家，类似的机构也都会在之后的某个时期发展起来。至少从13世纪90年代开始就有了匈牙利议会（Hungarian Diet），第一次瑞典议会在1435年召开，但世界上最早的议会是冰岛议会（Icelandic

---

[1] 即1217大宪章的补充文件《森林宪章》。——译者注

[2] 即爱德华一世，1272—1307年在位。——译者注

Althing），其历史可以追溯到930年。然而，国会议员在王国的日常管理中只起到很小的作用，日常管理是由"御前会议"（king's council）或"枢密院"（secret council）完成的。

一如既往，约翰国王违背了这份和约，声称自己签署时受到了胁迫，于是内战爆发了。贵族们请来法国的路易王子[1]，他通过与亨利二世的外孙女布朗歇结婚宣告了自己的王位继承权。当路易占领伦敦时，约翰在诺丁汉郡的纽瓦克（Newark, Nottinghamshire）死于痢疾，这很可能是由于他的暴饮暴食引起的。

路易很快控制了东南部的大部分地区，包括伦敦，约翰年仅9岁的儿子亨利[2]的命运看起来很黯淡。至少有三分之二的贵族积极响应入侵者，如果不是因为一个人——已经年近70的威廉·马歇尔，金雀花家族就会垮台。

临死前，约翰将王国托付给马歇尔，并让他照顾自己的儿子。尽管这个男孩身处逆境，但马歇尔还是发誓这样做，他身边的其他人想要抛弃年轻的亨利时，他安排自己被亨利召唤，并在格洛斯特（Gloucester）附近的路上会面。马歇尔把他扛起来，然后发誓要让亨利当上国王，即便他需要把这个男孩国王"扛在肩膀上"从一个岛屿带到另一个岛屿。亨利在格洛斯特大教堂加冕。入侵者围攻林肯时，亨利的效忠者们从西南部的基地发起进攻。马歇尔以极大的热情领导战斗，以至于他的手下需要阻止他没穿盔甲就冲入战场。

总共250名王室弩兵的"死亡之箭"发挥了作用，他们通过杀死敌人的战马取得了决定性胜利，"像杀猪一样屠杀他们"。效忠亨利的人赢了，不久之后在桑威奇战役（Battle of Sandwich）中，路易的法国军队被一支英军舰队打败，这支英军舰队规模只有法国人的一半，但"在海战中具有攻击性、技术水平高"。弩兵和弓箭手的杀伤力很

---

[1] 即后来的路易八世。——译者注
[2] 即亨利三世，1216—1272年在位。——译者注

强，此外，英军将生石灰扔进法国水手的眼睛里，让他们看不见。

战局似乎已经扭转，但为了将诸多叛乱分子带回亨利的阵营，其中一些人对法国人的干涉感到不满，马歇尔于 1216 年重新颁布了大宪章，并于次年监督了其最终版本的颁布。尽管之前是一项不成功的和平条约，但大宪章自此被载入英格兰法律，为人们提供了保护，消除了"没有合法判决"而被监禁的罪恶行径。[17] 他作为摄政王一直统治到 1219 年去世为止。

然而他的家族并没有延续多久，他的 5 个儿子都在年轻时去世，没有留下继承人，据说这是一位爱尔兰牧师诅咒的结果。威廉的儿子吉尔伯特·马歇尔在一次比武大会上丧生。当时他正炫耀自己的马术技巧，突然缰绳断裂，他从马鞍上摔下来，一只脚还卡在马镫上，在场上被拖行直至死亡。之后发生了一场大争斗，吉尔伯特的一名仆人被杀，双方都有几人受伤。同样，杰弗里·德·曼德维尔（Geoffrey de Mandeville）是约翰国王的主要反对者之一，他促成了大宪章的诞生，但于 1216 年在一次比武大会上被杀，当时"骑士们用长枪和长矛相互攻击，骑着马飞驰着向彼此冲去"[18]。

具有讽刺意味的是，就像后来加入教会的修女强夺者一样，威廉·马歇尔最终禁止了比武大会，它们被视为"对王国很危险、掠夺穷人"。当法国的亨利二世[1] 在 1559 年的一次比武大会上被碎片击中眼部受到致命伤后，比武大会最终被彻底禁止。

马歇尔的名气也许仅限于他生前，但幸运的是在 1861 年 2 月，一位名叫保罗·梅耶尔（Paul Meyer）的法国学者正在位于考文特花园的苏富比拍卖行浏览索引，某样被列为"诺曼—法国关于英格兰事务的编年史（诗句）（Norman-French chronicle on English Affairs (in Verse)）"、作者是"一位盎格鲁 - 诺曼书吏"的书籍激起了他的好

奇心"。原来这是一首在马歇尔去世后不久写成的传记诗，否则他差点就会被遗忘，而且可能至今仍然如此。迈耶未能买下它，于是在接下来的 20 年里一直在寻觅它，最终他成功了，从而拯救了最伟大的骑士故事。[19]

本章尾注：

1. 或者说，人们至少是这样怀疑的。
2. Jones, Terry: *Medieval Lives*
3. Gies, Frances and Joseph: *Life in a Medieval Castle*
4. Hibbert, Christopher: *The English, a Social History*
5. Larrington, Carolyn: *Winter is Coming*
6. Hibbert, Christopher: *The English, a Social History*
7. Bartlett, Robert: *The Norman and Angevin Kings*
8. Ibid
9. Ibid
10. 但证据不一。and causal arrow not known
11. Bartlett, Robert: *The Norman and Angevin Kings* 源自与笨人比内尔（Burnel the Ass）相关的冒险故事，这是坎特伯雷一位名为奈杰尔（Nigel）的修道士写的寓言故事里的主人公。
12. 20 世纪末英国酒精的消费量有所增加，但依然和 1800 年时的消费量没法比，从那时起就开始急剧下降。在法国，人均饮酒量只有 50 年前的三分之一。
13. *Morris*, Marc *King John*
14. Horne, Alistair: *The Seven Ages of Paris*
15. Duby, Georges: *France in the Middle Ages*
16. 详情请见我的好书 *1215 and All That*。
17. 第 39 条："任何自由人，如未经其同级贵族之依法裁判，或经国法裁判，皆不得被逮捕、监禁、没收财产、剥夺法律保护权、流放，或加以任何其他损害。"再说一次，关于这一话题可以买我的书。
18. Bartlett
19. 这个故事在 Thomas Asbridge 的 *The Greatest Knight* 这本书中有更详细的回忆。

女 巫

——圣女贞德：走入火中的女子

等太阳从西边升起，在东边落下，等海水干枯，山脉像枯叶一样随风飘落。

——弥丽·马兹·笃尔[1]

女性军事领导人很少见，身着男装的女性军事领导人则更为罕见。1382 年 11 月 29 日，在罗斯贝克战役（Battle of Roosebeke）中，佛兰德（Flemish）领导人菲利普·范阿特威尔德（Philip van Artevelde）和他的旗手、一位"大玛戈"（Big Margot）一道被他的士兵踩死，但除此以外我们对她并不了解。

战争中的女性并不少见，特别是随着战争逐渐减少对蛮力的依赖，开始出现女性指挥官。在波希米亚胡斯派（Bohemian Hussite）叛乱[2]之后，约有 156 名女性被俘，一名 15 世纪的德意志编年史家记载了一名女手枪手和两名女戟手，戟就是双手握的长杆。甚至

---

[1] 出自《冰与火之歌》第一卷《权力的游戏》。——译者注
[2] 1419 年"第一次布拉格抛窗事件"后暴动更加激烈，开始攻击天主教教堂及相关人物，导致神圣罗马帝国出兵镇压，胡斯信徒也全面叛乱，长达 15 年的胡斯战争正式引爆。——译者注

有一个女性骑士团叫加泰罗尼亚斧头军团（Catalonian Order of the Hatchet）[1]，该军团是为了嘉奖 1149 年保卫托尔托萨（Tortosa）镇的女性而成立的。当时穆斯林围困了这座西班牙城市，男人们打算投降，"女人们听说了，为了防止灾难威胁到她们的城市、她们自己和孩子们，于是穿上男人的衣服，通过坚定的突袭，迫使摩尔人解除了围攻。" 1

在英格兰，大约有 68 名女性从 1358 年起被授予嘉德勋章（Order of the Garter）[2]，但她们并不是"勋爵"（companion）[3]，这种习俗在 1488 年被废弃，下一次授予女性是在 1901 年。2 直到 1987 年女性才允许成为勋爵，成为女爵后她们可以拥有丈夫财产的继承权，或参加某些集会的特权。

百年战争中有一位佛兰德的乔安娜（Joanna of Flanders）[4]，她为丈夫让·德·蒙福尔（Jean Montfort）[5]召集了布列塔尼（Breton）军队。当埃讷邦（Hennebont）镇被亲法军队包围时，蒙福尔伯爵夫人"全副武装骑在一匹快马上，穿过小镇，一条街一条街地敦促人们保卫好这座小镇。她让镇上的女性，小姐等人拆除了行车道，并将石头搬到城垛上，向敌人扔去。她还让人带来射石炮和装满生石灰的罐子，让敌人应接不暇。" 3

在维斯特洛，熊岛的梅姬·莫尔蒙（Maege Mormont）、总司令杰奥（Jeor）(他不太喜欢她)的妹妹被描述为"全副武装、挥舞着武器"战斗，4 而她的小女儿同样好战。十字军东征也赋予了许多贵族女性在男人们外出战斗时负责保卫家园的权力。很早之前，还有出现在希

---

[1] 成立于约 1149 年。——译者注
[2] 是授予英格兰骑士的勋章，起源于 14 世纪。嘉德勋章是英格兰荣誉制度最高的一级，只有极少数人能够获得这枚勋章。——译者注
[3] companion 在此处指最下级勋爵。——译者注
[4] 生于 1295 年，卒于 1374 年。——译者注
[5] 生于 1295 年，卒于 1345 年。法国贵族，蒙福尔伯爵（1322—1345 年）和未被公认的布列塔尼公爵（1341 年起）。——译者注

罗多德（Heredotus）[1]作品中的哈利卡纳苏斯（Halicarnassus）[2]女王阿尔泰米西娅（Artemisia）。她在波斯战争中为波斯人而战，并在公元前480年亲自指挥了由她派往萨拉米斯战役（Battle of Salamis）的五艘船。*

挥舞着剑的女战士在寓言中更为常见。亚马逊人是传说中的古代女战士，她们切掉右边乳房[3]并身穿裤子，希腊英雄阿喀琉斯（Achilles）在杀了她们的女王彭忒西勒亚（Penthesilea）后爱上了她[4]，至少可以这么说：时机不对。后来的浪漫小说中充斥着像塔斯的布蕾妮那样的女战士。其中有出现在伊丽莎白时代埃德蒙·斯宾塞（Edmund Spenser）作品《仙后》（*The Faerie Queene*）中的少女骑士布里托玛耳提斯（Britomart），和她的前身——出现在意大利史诗《热恋的罗兰》（*Orlando Innamorato*）和《疯狂的罗兰》（*Orlando Furioso*）中的布拉达曼特（Bradamante）。两位女性都爱上了贵族出生的骑士，布里托玛耳提斯还从一名女巫手中拯救了她的爱人。5

女战士是如此不同寻常，以至于在法国最黑暗的时刻出现了这样一位人物时，没有人知道该如何应对。贞德（Jehanne d'Arc）第一次出现在人们面前时只有17岁，不识字。这位少女（Pucelle）来自法国东北部洛林的栋雷米（Domremy in Lorraine），从13岁起听到神的声音，她确信他们来自上帝，而不是魔鬼，因为他们出现在她的右肩上。她不顾自己的年轻、性别和社会地位，鼓励男人们为她而战。她的敌人则害怕她，将她视为女巫。

贞德"受到天使召唤"，将自己的生命奉献给疯王的儿子、王太子查理，后者在此之前已经陷入冷漠和失败情绪中。贞德是位非常不

---

[1] 前5世纪（约公元前484—公元前425年）的古希腊作家，他把旅行中的所闻所见，以及波斯阿契美尼德帝国的历史记录下来，著成《历史》一书，成为西方文学史上第一部完整流传下来的散文作品。——译者注

[2] 位于卡里亚南部的古希腊城市，今土耳其境内的博德鲁姆。——译者注

[3] 为了拉弓方便。——译者注

[4] 阿喀琉斯脱去她的头盔之后，为其美貌所震惊。——译者注

寻常的人物，她全心全意效力于这位她认为是合法国王的男人。她是一位几乎是中性、身着盔甲并英勇战斗的女性。[6] 从她到达时一位王太子的士兵建议她需要被好好检查开始，她就一直面临着性别上的嘲弄。更可怕的是，她还面临着被强奸的可能性。

她对自己听到的"神的指示"深信不疑，因此偷偷进入王太子查理位于希农（Chinon）的宫中。查理的手下审问了她，被她纯粹的意志力说服，允许她在卢瓦尔河上已陷入绝望的战斗中效力。这个女孩骑着一匹白马前往奥尔良，她率领着一支由几千名士兵和一些神父组成的军队，拿着一把被有些人认为是曾属于查理·马特尔（Charles Martel）[1]的剑。有一部原因是受到她极大信心的鼓舞，法国人从奥尔良解围；英格兰人撤到卢瓦尔河上游，在匆匆撤离时丢弃了大炮和重型武器，以躲避下一次抵抗。10 月 27 日，索尔兹伯里[2]被河对岸发射的石炮弹炮火碎片击伤。当侍从们找到他时，半边脸已经没了，取而代之的是一个裂开、流血的大洞。8 天后他去世了。

对于少女来说，这是她非凡征服之旅的开端。对她有帮助的是法国农村有许多关于一个少女将成为该国救世主的预言，而很早之前，蒙茅斯的杰弗里（Geoffrey of Monmouth）[3]就曾在他的《不列颠诸王史》（*History of the Kings of Britain*）中预言"一位少女从弓箭手的背后升起，隐藏起她的童贞之花"。

贞德吸引了军中对她的忠诚。根据他们的描述，尽管她是位年轻女性，但奇怪的是，他们没感觉到对她的欲望。阿朗松公爵（Duke of Alençon）说他看到过她的乳房，很漂亮，却没有激起他的欲望。贞德的紧身裤和马裤用细绳紧紧系在紧身的短上衣上，让她骑马更轻松，也在一定程度上保护她免遭强奸。她现在得到了越来越多人的支

---

[1] 法兰克王国宫相、军事指导者，是宫相兼法兰克公爵丕平二世的私生子，查理大帝的祖父。718—741 年法兰克公爵兼摄政。——译者注
[2] 即索尔兹伯里伯爵托马斯·蒙塔古。——译者注
[3] 生于 1095 年，卒于 1155 年。——译者注

持，他们对她传达的神的指示深信不疑。其中包括艾蒂安·德·维尼奥勒（Etinne de Vignolles），他更为人所知的名字是拉海尔（La Hire）[1]，或者是"刺猬"，他是整个战争期间真正相信她、并在奥尔良与她并肩战斗的少数人之一。几乎每个人都会认得出他的形象，为了纪念他，他成为了传统卡牌游戏中的红心杰克。

1429 年 6 月 18 日，在帕泰（Patay）战役中，法国人摧毁了一支英格兰军队，而法斯托尔夫（Fastolf）是唯一活下来的英军指挥官。接下来的那个月，查理进入兰斯（Reims），第二天在古老的加冕地点加冕，近千年来，法国国王们都曾在那里得到上帝的任命。站在他身边的是贞德，一个简单的农民女孩，以及她的另一位支持者吉勒·德·雷（Gilles de Rais），他是王国主要骑士之一，被任命为法国元帅（Marshal of France）。仪式结束后，少女跪在查理七世脚边哭泣："尊贵的国王，上帝的旨意已经完成。"

此时，英格兰人尝试在巴黎为年轻的亨利六世加冕的举动以灾难告终，组织者把食物烹饪得如此糟糕，即便是习惯在加冕礼上吃残羹剩饭的城里的穷人和病人也在抱怨劣质的食物。

然而贞德却制造了很多敌人，她的救世主角色让许多人感到不安。在对英格兰人取得胜利后，她给远在波希米亚的胡斯派写了一封公开信，警告他们，如果他们不臣服于教皇："我将摧毁你们那空虚可憎的迷信，要么结束你们的异端，要么剥夺你们的生命。"[7]许多法国人，即使是那些非常痛恨英格兰人的人，也认为她是异教徒，甚至是更糟糕的女巫。

于是贞德像丹妮莉丝一样走入了火中——只是在现实中，没人能走出来。

在几次军事行动失败后，贞德于 1430 年 5 月 23 日被勃艮第人俘

---

[1] 古法文中的原意是愤怒。——译者注

房，并被出卖给了英格兰人，后者将她交给教会当局接受审判。她的主要罪行是异端，但她不符合传统性别角色的行为也让许多人觉得她反常和可怕，并且法庭听说贞德"耻辱地穿上男性的衣服，这是一种令人震惊的邪恶怪物"[8]。她被控70种不同的罪行，被关在一个阴森的监狱里，只有面包和水，并被告知她必须放弃信仰。这种折磨共持续了10个月之久。

试图前来说服她的主教穿着"毛皮衬里的主教长袍，一个大约60岁、年纪足以成为她祖父的男人亲切地微笑着，令人不寒而栗"，他说自己带来了友谊。[9]当她回去面对法庭时，她成为一个"更瘦、更苍白、更安静"的女孩，头也被剃了。

审判结束后，她被带到绞刑架边，并被告知除非屈服，她将在绞刑架上被烧死。之后她承认了自己的罪行，并且宣布放弃自己错误的信仰，于是人们允许她回来，在狱中度过余生，在她为自己的罪孽哭泣的同时，吃着"悲伤的面包，喝着痛苦的水"。然而就在4天后，即5月28日，她放弃了自己之前放弃信仰的声明，并因害怕遭到看守的强奸而再次穿上男装。她被正式定罪，并于5月30日在鲁昂（Rouen）被火刑吞噬，之后她烧焦的尸体被示众，让市民知道她只是个女人，她只有19岁。这起谋杀案让亨利六世在法国的秘书约翰·特雷萨特（John Tressart）反思道："我们完了，我们烧死了一位圣人。"[11]

如今被称为查理七世的这位国王没有试图拯救他的年轻支持者，她在当时是个非常不受欢迎、无人哀悼的人物。贞德承受着来自官方的敌意，她后来转变为民族救星是由于农民们的持续敬拜以及两位很有影响力的人物的努力。

克里斯蒂娜·德·皮桑（Christine de Pizan）是中世纪最重要的女性作家之一。她于1364年出生于意大利，曾担任奥尔良公爵路易和后来的勃艮第公爵菲利普的宫廷作家，撰写散文和诗歌，并提供婚姻建议。她年轻时丧偶，需要赚钱养活她的孩子们、母亲和侄女，她总共写了 41 本书，其中包括《妇女城》（*The Book of the City of Ladies*）——在这个假想中的城市里，女性的观点得到认真对待。在她 1430 年去世的前一年，她的最后一部作品是一首关于圣女贞德的诗作，这有助于集中体现法国遭受压迫的人们对少女经久不衰的同情。

对贞德的纪念也得到了吉勒·德·雷的帮助，他已从政治舞台上隐退，大部分时间都投入他的爱好——戏剧。法国和英格兰戏剧起源于宗教神秘剧，早在 11 世纪起就在修道院中演出，尽管此时戏剧是由戏班子演出的，从一个城镇到另一个城镇，表演世俗和宗教戏剧。按照后来的标准，当时的戏剧非常粗俗，还有暴力的写实场景。但在莎士比亚时代第一批剧院出现时，戏剧已变得纯洁多了。

德·雷沉迷于戏剧，几乎毁掉了自己的整个家庭，他创作并制作了一部非常昂贵的关于奥尔良包围战的戏剧，该剧于 1435 年首演，称颂了已经死去了 4 年的贞德。演出需要 140 名有台词的演员和 500 名群众演员，并为壮观的场景制作了 600 件服装，这些服装只穿一次就扔掉，下一场演出时再制作。他还为观众提供了无限量的食物和饮料，毫不奇怪，这次投入几乎让他破产。他对戏剧如此痴迷，以致家人采取法律行动来阻止他投入更多的金钱。

现实世界包含的恐怖甚至比乔治·R.R. 马丁那丰富的想象力更加令人恐惧。14 世纪 30 年代，一些孩子在布列塔尼（Brittany）南边德·雷居住的马什库勒（Machecoul）失踪。其中一位是皮货商的学徒，他被派去找这位著名的骑士传口信，却没有回来，在回来的路上被绑架了——这是德·雷的说法。

后来，这位著名的骑士在 1440 年与当地教堂里的一位牧师发生争执，脾气暴躁的他激动得想要抓住这位神职人员。当地的教士们开始调查他、搜索他的城堡，找到了让他们意外的东西——尸体。好几具尸体。随着世俗机构被召来展开调查，恐怖事件逐渐增多，德·雷承认了他的罪行。作为历史上第一个已知的连环杀手，德·雷可能已经杀死了多达140名年龄在6岁至18岁之间的受害者,大多数是男孩。他在那年晚些时候被处决,时年35岁。他的故事通过法国民间故事《蓝胡子》（*Bluebeard*）流传下来,该书于1697年首次在巴黎出版。

而在贞德去世的30年后,公众舆论已经发生了很大的变化,以致当局下令对原来的审判进行新的审判,并裁定她得到了上帝的启示。她已成为民族英雄,后来成为圣人。

喀耳刻

然而对她的敌人而言,贞德是那种古老的恐怖角色,一个女巫。这也是欧洲民间传说的一大特点,早在《奥德赛》（*The Odyssey*）[1]里,就有一个名为喀耳刻（Circe）的女巫将人变成动物,并控制了他们。

"魔法是后来中世纪思想中不可或缺的一部分",伟大的法国历史学家乔治·迪比（Georges Duby）写道。所有欧洲社会都害怕女巫。维京人对她们很着迷,她们经常是求爱遭拒后实施报复的女性。她们的守护者（Kveldridur）,有时被称为"黑夜骑士"或"黑暗骑士",也可能表现为超自然生物或狼。北欧女巫可能会使用天仙子（henbane）,或被称为发臭的龙葵（nightshade）,这是一种有毒植物,擦到皮肤上会引起头晕、痉挛和刺激喉咙,但也含有一种叫做东莨菪碱（skopolamin）的麻醉剂,会产生幻觉,尤其是会飞的幻觉。它也被认为是一种壮阳药,女巫经常会施以性方面的控制,同时引起性欲和让人排斥。

许多不幸被指控实施巫术的女性仅仅是"狡黠的女性",她们对草药有一定的了解,知道有些是有效的,有些是垃圾。其他人因为不太值得称赞的原因而对毒品充满信心,例如一位巴黎女性在1390年利用另一位女士的神奇能力让被她拒绝的爱人变得阳痿。这两位女性

---

[1] 是古希腊最重要的两部史诗之一（另一部是《伊利亚特》）。一般认为,《奥德赛》创作于公元前8世纪末的爱奥尼亚,即今希腊安纳托利亚的沿海地区。——译者注

都被火刑烧死了。与维斯特洛不同的是，并不是有嫌疑的女巫被烧死，而是那些被指控实施巫术的不幸的女人们被烧死。在欧洲，绝大多数因实施巫术而被杀害的人都是女性，斯堪的纳维亚半岛的部分地区除外。在该地区，对施展魔术的男性有一种特殊的文化恐惧，他们被视为女性化。

14世纪，教会对巫术越来越感兴趣。教皇约翰二十二世（Pope John XXII）于1320年发布法案，下令烧毁魔法书籍，尽管如此，到该世纪末，对巫术和恶魔学的迫害才刚开始。1366年，沙特尔委员会（Council of Chartres）还下令每个星期天在教区教堂发出针对巫师的诅咒。

这种恐惧在现代早期有着充满矛盾的开端，特别是印刷术的发明能够扩大传播范围，因为这种新技术能更加容易地传播谎言和真假参半的说法。教皇在1494年、1521年和1522年都任命了处理巫术的新委员会。在1515年至1516年的日内瓦，约有500人作为女巫或巫术严重的异端被烧死。1524年在伦巴第的科莫（Como in Lombardy）[1]，一年内约有1000名所谓的女巫被杀。

在1420年之前，大多数巫术案件专门使用超自然力量来伤害敌人，或称邪术（maleficium）。但越来越多的指控涉及性错误，某种奇怪的歇斯底里突然席卷了欧洲文明。受害者被指控与撒旦交配，撒旦化身为眼睛火红的黑猫或山羊，或者是一个"黑皮肤的巨大男人，有着巨大的阴茎，眼睛像燃烧的煤炭。"[12]

随着巫术热潮在1560年到1630年间达到顶峰，火刑在整个欧洲蔓延，它甚至进入了新世界（New World）[2]，最为臭名昭著的事

---

[1] 意大利北部阿尔卑斯山南麓城市。——译者注
[2] 是欧洲人于15世纪末发现美洲大陆及邻近群岛后对这片新土地的称呼。——译者注

件发生在塞勒姆（Salem）[1]。据传统估计，欧洲被烧女巫受害者的总人数约为 5 万。

法国人尼古拉斯·雷米（Nicholas Remy），一位地方法官、拉丁诗人、历史学家以及有教养的文艺复兴时代的人，在 1616 年去世前回忆说，他已经将 3000 人送上黄泉路。德意志的女巫热潮则更加野蛮。特里尔（Trier）[2]副总督兼莱茵兰（Rhineland）市大学校长迪特里希·弗拉德（Dietrich Flade）提议缩小猎杀女巫行动的规模，并试图让定罪的女巫被流放而不是烧死。很快，必然的事发生了，一位女巫猎人指责他是个巫师，否则为什么会有人反对猎杀女巫行动？他们找来被指控的女巫来牵连他，他们向穷困、绝望的女人们承诺，如果她们帮忙，会死得更轻松些。[13] 于是弗拉德被逮捕、勒死和烧死。这对我们所有人来说都是一个教训——面对一群坚持不公正的非理性暴徒，你要保持低调。

本章尾注：

1. The institution, laws & ceremonies of the most noble Order of the Garter collected and digested into one body
2. Ashmole, Elias; Hollar, Wenceslaus; Sherwin, William
3. https://quod.lib.umich.edu/e/eebo/A26024.0001.001/1:10.3?rgn=div2;view=full text
4. Frankel, Valerie: *Winter is Coming*
5. *Froissart's Chronicles*
6. Larrington, Carolyne: *Winter is Coming*
7. Carolyne Larrington："这两位女性都是战士，都很漂亮，也都爱上了高贵

---

[1] 塞勒姆审巫案是指在美国马萨诸塞湾省塞勒姆于 1692 年 2 月至 1693 年 5 月间遭指控使用巫术者所参与的一系列聆讯及诉讼。该审判导致 20 人被处以死刑（其中 14 位是女性），除其中 1 位以外皆处以绞刑。另有 5 位死于狱中（其中 2 位是幼儿）——译者注

[2] 德意志最古老的城市，位于莱茵兰 - 普法尔茨州西南部。——译者注

的骑士，布拉达曼特爱上了撒拉森人鲁杰罗（Saracen Ruggiero）[1]，二人在他皈依基督教后结婚。布里托玛耳提斯（Britmart）爱上了象征正义的阿特高尔（Artegall）。布里托玛耳提斯从一个女巫手中救下他。与梅林的预言一致，她成为了英格兰国王的祖先。"

8. "塔斯的布蕾妮和圣女贞德本质和风格一样：她们都着迷一般地忠诚，她们都知道如何穿盔甲。布蕾妮先宣誓效忠于蓝礼·拜拉席恩，然后是凯特琳·史塔克，最后是詹姆·兰尼斯特——她忠诚到将自己的剑命名为'守誓剑'。"

9. Castor, Helen: *Joan of Arc*

10. Ibid

11. Ibid

12. Ibid

13. Ibid

14. Tuchman, Barbara: *A Distant Mirror*

15. Wilson, Colin: *The Occult*

* 她出现在电影《斯巴达 300 勇士》的续集中。

---

[1] 实际上，历史上并不存在所谓的"撒拉森帝国"。欧洲人在 7 世纪以后的文献中，单方面地称穆斯林为撒拉森人。——译者注

· 30 ·

黑暗中的剑
——圣殿骑士团和守夜人军团

长夜将至，我从今开始守望，至死方休。我将不娶妻，不封地，不生子。我将不戴宝冠，不争荣宠……

——守夜人军团誓言[1]

位于伦敦市中心霍尔本（Holborn）区的圣殿教堂（Temple church）是一个大型建筑群如今仅存的部分，它曾经由一个国际骑士团拥有，其任务是捍卫文明，免遭敌人破坏。圣殿骑士团是为了保护前往圣地的基督教朝圣者而创立的精英兄弟团，但他们逐渐控制了该区域的大部分地区，并变得非常富裕，直到十字军东征的失败导致他们被国内的敌人粉碎。

像守夜人军团一样，圣殿骑士团的成员互相称为兄弟，并宣誓不娶妻，实际上他们要避免与女性、甚至女性亲戚的所有身体接触。¹ 圣殿骑士们会宣读关于贫穷、虔诚和服从方面的誓言，他们的生活完全和"乌鸦"[2]一样艰难，尽管他们驻扎在酷热的中东，而不是寒

---

[1] 出自《冰与火之歌》第一卷《权力的游戏》。——译者注
[2] 在《冰与火之歌》里，守夜人身着黑衣，因而获得了"乌鸦"的绰号。——译者注

冷的北方。

该组织创立于第一次十字军东征（1095—1099 年）期间，当时的背景是人们逐渐不能容忍中东地区的宗教，而在西方，越来越多的年轻骑士受过暴力训练，没有别的事可做。黎凡特（Levant）地区[1]的穆斯林征服者起初是相当宽容的，但在 1004 年，北非、巴勒斯坦和叙利亚南部的统治者法蒂玛王朝哈里发（Fatimid caliph）[2]哈基姆（al-Hakim）[3]发起了一场狂热的反基督教运动，没收财产、烧毁十字架、放火焚烧教堂。而来自西欧、前去朝拜圣地的朝圣者越来越多，他们经常受到土匪和杀人犯的威胁。1064 年，日耳曼人的一次大规模朝圣遭到巴勒斯坦当地人的袭击。

西欧的人口增长从公元 900 年开始，人口猛增使得大量非长子几乎没有什么可做的事情，而减少无休无止暴力行为的方法之一是将其转向外部。战争的起因来自 11 世纪塞尔柱突厥人（Seljuk Turks）进入安纳托利亚（Anatolia）[4]的运动，这让拜占庭人[5]大为震惊。尽管东西基督教之间存在紧张关系——君士坦丁堡和罗马的两位教会领袖在 1053 年曾短暂地将对方逐出教会，导致东正教和天主教之间的分裂——但当皇帝[6]向教皇求助时，人们普遍热情高涨。

因此，教皇乌尔班二世（Urban II）于 1093 年在法国南部发起了一次慷慨激昂的呼吁，号召西方基督徒拿起武器，从异教徒手中解放圣地。基督徒在这场当时被称为"武装朝圣"的运动中寻求冒险，各

---

[1]　是历史上一个模糊的地理名称，广义指的是中东托鲁斯山脉以南、地中海东岸、阿拉伯沙漠以北和上美索不达米亚以西的一大片地区，不包括托鲁斯山脉、阿拉伯半岛和安那托利亚，不过有时也包括奇里乞亚在内。——译者注

[2]　穆斯林领袖称号。——译者注

[3]　996—1021 年在位。——译者注

[4]　又名小亚细亚，是亚洲西南部的半岛，位于黑海和地中海之间。——译者注

[5]　罗马帝国东西分治后，帝国东部延续被称为东罗马帝国。6 世纪以后，开始有学者称之为"拜占庭帝国"。拜占庭帝国共历经 12 个王朝及 93 位皇帝，首都为新罗马（即君士坦丁堡）。其疆域在 11 个世纪中不断变动。色雷斯、希腊和小亚细亚西部是帝国的核心地区。——译者注

[6]　指东罗马帝国皇帝阿历克塞一世。——译者注

村庄中的男子们都离开了。但从 13 世纪起，该运动被称为"十字军东征"，来自拉丁语中的"十字架"。

这并不是他们所期望的冒险。两年后，在当初随主力军队离开西欧的人里，只有三分之一还活着。在 1098 年至 1999 年的叙利亚沙漠中，十字军处于非常可怕的境地，以至于一些贫困的佛兰德人（Flemings）吃掉了被他们杀死的突厥人。

耶路撒冷终于在接下来的 7 月沦陷，之后十字军屠杀了城中大部分穆斯林和犹太人。接下来，十字军领袖之一、布永的戈弗雷（Godfrey of Bouillon）被选为国王。然而，他认为这个称号亵渎神明，所以他更喜欢比较谦逊的称号"圣墓守护者"（Protector of the Holy Sepulchre）。戈弗雷以其高贵和骑士精神而广受欢迎。有一次，他俘虏了一位穆斯林王子的妻子，当得知她怀孕后，就将她送回了丈夫身边。然而，他只当了一年圣墓守护者就死于导致西方人在中东死亡的疾病之一，也可能是毒药。

"情爱是责任的大忌"

圣殿骑士团成立于 20 年后，由年迈的法国骑士于格·德·帕扬（Hugh de Payens）创立，他原本打算在一家修道院隐退，却被说服创立一个保护基督教朝圣者的骑士团。他与其他 8 位骑士一起成为了基督贫苦士兵骑士团（The Poor Fellow Soldiers of Christ）的创始成员。[2]

穷人集会也是维斯特洛一个武士团的名字，他们宣誓效忠于七神信仰（Faith of the Seven），因为徽章上的七芒星也被称为星辰武士团（Stars），他们大多是平民百姓。此外还有圣剑骑士团（Noble and Puissant Order of the Warrior's Sons）[1]，一个更加贵族化的骑士团，他们顶着让人不舒服的发型，就像许多和托马斯·贝克特（Thomas

---

[1]　也被称为战士之子。——译者注

Becket）[1]一样虔诚的中世纪欧洲人一样。［这两个团的成员在瑟曦进行赎罪之旅（Walk of Atonement）[2]时陪在她身边。］但最明显相似的还是守夜人军团（Night's Watch）和圣殿骑士团。

戈弗雷的继任者鲍德温（Baldwin）对耶路撒冷国王（King of Jerusalem）的称号没什么顾虑，他允许该骑士团使用城里的阿克萨清真寺（al-Aqsa mosque），又被称为 Templum Salomonis——所罗门圣殿（Temple of Solomon），所以他们通常被称为圣殿骑士团。根据当时编年史家维特里的詹姆斯（James of Vitry）的记述，骑士们必须"保护朝圣者，抵御强盗和强奸犯的侵害"，并"根据一般牧师的教规遵守贫穷、禁欲和服从"³。德·帕扬原本打算成为一名修道士，于是圣殿骑士除了使用武器之外，在各方面都是修道士。他们特别受到熙笃会[3]的影响，这是一个由极具感召力的 12 世纪教士克莱尔沃的圣伯纳德（St Bernard of Clairvaux）建立的相当严格的修会。

圣伯纳德和于格·德·帕扬在本笃会戒律基础上提出了圣殿骑士团的规章，圣伯纳德警告道：

> 我们坚信，对于任何笃信宗教的人而言，看多了女性的脸都是危险的。因此，你们任何人都不能亲吻一个女性，无论是寡妇、年轻女孩、母亲、姐妹、姑母还是其他任何人。从此以后，耶稣基督的骑士应该不惜一切代价避免女性的拥抱，有很多人已经因此而丧生。这样他们就可以凭借纯粹的良心和稳固的生活永存于上帝的面前。⁴

---

［1］ 生于 1118 年，卒于 1170 年，被亨利二世时任命为坎特伯雷大主教。——译者注
［2］ 即君临游街。——译者注
［3］ 也被称为西多会，是一个天主教修会，遵守圣本笃会规，但是反对当时的本笃会，属于修院改革势力。清规森严，平时禁止交谈。主张生活严肃，重个人守贫，终身素食，夜间冥想，每日凌晨即起身祈祷或念经。他们在黑色道袍里，穿上一件白色会服。——译者注

或者按照伊蒙学士的说法："情爱是责任的大忌。"

就像守夜人军团拥有游骑兵、工匠和事务官一样，圣殿骑士团也分成三个部分：骑士、军士和牧师。在约 2 万名圣殿骑士中，大约只有十分之一是真正的骑士，他们穿着白色无袖铠甲罩衣。而军士通常是当地的叙利亚基督徒，身着黑色或棕色。军士和长城上的事务官一样，提供后勤支援——前线 1 名士兵配 10 名支持人员的比例很像现代军队——而伊蒙学士的角色与牧师类似。

按照圣伯纳德的说法，只穿白衣，"那些已经放弃黑暗生活的人就会认出彼此，他们通过洁净的习惯顺从于造物主，白色象征着纯洁和完全禁欲。"[5]（在维斯特洛，御林铁卫也以身着白色斗篷而著称。）

圣殿骑士们过着严苛的生活：他们每晚睡 4 个小时、每天做 7 次弥撒、每周禁食 3 次。骑士们在早上 4 点起床参加黎明颂或晨祷，然后从早上 6 点开始做礼拜、训练和刷洗马匹。他们甚至不被允许穿毛皮、尖头鞋或鞋带，"很明显且众所周知的是，这些令人憎恶的东西属于异教徒。"[6]他们在谈话中要避免"闲话和邪恶的大笑"[7]，也不能谈论以前的大胆之举或性征服行为。

他们要剪短头发，同时还要留胡子——不能刮胡子——但最严格的规章涉及战斗中的行为。根据当时一位匿名朝圣者的说法："如果他们中的任何一个人出于任何原因转投敌人或战败后活着出来、或对基督徒使用武器，他都将受到严厉的惩罚，作为骑士标志的带有红色十字架的白色披风将被耻辱地拿走，他被从兄弟会中赶出来，并且在一年内都要在没有餐巾的情况下在地上进食。"[8]如果他们犯了错，惩罚包括"鞭打、戴上手铐脚镣或被迫像狗一样在地上进食"[9]——他们面临和修道士一样的处罚。就像维斯特洛的御林铁卫一样，他们也被禁止娶妻生子或拥有土地。[10]

圣殿骑士团不是当时唯一的骑士团，此外还有医院骑士团（Knights Hospitaller）[也被称为罗得骑士团或马耳他骑士团（Knights of Rhodes or Malta）〕以及从医院骑士团中分离出来、由日耳曼人创立的条顿骑士团（Teutonic Knights）。与守夜人军团一样，条顿骑士团会改变任务，先前往匈牙利与蒙古人作战，然后在普鲁士和波罗的海（Baltic Sea）发起了将异教徒变成基督徒的十字军东征。这场残酷的战争打了 200 年时间，骑士团的编年史详细描述了普鲁士人的野蛮行径，他们被视为文明世界以外的人，在当地神灵的神殿前将"被俘虏的身着盔甲的兄弟们活活烤死，就像烤板栗一样"[11]。在利沃尼亚（Livonia）——今天被称为拉脱维亚——的战斗中，十字军建立了另一个军事骑士团，即宝剑骑士团（Sword Brothers），以继续十字军东征，他们经常被许以即将被征服的异教徒土地。然而，对于宣过誓的大多数骑士团成员来说，物质利益不算什么，有上天的恩赐和尘世的威望就足够了。

首先，或者至少在理论上，任何人都可以成为圣殿骑士，但穷人不可能得到训练机会。到了 12 世纪中叶，圣殿骑士必须是骑士的儿子或骑士的后裔，所以这就是它与小说的差异，长城上的兄弟被贴切地描述为"强奸犯、强奸犯、偷马贼、第九子、强奸犯、小偷、既是小偷又是强奸犯"[12][1]。像这样的人在现实中会加入普通的步兵团。

守夜人军团的一个吸引人之处（虽然这种情况在现实中寥寥无几）在于，一旦一个人穿上黑衣，那么过去就会被一笔勾销。这就是为什么军团中充斥着罪犯、不幸的穷人或者和家族闹翻的人。因此，虽然圣殿骑士常常是出生高贵的人，但他们也吸纳了那些希望自己的罪过被宽恕的人。这就吸引了一些靠不住的人去圣地——1170 年谋杀托马斯·贝克特的骑士们在圣殿骑士团效力了 14 年。在后来的法国外籍兵团（French Foreign Legion）[2]，根据记录，还有人因为爱情上

---

　　[1]　出自电视剧《权力的游戏》第四季第三集《镣铐破除者》（Breaker of Chains）。——译者注
　　[2]　自 1831 年，路易—菲利普一世批准建立至今。——译者注

的失意而加入。

长城上的守夜人

圣殿骑士是有声望的人物，但他们付出了血的代价。23 位大团长（Grand Masters）[1]中有 6 位在战斗或囚禁中死去。至少有 2 万名兄弟在战斗中丧生，或被囚禁后因拒绝放弃信仰而被杀。

很快，基督徒和穆斯林之间的战争重燃，后来被称为第二次十字军东征（1147 年—1149 年），以各种基督教团体之间的僵局以及日益加剧的仇恨与紧张关系而告终。然后，穆斯林在 1187 年凭借新一轮进攻重新占领了耶路撒冷，引发了新的战争。在那场灾难发生前几周，在克雷森战役（Battle of Cresson）中，大约 130 名圣殿骑士与7000 名穆斯林骑兵展开战斗，只有 3 人平安归来，之后圣殿骑士的头颅被悬在城外的柱子上。这支骑兵是马穆鲁克（Mamelukes），一支由被俘奴隶培养成的杀手组成的可怕军队。

第三次十字军东征中有两位在长期圣战中最具感召力的领导人，萨拉丁（Saladin）[2]和狮心王理查。后者幸运地"拥有希腊天神的形象，他高大强壮、一头金发，他的英俊把朋友和敌人们都给迷住了"，他还是一个"心理有些不稳定的人，有从一个情感极端跨越到另一个情感极端的倾向"[13]。（在雷德利·斯科特的电影《天国王朝》里，理查由苏格兰演员伊恩·格雷饰演，也就是饰演乔拉·莫尔蒙的那位。）

萨拉丁因其伟大的骑士精神而闻名。有一次，在攻击十字军的要塞时，他命令手下不要攻击城堡的一角，因为那里正在举行婚礼。他还曾给正从发烧中逐渐康复的对手理查送去水果，以确保查理恢复健康，这样双方就能再战。但这两个人有时又冷酷无情。在一次臭名昭著的事件中，理查在耶路撒冷处决了 2700 名穆斯林，伊斯兰人的消

---

[1] 即圣殿骑士团的首领。——译者注
[2] 1174—1193 年在位。——译者注

息来源声称其中包括妇女和儿童。这次大屠杀有军事上的理由，当萨拉丁的军队逼近时，看守囚犯会拖累理查的军队，但这当然是不可饶恕的。有一次，萨拉丁让"欣喜若狂的苏菲派（sufis）斩首"230名圣殿骑士[14]，他们曾恳求这位穆斯林领袖，想亲自动手杀死这些基督徒骑士。他还冷血地杀死医院骑士团，并下令将埃及的什叶派对手钉死在十字架上。同样，在整个十字军东征期间，基督徒仍与其他基督徒交战，穆斯林继续与其他穆斯林作战。东西方基督徒之间彻底闹翻了，以至于当萨拉丁于1187年占领耶路撒冷时，拜占庭皇帝伊萨克二世·安格洛斯（Isaac Angelus）发来贺信。

当时的君士坦丁堡是许多人的家园，其中有西方基督徒、威尼斯人（Venetians）、热那亚人（Genoans）和比萨人（Pisans），但在1182年，城里的8万意大利人被集体迫害。人们对被前任国王优待的"拉丁人"[1]越来越有敌意，"无论男女老幼、健康人和病人都受到攻击，许多人被屠杀，他们的房子和教堂被烧。"[15]于是在1204年，在整个十字军东征期间最卑劣的事件中，西方基督徒洗劫了君士坦丁堡这座他们曾经宣称要保护的帝国首都。在随后的破坏行动中，拉丁人屠杀了一大批人并偷走了无价的圣物，一名妓女则坐在圣索菲亚大教堂（Hagia Sophia cathedral）的主教席上。一位西方修道院院长在基督神像教堂（Church of Christ the Pantocrator）找到了圣物，之前他曾威胁一名希腊牧师，如果不告诉他圣物所在的位置，自己就会杀死对方。他笑着离开，把圣物带到船上，永远不回来了。

正如守夜人军团一开始与不死生物（undead）作战，后来变成阻止野人通过长城，圣殿骑士也改变了他们效力的性质，从信徒保护者变为一种武装银行。受到西方基督教世界的赞助和支持，骑士团变得越来越富裕。任何来到大城市的朝圣者都可以在抵达时将财富存入最

---

[1] 拉丁民族原指古代定居意大利半岛中西部拉丁姆平原的部落民族。——译者注

近的圣殿机构，并获得信用票据，因此可以安全地从另一机构里取钱，就像现代银行一样。虽然天主教会正式禁止利息借贷，但有很多办法可以规避，例如称其为"费用"或"管理费"，或收取最高不超过12%的费用。[16] 有时他们不会从借贷中获益，但这么做是出于声望方面的考虑，或者想让对方欠自己人情。

十字军领袖之一富尔克五世（Fulk V）[1]，也就是安茹伯爵和亨利二世的祖父，在回国路上奉献给骑士团相当于一年的收入，而其他领袖也很快照做。于格·德·帕扬于1127年抵达法国，并被赐予土地，第二年夏天，英格兰的亨利一世给了他极大的荣誉，还给予新的骑士团金银财宝。德·帕扬在伦敦西边法院巷（Chancery Lane）北端建立了第一座属于圣殿骑士团的建筑，随后建成了一系列建筑，最后留存至今的仅剩圣殿教堂，其圆形建筑风格致敬了耶路撒冷的圣墓教堂（Church of the Holy Sepulchre）。

由于有大量被俘士兵、绑架受害者或贫困父母的子女经过阿亚什（Ayas）港［如今是位于土耳其东南部的尤穆尔塔勒克（Yumurtalık）］，圣殿骑士团和医院骑士团也通过奴隶贸易变得富裕起来。大多数奴隶是土耳其人、希腊人、俄罗斯人或切尔克西亚人（来自俄罗斯南部高加索山脉的民族），最强壮的男性被送往埃及，并组成马穆鲁克，一支以无敌而著称的奴隶军队。

这些男孩被卖给埃及阿尤布王朝[2]的苏丹（Ayyubid Sultans）[3]，并被训练为士兵，因其勇敢而成为传奇，但他们也是臭名昭著的。没有家庭，他们就不会忠诚于这个派系林立社会中的任何派系，因此完全是无情的。1291年他们从基督徒手中夺取了阿科（Acre），之后发生了大规模的斩首事件。而在1266年采法特（Saphet）

---

　　[1] 也是耶路撒冷国王，1131—1143年在位。——译者注
　　[2] 阿尤布王朝由萨拉丁于1171年建立。——译者注
　　[3] 即最高统治者。——译者注

沦陷后，马穆鲁克领导人巴伊巴尔斯（Baybars）杀死了 1000 名囚犯。此时，马穆鲁克已经变得非常强大，他们还杀死了埃及苏丹，结束了萨拉丁后代的统治，并取而代之。

随着穆斯林之间的战争，这场十字军东征已经变得越来越复杂。1244 年，在布列讷的瓦尔特（Walter of Brienne）的怂恿下，一支由十字军—穆斯林共同组成的叙利亚军队对埃及发动了袭击。他的盟友、大马士革的穆斯林曼苏尔·易卜拉欣（al-Mansur Ibrahim）明智地反对这次袭击。埃及人控制住他们，大批来自中亚的花剌子模（Khorezmian）[1]骑兵则袭击了侧翼。大马士革人（Damascenes）跑了，拉丁人被屠杀，有 5000 人被杀，800 名囚犯被带到埃及，其中包括圣殿骑士团的大团长、佩里戈尔的阿尔芒（Armand of Perigord）。那天，圣殿骑士团失去了多达 300 名骑士，只有 33 名幸存者，幸存的还有26 名医院骑士和 3 名条顿骑士。

耶路撒冷在 1244 年被突厥人占领。6 年后，在曼苏拉之战（Battle of Mansurah）中，圣殿骑士团遭遇了另一场灾难，有 280 名兄弟丧生，只有两人活下来讲述经过。

十字军处于绝望的困境中。然而在不久之后的 1249 年，他们听说了一个传闻，有支军队正从比波斯还要遥远的地方赶来。对于基督徒而言，很明显，这是他们早就听说过的东方伟大的基督徒领袖、传说中的祭司王约翰（Prester John）[2]终于来拯救他们了。正如埃及一位神父气喘吁吁说的话："两大印度地区（two Indies）的国王正赶来帮助基督徒，他带来最凶狠的民族，他们将像野兽一样吞噬亵渎神圣的撒拉森人（Saracens）[3]。"17

---

[1] 位于中亚西部阿姆河三角洲地区的大型绿洲，现今为乌兹别克斯坦、哈萨克斯坦和土库曼斯坦的一部分。——译者注

[2] 一位传说中的中亚国王。——译者注

[3] 实际上，历史上并不存在所谓的"撒拉森帝国"。欧洲人在七世纪以后的文献中，单方面地称穆斯林为撒拉森人。——译者注

但来的不是祭司王约翰——而是糟糕很多的事情。

注释:

1. 守夜人军团的兄弟们也不能发生性关系，但有不少兄弟都无视这一条。
2. 我们不确定成立时有 9 个人，还是说这只是一次会议。
3. Read, Piers Paul: *The Templars*
4. Larrington, Carolyne: *Winter is Coming*
5. Read, Piers Paul: *The Templars*
6. The Rule of the Templars
7. Ibid
8. Haag, Michael: The Tragedy of the Templars
9. Ibid
10. Steven Attewell 在 *Race for the Iron Throne* 中写道："虽然这些骑士团的宗教性质与守夜人军团终身誓言的严苛性并不能完全相提并论，但（守夜人军团的终身誓言）特别在禁欲和继承方面，至少会让人联想到与好战的基督教骑士团一起出现的禁欲主义。"
11. Larrington, Carolyne: *Winter is Coming*
12. 出自电视剧《权力的游戏》第四季第三集《镣铐破除者》（*Breaker of Chains*）。——译者注
13. Bridge, Antony: *The Crusades*
14. Read, Piers Paul: *The Templars*
15. Ibid
16. In 1274 Edward I repaid 27,974 livres with an extra 5,333 in expenses
17. Frankopan, Peter: *Silk Roads*

· 31 ·

火与奶的联姻
——亨利六世与安茹的玛格丽特

每当一位坦格利安降生，诸神就将硬币抛向空中，整个世界将屏息观察它的降落。

——巴利斯坦·赛尔弥爵士[1]

世界愈发冷了。随着欧洲进入小冰期（Little Ice Age），从 1430 年开始，恶劣的天气愈发恶化。当时没有人知道，这段时期后来被称为"史波勒极小期"（Spörer Minimum），是一段太阳活动的低潮期，火山爆发也进一步导致温度的降低。[1]植物生长期的缩短导致全欧洲的农作物连续三年减产，加上两个多雨的夏天，使得 1437 年到 1439 年成为一个世纪以来收成最差的三年，而另一场席卷整个大陆的瘟疫又增添了许多苦难。

对于英格兰人来说，在法国进行的这场战争已经毫无益处可言，更何况，战争的性质也已经发生了改变。武器装备正在迅速发展——1333 年的一场针对贝里克（Berwick）的围城战的相关记载中已经提

[1] 出自《冰与火之歌》第三卷《冰雨的风暴》。——译者注

501

到过"手铳",也就是火炮;1346年的加来战役也有火炮的使用记载。但是,它们如今的威力已经今非昔比。就像1914年到1945年间发生的事情一样,持续的战争大大推进了技术的进步。

法国的新王查理七世(Charles VII)身体虚弱,高度神经质。不过法国人从1438年开始,就着手在他们的军队里推广新制度。² 查理国王给士兵们提供了优良的装备和不错的薪酬,组织成20支分队、总计15000多人的职业军队。从1445年起,查理还建立起一支由100名苏格兰人组成的精英王室卫队,这是继古罗马的禁卫军之后欧洲首支类似的队伍。[不过,也有人认为,腓力·奥古斯都(Philippe Augustus)[1]曾经担心被狮心王(Lionheart)[2]暗杀,所以组建了第一支禁卫军,或称宪兵(gendarme)——手持武器的人。]

对于英格兰人来说,灾难才刚刚开始。1435年,随着法国国内两大派系最终签署和平条约[3],英格兰和勃艮第的同盟土崩瓦解。同年9月,贝德福德(Bedford)公爵[4]在鲁昂(Rouen)[5]去世,留下了大量藏书、挂毯和各种珍宝,英格兰坚持留在法国的希望也随之而去。1436年春,法国人夺回了巴黎。

战争还让英格兰的财政连年大出血,英格兰国库在巨额费用的压力下痛苦呻吟。王室的债务在15年里翻了一番,截至1450年,其负

---

[1] 史称腓力二世,法国卡佩王朝国王(1180—1223年在位),绰号"尊严王"。——译者注

[2] 史称理查一世,英格兰金雀花王朝国王(1189—1199年在位),因勇猛善战而得到"狮心王"的绰号,曾经参加第三次十字军东征。——译者注

[3] 1407—1435年间,法国国内阿马尼亚克派与勃艮第派发生内战。1435年,阿拉斯条约签订,法国国王查理七世和勃艮第公爵"好人"菲利普化解了矛盾。自此,法国国内政治对立结束,勃艮第公国正式独立并结束与英格兰的同盟,而苏格兰王国也早已经成为法国盟友,此时英格兰已经完全被孤立。——译者注

[4] 第一代贝德福德公爵兰开斯特的约翰(1389—1435年),英王亨利四世三子,亨利五世之弟,百年战争期间曾任英军总指挥。1422年亨利五世去世后,他成为亨利六世的摄政王。通过一系列外交手段作为辅助,他在战场上不断取胜,直到围攻奥尔良时被圣女贞德击败。——译者注

[5] 法国北部诺曼底地区的中心城市,是中世纪欧洲最大的城市之一。圣女贞德1431年在鲁昂被处以火刑。——译者注

债已经比英格兰年收入的 11 倍还多。而所有这一切，都是在一位精神不稳定的萎靡国王的统治下发生的。

所有的精神疾病或多或少都会遗传，精神分裂症也不例外，其风险因子有 79% 来自基因遗传，剩下的则受童年环境影响。[3] 即便祖父一辈只有一位患病，那么患有精神分裂症的概率也会被提高五倍。无论查理六世（Charles Ⅵ）当年是受什么病症折磨，这种病多半是遗传给了他的外孙，英格兰的亨利六世（Henry Ⅵ）。确实，亨利的母亲瓦卢瓦的凯瑟琳（Catherine of Valois）于 35 岁的年纪不幸早亡，在这之前她就已经表现出类似的症状。[4]

像伊里斯（Aerys）[1] 或者尼禄（Nero）[2] 这样的人所展现出来的疯狂行径，都有一种特殊的魅力——富有激情、壮观、有戏剧性。和很多饱受精神疾病折磨的患者一样，亨利所要面对的现实，不外乎逐渐离群索居的生活、无精打采的状态和内心的恐惧。他的精神病和小说里疯王的病症完全相反，但对于国家社稷来说都一样是灾难。随着他身边的世界愈发暴力，这个温和而可怜的人始终保持孩童般的纯真，直到环绕在周围的政治动乱蔓延到他的卧房。

亨利六世生来就肩负着几乎无法承担的重任。他在走路和说话还没有全部学会的时候，就已经兼任两个正在交战的国家的国王了，其中一个王国是他那富有领袖魅力的父亲所征服的，[3] 而他完全无法和他的父亲相提并论。他的童年生活都属于国家大事范畴，但终其一生，他一直是个男孩。

有人注意到，亨利六世的下巴绵软，下唇突出，胳膊上没有一点肌肉。有时候，他会同意每一项呈在他面前的建议，对待每个人的请求都会满足，温和而顺从；但也有时候，他会非常固执，坚决不采纳

---

[1] 指《冰与火之歌》里的"疯王"伊里斯二世。——译者注

[2] 罗马帝国皇帝（54—68 年在位），古代世界著名暴君。——译者注

[3] 法国国王查理六世去世后，根据亨利五世与查理六世签订的《特鲁瓦条约》，英格兰单方面宣布亨利六世成为法国国王，但并不被当时大多数法国人所承认。——译者注

忠告。他讨厌任何形式的争端，对于战争没有积极性，也不愿意参与战争。英格兰国王只能无助地看着他父亲好不容易占领的法国领土又被对方夺回。

自诺曼征服（Norman Conquest）以来，每一位英格兰国王都亲身经历过战争，但是可怜的亨利六世见到腐烂的尸体时只感到恶心，他坚决反对把处死的犯人穿在木桩上这种残暴的行为。他还害怕裸体，根据他的老师及传记作者约翰·布莱克曼（John Blackman）回忆，某年圣诞节"一位权贵爷爷把一群上身赤裸的年轻姑娘带到他面前，给他跳了一段舞，或者进行了别的什么表演，"而国王"非常愤怒地避开视线，转身背对着她们，接着走回了自己的房间。"[5] 就连教皇也评论他"比女人还要羞涩。"[6]

从很多角度来看，国王都是个圣洁的人。曾有人侵者试图用匕首刺杀他，刺客在重伤了国王之后就以为大功告成了，结果国王还原谅了他。但是随着亨利慢慢长大，谁都能看出来，在他表面上的温和之下，藏着很多问题。精神分裂症通常在 15 到 25 岁之间会完全表现出来，[7] 从这位年轻国王的一副肖像画中，"可以看到呆滞、空洞的表情，这是这种病症的特征，而且'他也对得上其他症状，比如说感受不到快乐，对分歧极为敏感，奇怪的情绪反应，也没有能力预估决策的后果。'[8] 后来，国王经历了一次非常严重的军事挫败，整个人滑入一种焦虑的状态，"疯狂如影随形，饱受这种疯狂的折磨；他的智力水平和理性思考能力均有退步"。之后，"他退回自己那满是神秘主义和虚妄幻象的世界里，大概过得比之前几年快乐得多。"[9]

随着王权在疯王的统治下陨落，国内的贵族们愈加分裂，彼此倾轧，争相追逐王室已经没有能力保留的珍贵遗产。屠弱的国王只能用土地和爵位收买他们，把勋爵封为伯爵，把伯爵提成公爵，但这样只会让他们更加妄自尊大。大贵族们都有一些"姻亲"，大多是退役军人，杀人的经验非常丰富。他们会协助权贵在土地纠纷中威胁其竞争对手，随着越来越多的英格兰人从法国战场败退回家，积蓄很久的暴力情绪得到了释放。这些冲突本质上还是关乎血统：兄弟对抗堂亲；家族依靠联姻而结成同盟，合力消灭共同的竞争对手。他们为自己而战，为兄弟而战，也为子女而战，有的也为清算旧账。但是最多的还是为父报仇。

1440 年到 1480 年这段时期被称作大萧条时代（Great Slump），金银供应量减少，粮食产量则因越来越冷的天气而大幅降低。黑死病（Black Death）之后，土地的价值也大大降低，贵族们意识到他们的竞争对手是一个由商人、律师和小地主组成的士绅阶层。爱德华三世身后的大量子孙——24 个孙子和至少 69 个曾孙——也需要更多爵位来满足他们的贵族尊严。[10]

就像在维斯特洛一样，当时的王国由御前会议统治，其中包括君主自己的家族成员，并且经常（即便不是通常）受到激烈斗争的威胁。尽管君主住在威斯敏斯特宫，但很多时候这个故事都是围绕着伦敦塔、城市堡垒、宫殿和监狱展开的。

亨利六世青年时代最重要的事件就是叔叔格洛斯特公爵汉弗莱（Humphrey, Duke of Gloucester）和叔祖父亨利·博福特（Henry Beaufort）之间的激烈冲突，这种仇恨只会在英格兰战场失利时愈发激烈。冈特的约翰（John of Gaunt）[1] 和情妇凯瑟琳·斯温福德（Katherine Swynford）生有四名私生子女，而在约翰和凯瑟琳结婚后，议会和教皇宣布这些孩子是他俩的合法子嗣，他们成了博福特家族的人。亨利四世坚持加上一条条款，声明他们没有继承权，他们的继承人也不能通过自己的博福特血脉获得王位。

其中，最年长的约翰·博福特被授予萨默塞特伯爵（Earl of Somerset）的头衔，而私生子中的老二亨利被任命为温切斯特大主教

---

[1] 英格兰国王爱德华三世的儿子。他的长子亨利兵不血刃地夺取了理查的王位，即亨利四世，建立了兰开斯特王朝。——译者注

505

（Bishop of Winchester）。亨利四世在 1403 年让他同父异母的弟弟担任大法官（Lord Chancellor）一职，但亨利·博福特的回报方式是和国王之子、未来的亨利五世一起反对他。博福特此时财力雄厚，他之前曾为自己所支持的战争向国王提供借款。正如他曾经用资深政治家特有的狡黠语言所描述的：“发动战争才能拥有和平，因为和平正是战争的目的。”[11] 尽管他身居大主教之位，但他仍然有至少一位私生女。

1425 年，博福特和他侄子之间的冲突升级了，当时汉弗莱为了争夺妻子杰奎琳（Jacqueline）[1] 在埃诺（Hainault）[2] 的继承权进行了一次鲁莽的军事冒险。这些有争议的领地此时被杰奎琳的第一任丈夫布拉班特的约翰（John of Brabant）占据，他得到了英格兰人的盟友勃艮第公爵（Duke of Burgundy）的支持。这场战争进展不顺，危及了英格兰与勃艮第公爵的同盟关系，而公爵本人也是布拉班特的盟友。于是，这又导致了伦敦的反佛兰德骚乱。1425 年末，博福特被迫率军开赴首都维持秩序。

于是，博福特开始利用自己的地位来为家族进一步谋取利益。1442 年，他说服御前会议和议会授权他的侄子萨默塞特公爵约翰·博福特率领一支远征军前往曼恩（Maine）[3]，以便打通英格兰在诺曼底和加斯科涅（Gascony）的领土。这是一场彻头彻尾的灾难，还激怒了时任法兰西副将（lieutenant of France）的年轻公爵约克的理查[4]，他觉得自己的指挥权被削弱了。萨默塞特公爵回国后不久就

---

　　[1] 巴伐利亚—施特劳宾女公爵、荷兰和泽兰女伯爵、埃诺女伯爵（1417—1433 年）。作为父亲的独生女儿，继承权纷争不断。——译者注
　　[2] 历史上的埃诺郡由今天比利时和法国的部分地区组成。——译者注
　　[3] 法国历史上的一个行省，位于法国西北部，西边就是布列塔尼。——译者注
　　[4] 即理查·金雀花，生于 1411 年，卒于 1460 年。亨利六世让新晋为第一代萨默塞特公爵的堂叔约翰·博福特统率一支 8000 人的军队以缓解加斯科涅的压力，却拒绝给急需人力物力以保卫诺曼底边境的理查提供帮助。由于萨默塞特的任期较长，理查感到自己从兰开斯特王朝的法国摄政沦为了诺曼底的总督。——译者注

去世了，有可能是自杀；与此同时，红衣主教博福特也隐退了。

亨利六世国王曾向约翰·博福特承诺，如果他去世了，他的遗孀应有权决定他们刚出生的女儿玛格丽特·博福特（Margaret Beaufort）的结婚对象。然而，他几乎立刻就食言了，将她的监护权交给了自己的密友萨福克伯爵威廉·德·拉·波尔（William de la Pole, Earl of Suffolk），后者安排她与自己两岁的儿子约翰订婚。但是，当时亨利六世很容易受到他核心圈子的影响：萨福克伯爵、两位资深神职人员亚当·莫林（Adam Moleyn）和威廉·艾斯库（William Ayscough）以及被他任命为财务大臣［Lord High Treasurer，即财政大臣（Master of Coin）］的詹姆斯·法因斯（James Fiennes），此人先后做过普通士兵和治安官。在亨利六世统治时期，将会有那么一个残酷的年份，这四个人都将在几个月内相继被无法控制的暴徒砍死。

耻辱！耻辱！耻辱！

与此同时，格洛斯特公爵成为巫术的又一名受害者，或者，至少人们相信了这种说法。这位傲慢的公爵没能获得妻子埃诺的杰奎琳的土地，于是在1428年抛弃了自己的妻子。他宣布婚姻无效，这样他就可以娶她的侍女埃莉诺·科巴姆（Eleanor Cobham）。这段婚姻没有诞下任何子嗣，而科巴姆据称去请教了在当时的英格兰南部被称为"女智者"（cunning women）的人——被称为"注视着威斯敏斯特的女巫"（the Witch of Eye Next Westminster）的马格丽·乔德梅恩（Margery Jourdemayne）。

她不是唯一请教过这位女巫的人。博福特的侄子埃德蒙（Edmund）在他哥哥自杀后成为萨默塞特公爵，他也曾就自己的未来请教过乔德梅恩，并被告知他将在一座城堡中被杀，但他如果只在户外战斗，就可以避免这一灰色的命运，博福特下决心这样做。

不过，有人注意到科巴姆在1441年就另一件事请教了乔德梅恩：

她让后者预测国王的死亡，这是非常严重的罪行。据说这位眼睛盯着威斯敏斯特的女巫甚至设计了一个国王的蜡像，"通过恶毒的咒语和巫术，她们打算一点点地烧掉国王的蜡像，从而一点点地夺走国王的生命。"[12]

7月，科巴姆作为女巫受到审判。到了11月，她被迫像一般的妓女一样带着蜡烛在伦敦街头游街三天，这是公众羞辱妓女的常用办法。她的婚姻被强行解除，她本人先后被安置在马恩岛和安格尔西岛上的几处孤零零的城堡里。她是幸运的，因为她的同伙都被处死了。其中，乔德梅恩在史密斯菲尔德（Smithfield）[1]被烧死。

格洛斯特的汉弗莱在与叔叔的斗争中没有注意到威廉·德·拉·波尔的崛起，后者讨好亨利六世国王。在国王的童年时期，朝政掌控在御前会议手中，而威廉·德·拉·波尔慢慢从御前会议和国王的宫廷那里榨取权力。他成了汉弗莱的致命敌人。

当凯瑟琳·斯温福德插手冈特家的事务，并创立博福特王朝时，她的妹妹菲莉帕·德·罗特（Philippa de Roet）嫁给了杰弗里·乔叟（Geoffrey Chaucer）。他是14世纪晚期出现的少数几位诗人之一，当时英语在盎格鲁—诺曼语统治了3个世纪后重新确立了自己的地位。乔叟的《坎特伯雷故事集》（Canterbury Tales）是公认的用中古英语写成的最为著名的作品，这是一种深受法语影响的语言，由盎格鲁-撒克逊语（也就是古英语）演变而来。

他的儿子托马斯·乔叟（Thomas Chaucer）是汉弗莱众多敌人之一。女儿艾丽斯（Alice）是财力雄厚的索尔兹伯里伯爵（Earl of Salisbury）的第二任妻子，她因此在富裕的伯克郡和牛津郡获得了成片土地。伯爵去世后，她与德·拉·波尔结婚。由于艾丽斯的财产比她的新任丈夫丰厚太多，他们订立了某种婚前协议。不过，不同寻常

---

[1] 位于伦敦市西北，很多叛国者和异教徒在这里被处死，包括苏格兰领导人威廉·华莱士和农民起义领袖瓦特·泰勒。——译者注

的是，这确实是一场基于爱情的婚姻。

绰号"公猿"（Jackanapes）的威廉·德·拉·波尔[1]从1447年起担任战争中的主要指挥官和海军大臣（Lord High Admiral），他的祖父迈克尔（Michael）是理查二世的密友，而他的父亲支持亨利四世并继承了萨福克伯爵的头衔——他也叫迈克尔。他结了一门好亲事，公猿的母亲凯瑟琳·德·斯塔福德（Katherine de Stafford）与莫蒂默（Mortimer）家族以及比彻姆（Beauchamp）家族都有血缘关系。

出生于1396年的萨福克伯爵于1415年在阿夫勒尔（Harfleur）的攻城战中受伤，他的父亲在那里去世了，不过死因是痢疾。同年晚些时候，他的兄长迈克尔在阿金库尔（Agincourt）被杀，而萨福克伯爵在法国度过了许多年艰苦的战斗岁月。1429年，他率领英军沿着卢瓦尔河撤退，身后有6000名法国士兵、圣女贞德（Joan of Arc）和阿朗松公爵（Duke of Alençon）追赶，最终被生擒，囚禁在奥尔良。他的赎金标价2万英镑，比他年收入的7倍还要多。1431年，他终于回到了英格兰，成了红衣主教博福特的盟友。

1432年，萨福克伯爵被任命为御前会议成员，后来他从伯爵晋升为公爵。他工作认真，勤勉刻苦，曾被派驻国外，在诺曼底和年轻的约克公爵理查并肩战斗。他从1433年开始担任王室总管，这让他有机会接近国王。他还是东盎格利亚（East Anglia）地区最大的地主，向附近领地的扩张行为给自己树敌不少。

这个时候，由于上层权力出现真空，再加上战争形势的不断恶化，萨福克自告奋勇提出去为亨利寻找一位法国公主，借联姻消灾解难，为他的王国带来和平，给他的王朝带来稳定。1444年，萨福克动身前往法国。

尽管亨利有些个人缺陷，但他毕竟是英格兰国王，身份优势为

---

[1] 该绰号源自"那不勒斯来的公猿"（Jack of Naples），或直接叫"公猿"（jack of the ape），他纹章上有用来驯猿的坠子及链条的图案。——译者注

他大大加分。当时公认与他最为般配的贵族小姐是阿马尼亚克伯爵（Count of Armagnac）之女，四谷夫人（Lady of the Four-Valleys）伊莎贝尔（Isabelle），但是她的父亲受到法国国王的恐吓离开了家。此后，伊莎贝尔和弟弟阿马尼亚克伯爵让五世（Jean V）开始了一段亲密关系，还生了三个孩子。在有据可考的记载中，这是当时唯一一对引人注目的乱伦关系。因为这件事，再加上其他一些原因，让五世同时开罪于教皇和国王，最终遭到流放，他们姐弟的婚姻关系也被解除，几个孩子都被认定为私生子。直到许久之后，让五世终于获准归来，他又结了一次婚——这次不再是和姐姐。但不幸的是，让五世死于妻子怀孕的第八个月，在他死后，可怜的妻子又被迫服药，将胎儿打了下来。

于是，人们将注意力转向了一个年仅 14 岁的女孩，她出身高贵，有着无可挑剔的血统，她就是安茹的玛格丽特（Margaret of Anjou）。

眼泪并不是女人唯一的武器[1]

玫瑰战争由两个人物主导，一个男人和一个女人——安茹的玛格丽特和约克的理查，这两个人恰好分别是维斯特洛两位重要角色的原型。

虽然坐在王位上的是一个软弱的君王，他怕见裸体，仅穿一件粗布衬衫，动辄举止失当，令王国蒙羞，但与他同床的王后是一位无与伦比的厉害角色。她强大又美丽，狡猾又无情，一位史官曾写道，玛格丽特的敌人约克的爱德华（Edward of York）认为她"比兰开斯特家族所有的王子加在一起还要可怕。"[13] 一封寄给约翰·帕斯顿（John

---

　　[1] 出自《冰与火之歌》卷二《列王的纷争》瑟曦口中，原文是："眼泪并不是女人唯一的武器、你两腿之间还有一件、最好学会用它。一旦学成，自有男人主动为你使剑。两种剑都免费。"——译者注

Paston）[1] 的信中这样写道："王后伟大、坚强又能吃苦耐劳，为了维护权力，实现自己的意图，证实自己的结论，她总是不遗余力地压榨雇佣的仆人。"[14] 她以掌管着规模庞大的家族为傲，光她自己就有五个女侍从，还跟着十个"小丫头"贴身服侍。

克里斯蒂娜·德·皮桑（Christine de Pizan）[2] 曾在书中写道："这是每一位公主和上流女性的职责……她的善良、智慧、礼貌、气质和品行必须都要出类拔萃，才能成为贵妇楷模、女性榜样。"聪明的王后还必须学会忍受身边男人的缺点，比如：酗酒、虚荣、好色和暴力。德·皮桑建议女士们面对自己"举止可憎"的丈夫要能"忍受一切并且掩饰情绪"，因为即使不堪忍受表现了出来也得不到一点好处。[15] 她还坚持认为，一个高贵的女性必须对法律、财务、战争和王国的其他各种重要问题都有一定的了解，并补充道："当家掌权的女人必须聪明，必须有男人的勇气……她必须懂得战争的法则，这样才能胸怀全局，指挥若定，在受到攻击时发起有力的反击。"尽管玛格丽特已经尽了最大的努力，但对她来说，这些要求还是太过严苛了。

一生都被软弱的丈夫所拖累，这是玛格丽特无法逃脱的诅咒。她被迫变得强大，却被人们称做"悍妇"（viragos），在那个时代，女性太有男子气概就会受到这样的侮辱。和瑟曦（Cersei）一样，玛格丽特也希望能在政府事务中像男人一样发挥作用，她认为那才是更加适合自己的舞台，渴望能够因此赢得尊重。

玛格丽特出生于法国东北部的洛林（Lorraine），洛林女公爵伊莎贝拉和"好国王"（Good King）勒内（Rene）共有十个孩子，她是他们的长女。玛格丽特血统高贵，她是国王让二世（Jean II）的后

---

[1] 约翰·帕斯顿（1421—1466年）是一位英格兰绅士、地主、法官。他的很多书信留存至今，结为《帕斯顿书信集》（*Paston Letters*），成为研究当时英格兰历史的重要资料。——译者注

[2] 克里斯蒂娜·德·皮桑（1364—1430年），文艺复兴时期的威尼斯诗人。因为其父被任命为法国国王查理五世的御用占星家，所以她在法国王宫中成长。——译者注

裔，还是法国王后玛丽（Marie）的侄女[1]。理论上说，玛格丽特的父亲因为妻子的关系拥有了洛林公爵（Duke of Lorraine）的头衔，同时他还是那不勒斯、西西里和耶路撒冷的国王（King of Naples, Sicily and Jerusalem）以及安茹公爵（Duke of Anjou）、普罗旺斯伯爵（Count of Provence）、巴尔公爵（Duke of Bar）、皮德蒙特伯爵（Count of Piedmont）和匈牙利国王（king of Hungary）。但实际上，这些头衔对于勒内毫无意义，他一生遭遇的所有军事失败都来自于他为了争取这些头衔而进行的异想天开的冒险行为。

　　许多贵族女性在丈夫去世或者无力胜任的情况下打理家族事务，并为年幼的儿子摄政。玛格丽特的家庭也不例外，她从小就在祖母约朗德·德·阿拉贡（Yolande de Aragon）的耳濡目染之下学会了一切。约朗德的丈夫安茹公爵路易（Duke Louis of Anjou）出身于法国王室的旁支，多年来一直掌控着西西里，路易早逝之后，约朗德便代替他行使统治职权。后来，当她的儿子勒内在外争夺各种头衔的时候，她依旧在后方代管政务。法国人在曼恩和安茹击溃英国人的那些战斗中，令人敬畏的约朗德和圣女贞德一同发挥了重要作用，她一度还在王太子查理[2]的成长过程中代替了母亲的角色。约朗德在宫廷之中部为贵族男性们组织了一个情妇网络，以此为契机渗透并主导政局。玛格丽特与这位传奇祖母一起生活了四年，从她身上学到了统治的艺术。

　　玛格丽特忍受了相当多的痛苦。她的父亲在又一次失败的远征之后被勃艮第人俘虏，不得不献上两个儿子作为人质，以换取自己的自由。其中一个儿子路易当时年仅 16 岁，后来在被俘期间死于肺炎。

　　玛格丽特有一头乌黑的长发，人们夸赞她相貌"英俊"，而非通常意义上的"美丽"，尽管同时代的佛兰德编年史家夏特兰（Chastellain）

---

[1] 玛格丽特的姑妈安茹的玛丽（1404—1463 年）是法国国王理查七世的王后。——译者注

[2] 即后来的国王查理七世（1403—1461 年）。——译者注

也曾说过，她是一位"非常俊美的女士，长相出众，引人注目。"[16]
为国王安排这门亲事的是萨福克；1444年，在查理七世的见证之下，
代替国王在图尔大教堂（Tours cathedral）握住那位14岁少女双手的
也是萨福克。

几个月后，玛格丽特顶着狂风暴雨来到英格兰，踏上了汉普郡
（Hampshire）的土地，在泰晤士河沿岸的宫殿之间度过了一段时间
之后，她被国王带去了伦敦。新臣民将她奉为两个王国的救世主，至
于玛格丽特和亨利的结合，则被认为是"火与奶的联姻"（marriage
of fire and milk）。[17] 和那位备受责难、绰号"法兰西母狼"的前辈
伊莎贝拉一样，她背负的包袱对于一名少女来说过于沉重，这个国家
在一名精神错乱，丧失行为能力的国王统治之下渐渐崩溃，而她必须
将这样的王国重新带回正轨。荷兰历史学家约翰·赫伊津哈（Johan
Huizinga）曾为玛格丽特哀叹："年仅16岁，正是青春年华，却嫁
给了一个愚蠢的偏执狂。"[18] 虽然在后来的几个世纪里，亨利六世一
度被视为圣人，但毫无疑问，他"虔诚却无能，还患有间歇性神经病。"[19]
即使他算不上一个坏人，但一个疯狂的国王始终是国家沉重的负担。

无论怎么看，这段婚姻肯定是受到了诅咒。作为和平条约的一部
分，英格兰人在1448年同意交出曼恩，此举被视为奇耻大辱。尽管
条约是在亨利主导之下达成的，萨福克却背了黑锅，因此饱受责难。

此时的汉弗莱已经沦为边缘人物，甚至未被邀请参加1445年的
和平谈判。但是，由于条约内容不得人心，公之于众之后，反倒为汉
弗莱后来得到的烈士和英雄的名声埋下了伏笔。1447年2月，萨福
克授意将他的若干政敌以莫须有的叛国罪实施逮捕。仅仅过了五天，
汉弗莱就在狱中去世，多半是死于中风，而红衣主教博福特也仅仅支
撑了两个月。

汉弗莱的事业以失败告终，他的哥哥亨利五世所有的成就也都
将化为泡影。他为英格兰留下最伟大的遗产是一座图书馆，在他去

世之后被捐赠给了给牛津大学——后来我们叫它"汉弗莱图书馆"（Humfrey's Library），这是博德利图书馆（Bodleian Library）中最古老的阅览室。

本章尾注：

1. http://www.hist.unibe.ch/content/tagungen/the_coldest_decade_of_the_millennium/index_ger.html
2. 正如 19 世纪的历史学家雅克·沙尔捷所写："法国国王推行了很好的新制度来约束他的军队，这是件好事。"
3. https://neurosciencenews.com/schizophrenia-heritability-7672/?platform=hootsuite
4. 当父母双方都患有精神分裂症时，子女也患病的例子极为普遍。有些证据表明亨利五世作为一个狂热的人，他的行为肯定是极端疯狂的表现，这带有很多危险因素。
5. Weir, Alison: *Lancaster and York*
6. Ibid
7. Bicheno, Hugh: *Battle Royal*
8. Ibid
9. Sewell, Desmond: *Demon's Brood*
10. 俄裔美籍学者彼得·图尔钦（Peter Turchin）认为"精英过剩"是引起许多社会动乱的主要原因之一，这可能也会起到这样的作用。
11. Rose, Alexander: *The Kings in the North*
12. Harvey, John: *The Plantagenets*
13. Weir, Alison: *Lancaster and York*
14. The Paston Letters
15. Frankel, Valerie: *Winter is Coming*
16. Royle, Trevor: *The War of the Roses*
17. Kendall, Paul Murray: *Richard III*
18. Huizinga, Johan: *The Waning of the Middle Ages*
19. Horspool, David: *Richard III*

· 32 ·

钢铁的纷争
——审判和复仇

> 天上诸神会还我清白，我愿让他们做出裁判，而非经世人之手。我要求比武审判。
>
> ——提利昂·兰尼斯特[1]

1386 年圣诞节期间，一场戏剧性的决斗在两位诺曼贵族之间打响，对阵双方是让·德·卡鲁热（Jean de Carrouges）和雅克·勒·格里斯（Jacques Le Gris）。比武在巴黎市中心进行，引来很多上流人士围观，庞大的人群屏息静气。这是史上最有名的决斗之一，也是中世纪司法系统的一桩血淋淋的案例，这个系统的核心就是比武审判。

这两个人曾经是好朋友，但是在那一年早些时候，德·卡鲁热指责勒·格里斯强奸了自己的妻子玛格丽特（Marguerite），她因为这次遭遇而怀了孕。围观的人群当中只有一个人清楚地知道他们当中谁说的是事实，但是有一件事是所有人都再清楚不过的——两人当中必须有一个死掉，因为无论谁输掉决斗，都会被上帝之眼判为有罪。双

---

[1] 出自《冰与火之歌》第一卷《权力的游戏》。——译者注

515

方为了这次战斗，赌上的东西远不止自己的生命和荣誉，但是，如果德·卡鲁热输了比武，那么在一旁观战的他的妻子玛格丽特将被认为做了伪证，于是她只得面对自己的命运。为她这样罪大恶极的女人准备的是专属的刑罚——活活烧死。

让·德·卡鲁热的年纪比他的妻子要大得多，而这样的老丈夫永远都处于自己会被戴绿帽子的恐惧中。他是一个无畏的战士，作战勇猛，但也是个不太好相处的人，有人还怀疑他虐待妻子——至少，这是一桩缺少爱情和激情的婚姻。他出身于一个尊贵而名声远播的家族，但却输给了后来居上的竞争者，这对曾经的朋友如今因为土地争端而反目成仇。

德·卡鲁热家族起源于一个具有半传说色彩的人物——拉尔夫伯爵（Count Ralph）。拉尔夫伯爵爱上了一位女术士，他们在一片森林中的喷泉旁边私会。直到有一天晚上，他的妻子拿着匕首出现了。第二天，人们发现伯爵已经死了，而伯爵夫人洗清了自己的嫌疑，不过她脸上有一道红色的印记。过了不久，她生下一个儿子，取名卡勒（Karle）。7 岁生日那天，卡勒的脸上也长出了一道红色，位置和他母亲的一样。他被人称为"红脸"卡勒（Karle le Rouge[1]），他的家族将一道红色印记作为家徽，传了七代。曾经为法国国王效命的一些士兵见过这个纹章。

德·卡鲁热的第一任妻子和儿子死后，他便前往苏格兰与英格兰人作战，回国后迎娶了年轻的玛格丽特·德·蒂布维尔（Marguerite de Thibouville）。这位小姐出身贵族，但是她的家族在支持了金雀花王朝（House of Plantagenet）[2]后便名誉扫地了。她继承的遗产让丈夫跟他曾经的好友勒·格里斯起了冲突，后者因为得到国王的宠幸也遭到了德·卡鲁热的嫉妒。围绕德·蒂布维尔家族土地的纠纷一度上

---

[1] 法语，音译为"卡勒·勒·鲁热"。——译者注
[2] 当时的英格兰王室家族。——译者注

升到了对簿公堂的程度，但是1384年的一场宴会上两人重修于好，年长的德·卡鲁热把勒·格里斯介绍给自己的妻子认识，而勒·格里斯请求亲吻她的双唇。

勒·格里斯是一个勇猛的战士，风流成性。当他的邻居在长城之外奋战时，勒·格里斯安然聚敛起万贯家财。他身材高大强壮，很有威胁性。在1386年的严酷寒冬，德·卡鲁热去了巴黎，他的老对手来到了他的城堡，强迫玛格丽特跟自己发生了性关系——至少她是这么对她丈夫说的。德·卡鲁热不服当地领主的判决，直接奔赴首都向国王申诉。但是他没有要求一场刑事审判，而是申请进行比武审判。

当时，决斗已经很少见了，差不多成了上一个时代的遗留风俗。但是国王很喜欢这个主意，勒·格里斯也接受了。被告声称强奸发生时他正跟一个叫做让·贝卢托（Jean Beloteau）的侍从在一起，而这个侍从此时也非常不幸地在巴黎被捕——因为另一桩强奸案。勒·格里斯本可以利用自己神职人员的身份更方便地逃脱惩罚，但他想要赢回自己的声望，也想赢下那块有争议的土地。于是，巴黎议会*同意了这次决斗，并将日期定在1386年11月27日，地点在郊野圣马丁修道院（Abbey of Saint-Martin-des-Champ）[1]。

比武审判可以说是一种贵族才配享有的特权，对于那些下等人，严刑拷打才是审判者们喜欢用的方法（显然，这些被告并不喜欢）。勒·格里斯的仆人亚当·卢韦尔（Adam Louvel）被指控参与协助了这次强奸，他被迫"回答问题"，以测试是否在说实话。玛格丽特的仆从也遭到了同样的待遇。

---

[1] 法语"des champ"意为"在田野上"，因为此修道院于1060年重建时，其位置尚在巴黎城外的田野中。如今其所在地属于巴黎第三区，修道院被改造成工艺美术博物馆（法语：Musée des Arts et Métiers）。——译者注

这场比武太令人激动了，以至于查理国王[1]甚至下令将比武日期延后，以便自己能及时赶回来目睹这场盛会。就在审判举行的前一天，他的儿子夭折了[2]，国王——六年后他才第一次犯精神病——没有举行哀悼活动，反而下令举办一系列宴会，并且把比武审判确立为整个盛会的核心节目。无巧不成书，玛格丽特·德·卡鲁热就在比武日期前不久产下一名男婴。不过这到底是德·卡鲁热的亲生骨肉，还是强奸留下的私生子，她自己也不知道。

比武当天，有好几千人赶在天亮前就来到了修道院门口，每个人都难掩兴奋之情。人群当中还有不少孩子，他们平常只能观看到普通的行刑，无非就是"火刑、斩首、绞刑、淹毙、活埋和其他一些残酷的刑罚。"[1]

只有一个人例外。她着一身黑衣，形单影只——这便是玛格丽特。一旦比武的结果不如她所愿，那么她会直接被带到蒙福孔（Montfaucon）。这是一个位于城市北部边缘的灰暗地带，"本身是一个死者之城"。这个阴森的山坡是"杀人犯、窃贼和其他被判为重罪者的臭名昭著的终点"，这里有标志性的高达 12.2 米（40 英尺）的巨大绞刑架，上面架着巨大的横梁，足以同时悬挂八具尸体："在这里，罪犯们脖子上套了绳子，被迫爬上梯子吊死；剩下的则淹死、分尸或者斩首。"[2]

几周前，德·卡鲁热患了感冒，身体一直有点虚弱。而在这关键的早晨，他的病又复发了。他的对手更强壮，坐骑、武器和盔甲也更精良。控方如果想要杀死这个强奸了他妻子的大个子，唯一的办法是依靠技巧和速度。

---

[1] 即查理六世，法国瓦卢瓦王朝第四位国王，1380—1422 年在位。其统治中后期，因个人的精神病导致贵族争夺权力，人民反抗不断，法国陷入混乱。1415 年，英格兰国王亨利五世趁机入侵，并在著名的阿金库尔战役中击败法军主力，一度占领法国北部大片领土，直到法国民族英雄圣女贞德扭转了战局。——译者注

[2] 查理六世的长子查理，生于 1386 年 9 月 25 日，卒于同年 12 月 28 日。——译者注

德·卡鲁热首先走了出来，重复着自己对勒·格里斯的指控。后者前不久才刚刚受封为骑士，为的就是能以平等地位和对手进行决斗。册封程序是这样的：用剑背在受封者肩膀上敲三下，说"以上帝的名义，以圣米迦勒（Saint Michael）[1]的名义，以圣乔治（Saint George）[2]的名义，我封你为骑士。你必须要勇敢、谦恭、忠诚。"

这场决斗事关荣誉和上帝的眷顾。参加决斗的人被禁止使用任何法术、咒语或者其他怪力乱神的把戏，违者格杀勿论。这不是竞赛。在两人之间，也没有利于防御的地形坡度，这点倒是跟如今的马上比武一模一样。两人各负长剑、斧子和长匕首，身上则有厚实的板甲保护。

比武之前，德·卡鲁热走向他的妻子。"夫人，因为你的证词，我才打算赌上自己的生命跟雅克·勒·格里斯决斗，"他对妻子说，"你心里清楚，我的所作所为是否名正言顺。"

"大人，您当然是正义的化身。您尽管放心去战斗，因为您的所作所为是绝对正义的。"她回复道。然后他们接吻了。

现场安静了下来。任何人都不允许进入比武场干涉决斗，违者一概处死。任何人哪怕是"说话、举手、咳嗽、吐痰"都要失去一只手或者遭到罚款。[3] 因而，准备观看决斗的人群鸦雀无声，"连大气都不敢出。"

决斗马上就要开始了，双方伸出左手相握，以表明他们之间是通过仇恨联系在一起的；而握右手的话，则意味着和平。两位战士各自上马，他们像是两座由肌肉、骨骼和盔甲组成的高山。每一次冲击时，"加上马的重量，骑士、盔甲和长枪合起来，奔跑起来的冲量能有一吨"。[4] 高速冲击时，长枪可以轻易刺穿盾牌和盔甲，扎进柔软的皮肉。

两人冲着彼此发动冲锋，第一个回合里，他俩的长枪都刺中了对

---

[1] 《圣经》提到的天使的名字，伊甸园的守护者——译者注
[2] 著名的基督教殉道圣人，英格兰的守护神，经常以屠龙英雄的形象出现在西方文学、雕塑、绘画等领域。——译者注

519

方的盾牌，两人几乎都要被弹到地上。德·卡鲁热和勒·格里斯各自调整好，坐稳了马背上，抓紧了鞍头握柄，准备再来一次冲锋。这次，两人都把长枪稍微提高了一点，瞄着头去了。他俩向着彼此，几乎以完全相同的加速度冲锋。这一个回合的交手，只见钢铁互相碰撞，围观人群都能看到火星。但是两人仍然都坐在马上，他们坚实的身躯承受住了这次冲击。

第三次冲锋开始了。两位骑士"极为暴力"地攻击彼此，两人的钢制枪尖都再次扎进了对方的盾牌里。这一次，两杆长枪都被震碎了，碎片飞向四面八方。

他们改用战斧，比拼几个回合，都被消磨了大半体力。只见勒·格里斯双手挥舞战斧砍向敌人，虽然没有伤到德·卡鲁热，但锋利的斧刃劈中了他坐骑的脖颈，鲜血从这头尖叫着的动物身上喷涌而出，洒在沙地上。德·卡鲁热爬行躲闪，借势重创对方的马匹。但他在给它开膛破肚的过程中，把斧子给弄脱了手，德·卡鲁热只得拔出佩剑。两个人都停下了动作，想要喘口气。

接着，他们向着彼此刺出一剑又一剑，在一身的金属重量以及紧张压力下，两人都已经筋疲力尽。他们的身体不停地激发出肾上腺素，心脏剧烈地跳个不停。

有那么一瞬间，阳光照在金属上，德·卡鲁热被晃得什么都看不见。他跌了一跤，对手趁机刺中了他的右大腿。鲜血射了出来，沿着他的腿一直流，人群中发出一声低呼。腿伤是非常危险的，即便动脉没有断裂——真那样可就没命了——现在他的时间已经不多了，他必须在因失血过多而死去之前，穿着身上 60 磅多重的盔甲，击败面前这个山一样强壮的敌人。在场边，他的妻子已经瘫倒在身后的护栏上。

"这个世界没有正义可言，除非我们亲手实现它。" [1]

正如中世纪历史学家乔治·迪比（Georges Duby）[2] 写的那样："上帝把残酷的负担降在手执正义之剑的人肩上。" 5 正义之剑另一端的人也得不到什么乐趣，比如说巴黎的监狱里，那里的人"耳朵被割掉，舌头被拔出，眼睛被剜出眼窝，"而"那些背叛了丈夫的妻子，她们的生殖器要承受烧到白热化的钳子的烙灼。" 6

男人被绞死，女人被鞭打至死，不过火刑也是女性才有的"特权"。在法国，自杀、叛国、强奸等罪状都要把罪犯拉着游街，然后再处以绞刑。纵火和偷窃的下场也是绞刑，鸡奸罪犯是在木桩上烧死，而伪造假币则要被直接扔进沸水中。自杀也是犯罪，所以自杀者的尸体还要吊起来再绞一遍。但是那些暴力殴打他人的犯人却通常能够通过缴纳一笔罚款来逃脱惩罚，因为这种每天都会发生的暴力事件普遍被认为危害要小一些。另一方面，一个叫让·阿尔迪（Jean Hardi）的巴黎人则因为跟一个犹太女人发生性关系而被绑在木桩上烧死。

司法在哪里都是残忍的。威尼斯人因贪财而名声败坏，因此，盗取城市财物要被截掉右手，然后在国库大楼外绞死。放走违法者或者城市的敌人，就要失去一只手并被挖掉双眼。侮辱威尼斯的威名，要被切掉舌头，并被判处永久流放。

处罚通常是跟罪行匹配的。1382 年，伦敦的罗杰·克拉克（Roger Clerk of London）"假装能治好一些小病，实际上是用一些骗人的咒语故弄玄虚。他被判游街示众，脖子上挂着尿壶。" 7 在切斯特（Chester）[3]，酿酒酿得不好都得"坐屎凳"（cathedra stercoris），这种椅子坐上去，屁股得暴露出来给大家笑话。直到 15

---

　　［1］培提尔·贝里席对珊莎·史塔克所说，出自电视剧《权力的游戏》第五季第三集《大麻雀》。——译者注

　　［2］法国历史学家，主要研究领域是中世纪社会史和经济史。他是 20 世纪最有影响力的中世纪史学家之一，1987 年当选法兰西学院院士。——译者注

　　［3］位于英格兰西北部。——译者注

世纪，牲畜在英格兰和法国都随处可见，但却经常会搞出人命来，就像脑壳会被石头砸烂，吃东西会被噎死一样。从现代人的角度来看这种现象非常滑稽。

动物也会被审判并定罪。圣马丁大街（Rue Saint-Martin）上有头母猪害死了一个婴儿，它就被绞死了。还有一头猪把一个孩子给毁了容，它被判处火刑。曾有一匹马害死了人，还跑得无影无踪，于是它被"判处杀人罪，但缺席审判，将其塑像予以绞刑。"[8]

司法系统的发展，使得冤冤相报这种从中世纪早期就蔓延全欧洲的旧习被制止。在英格兰北部，血债血偿的文化比起英格兰南部存续的时间更久；而其他一些地方，这种文化则存续了更长时间，比如苏格兰高地地区。审判在盎格鲁—萨克森时代的英格兰，是通过买命钱（blood money）来实现的。买命钱，在古英语里称为 Wergild（字面意思是"人钱"，were 这个词仍然存在于一些现代词汇中，比如"狼人"——werewolf）。这是一条人命的价值，如果有人被杀或者受伤了，他的家庭可以得到这么一笔费用作为赔偿，具体价格要参考受害人的社会地位、种族和性别（威尔士人、女人和农民的价格要低一些）。《冰与火之歌》里，明月山脉（Mountains of the Moon）的高山部落中还在使用这套系统，他们秉持一些古代传统，就好像一些流传至今还在使用的盎格鲁—萨克森特征的名字比如伍尔夫（Ulf）和道尔夫（Dolf）。

在阿尔弗雷德大帝（Alfred the Great）[1]统治时期，英格兰政府也开始引入罚款制度。对于那些意外死亡，引起意外的罪魁祸首也要交罚款给上帝以赎罪，称作"赎罪奉献"（deodand），实际上就是

---

[1] 盎格鲁-撒克逊英格兰时期威塞克斯王国国王（871—899 年在位），曾率军抵抗维京人的入侵，使英格兰大部分地区回归盎格鲁-撒克逊人的统治。——译者注

把钱上交给国王。后来，在诺曼人和安热万诸王（Angevins）[1]统治时期，政府承担起寻找杀人凶手的责任，之前这些都属于私人事务，而大部分杀人犯都逍遥法外。

在维斯特洛或者中世纪欧洲这样注重荣誉的文化中，复仇是很常见的题材，经常出现在故事或者歌谣里，不过人们也意识到了复仇的负面影响。《冰与火之歌》里，艾拉莉亚·沙德也提出过质疑："奥柏伦想为伊莉亚报仇，你们三个想为他报仇……如果你们中哪位死了，是要伊莉亚或奥贝娜去为你们报仇吗？……为什么这事要一轮又一轮无休止无限循环下去？我问你：冤冤相报何时了？"9

《卡斯特梅的雨季》唱出了那些旧日宿怨的终结，现实世界中，冰岛的《尼奥萨迦》（Njals saga）也讲述了一段50年的家族世仇。在那个年代，50年的仇恨相对来说算是短的，很多家族仇怨可以持续好几代。到了今天，血债血偿的家族宿怨只存在于一些比较少见的欧洲氏族部落居住的地区。其中最严重的是阿尔巴尼亚，在过去25年里，发生过12000桩家族争端。10这些非法行为似乎跟这项古老习俗也没有什么区别。

随着国家的合并，那些虽然称不上更巧妙、但堪称更有效率的审判方法也被兼收并蓄了。在英格兰，运用折磨手段进行审问的方法在萨克森时代得到改进，他们召唤全能的上帝来决定谁是罪人。犯罪嫌疑人要手持两块烧热的铁块走上9步，接着往手上绑好绷带。如果一个星期后他的手没有痊愈，那么他就会被判处绞刑。有时候，被告得经历水淹审判，通过观察他们没入水中的程度，借助水来做出判断。还有可能会猛然把他们的手伸进滚沸的水中。唯一的例外是牧师群体，

---

[1] "安热万"衍生自"安茹"（Anjou），是史学界对于12世纪至13世纪早期作为安茹伯爵和英格兰国王同时统治法国西部大片领土及英格兰的法国贵族安茹家族的称呼，包括亨利二世、"狮心王"理查一世和"无地王"约翰三位国王。其治下的王国在历史上称为"安热万帝国"，与之前统治英格兰的诺曼底王朝、之后统治英格兰的金雀花王朝在领土构成上区别很大。"无地王"约翰失去了除阿基坦以外在法国的全部领土，他的儿子亨利三世被认为是延续安热万王朝的金雀花王朝的第一位国王。——译者注

他们可以选择"吞食审判"（trial by morsel），犯罪嫌疑人需要在特定时间里吃掉特定量的食物。可以想见，大多数牧师肯定会选择这种审判方式的。考虑到形象问题，女士们也不会承受冷水审判。还有一种批判是针对"那些张着无耻的双眼饥渴地盯着女人看的牧师，要被剥光衣服然后走进水里。"[11]

也不是所有人都接受这种断案方式。神圣罗马帝国皇帝及西西里国王腓特烈二世（Frederick II, Holy Roman Emperor and King of Sicily）[1]便是早期伟大的怀疑论者之一，可能还是个无神论者。针对此类刑罚折磨，他曾经写道："这有违自然之法，也不会揭示真相……怎么会有人相信烧红的铁块会在没有合理原因的情况下就冷却下来甚至变得冰冷……或者，又怎么会有人相信，麻木不仁的犯人会在冷水审判中不被水淹没？"

到了中世纪晚期，地方领主不再拥有生杀大权，在无政府时期他们非常享受这种权力。"领主"所包含的意义之一就是绞刑架的拥有权，这让他们拥有了对违法者的审判权力。[12]在13世纪早期，光德文（Devon）[2]一个地区就有65架私有绞刑架，而这里的总人口还不到5万。[13]随着时间的推移，王室政府逐渐成为唯一掌握执行死刑权力的政治力量。

欧洲大陆则使用更巧妙的惩罚形式，就是严刑拷问。在德意志地区，人们生活在对"处女刑"（die verfuchte Jungfer）的恐惧中[3]，这种刑具"用金属武器将犯人包裹起来，合拢刑具，尖锐的武器将刺进体内。接着打开刑具，让犯人跌落出来，可以看到大量鲜血从他身上那一百个刺出来的伤口流出，犯人的所有骨头也都被压断了。最

---

[1] 腓特烈二世（1194—1250年）自1220年登基成为神圣罗马帝国皇帝，1198年开始继承西西里国王王位（称腓特烈一世）。此外，他的头衔还有罗马人民的国王（即日耳曼国王，1212—1220年）、意大利国王（1220—1250年）和耶路撒冷国王（1225—1228年）。——译者注

[2] 德文郡位于英格兰西南角，最大市镇是普利茅斯和埃克塞特。——译者注

[3] 这种刑具俗称"铁处女"。——译者注

后，犯人将被带到一个布满旋转切刀和尖锐长矛的地下洞穴里慢慢死掉。"[14]

不过还有另一种流行的形式，那就是比武审判了，这种审判方式被认为是把审判权交给上帝。决斗是一种古老的解决争端的方式，《伊利亚特》描述过两位勇士[1]为了特洛伊的海伦（Helen of Troy）[2]而决斗的场景，而维京人也会在一些岛屿上进行这样的比试，他们用石头摆成圆圈作为竞技场的标记。更夸张的是，假如有人看中了别人的土地甚至别人的妻子，他可以直接向对方提出决斗挑战。

在中世纪早期，任何人都可以提出比武审判，而公开决斗也会发生在农民、市民以及贵族之间。但是，阶级和社会地位的差别在生活的方方面面都得到体现，比武审判也是一样的。骑士们可以使用剑和长枪，而农民只能用棍棒插上一件铁器来战斗。在民事纠纷类比武审判中，委托人可以雇佣代理骑士（champion）代替他们出战，但是在刑事案件类比武审判中，双方必须亲自下场决斗，因为最终的判决意味着死刑。不过妇女、长者以及身体病弱的人可以选择一位代理骑士代替自己，这位专业战士将以他们的名义出战。要是太穷了雇不起代理骑士，那么女人的丈夫可以担当这一角色。在维斯特洛，提利昂就选择了比武审判，先后有波隆和奥柏伦·马泰尔作为他的代理骑士出场；玛格丽则选了教会审判。两种方式其实都不怎么公平。

这些决斗有时候就像荧幕上描绘得那样血腥。1127年，在佛兰德（Flanders）的一场比武中，"两个斗士都已经耗尽了体力，最后他们只能互相投掷武器，结果都摔倒在地。他俩在地上扭打作一团，用铁臂铠互相锤击。终于，其中一个人探身到另一人的铠甲之下，扯下了他的一对睾丸，对手当场毙命。"[15]

---

[1] 即海伦的丈夫、斯巴达国王墨涅拉奥斯和拐走她的特洛伊王子帕里斯，希腊联军围特洛伊期间，两人曾在城下决斗。——译者注

[2] 海伦是斯巴达人，又称斯巴达的海伦。——译者注

有些比武审判有点荒诞，比如说在 1372 年，巴黎圣母院门外曾有一场人和狗之间的决斗。事情的缘起，是国王的一位宠臣死在了他位于巴黎城郊的庄园里，但蹊跷的是，死者的宠物，一条巨大的格雷伊猎犬（greyhound）[1]，每次见到一个叫做里夏尔·马卡伊雷（Richard Macaire）的人，就会低声吼叫，狂吠不止。人们都说这个里夏尔·马卡伊雷一直都很嫉妒死者，所以国王下令进行一场决斗——马卡伊雷有一根棍子作为武器，至于狗这边，场地两头各有一个开着盖的大桶供它躲藏。狗儿非常小心地等待着机会，突然间一跃而出，冲着对方的脖子跳去，把他拽倒在地，直到对方投降。之后，马卡伊雷认罪了，被处以绞刑。[16]

但是这种事情越来越少了。在英格兰，亨利二世（Henry II）于 1166 年确立了公开诉讼制度，在威斯敏斯特（Westminster）[2]设置了中央法庭。他还促成了陪审系统的建立，这一体系起源于萨克森传统，它允许品行证人为涉案人员辩护。被告被要求"准备好面对法律的 12 只手"，意即他需要找到 11 位"助誓者"（oath helpers）。这种制度的核心理念是，以圣物起誓的 12 个人不可能全都在撒谎。但他们仍然是一种简单的品行证人，依据被告人从前的行为进行评判（和今天的陪审制度大相径庭）。人们希望，藉由这些人，他们能找到"事情的真相"——法语里叫做"裁决"（verdict）。

所以说，到了那个时候，比武审判已经非常罕见了，不过倒也没有完全绝迹。1430 年，阿拉斯（Arras）[3]的两位贵族就进行过一次决斗；1455 年，瓦朗谢讷（Valenciennes）有两位市民在众目睽睽下用棍棒较量了一番；1482 年，法国最后一场比武审判在南锡（Nancy）

---

［1］ 又称"灵缇"，是一种用于狩猎和竞速的狗，奔跑速度非常快。它的名字演变自古英语"grighund"，其中"grig-"的含义不明，但可以肯定的是，它演变而成的"grey-"跟灰色无关。——译者注

［2］ 位于伦敦西区的威斯敏斯特市，白金汉宫、威斯敏斯特宫、威斯敏斯特教堂等等著名建筑都在这个地区。——译者注

［3］ 法国北部市镇，在加来附近。——译者注

开打。这种决斗在英格兰存在了更长时间。1583年，一场不死不休的决斗在爱尔兰举行，而这是经伊丽莎白女王（Queen Elizabeth）[1]准许的。

比武审判曾经被接受为司法系统的一部分，但随着它逐渐消失、被陪审制度或刑讯折磨所取代，比武审判逐渐演变成一种非法决斗，一种高度仪式化的程序。其中延续了很多比武审判的传统，比如拔出的剑意味着提请决斗，把手套扔在地上也可以表达同样的意思，在法语里叫做"掷地立誓"（jeter le gage）。几百年间，决斗一直伴随在上流社会的旧日时光中，许多生命白白逝去。欧洲人一旦觉得自己的尊严受到侮辱，便常常因为这愚蠢至极的理由拿起武器。有一回，两个意大利人因争执诗人塔索[2]和阿廖斯托[3]各自的优点而决斗，其中一人受了致命伤。临死之前，他承认自己从未读过自己为之战斗的诗人的作品（看起来他以后也没有机会读了）。这些疯狂之举在19世纪慢慢消减了，当权者们逐渐取缔了这种行为，社会舆论也不支持。尤其是在英格兰，一旦决斗，就会成为广大民众的笑柄。[17]

"你奸了她。你杀了她。你害了她的孩子。"[4]

德·卡鲁热现在有生命危险，如果让勒·格里斯的匕首一直插在伤口处，那么后果不堪设想。但是德·卡鲁热坚信自己能战胜对手，他把匕首拔了出来。现在他还没输：集中所有还没消失殆尽的最后一点气力，老战士使出了最后一击。他用左手抓住一生宿敌勒·格里斯，

---

[1] 英格兰及爱尔兰女王，1533—1603年在位。——译者注

[2] 应当指的是意大利桂冠诗人托尔夸托·塔索（Torquato Tasso, 1544—1595年），代表作有《利那尔多》《亚朱达》《耶路撒冷的解放》等。他的父亲贝尔纳多·塔索（Bernardo Tasso, 1493—1569年）也是一位诗人。——译者注

[3] 卢多维科·阿廖斯托（Ludovico Ariosto, 1474—1533年），意大利文艺复兴时期著名诗人，史诗《疯狂奥兰多》是他的代表作。意大利语"umanesimo"（人文主义）一词就是由阿廖斯托创造的。——译者注

[4] 奥柏伦·马泰尔对格雷果·克里冈说，出自《冰与火之歌》第三卷《冰雨的风暴》。——译者注

使出蛮力拉扯对方的头盔，把他拖倒在地。

接着，德·卡鲁热跳到勒·格里斯身上，拼命猛刺，想要刺穿对方的钢甲，直到自己失血过多，逐渐力竭。剑已经磨钝了，他换用匕首，砸开对方的面甲，再把它给扯了下来。现在，他命令敌人承认自己的罪行。勒·格里斯被死死按在地上，口中却大喊冤枉。于是，德·卡鲁热把匕首刺进了他的脖颈。勒·格里斯的喉头汩汩冒血，他的身体一阵剧烈地颤抖，随后整个人再也不动了。浑身上下已经没有一丝力气的德·卡鲁热转向人群中的那个人。他流着血，拖着疲惫的身躯，走过去亲吻了他的妻子。

本章尾注：

1. Jager, Eric: *The Last Duel*
2. Ibid
3. Ibid
4. JIbid
5. Duby, Georges: *France in the Middle Ages*
6. Manchester, William: *A World Lit only by Fire*
7. http://www.thomas-morris.uk/roger-two-urinals-clerk/
8. Jager, Eric: *The Last Duel*
9. 出自《冰与火之歌》第五卷《魔龙的狂舞》
10. https://www.ft.com/content/5a3b661c-fc45-11e5-b5f5-070dca6d0a0d
11. Pye, Michae: *The Edge of the World*
12. 原文"拥有绞刑架的领主，会宣称自己专享对盗贼进行审判的权力"。（'It was possession of the gallows that marked out those lords who claimed routine franchisal jurisdiction over thieves'.）
13. Ackroyd, Peter: *Foundations*
14. Manchester, William: *A World Lit only by Fire*
15. Jager, Eric: *The Last Duel*
16. 这个故事很可能是虚构的。
17. 斯蒂芬·平克（Steven Pinker）的《人性中的善良天使》（*Better Angels of Our Nature*）中罗列了诸多此类决斗。
* 和伦敦议会不同，巴黎议会是一个法庭，而非立法机构。

528

骑着世界的骏马
——多斯拉克人和蒙古人

多斯拉克人只追随强者。

——乔拉·莫尔蒙[1]

　　1237年，三名骑手出现在莫斯科东南120英里处的梁赞（Ryazan）城外。领头的是一个女人，她冲着面前聚集起来的市民喊道："所有东西的十分之一！马匹、人口、一切！都要十分之一！"城里的居民回绝了，于是骑士们纵马而去。几个月后，震耳欲聋的马蹄声袭来。那是成百上千匹马。

　　"在东边，曙光映照的天空之下，一片黑压压的骑手跃出地平线，冲向梁赞城……清晨的街道被到处劈砍的骑兵占满了。人们尖叫着，尸块到处飞，鲜血在初雪上积成潭。一股股黑烟升上朱红色的天空。"[1]城里的居民们遭到了屠杀，男人、女人和孩子全都一样。蒙古人来了。

　　在厄斯索斯，居住着"黑发、古铜色皮肤的骑士，有组织地形成一些男性战士聚落，称作卡拉萨（khalasar），每一个卡拉萨都有

---

　　[1]乔拉·莫尔蒙对丹妮莉丝·坦格利安说，出自《冰与火之歌》第一卷《权力的游戏》。——译者注

529

一个首领，称为卡奥（khal），"他们是马背上的游牧民族，常常掠夺附近的城镇和居民。² 这便是多斯拉克人（Dothraki），他们以高超的战斗技巧闻名，以至于"环绕着多斯拉克海（Dothraki Sea），全都是被马王们毁坏的城市遗址。那些处在他们行进路线上的人，骇于他们的名声，无不闻风丧胆。"³ 这些城市有时候会给多斯拉克人上交贡品，他们还会从多斯拉克人那里买入可怜的俘虏。骑手们会侵袭生性平和的拉札林人（Lhazareen），多斯拉克人称之为"羊人"（Lamb-men）。拉札林人一般在大草原东部聚居生活，直到多斯拉克人出现毁了他们的城镇，将他们奴役、强暴。

这些人住在毡帐里，食谱上几乎全是肉，包括山羊肉、鸭子肉、狗肉以及最主要的一种——马肉。马是他们的命脉，是他们整个文化的中心，甚至于在他们的语言里，称呼自身的名词"多斯拉克人"便是"骑马的人"之意。

韦赛里斯·坦格利安把多斯拉克人描述成纯粹的野蛮人，显然他们跟教养是不沾边的："豪饮美酒，大啖烤肉；公开性交；高声嚎叫，他们的音乐更像是在咆哮；明目张胆地高声吹嘘。这些都是典型的多斯拉克庆典的特征。"⁴ 年轻的丹妮莉丝不知所措地坐在椅子上，眼看着这场宴会演变成血腥的狂欢，就像乔拉·莫尔蒙在电视剧第一集里说的那样："任何一场多斯拉克婚礼，若没有闹出至少三条人命，就算失败。"[1]

自古以来，游牧骑兵对于定居民族就一直是一大威胁。在古希腊人眼中，居住在今天乌克兰一带的嗜酒如命的斯基泰人（Scythian），就是跟文明完全对立的野蛮民族——他们住在城外，穿着裤子，非常粗鲁。最难以置信的是他们喝酒不像希腊人一样兑上水再喝。斯基泰

---

[1] 这里指的是电视剧《权力的游戏》第一季第一集里描绘的场景。实际上，在小说《冰与火之歌》第一卷《权力的游戏》中，这句话是伊利里欧总督对丹妮莉丝说的。——译者注

人非常难对付，当波斯的居鲁士大帝（Cyrus the Great）[1]尝试征服他们的时候，他亲身印证了这一点[2]："他的头被割下来，放进一个盛满血的皮囊中……他对权力的饥渴促使他四处征伐，现在他终于可以好好畅饮一番了。"5

在古代世界，最令人惧怕的游牧民族也许是匈人（Huns）。在罗马帝国最后的混乱岁月里，他们从中亚来到了欧洲。匈人的一生都离不开马，他们甚至连睡觉都要在马鞍上。在定居生活的罗马人眼里，他们的一切都非常野蛮：他们穿的袍子是田鼠皮缝制的，他们给肉保温的手段是把肉放在大腿和马之间。匈人的长相也很奇怪。后来的骨骼检测表明，他们会给小孩子进行颅骨整形，用绷带缠住骨头好让头长得尖尖的（在厄斯索斯，有一个活动范围比多斯拉克人还要往东的游牧民族叫做鸠格斯奈人，他们也有这种习俗）。6

匈人的首领是人人为之胆寒的阿提拉（Attila）。他是历史上最有名的人物之一，这基本上要归功于他对文明世界所造成的大规模破坏。卓戈卡奥迎娶了维斯特洛人丹妮莉丝·坦格利安，这一场怪诞的婚礼连接起文明世界的公主和野蛮人——就像她哥哥称呼他的那样——类似地，匈人领袖阿提拉也被承诺了一桩同霍诺里娅（Honoria）的婚姻，她是西罗马帝国皇帝瓦伦丁尼安三世（Valentinian III）的姐姐。或者说，当公元450年，阿提拉收到一颗婚戒以及随之而来的军事求援时，他是这么理解的。他向西罗马帝国皇帝要求半个高卢（Gaul）[3]作为嫁妆。后来瓦伦丁尼安三世拒绝承认这门婚事，阿提拉便以此为

---

[1] 即阿契美尼德王朝（波斯第一帝国）的居鲁士二世，约公元前600年至前530年在位。在位期间，他统一了波斯并向周边扩张，版图除伊朗高原外还囊括了小亚细亚、中东绝大部分地区和一部分中亚地区。——译者注

[2] 根据希罗多德的《历史》，杀死居鲁士二世的是跟斯基泰人很相似的马萨革泰人，这个游牧部落生活在中亚克孜勒库姆沙漠边缘的温带草原上，位于今天的哈萨克斯坦和乌兹别克斯坦境内。按照希罗多德的叙述，居鲁士二世在扩张过程中杀死了马萨革泰国王斯帕尔伽彼赛斯，其母托米丽司击败了波斯军队并杀死了居鲁士二世。——译者注

[3] 大约相当于今天的法国、卢森堡、比利时、大部分瑞士、意大利北部、荷兰的一部分以及德国位于莱茵河以西的地区。——译者注

借口入侵意大利，留下一路人间惨剧，甚至威胁到罗马城本身。

像卓戈卡奥一样，阿提拉会把城市变成废墟；结果他也像卓戈一样，死法太普通，其最终结局配不上这样一个传奇人物。在一场宴会上，阿提拉喝得酩酊大醉，结果鼻子出血，他被自己的血呛死了。[7]阿提拉的尸体被装进三个棺材里，分别用黄金、白银和黑铁打造，上面先是覆盖一层战利品，接着盖一层土。最后，所有参与操办葬礼的人都被处死了，这样阿提拉的埋骨之所就成了一个永久的秘密，直到今天也没有被找到。

很多其他的游牧民族则在之后的几百年里融入了没有草原的文明。四处游历的阿拉伯作家伊本·法德兰（Ibn Fadlan）曾经遇到过乌古斯（Oghuz）[1]部落，推测他们拥有一万匹马和十万头羊。"他们住在毛毡帐篷里，居无定所，"他写道，"他们生活贫困，像其他的流浪民族一样。他们不信神，也没什么理由好求助于神的……就算被屎尿弄脏了身子，他们也不会洗一洗……（而且）他们不碰水，尤其是在冬天。"有一天晚上，乌古斯男人中有一位的妻子也在场，阿拉伯人回忆起来还心有余悸，"我们正聊着天，她露出私处来，在众目睽睽之下直接挠了起来。我们赶紧用手挡着脸，每个人都念道：'愿主饶恕我。'"女人的丈夫反而觉得客人们的假正经非常可笑。[8]

接下来说到匈奴（Xiongnu），他们控制着中国北方的草原。当时的人说他们"很野蛮，喜欢吃生肉，喝鲜血"，真的是一个"被上天抛弃的"[9]民族。另一个民族，居住在高加索山脉一带的可萨人（Khazar）则有效抵抗了穆斯林入侵者，因此在8世纪时，拜占庭人还主动来找他们联姻以结盟。结果他们最后信了犹太教，这种事情很少见。照伊本·法德兰的说法，可萨的可汗（Khagan）有25个妻子，每一个都来自一个不同的部落，是那些部落首领的女儿，这些小部落

---

[1] 古代突厥部落中的一个群体，从公元8世纪开始逐渐形成部落联盟。其主要活动范围在今哈萨克斯坦境内。——译者注

以此表明他们承认可汗对于所有可萨人的领导地位。

但是，所有这些游牧民族跟恐怖的蒙古人列在一起时，其历史地位都将显得无足轻重。[10]

世界的子宫[1]

一个西方人曾经这样描写蒙古人："他们就像野兽……他们把肉放在马鞍底下压软，这样的肉加上野草根，就是他们的主要食物……他们不愿意使用农具，也不喜欢定居……如果你询问……他们从哪里来，问他们在哪里出生的，他们也说不上来。"[11]

在他们出人意料地崛起为称霸世界的力量之前，蒙古不过是生活在蒙古高原（Mongolian plateau）上的五个部落的联盟。中国皇帝怂恿这些暴躁易怒的部落互相残杀，蒙古人本身也非常乐于这样做。蒙古人穿着"狗皮和老鼠皮"，当时有人形容他们"过着动物一样的生活，没有信仰也没有律法，很轻易地就从一个地方游荡到另一个地方，像动物一样逐草而生"。据说"他们把抢劫和暴力、不义和放荡看作是刚毅和机敏的表现。"[12]

但是，在 13 世纪时，大草原迎来了少见的温暖湿润气候，能够供养的马匹数量迅速上涨。就在这个时候，一个非常有能力也非常危险的领袖把他们团结在了一起。1162 年，铁木真出生了，他的名字意思是"铁匠"。铁木真出生时，右手紧握着指关节骨一般大的血块。根据蒙古传统，这可以解释为，他的人生路上将有无上荣耀在等待着。后来的事情证明了，确实如此。

铁木真的祖先是一位叫做孛儿帖·赤那的勇士，他的名字意为"苍狼"[2]。铁木真 9 岁时就成了孤儿，他的父亲被敌人毒杀。长大成

---

[1] 在《冰与火之歌》中，维斯·多斯拉克附近有一个名为"世界的子宫"（Womb of the World）的大湖，是多斯拉克人的圣地。——译者注

[2] 根据《蒙古秘史》，孛儿帖·赤那是铁木真二十二代先祖，其妻名为豁埃马阑勒，意为"白鹿"，二人的名字合起来就是蒙古的图腾"苍狼与白鹿"的来源。——译者注

人后，他召集起一帮伙伴，在蒙古语里这叫做"那可儿"[1]，其成员要宣布不再忠于部落或者联盟，而是尊铁木真为唯一的领袖。1206年，铁木真击败了与其竞争的其他氏族首领，被奉上"成吉思汗"（鲍培氏回鹘式蒙古文转写：Cinggis，英语：Genghis Khan）——寰宇统治者——的尊号，这个词源自突厥语"tengiz"，意为"大洋"或者"强壮"。[13] 从那时开始，直到他1227年去世为止，成吉思汗创建了历史上国土最为绵延辽阔的大帝国，从里海一直延伸到太平洋，简直是现实版的"骑着世界的骏马"（Stallion who Mounts the World）——这是一个久远的预言，说的是这位多斯拉克马王将会征服全世界。

蒙古人沿途留下的全是尸体。13世纪的波斯历史学家尤瓦尼（Juvani）称他们的帝国是"一片冒着烟的废墟"。1219年，入侵者进入了今天的伊朗境内，"他们来了，他们削弱敌人，他们放火，他们屠杀，他们掠夺，最后他们走了。"[14] 据说"他们杀死女人、男人、小孩，把孕妇的尸体开膛破肚，残杀那些还没出生的胎儿。"* 在内沙布尔（Nishapur）[2]城，尸体被垒成了好几座巨大的金字塔作为警示。有一个叫做亦纳勒出黑（Inalchuq）的高级官员，他是讹答剌（Otrar，位于今哈萨克斯坦境内）守将，在1219年被成吉思汗下令处死，行刑方式就是把熔化的金子倒进眼睛和耳朵里。翌年，成吉思汗率领十万蒙古大军踏平了巴克特里亚（Bactria）[3]的巴米扬（Bamiyan）[4]城，之后这里便多了几个别名，比如"惨叫之城"和"静寂之城"。

---

[1]"那可儿"意为"伴当、伙伴"，其拉丁化写法通常是"Nökhör""nökər"或"Nokhor"。——译者注

[2] 位于今伊朗东北部，接近今土库曼斯坦。——译者注

[3] 中亚古地名，中国历史上称之为"大夏"，相当于今阿富汗北部、塔吉克斯坦南部和乌兹别克斯坦东南部。曾有亚历山大大帝及塞琉古帝国据有此地，之后希腊人、印度人等等先后在此建国。一些史学家认为，张骞出使西域时到达的大夏国就是希腊人建立的古巴克特里亚国。——译者注

[4] 位于今阿富汗中部，著名的巴米扬大佛即位于该市附近。——译者注

成吉思汗逝世于 1227 年，但他那些继承了帝国遗产的子孙们继续着他未竟的事业。不久后，蒙古人就到达了基辅（Kiev），把当地教堂付之一炬，全然不顾里面还有很多平民。1241 年，他们席卷中欧，4 月 9 日，波兰国王即西里西亚公爵（Duke of Silesia）[1] 指挥的军队被摧毁[2]，公爵本人的脑袋被插到长枪上游街，而蒙古人把欧洲人的尸体都割了耳朵，装了九个袋子。两天后，匈牙利人也被击溃，欧洲大陆陷入恐慌。不过幸运的是，大汗很快就去世了[3]，蒙古人回到东方，陷入内斗中。但是，蒙古人的一部鞑靼人（Tartars）从 13 世纪到 15 世纪之间一直占据俄罗斯[4]，在俄国的建立过程中成为不可忽视的重要力量。正因如此，旧日俄国贵族中有三分之一都有鞑靼名字。[15]

对于欧洲人来说，这些民族可谓怪异至极："他们不吃蔬菜；他们喝发酵马奶，还会把碗舔干净，哪怕此时他们正在跟别人聊天，也完全不会顾及对方的看法——而在公开场合下，两人站立的距离不能超出'扔一颗豆子那么远'。"[16] 蒙古人也从来都不洗澡，加上他们总跟动物们在一起，所以对于西方人来说他们的味道实在是太难闻了。

死亡沙漠

要想穿越蒙古的干旱草原和贫瘠荒漠，就要跋涉 3000 英里。这

---

[1] 1079 年，波兰贵族推翻了波列斯瓦夫二世的统治，国王称号被废除，波兰进入割据时代。1138 年，统一了波兰的波列斯瓦夫三世去世，按照他的遗嘱波兰被分为五块赐予他的儿子们，并立下规矩，克拉科夫大公爵可以代表波兰发声。亨里克二世（Henryk II）于 1238 年继承了其父的爵位西里西亚公爵及克拉科夫公爵，成为波兰名义上的统治者和势力最强大的诸侯。——译者注

[2] 此战发生于今波兰西南部下西里西亚省莱格尼察附近，史称莱格尼察战役。此战波兰联军还包括了圣殿骑士团和摩拉维亚的部队，几乎全军覆没，其高级将领大部分被杀。——译者注

[3] 窝阔台汗于当年 12 月 11 日去世。——译者注

[4] 原文如此。这个阶段统治俄罗斯的是成吉思汗孙子拔都汗建立的金帐汗国。西迁于此的蒙古人与当地突厥人融合，逐渐形成今天俄罗斯等国境内的鞑靼族。——译者注

是现实中的多斯拉克海[1]，显然，能够完成这段旅程的欧洲人堪称寥寥。13 世纪 50 年代，佛兰德传教士及探险家鲁不鲁克（William of Rubruck）[2]曾经到访蒙古地区。按照他的描述，鞑靼女人"惊人的肥胖""脸上画着丑陋的纹样"，而男人的"头大得可怕"。[17]他们都很脏，从不洗澡，他这样补充道。另一位旅行者若望·柏郎嘉宾（Johannes de Plano Carpini）[3]是在 1245 年去的，他是公元 900 年后第一个到达巴格达（Baghdad）以东地区而且平安归来的西方人。

柏郎嘉宾从刚刚被蒙古人洗劫的基辅出发，他说这里的冰雹非常恐怖，冰雪融化以后有 160 人淹死。他亲身经历了极端的酷热和严寒、大风和干旱，这些对于西方人来说简直就是天方夜谭。

柏郎嘉宾了解到，蒙古人没有城市，住在帐篷里。据他观察，他们对每个人都很和善，哪怕是在饱饮一顿发酵马奶之后醉醺醺的状态下。蒙古人不喜欢交换东西，但非常喜欢收礼物（跟多斯拉克人一样）。

他们崇拜月亮，称之为"大皇帝"。他们还有宗教仪式，男人和牲口从两团火之间穿过，就能得到净化，而女人们站在旁边，往男人身上泼水，口中吟唱颂歌。柏郎嘉宾还去了失剌斡耳朵（Sira Orda）[4]，这里是大汗的王廷，位于蒙古帝国首都哈拉和林（Karakorum）附近，在今天的蒙古国境内。在那里，他得知皇帝的母亲[5]在他缺席时可以"临朝称制"。这一点很像厄斯索斯的多希卡林，卡奥们的遗孀是整个多斯拉克人的统治者。

---

[1] 《冰与火之歌》里，东方厄斯索斯大陆中部的辽阔草原。——译者注

[2] 按照现代译法为吕布鲁克的威廉（约 1220—约 1293 年），法国方济各会教士。1252 年，鲁不鲁克受法国国王路易九世之命出使蒙古帝国，抵达蒙古首都哈拉和林并觐见蒙哥汗（元宪宗）。其游历经历结成《鲁不鲁克东游记》。——译者注

[3] 生于 1180 年，天主教方济各会传教士。因恐惧蒙古人的入侵，教皇英诺森四世派遣 60 多岁的柏朗嘉宾携国书前往蒙古帝国。其抵达哈拉和林并觐见贵由汗（元定宗），成为第一个到达蒙古宫廷的欧洲人，并在蒙古行纪中留下了西方对蒙古帝国统治下的中亚、俄罗斯等地的最早记录。——译者注

[4] 蒙古语，意为"黄色宫帐"。——译者注

[5] 贵由汗的生母乃马真后，谥号昭慈皇后。——译者注

欧洲人开始通过两位旅行者的经历来了解东方，一位是英格兰人约翰·德·曼德维尔（John de Mandeville），另一位是威尼斯人马可·波罗（Marco Polo）。马可·波罗花了20年时间，跟随他的父亲和叔叔旅行至忽必烈汗（Kublai Khan）的王廷，见识到了很多奇异的地方和文化。他沿途到过绿洲中的城镇和阗（Khotan）[1]，这里是中国西部塔克拉玛干沙漠（Taklimakan Desert）的边缘地带。"塔克拉玛干"意为"死亡沙漠"（Desert of Death）或者"有去无回之地"（Place of No Return），昼夜温差甚至能达到惊人的37.8℃。

他到访过印度的马拉巴尔（Malabar）[2]，那里的国王有500个妻子。在印度，波罗还见过有统治者的忠实信徒"自愿随国王一起投身火海，随国王一起被烧死，这样他们就可以在另一个世界继续陪伴他。"这种习俗叫做"sati"——女人在丈夫的葬礼上自焚殉夫——一直持续到6个世纪以后，大英帝国强行禁止了此类行为。

他还观察到，瑜伽修士（yogis）如果想申请宗教职位，首先得经得住女人的诱惑。女人们抚摸他们的"肢体"，如果有人扛不住了，那么他就被"除名"了。马可·波罗还遇到了一个名为"Tebet"的藏族部落，他们会在父母死后吃掉他们的尸体。而在差不多两千年前，希罗多德（Herodotus）就注意到了这种习俗。

当马可·波罗回到意大利时，他所描绘的蒙古社会图景对于所有人来说都极其不寻常。

蒙古人住在简易的村庄里，每人住一栋木头和毛毡做的可移动的房子，叫做"毡帐"（ger），当需要搬家时，他们可以把毡帐拆掉然后装进马车。蒙古人的食物也不是谁都能下咽的："他们啖生肉，喝鲜奶，吃野禽；他们还吃小动物比如兔子，他们管这叫'法老之鼠'

---

[1]　今新疆和田。——译者注
[2]　位于印度南部。——译者注

（Pharaoh's Rats）[1]。"他们还吃马、骆驼、牛和狗，喝马奶、骆驼奶；在他们的旅途中，如果牲口没法产奶，就会被他们杀死。有时候他们靠马血过活，扎破马的血管直接对嘴喝。他们还会把马奶晒干，这东西吃起来可以说是马奶酪了，大概味道也跟名字差不多。

蒙古人喝马奶酒，也就是发酵的马奶，有一种强烈的酸味。当马可·波罗同意品尝一下这种饮品之后，招待他的主人揪着他的耳朵把他拖回来以确保他把马奶酒咽下去。从中我们大概能得出结论，这种饮品到底有多美味。

据中国人的观察，蒙古战士可以很长一段时间不进食，甚至不喝水，他们随时做好了忍耐极端恶劣情况的准备。相对于中国中原士兵，蒙古士兵强壮得多也健康得多，饮食基本上就是肉、奶和其他一些奶制品；而对于定居的农民来说，谷物是基本的食材，但谷物的蛋白质和维生素含量较低，这让他们的筋骨软弱许多，对疾病的耐受性也略显不足。

成吉思汗的孙子忽必烈汗在1260年继位，成为第五位皇帝。在他治下，蒙古统治者们在他们北方的都城过着愈加奢靡的生活。按照蒙古人自己的称呼，这里叫做"上都"（upper capital）——仙那度（Xanadu）[2]。在这里，"富人和贵族穿着黄金和丝绸做的衣服，外披黑貂皮和白釉皮制作的奢华皮草。"18 大汗的特殊服装缀有宝石共计156000颗，每年只会在宫廷中展示一次。有两个"巨人一样的大力士"守卫着宴会厅的大门，人们从这走进去的时候是不能碰到门槛的，否则就会被毒打一顿（除非人们喝醉了，这种情况下可以得到赦免）。

---

[1] 原文如此。——译者注

[2] 元上都即开平，蒙古语称"仙那度"，位于今内蒙古锡林郭勒盟，忽必烈定都北京后将上都设为夏都及陪都。英国诗人塞缪尔·泰勒·柯尔律治的诗作《忽必烈汗》中用"仙那度"一词指代上都，从而让上都的豪华奢侈为欧洲人所熟知，后成为世外桃源的代名词。——译者注

在蒙古控制下的中国城市杭州，马可·波罗看得眼花缭乱："这座城市的周长得有数百里，共有 12 座巨大城门护卫，城里有碧蓝的运河，有灭火队、医馆和宽阔完好的街道，道旁排列着住宅，宅门上标记着每个住户的名字。"[19] 杭州城有 12000 座桥和"世界上最美丽的女人"。在大汗的宫殿里，他吃饭时有五位处女唱歌服侍。忽必烈汗的士兵会展示他们日月交辉的旗帜，而他本人则极尽奢侈之能事，甚至还拥有一群白马，这些马全都患有白化病；此外他还有一群白化病乳牛，大汗和他的家人只喝它们产的奶。这些白化病宠物总数有一万只甚至更多。拥有患白化病的动物，经常被看作是有威望的表现，这也解释了为什么白象是一种非常贵重——不过饲养一头白象的费用也非常昂贵——的礼物，所以，白象被用来指代那些贵重但却没什么必要的项目。[1]

大汗的四位妻子，每个人都有一支多达一万人的侍从队伍。波罗声称："无论何时，只要他想临幸这四个女人中的任何一个，他都可以让她来到他的房间。有时候他还会去妻子的房间。"除此之外，他还有"许多其他妃嫔"。每隔一年，大汗都会派出使者在他的帝国里寻找 500 个最有魅力的女性。把她们聚集起来之后，一个评审团会对这些年轻女性进行评价，依据是她们的"毛发、面容、眉毛、嘴、唇和其他肢体——看看它们是否跟整个身体和谐，比例是否匀称，"只有那些评级达到 20 克拉黄金[2]的才有资格面见大汗。评定完成后，将由一位大汗身边的较年长的侍女和一个入选的年轻女子同床，"以便得知她是否呼吸顺畅，是否温婉，是否洁净，是否睡觉安静不打鼾，身上是否有异味，还要知道她是否是处女"——还有更多不为人知的考察项目。忽必烈汗的 4 个妻子给他生了 22 个儿子，他的妃嫔们给

---

[1] 这种用法流行的源头是电影《马戏之王》的主角原型费尼尔司·泰勒·巴纳姆，他曾经耗费巨大精力和金钱，从暹罗国王处获得一头"白象"，却发现它实际上是脏灰色的，还带有一些粉色的斑点。——译者注

[2] 指的是表示金属纯度比例的单位克拉（K），24 克拉为最高品级。——译者注

他生了 25 个儿子；波罗没有提到忽必烈汗女儿的数量，想必也不太重要。

就连大汗的宰相阿合马（Ahmad）也在四位妻子之外纳了 40 房妾，不过他爬得高摔得也惨——阿合马东窗事发后，他的四个儿子被处死了。之后就听说宰相有一副鞣过的人皮，他手下的宦官揭发说，他会很奇怪地咕哝，好像是在向什么东西祷告。他祈祷的对象很可能是个恶魔。[1]

马可·波罗注意到，每个蒙古人"都可以娶任意数量的妻子，只要他愿意。哪怕是娶 100 个妻子也没问题，前提是他得能养得起。"而且，婚姻关系也不靠什么刺青纹身来标记。

一夫多妻制是所有马上民族的通行制度，这归因于他们无休止的暴力。这是一篇皇家学会（Royal Society）[2]的论文《一夫一妻制之谜》（The puzzle of monogamous marriage）所提出的观点。一夫多妻制保证了低等人只有很小的机会能找到配偶，因此他们"会对自己的将来没有什么信心，对于提升自己的阶级、寻求性伙伴的过程，他们更容易选择风险更大的投机行为，"这导致了谋杀、强奸、盗窃、绑架和性奴役等事件数量的增加。[20]适婚女性的缺乏也解释了游牧民族被驱使着征服定居民族的原因。相反地，一夫一妻制在欧洲的普及依靠教职人员的推动和统治者的鼓励，但驱动它的还是人们对压制自己内在暴力倾向的渴望。[21]

但是真正统治着这些社会的强权人物乐于享受达尔文式的巨大

---

[1] 阿合马（Ahmad Fanākatī），元朝色目人，出生于费纳喀忒（今乌兹别克斯坦境内），官至宰相。其因财政措施引起其他大臣不满，加之元初民族矛盾突出，阿合马被武官王著和僧人高和尚设计谋杀。忽必烈调查此事后判定阿合马有罪，没收其家产还开棺戮尸。在《马可·波罗游记》中，马可·波罗声称自己了解到事情原委，阿合马用巫术控制了忽必烈汗，横征暴敛、荒淫无度，激化民族矛盾，后遭契丹人张易和王著刺杀。——译者注

[2] 全称为伦敦皇家自然知识促进学会的会长、理事会及同侪们（The President, Council, and Fellows of the Royal Society of London for Improving Natural Knowledge），相当于英国的国家科学院。——译者注

优势。1283 年去世的波斯历史学家阿塔蔑力克·志费尼（Ata-Malek Juvaini）[1] 这样写道："说到成吉思汗的家族和世系，他的子孙过着锦衣玉食的富足生活，人数超过 2 万。我也不往多了说……免得这本史书的读者指责作者虚张声势、夸大事实，质问说一个人的外肾怎么能够在这么短的时间里繁衍出这么多的子孙后代。"但是他并没有夸张——关于成吉思汗有一个不怎么为人所知的事实，今天每 12 个亚洲男人里，就有 1 个携带有蒙古起源的 Y 染色体，很可能就是他那过分活跃的外肾的产物。

蒙古人有些风俗习惯在我们看来非常古怪。以现代视角来看，小孩子结婚不太能接受，但在中世纪的欧洲非常普遍。不过，蒙古人比这还要夸张，他们会让死去的孩子成婚。两个刚去世不久的孩子的"婚礼"结束后，通灵师或者萨满会把所有证明他们婚姻关系的档案烧掉，冒起的青烟宣告了死者的灵魂结合在了一起。接着是一场筵席，之后他们把新婚夫妇的画像和鲜花一起放在马车上，去外面逛几圈。最后再把这些画像都烧掉，边烧还会为他俩祈福，愿他俩在另一个世界能有一段美满的婚姻。两个家庭会互相交换礼物，保持联络，跟其他的亲家没什么两样。

维斯·多斯拉克（Vaes Dothrak）禁止任何人流血，但韦赛里斯发现，这也不能确保你的安全。无独有偶，蒙古人在行刑的时候也不喜欢见血，但这倒不是因为什么同情心——只不过是一种传统。

实际上，蒙古的执法非常严苛。1252 年，第四位大汗蒙哥（Mongke）确信有 70 名大臣密谋造反，他下令往他们嘴里不停地塞石头，这是一种很常见的蒙古刑罚。忽必烈汗有位宰相叫做桑哥（Sanga），出身于中亚一个少数民族畏兀儿（Uighur），他的死法是被人往嘴里一

---

[1] 出生于 1226 年，在蒙古政府担任官职，以其耳闻目睹的确切事件编纂成《世界征服者史》，记录成吉思汗及其后代向外征讨的史实。——译者注

直塞粪便。前皇后斡兀立·海迷失（Ogul Gaimish）[1]拒绝向蒙哥汗效忠，她的手脚被缝进一个皮革袋子里。蒙哥指控她和她的母亲使用巫术诅咒他，于是把她俩用毯子卷起来扔进河里淹死，另外把她的两个主要谋士也处死了。按照蒙古传统，俘虏如果不符合"轮刑尺度"的要求，也就是长得不能比马车轮轴端的销钉高，那么就要被处死。成年男子通常都要处死，能够通过的通常只有女人和孩子，他们会被掳走成为奴隶。

在蒙古人的时代，他们的陆地军事力量是不可战胜的，但是他们在海上终究没有什么实战经验。而此时忽必烈汗也尚未成为真正的"寰宇皇帝"，因为他知道大海对面还有一个岛国日本等着他去征服。1274年和1281年，他先后两次尝试要弥补这一点小小的缺憾，但是两次都失败了。尤其是第二次，他派出一支包括多达四千艘船只的庞大舰队，装载着数万蒙古大军，仍然不能打败日本人。就像在欧亚超级大陆的另一端那个处境相似的岛国一样，日本人得到了天气的帮助，他们把毁灭蒙古海军的台风叫做"神风"（kamikaze）。

波罗在忽必烈汗的宫廷里待了好些年，最终还是找了个借口离开了。后来，他被热那亚人抓住，他的故事得以广泛流传。

波罗的见闻只卖出去约翰·曼德维尔的东方见闻销量的五分之一。曼德维尔并不是他的真实名字，反正他的故事也是完全胡编乱造——至少其中有很多见闻都是他信口胡诌的——所以他尽可能地利用了这一点，在叙事方面大做文章。另一方面，马可·波罗则不被那个时代的人们相信，被嘲笑成一个幻想家。当地的孩子们喊他作"Il Milione"，后来变成了他的绰号——百万先生（Mr Million），寓意

[1] 通称海迷失后，贵由汗第三任皇后，谥号钦淑皇后。1248年贵由去世，海迷失后临朝称制。1251年的忽里勒台大会推举拖雷的儿子蒙哥即位，海迷失后被拘禁。之后，她暗中策动窝阔台系的宗王，并且施巫术暗害蒙哥。1252年，事情败露，海迷失后被蒙哥下令投入河中溺死。从此，蒙古汗位的继承从窝阔台一系转移到托雷一系，蒙古帝国从此开始分裂。——译者注

"一百万个谎言"。一直到 19 世纪，学者们费尽周章地通读了中国古代的宫廷记录，并拿来与波罗的描述进行比对，大家这才意识到，原来他说的都是真的。*

"马王们一共冲锋了十八次"[1]

蒙古人在战争方面极其有效率，他们使用巨大的弹弓和投石车来抛掷石头、燃烧的石脑油（一种凝固油料）或者死尸。柏郎嘉宾写道："有时候他们甚至从他们杀死的人身上提取脂肪，融化掉，然后抛上房顶，这样只要有一点火星落到这片脂肪上，那么这里燃起的大火就没法扑灭"——除非用酒来浇灭。[22]

他们有一种战术是佯装撤退，引诱对手到悬崖处，将其包围，接着用箭雨将其吞没。他们有时候还会给箭支蘸毒。就连他们的内战也很有戏剧性，就像电影剧情一样。比如忽必烈在 1266 年和他的手下海都（Kaidu）[2] 进行的战争，双方共投入了 20 万骑兵参与此战。忽必烈汗说他要置海都于"万劫不复之地"，也就是把对方裹在毯子里，然后骑马来回践踏。要不是有亲戚干预，可能他真的会这么干。

蒙古人在短兵相接的战斗中几乎百战百胜，他们作战之勇猛无人不知，他们对骑兵作战驾轻就熟，不仅如此，他们还发展出复杂的武器装备。这些牧民拥有和欧洲人不一样的链甲，还准备了钩子用来抓链甲。他们的靴子在脚趾处向上翘起，这样可以创造出一个气囊，以防冻伤脚趾。蒙古护甲在心脏处有一面护心镜，他们相信这样可以弹开恶魔之力，甚至挡住长矛。

乔拉爵士曾经跟一个年轻的多斯拉克人讨论过弯刃刀和直刃剑各自的相对优点，还有穿不穿"铁衣服"——多斯拉克人这么称呼链

---

[1] 描述的是多斯拉克人攻打科霍尔时，同无垢者战斗的场景。出自系列短片《冰与火的历史与传说》第三季《古吉斯与奴隶湾》。——译者注

[2] 窝阔台汗之孙，窝阔台汗国的实际创立者。蒙哥汗死后，他支持阿里不哥与忽必烈争夺汗位。阿里不哥死后，海都与忽必烈持续抗争达三十余年。——译者注

甲——的好处。多斯拉克人有一种叫做亚拉克弯刀（arakh）的兵器，就像乔拉说的："对马上民族来说，弯刀是好东西，易于掌控。"[23] 蒙古人确实也使用一种叫做"scimitar"的弯刃，比那些笔直的欧洲兵器更适合在马背上使用。后来阿拉伯人也开始使用这种兵器，而西方人则通过阿拉伯人见识到了这些弯刀。

1258年，蒙哥汗攻打巴格达。[1]在当时，这里是穆斯林世界的珍宝，是一座拥有2.7万个公共澡堂的城市。穆斯台绥木哈里发（Caliph Musta'sim）警告蒙古人，如果他死了，那么"整个世界将会陷入混乱，太阳会遮住其面颊，雨水不再落下，植物也将停止生长。"[24]蒙古人不为所动，发起了一次小型规模的进攻，接着假装撤退，哈里发的军队果然中了埋伏。巴格达城很快被攻克，数千人被残杀，城里的居民被拖上街道，惨遭屠戮。哈里发本人被裹进一张毯子里，被马来回踩死。[2]他的家族也被杀光了，只有一个女儿例外，她被收入后宫，幸免于难。巴格达失去了90%的人口，这些居民有的被杀，有的逃亡出城。城内的运河网络被摧毁，整个城市再也没能恢复元气。而这就是伊斯兰黄金时代结束的标志。

接着，阿萨辛派（Assassins）刺客组织派出使者到欧洲，提议共同对蒙古人发起战争，但为时已晚。蒙古铁骑于1256年便剿灭了阿萨辛派，四年后夺取了阿勒颇（Aleppo）[3]。有位十字军领袖派出一艘船前往欧洲，带去警告："恐怖的湮灭很快就会降临到整个世界。"[25]

在科霍尔之战（Battle of Qohor）中，3000"无垢者"面对5万多斯拉克人，一直战斗到只剩600人。原本趾高气扬的多斯拉克人割

---

[1] 西征的指挥官是蒙哥和忽必烈的弟弟旭烈兀，此时的巴格达是阿拔斯王朝（虽然早已名存实亡）的首都。——译者注

[2] 实际上，这是蒙古人对贵族或是敬重的敌人才会使用的刑罚，以免"王族之血"溅出。——译者注

[3] 位于今叙利亚北部。——译者注

断他们的发辫，扔到"无垢者"面前，以表达对其勇气的敬意。这样的组合在真实世界中恰好也有一对，就是马穆鲁克（Malmuk）[1] 和蒙古人。双方在 1260 年 9 月正面交锋，地点是加利利的阿音札鲁特（Ayn Jalut in Galilee）[2]。马穆鲁克和基督徒搁置了争议，前者得到后者的允许，从埃及向北进军，以迎战他们共同的敌人。马穆鲁克奴隶军取得了胜利，之后他们将蒙古人赶出了叙利亚。[3]

　　1268 年，马穆鲁克苏丹拜巴尔（Sultan Baybars）——绰号"征服之父"（Father of Conquest），以残暴闻名——终于将基督徒逼到了安条克（Antioch）[4]。他向圣殿骑士（Templar）们承诺，他们可以撤离，但是"城门一开，拜巴尔就抓住了所有女人和孩子，把他们变卖为奴；而所有骑士和其他男人都被砍了头。"[26] 就在同一年，拜巴尔攻克采法特（Safed）——这座城市如今位于今以色列境内——在击败了基督徒后，他把圣殿骑士们的头砍下来，围着城堡摆了一圈。到了这个时候，十字军控制下的地盘只剩下了阿卡（Acre）[5] 边缘的一座堡垒。誓言效忠的修士们团结在大元帅塞夫雷的彼得（Peter of Sevrey）的指挥下坚守于此，而载有法兰克平民的帆船已经撤离，驶向塞浦路斯（Cyprus）。本来这是一次谈妥了的和平撤退，但马穆鲁克开始粗暴对待基督徒妇孺，于是冲突又爆发了。5 月 28 日，堡垒陷落，剩下的所有圣殿骑士全部被杀。

---

　　[1] 服务于阿拉伯哈里发和阿尤布王朝苏丹的奴隶兵。他们大多是被贩卖到中东地区的奴隶，从小被培养成为职业军人。他们的基本装备之一就是 scimitar 这种短弯刀。随着哈里发的衰弱和阿尤布王朝的解体，马穆鲁克逐渐成为强大的军事统治集团，并建立了自己的王朝，统治埃及数百年。——译者注

　　[2] 在今以色列北部。——译者注

　　[3] 实际上，旭烈兀得知蒙哥汗去世的消息后，迅速率领主力撤退，只留下很少一部分军队在西亚。——译者注

　　[4] 西亚古城，其遗址位于今土耳其南部接近叙利亚边境的安塔基亚附近。第一次十字军东征攻下安条克，在此建立安条克公国。——译者注

　　[5] 位于今以色列北部加利利地区。——译者注

当十字军被逼出黎凡特（Levant）[1]时，医院骑士团（Knights Hospitallers）来到了罗德岛（island of Rhodes），接着又去了哈利卡纳苏斯半岛（peninsula of Halicarnassus）[2]，经过的黎波里（Tripoli）的港口，最终到达马耳他岛（island of Malta）。从此，他们又被称为马耳他骑士团（Knights of Malta），成为一支对抗奥斯曼帝国（Ottoman Empire）和巴巴里海盗（Barbary Pirates）[3]的著名防御力量。

圣殿骑士团的下场则正好相反，他们被彻底毁灭了，不过他们的精神倒是得到了延续。在维斯特洛，有一本《白骑士之书》（*Book of Brothers*），记载了御林铁卫们的生平事迹；而在现实中，圣殿骑士团的记录都保存在塞浦路斯。但是，当土耳其人占领了岛屿之后，这些记录被严重损坏，结果是一些毫无意义的历史被填进了空缺处。1843年，一本名叫《骑士团的历史通告》（*Historical Notice of the Order*）的书首次将骑士团和共济会（freemason）联系到一起，后者的历史其实仅仅只能追溯到18世纪。从此，有一类阴谋论就这么诞生了。

本章尾注：

1. Kelly John: *The Great Mortality*
2. Larrington, Carolyne: *Winter is Coming*
3. Ibid
4. Ibid
5. Frankopan, Peter: *Silk Roads*
6. 出自《〈冰与火之歌〉的世界》中《骸骨山脉之外》一章。
7. Attewell, Steven: *Race for the Iron Throne*
8. Frankopan, Peter: *Silk Roads*

---

[1] 一个模糊的历史地理概念，大约相当于地中海东岸、阿拉伯沙漠以北、两河流域以西的地区。——译者注

[2] 古希腊城市，位于今土耳其西南端。——译者注

[3] 活跃于16—19世纪的北非海盗，其名称来源于居住于北非的柏柏尔人。——译者注

9. Ibid

10. 多斯拉克语由语言创建协会（Language Creation Society）的大卫·彼得森（David Peterson）创造，词汇来自于土耳其语、俄语、爱沙尼亚语（属于遥远的乌戈尔语支，而非印欧语系）、因纽特语（加拿大因纽特人的语言）以及斯瓦西里语。彼得森说"大多数人不太可能真正知道阿拉伯语听起来是什么样的，所以对于未经训练的人来说，这听起来很像阿拉伯语。但是对于知道阿拉伯语是怎么回事的那些人来说，这显然不是阿拉伯语。我倾向于认为它的发音是一种阿拉伯语（去掉它独有的咽音）和西班牙语的混合体。" http://www.tor.com/blogs/2010/04/creating-dothraki-an-interview-with-david-j-peterson-and-sai-emrys

11. Kelly John: *The Great Mortality*

12. 阿塔蔑力克·志费尼（Ata Malik Juviani），一个生活在当时的波斯人。

13. According to *The Secret Life of the Mongols*, Chinggis means strong).

14. A contemporary, quoted in Frankopan, Peter: *Silk Roads*

15. Stone, Norman Turkey: *A Short History*

16. Frankopan, Peter: *Silk Roads*

17. Bergreen, Lawrence: *Marco Polo*

18. Ibid

19. Ibid

20. http://rstb.royalsocietypublishing.org/content/367/1589/657

21. http://www.rationaloptimist.com/blog/polygamy-fuels-violence.aspx

22. Bergreen, Lawrence: *Marco Polo*

23. 出自电视剧《权力的游戏》第一季第三集《雪诺大人》。

24. Bergreen, Lawrence: *Marco Polo*

25. Ibid. 居住在叙利亚的一个阿萨辛派分支。

26. Haag, Michael: *The Tragedy of the Templars*

* 在电视剧《权力的游戏》第一季第五集，劳勃·拜拉席恩预想到了多斯拉克人入侵维斯特洛的场面："他们会一个接一个地洗劫焚烧我们的村镇，杀死所有无法躲进石墙背后的人，抢光我们的粮食和牲畜，掳走女人和孩子作为奴隶。

* 在《冰与火之歌的世界》里，维斯特洛大陆也有过类似的情况，有一本书叫做《暮谷镇的亚当旅行真迹》(*The True Account of Addam of Duskendale's Journeys*)，描述了一位商人游历厄斯索斯大陆的见闻，尽管他"用很大篇幅提醒读者女战士们袒胸露乳，用红玉和铁环装饰脸颊和乳头"。

· 34 ·

鲜血与玫瑰的气味
——约克和萨默塞特

我可以拿儿子跟他一个换一个，等他的都死光了，我还剩十九个半呢！[1]

——瓦德·佛雷

就像史塔克家族（Starks）在北境始终被波顿家族（Boltons）虎视眈眈一样，在英格兰北方，珀西家族（Percys）也有内维尔家族（Nevilles）这个暴发户对手。1415年，亨利五世国王在阿金库尔（Agincourt）发起攻击，来自北方的男爵拉尔夫·内维尔（Ralph Neville）在边境附近的伊夫林（Yeavering）大破规模庞大的苏格兰军队。此时他已是威斯特摩兰伯爵（Earl of Westmorland）和西马奇守护（Warden of the West March），这个新兴家族可谓鸿运当头，这场胜利也标志着他们多子多孙的族长再立一项大功，成为了北方最有权势的领主。

拉尔夫·内维尔子女众多，两任妻子至少为他生下22个孩子，

[1] 出自《冰与火之歌》卷一《权力的游戏》。——译者注

548

为了让每名子女都能结一门好亲事，内维尔煞费苦心。第一任妻子玛格丽特·斯塔福德（Margaret Stafford）是莫蒂默家族的后裔，生了8个孩子；第二任妻子是冈特的约翰的女儿琼·博福特（Joan Beaufort），又为他生了14个孩子，其中有9个儿子。

内维尔将子女当成联姻工具，为他们安排婚姻时毫不考虑感情因素，一心只为提升社会地位，用一位历史学家的话来说，这是赤裸裸的"婚姻盗窃"。[1] 他的第二位妻子所生的第一个儿子理查娶了索尔兹伯里伯爵（Earl of Salisbury）之女爱丽斯·蒙塔丘特（Alice Montacute），然后便顺理成章地继承了岳父的巨额财富和头衔。理查的几个弟弟：威廉、乔治和爱德华则分别通过联姻成了福肯贝格（Fauconberg）、拉蒂默（Latimer）和伯加文尼（Bergavenny）的男爵。拉尔夫·内维尔还有好几个女儿嫁入豪门，分别成为了约克公爵、诺福克（Norfolk）公爵、斯塔福德伯爵和诺森伯兰伯爵的夫人。这就使得后来玫瑰战争的大多数参与者都是他的后裔。内维尔只有一个孩子终身未婚——1427年，他的第7个儿子罗伯特，在12岁时就依靠父亲的关系成了索尔兹伯里主教。

拉尔夫·内维尔的第二任妻子琼（Joan）比他的第一任妻子更善于交际，在把女儿埃莉诺·内维尔嫁给了"热刺"哈利（Harry Hotspur）[1]的儿子之后，1416年，她利用自己的影响力使珀西家族恢复了失去的头衔和领地。这两个家族曾经在苏格兰战场上并肩作战，照理说现在也应该再度结成联盟，但事实并非如此。

理查·内维尔娶了索尔兹伯里伯爵托马斯·蒙塔古（Thomas Montagu）的女儿兼继承人，在内维尔对所有子女的安排之中，这场联姻获取的收益最大，尤其是在蒙塔古大人的整张脸都在奥尔良（Orléans）被炸得稀烂之后。同时，理查还继承了父亲在约克郡、

---

[1] 即亨利·珀西爵士（1364—1403年）。——译者注

威斯特摩兰、还有南方的埃塞克斯的大片产业以及西马奇守护之职，因此控制了大部分边境地区。但祸福相依，凡事有利必有弊，在后来的这场战争中，大部分的冲突都是由争夺遗产引发。内维尔对第二任妻子言听计从，在利益分配上严重偏向她的孩子，而对第一任妻子留下的孩子不管不顾。这种区别对待使得家族的两个分支互相敌视，谁也容不下对方。

同时，琼还利用自己在御前会议（Royal Council）的影响力，把最小的女儿塞西莉（Cecily）嫁给了王国中最有价值、条件最好的年轻单身汉。

约克公爵理查是亨利五世的远房堂弟，两人分别是爱德华三世不同支系的曾孙。[1] 理查出生之后母亲就因难产而死，三岁时父亲又被处决。其后八年，按照亨利五世的命令，他在罗伯特·瓦特顿（Robert Waterton）的监护之下度过。瓦特顿曾参与谋杀理查二世，他气质阴险、为人狡诈，成长的关键期受到他的影响，必然在很大程度上促使理查形成了冷酷的性格。虽然因为伯父诺里奇的爱德华（Edward of Norwich）[2] 在阿金库尔为国捐躯，亨利国王最终把祖传的土地还给了约克，但在 1423 年，御前会议又以 3000 马克（相当于今天的 150 万美元左右）的价格将约克的监护权卖给了内维尔家族。

尽管约克家族以约克为姓氏，但他们的大本营实际上并不在约克郡，而是在英格兰中部北安普敦郡的佛斯林费堡（Fotheringhay Castle），那里由"一圈石砌城垛环绕，数座塔楼挺立其中，组成了家徽上的枷锁形状，² 城外则由河流与壕沟形成一道保护屏障。"

北安普敦郡是沃特福德的一个小村庄，位于英格兰几个主要方言区的边界处，在传统意义上属于南方的尽头。它恰好位于英国三个

---

[1] 理查的祖父是爱德华三世的四子兰利的埃蒙德，亨利五世的祖父是爱德华三世的三子冈特的约翰。——译者注

[2] 即第二代约克公爵理查·金雀花（约 1373—1415 年），英格兰国王爱德华三世之孙，第一代约克公爵兰利的埃德蒙的长子，在阿金库尔战役中丧命。——译者注

主要方言区的语言断层线（或者说是"同言线"）上，其东南方向便是伦敦周边地区，那里后来发展出了又被称为女王英语（Queen's English）的标准伦敦音（Received Pronunciation）。我们可以通过对比简单说明这几种口音的特点，比如 bath 这个单词，在标准音中的发音为 barrth，在北部和西部的发音则是 baaath。（今天，"沃特福德以北"指的是英格兰北部，尤其是伦敦以外的地区，同时沃特福德本身还是首都北郊一个大城镇的名字，有时会令我们混淆。）

佛斯林费堡由一名诺曼男爵西蒙·德·桑利斯（Simon de Senlis）在公元 1100 年建造而成，他娶了"征服者"威廉的侄女朱迪思（Judith）的女儿。到了 14 世纪，这座城堡因年久失修而破损严重，后来，爱德华三世第四个长大成人的儿子兰利的埃德蒙（Edmund of Langley）因为参与了一场"徒劳无功地入侵苏格兰"而被任命为约克公爵，获赐此城作为封地。[3] 兰利到任后主持了重建，因为环绕四周的大型城堡看起来就像用于马匹的 D 字形枷锁，所以此时这座城堡就被叫做"枷锁"。兰利由于对政治不感兴趣而被视为愚人，因此只获得了一些无关紧要的职务，比如王室的马匹和猎鹰总管。所以，从 1402 年起，约克家族索性便以猎鹰和枷锁作为家徽，这在当时也许含有些许自嘲意味，但是后来，他的孙子理查以此为傲，自豪地将家徽绣在衣服上。在佛斯林费有一座教堂供奉着圣母玛利亚和所有的圣徒，地下墓穴中安葬着这个家族历代祖先，其中有一间纪念馆专门用于缅怀死于阿金库尔战役的诺里奇的爱德华。

作为一个孤儿，约克的理查从 13 岁起依附于内维尔家族。第二年，拉尔夫去世，他的孩子们顺利继承并牢牢把控所有的遗产。不久，约克的舅舅马奇伯爵埃德蒙·莫蒂默（Edmund Mortimer）也去世了，他原本希望在 1415 年成为国王，在死后由于没有子女，大批财富和另一个重要头衔都毫无争议地由约克继承。于是，年仅 24 岁的约克取代贝德福德（Bedford）成为了法国的摄政王，尽管他在缺少经验的前提下取得了一些成功，但由于军队和王室的财力人力过于紧张，英国在法国的地位没有持续太长的时间。塞西莉在 24 岁时生下了第一个孩子，这个年龄才开始组建家庭，在当时来说已属大龄，但理查和塞西莉在接下来的 15 年中一刻也不松懈地"造人"，一共生了 13 个孩子。

在诺曼底期间，约克曾与萨默塞特公爵（Duke of Somerset）约翰·博福特发生过争执。当时，约翰身为国王宠臣，被委以重要职务，带领大批军队前去救援加斯科尼，最后却一败涂地。尽管博福特在 1444 年自杀，但他与约克的不和传递给了兄弟埃德蒙。随着国王的精神问题越来越严重，两个家族之间致命的竞争关系也日渐白热化。

约克的第一个儿子亨利在婴儿期就夭折了，但是很快，在 1441 年，他的又一个儿子出生在鲁昂，约克为他取名为爱德华，并请朋友诺曼底元帅斯凯尔斯男爵（Baron Scales）做孩子的教父。在接下来的日子里，约克夫妇又有五个孩子早夭，更惨的是，在此后的 70 年中，他们将有更多的后代死于自相残杀。出生在诺曼底的爱德华一度被人质疑血统的合法性，因为在他出生之前的一段时间，约克经常不在妻子身边，留她孤身一人，脆弱不堪的妻子便总会陷入失去第一个儿子的悲痛之中无法自拔。然而这时，约克离得太远，于是后来有人说，也许是一个叫布莱伯恩（Blaybourne）的高个子弓箭手安慰了塞西莉。除此之外，约克对爱德华的态度也明显比对次子埃德蒙更加冷淡。不过，公平的说，所有质疑的声音都来自约克的政治对手，而且塞西莉·内维尔也确实以虔诚而闻名，在那个年代，贵族女性的名声被抹黑似乎是无可避免的事。

虽然妻子来自内维尔家族，但约克与兰开斯特的世仇珀西家族才是天然盟友。尽管在叛乱后封地有所减损，珀西家族仍然拥有诺森伯兰的大部分土地和在坎伯兰、约克郡、兰开夏郡的领地，而内维尔则控制着达勒姆郡的大部分和约克郡的一部分地区。

陷入冲突的不止珀西家族和内维尔家族。亨利六世还把康沃尔公国的管理权同时交给了考特尼家族和邦维尔家族（Bonvilles），一手在这两个西南地区的大家族之间的埋下了祸根。后来，两大巨头之间的战争升级，接连发生若干起武装人员暴力事件。考特尼家族有一支由 800 名骑兵和 4000 名步兵组成的私人军队，博福特家族在西南地区的实力也不容小觑。而在东盎格利亚，德·拉·波尔（de la Pole）家族则与诺福克公爵莫布雷家族（Mowbrays）之间相持不下。

除此之外，搅入泥潭的还有霍兰德（Holland）家族——理查二世同母异父的暴力兄弟的后裔，家族中的约翰·霍兰德于 1444 年 1 月被任命为埃克塞特公爵（Duke of Exeter）。接着是斯塔福德家族——理查二世的叔叔托马斯·伍德斯托克（Thomas Woodstock）的后裔，1444 年，家族中资历最深的汉弗莱·斯塔福德（Humphrey Stafford）受封为白金汉公爵（Duke of Buckingham），到了 1447 年，他已跻身顶级公爵行列。

这些零零散散的冲突在国外灾难的刺激下进一步恶化。1449 年 7 月，一批英国水手扮成海盗在法兰西沿海骚扰劫掠，法王查理七世[1]怒而重启战争，发兵入侵诺曼底。10 月，鲁昂落入法国人手中，萨默塞特公爵（Duke Of Somerset）埃蒙德凭着一张安全通行证迅速逃离了法国，在多数人民眼中，这种行为丝毫不讲道义，他也同意为这次逃离付出代价。约克大发雷霆，但正当他准备对着国王在宫中的小圈子大唱反调时，1447 年，他忽然被委以军职，派去了爱尔兰。

战争形势正在改变。"狮心王"理查（Richard the Lionheart）在诺曼修建的最伟大的要塞——盖拉德城堡（Chateau Gaillard），1419 年时曾经在亨利五世的围攻之下坚守了一年，这时却没过多久就被从厕所钻进来的法国人一举拿下。1449 年，英国人再次夺回城堡，法

---

[1] 查理七世（1403—1461 年），法兰西瓦卢瓦王朝的第五位国王，1422—1461 年在位。——译者注

国人干脆架起大炮一通狂轰，彻底将它夷为平地，从此以后，这座城堡再也没有重建恢复。现在，人类掌握了更具破坏性的新技术，很快，大家就会一同见证毁灭性的结局。

在诺曼底灾难之后，伦敦挤满了英法两国的难民，无法撤离的通敌者，还有无数的退役士兵，一时之间伦敦的犯罪率直线飙升。理查曾自掏腰包为战争提供了2万英镑的经费，然而此时王室的债务总额高达约40万英镑而令人绝望，再也无力偿还对约克家族的欠款。战争需要消耗巨额资金，但是在国王腐败的小团体统治之下，王国根本无力负担——至少约克是这样认为的。

1450年1月，全国各地都爆发了暴力事件。朴茨茅斯发生了士兵暴动，莫林斯（Bishop Moleyns）主教亚当惨遭杀害，他是国王的密友，担任枢密院大使兼书记员长达15年。接着轮到了萨福克，他因主持签订令人反感的和平条约而被指控，甚至被归咎为汉弗莱之死的罪魁祸首。2月7日，下议院正式以"崇高又伟大、恶毒又可怕的叛国"罪名对他提出弹劾，指责他勾结法国人入侵英国。最终在国王的干预下，萨福克才被减轻了罪名、减少了刑期，被判处流放五年。萨福克被一群愤怒的暴徒赶出伦敦，从伊普斯威奇（Ipswich）坐船前往加来，直到离开的那一刻，他仍然发誓坚称自己无辜。然而，驶入海峡之后，他们被一艘名为"塔中的尼古拉斯号"（Nicholas of the Tower）的船拦截，萨福克惨遭船员斩首。

萨福克之死看起来像是海盗所为，然而实际上，"尼古拉斯号"属于王家舰队。萨福克生前曾担任多个职位，其中包括在1447年取代第二任埃克塞特公爵约翰·霍兰德执掌海军军部。这位霍兰德公爵便是理查二世同母异父的兄弟约翰·霍兰德之子，他曾引诱自己富有的表妹伊丽莎白，并让这可怜的姑娘怀了孕，不得不解除了原有的婚姻。残酷暴力和唯利是图是这个家庭的主旋律。众所周知，在当时，海军上将的职位就意味着发达致富，有大把机会收受贿赂、挪用公款，"实际上他就是一个海盗头子。"[4]第三代公爵——约翰之子亨利在伦敦塔担任警卫期间以残暴著称，以至于那里的刑具都被戏称为"埃克塞特公爵的女儿"。1447年，埃克塞特娶了约克的长女安妮，成为了约克的女婿。在约克的另一名手下克伦威尔勋爵（Lord Cromwell）的主导下，萨福克一党在政治上彻底垮台，亨利·霍兰德重新夺回海军上将的职务，因此，至少对年轻的亨利·霍兰德来说，萨福克的死是件大大的好事。

1450年4月，英国人被赶出诺曼底，一个月后，对法国入侵的恐惧心理，漫天飞舞的征兵谣言，再加上葡萄酒贸易崩溃造成的经济损失，多重因素交织影响之下，肯特郡爆发了又一场暴乱。

6月6日，议会在莱斯特召开，阿什福德（Ashford）周围聚集起了大批武装人员，他们推选杰克·凯德（Jack Cade）为首领，关于这个人我们知之甚少，虽然他自称是约克公爵的表亲，但实际上可能只是一个出身低微的苏塞克斯人。到了6月11日，叛军抵达布莱克希斯（Blackheath），白金汉的亲戚威廉和汉弗莱·斯塔福德爵士受命带领400人去镇压这帮肯特人，结果双双死于叛军之手，军队也被彻底击溃。

6月19日，伦敦爆发了骚乱，国王下令以叛国的罪名逮捕了自己的朋友——不受欢迎的詹姆斯·法因斯（James Fiennes），也就是萨耶勋爵（Lord Saye）——全然不顾念两人的友情，把他关进了伦敦塔。暴力在全国范围内进一步爆发，国王的另一位密友艾斯库主教（Bishop Aiscough）在威尔特郡被一群暴徒追捕，他的罪名则是促成了国王和安茹的玛格丽特（Margaret of Anjou）之间的婚事，最终这位主教在多塞特（Dorset）被暴徒追上然后当场砍死。

骚乱愈演愈烈，国王在埃尔瑟姆（Eltham）的行宫又遭到了雷击，令他十分焦躁不安。于是国王带着议会一起逃往莱斯特，而王后则继续留在伦敦郊外的格林威治。在前往中部安全区的路上，一名疯子冲了出来，在国王的马前鞭打地面，同时尖叫着要让约克来接管一切。虽然这个疯子立即就被抓走，但国王脆弱的神经愈加紧张。

叛乱进一步演变为屠杀。凯德在伦敦市政厅设立法庭集中审判"叛国者"，最后有20名囚犯被斩首，其中包括了詹姆斯·法因斯，他的女婿威廉·克劳默（William Crowmer）后来也被砍死，最荒谬的是，叛军还把两人被砍下的脑袋摆成接吻的样子。

王后建议格林威治的叛军接受赦免，返回家园，有些人选择了听从建议，其他人则被赶出伦敦，身受重伤的凯德在一路追击下逃到苏塞克斯的刘易斯。他的追随者随即遭到血腥报复，肯特的村庄里到处都是被绞死的叛军尸体。因为目睹了暴徒的暴行以及由约克的朋友们所引起的混乱，失望之下，约克的盟友斯凯尔斯勋爵（Lord Scales）转而参加了萨默塞特的政党——也就是兰开斯特党的雏形。

红白玫瑰

同年九月，约克的理查从爱尔兰返回正处于权力真空期的伦敦，由于听到了国王准备逮捕他的流言，约克带了5000名士兵向威斯敏斯特展示武力。他给国王写了两封公开信，抱怨自己被当作罪犯对待，尽管国王百般阻挠，约克还是在27日到达伦敦，当面向国王提出不满，并通过言语暗示要求将萨默塞特赶走，但是国王并未采取任何行动。

伦敦城内，约克的支持者和反对者之间愈发剑拔弩张，这对议会维持正常运转是个沉重的打击。但到了11月，约克离开伦敦前往自己在中部地区的庄园，萨默塞特公爵埃德蒙·博福特则从诺曼底赶了回来。此前，萨默塞特被派去攻打负隅顽抗的肯特人，并被授予为全国最高的军事职位。为了补偿他在曼恩受到的损失，他还得到了御前会议批准的一笔巨款，而约克却一无所获。

玫瑰战争过后，出身于兰开斯特家族的亨利七世娶了约克的理查的孙女伊丽莎白，为这场漫长的冲突画上了句点。亨利七世将代表兰开斯特家族的红玫瑰和代表约克家族的白玫瑰交织缠绕在一起形成了新的家徽。虽然这场战争后来被称为"敌对玫瑰之争"（Quarrel of the Warring Roses），后来又变成"双玫瑰战争"（War of the Two Roses），但是实际上，约克的白玫瑰和兰开斯特的红玫瑰都很少作为家徽使用。

"玫瑰之战"这个叫法最初可能来于沃尔特·斯科特（Walter Scott）爵士，或者是 19 世纪另一位作家玛丽亚·考尔科特（Maria Callcott）夫人，但如果不限定于完全一致的用词，单是把战争与玫瑰花联系在一起，这种想法至少在 15 世纪就已经有了。其中，最著名的代表作非威廉·莎士比亚的剧作《亨利六世》莫属，剧中描写了两党分裂的场景：萨默塞特和约克在霍尔本（Holborn）圣殿教堂的花园里，在场的许多贵族用摘下红玫瑰或是白玫瑰来表明立场。

当然，这一事件实际上并没有发生过，只不过玫瑰花长期以来确实一直与血液、死亡和欲望有关。早在 14 世纪，佛罗伦萨作家乔万尼·薄伽丘（Giovanni Boccaccio）在他的故事集《十日谈》（*Decameron*）中就用红白玫瑰来象征爱情和死亡，而在波提切利（Botticelli）著名的艺术作品《维纳斯的诞生》（*The Birth of Venus*）中，白玫瑰也是同样的象征意义。类似情节在维斯特洛也发生过：艾德·史塔克始终记得妹妹临终时的尖叫和梦中飘落的玫瑰花瓣，他说妹妹死去的房间闻起来有"血和玫瑰"的味道。或者就像 20 世纪荷兰著名历史学家约翰·赫伊津哈（Johan Huizinga）在谈论中世纪晚期的文章中所写："生命中充满了暴力无序，混合鲜血和玫瑰的气味令人厌倦。"[6]

1450 年 12 月 1 日，萨默塞特差点在伦敦城西的黑衣修士桥（Blackfriars）被一群约克党暴徒围攻至死。第二天，理查骑马赶去现场，恢复了秩序，但是因为支持者无法无天的公然暴行，他的名声也受到了很大的负面影响。在其后由约克掌控这座城市期间，萨默塞特被保护性地关进了伦敦塔，但在第二年年初，约克还是不得不将他释放。

1451 年 5 月，理查委托他人向议会发出请愿，要求确立他为王位继承人，他还向英格兰南部的一些城镇发出信函，呼吁他们一同前往首都驱逐萨默塞特。接下来的一段时间，双方互相采取报复行动，越来越多的人卷入其中。6 月，萨默塞特把托马斯·杨（Thomas Young）等一批约克党人关进塔中。一个月后，另一位盟友威廉·奥德霍尔（William OldHall）被关了进去。接着，奥德霍尔在赫特福德郡（Hertfordshire）斯坦昂（Stanon）庄园中的手下也被全部带走，而当奥德霍尔逃到避难所时，索尔兹伯里、威尔特郡（Wiltshire）和伍斯特（Worcester）的几位伯爵们破门而入，把他拖了出去。

1452 年 2 月，约克向伦敦进军，明确提出希望加入御前会议，使得矛盾彻底激化。国王同萨默塞特以及埃克塞特、白金汉和诺福克的公爵们一起率领大军前去会见约克。王军驻扎在首都东南的布莱克希斯，约克军的大营在下游几英里处的达特福德（Dartford），他们在河边停了几艘船，其中一艘还配有加农炮。但叛军并不晓得，其实己方已经陷入了王军陷阱，《伦敦大事纪》（Great Chronicle of London）中记载，约克“像个囚犯一样”被抓了起来，直到有传言说他的儿子、马奇伯爵爱德华正在带领 1 万人马赶来救援，萨默塞特迫于压力才释放了他。虽然爱德华当时只有 10 岁，不太可能组建起一支军队，但很有可能是约克的属下聚集人马，以爱德华的名义发号施令。

两周后，约克被迫在圣保罗向国王下跪，宣誓效忠。约克被排挤出了政府，只能返回自己在拉德洛（Ludlow）附近的产业，也就是他从母亲的莫蒂默家族继承来的边疆领土。然而，萨默塞特的部队很快也追到了这座镇上，于是约克只能继续向东逃往佛斯林费。约克的许多租户都被判处叛国罪，但是这些人很快又都被赦免，“其实他们除了听命于领主之外别无选择，所以这只是一种摧残自尊的低级手段，同时也证明了约克对治下人民已经无力庇护。”[7] 一份坚定支持者的记录显示，1452年7月，当萨默塞特前往拉德洛时，"约克公爵治下几个不同小镇的租户们……被迫赤身裸体在冰天雪地之中，脖子上紧紧套着绳索。"然后又被告知不会伤害他们的性命。

1452年末，国王将自己两个同母异父的兄弟——埃德蒙·都铎和贾斯珀·都铎（Jasper Tudor）[1]从平民直接提拔为伯爵，埃德蒙还被授予"里士满之光"（Honor of Richmond）的称号，这是一个可以追溯到征服者时期，非常有声望的头衔。此举激怒了索尔兹伯里伯爵理查·内维尔，原本拥有此项荣誉的是他，几十年来一直享受着头衔带来的种种收益，王室还承诺他的子孙享有这个头衔的世袭权。在这件事之前，内维尔家族一直忠诚地支持国王，现在两者之间出现了裂痕。

安茹的玛格丽特王后在卡德叛乱中展现了精明干练的统治才能，因此得以接替萨福克扮演王国顾问角色，在许多重要问题上为国王出谋划策。然而，到目前为止，她始终未能履行王后最重要的职责——为国王生下一个继承人——直到1453年春天，她才宣布怀有身孕。

然而，更多的灾难降临到了这个国家，因为那年8月亨利患上了紧张性抑郁症，按照约翰·帕斯顿（John Paston）的记载，亨利其实是因为法国传来的消息受到了"突如其来的、无心的惊吓"。

这场战争爆发之时双方使用的还是中世纪的冷兵器，终结之时战场上已经投入了可怕的现代枪炮。有了现代火药的加持，在集权君主领导的人数众多、训练有素的军队猛攻之下，防护盔甲和城堡外墙都显得脆弱无力。在1453年7月的卡斯蒂隆战役（Battle of Castillon）中，法国人依靠大量枪炮彻底歼灭了英国军队——每开一枪引起的爆炸就能杀死6个人——后续到来的增援部队也遭遇了同样的命运。英

---

[1] 瓦鲁瓦的凯瑟琳和第一任丈夫亨利五世生下了儿子亨利六世，亨利五世去世后她嫁给了威尔士人欧文·都铎，又生下了三个儿子，分别是埃德蒙、贾斯珀和爱德华。——译者注

国人苦苦坚持了一个小时之后，布列塔尼人（Bretons）向他们的右翼发起冲击，造成了更大的破坏。最后，英军指挥官约翰·塔尔伯特（John Talbot）被压在一匹马的身下，身上穿的缎子长袍被染成了深红色，此时，对方的弓箭手米歇尔·佩鲁宁（Michel Perunin）认出了这位指挥官，一斧子劈开了他的胸膛。战斗结束后，人们只能依靠牙齿辨认出塔尔伯特，他的儿子也一起死在了战场上。英国人统治法国的时代结束了，终于永远结束了。

　　一直以来，1453年被人们视为中世纪结束的标志，但终结的原因并不是这场漫长的战争。几周前，来自欧洲大陆另一边，最令人震惊的消息传到了伦敦——基督教世界遇到了有史以来最大的灾难。

本章尾注：

1. Bicheno, Hugh: *Battle Royal*
2. Kendall, Paul Murray: *Richard the Third*
3. Royle, Trevor: *The War of the Roses*
4. Bicheno, Hugh: *Battle Royal*
5. Jones, Dan: *The Hollow Crown*
6. Huizinga, Johan: *The Waning of the Middle Ages*
7. Bicheno, Hugh: *Battle Royal*
8. Horspool, David: *Richard III*

· 35 ·

横跨大陆的岩石
——突厥人的崛起

她们有些人认为多斯拉克人不该与外族通婚，那样会稀释我们的血统。这群愚蠢的老妇人，她们根本不知道，稀释血统的事从来都没有停止过。[1]

——多斯拉克高级女祭司

公元 6 世纪，君士坦丁堡的皇帝向远方的游牧民族派出使节，试图寻求结盟共同对抗波斯人，这令他们第一次知道了突厥人（Turks）的存在。这个马背民族起源于中亚的阿尔泰（Altai）地区，离现在的蒙古很近，因此直到今天，土耳其语[2]中仍然存在深深的亚洲印记，比如"熊"这个词语在因纽特语中是 ayi，在土耳其语中是 ayl，发音非常相似。¹ 事实上，突厥人最早见诸史册是在公元前 2 世纪，由遥远的中国人所记载。当时的中国史书中记录了许多类似的游牧民族，突厥只是其中一个主要的部落。"Turk"的字面意思是"强壮的人"，就像蒙古人（Mongols）和鞑靼人（Tartars）一样，突厥这个

---

[1] 出自《权力的游戏》第六季第四集《陌客之书》。——译者注
[2] 英语中的突厥和土耳其是同一个单词。——译者注

名字也曾适用于许多群体，匈牙利人（Hungarians）在多瑙河（Danube）畔定居之前也是游牧民族，他们的首领就曾被拜占庭人称为 Tourkias archon，意为"突厥王子"。[2]

尽管后来的发展轨迹迥然不同，但是蒙古人和突厥人都成为了中世纪伟大的骑兵。突厥人先是建立了横跨三大洲的帝国，然后成为了伊斯兰世界的领袖，最后又在欧洲成立了世俗化的共和国。

历史学家罗杰·克劳利（Roger Crowley）曾说："突厥人和他们的表亲蒙古人一样生活在马鞍上，他们脚踏伟大的大地，头顶更加伟大的天空，通过萨满同时敬奉天地。他们生来便不安分，通常结成部落四处流动，靠放牧羊群和劫掠邻人为生。"[4] 他们追求高效的生活方式，用伊本·赫勒敦（Ibn Khaldun）[1] 的话说，游牧民族"没有大门和围墙。他们的武器从不离身。他们眼观六路耳听八方。在马鞍上的时候……他们只是匆匆打盹。他们会察觉每一丝微弱的狗叫声和噪音。坚韧不拔是他们的性格特质，勇敢则是他们与生俱来的天性。"[5]

突厥人是天生的骑手，他们活在马鞍上，以 pastirma——也就是牛肉干薄片为生，这个词在意大利语和后来的英语中演变成为了 pastrami（熏牛肉）。另一个古老的突厥词语 ordu，意为军队，后来演变出了两个意思，一个是"部落"，另一个是"乌尔都语"，也就是巴基斯坦的官方语言。突厥人在帕米尔山脉（现在的阿富汗／塔吉克边境）饲养的一种马匹具有惊人的耐力和速度，中国人说它们是"龙的后代"，那便是大名鼎鼎的"汗血宝马"。而之所以会出现"汗血"奇观，很可能是寄生虫在马的皮肤上叮咬之后，使汗水和血液混合在一起产生的效果。中国人将这些大宛良驹视若珍宝，曾有一支军队为了捕获这种名马，不惜翻山越岭长途跋涉了几千英里。

---

[1] 伊本·赫勒敦（1332—1406年），阿拉伯穆斯林学者、史学家、经济学家、社会学家。——译者注

当波斯人发起新一轮的反攻时，拜占庭皇帝忽然神经失常，第一次拜占庭—突厥联盟因而土崩瓦解，突厥人对此非常愤怒。两年后，突厥大使拒绝了另一次结盟，他把十根手指全部塞进自己嘴里，愤怒地说："任由你们罗马人花言巧语吧，反正现在我把嘴堵上了。"[6]

737 年，阿拉伯人击败了突厥人，之后不久，突厥首领苏禄可汗（Sulu）[1]在一次双陆棋对弈时和对手发生争吵，随后竟被对方打死。尽管如此，他的部落仍然没有停下挺进中东的脚步。突厥人是萨满教最初的追随者，有着自己的宗教祭司，他们以游隼和猎鹰为标志，这两个词在土耳其语中分别是 tugrul 和 cagri。然而，随着越来越多的突厥人被巴格达的哈里发（Caliph）当作军事奴隶招募到军队之中，到了 10 世纪，突厥人已普遍信仰伊斯兰教。只不过，他们虽然改变了信仰，原有宗教的一些传统仍然保留了许多年。

突厥人的一个分支——塞尔柱突厥（Seljuk Turks）最早活跃于 10 世纪末中亚的河中地区（Transoxania）[2]，以劫掠为生。众所周知，他们是马背上的民族，弓马娴熟，凶猛善战。到了 1045 年，在图赫里勒·贝格（Tughrul Bey）[3]的领导下，突厥人在巴格达确立了对阿拔斯王朝（Abbasid）哈里发的控制，图赫里勒宣布自己为"苏丹以及东方和西方的国王"（Sultan and King of East and West）。[7]1055 年，突厥人进入巴格达，图赫里勒·贝格娶哈里发的女儿为妻，双方举行了一场突厥式的婚礼，这是两种文化之间的激烈碰撞。法国历史学家让—保罗·鲁（Jean-Paul Roux）认为，就好比是"伴随着咚咚鼓声，

---

　　[1] 苏禄可汗（？—738 年），8 世纪突厥别部突骑施的可汗，曾归附于唐朝，被唐玄宗封为左羽林大将军、金方道经略大使。——译者注

　　[2] 有时也音译为特兰索萨尼亚，指中亚锡尔河和阿姆河流域以及泽拉夫尚河流域，包括今乌兹别克斯坦全境和哈萨克斯坦西南部。河中地区为古代欧亚陆路主商道丝绸之路重要通道，先后被贵霜帝国、突厥、唐朝、阿拉伯帝国、萨曼王朝、喀喇汗王朝、西辽、察合台汗国、帖木儿帝国等统治。——译者注

　　[3] 图赫里勒·贝格（990—1063 年）是塞尔柱帝国的建立者，1037—1063 年间在位。——译者注

一位非洲酋长娶了一名哈布斯堡（Habsburg）王室成员"。[8]

这些游牧民族在 11 世纪席卷整个小亚细亚，高加索山脉的众多基督教王国纷纷向拜占庭求助，于是在 1071 年，罗曼努斯·狄奥吉尼斯（Romanus Diogenes）[1]皇帝出兵东进前往讨伐。然而，在随后的曼齐克特战役（battle of Manzikert）中，这些基督徒遭遇了灾难性的打击，今天的安纳托利亚的大部分地区都落入突厥人手中。突厥首领阿尔普·阿尔斯兰（Alp Arslan）[2]"据说留着很长的胡须，打猎时不得不把胡子绑在背后"，他曾让罗曼努斯皇帝跪下来亲吻自己面前的大地，然后把脚架在对方脖子上。[9]尽管这一举动只是象征性的，随后他就将这个手下败将扶了起来，但这仍是一种莫大的羞辱。虽说如此受辱，皇帝还是无可奈何，最终被迫交出了四个省、一千万块金币和一个女儿。

从此之后，君士坦丁堡陷入了惨淡的衰退期，尤其是在 1204 年的大洗劫之后，再也没有恢复过元气。十字军掳走了最神圣的文物和最熟练的工匠。尽管这个游牧民族没有能与罗马相媲美的文明，但是土耳其人比他们任何的敌人都更愿意适应和接受新事物。他们在新成立的埃迪尔内（Edirne）[3]法庭上说希腊语，他们吸收了许多阿拉伯语和波斯语词汇到自己的语言中（后来还有大量的法语词汇）。他们对军事问题的态度也颇为开放，在 14 世纪，土耳其人发展出了一种更现代的战争形式，就像历史学家诺曼·斯通（Norman Stone）所说，同时代的西欧"仍处于冷兵器战争时代，重装骑兵已经套着全副盔甲

---

[1] 即罗曼努斯四世（约 1030—1072 年），拜占庭帝国皇帝，1068—1071 年在位，原为卡帕多西亚的军事贵族，1068 年迎娶君士坦丁十世的遗孀尤多西亚·马克林伯利提萨，被加冕为共治皇帝。——译者注

[2] 本名穆罕默德·本·达伍德·恰格勒或穆罕默德·本·贾格里（1029—1072 年），塞尔柱帝国第二任苏丹，因为勇武善战被后人尊称为"阿尔普·阿尔斯兰"，意为"英勇之狮"。——译者注

[3] 埃迪尔内又称哈德良堡或阿德里安堡。因罗马皇帝哈德良所建得名，希腊语中发音为阿德里安堡，土耳其语发音为埃迪尔内。该城是土耳其埃迪尔内省省会，位于邻近希腊和保加利亚的边境。1365—1453 年间是奥斯曼帝国的首都。——译者注

等待冲锋了，首领们还在为了抢夺指挥权而争吵不休。"[10] 因为善于吸收学习，他们不断扩张，先是势不可挡地拿下了安纳托利亚，然后将势力范围扩展到欧洲，一步一步地将"罗马帝国"的土地收入囊中。

14 世纪，在征服了希腊的大部分地区之后，土耳其人组建了自罗马陷落以来欧洲第一支有报酬的职业军队。他们把年轻的基督教男孩从家中掳走，集中训练教育，扭转宗教信仰，彻底将这些孩子改造为自己人。这些只忠于苏丹的步兵军团被称为"城门的奴隶"、Yandi Cheri 或者是苏丹亲兵（Janissaries）。在后来的苏丹身边——比如"征服者"穆罕默德（Mehmet the Conqueror）[1]——一个出身基督教家庭的少年保镖成为了标准配置，他们很小的时候就被从家人身边掳走，在苏丹睡觉时守护他们，时刻准备用自己的身体阻挡刺客的刀剑。

对西方世界来说，那些来自异国他乡、怪异可怕的人公然绑架巴尔干小男孩然后将他们培养成残暴士兵的行为固然令人震惊，但在这些人身上依然有许多值得钦佩的地方。即使是敌对阵营的欧洲观察者，也可以看到他们的宽容，看到他们对艺术和美的欣赏，看到他们吸收外国文化的强烈意愿。他们不断适应并接受外界影响，随着时间的推移，民族组成也发生了变化，由于大量被征服的民族都采用了土耳其文化，这种由战争促进的民族融合逐渐形成了今天的地中海风貌。对土耳其人的现代遗传学研究表明，比起原始的中亚突厥人，他们从基因上更接近于南欧人。

1353 年，穆拉德一世（Murad I）[2] 苏丹占领了加里波利（Gallipoli），这是土耳其人进入欧洲的立足点，从此时此地开始，

---

　　[1] 即穆罕默德二世（1432—1481 年），奥斯曼帝国苏丹，21 岁时率军攻破君士坦丁堡，灭亡了延续一千多年的罗马帝国，也经常被人们直接以外号"法提赫"（Fatih，意为征服者）相称。——译者注
　　[2] 穆拉德一世（1326—1389 年）是奥斯曼帝国首任苏丹，1362—1389 年在位。——译者注

他们将展开对欧洲长达6个世纪的统治（众所周知，大英帝国直到1915年才将他们驱逐出去）。不久，君士坦丁堡陷入了重重包围，即使皇帝康塔屈泽纳（Cantacuzene）选择退位去做一名修道士，也丝毫没有缓解危局，接下来的35年中，拜占庭王室陷入了复杂的血腥内斗，许多王室成员被废黜、投入大牢，或者遇上了更糟的结局。

1365年，穆拉德在他的新首都君士坦丁堡西北建立了阿德里安堡（Adrianople，即现在的埃迪尔内），6年后，他击败了塞尔维亚人（Serbs）和保加尔人（Bulgars），巩固了对巴尔干半岛的控制。随后，法国人发起了最后一次绝望的圣战，最终以一场灾难告终。只不过，在这个时候，土耳其人与蒙古人之间存在着更大的问题。

尽管成吉思汗杀人无数，但和帖木儿的残暴行为相比，简直不值一提。当时，帖木儿统治着中国、俄罗斯、中东和印度的大部分地区。[后来统治印度的是莫卧儿（Mughal）帝国，这个词又演化成了mogul，英文中意为大亨，在蒙古语中的意思则是腐败。] 1401年，当帖木儿率军穿过现在的伊拉克北部洗劫巴格达时，他命令麾下士兵每人必须砍下两个敌人头骨，未达标者就要被砍掉自己的脑袋。他们还不断掳走大批妇女当作奴隶。大军横扫小亚细亚，经过的城市都被扫荡一空，砍下的头颅堆积成塔。1402年，帖木儿击败了土耳其人，将俘虏的苏丹[1]关在马车后座，让他眼睁睁看着自己的国土被蒙古人蹂躏。最终，苏丹不堪其辱，饱受折磨后死去。

后来，帖木儿对自己双手沾满的鲜血感到非常内疚，为了赎罪，他打算再发动一场新的战争——一场神圣的战争，希望真主能因此原谅他早年造下的杀孽。他本打算征服中国，为此组建了一支庞大的军队，幸运的是，大军还未出征他就死去了。即便如此，我们仍然确信，这位蒙古领袖的手下亡魂在世界人口中所占的比例，绝对高于古往今

---

[1] 这名被俘的苏丹是巴耶塞特一世（或译巴耶济德一世，约1354—1403年），执政时期是从1389—1402年。——译者注

来任何其他国家。

抛开与蒙古人的这些纠葛，土耳其人并未放松攻势，君士坦丁堡几乎被重重围住。接下来的 1432 年，土耳其传说中的征兆一一应验："马儿多产，生下无数双胞胎；水果丰收，压低了果树枝头；长尾彗星划过，出现在君士坦丁堡正午的天空中。"[11]3 月 20 日晚上，苏丹穆拉德二世坐在首都埃迪尔内的宫殿里，他的妻子（很可能是一名来自塞尔维亚的奴隶）正在分娩。苏丹难以成眠，便取出《古兰经》阅读，刚刚读到讲述了预言中战胜异教徒的《胜利》这一章，便传来消息：他的第三个儿子出生了。穆拉德大喜，将这个儿子的出生视为胜利之兆，便为他取名为穆罕默德[1]（Mehmet，这个词是"穆罕默德"的土耳其语形式）。

一段时间以来，土耳其人一直享用着君士坦丁堡献上的贡品，但新皇帝君士坦丁十一世（Constantine XI）却在登基之后暂停了进贡。他向西方寻求帮助，但在经历了一个世纪的瘟疫、饥荒和战争摧残之后，那些拉丁裔基督徒已经对十字军运动丧失了兴趣。虽然教皇愿意帮助拜占庭人，但天主教会（Western Church）仍然坚持只承认罗马的至高无上地位，对那些拜占庭的东正教教徒（Orthodox Christians）来说，这是不可想象的。新式的火力武器即将诞生，君士坦丁堡的城墙正在逐渐沦为新时代的遗迹。

尽管在 14 世纪，火药已经跟随着商人、军队和瘟疫的脚步沿着丝绸之路广泛传播，但此时它的使用范围还相当有限。大型火炮的铸造非常困难，因为在浇筑铁水时形成的任何微小裂纹，都可能在使用时急剧膨胀，从而导致火炮爆炸。[12]然而，这种局面很快得到了扭转，一个名叫乌尔班（Urban）的匈牙利人向穆罕默德二世献上了两尊使用改良技术铸造的新型火炮，它们能发射 1000 磅重的炮弹，是法国

---

[1]　即穆罕默德二世，上文提到的征服者穆罕穆德。——译者注

现有最大的弹丸的四倍大。土耳其人用了 60 匹马和 300 艘船，耗时三个月，将这两尊大炮从埃迪尔内拖到君士坦丁堡对面，130 英里开外的博斯普鲁斯河（Bosphorus）岸边。穆罕默德集结了 20 万人的军队，万城之女皇（Queen of Cities）[1]却只有 9000 守卫。最夸张的是，光是穆罕默德自己的私人随从就多达 3 万人，其中还包括 60 个专门做蛋糕的。

君士坦丁堡的人民一直相信这座城市受到圣母玛利亚的庇佑，此时此刻，最后的罗马人比任何时候都更加需要神明全方位的保护。但是，正如 1452 年威尼斯参议院的一位代表在发言时所说："君士坦丁堡完全陷入了穆罕默德苏丹大军和舰队的包围之中。"13

当年夏天，为了封锁连通黑海的水道，穆罕默德在博斯普鲁斯河上建造了一座城堡。奥斯曼人称它为"割喉者"（Throat Cutter），他们为城堡装备了大型炸弹，可以投向任何经过的船只，然后再进一步收紧绞索。11 月 26 日，一艘试图通过黑海向城中运送物资的威尼斯商船被割喉者击沉，幸存的水手们一游到岸边就立即被带到苏丹面前，奥斯曼人将勇敢的船长安东尼奥·里佐（Antonio Rizzo）和他的 40 名船员钉在木桩上，让他们好好看着这座城市接下来将走向何方。

此时，城中的人民已经做好了最坏的打算。尽管有过一段艰难的历史，但是人们始终认为他们的拉丁同胞不会坐视自己灭亡，尤其是威尼斯人，最终一定会伸出援手。上帝没有辜负他们的期盼，紧要关头，威尼斯的圣马可旗和罗马的双头鹰旗并肩从布兰奇恩宫（Blachernae Palace）[2]上空穿过重重包围飞了过来。

城中派出了一批又一批的突围者，最终都被土耳其人杀死之后挂在了城外。希腊主教马卡罗斯·梅利塞诺斯（Makarois Melissenos）记载了许多当事人在围城时的心情："城中人民无不为这些年轻人的

---

[1] 君士坦丁堡的别称。——译者注
[2] 位于君士坦丁堡西北郊区。——译者注

牺牲大声痛哭。"很快，这种悲痛就转变成了愤怒，[14] 拜占庭人决定以血还血，第二天，他们让奥斯曼人眼睁睁地看着 260 名被俘同胞被"野蛮屠杀"。

拜占庭人向来虔诚，但在 1453 年 5 月，一场暴风雨突降，引发了不应属于这个季节的反常天气，进一步挫伤了城中人民的斗志。追溯异常天气的源头，最有可能是因为几个月前澳大利亚以东 1200 英里处一座名为 Kuawe 的火山岛的爆发，当时产生了"338 立方英里的熔岩，以 200 万倍于广岛原子弹的力量冲入平流层"。[15] 这场火山爆发为地球蒙上了一层灰雾，整个北半球的庄稼收成都受到了影响，已知世界的温度持续走低，世界各地都遇到了反常现象：长江以南，处于热带边缘的中国南方接连下了 40 天雪；根据对树木年轮的记录显示，英格兰的那个夏天阴沉而惨淡，恰巧和国王发疯同步[1]；那年春天，君士坦丁堡遭受了雨、雪、雾、雹的轮番袭击，人们多次目睹了奇异可怕的日落和奇异炫目的光效。

对于这些几近战败的人来说，纯粹是靠着圣母的祝福，他们才坚持了这么长时间，可是这种种异象此时看来简直就是在向他们展示世界末日。这还并没有结束，在 5 月 26 日，也许还是因为火山爆发的影响吧，城中的圣索菲亚（Hagia Sophia）大教堂被奇怪的火束点燃，酿成了火灾悲剧。[16]

1453 年 5 月 29 日上午，穆罕默德完成了仪式祈祷，穿上了绣着真主名字和古兰经经文护身符的长衫。这位苏丹戴着头巾，披着长袍，腰上挂着利剑，翻身上马，在麾下将官们的簇拥之下走出营帐。

穆斯林大军从海陆同时发动攻击。炮火轰击城墙后，第一波攻击由杂牌军和外籍附属人员发起，他们在部队中最无足轻重，许多人都是被迫参战，或者只是为了获取战利品。一名亲历事件的威尼斯人尼

---

［1］ 此时在位的英国国王是亨利六世。——译者注

科洛·巴尔巴罗（Nicolo Barbaro）回忆，打头炮的许多人都是被武力强迫参战的基督教徒。另一个名叫莱纳德的亲历者说[17]："其中包括希腊人、拉丁人、德国人、匈牙利人——来自所有基督教王国的人。"

被困城中的人们早就知道城破的时候自己将会面临何等严酷的命运。当土耳其人冲破围墙时，人们被从房间里拖出，孩子们被从父母手中抢走，老人遭到了"无情地屠杀"，还有"怯懦者、老人、麻风病人和病弱者"，"新生婴儿被掼在广场上"。一群一群的俘虏被绑在一起，入侵者"野蛮地把他们拖出来，肆意驱赶、撕扯、粗暴推开，不留情面、不顾体面地把他们赶出十字路口，侮辱他们，做可怕的事情。"[18] 许多妇女宁可投井也不忍受这种恶梦，在君临城（King's Landing）险些被攻破时，城中妇女也曾讨论过同样的命题。这并不代表土耳其人特别残忍，毕竟"人为刀俎，我为鱼肉"，所有被攻破的城市面临的命运都一样。

混乱之中，一些入侵者因为争夺最漂亮的女孩而自相残杀。士兵们逐个搜查教堂和修道院，靠近城墙那些都被洗劫一空。城中最珍贵的宗教遗迹之一——赫得戈利亚（Hodegetria）圣像被砍成了四块，士兵们瓜分了它的框架。土耳其人砸碎了十字架，挖开圣徒的坟墓寻找珍宝，将神圣的文物和金色礼服洗劫一空，珍贵的珍珠和教堂里的金子也没有放过。暴乱之后，海上漂浮着密密麻麻的尸体，"就像是运河里的甜瓜。"[19]

进攻开始之后，只有一小部分人得以逃脱。大约有十余艘希腊和意大利船只从土耳其控制的水域驶出，到达了西方的安全地带。屠杀结束后，幸存者们在一个新的环境中安顿下来，得以继续自己的人生。而人们最后一次看到那位"基督世界真正的皇帝和罗马独裁者"——末代皇帝君士坦丁十一世，是他冲进最激烈的战斗之中与统治的帝国一同陨落的身影。后来，他的尸体一直没有找到。

夫人，我们交易的是知识

16 世纪的苏丹塞利姆（Selim）为自己加了许多头衔，包括"地平线尽头之君""横跨大陆的岩石"和"大地上的真主的影子"。[20] 比如有一次，苏丹的下属、克里米亚的统治者向俄国沙皇发出信件，开头便是一句："尊贵的可汗对你表示极大关切，即将发表如下不朽的宣言。"

对欧洲人来说，土耳其人保有一份非常神秘的异国情调，他们的许多做法都无法理解。让我们将时光回溯至 1389 年，新任奥斯曼苏丹巴耶济德（Bayezid）认为他的兄弟背叛了自己，便下令将其当众勒死，后来这种做法成为了奥斯曼帝国的一项传统。就像在多斯拉克社会，新的卡奥（Khal）会杀死老首领的孩子一样，土耳其人也有类似的灰色仪式。正如乔拉·默尔蒙所说："无法骑马的卡奥便不再是卡奥。这里不是崇尚血统的维斯特洛，在这里力量决定一切，卓戈死后，他们会自相残杀。"[21]

16 世纪时，苏丹开始有意地让更多的嫔妃怀孕，以便培养更多的潜在继承人，由此衍生出一种病态的制度：成功上位的男孩母亲会命令侍卫长将所有不是自己所生的先王子嗣用绸带勒死，有时连婴儿都不放过。（和蒙古人一样，土耳其人也对流血有一些迷信的念头，他们认为如果一个人死时流了血，灵魂就无法上天堂。）

土耳其人还将其他一些我们看起来属于典型东方的、异国的、肉欲的和邪恶的习惯变成了制度。后宫（Harem）这个词最初只是指房子中的私人区域，而不是男主人卧室或者迎宾区，但是后来它的意思变成了苏丹嫔妃们的居所。奥斯曼宫廷中，后宫通常由一名黑人首领太监（Chief Black Eunuch）管理，这一职位名为吉兹拉阿迦（Kizlar Agha），自 1594 年创建以来，一直由非洲裔太监担任，他们通常是来自上埃及或苏丹北部的努比亚人（Nubians）。

黑人首领太监还受命在皇宫内管理密探网络，因为统治者认为他们本来就是一窝叛徒，自当拥有情报天赋——这个推理可谓相当合理。吉兹拉阿迦通常与苏丹皇太后（Valide Sultana）关系密切，太后"将他深深地植入王朝政治之中，以此换取密探网络的支持，这些密探（主要但不完全）由其他黑人太监组成。"[22]黑人首领太监在苏丹手下的重要程度可以排到第三位，仅次于大维齐尔（Grand Vizier）和宗教权威谢赫伊斯兰（Sheikh ul-Islam）。土耳其的大维齐尔相当于首相一职，然而这个词字面意思是"苏丹的脚"，就像在维斯特洛，首相职务的名称实际上是"国王之手"一样。与黑人首领太监相对应，来自巴尔干半岛或高加索地区的白人首领太监负责管理男性侍从，相比之下，这个角色便不是那么享有声望，没有多少机会参与宫廷密谋。

由苏丹最强壮的儿子（或者至少是生母最狡猾的儿子）接掌王位的残酷做法，至少确保了坐在王位上的永远都是聪明人。与之相对，欧洲模式则意味着，即使一名继承人不具备任何必要的素质，也可能成为国王管理国家，那么王国就很容易陷入混乱——就像在法国和英国一再上演的悲剧那样。新统治者勒死所有兄弟的传统持续了几个世纪，直到16世纪末，穆罕默德三世苏丹在干掉19个同父异母的兄弟之后废除了这个制度，之后再也没有完全恢复。17世纪初，时常资助艺术的诗人苏丹艾哈迈德一世（Ahmet I）正式宣布这种做法为非法行为。虽然土耳其的现代化进程已经在19世纪末开启，20世纪由阿塔图尔克（Atatürk）总统加速，但几个世纪以来，土耳其人一直都令欧洲观众既迷恋又恐惧———方面，他们是残酷入侵、血腥镇压基督徒的外来者；另一方面，他们又是好客、文明、慷慨、开放，建立了横跨东西方文化的伟大人民。

本章尾注：

1. Crowley, Roger: *1453*
2. Stone, Norman: *Turkey: A Short History*
3. http://www.washingtonpost.com/blogs/worldviews/wp/2014/11/11/why-turkeys-military-wants-to-ban-game-of-thrones/
4. Crowley, Roger: *1453*
5. Ibn Khaldun's Muqaddimah
6. Frankpan, Peter: *Silk Roads*
7. Norwich, John: *Julius Byzantium: The Apogee*
8. Stone, Norman: *Turkey: A Short History*
9. Ibid
10. Ibid
11. Crowley, Roger: *1453*
12. Stone, Norman Turkey: *A Short History*
13. Crowley, Roger: *1453*
14. Ibid
15. Crowley, Roger *1453*
16. 要么就是由圣艾尔摩之火引起的，这是一种大气中的电流引起的自燃现象。
17. Ibid
18. Crowley, Roger: *1453*
19. Crowley, Roger: *City of Fortune*
20. Stone, Norman: *Turkey: A Short History*
21. Season 1, Episode 9
22. Larrington, Carolyne: *Winter is Coming*

· 36 ·

北境之王

——珀西和内维尔

在英雄纪元，波顿家的人还剥史塔克的皮，拿它们当斗篷呢。

——詹姆·兰尼斯特[1]

　　珀西和内维尔这对宿敌之间的矛盾最初只是星星之火，难成燎原之势。直到 1453 年之前，这两个家族仍然同心协力一起抵抗苏格兰人并共同处理北方政务。但是，无论对家族还是国家而言，不断变化的权力天平总是危险的，就像国家一样，在诺森伯兰郡以外的地区，内维尔家族现在占了上风。内维尔家族分支在索尔兹伯里（Salisbury）的不断扩张也激起了越来越多其他北方家族的反对，其中包括坎伯兰（Cumberland）的克利福德家族（Clifford）和戴克家族（Dacre）；戴克勋爵（Lord Dacre）还与拉尔夫·内维尔（Ralph Neville）第一段婚姻中的一个女儿结婚，并因失去合法遗产而心生怨恨。

　　珀西家族一直以来都名位尊贵，例如他们有着东疆守护（Warden of the East）这样的名号，这在维斯特洛也有所对应，譬如奈德·史

---

[1]　出自《冰与火之歌》第三卷《冰雨的风暴》——译者注

塔克（Ned Stark）就是北境守护（Warden of the North），其职责是保护国土不受野人的侵犯；维斯特洛的东海望[1]（Eastwatch）也对应英格兰的东边界[2]（East March）。[1]然而，内维尔家族自从守住坎伯兰的边界、得到获利更多的西疆守护（Warden of the West）这一职位后，他们逐渐引发了敌人更强烈的愤怒。

在马丁笔下的世界里，各个家族的先祖都可追溯到过去来到维斯特洛的不同族群；大多数人原本是安达尔人[3]（Andals），而坦格利安家族（Targareans）和拜拉席恩家族（Baratheons）曾经是瓦雷利亚人[4]（Valyrian），史塔克家族（Starks）的祖先则是先民[5]（First Men）（虽然他们很可能并没有纯正的先民血统）。事实上，从父系血统来说，几乎所有的英格兰贵族家族都是诺曼人[6]（Norman）的后代，诺曼人曾经屠戮了整个英格兰社会，在黑斯廷斯杀死了数千人，并剥夺了其他人的继承权，因此到征服者[7]去世之前只有两位重要的本土地主。唯一的例外是内维尔家族，他们的血统可以追溯到古老的北方王国。

拉尔夫·内维尔来自德·内维尔（de Nevilles）世家，这个家族里的大多数人都叫罗伯特（Robert）和杰弗里（Geoffrey），但是拉尔夫自己父系那一脉的曾曾曾曾曾祖父拉比爵士罗伯特·菲茨·梅尔德雷德（Sir Robert Fitz Meldred Raby）在与伊莎贝拉·德·内维尔（Isabella de Neville）结婚后将自己的姓氏改成了女方的姓氏。

---

[1] 东海望是长城最东边的城堡，位于海豹湾边上狂风肆虐的海滩。——译者注
[2] 通常名称为 Scottish Marches。——译者注
[3] 安达尔人是现今居住在维斯特洛大陆上三大民族之一。最早的起源地位于厄斯索斯北方一个滨临颤抖海，称为斧头岛的半岛。他们的到来导致了许多旧王国（先民与森林之子签订盟誓之后建立的王国）的瓦解，经过漫长的兼并战争后形成了征服战争前的七大王国。安达尔人还为维斯特洛带来了语言文字、七神信仰、铁制武器以及骑士制度。——译者注
[4] 瓦雷利亚人原本生活在狭海对面的厄斯索斯大陆东部的半岛上。——译者注
[5] 先民是指最先踏上维斯特洛大陆的那一批人。——译者注
[6] 诺曼人（Norman）指定居在法国北部（或法兰克王国）的维京人及其后裔。——译者注
[7] 征服者威廉一世，即英格兰国王威廉一世。——译者注

菲茨·梅尔德雷德原本是盎格鲁 - 撒克逊（Anglo-Saxon）人，他父亲的父亲是名字听起来不那么像法国人的菲茨赫雷德勋爵（lord of Fitzuchred）多尔芬（Dolfin）。虽然多尔芬出生在诺曼征服之后，但是他的祖父母中有三个人是撒克逊人（Saxons），这对于在 1066年之后有着如此高位的人来说实属不同寻常；他的祖父是诺森布里亚伯爵（Earl of Northumbria）戈斯帕特里克（Gospatric），而他的祖母埃塞尔德丽达（Etheldreda）是英格兰最后一位撒克逊血统国王埃德蒙二世（Edmund II）的孙女。另外，如果回到历史迷雾中还能发现，戈斯帕特里克的父系祖先是诺森布里亚[1]的奥斯伯特国王（King Osberht of Northumbria），他于公元 867 年在同维京人（the Vikings）的作战中阵亡，这标志着古老的北方王国的终结。诺森布里亚在两代人之后被维京人征服，它也成为了接受他人管理的"南盎格鲁"（South Angles），从前的国王被降为伯爵。

通过母亲那一脉，菲茨·梅尔德雷德也是诺森布里亚伯爵"铁胆"乌特雷德（Uldred the Bold[2]）的后裔，他的家族位于北方王国的首都班堡（Bamburgh），那里也是堡垒和城堡的所在地。菲茨·梅尔德雷德在 1016 年与古代斯堪的纳维亚人（Norsemen）的战争中被杀害。* 与史塔克家族一样，内维尔家族是古代北方国王的后裔，你可以想象他们的祖先在几个世纪前就生活在同一片星空下的同一片土地上。一个内维尔人可以看着达勒姆（Durham）和约克郡的土地，了解到他的祖先一脉在古代诸王时期的历史，并且根据不列颠人口的DNA 分析，可以证实撒克逊人（Saxons）迎娶了当地女子为妻，因此内维尔家族的历史还可以追溯到不列颠岛上最早生活的人类。

在拉尔夫·内维尔于 1425 年去世后，他的儿子们因他的遗产闹

---

[1] 诺森布里亚是盎格鲁人建立的盎格鲁 - 撒克逊王国，它最初由两个独立小王国组成，这两个小王国以迪斯河为界。——译者注

[2] 也写为 Uhtred the Bold。——译者注

翻了，从 1430 年到 1443 年，他第一次婚姻和第二次婚姻里生下的孩子之间的敌意越来越大。生于第一段婚姻的长子约翰（John）过早地去世，于是约翰的儿子拉尔夫继承了遗产，拉尔夫后来成为了第二代威斯摩兰伯爵（Earl of Westmorland）。拉尔夫和他的兄弟表亲们强烈反对他们"半博福特"的（half-Beauford）表兄弟[1]，当索尔兹伯里伯爵理查德·内维尔[2]（Richard Neville）[3]继承了妻子的遗产时，他们的愤怒变得更加强烈，因为这使理查德·内维尔比他那些有一半血缘关系的侄子们都要更加富有。

索尔兹伯里伯爵和爱丽丝·蒙塔古（Alice Montagu）有十二个孩子，其中最年长的、名字也叫理查德的儿子在他六岁那年已经变得无比富裕了，因为那时他就与另一位富有的女继承人沃里克伯爵夫人（Countess of Warwick）安妮·博尚（Anne Beauchamp）订了婚。安妮的父亲沃里克伯爵（Earl of Warwick）是一个非常富有且学识渊博的人，圣女贞德（Joan of Arc）被施以火刑的时候他也在场；安妮的母亲伊莎贝拉·勒·德斯潘塞（Isabella le Despenser）是爱德华二世（Edward II）臭名昭著的好友的后裔。理查德二十一岁时，这位新任沃里克伯爵就已经继承了比他父亲面积更大的土地，虽然他还没有自己父亲那么富裕，但幸运的是，他的许多富有的女性亲属都在很短的时间里去世了，其中包括 1450 年去世的姑妈塞西莉[4]（Cecily）以及在 1448 年去世的他妻子同父异母的妹妹。但是，沃里克伯爵还有五个未成年的弟弟，这些多出的男性成员加剧了贵族成员中对土地和地位的争夺。

珀西家族与内维尔家族的两个分支都有联姻，第二代诺森伯兰伯

[1] 拉尔夫·内维尔的第二任妻子为琼·博佛特（Joan Beaufort），这里的半博佛特表兄弟即指拉尔夫与第二任妻子的儿子。——译者注
[2] 第五代索尔兹伯里伯爵，他的儿子"立王者"理查德·内维尔为第六代索尔兹伯里伯爵。——译者注
[3] 为拉尔夫·内维尔与第二任妻子琼·博佛特的第一个儿子。——译者注
[4] 第五代索尔兹伯里伯爵的二女儿。——译者注

爵（the second Earl of Northumberland）亨利·珀西（Henry Percy）与索尔兹伯里伯爵的姐姐[1]结了婚，而他的妹妹伊丽莎白[2]（Elizabeth）则成了威斯摩兰伯爵的新娘。尽管有如此联姻关系，珀西还是发现自己深陷冲突之中。

亨利·珀西有六个儿子，其中至少有两个儿子有着难以控制的暴力倾向，并且情绪经常不稳定。他的次子托马斯（Thomas）是情况最糟糕的，这是一个出了名的暴徒，他"酷爱争吵，崇尚暴力，并且蔑视所有权威"，另外"他身上有着所有珀西家族最坏的性格特征，这让他祖父'热刺'（hotspur）这一绰号也相形见拙。"[2]在君临（King's Landing），河间地[3]（Riverlands）的人民在自己的房屋和佃户遭到骇人的格雷果·克里冈[4]（Gregor Clegane）袭击之后，纷纷向奈德·史塔克（Ned Stark）告状，奈德也不得不听取民众的诉求，而在现实生活中，普通人也常常受到那些空有头衔的暴徒的摆布。1447年，二十五岁的托马斯·珀西和朋友们在一次胡作非为后终于在约克郡锒铛入狱，但这只是一连串混乱的开始。还有一次，珀西命令他的人殴打坎伯兰郡治安官，只是因为那个治安官是索尔兹伯里伯爵的追随者。

1449年，萨福克公爵（Suffolk）授予了托马斯·珀西一个头衔——艾格蒙特男爵（Baron Egremont），希望以此能激励他今后行为端正，然而这只会产生反作用。萨福克公爵还希望能重新平衡北方政治局面，让更多人支持珀西家族，但这对避免家族之间竞争局面失控却几乎无济于事。

伯爵的第三个儿子理查德·珀西也是一个混球；他曾经和一个团

---

[1] 即埃莉诺·内维尔（Eleanor Neville），为拉尔夫·内维尔与第二任妻子琼·博佛特的第二个女儿。——译者注

[2] 即伊丽莎白·珀西（Elizabeth Percy），嫁给了第二代威斯摩兰伯爵。——译者注

[3] 河间地（Riverlands）是维斯特洛大陆的中部地区，包括三叉戟河的诸多支流之间的肥沃土地。——译者注

[4] 即魔山。——译者注

伙一起闯入克雷文[1]（Craven）附近的一个教堂，并抓住了一名当地法警，这时刚好有一名牧师在做弥撒，这伙人说如果不是因为有圣人的干预，他们会杀了那个法警。这两个流氓的另一位兄弟威廉·珀西（William Percy）于 1452 年成为卡莱尔[2]（Carlisle）的主教，那时他年仅 24 岁，但他只是利用自己的职位之便来帮助他的兄弟们去招惹内维尔家族的人。

除了他的血统之外，艾格蒙特男爵更愿意将时间花在县城中肮脏的小酒馆和旅馆里，和一群他招募来的"工匠，商人和失业者"在一起，享受着他们的陪伴，这些人是他手下的小团体。3 在 1452 年的冬天，他搬到了约克，在那里经历了一段艰难时期，而约克也成为各种怨恨的滋生地。这座城市位于以谢里夫哈顿[3]（Sheriff Hutton）为中心的内维尔管辖地区以及索厄比[4]（Sowerby）之间，西边和珀西管辖的土地接壤，北邻托普克利夫[5]（Topcliffe），因此这里很自然地成为了一个政治动荡地区。

因此，当 1453 年 1 月，三名副治安官逮捕了城中一位珀西家族的佃户奥利弗·斯托克代尔（Oliver Stockdale）时，有 120 名当地人出面阻止，并声称他们不能在国王也无权管理的珀西家族的土地上那样做。在威斯敏斯特，索尔兹伯里伯爵内维尔[6]把艾格蒙特男爵的恶行上奏给了国王；托马斯·珀西本被传召前往法国打仗，但他拒绝去到南方。相反，沃里克伯爵的兄弟约翰·内维尔却被派去寻找托马斯·珀西，随后便发生了"猫捉老鼠的游戏"，在整个地区留下了一连串的破坏和断肢。4 索尔兹伯里伯爵的三儿子约翰从小就经历战争和外交的洗礼，成长为了一位能力出众值得信赖的指挥官，他尤其擅

---

[1] 北约克郡地名。——译者注
[2] 位于坎伯兰郡的小城。——译者注
[3] 英国北部村庄，位于北约克郡。——译者注
[4] 同样也是英国北部村庄，位于北约克郡。——译者注
[5] 英国北部村庄名。——译者注
[6] 上文中的第五代索尔兹伯里伯爵理查德·内维尔。——译者注

长消灭叛乱分子。在他仅仅十八岁的时候，就和少数几个人一起参与了监督边防工作的任务，然而只要他的哥哥们还在世，他就几乎没有继承权。

随着两方人及其追随者之间的暴力升级，伦敦的皇家议会命令内维尔停止争斗；三天后，内维尔威胁那些佃户说出艾格蒙特男爵的行踪，否则就要把他们吊死，而这时国王下令要求双方都必须停止这场暴乱。然而此时，艾格蒙特男爵已经与另一个更让人生厌的埃克塞特公爵（Duke of Exeter）结成了同盟，这个人不仅仅是一个简单的暴徒，更是一个虐待狂，这两个人计划让埃克塞特公爵认领兰开斯特公爵领地并挑衅约克家族的受保护地。为了平息这场风波，约克的理查德本计划于 1453 年 5 月前往北方，但他在得知种种想要暗杀他的阴谋后不得不改变主意。

8 月，珀西家族与内维尔家族之间的冲突升级为公开的战争，而导火索便是约克郡瑞瑟城堡（Wressle Castle）的继承权。自十四世纪初以来，瑞瑟城堡一直掌握在珀西家族的手中，而城堡附近的大片地区曾经是他们北迁之前的核心地带。但是在他们针对亨利四世（Henry IV）的造反计划失败之后，这份地产被查抄并传给了贝德福德公爵（Duke of Bedford），后来一直被国王所控制，还曾借予亲信。这一损失一直以来作为衰退的耻辱与恐惧深深地伤害着珀西家族。

1453 年 8 月 24 日，索尔兹伯里伯爵的次子托马斯·内维尔爵士和莫德·斯坦霍普（Maud Stanhope）在瑞瑟城堡成婚，这直接导致城堡将归内维尔家族所有，而这一矛盾也让这场婚礼最终沦为了一个战场。据记载，婚礼现场有 710 名珀西家族的男子现身，他们来自各种各样的社会阶层，其中就包括奥利弗·斯托克代尔，他就像所有珀西家族的佃户那样，在雇主传召他们做事时急于表忠心。虽然这场无人死亡的"赫沃思战役"（Battle of Heworth）被描述为玫瑰战争的第一场小冲突——但这种局面很快就会发生改变。

两周后，约翰·内维尔和他的团伙在约克郡的卡顿（Catton）捣毁了珀西家族的房子。他们打破了门窗，并在墙上写下了威胁信息。第二天，理查德·珀西和41名"醉酒的暴徒"闯入了内维尔管辖区域内一个牧师家中，这些暴徒当中有29人曾经参加过婚礼之战；他们偷走了所有的葡萄酒，殴打了副治安官与法警。就像经常发生的内战一样，真正意义上的暴力事件的爆发往往是由低级别的暴行引起的，而这也是今后日益严重的混乱局面的导火索。

这两个家族逐渐地将矛盾转移到更广泛的王朝争端。珀西家族曾是兰开斯特家族（House of Lancaster）的敌人，但从1453年开始，内维尔家族开始与约克家族结盟，一方面原因在于他们的联姻关系，另一方面原因是因为沃里克伯爵对他表兄弟萨默塞特公爵[1]（Somerset）日益增长的敌意。这两个人的妻子是同父异母的姐妹，她们在南威尔士（south Wales）拥有大片土地，因此他们在双方妻子的继承权问题上存在争议。相反，诺森伯兰伯爵[2]投靠了曾经杀死过他父亲和祖父的家族[3]。

1453年10月13日，玛格丽特王后在威斯敏斯特诞下了一位名叫爱德华的王子，随后召集了一个大议会，并在某个时候决定应该邀请约克公爵[4]入会。10月24日，一封以国王名义签署的信寄给了他"值得信赖且受人尊敬的堂弟"[5]，并由信使劝告他放下与萨默塞特公爵之间的分歧。然而，当婴儿被送到身在温莎的国王面前时，他的脸上丝毫没有表现出任何对孩子认可的迹象。[6]萨默塞特公爵身为孩子教父站在一边，这时还有人窃窃私语喃喃地抱怨着——就像瑟曦（Cersei）一样，有谣言说玛格丽特背着她不知情的丈夫生了一

---

[1] 埃德蒙·博佛特，第二代萨默塞特公爵。——译者注
[2] 指亨利·珀西。——译者注
[3] 指兰开斯特家族。——译者注
[4] 指约克的理查德，即理查德·内维尔。——译者注
[5] 指理查德·内维尔。——译者注
[6] 也有说法是因为此时国王因失去了在法国的领土加斯科尼而神志不清。——译者注

个私生子，这个孩子会长成一个怪物，而他那些势力庞大的敌人急切地想要剥夺这个孩子的继承权。

1454 年 1 月，当国王还处于紧张型痴呆状态下时，玛格丽特王后发布了一份"有五项条款的议案"，她要求"享有这片土地的全部统治权"，能够任命官员，并要求为自己和儿子爱德华提供收入。玛格丽特和她家族中的其他女性一样，拥有了在男性君主缺席时的统治经验，但一位王后若是手握大权总是危险的，议员们拒绝了她的提议。

即使 1454 年 3 月 22 日坎特伯雷大主教约翰·坎普（John Kemp）去世后，哪怕有十二位重要的领主和主教骑马前往温莎告知亨利这件事，国王也无法清醒过来。有学问的奇切斯特主教（Bishop of Chichester）雷金纳德·皮克（Reginald Peacock）曾三次试图向他说明情况，但都徒劳无获；两天后，人们同意任命约克公爵[1]为护国公。

当约克的理查德抵达伦敦时，他说服自己的盟友诺福克公爵（Norfolk）在议会上攻击萨默塞特公爵，再一次指责他叛国并要求将他投入监狱——这一次大多数领主都同意了这一指控。第三代诺福克公爵约翰·莫布雷（John Mowbray）是理查二世（Richard II）时代莫布雷的后裔。他的父亲和约克一样，迎娶了拉尔夫·内维尔的女儿凯瑟琳（Katherine），然后将自己儿子的监护权卖给了拉尔夫·内维尔，这使得现任公爵又成为权力巨头威斯摩兰伯爵的另一个后裔。莫布雷在 25 个郡拥有 150 处房产，但都主要集中在东安格利亚[2]（East Anglia），只有在那里他才能拉帮结派。

莫布雷与北海旁边平原地区的当地对手展开了激烈的竞争，在财产纠纷中也越来越多地使用武力。莫布雷的主要竞争对手是萨福克公爵，但即使在萨福克垮台后，莫布雷也常常发现自己会因为自

---

[1] 指约克的理查德，即理查德·内维尔。——译者注
[2] 位于英国东部。——译者注

己的对手而感到失意，这主要原因是由于博蒙特子爵[1]（Viscount Beaumont）——他也是莫布雷的继父，接受了莫布雷父亲三分之一的遗产。随着冲突升级，诺福克公爵原本忠于王权，但由于博蒙特子爵站在王后那一边，因此诺福克公爵越来越亲近约克公爵。

名门贵族们必须要决定自己的站队。1455年，白金汉公爵（Duke of Buckingham）汉弗莱·斯塔福德（Humphrey Stafford）在22个郡拥有着巨大的关系网，每年有5000英镑的收入，这与约克公爵几乎势均力敌。他曾与亨利五世（Henry V）一起战斗并被授予爵位，之后又与约克公爵一起服役，那时约克公爵年仅9岁，没有任何军事经验，但仍然被任命为诺曼底中尉（Lieutenant of Normandy）。白金汉公爵后来与拉尔夫·内维尔的另一个女儿[2]结了婚，他到目前为止仍保持中立。

阿伦德尔伯爵（Earl of Arundel）威廉·菲茨阿兰与索尔兹伯里伯爵的大女儿成了婚，但他还是很谨慎；牛津伯爵（Earl of Oxford）约翰·维尔（John Vere）与诺福克公爵结盟一起对阵萨福克公爵，虽然他也不喜欢萨默塞特公爵，但他现在还是保持中立。德罗斯勋爵（Lord de Ros）托马斯，拥有全英格兰最古老的贵族头衔，其老家位于约克郡的赫尔姆斯利（Helmsley）；他的母亲嫁给了萨默塞特公爵，这使得他们陷入了几乎无休止的继承权冲突中，但他仍然忠于国王。议会现在大部分都是约克党人：沃里克伯爵，索尔兹伯里伯爵和林肯郡（Lincolnshire）的拉尔夫·克伦威尔（Ralph Cromwell）男爵，而埃克塞特公爵，萨默塞特公爵，诺森伯兰伯爵和克利福德则被排除在外。作为护国公，约克公爵任命自己为加来总督，位列爱尔兰总督（Lieutenant of Ireland）之上，他还任命理查德·内维尔[3]担任财政

---

[1] 约翰·博蒙特。——译者注
[2] 安妮·内维尔，拉尔夫·内维尔与第二任妻子琼·博佛特之女。——译者注
[3] 约克公爵的同名儿子。——译者注

大臣。除去那些党派偏见来看，他的统治仍然是公正的，而且他也为北方的世仇纷争带来了一些表面上的和平。他还曾在庞蒂弗拉克特城堡（Pontefract Castle）监禁他自己的女婿埃克塞特公爵亨利·霍兰德（Henry Holland），原因在于他参与了当地世仇斗争、反对约克公爵当领主。玛格丽特王后、白金汉公爵和都铎兄弟都收到了土地或房屋，而约克公爵的盟友沃里克伯爵什么都没得到。他的宿敌萨默塞特公爵也最终被关进了伦敦塔。

从许多方面来看，约克公爵是一位正直高尚的人，但却缺乏统治国家的权谋之道；他不太理解为什么许多首领不喜欢他，以及他们为什么想要得到贿赂和奖赏。他似乎只能敏锐地意识到什么是对的，却丝毫不考虑权宜之计。相比之下，曾经跻身国王内部圈子的萨默塞特公爵更善于操纵人心；他还是一名间谍头子，1454 年 1 月，即使身在伦敦塔中受到监禁，他仍然雇用修士和水手作为他的间谍并让他们"进入到这个国家每个领主的宅邸里。"[5]

1454 年 5 月，索尔兹伯里伯爵和约克公爵命令诺森伯兰伯爵[1]以及他的两个兄弟托马斯和拉尔夫来伦敦解释他们的不法行为。尽管内维尔那边也有一些劫掠的行为，但他们却没有找任何一个内维尔人的麻烦。然而珀西家族拒不从命，相反，艾格蒙特男爵去到了约克，在那里他们劫持了郡长作为人质；因此，约克的理查德前往北方并强制他们投降。

约克公爵还成功地解决了始于 1445 年 10 月的科特尼家族和本维尔家族（Courtenays and Bonvilles）之间的暴力争端。这种不和已经严重到了一定程度，曾经有一个科特尼家族的人托马斯爵士来到本维尔家族的从属、议员尼古拉斯·拉德福德（Nicholas Radford）的住处，在将拉德福德撞倒在地后，托马斯的一个亲信割断了他的喉咙。但在

---

[1] 即第二代诺森伯兰伯爵亨利·珀西。——译者注

约克公爵的强硬管理下，这片国土或多或少平静了一些。

然而在 1454 年圣诞节那天，亨利六世的神志恢复了正常。五天后他见到了自己的儿子，他握着儿子的小手，感谢上帝赐福；然而他却说，他不记得这个孩子是怎么出生的，他认为这个孩子一定是由圣灵（Holy Ghost）带来的。经过八年的无儿无女的婚姻，使得关于这个孩子生父的谣言和猜测甚嚣尘上。站在国王床前第二排的约克公爵确信那个男孩是萨默塞特公爵的私生子，或者至少是他要求他的部下这么说。

疯王释放了萨默塞特公爵，并且在 2 月 9 日，约克公爵被正式剥夺了他作为护国公和加来总督的职位，而这些职位又传给了萨默塞特公爵。索尔兹伯里伯爵被迫放弃了财政大臣的职位，而他的儿子沃里克伯爵则不得不释放了亨利·霍兰德——在这种局面下，约克党人和内维尔家族决定前往北方招兵买马。

萨默塞特公爵安排了一个大议会，与会地点定在了中部地区的莱斯特（Leicester），并邀请约克公爵和他的盟友参加。但索尔兹伯里伯爵已经从他在约克郡米德尔赫姆（Middleham）的家乡招募了一支5000 人的军队。5 月中旬，国王那派的人选择在圣奥尔本斯与约克公爵那方的人会面，并下令约克公爵、索尔兹伯里伯爵和沃里克伯爵不能带超过 500 人的队伍赴会。他们当然没有听从这一命令。

在维斯特洛，詹姆（Jaime）可以招到 3 万人的军队对抗罗柏（Robb），泰温（Tywin）也能带来相同数量的人马；而罗柏·史塔克（Robb Stark）可以招募到大约 2 万人。常备军往往耗资不菲，只有少数领主可以召集到数量如此庞大的军队；在距离圣奥尔本斯和伦敦北部几英里的韦尔（Ware）小城外，国王的部队听到消息称约克公爵的人大概有 3000 左右，其中有一半的人是他从约克郡向南行进时一路招来的，而国王这边只有 2000 人。

尽管试图做出妥协，比如让立场更加中立的白金汉公爵来取代萨默塞特公爵，让他担任保安长官（Constable of England），但双方还是在圣奥尔本斯城外都扎了营，并且约克公爵在5月21日提出了更多要求。第二天上午十点，沃里克伯爵对城中国王和他的随行人员所在的地方发动了攻击。

在城区作战对防守者更有利，这是英格兰人在法兰西学到的东西，但这场袭击的速度之快以及其猝不及防的攻势让许多兰开斯特人还没来得及穿上盔甲作战，战斗仅仅持续了不到半小时。在那短暂时间里，数千名男子用长弓、剑、钉锤、斧头和长柄斧在街头巷尾甚至是民宅里战斗，挥舞着斧头互相厮杀。许多人双手挥动着40英寸的宽剑，在现代战争到来之前普通士兵的肌肉非常发达。还有人使用长达6英尺的长柄斧，其威力可以穿透盔甲、撕裂骨肉。正因为使用这些武器非常消耗能量，在一小段时间后士兵们全都筋疲力尽。

"热刺"的儿子诺森伯兰伯爵被索尔兹伯里伯爵打倒在地；珀西的表弟克利福德勋爵[1]也被杀了。萨默塞特公爵在一家旅馆外面近距离作战时杀死了四个人，当他抬头时，他注意到城堡外面的标志——突然回忆起他曾经听到的那个预言。[2]由于这片刻的分心，他被刺伤然后被拖走砍死。他19岁的儿子亨利身负重伤，估计也不能挺过去。

当这场战斗结束时，疯王亨利坐在集市旁的皇家旗帜下，正巧一支箭射中了他的脖子，他顿时爆发出了痛苦的惨叫声——但即使打破了太多规矩，叛军们依然不能将国王杀死，因为这是一个禁忌，正如《旧约》中所说："我的主乃是耶和华的受膏者，我在耶和华面前万不敢伸手害他，因他是耶和华的受膏者。"[6]

随着大多数身居要职的兰开斯特党人被砍倒，国王的人纷纷溃散逃离，只留下国王亨利坐在地上，头晕目眩，身负箭伤。这场战斗约

---

[1] 托马斯·克利福德，第八代克利福德男爵，他是约翰·克利福德与伊丽莎白·珀西之子。——译者注

[2] 据传萨默塞特公爵曾经在战前做了一个怪梦，梦中有城堡出现。——译者注

克党胜利了，沃里克伯爵和约克公爵找到了国王并叫来外科医生，之后国王被带到附近的修道院，据说在那里有为那天死去的 60 个人做的弥撒。在这些阵亡者中，有着全英格兰最有权势的领主们，他们的儿子会竭尽所能为他们报仇。

本章尾注：

1. h/t to Dan Jackson, @northumbriana https://twitter.com/northumbriana/status/862745439619215360
2. 就是在这里 Maester Balder 写下了传说故事 *The Edge of the World*。
3. 历史学家 R.L. Storey 的话，在 Rose, Alexander *The Kings in the North* 中被引用。
4. Rose, Alexander: *The Kings in the North*
5. Ibid
6. Gillingham, John: *The War of the Roses*
* 乌赫特雷德（Uchtred）也是伯纳德·康威尔（Bernard Cornwell）系列小说 *Last Kingdom* 中诺森布里亚主人公的名字，他们应该来自同一个家庭。

· 37 ·

先民之子
——都铎家族

我活得够刺激了。最好还是死得无聊点儿。[1]

——波隆

　　格伦道尔[2]叛乱（Glendower's rebellion）带来的破坏毁掉了许多曾经骄傲自豪的威尔士家族，而这也是不列颠人最后一次发起如此规模的起义，虽然有时不列颠人仍会区别称呼他们为威尔士人。因此，许多威尔士儿女不得不在艰难困苦中学会成长，被迫在万千世界中寻找到自己的方向，他们中就包括了欧文·阿普·马雷杜德[3]（Owain ap Maredudd[4]）。他出生在爱尔兰海上的安格尔西岛（island of Anglesey），这是威尔士最偏远的地区之一；时至今日，那里仍然居住着一大群说着威尔士语的人。安格尔西岛曾经隶属于纯威尔士区

---

[1] 出自电视剧《权力的游戏》第五季第四集。——译者注

[2] 欧文·格伦道尔（Owen Glendower, 1359—约1416年），威尔士民族英雄，曾领导一场反对英格兰国王亨利四世残暴统治的叛乱。——译者注

[3] 本章威尔士人名为英文音译。——译者注

[4] 威尔士语，英文含义为Owen son of Meredith，即"梅雷迪思之子欧文"。本章中威尔士男子的姓名呈现出儿子把父亲的名字当作自己的姓氏这一特点。——译者注

（Pura Wallia），在英语中称这样的地区为"deep Wales"，即不受不列颠律法监管的地方。欧文的爷爷是都铎·阿普·格伦维（Tudur ap Goronwy[1]），出身威尔士贵族，侍奉格温内思[2]（Gwynedd）王子以及后来的英格兰国王。他们家族的历史可以追溯到爱德尼菲德·费陈·阿普·赛瑞（Ednyfed Fychan ap Cynwrig），他在十三世纪初期与约翰王[3]（King John）的军队作战，并将三位英国领主的项上人头带给了格温内思王子罗埃林大王（Llywelyn the Great）；此后，爱德尼菲德被任命为格温内思公国的总管，即首席大臣。在那之前，他们这一脉还是威尔士十五个部落领主之一的玛彻·阿普·凯南（Marchudd ap Cynan）的后人，而这位领主的血统还可以进一步追溯到六世纪的布立吞（Brythonic）国王卡德劳德·凯克芬德（Cadrawd Calchfynydd）。这些人确实是不列颠的先民们，另外，相关 DNA 证据显示，从父系分支来看，今天四分之一的纯种威尔士人都是中世纪早期的二十位军阀的后代。[1]

欧文（Owain）的父亲马雷杜德·阿普·都铎（Mardudd ap Tudur）和他的兄弟们一起与欧文·格林杜尔（Owain Glyndwr）并肩战斗，并因他们自己惹出的麻烦而被剥夺了继承权；欧文[4]出生于 1400 年左右，处于格林杜尔叛乱开始的危险时期，当他达到可以参军打仗的年龄的时候，家里早已一贫如洗，家族里的男性几乎全数被杀，土地也被尽数剥夺。而名字英语化后变成"Owen"的欧文，其境遇却大不一样，他凭借着自己卓越的战斗能力和出名的人格魅力异军突起，他作为一名士兵谦逊有礼，却又不失一丝狡黠，面对女士们常常双目含情。他曾在法国为他父亲的敌人亨利五世（Henry V）效忠，并在阿金库尔战役（Agincourt）中因为英勇作战而得到了

---

[1] 威尔士语，意为"格伦维之子都铎"。——译者注
[2] 今为格温内思郡，位于英国威尔士西北部。临爱尔兰海，靠梅奈海峡。——译者注
[3] 英格兰王国金雀花王朝的第三位国王（1199—1216 年在位）。——译者注
[4] 指欧文·阿普·马雷杜德。——译者注

重视；在 1421 年之前，他一直为沃尔特·亨格福德爵士（Sir Walter Hungerford）而战，这是一位参加过 1415 年战役[1]的老兵，曾担任过海军上将（Admiral of the Fleet）一职。

在亨利五世去世后，他的孀妻瓦卢瓦的凯瑟琳（Catherine of Valois）发现自己孤立无援。此后，她逐渐与比她年幼五岁、未来的萨默塞特公爵（Duke of Somerset）埃德蒙·博福特（Edmund Beaufort）关系密切，但由于埃德蒙是红衣主教亨利·博福特（Henry Beaufort）的侄子，格洛斯特的汉弗莱[2]（Humphrey of Gloucester）因此警告凯瑟琳不能嫁给他的竞争对手，并进一步地压制住博福特的权力。另外于 1427 年，在汉弗莱的影响下，议会明确说明如果没有成年国王的"特别许可"，太后禁止再婚；而当时凯瑟琳的儿子只有六岁。凯瑟琳因而远离宫廷，过着孤独的、被人遗忘的生活。

一位英俊迷人的剑客总能觅得良枝。大约在 1430 年左右，太后开始和都铎（Tudor）走得越来越近，这位欧文·都铎[3]是她丈夫手下的众多侍从之一。他仅仅是个普通的士兵，也是她的"裁缝和仆人"。都铎的"亲人和国家都不讨人喜欢……因为他们粗鄙与野蛮的行径。"[2]然而都铎"英俊且富有同情心，他知道如何为伤心的凯瑟琳吟唱悲伤的威尔士歌曲。不久，他就把自己唱到她的床上去了。"[3]

漂洋过海来到英格兰的凯瑟琳[4]或许并没有意识到都铎的地位有多么低，也没有意识到都铎所代表的民族是有多么低人一等。1402年针对威尔士人的刑法规定，威尔士人不能拥有自己的财产，也不能担任王室职务或举行公开会议，甚至不能在威尔士为反对英格兰人而

---

　　[1] 指上文中的阿金库尔战役。——译者注

　　[2] 格洛斯特公爵汉弗莱·金雀花（Humphrey Plantagenet, Duke of Gloucester）（1390—1447 年）英格兰王子，以率先支持英国的人文主义者而闻名，被人们称为好公爵汉弗莱（good Duke Humphrey），为亨利六世的叔叔。——译者注

　　[3] 即前文中的欧文·阿普·马雷杜德。——译者注

　　[4] 瓦卢瓦的凯瑟琳是法国国王查理六世与其妻子巴伐利亚的伊莎贝拉的幼女。——译者注

作证，并且国内的所有城堡都必须由纯血统的英格兰人驻守。与威尔士妇女结婚的英格兰男子也要受法律约束。

关于他俩的浪漫史有着各种各样的版本，比如凯瑟琳意外发现都铎在河里赤身裸体地洗澡，两人随即就被激情所吞噬；在另一个版本里，都铎在凯瑟琳的大腿上喝醉了。他们因为远离险恶的宫廷斗争，所以很快便秘密地结了婚。尽管他们付出了最大的努力，但仍然成为了绯闻的焦点。他们的长子被命名为埃德蒙（Edmund）；宫廷里的人常常窃声低语说，博福特[1]才是孩子的真正父亲。

凯瑟琳最终还是请求议会承认其丈夫都铎的地位，并证明他的贵族血统；都铎最终获得了土地和公民身份，但他的地位和担保完全依附于他的妻子。凯瑟琳于 1436 年患病，这一疾病可能与她父亲和儿子患的病症相同。在 1436 年的冬天，生病的太后呆在伯蒙德赛修道院（Bermondsey Abbey），并在遗嘱中写道"我患上此等恶疾已经很久了，这让我感到非常烦恼与痛苦。"⁴这是千年来最寒冷的十年，一个严酷的寒冬，"强烈的、艰苦的、刺骨的霜冻……让人们悲伤得产生锥心之痛"，与此同时，凯瑟琳的病情也恶化了；她于 1437 年 1 月 3 日去世，年仅 35 岁。对于她只有 15 岁的国王儿子来说，这又是一次打击。

都铎此时身在英格兰中部地区，知道自己的境地岌岌可危，于是当他被抓住并被带回威斯敏斯特（Westminster）时，他正朝着西边的方向想逃到更安全些的地方。后来，他被带到国王面前，他虽然承认自己和国王母亲的婚姻是违法的，但仍宣称自己无罪。仁慈的国王允许都铎返回威尔士，只是为了让他再次被捕，并将他和他的仆人一起送到了新门监狱[2]（Newgate）。

这座严酷的监狱位于伦敦西部边缘，周围环绕着护城河和阴冷潮

---

[1] 指埃德蒙·博佛特。——译者注
[2] 在伦敦西门的著名监狱。——译者注

湿、污染严重的弗利特河[1]。这条河充满了排泄物，臭名远播。许多罪犯被囚禁在铁牢中，或是被称为"不便房间"⁵的地牢中，那里狭窄、危险、黑暗，疾病肆虐。但是这座监狱内部腐败而且运作不善，在 1438 年 1 月，都铎极为大胆地决心越狱，并在越狱途中伤害了看管他的狱卒。虽然都铎后来再一次地被逮捕，但在埃德蒙·博福特的安排下，他转移到了温莎城堡，接受昔日队长沃尔特·亨格福德的守卫。1439 年 7 月，都铎终于获得了赦免。

都铎的儿子埃德蒙和贾斯珀，时年七岁、六岁，与萨福克（Suffolk）伯爵的妹妹凯瑟琳·德·拉·波尔（Katherine de la Pole）住在一起，她是巴金[2]一所修道院的院长，也是许多富裕家庭子女的教母。都铎家的男孩们在这里度过了五年的时光，在此期间他们与自己同母异父的兄弟的关系变得密切起来；当他们成年时，他们与国王的血缘关系被正式承认，之后被加封为贵族，获得了约克派（Yorkist）成员威廉·奥德霍尔（William Oldhall）爵士[3]的土地，而这对约克家族来说无异于一种轻视性的挑衅。为了进一步施加侮辱，贾斯珀·都铎被授予了在威尔士的官位，而这全都原本属于约克家族，而埃德蒙·都铎则迎娶了全国最富有的女继承人——玛格丽特·博福特（Margaret Beaufort），并拥有了她带来的巨大财富。[4]

---

[1] 弗利特河是泰晤士河的重要支流之一，流经伦敦城的西侧，今天伦敦市中心的中心，从古代到中世纪一直是伦敦最重要的河道之一。——译者注

[2] 巴金（Barking）是英国英格兰伦敦东郊的一个地区，在行政区划上属于巴金—达根罕伦敦自治市。——译者注

[3] 约克公爵内府的财政主管与公爵"领主会议"的要员。1450 年 9 月，曾经参与了公爵对王室的谋反活动，是"约克派"的骨干之一。——译者注

[4] 1455 年，亨利六世将年仅 12 岁的玛格丽特嫁给他的同母异父弟弟埃德蒙·都铎，埃德蒙时年 24 岁。1456 年埃德蒙·都铎被俘，在监狱里感染瘟疫而身亡。1457 年 1 月，13 岁的玛格丽特在威尔士的彭布罗克城堡忍着剧痛诞下男婴，这次生产的病痛使她终生再未生育，她给儿子取名为"亨利·都铎"，即后来都铎王朝的建立者亨利七世。——译者注

"权力即力量"[1]

这一切都始于圣奥尔本斯（St Albans）战役[2]成为胜利者"张扬正义"的幌子。珀西家族[3]因谋逆之罪而被罚款6050英镑，凑巧地，这很接近他们欠下的6000英镑的数额。约克公爵[4]于1455年11月再次被任命为护国公并授予沃里克（Warwick）伯爵[5]的加来长官（captain of Calais）一职，同时在威尔士也给了他一些萨默塞特公爵（Somerset）的土地。然而，约克公爵在来年的2月因未能通过一项决议而被迫再次出局，这项决议原本可以通过收回土地来增加王权的收入。许多人都认为他是一个权倾朝野的人物，然而到了年底，约克公爵的联盟逐渐被玛格丽特[6]王后所缔结的姻亲关系所取代。

王后正在中部和北部建立她的权力基地。她去了沃里克郡的考文垂（Coventry in Warwickshire），这里是英格兰的中心地带——也是后来莎士比亚出生的地方——同时还是兰开斯特族人（Lancastrians）最受支持的地方；人们常常扮作亚历山大大帝[7]（Alexander the

---

[1] 出自电视剧《权力的游戏》第二季第一集，瑟曦对"小指头"培提尔·贝里席所说的话。——译者注

[2] 即第一次圣奥尔本斯战役，又名第一次圣阿尔班斯战役，是玫瑰战争中的第一场战役，于1455年5月22日发生在圣奥尔本斯。理查·金雀花（约克家族，族徽为白玫瑰）与其盟友理查（沃里克伯爵）打败了由埃德蒙·博福特率领的兰开斯特军，使约克家族杀害了埃德蒙和俘虏国王亨利（兰开斯特家族，族徽为红玫瑰），并让约克公爵理查可以自封为王室内务总管（Lord High Constable of England）。——译者注

[3] 兰开斯特一派的势力。——译者注

[4] 即第三代约克公爵理查·金雀花，嘉德骑士，通常作约克的理查（英文：Richard Plantagenet, 3rd Duke of York, 1411—1460年），英格兰贵族巨头。——译者注

[5] 即第十六代沃里克伯爵理查德·内维尔。——译者注

[6] 即安茹的玛格丽特，英格兰王后，她是安茹的勒内一世之女，1445年与英格兰国王亨利六世结婚。——译者注

[7] 即马其顿的亚历山大三世（前356—前323年），世称亚历山大大帝，古希腊马其顿王国国王，是古希腊著名王室阿吉德王朝成员。亚历山大出生于前356年的佩拉，在20岁时从他的父亲腓力二世手上继承马其顿王位，几乎他的统治期间都在进行前无古人的大型军事征服活动。直到他30岁时他已经建立当时疆域最大的帝国，范围从希腊、小亚细亚、埃及、波斯、两河流域、阿富汗以及印度西北部。他在战场上从未被击败，且被认为是历史上最伟大的将军之一。——译者注

Great），施洗者圣约翰[1]（St John the Baptist）和忏悔者爱德华[2]（Edward the Confessor）的样子，用诗歌来欢迎兰开斯特族人。演员们在台词中赞美亨利和玛格丽特，并期待爱德华能够延续这个王朝；事实上，许多人认为玛格丽特那时只是希望她的丈夫退位而让她的儿子登上王位。另外，玛格丽特任命了许多盟友来确保自己的势力，并给予其他人恰到好处的恩惠；她自己也开始武装起来，她从伦敦塔里把26杆长枪或蛇形枪带到了她在沃里克郡（Warwickshire）的凯尼尔沃思城堡（Kenilworth Castle）的堡垒里。

索尔兹伯里（Salisbury）伯爵的儿子"拥王者"（Kingmaker）[6]沃里克伯爵现在扮演着越来越重要的角色，他几乎和自己的父亲一样极为富裕，而且为人更加傲慢。沃里克伯爵在十六岁时就被封为爵士，不久之后便在军队服兵役。他一直忠于亨利国王[3]，但从1453年开始，他因博尚（Beauchamp）家族的遗产以及格拉摩根（Glamorgan）领主权问题成为萨默塞特公爵[4]的死敌，沃里克伯爵宣称这两项权利也都是通过他的妻子[5]那方得来的。[6]

现在的沃里克伯爵变得越来越接近他的叔叔约克公爵，同时他也证明自己是一位能够弥补约克公爵政治手段上的不足的有力盟友。沃里克伯爵是一位才华横溢的政治家，有着善于赢得民意的天赋，同时他魅力超群，是"一位具有超凡智慧、个人魅力和钢铁般决心意志的人。"[7]但他也是一个无情的杀手。因为自身地位与惊人财富，他很

---

[1] 为基督教、伊斯兰教中的一个重要人物。据基督教的说法，施洗者圣约翰在约旦河中为人施洗礼，劝人悔改，他因为公开抨击当时的犹太王希律·安提帕斯而被捕入狱并被处决。——译者注

[2] 忏悔者爱德华（1003年—1066年1月5日），爱塞烈德二世与诺曼第的爱玛之子。是英国的盎格鲁-撒克逊王朝君主（1042年6月8日至1066年1月5日在位），因为对基督教信仰有无比的虔诚，被称作"忏悔者"或称"圣爱德华"。1161年封圣。——译者注

[3] 亨利六世。——译者注

[4] 即埃德蒙·博佛特，第二代萨默塞特公爵。——译者注

[5] 即安妮·博尚，第十六代沃里克伯爵夫人，第十三代沃里克伯爵理查德·博尚之女。——译者注

[6] 萨默塞特公爵的妻子埃莉诺同样来自于博尚家族。——译者注

难被人排挤，1457 年 10 月，沃里克伯爵执行了一项让国王的敌人在海上"损失惨重且惶惶不安"的任务，这也意味着他自己可以拥有这项任务带来的三分之一的利润，而他也因此扮演了极好的海盗角色。

1458 年，国王亨利六世根据旧的司法惯例，在 3 月 25 日那天组织了主题为"爱之日"的圣母节[1]（Lady Day）活动，其中各方势力都被命令参加，旨在调和他们的分歧。这一活动希望在圣奥尔本斯战役之后将兰开斯特人和约克人聚集在一起，其中包括有诺森伯兰伯爵（Northumberland），沃里克伯爵，索尔兹伯里伯爵，萨默塞特公爵，克利福德男爵（Clifford[2]）和约克公爵。他们在圣保罗大教堂（St Paul's cathedral）里手牵着手徐徐散步交谈。然而，每个派系都带来了数目可观的武装人员——在城市的小范围内就多达四千人——如果双方发生冲突，那些沿着泰晤士河部署的弓箭手就随时准备听令开火。这两派被伦敦的旧城墙所隔开，而伦敦市长也带来了五百人的武装力量——这些人都是那些在圣奥尔本斯战役中被杀的人的儿子，怀揣着强烈的报仇欲望。

1458 年 11 月，威斯敏斯特发生了一场混战，当时沃里克伯爵的一名侍从袭击了一位卑微的皇室仆人；沃里克伯爵随后声称，有人试图杀死他，然后他逃到了加来。当他回到伦敦告诉议会只有国会可以解除他的职位时，他受到了萨默塞特公爵和威尔特郡伯爵（Wiltshire）手下的再次袭击——但这一次行动几乎可以肯定是王后玛格丽特在幕后支持。

双方都在进一步招兵买马。兰开斯特人在皇家武器库定制了三千把弓箭，并让每个郡的治安官挑选男子参加战斗。王后玛格丽特试图通过一项"褫夺公权法令"（Act of Attainder）来惩罚约克公爵，以此责难他对整个王国造成的麻烦。这项法案剥夺了他的土地，但也拒

---

[1] 圣母节（Lady Day），3 月 25 日，纪念圣母玛利亚童贞怀孕耶稣基督。——译者注
[2] 即 Baron de Clifford。——译者注

绝将土地传给他的继承人，这是一种违反先例的行为，因为按照传统，叛徒的儿子在他们父亲去世后仍能获得父亲的土地。王后变得越来越过分，她试图操纵整个王国；那年的晚些时候，她从边境地带调走了更多的内维尔家族的男性。

此刻，玛格丽特几乎大权在握。在接下来的 5 月，她和她的支持者们前往中部和西北部的核心地带，开始为自己招兵买马。很明显，战争将至。1459 年 6 月，玛格丽特召集了一个伟大的议会，但约克和内维尔家族的人拒绝参加，王后因此公开谴责他们。考文垂的法庭派遣年纪稍大的退伍老兵奥德利勋爵詹姆斯·图切特（James Tuchet）逮捕索尔兹伯里伯爵。整个王国由此诱发了暴力事件。

奥德利是西米德兰兹（West Midlands）的一位勋爵，他招募了来自柴郡(Cheshire)、斯塔福德郡(Staffordshire)和什罗普郡(Shropshire)的男子，总共有 12000 人，他们中的许多人都戴着头盔，身穿胸甲和盔甲。索尔兹伯里伯爵从他位于约克郡的米德勒姆（Middleham）的家族封地上组织了一支 5000 人的军队，前往威尔士边境。在整个西部地区，各个家族们都被迫选择站队。在威尔士南部，格拉法德（Gruffudd）家族是兰开斯特派，因此他们的敌人基德威利的敦斯家族（Dwnns of Kidwelly）就成为了约克派。在什罗普郡的边境，凯纳斯顿家族（Kynaston）和艾顿家族（Eyton）是支持兰开斯特的托尔波兹家族（Talbots）的敌人，他们因此选择支持约克。赫里福德郡（Herefordshire）的斯凯摩斯家族（Skydmores）则反对约克和赫伯特勋爵（Hebert），而登比的普勒斯顿家族（Pulestons of Denbeigh）则是鲁辛的格雷勋爵（Lord Grey of Ruthyn）的对手，因此他们投向了玛格丽特的阵营。

奥德利和他的部队到达斯塔福德郡纽卡斯尔安德莱姆（Newcastle-under-Lyme）附近的布洛希思（Blore Heath），此时索尔兹伯里伯爵的人正在那里等着他们穿过小河。王后玛格丽特在几十英里外还有第二支军队，由兰开夏郡（Lancashire）最有权力的大亨斯坦利勋爵（Lord Stanley）和他的兄弟威廉领导。1459 年 9 月 23 日早晨，当索尔兹伯里伯爵把敌人诱骗出来时，战斗正式开始，奥德利一方开始放箭，随即就被施以回击。这场战斗的胜利可能会属于任何一方，但斯坦利勋爵——现在则被永远称为"迟到的斯坦利勋爵"（the late Lord Stanley）——犹豫不决地观望着哪一方会赢。[1]

出生于理查国王[2]统治时期的兰开斯特派奥德利勋爵领导了这场战斗，并被来自威尔士沼泽、约克家族旗手之一的罗杰·凯斯顿爵士（Sir Roger Kynaston）所打倒，他的祖先可以追溯到波厄斯[3]王子。四个小时后，2000 名士兵战死，约克人取得了胜利，但这次胜利并不会持续很长时间，因为附近有一支还没参与过此次战斗的皇家军队。索尔兹伯里伯爵向西南方向行进，与沃里克伯爵和约克公爵会面并互相宣誓，然后前往位于什罗普郡的边境小镇拉德洛（Ludlow），这里因羊毛和布料贸易而发展起来，成为众多富裕商人的家园。拉德洛小镇它也是约克公爵的老家，他的妻子以及两个最小的儿子乔治和理查德都在镇上。也正是在这里，事件发生了变化。

"玫瑰战争"最具影响力的历史记录出自 1548 年出版、爱德华·霍尔（Edward Hall）所著的《兰开斯特和约克两个贵族世家的联合》（*The Union of the Noble and Illustre Fameilies of Lancastre and York*）。这本编年史极大地影响了莎士比亚对这一事件的描述，进而将此变为最广为流传的故事版本。霍尔的爷爷曾是约克公爵的一位议员，曾直接从来到拉德洛小镇的索尔兹伯里伯爵的人那里听到了这些记录，而这就是这段历史如何被记录下来的出处。

到 10 月初，约克人在路孚德桥（Ludford Bridge）下的泰梅河（Teme

---

[1] 同样的，瓦德·佛雷被称为"迟到的佛雷侯爵"也是因为一样的原因。——译者注
[2] 即英国国王理查三世。——译者注
[3] 现为威尔士东部某郡郡名。——译者注

River）边扎营；兰开斯特军队于 12 日出现，其中包括萨默塞特公爵，白金汉公爵（Buckingham）和诺森伯兰伯爵，埃克塞特公爵（Duke of Exeter）亨利·霍兰德（Henry Holland）也有现身。尽管埃克塞特公爵已与约克公爵的女儿安妮夫人（Lady Anne）成婚，但随着冲突升级，他已成为约克派的一个敌人。其他各位伯爵和勋爵都与保皇派势力一起驻扎了下来，亨利和玛格丽特则留在后方，而大部分贵族都紧紧地跟着疯王[1]。即使是约克公爵的威尔士盟友，赫伯特家族和沃恩（Vaughan）家族，也因为欧文·都铎的关系在彭布鲁克郡（Pembrokeshire）驻扎下来。

某天夜里，沃里克伯爵手下的一位指挥官安德鲁·特洛普（Andrew Trollope）带领他的部队过河投降，而叛军领导人也意识到自己现在绝对得不到赦免，他们因此悄悄地从营地溜走，其中包括沃里克伯爵，索尔兹伯里伯爵，约克公爵和他的两个最年长的儿子爱德华和埃德蒙，兄弟俩现在正处于能够参战的年纪。他们分散了自己的军事力量，一些人逃到了爱尔兰，另一些人则逃去了西南部，最后逃到了加来。

拉德洛随即被洗劫一空，而这所有的一切都被塞西莉·内维尔[2]（Cecily Neville）从城堡里尽收眼底。陪在她身边的是她的两个小儿子，分别是 11 岁的乔治和 8 岁的理查。整个镇上，国王的士兵们喝得酩酊大醉，在他们"凌辱了许多女人"之前就早已"把自己泡在了酒里"。8 塞西莉和儿子乔治、理查一起穿过街道，但据说，当部队找到她时，"高贵的约克公爵夫人受到了非人的抢虐和残酷的对待"。9 但幸运的是，这只意味着她是被人抢劫而不是被强奸，但这种折磨本身已经极为可怕。约克家族由此学到了屈辱的一课：若他们想僭越王后之权会得到什么样的教训。因此从这场战役来看，似乎是玛格丽特赢了。

---

[1] 指亨利六世。——译者注
[2] 约克公爵夫人。——译者注

598

本章尾注：

1. http://www.walesonline.co.uk/news/wales-news/dna-survey-reveals-25-welsh-8308111
2. Sir John Wynn, a late 16th century Welsh baronet. Quoted in Skidmore, Chris Bosworth
3. Kendall, Paul Murray: *Richard the Third*
4. Bicheno, Hugh: *Battle Royal*
5. Jones, Dan: *The Hollow Crown*
6. 这一称呼最早是由大卫·休谟（David Hume）在 18 世纪创造出来的。
7. Bicheno, Hugh: *Battle Royal*
8. Horspool, David: *Richard III*
9. Ibid

· 38 ·

黑色晚餐
——现实中的血色婚礼

我倒是不明白，在战场上屠杀一万士兵与在餐桌边干掉十来个贵
族相比，前者有何高尚之处？

——泰温·兰尼斯特[1]

1459 年末，在"魔鬼议会"（the Parliament of Devils）期间，王
后[2]对她的敌人毫不留情，一手毁掉了许多约克家族。约克公爵被
扣上了若干罪名，他的亲戚们被剥夺了所有的庄园、荣誉和尊严。
像欧文·都铎[3]（Owen Tudor）和他的儿子贾斯珀[4]（Jasper）这
样拥护兰开斯特的人（Lancastrians）则得到了奖励，而约克公爵[5]
爱尔兰上尉[6]（Lieutenant of Ireland）的头衔则被第一次圣奥尔本

---

[1]　出自《冰与火之歌》卷三《冰雨的风暴》
[2]　安茹的玛格丽特，英格兰王后，1430 年可能生于法国的蓬塔穆松，她是安茹的勒内
一世之女，1445 年与英格兰国王亨利六世结婚。——译者注
[3]　原是来自威尔士的一名侍卫，详情请见第 37 章中对欧文·都铎身世的描写。——译
者注
[4]　贾斯珀·都铎，瓦卢瓦的凯瑟琳与欧文·都铎之子。——译者注
[5]　即第三代约克公爵理查·金雀花。——译者注
[6]　据其他资料记载，约克公爵曾被任命为爱尔兰总督，此处与原文有出入。——译者注

斯战役（the first St Albans）中的老将、忠诚的威尔特伯爵（Earl of Wiltshire）詹姆斯[1]收入囊中——尽管他实际上已经逃跑了。事实上，当时藏身在西部岛屿的约克公爵还拥有着盎格鲁爱尔兰贵族们（Anglo-Irish lords）的支持。同样，当自己父亲[2]在圣奥尔本斯战役去世后，亨利·博佛特（Henry Beaufort）便继承了萨默塞特公爵（Somerset）头衔，并被任命为加来长官（captain of Calais），但此时该港口还是在沃里克伯爵[3]（Warwick）的手中。

加来在之后的一个世纪里仍然是英格兰在欧亚大陆的最后一个前哨站，也是位列伦敦之后的英格兰第二大重要的城市；它是该国前往欧亚大陆的入口，也是该国唯一的永久性驻军营地。

当王后于7月2日身处中部地区时，索尔兹伯里（Salisbury）伯爵[4]就在伦敦与两千人一起制造了一起游行，在那里他们得到了广泛的支持。伦敦塔由马奇伯爵爱德华[5]（Edward of March）63岁的教父、前约克党人斯凯尔斯勋爵[6]（Lord Scales）控制着。他同时也是英法战争[7]中的一位老将，曾残酷无情地突袭城里百姓，一位编年史家这样记载道："伦敦塔内的人们向城内抛射鬼火，用小枪扫射人群，许多城内的男女和儿童都受到烧伤或者其他伤害。"[1]然而，在经历一次成功的围攻之后，斯凯尔斯带着谈和条件投降了——但伦敦城内那些糙汉船夫们根本就不在意什么谈和条件，他们把他带到河对岸，并将他殴打致死。沃里克伯爵在这座城市待了48小时，在这期间他把自己的队伍分成了两支大军，一支由自己和马奇伯爵爱德华

---

［1］詹姆斯·巴特勒（James Butler），第一代威尔特伯爵。——译者注
［2］即埃德蒙·博佛特，第二代萨默塞特公爵。——译者注
［3］即第十六代沃里克伯爵理查德·内维尔。——译者注
［4］即理查·内维尔，除了沃里克伯爵以外他同时也是第八代索尔兹伯里伯爵。——译者注
［5］即爱德华·金雀花，英国国王爱德华四世。——译者注
［6］即托马斯·德·斯凯尔斯，据记载他是第七代斯凯尔斯男爵，但原文用勋爵来称呼他，此处存在出入。——译者注
［7］指百年战争。——译者注

带领，另一支由福康伯格勋爵[1]（Fauconberg）领导。

到目前为止，这个国家已经不可逆转地彻底分裂了。兰开斯特家族仍然拥有绝大多数的贵族，包括诺森伯兰伯爵（Northumberland）、白金汉公爵（Buckingham）、什鲁斯伯里伯爵（Shrewsbury）、博蒙特勋爵（Beaumont）、埃格蒙特伯爵（Egremont）、汉弗莱·斯塔福德（Humphrey Stafford）、约翰·塔尔博特（John Talbot）、托马斯·珀西爵士（Sir Thomas Percy）以及里辛勋爵（Lord of Ruthin）埃德蒙·格雷爵士（Sir Edmund Grey）。约克家族的盟友包括诺福克公爵（Norfolk）、沃里克伯爵（Warwick）、马奇伯爵（March）、鲍彻勋爵（Bourchier）、阿伯加文尼勋爵（Abergavenny）、奥德利爵士（Audley）、福康伯格勋爵（Fauconberg），赛依勋爵（Say）以及斯克洛普勋爵（Scrope）；这些贵族对于阵营的选择都是基于家族关系，或是与其本地竞争对手相对立所决定的。

7月10日，沃里克伯爵的部队在北安普顿（Northampton）城外遇到了他的叔叔白金汉公爵率领的军队，这支兰开斯特军队中不仅有什鲁斯伯里伯爵约翰·塔尔博特而且还有托马斯·珀西，并且由国王坐镇。王后的人马沿着内内河[2]（River Nene）占据了德拉普雷修道院（Delapre Abbey）的地盘，这里由层层木桩构筑的沟渠保卫着。兰开斯特军还拥有大炮，他们拒绝了沃里克伯爵的求和提议。

大多数士兵都没有全副武装，在当地长大的男人只穿了件外套戴了个头盔，所谓"头盔"也有可能只是一个水壶盖，他们还带了些从死人那里偷的一些零碎和其他装备。正如泰丽莎[3]（Talisa）可怜罗柏的一名士兵那样："他是一名渔夫的儿子——可能直到三个月前才第一次拿起长矛。"[2] 战斗于下午2点开始时，暴雨如注，而敌方射

---

[1] 即威廉·内维尔，第一代肯特伯爵，第六代福康伯格男爵。——译者注

[2] 英格兰东部河流。——译者注

[3] 泰丽莎·梅葛亚（Talisa Maegyr）是一位来自瓦兰提斯的护士，在电视剧中为罗柏·史塔克的妻子。——译者注

来的密箭也如瓢泼大雨般向约克军队袭来，虽然这坏天气也或多或少地减弱了兰开斯特军队大炮的威力。然而，这场战斗的胜利却是来自一次背叛，当时另一个冈特（Gaunt）的后人埃德蒙·格雷[1]（Edmund Gray）带着他的士兵投靠了约克军队，以此换取约克派人士在他与霍兰德家族（House of Holland）的纷争中对他的支持。因此，那些衣服上有着格雷家族徽章样式的普通士兵全都幸免于难。

向来凶残的托马斯·珀西却有着一个英雄式的结局，他与白金汉公爵和什鲁斯伯里伯爵并肩作战，当国王所在的帐篷被沃里克伯爵来自肯特的士兵重重包围时，他们还在帐篷外身着厚重的铠甲战斗到最后一刻。最终国王被俘，玛格丽特王后则带着儿子爱德华逃到了威尔士。

塞西莉·内维尔（Cecily Neville）与她的姐姐安妮[2]（Anne）住在一起，后者是白金汉公爵的妻子，她们惊恐地得知白金汉公爵死在了她们侄子沃里克伯爵手里。塞西莉在流离中度过了动荡的一年，在拉德洛（Ludlow）小镇遭受恐怖洗劫之后，一位来自伦敦名叫爱丽丝·马丁（Alice Martyn）的寡妇收留了她的儿子乔治和理查，在他们被带到海边前往佛兰德斯[3]（Flanders）之前一直抚养着他们。

就像凯特琳·史塔克[4]（Catelyn Stark）和她的妹妹[5]一样，塞西莉和安妮之间的关系似乎并不融洽，并且当时的家族政治斗争也导致她们的关系变得更加复杂（虽然她没有一个奇怪的男孩[6]在她

---

[1] 第一代肯特伯爵，他是冈特的约翰的曾孙。——译者注

[2] 这位安妮·内维尔并不是理查三世的王后，据资料记载她疑似比塞西莉大一岁。——译者注

[3] 佛兰德斯是西欧的一个历史地名，泛指古代尼德兰南部地区，位于西欧低地西南部、北海沿岸，包括今比利时的东佛兰德省和西佛兰德省、法国的加来海峡省和北方省、荷兰的泽兰省。——译者注

[4] 即凯特琳·徒利（Catelyn Tully），临冬城夫人，艾德·史塔克公爵之妻。

[5] 莱莎·徒利。——译者注

[6] 这里指莱莎的儿子劳勃·艾林，电视剧《权力的游戏》中为罗宾·艾林，改名是以防和劳勃·拜拉席恩重名给观众带来误解。——译者注

怀里喝奶）。塞西莉曾被国王宽容以待，但现在她的未来却是茫然未知；而她的姐姐更是如此。

约克公爵带着数百人马于 1460 年 10 月 10 日抵达威斯敏斯特（Westminster），魔鬼议会也一并被推翻。这两派在英格兰的南北两边分别集中了各自的力量，约克家族控制着南部，而兰开斯特家族控制着北部和西部。

与此同时，在 1460 年秋天，自从五年前父亲被杀以来，第三代诺森伯兰伯爵、年轻的亨利·珀西（Henry Percy）一直将北方作为一个独立王国来管理。因亨利六世曾赋予了他在北境更大权力的缘故，珀西下令所有 16 岁到 60 岁的男子立即自我武装起来前去解救国王，并且同北方军团一道进攻约克的理查[1]。这个家族曾被约克议会称为"肆无忌惮的无法之徒"，但约克家族应该清楚自己不该忽视北方的亨利·珀西发出的战斗号令。

现在，理查德大获全胜，在这场权力的游戏中，除了两条路以外他已无路可走——成功或成仁。面对议会里震惊的众人，他怡然自得地坐在君主专用的王座上，期待着被宣布成为新一任国王。而回应他的只有一片震惊后的死寂；甚至连沃里克伯爵、索尔兹伯里伯爵以及约克的长子爱德华也无法跟他苟同打破这终极禁忌。

和王后派系内部核心的腐败和阴谋一样，约克公爵现在肯定也以为国王之位必定属于自己；毕竟，因为爱德华三世（Edward III）的次子安特内普的莱昂内尔（Lionel of Antwerp）的关系，约克公爵的母亲[2]是爱德华三世（Edward III）的真正继承人，从而通过他母亲莫蒂默（Mortimer）那一脉，他算是直接继承人；而兰开斯特家族则来自爱德华三世的第三个儿子冈特的约翰。然而，许多贵族因约克公爵这种带有强烈暗示的行为而感到不安，如果他能剥夺国王儿子的继

---

[1] 即第三代约克公爵理查·金雀花。——译者注
[2] 安妮·德·莫蒂默。——译者注

承权，他或其他人会不会也对这些贵族的儿子们做出同样的事情呢？

玛格丽特王后当然反对让约克公爵成为继承人、剥夺爱德华王子继承权，但是在 10 月 24 日，约克议会通过了一项协议，使之成为了现实。现在所有的皇家军官都必须服从约克公爵的指令，约克公爵也有权以任何理由出兵。沃里克伯爵留在伦敦，和被关在伦敦塔里的国王呆在一起，而马奇伯爵爱德华前往西边招募更多人入伍，约克公爵和他的次子拉特兰伯爵（Earl of Rutland）埃德蒙（Edmund）则骑行前往约克郡以保卫北方。

11 月，萨默塞特公爵和德文侯爵[1]（Devon）来到约克郡，在那里他们遇到了珀西并一起向南行进。也是在那个月，玛格丽特带着她的儿子乘船前往苏格兰（Scotland），那时天气格外寒冷，他们于 12 月 3 日抵达林克鲁登（Lincluden）的一座教堂，这是一座建于 12 世纪的哥特式修道院，由加洛韦勋爵（Lord of Galloway）乌特雷德·麦克·弗格森（Uchtred mac Fergusa）建造，他的名字反映了当地一种苏格兰语（Scots）和盎格鲁方言（Anglian）的文化融合现象。玛格丽特和儿子与丧偶的玛丽太后在一起，后者作为摄政者和小儿子詹姆斯三世（James III）一起统治着苏格兰。格德司的玛丽（Mary of Guelders）在 15 岁那年从家乡荷兰来到苏格兰，嫁给了苏格兰国王詹姆斯二世（James II of Scotland），同时还带着六万克朗的巨额嫁妆，这笔由其堂兄[2]勃艮第菲利普公爵（Duke Philippe of Burgundy）准备的嫁妆为苏格兰人（Scots）带来了财富。凭借这些资金，他们建造了荷里路德宫（Holyrood House），用来迎接这样一位显赫的皇后，这座宫殿现在是英国君主在苏格兰的官邸。可叹啊，詹姆斯二世于 8 月份围攻罗克斯堡城堡（Roxburgh Castle）期间为了向妻子炫耀，在没有过多考虑的情况下就极为大意地测试一种新型火炮，从而导致自

---

[1] 汉弗莱·斯塔福德，第一代德文侯爵。——译者注
[2] 在另一种说法中，玛丽是公爵的侄孙女。——译者注

已不幸丧命。[1]回到当下，玛格丽特和玛丽之间进行了谈判，并达成一项协议，根据这项协议，爱德华王子将与詹姆斯三世的妹妹结婚，以此确保玛格丽特在边境的安全,并允许她在北方集结军队,甚至——招募让英格兰最厌恶的——苏格兰人来到南方。³

血色婚礼

一个世纪以前，英格兰与苏格兰人和平相处，但随着理查二世（Richard II）被推翻，远北地区的人们越来越多地被英国和法国的政治风云所吸引。而在苏格兰国内也一直存在着冲突：罗伯特三世（Robert III）曾将他 12 岁的儿子詹姆斯送到法国，就是因为他的另一个儿子在他的兄弟奥尔巴尼公爵的监护下蹊跷地死去了——而令人困惑的是，他也叫罗伯特。在路上，男孩的船被英国海盗所拦截，后者将他献给了亨利国王，因此可怜的詹姆斯就在英国的监狱里经受了18 年的牢狱生活。

18 年后，詹姆斯终于被释放了出来，迎娶了冈特的约翰的孙女琼·博福特（Joan Beaufort），而此时他心中却已滋生出了诸多怨恨。

到了 1437 年，国王家族的另一名成员斯特亚特家族（Stuarts）策划了一场阴谋。这个家族最初的起源可以追溯到布雷顿骑士（Breton knight）艾伦·菲兹·弗拉德（Alan fitz Flaad），他曾与亨利一世（Henry I）一起来到不列颠（Britain）；他的曾孙沃尔特（Walter）成为了苏格兰君主的"管家"（steward），或者说是王室总务官，而这一职位也变成了世袭制，直到他们家族的一个后人与罗伯特·布鲁斯[2]（Robert the Bruce）的女儿结婚才改变这一切。他们的儿子罗伯特二世（Robert II）成为斯图亚特王朝[3]（House of Stewart）的第一人（斯

---

[1] 根据史官的记载："一块很大的炮弹碎片击中了国王，把他的腿骨切成两截，他倒在地上，痛苦地死去。"——译者注

[2] 史称罗伯特一世（Robert I），是苏格兰历史中最重要的国王之一。——译者注

[3] 这个王朝是指 1371 年至 1714 年间统治苏格兰的斯图亚特王朝。——译者注

图亚特这个姓氏的拼写在后来改为 Stuart，以方便法语人士发音）。

　　然而，许多不同的斯图亚特家族分支之间也存在着内讧。弑君的阴谋就是由国王的前盟友，阿瑟尔伯爵（Earl of Atholl）沃尔特·斯图亚特主导的，他在为王权斗争、抗击自己的敌人阿尔巴尼公爵斯图亚特（Albany Stewarts）的时候失去了两个儿子，从而引发了这两个家族分支之间不可调和的激烈矛盾与仇恨。然而，詹姆斯国王（King James）并没有奖励沃尔特·斯图尔特，也没有授予这个家族任何头衔与土地，阿瑟尔伯爵因此担心自己死后国王会剥夺他的财产。从而，当詹姆斯国王在珀斯（Perth）时，阿瑟尔伯爵的仆人罗伯特·格雷汉姆（Robert Graham）就与他们的昔日敌人阿尔巴尼公爵一起密谋准备弑君夺权。

　　1437 年 2 月 20 日晚，当詹姆斯国王就寝时，一支 30 人左右的刺杀小队闯进他的宫殿，杀死了门童，冲进了寝殿。但詹姆斯在他们到达之前就早已把王后和女官抛在了身后，撬开了一些地板砖逃进了下水道里。当刺客中的一人托马斯·格雷汉姆（Thomas Graham）高喊着"羞耻啊……她是个女人"的时候，琼[1]差点就被他们给割喉。他们确实弄错了。

　　然而对于国王来说就没那么幸运了。由于下水道最近被堵，国王发现自己已经走投无路；詹姆斯本人杀死了两名刺客，但却被第三名刺客罗伯特·格雷汉姆所打倒。国王血流不止，哭着想要召一名牧师来做临终祷告，但格雷汉姆却回复他说："你就对着这把剑好好忏悔吧"，说完便"拿剑刺穿了他的身体"。另外还有三名刺客连捅了他16 次。

　　国王六岁的儿子詹姆斯二世（James II）登上了王位，而他的盟友——根据太后的证词——搜捕了所有的谋逆者并将他们处死。沃尔

特·斯图尔特遭受了长达三天的折磨，这些酷刑中就包括用烧得通红的热钳子弄瞎双眼；在他的心脏还没被扯下之前，人们挖出他的内脏并在他面前把它们焚烧殆尽。[4] 苏格兰连续六位君主——从詹姆斯一世到五世以及苏格兰女王玛丽（Mary, Queen of Scots）——全都死于暴力或战争。

这位新国王只有七岁，而这个国家实际上是由摄政者阿奇博尔德·道格拉斯（Archibald Douglas）统治，他来自传说中的道格拉斯部族[1]（Clan Douglas）。阿奇博尔德·道格拉斯于 1439 年去世，随后便出现了权力斗争——这也是《权力的游戏》这部经典小说中最臭名昭著的场景的灵感来源之一。这个家族的新任领导者威廉·道格拉斯（William Douglas）只有 16 岁，继承了一系列头衔，其中包括戈尔韦、塞尔柯克和安纳代尔勋爵（Lord of Galway, Selkirk, and Annandale）以及法兰西都兰公爵（Duke of Touraine in France）。然而，其主要竞争对手威廉·克莱顿爵士（Sir William Crichton）、詹姆斯·道格拉斯（James Douglas）以及亚历山大·利文斯顿爵士（Sir Alexander Livingston）都希望把道格拉斯拉下权力巅峰。

因此，在 1440 年，年轻的道格拉斯伯爵和他的弟弟大卫（David）代表十岁的詹姆斯二世（James II）受邀来到爱丁堡城堡。事实上，整件事情都是在苏格兰大法官（Lord Chancellor of Scotland）克莱顿（Crichton）以及利文斯顿家族的支持下运作的。在爱丁堡城堡的晚餐上，年轻人有说有笑，不胜欢喜，而当一个黑公牛的头被端上餐桌时，四周突然响起了一声令人毛骨悚然的鼓声。鼓声余音未平，两兄弟就立即被拖到外面的城堡山（Castle Hill）上，并被宣判叛国罪，随即就被斩首。

这起臭名昭著的事件被称为"黑色晚餐"（Black Dinner），它

---

[1]　道格拉斯家族是苏格兰低地的一个古老贵族家族。——译者注

很明显是"红色婚礼"[1]（Red Wedding）的灵感来源，正如马丁在原著中描写的那样，在佛雷的"招待"下，罗柏·史塔克（Robb Stark）和他的手下被残忍杀害。5 这种政治暴力在北方边界并非罕见之事；事实上，仅仅在 12 年后，第八代道格拉斯伯爵，即第六代道格拉斯伯爵的堂弟，就惨遭詹姆斯二世谋杀，他的尸体被人从斯特灵城堡[2]（Stirling Castle）高处的一个窗口中抛出。詹姆斯国王要求道格拉斯伯爵与他的盟友决裂，但是道格拉斯伯爵拒绝了这一提议，国王因而大声骂道："你这个虚伪的叛徒，如果你还不想跟那帮人决裂的话，那我就把你给'决裂'了！"语毕随即连刺了道格拉斯伯爵26 下，导致他的脑浆溅满了整个墙壁和地板。惨剧发生后，道格拉斯的儿子立即越过边境向南逃去。

这些暴力无不令人心惊胆寒，其中对宾客施暴是绝不可原谅的。就像在维斯特洛以及在所有古代和中世纪社会中，待客之道[3]都非常重要。在古雅典（classical Athens），克利斯提尼（Clesithenes）是一位受欢迎的政治家，但是他的家族阿尔卡马亚尼德斯（Alcmacondids[4]）则被认为是品性败坏，这是因为这个家族以前有人杀死了作为恳求者的敌人；数十年来，这种耻辱和污名一直困扰着这个家族。今天，待客之道仍然存在于宗族社会中；美国寻找奥萨马·本·拉登（Osama bin Laden）时所遇到的困难之一就来自于此，

---

[1] 红色婚礼（Red Wedding），是在五王之战期间发生在孪河城的一场大屠杀。在这场屠杀中，北境之王罗柏·史塔克和他手下的 3500 名将士大部分都被残忍地杀害。这件事起源于罗柏·史塔克背弃与佛雷家族签订的婚约，而瓦德·佛雷侯爵将此视为对佛雷家族的侮辱，因此精心策划了这场屠杀。泰温·兰尼斯特公爵在幕后一手操纵了这件事。他的暗中支持给了瓦德·佛雷保护和胆量。——译者注

[2] 斯特灵城堡（Stirling Castle）是一座落于苏格兰斯特灵城堡山（Castle Hill）上、三面有峭壁的要塞城堡建筑。——译者注

[3] 这里的"待客之道"与《冰与火之歌》的世界中的"宾客权利"非常类似，即无论平民还是贵族，当宾客来到主人的屋檐下做客，接受了主人提供的面包和食盐，宾客权利即生效。在此后的做客期间，双方均不得加害对方。违者会触犯神圣的条律，据信会为新旧诸神所不容。旧神和七神教义中都是如此。——译者注

[4] 应为 Alcmaeonids，这里疑似作者笔误。——译者注

无论他多么罪不可赦，他的普什图族（Pashtun）东道主都不会交出他，因为他是他们的客人。

这就是关于杀害宾客的禁忌，而那些被记录下来的罕见事件也格外骇人听闻；早在11世纪，莫西亚（Mercian）贵族伊德里克·斯特奥纳（Eadric Streona）就因为在招待敌人的时候将敌人杀害、并使敌人的两个儿子失明而被人所唾弃。后来当他出卖埃德蒙·艾恩赛德[1]（Edmund Ironside）打算投靠克鲁特[2]（Canute）的时候，维京人就因为斯特奥纳的叛主行为将他处死。苏格兰人甚至制定了一项特殊法律，称这种罪行为"失信谋杀"（murder under trust），且性质比一般的杀人案更为严重。另外，苏格兰还为"红色婚礼"提供了另一个灵感——即1692年的格伦科大屠杀（the Glencoe massacre），其中麦克唐纳部族（MacDonald clan）中多达38名成员被来宾坎贝尔部族的人（the Campbells）杀害。但所有这一切都发生在很久以后的未来——现在苏格兰人正被卷入约克的理查和兰开斯特家族的实际带头人——玛格丽特王后之间的最后冲突较量中。

本章尾注：

1. Seward, Desmond: *War of the Roses*
2. 电视剧《权力的游戏》第二季第四集。
3. 对于玛格丽特王后的军队中是否有苏格兰人这一点史学家仍存在争议。
4. http://www.medievalists.net/2015/07/top-10-medieval-assassinations/?utm_content=bufferf2c6b&utm_medium=social&utm_source=twitter.com&utm_campaign=buffer
5. 黑色晚餐的故事也许因为年岁的关系而被人为夸大了，在早些年的版本中并没有提到公牛。

---

　[1] 曾在1016年担任过七个月的英国国王。——译者注
　[2] 即"北海帝国"克鲁特大帝，英格兰国王（1014—1035年在位），丹麦国王（1018—1035年在位），挪威国王（1028—1035年在位）。——译者注

少狼主
——尸体之桥上的约克和兰开斯特

他还是个从未打过败仗的小子。

——泰温·兰尼斯特评价罗柏·史塔克[1]

现在，珀西伯爵召集起一支军队，与其他效忠于王后、克利福德（Clifford）及罗斯（Ros）家族的北方贵族一起，向反叛疯王的"约克的理查"发起总攻，双方进行了英国历史上最血腥的一次战役。这将终结兰开斯特家族和约克家族之间的第一次战争，但不是双方的最后一次战争。玛格丽特王后（Queen Margaret）派人给萨默赛特（Somerset）、德文（Devon）和其他南方的支持者捎去了消息，还往伦敦城送去一封信，指责了这次叛乱。

约克公爵带着他的次子拉特兰伯爵（Earl of Rutland）埃德蒙（Edmund）在约克郡的桑达尔（Sandal）城堡度过了圣诞节。他一到达就遇到了一位亲戚——拉比（Raby）的约翰·内维尔勋爵（Lord John Neville），他是内维尔家族的旁支。（小心别跟沃里克伯爵的

---

[1] 出自电视剧《权力的游戏》第二季第八集《北国僭主》。——译者注

兄弟约翰·内维尔搞混。这事还可以让人更糊涂一些：这位约翰·内维尔最近刚刚娶了他侄子的遗孀，他这个侄子也叫约翰·内维尔。）约翰勋爵前往约克，请求在当地征兵，并得到了准许。当约克公爵从城堡塔楼里看到外面的战斗时，他和他的儿子被骗出城迎战兰开斯特军队。他们很快发现，城外是一支五千多人的军队，听命于萨默赛特伯爵、诺森布里亚（Northumberland）伯爵、克利福德以及约翰·内维尔勋爵，他确实是来征兵的——但是为约克公爵的敌人效力。

　　也许他此时此刻已经意识到了大限将至。约克公爵的兵力只有对方的五分之一，经过一小时的鏖战，他让儿子拉特兰伯爵撤退，而他本人留下来拖住兰开斯特军。"约克的理查"很快就阵亡了，他那为了争夺王位的漫长战役就此终结。

　　而穷途末路的年轻伯爵来到了韦克菲尔德桥（Wakefield Bridge）附近，他被克利福德男爵包围了，后者的父亲正是在圣奥尔本斯（St Albans）战死的。约翰·克利福德出生在约克郡的科尼斯伯勒（Conisbrough）城堡，拥有全部北方核心世家大族的血脉。他的母亲是戴克（Dacre）家族的人，他的祖母和外祖母分别来自珀西家族和内维尔家族，这意味着克利福德男爵是"热刺"（Hotspur）[1]和拉尔夫·德·内维尔（Ralph de Neville）的曾孙和曾外孙，而拉特兰伯爵则是他们的孙辈。但是，当克利福德男爵得知阶下囚的身份时，他仍然毫不留情地杀死了他，用约克家族的血祭奠了他的父亲。[1]索尔兹伯里（Salisbury）伯爵[2]的次子托马斯·内维尔（Thomas Neville）也在战斗中阵亡，而索尔兹伯里伯爵本人被俘并于次日被斩首。

　　当王后来到约克时，她看到了约克公爵、拉特兰伯爵和索尔兹伯

---

[1] 亨利·珀西（1364—1403年），绰号"热刺"，珀西家族的第一代诺森布里亚伯爵亨利·珀西之子。他领导了反对亨利四世的叛乱，于什鲁斯伯里战役阵亡。——译者注
　　[2] 理查德·内维尔（Richard Neville），第五代索尔兹伯里伯爵。——译者注

里伯爵的头颅插在城门上。克利福德男爵向她禀报："夫人，战争已经结束了，这是您的国王的赎金。"[2] 军营处处洋溢着"欢天喜地、欣喜若狂"的气氛。玛格丽特王后命人在他的敌人头上放一顶纸王冠，旁边写着"请约克公爵俯瞰约克城"。对于忍辱负重的王后来说，"有数百名勇猛的战士，身着威尔士亲王（Prince of Wales）的侍从制服在他们面前下跪，而他们的敌人则脑袋落地，面容扭曲。这样的场景想来一定让她兴奋不已。"[3] 但她也许会后悔如今所施加的屠戮和羞辱，而她的欣喜则会在某天化为灰烬。

对于约克的塞西莉（Cecily of York）[1] 来说，如今的形势刻不容缓。她已经失去了一个儿子，现在她两个年幼的儿子乔治（George）和理查（Richard）也性命攸关。她把他俩偷偷带到海边，穿过大海送去了勃艮第（Burgundy）。她的长子爱德华（Edward）——如今的约克公爵——惊闻噩耗的时候正在西部庆祝圣诞。马奇的爱德华（Edward of March）[2] 在威尔士边境的拉德洛（Ludlow）长大，被边镇人民当做自己人。他和他的弟弟埃德蒙年纪相仿，和当地一些男孩一起长大，但他的童年很短暂，因为国家很快便陷入内战，他在很小的年纪就要为战争做准备。

罗柏·史塔克率军得胜时大概只有 15 岁。在真实历史上，约克公爵之子爱德华第一次统兵作战时只有 18 岁，但他已经跟随父亲学习了很长时间，而 18 岁在军事史上也算不上特别年轻。14 岁的男孩睪酮分泌水平最多可以达到 1200ng/dL[3]，比大多数成年男子（270—1070ng/dL）都要高。这可以部分解释为什么 15 岁的男性要比 25 岁以上的成年男子更容易暴力犯罪，而暴力倾向在 18 岁时达到巅峰。像罗柏这么年轻的战士并不少见，因为这个年纪的男人正在逞勇好斗

---

[1] 本姓内维尔，因出生在拉比城堡，人称"拉比的玫瑰"（Rose of Raby）。——译者注
[2] 马奇（March）即边境之意。——译者注
[3] 密度单位，纳克／分升。1 纳克 =10⁻⁹ 克，1 分升 =0.1 升。——译者注

的年纪。他们的脑额叶还未发育完全，这会让他们更加冲动并缺乏预估危险的能力，使得这些青少年表现得有勇无谋。

早在无政府时期（The Anarchy）[1]，爱德华的祖先亨利二世（Henry II）[2]就曾经在14岁的年纪率军迎战他的表舅斯蒂芬（Stephen）[3]；两千年前，未来的罗马帝国皇帝屋大维（Octavius）在18岁时就已经可以独立领军，第二年他就接过了整个帝国军队的指挥权；罗马最负盛名的军事家"征服非洲者"大西庇阿（Scipio Africanus）从16岁开始行军打仗，仅仅17岁时就能率军攻打迦太基人；约翰王（King John）的侄子亚瑟（Arthur）15岁时就领导军队和他的祖母交锋，这是那个年代最诡异的王室冲突；波兰国王瓦迪斯瓦夫三世（Wladyslaw III）17岁那年入侵匈牙利，两年后的1444年，他又率领一支2万人的基督徒军队进攻奥斯曼帝国。面对多达三倍的敌人，这位少年国王向苏丹穆拉德二世（Murad II）发起骑兵冲锋。不幸的是，瓦迪斯瓦夫三世于此战阵亡，他的结局非常悲惨，脑袋被插上了长矛。

无论是外貌还是脾性，爱德华都跟他的父亲很不一样，这给那些关于他亲生父亲是谁的猜测添了料。他的敌人指控塞西莉·内维尔对她丈夫不忠。约克公爵个子矮，黑发，冷漠无情，毫无魅力可言；而爱德华身材高大，大概有6英尺4英寸，金发，帅气，平易近人。他让人着迷，是个沾花惹草的能手。他甚至能劝说不少兰开斯特党改旗易帜，显然这比直接杀掉他们更合算。在他父亲死后，这位年轻

---

[1] 指1135—1153年间英格兰和诺曼底的内战，导致法律和秩序的全国性崩溃。——译者注

[2] 又名亨利·金雀花，英格兰国王（1154—1189年在位），同时在法国领有诺曼底公爵、安茹伯爵、阿基坦公爵等头衔。他统治的领土辽阔，被历史学家称作"安茹帝国"，是金雀花王朝的前身。——译者注

[3] 征服者威廉的外孙，在他统治时期（1135—1154年）英格兰陷入无政府状态，他本人则要应对跟表妹玛蒂尔达皇后（神圣罗马帝国皇帝亨利五世的妻子、亨利二世的母亲）的内战。——译者注

的战士需要立刻面对他的第一项挑战——年迈的欧文·都铎（Owen Tudor）率八千大军东进，从威尔士向英格兰边境的伍斯特（Worcester）进犯。双方在边境附近的莫蒂默十字路（Mortimer's Cross）相遇，马奇伯爵和他的当地士兵试图阻止都铎，后者本打算率领布列塔尼和爱尔兰雇佣兵跟南下开赴伦敦的兰开斯特党主力会合。1461年2月3日，正是隆冬时节，战斗在一个"有三个太阳同时升起的早晨"打响了。爱德华的士兵刚看到这不自然的奇异景象时"惊骇不已"，但新晋约克公爵认为这是个好兆头，代表着约克家族幸存的三个"儿子"。莎士比亚这样写道：

> 是三个光辉灿烂的太阳，每一个都十分齐整，没有浮云遮隔，它们中间只有一片青天。看呀，看！它们彼此靠拢了，互相拥抱了，正像在接吻，它们似乎是在订立牢不可破的联盟。此刻它们已经融合为一，只剩下一盏灯、一团火、一个太阳。这片奇景一定是上天的某种预兆。
>
> ——《亨利六世》下篇第二幕第一场[1]

这其实是"幻日"，俗称"太阳狗"，是一种发生在极寒天气的天象。冰晶会折射太阳光，使得天空中看起来像是有三个太阳。事后，马奇伯爵将"太阳光辉"（Sun in Splendour）作为自己的旗帜使用。

马奇伯爵本来有可能在这天到另一个世界见他的弟弟，结果威廉·黑斯廷斯（William Hastings）到达了战场，扭转了战局。他的父亲曾经是为约克家族效命多年的一位地方行政长官。黑斯廷斯的到来让战斗变成了一边倒，很快约克军就开始追逐溃逃的敌兵，俘虏了老都铎，并按照爱德华的命令将其带到赫里福德（Hereford）。都铎曾

---

［1］ 朱生豪译。——译者注

在法国征战多年，熟谙战争之道。他本以为自己要被收监入狱，等待双方交换人质。但是，现在已经不是骑士的年代了。直到脖子上的纽扣被松开，老骑士才明白，他将要面对的是怎样的命运。这位很有女人缘的爵士感叹不已，他的这颗脑袋曾经枕在王后的膝上[1]，如今却要被摆上断头台。行刑后，他的头被摆在城里的市场上，有一个疯老妪绕着他的头摆了100支蜡烛，还给他梳理头发，洗掉血污。4

玛格丽特凭借着跟北方王国的协议，召集起一支大军开赴南方。北方大军摆出一副完全压制南方的骇人架势，更可怕的是他们当中还有一些苏格兰暴民。王后无力向士兵支付酬劳，所以她允许部队在越过特伦特河（Trent）进入约克党在东米德兰（east midlands）[2]的地盘后即可随意劫掠。当北方军队沿着国王大道浩浩荡荡地向南进发时，沃里克（Warwick）伯爵[3]正在伦敦召集人手。随着王后的北方人和苏格兰人组成的大军踏上敌方土地，越来越多的士兵因为忙于抢掠而脱离了队伍。这些掉队的人拖慢了行军速度，也造成了战斗力减员，更把沿途的村庄推向了对立阵营。除了苏格兰人，队伍里还有威尔士人、爱尔兰人和法国雇佣兵，这些人在普通民众眼里，组成了一副异常恐惧的画面。5

沃里克伯爵率领一支由主要贵族组成的军队，开出伦敦城。他的军队里包括诺福克（Norfolk）公爵[4]；约翰·德·拉·波尔（John de la Pole）[5]，娶了爱德华的堂妹伊丽莎白（Elizabeth）；亚伦戴尔伯爵（Earl of Arundel）威廉·菲查伦（William FitzAlan），他是

---

［1］ 欧文·都铎是亨利五世的遗孀瓦卢瓦的凯瑟琳的第二任丈夫。——译者注

［2］ 顾名思义，即英格兰东中部地区。——译者注

［3］ 理查·内维尔（Richard Neville），主要头衔包括第16代沃里克伯爵、第6代索尔兹伯里伯爵等等，绰号"拥王者"。他是前文所述韦克菲尔德战役中被俘并被杀的索尔兹伯里伯爵的长子及继承人。——译者注

［4］ 约翰·莫布雷(John Mowbray)，第三代诺福克公爵。年幼时曾做过亨利六世的养子。——译者注

［5］ 第二代萨福克公爵。——译者注

沃里克伯爵的姐夫，原先是兰开斯特党，如今改投约克公爵阵营；此外还有沃里克伯爵的弟弟约翰·内维尔（John Neville）和爱德华的舅舅福肯贝格（Fauconberg）男爵[1]。双方在 1461 年 2 月 17 日相遇，地点又是圣奥尔本斯。玛格丽特帐下有一万多名士兵，很可能接近一万五千名；沃里克伯爵有差不多一万名战士，手里还有国王做俘虏。除了伦敦之外，英格兰任何一座城市的人口都没有聚集在这里的军队人数多，双方所需的补给量也是一个惊人的数字。

杀戮一直持续到夜幕降临，兰开斯特党胜利了。亨利六世作为囚犯，受到很好的待遇，而之前拘捕"疯王"的邦维尔勋爵（Lord Bonville）和托马斯·基里尔爵士（Sir Thomas Kyriell）被带到了王后和 7 岁的爱德华王子面前。王后问他："好儿子，你想让这些骑士怎么死呢？"[6]

"砍掉他们的头。"男孩如愿以偿。

亨利六世曾经保证过邦维尔和基里尔的安全，但现在是玛格丽特下达的处决命令。这种不必要的残酷行为，展现出了她的残忍本性，抑或只是六年冲突所积蓄的全部压力所致。

接着，王后突袭了伦敦，此时"约克的爱德华"仍在科茨沃尔德（Cotswolds）[2]。对于南方人来说，北方军队蹂躏着他们的土地，这副景象太过恐怖，更别说队伍里的苏格兰人和法国人会做些什么了。一位名叫克罗伊兰的普里奥尔（Prior of Croyland）的编年史家这样记载："（约克）公爵就此从世界上消失了，北方人……一路扫荡，就像北方来的龙卷风，发泄着他们的怒气，像是要吞没整个英格兰……无数贫民和乞丐从各地聚集起来，好似无数老鼠从洞里窜出来，全身心地投入到破坏和掠夺中，对土地和人民没有任何尊重，"他们攻击

---

[1] 本名威廉·内维尔（William Neville），爱德华的母亲塞西莉·内维尔的哥哥。——译者注

[2] 英格兰中西部地区，位于牛津以西，临近威尔士。——译者注

修道院，"像无数蝗虫一样漫过地表。"[7]

当时的歌谣反映了南方人心惶惶的态度，他们担心北方人对南方女人的蹂躏，担心"北方的领主们"是来"摧毁南方国度的。"一位叫做克莱门特·巴顿（Clement Patton）的东盎格利亚侍从对他的兄弟约翰说："在这个国家（郡），每个人都愿意跟随我们的领主，我希望上帝能帮助他们，因为北方人都是强盗和窃贼，他们被派来掠夺这个国家,抢夺南方人的财产,断了他们的活路,这必然会招来灾祸。"[8]

玛格丽特的军队洗劫了首都郊区。她害怕再这么发展下去，伦敦对她的支持会有所削弱，于是率军离开首都，向北进发。她犯了战略错误，因为在 2 月 26 日，约克的理查之子就从西部汹涌而来，没有遇到任何抵抗。他宣称为王，即爱德华四世（Edward IV）。

撞城的都是些勇士，让我们杀光他们！[1]

公元 1461 年 3 月 3 日，主教和领主们聚集在伦敦城西的贝纳德堡（Baynard's Castle）。在这里，他们认可了马奇伯爵爱德华对王位的宣称。可王后不会眼睁睁看着自己的儿子被剥夺王位继承权。于是，世家大族的封臣和仆从们纷纷响应领主的召唤，不列颠大地上迄今为止最宏大的战役就要打响了。此时的欧洲已经有很多年处在小冰期，冬天极其寒冷，而这场大决战正是在一场暴风雪中进行的，时间正好是在复活节前一个星期。爱德华的军队可能有 4.8 万人，而王后一边多达 6 万人。虽然这些数字看起来有夸张的嫌疑，但两军在北方大道附近北约克郡的陶顿（Towton）相遇时，双方的前线都有 800 码长，层层叠叠都是人。

马奇伯爵身边聚集着他的血亲贵族，包括沃里克伯爵和他的几位妹夫伍斯特（Worcester）、菲茨休（FitzHugh）、斯坦利（Stanley）、

---

[1] 出自电视剧《权力的游戏》第二季第九集《黑水大战》。——译者注

亚伦戴尔伯爵和邦维尔（Bonville），还有他的姨夫[1]诺福克公爵。沃里克的私生子异母兄弟也在他这一边，但是在战斗中阵亡了。另一方则主要是由北方贵族组成，包括珀西伯爵、克利福德男爵、博蒙特（Beaumont）和威斯特摩兰（Westmorland）[2]的内维尔家族以及萨默赛特公爵。

在陶顿，目之所及只有恐怖的大堆血肉、骨头和钢铁。战斗大部分时候都是在暴风雪里进行的，在超过 24 小时的时间里，有 9000 到 28000 人死在这里。有些人被小刀捅进眼睛或者脑袋而死，还有一些死在 40 英寸长的阔剑之下。更多的人被箭雨射倒，这也是碾碎兰开斯特军的主要武器。兰开斯特士兵们逆风射箭，他们的射程太短了。

兰开斯特一方的指挥官全都殒命沙场。爱德华命人专门寻找杀死他弟弟的凶手克利福德男爵。后者以为自己躲开了追杀者，放心地喝了一杯酒，解开了护颈。就在此时，他被躲在树上的射手射杀了。安德鲁·特罗洛普（Andrew Trollope）也被杀了，他曾在拉德洛背叛了约克阵营，并在巴尼特（Barnet）[3]杀死多名曾经的友军。另一位大贵族，克利福德的亲戚兰道夫·戴克（Randolph Dacre）也阵亡了。亨利·珀西（Henry Percy）战死，像他父亲、祖父和曾祖父一样。[4]

在战场附近有条小河，叫做公鸡河（Cock Beck）。战役开始前，兰开斯特军把河上唯一的桥捣毁了，以防止士兵逃跑。此时他们被包围，背靠河流而战，战斗地点因此战得名"血腥草原"。⁹很多人跳进了冰冷的水中，然而直到尸体将河流阻塞，后来的人才能踏着战友的尸体组成的桥逃到对岸。幸存的老兵叫这座"桥"是"尸体之桥"（Bridge of Bodies）。

---

[1] 原文如此。实际上，诺福克公爵的母亲凯瑟琳·内维尔，是爱德华的母亲塞西莉·内维尔的姐姐，则诺福克公爵是爱德华的表哥。——译者注

[2] 位于英格兰西北。临近苏格兰。——译者注

[3] 位于伦敦北部，现属大伦敦地区。——译者注

[4] 他们全都叫亨利·珀西。——译者注

约克家族和兰开斯特家族的这场大决战发生在苦寒的冬天，近年来对这片古战场的考古成果给了我们一窥其恐怖战况的机会。几个世纪之后，在 1996 年，一处容纳了 43 具尸体的坑洞被发掘了出来。这些尸体上有 27 具都受到多处伤害，足以勾画出此战的激烈和绝望："有一个人受了 8 处锐器造成的外伤；另一具尸体有 9 处锐器外伤和 2 处贯穿身体的伤口；还有一个人承受了 10 处锐器外伤和 3 处钝器造成的外伤。"在角落里找到了 28 颗头颅，其中有 27 颗受到了各种武器的伤害，包括"剑、匕首、钉头锤、战锤、棍棒、长弓射出的箭，可能还有十字弓箭"，还有的伤口表明是"溃逃的步兵被骑兵从背后砍倒。"[10] 另一处墓穴里有 37 具尸体，其中一具头上被砍了 5 刀，另一位逝者则在生前参加过另一场战斗，他的脸在那次战斗中被砍成两半，有一道伤口贯穿了嘴和下巴。

战后，很多幸存的败军士兵遭受到了战胜者实施的暴行，就连尸体也遭到残害。这些都被当时的一些记载记录了下来，近年来的考古挖掘也可以佐证，施加的"伤害远远多于致残和致命的伤害。"[11]

年轻的爱德华国王非常幸运地活过了那一天，一位叫做大卫·阿普·马修（Sir David Ap Mathew）的威尔士骑士救了他一命。之后，他被准许将这次战役的名字加进家徽中以作表彰，因而他的子孙后代可以永远享受他的救主之功所带来的荣耀。战争结束后，血迹沿着 23 英里的道路从陶顿一直延续到约克。胜利者向约克城进军，迎接爱德华四世的是他父亲和弟弟的头颅。现在，他可以把它们取下来，替换上那些败军之将的脑袋了。

这位少年击败了他的宿敌兰开斯特家族，后者曾把他父亲的脑袋从肩膀上割了下来，而现在不得人心的王后和他暴戾成性的小儿子已经落荒而逃。于是，爱德华四世的统治正式开始了，兰开斯特王朝就此终结。新国王在北方一直待到 5 月 1 日，这一天他观看了威尔特伯爵（Earl of Wiltshire）在纽卡斯尔被斩首，除了他之外，还有多位兰开斯特一派的领主被处死。不过爱德华四世很快就对杀戮失去了兴趣，他在 6 月启程前往南方参加自己的加冕仪式。

大海对面的勃艮第公爵菲利普（Duke Philippe of Burgundy）[1] 对待流亡在此的两个约克公爵幼子的态度有所转变。此前他们一直住在远离勃艮第宫廷的乌得勒支（Utrecht），现在他们被带到了斯勒伊斯（Sluys）[2]，安顿在菲利普公爵的家中，公爵还为他们设宴接风。对于大海对面的那些狡猾精明的民族——这是英格兰人对荷兰人保持多年的刻板印象——来说，约克家族现在是他们真正的朋友。

一直追随马奇伯爵的那些家族现在可以享受胜利果实了。鲍彻（Bourchier）家族受到了奖赏，他们的继承人亨利（Henry）得到了埃塞克斯伯爵（Earl of Essex）的头衔。约翰·温洛克爵士（Sir John Wenlock）受封嘉德勋章（Knight of the Garter）[3]，他的功劳是帮助爱德华围攻伦敦塔以及协助他进入伦敦城。威廉·黑斯廷斯成了黑斯廷斯勋爵，出任内廷宫务大臣（chamberlain of the household）兼国王的守门人。他作为爱德华的狐朋狗友，经常陪同国王饮酒狎妓。黑斯廷斯得到了属于自己的纹章，是一只露齿微笑的老虎——长得跟他本人很像——它有一根巨大的勃起的阴茎。经历了亨利六世单调乏味的宫廷，年轻的爱德华国王统治下的生活又重新变得有趣了起来。

国王的舅舅福肯贝格男爵受封肯特伯爵（Earl of Kent）；他的表哥约翰·内维尔被封为蒙塔古勋爵（Lord Montague）[4] 和诺森布里亚伯爵（Earl of Northumberland），后者是珀西家族的世袭封爵，这等于是宣布了珀西家族的彻底失败。尽管当时已经没有一个成年的公

---

[1] 史称菲利普三世，绰号"好人"，是瓦卢瓦王朝在勃艮第的第三代公爵（1419—1467年在位）。——译者注

[2] 位于今荷兰西南部。——译者注

[3] 全称"最高贵的嘉德勋章"（Most Noble Order of the Garter），是英格兰授予骑士的勋章，为英格兰荣誉制度最高一级，只有极少数人能够获得这枚勋章。详见本书第 13 章。——译者注

[4] 是为第一代蒙塔古侯爵（Marquess of Montagu）。——译者注

爵存活，但是沃里克伯爵也没有被提升为公爵。这多少算是冷落了功臣，给日后的动乱埋下了伏笔。

失败者只能接受惩罚，有12名贵族和100位骑士及侍从被驱逐。珀西伯爵的小儿子亨利被关在伦敦塔，这是他们家族罪有应得。不过年轻的国王非常聪慧，懂得人心，就像泰温·兰尼斯特说的："当有人起而向你挑战，你应该坚决地回以铁与血；当他们屈膝臣服时，你则要亲手把他们扶起来，否则就再没有人愿意归顺。"[12] 白金汉公爵（Duke of Buckingham）的次子亨利·斯塔福德（Henry Stafford）被宽恕了，虽然他曾为失败者而战。萨默塞特公爵亨利·博福特（Henry Beaufort）一直是狂热的兰开斯特支持者，他参加了第一次圣奥尔本斯战役，险些阵亡，更目睹了约克党人杀死了他的父亲。博福特经历了韦克菲尔德战役、第二次圣奥尔本斯战役和陶顿战役，当他在1462年被俘时，他多半以为自己要被送上断头台了。但爱德华四世赦免了他，还以朋友的礼节对待他。关于萨默赛特公爵，伦敦市长威廉·格雷戈里（William Gregory）曾经有过叙述，说他"会跟国王在他自己的床上住好几个晚上。他有时候会骑马跟在国王后面去打猎，国王身边不超过6匹马（个人），其中有3个都是公爵的手下。"[13] 在他被俘6月后，他的领地全部被还回来了。国王和公爵关系很亲近，经常一同寻欢作乐。

至于玛格丽特王后，她在陶顿战役后流亡到了苏格兰。王后和她的儿子爱德华沿路向北，翻山越岭，在边境乡村跋涉。有很多描写他俩北上过程的添油加醋的故事，其中一个讲他们跟部下走散了，被一帮匪徒截了道，匪徒们正准备杀死他们时，得知了他们的真实身份，转而发誓要把他们带到安全的地方去。还有一则传说关于玛格丽特刺激的逃亡过程，勃艮第编年史家让·德·沃林（Jehan de Waurin）如是写道：

她和儿子落到一帮窃贼和凶犯手里，眼看就要被杀了。但是匪徒们陷入了激烈的争论，他们为了她那些戒指和珠宝的所有权吵个不停。感谢上帝，趁着他们在互相争吵时，她躲进了树林里，把儿子抱在怀中。最后，精疲力尽的她实在受不了这样的艰难困苦，她别无选择，只能把孩子交给她在森林里碰到的另一个强盗。她说"救救你们国王的儿子。"借助这个人的帮助，她和儿子顺利逃出了那帮匪徒的掌控，继续前行。[14]

　　不管这些故事有多少真实成分，总之玛格丽特终于到了苏格兰。王后资金困难，还经历了这样一场大败，但她决心继续战斗。在此后一段时间里，国王亨利六世虽然被赶下了王位，但他仍有人身自由，待在遥远的北方；兰开斯特叛军仍然在东部边境（East March）坚守着三座珀西家族的城堡——阿尼克（Alnwick）、邓斯坦伯勒（Dunstanburgh）和班堡（Bamburgh）——并在边境地区坚持抵抗长达四年。年轻的爱德华四世在攻克班堡后，又把城堡还给了珀西家族。这是个大胆的举动，但事实上他别无选择，原因正如当时约翰·哈丁（John Hardyng）[1]评论的那样，珀西家族"掌握着北方老百姓的民心，而且是永远。"结果珀西家族又把这些城堡交到了玛格丽特王后手里。1463年11月，萨默赛特公爵叛变，奔赴流亡的亨利国王所在的班堡。"国王非常喜欢他，但公爵还是在热烈的欢呼和溢美之词中谋划叛国，"当时有这样的记载。事实上，萨默赛特公爵在内心深处是一个兰开斯特党，而且他永远都会坚持这一点。

　　珀西家族最终于1464年被彻底打败，已故诺森布里亚伯爵的弟弟拉尔夫（Ralph）控制住了他的侄子[2]，同意将邓斯坦伯勒交给爱德华四世。他希望国王能将他侄子的封地还回来，也希望能得到妥善

---

［1］　约翰·哈丁（1378—1465年），英格兰北方编年史家。——译者注
［2］　珀西家族的末代诺森布里亚伯爵亨利·珀西（Henry Percy）。——译者注

对待,因为他有自己的家庭——妻子、3个儿子和1个女儿。拉尔夫·珀西很快被赦免,邓斯坦伯勒和班堡也被国王还给了他——结果珀西家族再一次把这些城堡交给了兰开斯特党。

那年冬天非常寒冷——一位编年史家用"冻彻骨髓"来形容。虽然之后的冬天越来越冷,但是反叛的领主们没有机会看到了。1465年4月和5月,约翰·内维尔先后两次击败兰开斯特军,一次是在海奇利荒野(Hedgeley Moor)[1],此战他击杀了拉尔夫·珀西;第二次是一个月后在赫克瑟姆(Hexham)[2],他击败了由萨默赛特公爵率领的一支更加庞大的兰开斯特军队。终于,叛军被击溃了。兰开斯特党坚守着最后一座城堡——班堡。虽然被团团围困,但守军拒绝投降。沃里克伯爵下令开炮——古代北境诸王的古老城塞化为齑粉,英格兰的第一座堡垒遭到现代火炮的重创。属于城堡的中世纪世界即将走到尽头,一个属于暴力兵器的恐怖新时代很快就要到来了,这些兵器所能造成的杀伤力前所未见。

亨利·博福特在赫克瑟姆被俘,并在次月终于被处决了。随着刽子手大斧劈落,博福特家族就此消亡。珀西家族也是一样,城堡被毁,战场失利。兰开斯特党的王道大业也随着珀西家族的失败而彻底终结,疯王最终在1465年被俘,玛格丽特王后则流亡海外。这三大家族——兰开斯特、珀西和博福特——在此前一个世纪里崛起,并攀升到整个王国的权力顶峰,但是现在他们只得接受被毁灭的命运,而他们死对头的儿子则坐在威斯敏斯特的王座上。这就是命运,当你处于权力的游戏中,这便是胜利和失败之间的鸿沟。

然而,不详的曙光已经出现在约克王朝的地平线上。命运的车轮转动不停,它把你捧得越高,当你摔下来的时候就越惨。为了平定这最后一次叛乱,爱德华四世前往北方,帮助他的亲戚内维尔家族对付

---

[1] 位于英格兰东北部,诺森布里亚境内。——译者注
[2] 诺森布里亚境内市镇。——译者注

他们共同的敌人。他带来的火炮威力巨大，可以在眨眼之间就将城堡轰成碎渣。可是，他却在出征途中犯下了极其愚蠢的错误，让他的盟友关系网毁于一旦——他居然为了爱情而结婚。当时一位编年史家听说了这个消息以后，发出了警告："现在要注意了，看看爱情会导致什么后果。"[15] 大麻烦就要来了。

本章尾注：

1. 但是莎士比亚描绘出来的一个成年男子杀死一个男孩的画面实属误导——克利福德男爵当时 25 岁，而拉特兰伯爵已经 17 岁了，完全是个成人了。
2. Rose, Alexander: *The Kings in the North*
3. Bicheno, Hugh: *Battle Royal*
4. 当时是圣烛节（Candlemass）这是一项基督教节日，也标志着春天的到来。人们会在过节时带着蜡烛去教堂。
5. 当然了，这取决于你相信谁。
6. Weir, Alison: *Lancaster and York*
7. *Chronicle of the Abbey of Croyland*
8. *The Paston Letters*
9. 公鸡河（The Cock）后来改名叫沃菲河（Wharfe），是一条美丽的小河，然而它可能拥有世界上最危险的河段斯特里德（Strid），这里河流湍急，岩石密布。
10. http://www.dailymail.co.uk/travel/travel_news/article-3588584/Is-world-s-dangerousstretch-water-innocent-looking-river-Yorkshire-Strid-s-currents-pulverise-falls-in.html
11. http://booksandjournals.brillonline.com/docserver/9789004306455_webready_content_s003.pdf?expires=1501162189&id=id&accname=guest&checksum=3 D13AA69A5664112A1B45B0EEBE0514A
12. *A Storm of Swords*
13. http://www.british-history.ac.uk/camden-record-soc/vol17/pp210-239
14. Seward, Desmond: *War of the Roses*
15. *The Chronicle of Gregory, a contemporary writer*